赠君：

U0891144

敏於觀察

勤於思考

善於综合

勇於創新

数字泡沫

——虚拟经济交易学——

张捷 著

華文出版社
SINO-CULTURE PRESS

图书在版编目（CIP）数据

数字泡沫 ：虚拟经济交易学 / 张捷著. -- 北京 ：华文出版社，2023.5
ISBN 978-7-5075-5808-1

Ⅰ. ①数… Ⅱ. ①张… Ⅲ. ①虚拟经济－研究 Ⅳ. ①F019

中国国家版本馆CIP数据核字(2023)第084633号

数字泡沫：虚拟经济交易学

著　　者：张　捷
策划编辑：杨艳丽
责任编辑：杨荣刚
出版发行：华文出版社
地　　址：北京市西城区广安门外大街 305 号 8 区 2 号楼
邮政编码：100055
网　　址：http://www.hwcbs.cn
电　　话：总编室 010－58336210　编辑部 010－58336191
发行部 010－58336267　010－58336202
经　　销：新华书店
印　　刷：三河市航远印刷有限公司
开　　本：710mm×1000mm　1/16
印　　张：29.5
字　　数：520 千字
版　　次：2023 年 5 月第 1 版
印　　次：2023 年 5 月第 1 次印刷
标准书号：ISBN 978-7-5075-5808-1
定　　价：198.00 元

版权所有，侵权必究

专家推荐

张捷这部书以他独立的思考，探索了一个虚拟交易学的理论体系，给我们展现虚拟经济交易的内在逻辑，建立了一个虚拟经济交易学的理论框架。在当今信息爆炸虚拟世界崛起、虚拟经济与实体经济高速发展的时代，我们需要有更多的对虚拟经济规律的探索，需要有中国自己的独立理论。

——刘纪鹏（中国政法大学资本金融研究院院长）

数字、数据、大数据向人类社会、经济、生活发起了一轮又一轮铺天盖地的“轰炸”，需要我们谨慎驾驭、沉着应对。张捷先生以他广博的知识、慎密的思考，积近一二十年的努力和经验，为我们提供了《数字泡沫》一书。全书从数据资源化、经济平台化、货币数字化、技术算法化四个方面展开了多角度讨论，可引发我们全方位思考，推荐大家，特别是经济、金融理论和实务工作者，认真一读。

——陈章武（清华大学经管学院经济学教授 原党委书记）

市场经济的本质性趋势就是积累财富，这种财富积累到一定程度，便是金融脱离实体经济，成为相对独立的系统。张捷新著就为我们开启了窥视金融全球化和金融数字化迷宫的大门！

——王在邦（中国现代国际研究院副院长）

张捷是我认识的难得的跨学科研究人才。他提出的数字泡沫的观察，非常尖锐。数字泡沫偏离经济基本面的程度，超过2008年金融衍生品制造的金融危机。国内外的主流经济学界至今缺乏警惕。张捷的观察，应当是金融学升级换代的开始。他提出的观察和问题，值得有志于攻克金融前沿和制高点的青年学子和金融闯将深思和实践。美国主导的国际金融模式难以持续。

——陈平（著名经济学者、原北京大学教授）

2500年前，古希腊的毕达哥拉斯相信“万物皆数”。但这判断甫一出生就遭遇了“无理数”的挑战，直到19世纪有人把“无理数”定义为“有理数的分割”。而今，数字信仰已经超出数学家和哲学家的抽象思辨，属于全世界亿万人的日常生活。兼顾数字控制技术和数字经济的“有理”和“无理”，正是张捷这书的魅力所在。

——潘维（北京大学教授中国与世界研究中心主任）

老子曰：“埏埴以为器，当其无，有器之用。凿户牖以为室，当其无，有室之用。故有之以为利，无之以为用。”经济中虚的部分往往对实的部分起着隐蔽而关键的作用。实体经济如肌肉和骨骼，而虚拟部分则如神经和血脉。张捷兄的《数字泡沫》一书，涵盖互联网经济、数字货币、美元霸权、中美博弈等重大时代前沿议题。相信以他祖传的高智商和强劲的理论创新能力，一定能给读者以不少启发。

——翟东升（人民大学国际关系学院副院长）

全球经济已迈入数字经济时代！新旧经济的交替必将波澜壮阔，将成为大国竞争的主战场，同时也是中国弯道超车的最佳时机。《数字泡沫》是一部跨学科、跨领域、全方位交叉、系统阐述数字经济下大国博弈的著作。本书前瞻性地告诉大家，时刻警惕数字泡沫可能引发的金融风暴。要想规避在数字经济中遭遇的激流险滩，阅读这本书一定是开卷有益，受益无穷。推荐大家茶余一读，既开阔视野，也可带来更多思考。

——徐一钉（央视著名股评家原民族证券副总裁）

民粹主义、零和博弈思潮在西方再次兴起，“分配”替代“增长”成为经济中更加重要的因素。《数字泡沫》以虚拟资产、数字经济为切入点，深刻诠释了西方国家以数字泡沫换取财富的游戏规则。这对于身处百年未有之大变局的中国，具有非常现实的意义。

——王涵（兴业证券首席经济学家）

建立数字经济时代的政治经济学

贾晋京　　中国人民大学重阳金融研究院
副院长兼宏观研究部主任

张捷兄以《数字泡沫》书稿嘱我作序。一读则头飞雪，二读而思驭鹏。再三读之，深感此书机锋绵密，气势恢宏，张弛有法，博大无朋。一个数字经济时代的政治经济学框架已然初具规模，谨将读后感抄录于此，权为序言。

2021年是“十四五”的第一年，而整个“十四五”期间将深入落实的重大布局之一是要素市场化改革。要素市场化改革的最大突破就是数据要素化：数据将成为与土地、劳动、资金、技术并列的生产要素。数据要素对于数字经济的意义可类比土地对于工业经济。在数字经济时代，生产、分配、交换的规律都将与工业经济时代有根本性不同。因此，亟须建立数字经济时代的政治经济学。

政治经济学（Political Economy）产生于产业革命初兴年代，研究的是政治或体制框架与经济的相互关系。在政治经济学中，市场经济就是“资源以市场手段配置”，而在数字经济时代，“资源”“市场”“手段”“配置”的定义都在被大幅度改变，因此对经济运行的分析框架，需要从地基开始重建。

数字经济对经济运行方式的颠覆性变革可以从四个方面加以理解：

一是数据资源化。数据是数字经济中的主要资源，无论视频、设计、社交媒体、人工智能，还是定位导航、电子商务，数据都是第一要素。从属性上来说，数据并非天然稀缺，这与土地、劳动、资金、技术等传统要素有根本区别。资源并不一定具备稀缺性，决定了数字经济的规律具有新的特征。

二是经济平台化。传统上，一个经济环节的上下游主要在市场上进行配置。例如，要生产服装，就要到市场上寻找设计、原材料、加工、销售等各环节合作方。而今，这些环节却完全可以通过互联网平台甚至干脆在社交媒体上配齐，成本大幅降低，以至于个人也可以完成以前需要企业才能完成的工作。经济平台化使得市场扁平化，中间商在市场中原先不可或缺，如今日渐缩减。

三是货币数字化。数字人民币这样的主权数字货币付诸实践，使作为资源配置主要手段的货币出现了性质突变。“币”是“货”的符号，但传统上的“货”具有天然稀缺性，而数字货币却能够以数据作为其背后的资产，同时不必担心数据量按几何级数膨胀会造成货币量失控的问题。这时，资源的配置手段从货币这个“特殊商品”变成了本质上是符号而非商品的数字货币。

四是技术算法化。通过算法实现内容推荐和数据分发已在互联网平台上普遍使用。传统的市场上，分销渠道是主要配置途径，而今在数据要素的配置上，以总经销—分销商为特征的渠道体系让位于算法推荐。实际上，算法还在从根本上改变作为要素形式之一的技术。技术的本质意义即“为实现特定目标而采取的分步骤行为”，如今算法越来越多地用于技术上各步骤的实现。

上述四方面颠覆性变革意味着数字化迅猛发展下，“经济”本身需要重新理解。

这里，我打算引用法国哲学家鲍德里亚的“象征交换”理论，来概述一下价值规律是怎样发生变化的。

鲍德里亚认为，从产业革命之前到当今，人造品（包括一切人造品，如货币、思想产品等）体系的发展经历了三个阶段：

最初是仿造（counterfeit）阶段，人造品主要是对现实中自然物体的仿造，例如人偶是对人的仿造。

工业经济时代是生产（production）阶段，大批量标准化制造的产品长得一模一样，每一个都可以说是对另一个的仿造。

“后工业”社会则进入仿真（simulation）阶段，代码成为主要的生产工具，人造品根据源于人类心理的想象和需求而大规模复制出来，如软件、互联网上的信息及虚拟人物。

在仿真阶段，人造品的价值实际上与使用价值无关，与花费了多少人类劳动更没有关系，仅与其在符号体系中的位置有关。

举例来说，一辆特斯拉电动车跟一辆传统的化石能源汽车，使用价值可能差不多，但特斯拉的股票与传统汽车的股票价值差异巨大。2011—2020年10年间，特斯拉公司的市值涨了130倍以上，而同一时期丰田汽车公司的市值只涨了1倍。从汽车销售量来说，丰田可能卖出了特斯拉百倍以上的车辆，市值规模却被远远甩在后面。是什么决定了两者的估值？

如果我们认识到，信用货币时代，货币本身只是债务的符号，那么，你用货币购买商品时，实际上是两个符号发生了交换。作为符号的特斯拉，估值远远高于作为符号的丰田，那是因为“特斯拉”这个符号与新能源、物联网、星链通信等一系列热门概念（符号）紧密相关，而丰田则除了作为汽车的使用价值之外，很难令人想到其他符号。估值，就是用货币这个特定符号体系来评估人造品这个广泛的符号体系。因此，特斯拉的估值会更高是必然的。

当美联储使用无限量化宽松等工具释放出不限量的货币符号时，实际上是在广义的符号体系这个空间里进行的操作，如果拿工业经济时代的价值规律进行分析，必然要出错。因为工业经济时代的价值规律在当今的广义符号体系里，只是很小的一个子集。

数据成为生产要素意味着机器人将大规模地成为劳动力，因为机器人能做什么，实际上主要取决于数据量。可以说，“劳动创造财富”这个命题需要重估，因为将来劳动不一定是人类劳动，也可能是机器人劳动。如果考虑到财富大部分是“仿真”，那么劳动其实完全可以做到不需要人。实际上在股市里面已经可以看到这幅景象，当今股市中的交易60%以上是机器自动交易，也就是说，在资本场域，机器人实际上正在创造着比人类更多的财富。

当什么是资源、什么是市场、什么是手段、什么是配置都在重新定义，甚至劳动也可以不需要人类时，新的政治经济学甚至可能是关系人类前途命运的重大理论需要。

贾晋京
庚子嘉平既望，于京西精一阁

目录

引言

虚拟经济与数字泡沫

交易当中存在泡沫，我们指责泡沫和戳破泡沫的简单化思维方式，需要在新经济学体系之下，发生改变。

泡沫不一定要破裂；泡沫可以交易，可以硬化，可以长期维持。就如同自然界的泡沫一样：啤酒泡沫可以长时间挂杯，岩浆的泡沫可以变成浮石；而金融和数字资产的泡沫，也不一定就要破裂，是可以包含在交易中，通过交易取得利益的。

现代的虚拟经济体系，还会不断地泡沫膨胀，不断地创造新的泡沫，不断地通过交易换取利益，这是虚拟经济存在的一种方式。

泡沫不一定破裂，泡沫也不一定会被戳破，泡沫可以换取资源和财富，泡沫是可以填实的。尤其是在数字经济时代，数字泡沫更多的是不断换取财富的游戏。

一、虚拟资产与资本

面对后工业时代，我们需要有新的理论。我们可以把这个时代称为信息时代，但本人认为应该更准确地称之为数字虚拟时代，因为这个时代不光信息爆炸，还有信息处理。另外，因为技术发展，出现了很多新的空间的概念，有了新的资源；同时由于金融和信用挂钩，人们可以透支未来。这些新增的领域再同信息结合起来，形成了虚拟社会。在虚拟社会又有虚拟空间和虚拟新资源。而这些虚拟的资产、资源、信息、信用等，在计算机技术的加持下，迅速地数字化，因此，所有这些资产，都可以叫作数字资产。

我们对虚拟经济的认识也是不断深化的，狭义地讲，虚拟经济的概念更偏重于金融。传统经济学上说，虚拟经济（Fictitious Economy）是相对实体经济而言的，是经济虚拟化（西方称之为“金融深化”）的必然产物。经济的本质是一套价值系统，包括物质价格系统和资产价格系统。与由成本和技术支撑定价的物质价格系统不同，资产价格系统是一套特定的以资本化定价方式为基础的价格体系，这就是虚拟经济。由于资本化定价，人们的心理因素会对虚拟经济产生重要的影响，也就是说，虚拟经济在运行上具有内在的波动性。本人认为，虚拟经济的概念应当更广义，金融的背后是货币，货币的背后是信用，而信用的背后是信息，尤其是当今世界都数字化了以后，这些资产在数字世界得到了统一。

虚拟经济的概念由古典经济学就已经提出的虚拟资本（Fictitious Capital）衍生而来。古典经济学认为虚拟资本是在借贷资本和银行信用制度的基础上建立的，包括股票、债券等。虚拟资本可以作为商品买卖，可以作为资本增殖，但本身并不具有价值；它代表的实际资本已经投入生产领域或消费过程，而其自身作为可以买卖的资产却滞留在市场上。虚拟经济就是从具有信用关系的虚拟资本衍生出来的，并随着信用经济的高度发展而发展。马克思认为的不具备价值的虚拟资产，在现实社会中却真实地交换着价值，而且是有价格的。这个价格不是围绕价值为零上下波动，而是高高在上，因此根据当今的实践，原来的理论也需要发展。

如今，随着世界的发展，出现了数字货币，既而出现了金融衍生品，因此货币的属性也在不断地改变：从远古海贝的信用，到贵金属价值带来的信用，再从货币的商品说到媒介说，不断发生金融衍生。现代货币的背后是以国家信用、国债为依托的，而国债又没有了资产担保抵押的背书，国债不断地扩大，央行购买国债发行货币的规模不断扩大，并且不用经过市场交易的过程，限制越来越少，已经变成了QE（Quantitative Easing，量化宽松，简称QE）常态化。既然货币的定义发生了根本性的改变，那么对不同的货币定义，虚拟资产如何定义呢？数字货币、虚拟货币的出现，使得虚拟资产又有了哪些新的意义呢？

本人在《信用战》和《定价权》两本书里，论述了信用、信息和货币的统一。其实，现在的虚拟经济、数字财富，背后都是信息大数据金融化的表现，而信息空间的不断扩大、信息内容的爆炸，其实是实现虚拟财富不断增长的前提。没有足够的算力，就没有金融衍生品的繁荣，也就没有数字货币。因此，这个变化也是信息爆炸和技术发展所带来的。

虚拟资产、虚拟资本，以及资本的定价价值，都是交易体系带来的，是在交易体系当中虚拟出来的，充当可以与实体的资本和财富对应交易的虚构体和媒介，它是交易体系的产物，也是交易学必须重点研究的内容。通过虚拟财产的概念，把实体交易的差异数字化、标准化、概念化和理论化。实体的千差万别、虚拟的整齐划一，两者无法比较，却差距明显。用虚拟的资产填补，商誉、无形、溢价、衍生等概念在交易体系下诞生了，虚拟资产的规律就是金融交易学。

现在的交易市场，要看到期权、期货、数字货币、数字资产等的交易规模，已经远远超过了实体经济的规模几十倍、几百倍甚至成千上万倍的增长！而交易的媒介货币却没有差别，因为市场是相通的，交易体系是一致的，规模和涨跌代表着财富的变化和盈亏，背后其实是虚拟交易取得了更大的份额和发言权，取得了市场的定价权。虚拟数字交易决定市场的走向和定价，这与原来以实物交易为主的市场完全不同，背后的经济理论和交易学，也随着新的交易方式和交易标的而改变，于是新的虚拟经济金融交易学诞生了。

根据货币理论，大家总要找货币的锚。以前货币的锚是黄金，后来经牙买加美元①，货币的锚变成了石油，成了石油美元。现在QE常态化了，不是石油价格涨上天，而是石油价格可以负值结算了，背后是虚拟石油期货市场、石油金融衍生品。在金融衍生品时代，数字资产、虚拟资产等成为货币的锚，背后是美国的网络霸权，是泡沫的锚，这个锚可以使泡沫破裂，也可以使泡沫通过交换财富填实，还可以因为各种经济绑定而钢化！数据给货币带来信用，所以数据已经资源化！货币理论更复杂了，背后的金融“渔利”和剥削也更大、更隐蔽了。

在现代的新技术体系之下，交易和货币已经逐步变得无媒化，连一张纸都不需要了，这就是货币数字化。虚拟经济时代、数字时代，货币越来越离不开交易体系和网络。以前，拿着贵金属货币，可以随意交易交割；银行存款时代，没有银行，账户就很困难了，因为现钞受限制，炒汇有差价；数字货币时代，对银行去中心化了。

数字货币离不开数字交易体系和网络，那么这个体系是谁建立的？谁拥有霸权？最早的贵金属货币不依赖任何介质而存在，后来的纸币依赖政权和发行机构的信用，现在的数字货币，依赖于平台！

所有的虚拟资产，就算是公司的股权，如果没有上市，不在资本的交易平台上，就没有虚拟的溢价，也就是说离不开平台了，大家都是在交易平台

---

① 牙买加体系允许汇率制度安排多样化，并试图在世界范围内逐步用更具弹性的浮动汇率制度取代固定汇率制度。

之上！这就叫作经济平台化。

在平台之上，海量的数据、极高的交易频率，已经非人力所能及。各种自动交易、人工智能（AI）算法、仿真机器人出现，算法成为虚拟世界技术的核心，也带来了技术算法化。

现在是数据资源化、经济平台化、货币数字化、技术算法化，AI时代来了，机器人替代人，从生产阶段到了仿真时代，产生了新生产力。仿真，是虚拟的核心之一，虚拟的交易其实是对真实交易的一种仿真，而虚拟的资产和产品，也带有实体世界的仿真含义。在仿真的虚拟空间，货币已经符号化了，是债务的一个符号，交易可能是债务与仿真品的交换，也可能是与资源的交换，资源配置规则已经改变，价值也需要重新定义。

美国搞脱实向虚。现在的期货、期权等金融市场，不仅规模上远远超过了实体经济，而且其与实体经济的关联受到了限制，是难以进行实体交割的。在西方国家，持有大量黄金和运输大量黄金是受到限制的，黄金超过1公斤就可以叫作大量！后来，石油期货交割也要限制，需要配额，需要多方提前提示和提前准备全部资金。这样一来，价格涨到了天上，多方受不了。后来，又改变规则，可以负值了，不是交货而是给钱没有货，已经越来越与实体无关了。这样的虚拟交易是什么，交易双方是怎么博弈的，这正是本书要讨论的内容。

面对如此的变化，我们的理论也要变，要以新的视角重新认识这个世界。本书对虚拟数字世界的交易学理论如何建立，它的经济运行规律如何，进行了新的理论研究和建设。

二、什么叫数字泡沫

什么是经济学意义上的泡沫？其实，概念很简单，就是价格远远超过价值。而数字泡沫，就是数字资产远远超过其价值。这个概念说起来简单，真的理解起来并不简单，因为它只定义在价值这个概念上，而对价值的认识，各种学派的看法都不相同。

对于虚拟资产，其内容是股票、信用、资本等，其价值离不开对资本的认识。而对资本应该怎么认识呢？

要说清楚泡沫，需要同一个标准，这样才好比较，否则就是一个无法比较的事实。姑且从原来的西方经济学价值出发，在它们以前的虚拟价值体系之中，来看待这个泡沫问题。这个时候，你会发现，对于不同的资产、不同的虚拟资产，估值也是不一样的。这个估值不妨以市盈率来看，不同的资产领域，平均的市盈率差别巨大。不要简单地说有些企业能够大发展等，其实从行业的平均视角看，有些企业早已是成熟期的企业了，其估值市盈率，就比其他传统行业高很多。这二者的货币及其利率依然有差别，即使在不同的国家或地区，也差别巨大，二者的汇率市场是自由的，也因此造成了巨大的落差。

这个落差可以交易，可以交换，不同领域可以用同样的货币，1∶1地交易，交易的时候没有区别。因此，本来不该有差别的地方，却产生了巨大的差别，也就是对数字资产是100倍的市盈率，而对其他资产，哪怕是传统的金融资产、虚拟资产，也有10倍的市盈率，这个差别，其实就是泡沫。泡沫是超过市场平均公允估值的部分，能够带来多少回报，本来是资本的价值所在，但同样的回报，价格却可以有10倍之差，这个差就是泡沫。正常的情况是应当不断地交易，让各个不同资产资本的回报率趋同，如面对股票高估、低估可以多发行股票或者把公司解散分资产，是有股票价格回归机制的；但现在的资产泡沫，使得虚拟资产成为数字资产，已经不具备回归的功能，量大是数字资产的特性之一——它们是不可分的整体！只有成规模、成体系，变成大数据才值钱。所以，实际情况是，数字泡沫在市场当中不是简单自然的均衡。资产价格的膨胀，没有资源和财富增加为背景的膨胀，就是泡沫！这里面有复杂的定价机制问题和金融货币控制问题，这些都是本书重点分析的理论。

在交易体系里面，一样是“泡沫是超过市场公允估值的部分”，在交易体系里面的数字泡沫，其实还有其他部分。虚拟交易、虚拟市场，各种期货期权衍生品的交易，对标的标的应当是实体相关的交易，就如原油期货应当与真实的原油相关，而脱实向虚，已经让二者分离了。现在，虚拟交易更多地成为一个数字。实物的价格虚高可以叫作泡沫，对应的虚拟的高价格也是泡沫，而虚拟脱离实物的虚高，仅仅是数字的，就可以叫作数字泡沫了。以前可以期现套利，让期货价与现货价基本趋同，现在则仅仅是数字，不能套利了。

不能套利趋同以后，进而可以出现实物的负值，原油期货可以–37美元/桶结算，就算往你那儿倒垃圾，再给你垃圾处理费，也不会给这么多钱。因此，这个结算价格就是数字，这个数字与公允估值之间的绝对差值，其实也是数字体系产生的泡沫，而且有人为之埋单了，数字交易要是脱离了实物，正负有差别吗？赚钱要的是差值，有差价才是关键，不合理的差价本身，就应当理解为泡沫。空单是虚拟商品，负值就是空单——这个商品涨到了天价。

现在的数字交易体系，大量脱离实体的差价出现了，是没有实体背景的空中楼阁，这个差价就是数字泡沫。以前，实物只有贵了才是泡沫，贱了伤害生产者。而数字虚拟交易，交易价格低也未必是生产者埋单，就如原油期货的负值结算，生产者是卖出赚钱的一方。而数字的负值和暴跌，空单是虚拟商品，意味着空单涨到天价，出现了泡沫！

空单、看空期权，在虚拟经济下它们不也是商品吗？同样的还有掉期合约、波动率合约等，这些虚拟产品在熊市的时候反而可以是天价，尤其是可以负值结算，实物肯定不可能这样操作，这不就是泡沫吗？在这些商品充斥的虚拟经济、数字经济领域，交易量已经远远超过了实体经济，它们的泡沫，必须考虑，而且美国原油期货允许负值结算，已经彻底地让它们的泡沫没有了上限。

数字虚拟交易产生非正常的偏离，其偏离的正负方向，与实物的贵贱是不同的，二者是有差别的。实物是高价卖出赚钱，低价买入后还要等到卖出的时候，但虚拟交易，是高低都可以赚钱的！对于价格，不论高低，只要偏离，就都可以叫作泡沫，叫数字泡沫。操控泡沫的目的，都是要赚取财富的。产生偏离的机理和赚取财富的定价权，是本书的重点。

存在的泡沫，不一定要破裂，泡沫可以交易，可以硬化，可以长期维持。就如同自然界的泡沫一样：啤酒泡沫可以长时间挂杯，岩浆的泡沫可以变成浮石；而金融和数字资产的泡沫，也不一定就要破裂，是可以包含在交易中，通过交易取得利益的，还会不断地泡沫膨胀，不断地创造新的泡沫。

不同的情况下，对待泡沫是有不同立场的。主导舆论的是美国的金融霸权、媒体霸权，对中国等影响美国霸权的国家，他们就把挑战者崛起时的资产重估，将其妖魔化为泡沫，并且一定要戳破。挑战者的泡沫被美国压制和破裂之日，就是挑战失败之时。而美国对自己，则不断地制造泡沫，通过泡沫来换取世界其他经济主体的财富。美国的泡沫游戏是怎么玩的，这也是本书要分析的。

在数字经济领域，泡沫是常态，背后就是流动性MV催生的，货币M因为QE常态化的宽松，更由于流通速度V在数字时代的扩张、流动性的宽松，在费雪方程式$MV=PT$计算之下，必然带来PT（价格乘以商品数量）的膨胀。PT就是市场规模，数字市场规模的不断膨胀，就是数字泡沫时代的主要特征。

在交易当中，谁都愿意把更多的利润导流到泡沫大（褒义叫作估值高）的地方。同样的利润，当然愿意获得更高的市盈率、更高的资本市场价格，因此，泡沫也可以不断吸引利益，这个吸引也让泡沫越来越大，直到破裂。事物是复杂的，本书就是要揭示其中的规律。

交易普遍存在，而交易的体系、交易的博弈，是有大学问的，这里不光是价值的创造问题，更是价值的分配问题，探讨分配，才有剥削的概念。而西方的经济学，对市场的分配机制却总以“上帝之手”来回避，似乎这个分配是自然而然发生的，但我们发现，事实却不是这样的。自然的均衡是熵增的过程，是趋同的过程，而实际上却是熵减少、贫富分化的过程，没有政府强力的干预，贫富可能更加分化，而且在数字时代，分化得更大。

这里面很多人是科技的崇拜者，会说不一样的估值是科技带来的，而真实的情况不完全是。正如历史上纺织机的发明，使纺织的效率提高了20倍，结果却是羊毛涨到了天价，发生了“羊吃人”的圈地，牧业的收益居然超过了农业，最后依靠在美洲抢印第安人的土地和剥削黑奴的劳动来完成。你可以说羊毛是资源，但资源石油居然可以变成负值，造成这一切的究竟是什么？西方经济学家讲资源不会总稀缺、涨价，它们有定价体系，那这定价体系再分配世界资源的机制是什么？泡沫参与交易，本身就是一种对财富的掠夺和再分配，为何交易当中不是所有的泡沫都能够挤出，其依据的理论又是什么？这些都是金融交易学要研究的范畴。

所以，泡沫不是创造财富的，是分配财富的，这里有新的剥削机制，也有霸权控制世界的机制，为网络数字霸权带来长期的利益输入。二战之后，原有的直接剥削剩余价值的方法行不通了，资本主义也在进化，新的剥削渔利再分配机制诞生了，这个就是数字世界虚拟经济下的金融交易学，下面我们来分析和揭示其中的规律。

三、泡沫下的角力

我们总讲财富的创造，忽视财富的再分配。西方经济的显学是财富创造，“密宗”是财富的再分配，怎样通过再分配占有他人创造的财富，或者叫作剥削，才是秘不外传的。（图1是本人2016年在和讯网的评论文章。）

和讯 评论

和讯网 > 评论 > 和讯专栏—张捷 > 正文

张捷:网络经济更关键的是全球利益再分配

2016-02-16 09:33:52 和讯网 张捷

评论 和讯财经APP 实时投资信息

网络更多的不是技术，而是带来的人类再分配的规则改变，人类社会的博弈规则改变！

——科技进步是生产力未必是分配力我们一说到网络的负面东西，说到互联网+的负面东西，就有人说是“互联网”是科技进步，我们要拥抱科技进步、适应科技进步等等，还有人搬出来了科技是第一生产力的大道理，不过这里的误区我们也要分析一下。

图1

有相关人士猜测：

如果美元系统“去中国化”，把中国赶出美元结算体系，那接着就会出现什么问题呢？世界上的能源、原材料、粮食等大宗商品市场，都是以美元为结算工具的。如果美国把中国赶出美元体系，同时把中国在美国的12 000亿美元的美债吃掉，然后又挡着不让中国把黄金拿回来，逼着中国的货币体系变成软货币，而人民币又不能作为结算工具（截至2020年，全球货币结算体系中使用人民币的不到2%，使用美元的仍然是60%多），那大宗交易市场上，这些资源我们就拿不回来了。

2013年，美国就建立了“1+5”体系。以美国为中心，把几个强势货币的经济体联合成了一个常态化的货币互换协定体系。这等于在金融资本阶段形成了新核心。

2020年这次危机，美国人开始搞量化宽松的时候，又搞了“1+9”体系，一下子又加进来9个国家。包括北欧三国，发展中国家巴西，中国周边国家新加坡、澳大利亚、新西兰、韩国等。

一般而言，把这个“1+5”说成是金融新核心，把“1+9”说成是金融半核心。也就是说共有14个国家与美联储达成了临时货币互换协议。再进一步，美国已经通过立法，把我国香港地区的自由港地位取消，中国海外融资的70%就没有了。再加上各种制裁措施，比如大宗交易中谁用人民币结算，就制裁谁。

对上述观点，本人不太认同。

中美会脱钩吗？美国能够印钞买你的财富，你说他会脱钩吗？美国能够用数字泡沫换取你的财富，你说他会脱钩吗？

其实，美国要干的是维持这样的财富再分配，遏制中国崛起改变世界的财富和资源再分配方式！

美国真的要与中国脱钩的时候，是中国拿了太多美元想要买美国东西的时候，美国总以各种借口脱钩，不让你买！泡沫是美国人用来向全世界换取财富的，你用泡沫买美国的优质资产，是不行的，他会妖魔化你，他会制裁你，这个不是经济学的理论，这个是政治经济学的范畴。

以前的世界，各国与全球相比是渺小的，是一个开放的世界；而现在的世界，全球化了——人类生存交易暂时出不了地球。对全球而言，2021年美国21万亿美元的GDP已经约等于全球81万亿美元GDP总量的1/4，而中国GDP已经占全球15%左右，中美GDP在全球占比已经达到40%，中国的购买力平价计算GDP将更高。现在中美在发展中国家和发达国家当中分别是经济增长带头者，这个比例还将持续增加。将来，中美GDP之和超过全球50%是可以预期的。

中美占全球GDP的比例之大，将全球化的经济模型概念也改变了。全球对中美，不再是一个开放的体系，而是一个封闭的体系，带有内卷化的博弈，也就是财富的再分配博弈变得更激烈。人类的发展博弈模式也改变了，是一国的对外发展，还是全球的封闭博弈，都会随着数字经济、信息爆炸和新技术革命而重新建立规则，这是一个以往没有的规则。

经济学的偏微分方程的解，与边界条件关系极大，开放边界的假设不存在了，是封闭假设了，不定积分变成了定积分。经济学理论会发生巨变，QE

常态化、数字泡沫都是在这样的背景之下产生的。因此，我们认识世界，不能再以以往的经验来刻舟求剑。

美国搞的集团，没有被剥削者，是没法玩的！美国现在要主导世界的金融，美联储当全球的总行，美国的金融霸权肯定得加强，而中国的实力也加强了，本人不同意鼓吹美国衰落和崩溃论，也不赞成把美国说成不可战胜。现在双方各自优势的地方是错位的，都觉得有胜算的斗争才最激烈，一边倒是打不起来的。

美国现在创造出来的规则，就是要通过霸权主导，通过泡沫的交易，再分配世界的财富，他们要坚持的是他们的模式不能被打破。

有人说无虚拟不富，这个富的真相是什么？不是财富的创造，而是泡沫交易学，讨论的是怎样瓜分实体经济的财富，怎样主导世界的财富再分配！

数字泡沫之下，是数字泡沫的100倍市盈率和10倍市盈率的差别，资方和劳方的鸿沟有多大呢？泡沫背后吹泡泡让市盈率变成100倍，那么你这辈子积攒的财富也不可能赶上了。而市盈率如果是10倍的话，经过10多年的努力，积攒财富后还有可能成为老板。

在中国发展的初期，普遍是3～5倍的市盈率，甚至很多投资有当年回本的机会，这其实给了你向上创业最好的空间；当到了100倍市盈率的时候，劳方和资方阶层基本就固化了。

低利率带来的数字泡沫改变了劳资的生态：高利率10倍的市盈率，是攒钱10年；到100倍的市盈率，就需要攒钱100年了！在泡沫之下，膨胀的是虚拟资产，是金融资产；而实体财富，你的劳动所得增长滞后，带来的就是财富的再分配，财富向世界的金融寡头集中！

西方总讲TOP 5%，其实是不对的，TOP 1%都太大。促进国际发展和救援的国际非政府组织乐施会（Oxfam）2018年发布报告称，全球贫富分化问题进一步加剧：2017年，全球创造的财富中，有82%被最富有的1%群体获得，而全球最富有的42人所拥有的财富，相当于最贫苦的37亿人的资产总和，堪称“富可敌球”。而这些资产的膨胀，是泡沫膨胀带来的，而且膨胀的泡沫在市场上置换到了财富。

数字泡沫，也是新产业与老产业的利益输送，美国掌握着新产业的牛耳。即使是数字产业中的中国企业，控制权也大多在美国资本手里，在美国上市，这个是数字时代世界博弈的主旋律。

图2

以汽车行业为例，按照市值，特斯拉已经是世界最大传统汽车公司丰田的2倍，但它生产车的数量与丰田不在一个数量级。2020年年底，蔚来汽车股价暴涨10倍，没有造出来多少车，市值已经超过了德国宝马和美国通用；比亚迪则比蔚来汽车更大，股价已经到了全球第四的位置。网络数字、无人驾驶、人工智能等概念武装的新能源电动车，已经不是传统汽车的概念，是借助全电能源模式，变成全电汽车、网络汽车、自动驾驶和数据中心，是按照数字产业规则来估值的。传统汽车行业的资源，已经快速被它们吸纳。

美国的数字泡沫，已经发展到PPT造车了①——没有造出一辆车也没有收入来源的公司就可以上市，而且市值曾一度超过美国第三大汽车公司福特汽车（图2）。对PPT车企而言，只要有这个数字泡沫在，只要股价高企泡沫不破，就不愁换不到资产和资源，最后就可能投机成功。这些公司都是按照网络数字概念来渔利传统行业的。

同样，我们可以看到的是网络估值与传统估值的不同。2020年年底，小米手机的股价市值已经与中石油的市值差不多，都是7000多亿元，谁也没想过中石油背后是多少的实体财富，而小米手机又是多少。更何况手机很多是代工的，核心元器件也不是自己的，就因为它说自己是一个网络公司，估值就上去了。你可以说网络公司有多大的前景等，可小米手机毕竟不是手机的王者，更直接地比较一下，如果用一个小米手机公司去换整个中石油，你说谁亏谁赚？！

数字泡沫博弈所带来的影响，不光是中美财富博弈，也是美国与德、日传统行业的博弈。中美之争，可能更先倒下的是——德、日等国的数字产

① PPT造车指一些汽车企业一款量产车也没有，却把新汽车新品发布会的PPT做得很好、把车吹得很神。

业！中国与美国的数字产业的差距，更多在资本层面，而在用户层面、设备层面和创新层面，中国已经在赶超，这也是美国以举国之力打压中国5G产业的原因。

如果网络你一定要用因特网，而因特网是美国控制的，那么你脱得了钩吗？网络和关键产业环节脱不掉，美国脱钩限制你，那不是制裁吗？

在西方世界，能够打破阶层固化的人，也都是通过学习完成的。西方给了数字泡沫一个上升的通道。西方资本世界打破固化就是通过变成打工皇帝或者科技创业实现的。这样可以全球吸引移民，吸走各国可以挑战他们的英才，说明泡沫其实是连人才也不放过的。其实，英才也是资源，是人力资源。中国大量的数字英才，也被吸引到了美国的数字资本下。

多数人都想进入名校，但名校只有部分名额留给学得好的孩子，而且得学习到顶尖水平，也可能需要多代人的努力。其实，华人特别适合这样的社会，但西方的种族天花板，就是不给华人这样的机会，他们要利用种族搞所谓的平权，破坏华人的底层上升通道。目前，西方已经限制华人学习数字科技和高端技术了，并为此设立门槛。

一个国家要想打破世界秩序的固化，需要科技的突破。如果美国与中国脱钩，实际上是科技的脱钩，高端领域的脱钩，美国才不想全部真的脱钩。他需要在低端买中国的廉价商品，他需要印钞买中国的商品。要维持这个模式，主要有两个办法：一个是不让中国制造向高端进军，令美国高端技术无人挑战，维持美国高端产品溢价，打压华为就是为了这个；另外一个是不让中国低端产品垄断市场，要各国都可以有低端制造，产生恶性竞争，搞对华特别关税和贸易战就是为了这个。所以脱钩是假象，他其实是怕你真的脱钩另外搞一个循环体系，这样他的金融优势就没有了，用泡沫就换不了中国的商品了，剥削不到中国的财富了。

《中国互联网发展报告2020》指出，2019年中国数字经济规模达35.8万亿元，占GDP比重达36.2%，中国数字经济总量规模和增长速度位居世界前列。

产业的强大总是令人兴奋的，与此同时，我们要注意中国国内的数字产业有多少是外资控制的；BAT（指百度、阿里巴巴、腾讯）等网络巨头的主要股东是谁；它们是不是都要依附于美国控制的因特网；它们是不是都是高估值在国内并购低估值的资产，玩着泡沫换取财富的游戏；一个投资30亿元的蚂蚁金服，如何变成了估值2万亿元的巨兽；蚂蚁金服的再融资上市要比金融业平均估值高多少倍，做了多少倍杠杆放债，控制了多大的债务人群体。这些不是细思极恐的事情吗？

美国能够允许中国数字产业的企业真的发展吗？美国打压华为、中兴、抖音、微信，就很明显了。中国的数字产业，哪一个不是中国的巨大资源换来的？而外国资本控制这些产业的原始投资，哪一个不是带特别溢价的数字泡沫？美国的高端芯片制裁，美国对TikTok的下架威胁……同样的游戏，只有美国人能干，中国企业要是强大了，美国人干不了了，他们就会露出另外的嘴脸。

这是霸权再分配财富的游戏，是只许美国人坐庄的赌场。美国是不想让中国翻身的。

中国对泡沫换取财富的认识和博弈，是自古就有的，因此有货殖一词。货殖一词最早出自《论语·先进》"赐不受命而货殖焉"，即指谋求"滋生资货财利"以致富。货殖的关键在"殖"字，兴生财利曰殖。孔安国注《尚书》云："殖，生也。""生资货财利。"其实，这个殖的背后就是要把握流动性、在不同时点的定价权和泡沫来积聚财富。看看当年的陶朱公、白圭等人是怎么发家的，管仲怎么炒作纺织品泡沫换取财富等，就明白了。而汉代控制资本，由国家掌控经济，要点平准均输的背后也是调整流动性，调整财物物流。中国的历史智慧对经济博弈理论讲得很清楚，现在只不过是数字时代的新发展。

西方资本主义兴起，对他国的殖民更多的是经济手段！对一个国家的政策，是要动用武力的！用武力去改变他国的经济政策，案例有鸦片战争。后来，直接地干涉他国内政变成了金融货币手段，日本人在《马关条约》中规定用英镑结算赔款而不是白银，所得存入英格兰银行发行日元，英国就带头取消了日本所有不平等条约。金融的利益是巨大的，美国现在也是通过金融货币手段影响世界！二战后对侵略战争有所限制，大国间的核战争不敢随便打，金融货币手段更是大国之间非传统战争的手段。以金融宽松为背景的数字泡沫，以定价权为关键的不等价交换，成为霸权利益的核心。

现在是信息时代，货币数字化、数据资源化、经济平台化、技术算法化，虚拟的经济体系已经成熟，数字泡沫不可避免。因此认识泡沫也是有价值的，泡沫可能被利用，而不是一味地谴责和戳破，美国对泡沫是采取双重标准的，是否认定为泡沫也是有立场的。美国是要用泡沫剥削和渔利他国，获取全球财富和再分配全球资源的。所以中国崛起要认清数字泡沫的博弈规则，预防被泡沫交易掠夺，反对脱实向虚，反对资本无序扩张和平台垄断化，是中国当前最需要注意的。

四、交易的本质

何为交易？交易是指双方以货币及服务为媒介的价值交换。交易，又称贸易、交换，是买卖双方对有价物品及服务进行互通有无的行为。它可以是以货币为交易媒介的一种过程，也可以以物易物。《易·系辞下》：“日中为市，致天下之民，聚天下之货，交易而退，各得其所。”这仅仅是交易最表面和直接的定义，交易背后的本质是什么呢？

价值交换了，交换的标的物也就易主了，其实也是其背后所有权的流动，是带有流动性质的。社会和生态的活力，关键是流动，是新陈代谢。只有流动，才带来分工合作，人类社会才能运转起来。

为什么要交易？古典经济学讲使用价值的交换，而现代经济学主观价值论则讲人的趋利避害的本质，交易就是赚便宜驱动的，衡量是否便宜的标准是货币，所以最简单的理由就是赚钱。通过交易实现分工和流动，流动就如物质运动一样，是消耗势能的，总是流向赚钱的方向。

我们将决定世界的流动和决定人类社会运转的流动分为物流、人流和信息流。这三种流动之中，伴随着价值的交换，流动带来了分工，流动带来了经济、政治、军事。能不能流动非常关键，就如物资是中性的，流动性好的物资叫作储备，流动性差的物资叫作库存。

只要交换，就有节点、平台、媒介、权力，谁能够定价？谁主导物流、人流和信息流的流向呢？

现代社会，流动的东西在物流当中最重要的是能源流，能量也可以认为是一种物质。这其中是熵在起作用。熵是什么？熵是不可以利用的能量，是无序度的。负熵则是可以利用的能量，是有序度的，也是一种重要的资源流，但被重视程度还不够。

另外一个重要的流动则是资金流。在古典经济学中，货币是商品，是一般等价物，是贵金属，资金流是物流；而现代货币理论认为，货币是媒介，是信用，背后是一种信息；到数字时代，货币数字化，货币更成为一种信息流。资金流从古代的运银子变成现在的敲键盘，物流变成信息流，就是经济理论和交易本质的一次极为重大的历史变化。

在古典经济学时代，货币是物流，是贵金属，不依赖世俗权力；在现代经济学时代，货币是纸币，需汇兑，还需要物流、信息流，货币依赖政府、央行的信用；在数字虚拟时代，货币数字化，数字货币出现，货币可以不依赖政府和央行，但要依赖平台。这是一个根本性的变化，同时也带来了交易学的根本改变，虚拟经济交易学是与传统交易理论不同的经济逻辑。

货币变成了信息流，货币数字化背后隐藏的是什么？在信息爆炸时代又产生了怎样的根本性变化呢？我们需要明白，其背后存在着信息流的三个根本特性。

（1）信息流会衍生，信息会衍生新的信息。正如金融衍生品一样，会被多次挖掘，你的网络需求查了什么信息，就变成了新的信息。所有的信息数据，有了计算机的处理能力，就可以被挖掘，变成大数据和信息资源。数据在信息平台衍生，数据资源化，是传统经济所没有的。传统的物流、人流在流动当中是会有损耗的。当然，人会生小孩，商品可能有孳息，但孳息也是要成本的，而且量级有限，与信息流的衍生摩尔定律下无成本的指数型爆炸根本没法比，物流和人流的衍生可以忽略。到了信息爆炸和算法时代，随着数据挖掘、AI智能，信息的衍生呈现越来越爆炸性的裂变。

（2）信息技术（IT）到了拐点，信息的传播成本极大下降。以前，信息可以在传播当中逐步淘汰，现在有IT和网络，所有的信息不但不会在传播中流失，还会传播得更快、更广，与此同时，信息复制的成本还可以忽略不计。再者，网络不会忘记，以前不能的事情，都变成了可能。物流、人流在流动的时候成本损耗是很大的，远远高于网络时代信息传播的成本，因此信息流与传统的物流、人流产生了不对称性。而算法和霸权带来的还有对信息流的可操控性，如各种竞价排名和导流。

（3）信息可以迅速地过时、失效、泄密，使得信息和数据的价值迅速归零，甚至变成垃圾信息产生负值。信息有时效性，需要保密，才有价值。过多的垃圾信息，不但没有价值，还加大了检索有用信息的成本，所以产生了负值。我们已经被垃圾邮件、垃圾短信等垃圾信息包围，每个人都在为此付出代价，这也是信息泡沫破裂的情况之一。

当今的虚拟世界，就是信息流的不断衍生膨胀，就如吹起的泡沫一样不断膨胀。这个膨胀的速度是按照信息学的几大定律——摩尔定律、梅尔卡夫定律、吉尔德定律等发展的，按非线性的几何级数增长，所以我们把它叫作数字泡沫。传统的物流、人流却还在维持传统，出现不协调因素。膨胀的信息流要怎么与传统的物流、人流进行交换？

人类的所有知识（信息）现在是每七年增加一倍，而且还有加快的趋势，属于完全超指数型增长！以前的传统社会，是缓慢的线性增长。信息爆炸与传统制造并行：一个要爆炸成气体泡沫，一个还保持液体一样的流动。爆炸成气体泡沫要按照体积与液体进行混合和交换，但说不准什么时候就破裂了，消失在空气中什么也不剩了。

随着信息流的衍生和传播，里面的资金流带来了货币流动性，带来了金融，带来了货币数字化。能够不断产生信息流和衍生的核心数据越来越重要，带来了数据资源化。信息流的衍生和交易，必然诞生信息平台。信息平台控制了经济运行，实体交易也逐步以平台为交易场所和媒介，带来了整个经济平台化。信息流的快速衍生膨胀、流动的方向、交易的撮合，超过了人的能力，自动交易出现了，由AI算法控制，带来了技术算法化。这就是当今虚拟世界的模式。

在信息爆炸时代，交易的实质再一次发生了变化，信息流衍生膨胀，在流动传播过程中不会衰减，而且膨胀的速度依摩尔定律呈几何级增长，在决定世界的人流、物流当中异军突起。信息流成为整个世界的关键因素，信息流的膨胀带来了新的财富再分配。货币数字化、数据资源化、经济平台化、技术算法化，成为时代的新特征，也带来了新的交易学理论，信息数字在哪里泡沫膨胀？在哪里换取财富？在哪里破裂？最后由谁埋单？这些都是需要研究的问题。

绪论

新金融交易学理论体系概述导读

虚拟经济交易学从实战的数据和经验出发，研究数字信息时代的定价权、泡沫规则、熵世界观和数字霸权等理论，是数字信息时代新经济学的理论基础。交易是各种领域的交换，交易学则是连接各种理论解释世界的纽带。本书从数据资源化、经济平台化、货币数字化、技术算法化等层面，认识数字泡沫换取财富的游戏，看清世界博弈和财富再分配的原貌。

本书是讨论数字经济崛起、信息爆炸、全方位建立数字经济新理论的著作，内容综合了本人的著作《资源角逐》《信用战》《定价权》和《平台霸权》的思考，并在原来的基础上加以发展延伸。

书中以各种实例为支撑展开各个理论的探讨，以全新的视角和逻辑来解释当今的世界，书中的不少章节曾经在《瞭望》新闻周刊等刊物上发表，当时具有前瞻性，现在看是实证。

经济理论涵盖宏观经济学、微观经济学、货币银行学、政治经济学四个方向，不论哪个方向，交易都是必不可少的，各个方向不应当是割裂和独立的。交易贯穿人类所有经济活动之中，交易学是把经济理论各个方向联系起来的关键，能够帮助人们全面理解经济社会运行的规律。

经济，即经世济民，经是生产发展，而济则是分配。在交易学层面，经济学更多探讨经济中利益的分配，而利益分配也往往是最敏感和最有立场的。在霸权国家主导的经济学领域，其经济学者是不会把这些说出来的，或者会刻意把其中再分配财富进行剥削的内容掩盖起来，这是为他们统治世界的立场服务的。中国崛起复兴之路上，则需要把其中的机理认识清楚。

本书是一本实战派经济论著，理论是伴随着各种发生的经济现象逐步分析和展开的。本书主要阐述交易学理论，是在当今信息爆炸，数字经济崛起，网络、人工智能等新交易手段出现，交易技术空前发展的背景之下，研究探索数字虚拟经济的金融交易学必读之书。由于涉及的层面众多且繁杂，本人对书中的理论框架进行了整理，并将核心理论观点提炼出来，便于读者在阅读中找到脉络，理解书中交易学理论的全貌。

一、新经济理论层面：定价权与信息流

1.决定世界的是人流、物流和信息流。信息爆炸时代，信息流发生根本变化，信息流能够快速衍生，信息流不会在传播中损耗，从而带来膨胀泡沫，再分配世界财富。（引言，第四章）

2.信息流主导交易，带来了数据资源化、经济平台化、货币数字化和技术算法化，成为新经济的模式。（序言，引言，第四章）

3.因流动性泛滥，供需曲线不是单调的，后弯成为常态。以前之所以看不到后弯，是因为货币供应量有限，流动性有限，达不到后弯所需的流动性，只有一些狂热的特殊情况，流动性富集才呈现，比如荷兰当年的郁金香事件。（第二章第五节）

4.后弯是由于需求有恐慌性需求和投机性需求之别，从而导致价格越高可能需求越旺盛；而价格越高，供给因为惜售而更少；价格越低则有投机性抛售、爆仓抛售等大量供给出现，同时经济低迷需求更低，投机性需求转向等。（第二章第五节）

5.因为后弯，供需曲线会形成双均衡点，甚至出现多均衡点。在不同的均衡点有不同的价格稳定，一般在高位和低位有不同的均衡点。（第二章第五节，第三章第五节）

6.两个均衡点代表着买方市场和卖方市场，到底在哪个均衡点，是货币流动性决定的。你是更愿意拿着货币，还是更愿意拿着商品，这两个不同的意愿，造成均衡点的不同。实质则是谁是货币谁是商品，货币的基本假设是它的信用高于一般商品。（第二章第五节、第七节）

7.不同的商品在一个产业链上，在产业链上的不同环节位置，可以均衡点不一样，不同的国家、不同的地区及不同的产业是不一样的。流动性是不均衡的，不均衡之间是可以渔利的，数字产业自带流动性，带来不均衡。（第二章第七节）

8.流动性可以由央行操控，不同的均衡点也可以操控，在产业链上，使得自己的环节位于高位的均衡点，其他环节位于低位均衡点上，可以实现利益的最大化。（第二章第七节）

9.数字资产超级杠杆率可以高达500倍，数字资产带有自身的泡沫性，因为费雪方程式$MV=PT$，数字产业的流通速度V在快速上涨。（绪论第二节，第一章第二节，第四章第一节）

10.产业链结构不同位置均衡点高低不同，带有结构性的经济利益，美国主导的和中国需要的产业链结构是不同的。（第二章第八节）

11.正常的交易状态均应当在低位的均衡点上，高位均衡点是不稳定的，容易出现泡沫。如果价格总是处于高位均衡点，且希望稳定地产生泡沫，就必须有外力进行维持。（第一章第五节）

12.数字泡沫可以维持高位均衡点，除了自带流动性，还有信息不对称。网络的透明带来数字产业的优势是泡沫换财富的抓手。（第五章第二节）

13.产业链各个环节的交易变得数字化，大宗商品的虚拟市场超过实物市场，被交易体系控制，紧缺资源实物价格并不一定永远上涨。（第一章第六节、第八节）

14.超前消费，享受流动性宽松，是一种金融权利，流动性是可以被操控的，这是美国的霸权特征。（第三章第八节）

15.用熵的眼光看世界：数据有熵的价值，数据资源化、数字的虚拟价值是实体的从属价值，带来了新空间和有序度。机器人的劳动是数据资源和算法工程师人力资源的稀缺性和依赖性带来的，以中国的国情，我们反对脱实向虚，实体才是根本。（第三章第七节）

16.在虚拟时代，货币数字化、数据资源化、经济平台化、技术算法化，虚拟的仿真替代实体的制造生产，机器人成为劳动力，深刻地影响了未来的世界经济格局。在美国的霸权下，世界是政治经济学为主导。（序言，第一章第一节，第四章第一节、第二节，第五章）

虽然以前的经济学不承认定价权，但这个词成为经济热词本身就说明定价权的存在可能。本部分的部分理论在《定价权》一书当中有所阐述，本书则进一步进行分析。

二、货币金融层面：泡沫规则

1.货币的定义在QE常态化下进一步改变，从石油美元变成了QE美元，美元的锚从黄金、石油变成了现在的虚拟数字资产和网络霸权，所以QE可以使石油期货结算价格负值。货币的交易无媒化，已经离不开数字交易体系和网络，而网络是有霸权的，QE常态化了，但货币的流动反而更被交易体系和平台控制。（引言，第一章第一节、第三节、第五节、第九节，第五章第八节）

2.新的货币形态出现，以前的货币是贵金属，信用不依赖权力；然后货币是纸币，信用是政权和央行：现在货币数字化，依赖于平台！平台可以是主权的，也可以是去中心的，带来了新的货币概念的改变。（引言）

3. QE会常态化，流动性进入永远宽松的模式，该模式会催生数字泡沫，泡沫是虚拟数字时代来临的标志。美国对泡沫采取了双重标准。流动性是MV，数字经济货币M的扩张不如流通速度V，数字经济的特性V不断加速，带来数字虚拟产业的不断膨胀，数字泡沫是流动性带来的！（引言，第一章第一节、第二节）

4.通过多种新金融工具，不仅有释放货币的QE，也有回收货币的超额准备金。美联储的多种工具对QE常态下创造的流动性进行了定向，控制实体通胀，定向流入数字虚拟产业，催生其规模的扩张远超实体经济，产生泡沫，并定向控制泡沫渔利。（第一章第二节、第三节、第五节，第二章第一节）

5.脱实向虚导致的虚拟商品概念已经改变，没有了期现套利，期货结算价可以负值，虚拟变成数字游戏，价格涨跌两个方向都可以出现泡沫。价格过低，是空单或看空期权这类虚拟商品的价格泡沫，经济模型再度改变。（引言，第一章第三节、第六节、第九节）

6.美联储在QE常态下要成为全球的央行，提供全球流动性，同时QE常态购买美债，带来了美债的特殊需求和溢价。美联储用超额准备金等工具回收货币流动性，美联储资产负债表膨胀，给整个金融体系降杠杆。（第一章第四节）

7.在流动性不断注入的状态下，市场公平交易的前提——零和博弈，不存在了。市场交易和金融交易都是有庄家的赌博机制，产生新的交易学和交易理论。（第二章第二节、第三节，第三章第五节、第六节）

8.金融危机必然发生，而且是人为导致，背后是印钞吸纳财富进行剥削和掠夺带来的必然结果。金融危机、经济危机造成的损失，其实在危机前已经通过印钞抽走和消耗掉了。（第二章第六节）

9.世界虚拟大发展，信息爆炸，信息、信用、货币的统一，数字泡沫出现，网络虚拟数字时代替代传统工业时代，进入后工业社会、信息社会、数字社会。（第四章第一节、第二节、第五节、第六节）

10.通过不断的数字泡沫与实体财富的交换，使得财富流入，QE常态化，不断宽松的流动性可以持续，虚拟数字市场可以扩大。（第一章第五节）

11. QE的低利率和货币宽松，加大了劳资双方和发达国家与发展中国家的差距，通过积累财富改变地位越来越困难。财富更加集中，也挤爆了养老体系，催生资本无序扩张和资本倾销。（第一章第十节、第五章第二节）

12.世界霸权进行剥削和再分配财富的方式，已经从剩余价值论发展到了通过泡沫交易体系来占有了。（绪论、第一章）

13.世界霸权已经从金融货币走向了数字虚拟，已经从托拉斯垄断变成了资本倾销，QE常态化的低成本，资本倾销来消化，让泛滥的货币，由一国变成跨国和国家间的财富再分配。（第五章第二节）

14.数字泡沫为何能够通过交易占有财富，流动性的稀缺是关键因素之一，流动性在泡沫一方，流动性是决定性的因素。（第一章第五节、第二章第七节）

15.看清楚世界泡沫规则，相对于西方的宏观和流动性定向，中国需要的是微观调控。利用微观在全球行业的巨大份额进行理论创新，是中国能够取得翻身的关键。（第一章第九节、第二章第五节）

16.泡沫之下泡沫增值，带来全球的征税权博弈。美国是直接税，中国是间接税，现在还有碳税、数字税，避税和移民，二次再分配财富。（第二章第十节）

17.数字泡沫和虚拟世界，对应现实世界的改变就是物流。它带来了产业结构的变革：中国快递小哥群体崛起，疫情下全球物流网络崩溃，海运费暴涨，更关键的是船只滞留。物流与信息流、实体与虚拟，都是非常重要的。（第三章第九节）

泡沫换取财富，交易非零和博弈，让市场的高大上变成了一个有庄家的赌场，霸权者是庄家，而其他人难以脱离赌场这个游戏，就是霸权剥削世界的模式，中国需要新的理论和理论自信。

三、实战理论层面：量跃模型

1.交易市场是没有慢牛的，在金融工具之下，价格会快速变化，实现从一个均衡点到另外一个均衡点的跃进。（第三章第一节）

2.期权在市场当中相互作用，在均衡点附近，会有大量的金融衍生品。期货和期权，互相的套期锁死了价格波动，保持了均衡点的稳定。（第三章第二节、第三节）

3.每个商品像量子一样，稳定地形成了类似能级一样的模型。商品形成能级，交易价格会在能级之间跃迁，能级也可以是一个理想曲线，受能量本底的影响。本底则是QE带来的货币松紧变化，这就是我们的量跃模型。（第三章第四节、第五节）

4.交易所存在风险，不是包赚不赔，在均衡点跃迁下会有巨大风险，不同的均衡点就是买方市场和卖方市场的转化，风险需要对冲。（第三章第四节）

5.供需曲线的拐点，是卖方市场和买方市场转换的位置，会有市场的阻力节点，具体分析2008年油价高低模型、杠杆爆仓对市场的影响等模型。（第三章第五节）

6.做多与做空不对等，成交量与牛熊的关系，认识市场的非零和性、市场的非对称性、交易体系的影响，等等。（第三章第五节）

7.熵是一种世界观，价值是信用和熵双重决定的，熵的有序度可以把各种资源统一，借助熵增加原理、耗散结构理论、最小熵作用原理可以知道事物发展的方向，各国博弈的是熵减。从熵的角度，可以宏观上更清楚地理解泡沫博弈和数字泡沫。（第三章第七节）

8.世界从开放体系变成封闭体系，对熵的世界改变是巨大的，要产生有序的耗散结构需要开放体系，变成封闭体系，就有破裂的压力。（第三章第七节）

9.中国需要避免被掠夺，需要多种金融工具，REITs、保障资源供给、资产重估，等等。（第五章第九节）

理论与实战必须符合，经济理论一定要符合实战，过时的经济理论把自已伪饰成所谓的学院派，最后只会沦为西方忽悠中国的工具。

四、政治经济学层面：挑战美国霸权

1.世界的规则不同了，中美GDP总量可能会超过全球的50%，全球化从开放体系变成了封闭体系，带来了内卷化的博弈。（引言第三节）

2.中美GDP统计规则不同，中国是生产法，美国是支出法，差别巨大，前者反映生产了多少，后者反映消费了多少，全球生产等于消费，但国与国可以不同。（第二章第一节）

3.中美的矛盾不是脱钩，是中国崛起了，挑战美国的霸权规则，而美国希望通过印钞，将用泡沫换取中国财富的游戏永远持续下去。中国对抗美国，需要利用国家的行政能力和财政能力，搞微观调控而不是宏观调控，利用微观行业在全球的份额来影响世界。（绪论，第一章第九节，第五章第三节、第四节）

4.数字泡沫膨胀是特里芬难题下美国的应对选择，而不断的泡沫膨胀，是熵增加的过程，美国必然走向衰落。（第五章第三节）

5.中美的数据是有故事的，是反对脱实向虚，反对美国式的创新，生产性GDP与消费性GDP的故事。低利率其实也是一种掠夺，发展中国家与发达国家不同，反对霸权。（第一章第九节、第十节，第五章第一节）

6.美国主导的产业结构与中国需要的是不同的，不同的产业结构是可以渔利的，“互联网+”与工业4.0背后的意义不一样。（第二章第八节，第五章第二节）

7.中美双产业链博弈，建立双循环，只有双循环才能够摆脱美国的霸权控制，避免被剥削。美国当年面对英国霸权，搞的也是孤立主义，也是双循环。中国的人口基数、产业链循环的规模和成本摊销有优势，但中国的产业链有断点，断点就会成为美国的抓手。（第一章第十节，第五章第二节、第四节）

8.双产业链博弈，中美脱钩，美国是有抓手的，因为卡脖子的产业链环节在美国，网络已经串起所有产业，网络的权力也在美国，如此条件下的美

国说脱钩实际上变成了对中国的制裁，中国只有打破卡点，才有希望。（第五章第二节、第四节）

9.中国在非洲的战略意义重大，摊销中国研发成本，资源提供地，也是双循环消长的关键之环。（第五章第五节）

10.中国内循环的关键是网络独立、产业链没有断点、打断数字泡沫换取中国财富的抓手。（第五章第二节）

11.中国不怕美国抵赖美债，背后是数字泡沫和巨大利益的对冲和背书。（第五章第七节）

12.数字货币的美国优势和霸权、暗网，中国需要主权货币和应对。主权数字货币不同于比特币等数字货币，货币不是去中心的，而是以中国央行为中心，中国是有主权的。（第四章第三节）

13.美国的QE常态化带来的数字泡沫资本倾销，是资本的无序扩张，对中国是巨大的掠夺。（第五章第二节）

14.现在的信息时代，是货币数字化、数据资源化、经济平台化和技术算法化，网络信息不对称，信息透明和大数据，信息不对称的渔利，产业模式改变。（序言，第四章，第五章第三节）

关于应对美国霸权，中国的新陆权、依附于5G移动网带来的信息流，以及特高压和石油管道的能源流，对美国因特网的信息流霸权起到一定的制约作用，海权与陆权的拐点可能来临，中国要有自信等将在《平台博弈》一书中详细论述。

现在的信息时代，是货币数字化、数据资源化、经济平台化和技术算法化，在信息爆炸的数字时代，科技升级、霸权带来新的政治经济学，是网络霸权、数字霸权的政治经济学。中国反抗剥削，要认清其政治经济学的本质。

五、综述

虚拟经济交易学从实战的数据和经验出发，研究数字信息时代的定价权、泡沫规则、熵世界观和数字霸权等理论，是数字信息时代新经济学的理论基础。交易是各种领域的交换，交易学则是连接各种理论解释世界的纽带。本书从数据资源化、经济平台化、货币数字化、技术算法化等层面，认识数字泡沫换取财富的游戏，看清世界博弈和财富再分配的原貌。

第一章

疫情下，美国谋求世界数字霸权

为何穷国要买富国的债？因为穷国必须要有外汇储备。以前是黄金储备，后来，国际金本位的布雷顿森林体系破裂，发展中国家没有全球金融权利，就必须储备外汇。

大量持有外汇，就必须买国债。现代货币背后不是一般等价物商品，是交易媒介和信用。国债是国家债券，货币是央行债券，存款是银行债券，哪个安全不言自明。美国的金融霸权统治世界的方式，就是让穷国只能搞新重商主义，外汇发行货币。发展中国家和西方发达国家主要差距在金融主权上！

虽然中国GDP高，但还是必须储备外汇的；欧盟国家都不用储备多少外汇，因为欧元是可以国际支付的。世界对美元的流动性有依赖性，中国也一样对外汇储备有依赖性。这个依赖性，才是美国可以QE常态化的基础，也是催生数字泡沫的基础。

世界变成了封闭体系，中美博弈，而中美占全球GDP总量的40%，若计算增长和购买力平价，预期可超过50%！中美博弈，美国谋求全球权力，已经是一个封闭体系之下的内卷化博弈。

一、数字虚拟经济与QE常态化带来了流动性永远宽松的未来

量化宽松（QE）主要是指中央银行实行零利率或近似零利率政策，通过购买国债等中长期债券，增加基础货币供给，向市场注入大量流动性资金的干预方式，以鼓励开支和借贷，也被简化地形容为间接增印钞票。零利率或近似零利率的条件，才是构成量化宽松的关键。很多人把央行的货币发行、积极货币政策，也似是而非地说成了量化宽松。其中有人是概念不清，而有人则是故意的！

QE最早在2001年由日本央行提出——在2001—2006年间，为了应对国内经济的持续下滑与投资衰退，日本央行在利率极低的情况下，通过大量持续购买公债和长期债券的方式，向银行体系注入流动性，使利率始终维持在近于零的水平。通过对银行体系注入流动性，迫使银行在较低的贷款利率下对外放贷，进而增加整个经济体系的货币供给，促进投资及国民经济的恢复。这与正常情况下央行的利率杠杆调控完全不同。

2008年全球金融危机，美国也开始搞QE了，突破了央行不直接购买国债的禁忌。而在此之前，日本已经实行QE多年，随后美联储搞了四轮QE政

策，然后在舆论压力下开始了加息和缩表。2020年之前，QE一直是“过街老鼠”，被认为是一种权宜之计。当时的世界主流舆论和央行表态，都认为QE要退出，只不过是早晚问题。

然而，QE带来的利益是巨大的，从美国说要退出QE开始，就不断有人分析美联储还是要推出QE，退出是不可能的，以后会QE常态化。这个预期在2020年全球暴发新冠肺炎疫情之后，终于变成了现实。所不同的是，以前大家都在谴责QE，而这一次的QE则是在全球的盼望之中推出的，而且得到一片叫好声。开始还将疫情作为遮羞布，然后很快就在全球央行的跟进当中，解释都用不着解释了。

在美国还没有推出不封顶的QE和QE常态化的时候，大家对疫情下的美国股市一片看空，而本人却预计美股不会有熊市！

2020年3月10日，本人曾预言美国要采取兑水作弊的模式（图1–1）！

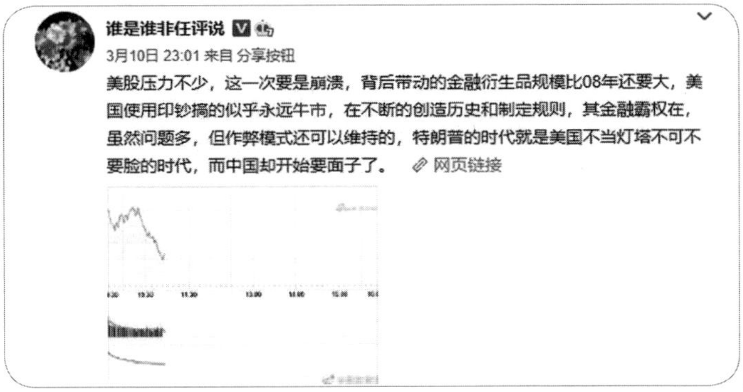

图1–1

3月13日，本人又说，以后的市场变化，美国不会有熊市了，市场随后也印证了本人的判断（图1–2）！

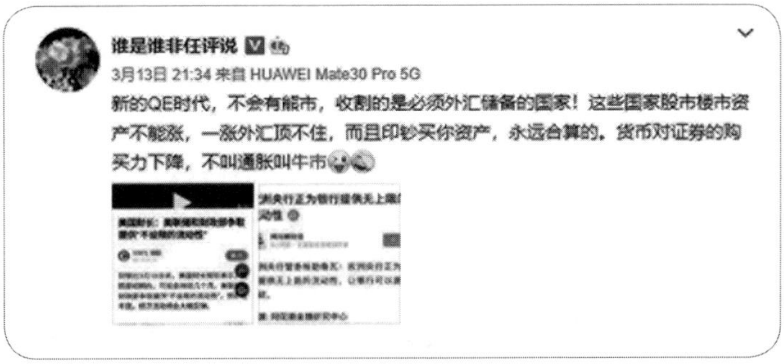

图1–2

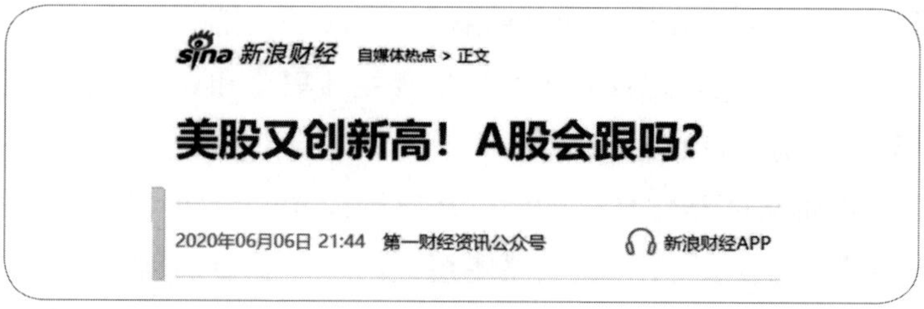

图1–3

三个月后，美股就又创新高，6月5日美股集体暴动，道指暴涨3.15%，纳斯达克更是创下历史新高（图1–3）。（本书作者是当时少有的肯定和坚持疫情之下美国股市大方向不会走熊的专家之一。）

2020年3月，在疫情的压力之下，美联储宣布新一轮量化宽松行动，将无限量购入美国国债及抵押贷款支持证券（MBS），以便为市场提供必要流动性。美联储在华盛顿时间周一（3月23日）早间，为了缓解上周在市场上出现的流动性紧缩问题，公布了一项大规模的救市计划，将扩大其资产购买规模，并把某些类型的公司和市政债券包括在内。美联储表示，一周前批准的国债和抵押贷款债券购买将是无限制的，还称本周将购买3750亿美元的国债和2500亿美元的抵押贷款证券。

除了上述措施外，美联储3月23日还宣布将向雇主、消费者和普通企业提供3000亿美元的贷款，并动用在全球金融危机期间使用过的定期资产抵押证券贷款工具（TALF）。美联储还宣布了两项旨在支持企业信贷市场的贷款措施：一个是向投资级公司放贷，并提供为期四年的过渡性融资；另一个是在公司债市场购买评级高的公司发行债券和在美国上市的交易型开放式指数基金（ETF）。

在这份救市计划宣布前，其实美联储已经宣布将购买5000亿美元的美债和2000亿美元的MBS。而3月23日的最新计划表明，美联储的QE开启了无限量模式。

美联储的QE常态化，实际带给社会的是流动性永远宽松的预期。虽然期间还可以操控流动性的波动，但总体宽松的大方向是不会改变的。这个永远宽松带来的，可能是长期股市的上涨，使得以后股市的差别不是点位涨不涨，而是波动率大不大了。在QE常态化之下，市场的牛熊理论都要重新进行认识。永远宽松带来的数字泡沫、泡沫规则，如何收割世界，更需要揭示。

此外，美联储还宣布将扩大其2020年3月中旬宣布动用的商业票据融资工具（CPFF），该工具将包括“高质量、免税的商业票据”，且定价也将下调。美联储在3月18日宣布自2008年全球金融危机以来首次动用CPFF，该工具将直接向企业和家庭提供信贷。

美联储的上述一系列操作，被全球公认为QE常态化的开始。因为QE无限量了，也不用特别授权、讨论和透明公开了，大家对其关注度也降低了。在此期间，美联储的资产负债表急剧扩大，美国广义货币供应量（M2）[①]的数量急剧增加（图1–4）。我们要注意的是，在2008年金融危机当中，虽然QE让美联储资产负债表扩表很多倍，美国的M2增长比例却是缓慢的，而现在美国的M2增长速度也大大加快了（图1–5、图1–6）。

在QE常态化之下，数字虚拟经济持续高涨，在美国疫情影响下的市场，已经创下新高，而美国的公司收益是多少？资产是多少？疫情损失弥补了吗？股票这些虚拟资产、金融资产，其价值是增加了还是减少了？为何价格可以暴涨，里面有多少泡沫？而其交易换取的实体财富，全都是真金白银。

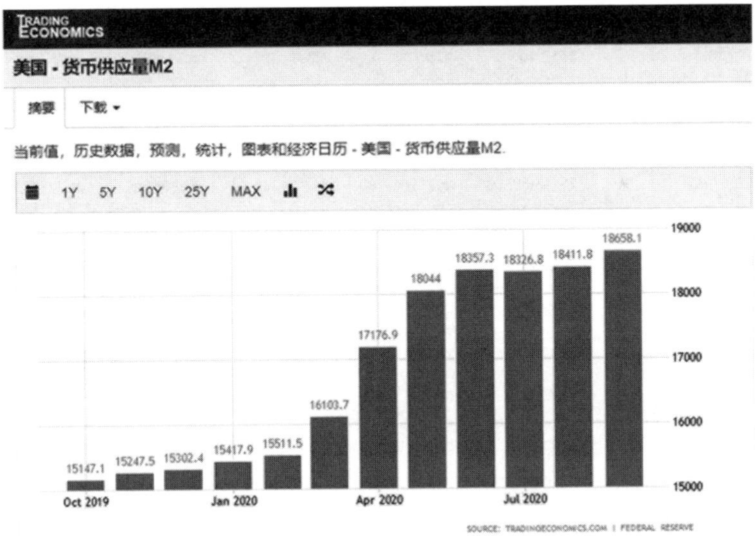

图1–4　2020年疫情中美国的M2增加

① 广义货币供应量：简称M2，指流通于银行体系之外的现金加上企业存款、居民储蓄存款及其他存款。它包括一切可能成为现实购买力的货币形式，反映了社会总需求变化和未来通胀的压力状态。近年来，很多国家和地区把M2当成货币供应量的调控目标。

图1-5　美国QE常态化后的M2蹿升

美国 金融	近期数据	前次数据	最高	最低	单位	
利率	0.25	0.25	20.00	0.25	%	[+]
银行间同业拆借利率	0.21	0.21	10.63	0.21	%	[+]
货币供应量M0	4880400.00	4807410.00	5149527.00	48362.00	美元 - 百万	[+]
货币供应量M1	5512.10	5395.00	5512.10	138.90	美元 - 10亿	[+]
货币供应量M2	18658.10	18411.80	18658.10	286.60	美元 - 10亿	[+]
央行资产负债表	7124894.00	7110865.00	7124894.00	672444.00	美元 - 百万	[+]
银行资产负债表	20115445.00	20209607.00	20324341.00	697581.70	美元 - 百万	[+]
外汇储备	138961.00	140388.00	153075.00	12128.00	美元 - 百万	[+]
私营部门贷款	2770.29	2793.09	3030.13	13.65	美元 - 10亿	[+]
外国债券投资	-33055.00	-22787.00	118012.00	-310791.00	美元 - 百万	[+]
私人债务占国内生产总值	220.20	216.20	224.50	162.90	%	[+]
回购利率	0.14	0.14	6.94	-0.01		[+]

图1-6　2020年9月美国金融主要数据表

在人类社会的进程中，货币的发展方向就是脱实向虚，从贵金属货币到以贵金属为本位的信用货币，再到与贵金属价值脱钩的信用货币，直到现在，各种数字货币和衍生货币都登上了历史舞台，逐渐构成了金融衍生品的世界，金融衍生品的规模已经远远超过实体经济的规模。QE带来了一定的繁荣，维持了数字泡沫、QE的货币走向，但实际上它们也是被控制的，如何能够QE而不发生“通胀”，才是问题的关键。

现在，通胀一词在不同场合解释不一样，同样是货币买到的东西少了，在实体经济中叫作通胀，在虚拟经济中叫作牛市。而人们要是有立场，就叫作危机，比如2020年疫情下粮价的上涨，人们叫作粮食危机，而事实上人家QE出来了那么多货币，给底层发钱买食品，粮食涨价就不是简单的市场供求关系和货币通胀问题了！

现代货币，其实就是一个债务信用的符号。美元是美联储债券，美债是美国政府债券，QE常态化则是两种债券的兑换畅通化！美联储使用无限量化宽松等工具释放出不限量的货币符号后，实际上是在广义的符号体系空间里进行操作的。如果拿工业经济时代的价值规律进行分析，必然要出错，因为工业经济时代的价值规律在当今的广义符号体系里，只是很小的一个子集。

货币的脱实向虚，其实也是货币性质的改变，也就是货币从商品货币变成了媒介货币，也可以说是实体经济货币变成了虚拟经济货币；货币的价值是虚拟的，是媒介，不是其本身作为一般等价物商品的价值，那么纸币不是虚拟货币吗？你的存款在银行里面，不是数字吗？与以前的真金白银，已经发生了本质变化，这些货币背后的信用是谁在利用？别人能够利用它的信用，实际上已经虚拟了它的价值。而现在货币的无媒化结果就是货币脱离了纸币。货币的交易离不开交易体系，交易体系是数字体系、虚拟体系，货币的流动是受控的。美国可以QE常态化，与货币只能在数字体系内流动是有关的，货币的流动，受到交易体系的控制。

现在世界货币发展的趋势，就是从信用货币到信息货币、数字货币，各种数字货币的出现，还有去中心化。其实去央行化，背后是信息算力的背书，是信息系统的保障，作用是充当交易的媒介，而且交易其实脱离了主权央行的监管。以后世界会怎样？比特币的价值已经膨胀了多少？一大堆类似的货币在等待着，又有多少泡沫要出来了？

近几十年来，全球货币总量是多少呢？我们可以从全球范围内来看一组数据。

1970年，全球基础货币总量（央行资产规模）不到1000亿美元。

1980年，这个数字大约是3500亿美元。

1990年，这个数字大约是7000亿美元。

2000年，这个数字大约是1.5万亿美元。

2008年，这个数字变成了4万亿美元。

2020年，这个数字变成33万亿美元，其中美欧日三家加起来就有20万亿美元。

基础货币的增加，美元从布雷顿美元到牙买加美元，再到QE美元，无论是广义统计还是狭义统计，在美元的带动下全球货币数量都飞速增加，泡沫不断产生，新的经济逻辑和博弈方式出现，这就是本书要讲的虚拟经济交易理论。

在世界走向数字虚拟的时候，中国的货币体系与西方不同，中间存在一定的差别。差别造成落差，是可以套利的。2020年7月，中国的人民币M2达到212.55万亿元，超过30万亿美元，是美国（18.28万亿美元）和日本（10.64万亿美元）的总和。中国的M2与西方的不同，中国不是QE常态化下产生的M2，中国老百姓有大量的存款，老百姓存钱，银行就要有M2，而这部分M2在中国对应的是银行对基础建设投资的贷款或者政府债务对基建的投入，都是有实物背书的。西方则是QE常态化，背后是国债，国债超额发行，取得的财富都是要消耗掉的，比如在疫情中直接分给国民花掉，是没有财富背景的。二者不可以直接简单地比较。美国搞的更多的是虚拟经济，而中国更多的是实体经济。

中国的M2暴涨与美国的QE不同，更关键在于中国的利率不是零利率！只有在接近零利率或者负利率下央行的购买债券，才被叫作QE！零利率之下的财富再分配博弈，QE货币兑换资源储备的差别，才是问题的关键。“积著之理，务完物，无息币。”（《史记·货殖列传》）这个道理，中国古人在两千年前就知道，要储备必须使用不付利息的货币。现在有人指责中国M2暴涨如QE，对此就是选择性失明。

因此，中外交易体系博弈，新旧交易体系博弈，新旧交易理论，现在在世界上是并行的，要根据不同场合具体分析，既不能信息不对称，更不能被制度性套利。

2020年年底，世界的大水漫灌，已经是这个样子了。有专家管这个不叫通胀，叫作牛市（图1–7）。

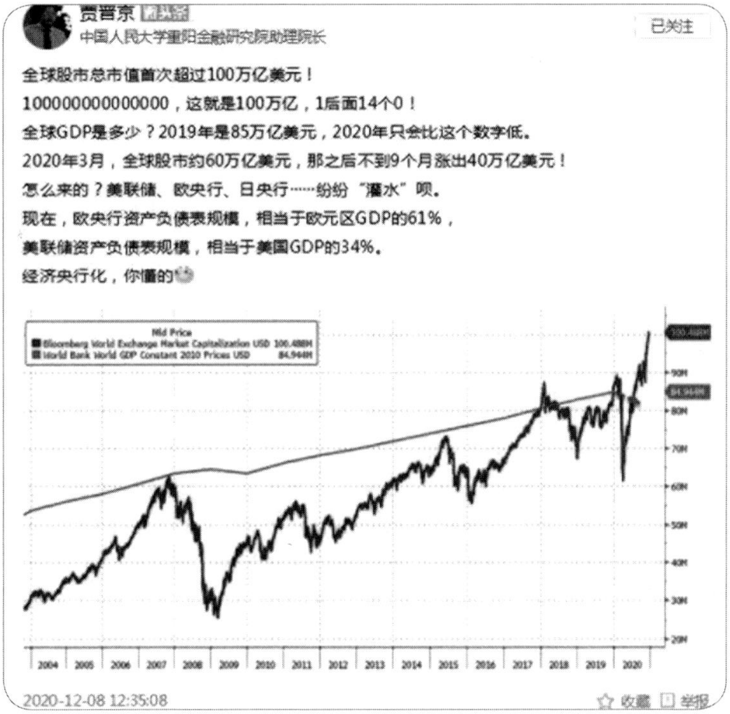

图1–7

大水搞出这么多的泡沫，就是要换取资产。西方的牛市指数，已经超过历史任何一个时期（图1–8），这个超越的背后，西方评价称其为华尔街国有化：“央行面对目前的资产价格和估值水平从未如此鸽派（债务负收益率处于历史高位），新政策将实施收益率曲线控制（YCC）来替代现代货币理论（MMT），促使美国、欧盟和日本债券市场（包括股票市场）进一步国有化。”因为华尔街的资产交易大量是美国国债。

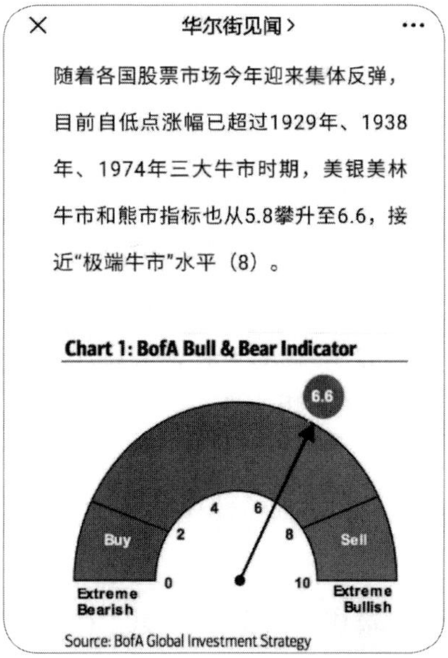

图1–8

（1）2020年三季度，美债波动率降至37点，为历史最低水平。

（2）全球垃圾债收益率降至9.2%，为

2014年9月以来最低。

（3）2020年美国高收益债券（HY）、投资级债券（IG）及杠杆贷款发行额达2.5万亿美元，创历史纪录。

（4）2020年美国国债发行量3.4万亿美元，创历史纪录。

（5）全球股市市值从低点猛涨39万亿美元，达到100万亿美元以上。

（6）2020年全球股票发行（IPO等）年化规模1.1万亿美元，创历史纪录。

（7）美股IPO/二次发行规模高于标普500回购规模，为2009年四季度以来最大泡沫，创造了历史纪录。

现在需要的，就是把泡沫填实，获得其他国家的财富流入，否则破裂开来，会是更大的危机。

美国的QE常态化，也在告诉全世界，货币数字化时代到来，货币就是债务的符号，货币的性质已经根本改变。

二、数字经济的流动性创造

从金融衍生的角度理解，实体的货币实银是现金，是狭义货币M0。在钱庄时代，钱庄老板可以开出的银票是远远多于他的实银的，只要大家找他兑换的时候他有银子就可以了，而所有人不会同时找他兑换，一般这个比例在5%以下（除非被挤兑的时候）。这样他可以放出10倍以上的银票。人们相信他的信用，他的银票可以流通，他开出来银票给他人放贷，一样可以收到利息，而这个多出来的银票的价值就是衍生，就是虚拟的，这样的银票可以叫作狭义货币M1，M1已经比M0多了很多虚拟成分。

后来，货币银行学也给银行带来了货币衍生。我们存银行100万元属于M2广义货币，而银行把这个钱贷款出来80万元，无论借贷人是拿现金还是存款，或者支付给他人，这贷款出来的货币一样处于广义货币M2，但我们的存款M2还在，这样总的广义货币M2就变成180万元，而实际的财富是没有增加的，还是当初存款的100万元，这多出来的就是衍生。

再后来，使用股票、债券等证券资产也可以支付，股票、债券等证券支付的时候是按照市场价值计算的，这市场价值往往远远大于其实际对应的资产，这多出来的部分就是虚拟。而可支付证券，在现在的广义货币分类里面叫作M3，比原来已经衍生的M2又多了一层。

近50年来，尤其是20世纪80年代以来，虚拟经济中一个令人瞩目的现象是，在金融创新中，金融衍生产品快速发展。实体交易变成了金融交易，金融产品构建各种期货期权衍生品，而期货期权的衍生品还可以进一步构建新的衍生品，如此堆叠，金融衍生品的数量变成了天量。衍生品市场的高度发展，背后有信息技术支撑。在货币脱离了黄金的本位限制之后，信用衍生得以泛滥，这些衍生的财富，都带有虚拟的意义。对金融衍生品按照广义货币分类，就是货币M4，这比前面的货币数量又多了很多。

虚拟经济是市场经济高度发达的产物，以服务于实体经济为最终目的。随着虚拟经济的迅速发展，其规模已超过实体经济，成为与实体经济相对独立的经济范畴。在今天，虚拟经济更变成了信息经济的产物，信息的价值更多在市场和交易当中体现，在金融当中体现。在现代经济中，货币已不是黄金等贵金属。纸币、电子货币等作为信用货币，本身就是“虚拟”的。银行等金融机构经营货币及创造货币的过程，与实体经济相比，也属“虚拟”范畴。而电子货币，比如虚拟空间的各种信用、点卡等，也具有了货币功能，甚至还出现了比特币这样的虚拟数字货币。在金融的范畴里面，电子货币是属于广义货币M5，货币变得广义，背后就是虚拟的财富变得更广义了。

对于这些虚拟市场的规模，是从狭义货币到广义货币，再到更广义货币的M3、M4、M5，我们对M5现在还不好统计，但对M3、M4的规模，看一下证券市场和金融衍生品市场的规模就知道了。在2008年金融危机后，2012年有关方面估计，全球GDP为70万亿美元，而债券市场则为95 000万亿美元，是全球GDP的1000倍以上，各种金融衍生品的价值则达到466 000万亿美元，是全球GDP的6657倍还多。世界上，每2.4小时流动的资金总额，就相当于一年全球GDP的总值（《从“大国”走向“强国”》，《瞭望》新闻周刊2012年第9期）。至于现在规模多少，美联储“不监管”金融衍生品之后，这些数据是不公开的。

图1–9是2020年3月的场内交易金融衍生品的规模，场外交易额是场内的很多倍，就如油价到–37美元/桶，场内交易没有几手，但在场外按照这个价格结算的中国银行用户，亏损估计就是300多亿元人民币。

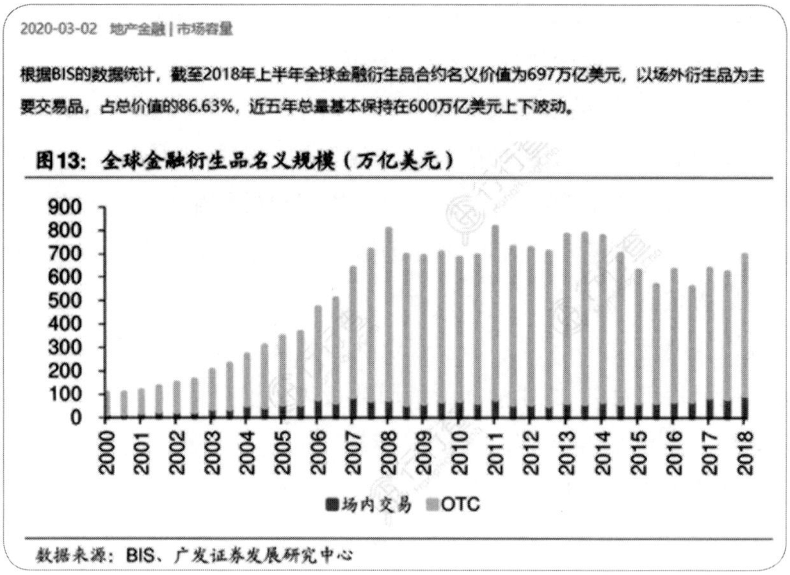

图 1–9

图1–10显示了由国际清算银行（BIS）所统计的2017年世界主要国家的大额交易（基本都是金融交易，也就是所谓“钱生钱”的钱）、小额交易（大部分也是金融和债务支付，只有一小部分是实体经济支付）的支付价值与各国GDP规模的对比。这张图表，是国际清算银行货币与经济部门主管克劳迪奥·博里奥（Claudio Borio）于2018年11月15日在华盛顿特区举行的第36届年度货币会议上做主题演讲的时候展示的，图表名字叫作“让GDP相形见绌的支付额”。

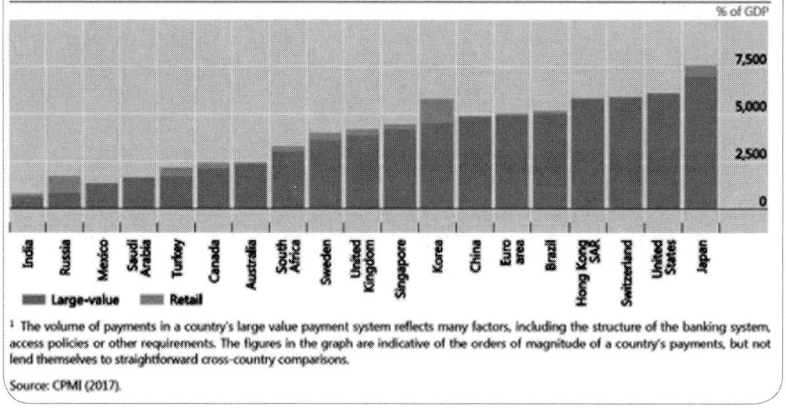

图 1–10

这里更要看到数字资产、数字泡沫另外的一个特性：对于传统金融，M0的流动性是快于狭义货币M1的，M1的流动性是快于广义货币M2的；但对于数字资产、数字货币等衍生出来的M4、M5则是另外的样子，数字资产的流动性远远快于传统资产，其流通速度在急速增加。

MV是流动性，M是货币，V是货币的流通速度，在虚拟数字领域，这个流通速度的增加才是可怕的。传统的交易所是人来喊价的，交易速度很慢，而电子交易所的报价就快多了。以前是委托给投行，要等着交易成功与否，如果不是待在证券公司里面，可能要到当天结算后才知道，后来可以键盘下单，然后是手机移动通信下单。这种交易速度快了多少？高频交易已经出现了，计算机的高频交易速度快了多少倍？这种高频是依靠人工智能计算的，是程序化交易，你手动下单已经赶不上了，你的头脑也赶不上了，而且计算机的运算速度以符合摩尔定律的速度增加，这个交易速度、货币的流通速度会有多快？以前无法捕捉的交易机会，现在都不会错失，货币的流通速度会有多快？货币的流通几乎与交易是同步的，不像以前需要在银行等待，现在都是电子飞速交易。

对于数字货币，我们还应该看到数字货币的高杠杆和金融衍生品，比特币的杠杆最高已经达到了500倍！例如Bitms高杠杆交易平台，最大可达500倍。如此的高杠杆，价格波动1秒钟就可以亏光本金，一切归零！交易能够进行，必然是超级的交易速度！这个速度依赖于高速运算和网络，已经是人工所不能及！背后带来的，就是货币的超级流通速度。信息时代，就是货币数字化的时代。

按照费雪方程式$MV=PT$，V在飞速地增加，则PT必然增加，PT是市场规模，P是价格，T是商品数量，商品数量增加与其信用和M有关，那么价格的增加就与V的增加有关，数字资产的价格和市场规模的膨胀是必然的，但实际的财富总量是一定的，这样的膨胀对应的实际财富必然摊薄，其膨胀必然是泡沫，必然如泡沫那样越吹越薄。从上面的数据规模可以看到，虚拟经济的快速发展，数字泡沫的膨胀，其膨胀的速度已经远远超过了实体经济，其规模更是实体经济的不知多少倍，我们在进入虚拟为王的数字时代。

麦肯锡估算离岸资本达32万亿美元

路透社（2012年7月23日）：据一份周日公布的研究显示，全球的富裕个人及其家庭在离岸避税天堂总计持有最高达32万亿美元的隐蔽金融资产。

该研究估计在离岸账户里的全球私人金融资产的规模在21万亿~32万亿美元之间，这部分资产不包括地产、黄金等非金融资产。

此研究是由麦肯锡前首席经济学家James Henry为反对避税天堂的Tax Justice Network组织所做的。该研究使用了世界银行、IMF、联合国及各国央行的数据。

该报告还突出了139个发展中国家的私人精英将资金放置于避税天堂对该国资产负债表的影响。

该研究估计自1970年起，到2010年为止，139个国家的最富人群已经累积了7.3万亿~9.3万亿美元“未被记录的离岸资产”。

Henry在声明中表示，这部分私人持有的离岸资产代表着“世界经济的巨大黑洞”。

三、QE常态化下市场牛熊理论已经改变①

这一次全球的无限量的放水，带来的影响与以前大家看到的不同。在QE常态化下，市场的牛熊理论是不能刻舟求剑的，现在的全球金融逻辑，已经进入了新的理论时代，数字泡沫时代开始了。

美国连续11年的牛市，让很多人看不懂。美国在疫情下的大跌，立即全球放水，美股深V的同时，美元指数上涨，也让人看不懂。石油大跌，美国卖油，为何还是石油美元呢？种种现象的背后，世界的经济学理论其实已经改变。货币的定义改变，已经不是原来的石油美元，美元与数字资产、网络

① 本节经编辑后在《瞭望》新闻周刊2020年第16期发表，题为《西方货币理论是否改变》。

霸权更多地挂钩了，与金融衍生品挂钩了。

图1-11是2020年3月13日晚美联储开启QE后的美股走势。

图1-11

在可以全球印钞的模式之下，以往的牛熊概念发生改变。以前增加流动性是需要很多限制的，央行印钞之手在各国都受到限制，但现在，我们知道了这个流动性是可以无限提供的，在这里要告诉大家的，就是股市的做多和做空是不对等的。

图1-12显示欧洲央行在提供无限流动性。

图1-13显示美联储在提供无限流动性。

图1-12

图1-13

财联社电报 CLS.CN

2015-07-08 09:35 星期三

【重磅：央行将对证金公司提供无限流动性支持】

财联社8日讯，中国人民银行新闻发言人指出，为支持股票市场稳定发展，中国人民银行积极协助中国证券金融股份有限公司通过拆借、发行金融债券、抵押融资、借用再贷款等方式获得充足的流动性。中国人民银行将密切关注市场动向，继续通过多种渠道支持中国证券金融股份有限公司维护股票市场稳定，守住不发生系统性、区域性金融风险的底线。

图1-14

图1-15

图1-16

2015年，中国股市出现问题的时候，央行也提供无限流动性（图1-14）；而到2020年，抗击新冠肺炎疫情期间，央行也提供了各种流动性。

2020年3月，全球央行基本是在同样的时间点开始提供流动性，而且世界的舆论导向不是指责，而是对央行的操作充满了渴望，所以央行货币的数字泡沫时代开始了。

在央行印钞模式下，原有的市场牛熊理论已经改变，没有自己的理论，还拿着以前翻译的教科书进行刻舟求剑是不行的。现在欧美国家搞货币宽松，已经不像以前需要授权、需要在媒体舆论当中讨论了，市场的模型，完全不一样，央行是下场操作的一方（中国还是散户思维的模式）。印钞维持杠杆不要爆仓。美国看得很清楚，不能去杠杆！所以每次大跌之后，不是继续跌，而是暴涨，让印钞支撑，让杠杆可以维持。杠杆的背后，维持的是货币的信用，所以还可以看到，美元指数是坚挺的。

图1-15显示，美元指数走势强劲，美国QE印钞，货币更涨！不是2008年那样美元指数的下跌，现在是另外的趋势。

2020年3月13日的黄金走势如图1-16所示。美国宣布提供无限流动性后，当时黄金不是大涨而是大跌！虽然后来黄金又创造了多年来的新高，不过从总体而言，走势与以前不一样了，而且3月与上一轮2008年金融危机QE时的黄金高点还有距离，现在股市新高了，黄金也没有暴涨，仅比上一次QE略有突破。

到2020年4月，美国就可以说是技术性牛市了，到年底，就新高了（图1–17）！

到2020年底，美国股市不但新高，而且站稳30 000点的历史高度和心理价位（图1–18）。疫情之下，经济衰退，但股市大牛不改，已经不是以前资本市场的牛熊逻辑了。

观察者

美股重返技术性牛市

2020-04-15 07:22:07

据第一财经消息，周二美国股市高开高走，投资者对疫情拐点前景乐观情绪有所上升，科技股和消费股涨幅居前。截至收盘，道指涨558.99点，涨幅2.39%，报23949.76点，纳指涨3.95%，报8515.74点，标普500指数涨3.06%，报2846.06点。随着纳指从3月低点反弹超20%，三大股指目前均进入技术性牛市。

图1–17

图1–18

新的QE时代，牛熊理论已经改变了。不会有传统意义上的熊市了，收割的是必须持有外汇储备的国家！这些国家股市楼市资产不能涨，一涨外汇顶不住，而且印钞买你资产，永远是合算的。

对通胀和价格重估问题，在本人的《平台霸权》中有深入讨论。2020年年底，央行前行长周小川也表示资产应当计入通胀。

金融工程设计期权交易的时候，在期权市场是在交割的时候多头[①]和空头[②]进行结算的，多头和空头的增减永远是对等的，因此很多人说这个期权市场是一个零和博弈，做多和做空是一样的。但这仅仅是孤立来看期权市场，事实上则是期权的多方和空方的盈亏交割依据是现货市场指数的高低，是与现货市场紧密相连的，是与现货市场交换利益的！我们的股指期货主要的作

① 多头是指投资者看好市场，预计价格会上涨，在价格相对较低的时候买入，等价格上涨到一定价位再卖出，从而获得差额收益。这种投资方式以买进为基础，投资者在未出售前手中持有股票或其他金融衍生品。

② 空头是指投资者认为现阶段市场价格过高，不看好市场前景，将手上的股票或金融衍生品卖出。不同于股票的是，期货和外汇市场可以直接做空交易，投资者在卖出后一直到买回前，手中没有实物，这也叫空头。

用就是套期保值，是与现货市场对冲的，因此考虑做多和做空是否对等，就必须考虑现货市场的情况。

如果考虑现货市场的财富，问题就完全不同了。就资本市场总体来看，有人做多股票，让市场的总市值增加了10万亿美元，意味着这多出来的财富是可以让每一个在市场中的投资者得利的；反之如果做空，市场的总市值减少了10万亿美元，则意味着大家总计损失了10万亿美元，然而还要有人从中赚钱，这一定是让市场价格更低，由没有进行套期保值的人埋单，会助长现货市场更低的价格。很多人说这个涨跌没有价值创造是泡沫，但实际上如果大家能够认可你的市场价格高，则意味着这多出来的10万亿美元是市场信用所创造的，按照现代货币理论，货币就是信用凭证。

传统经济理论还会讲客观价值论，价格是围绕价值波动的，似乎这个波动是做空和做多正常造成的，但要知道股票是要对外交换资产或者货币的，也就是换股收购和增发、股权融资的。股票价值高换取的货币和资产就多，而且企业会热衷于进行这种交易。欧美大量的并购是通过换股和股票支付来完成的，包括对中国的很多可变利益实体（VIE）机构的交易也是如此操作的。股票、证券作为一般等价物性质商品直接参与交换，在股市处于牛熊不同时期是严重不对等的！因此，做多可以让股票换取更多的财富，证券的信用能够支付和换取财富，就是前面所说的市场信用与现代货币理论下货币属于信用凭证的最好体现，在西方的体系里面，可支付证券是作为一种更广义的货币来看待的，这就是M3。

当今世界的金融工程发展，金融衍生品的交易已经远远多于现货交易，金融衍生品的涨跌盈亏，也大于现货交易。同时，金融衍生品有多少，与现货的牛熊关系，不是简单的零和博弈。对市场交易、金融交易的非零和性，在第二章会详细讨论。数字虚拟交易偏离实体，其实就是数字泡沫。因此可以看到欧美比着在印钞，但同样的印钞为何效果不同呢？为何美元就比欧元坚挺呢？

很多人会因此联想到2015年中国的救市，当时也提供了大量的流动性，结果救市失败，极大地挫伤了市场的信心！这背后的原因又是什么呢？

这个背后的原因是美元霸权，全球的其他货币与美元不对等。中国当年的救市就遭到了外汇的压力，在保汇率还是保股市上进行两难的选择。最后，中国外汇储备减少了大约1万亿美元，汇率的上涨趋势变成了下降趋势，汇率变得更为重要和迫切，股市自然就要付出代价。

这一次大跌，表面上看是俄罗斯与沙特阿拉伯及欧佩克（OPEC）[①]的谈判失败导致石油大跌，而这背后则是俄罗斯和沙特阿拉伯对美元更迫切的需求，而不是更看重石油资源的持有。在石油、美元的天平上，美元更值钱了。同时，全球疫情的流行，也带来美元稀缺和流动性减少。另外一个误区，就是把货币的多少简单地等同于流动性！而实际上流动性是货币数量M与货币流通速度V的乘积，按照费雪方程式$MV=PT$，石油降价增产，对应的是MV，而疫情下大家减少各种活动，V大幅度降低，背后都是MV的减小。因此，不是货币发得多流动性就一定大，而是要看其流通的速度。

从前面的各种想象往深入分析，其本质都要归拢于货币。一切市场理论的基础就是货币，就是货币的概念定义。我们的货币概念，在政治课上学习的是一般等价物，也就是货币的商品说；而西方则已经是货币与商品价格脱钩的媒介说了。货币本质定义的改变，带来的是建立在货币概念上的金融理论的变化，这个变化已经发生了不止一代！在西方，也是学术界与实际脱节，能够实操赚钱的经济学，没有人写出来，他们直接到华尔街赚钱去了，而原来的经济学更重要的作用是推广美国的价值观，因此非常容易将人带到沟里，所以美国的“芝加哥男孩”和“伯克利黑帮”已经成为著名的现象，他们才是美国学院派真正存在的价值。

美国的金融鹦鹉

一群发展中国家的学者被美国的学院派洗脑，成为美国渔利世界的工具。他们推行的理论，是对美国操纵舆论的声音鹦鹉学舌。他们的长项不是思考和研究，而是学习英美，是翻译家，把美国的战略传播内容翻译成本国语言带回国进行推广，被叫作金融鹦鹉。

“伯克利黑帮”是指这样一批印度尼西亚新自由主义学者，他们于20世纪50年代后期至60年代初期在美国福特基金会资助下被送到加州大学伯克利分校接受培训，后来回国并在1965年军事政变后长期执掌印度尼

① 欧佩克（OPEC）一般指石油输出国组织，是亚、非、拉石油生产国为协调成员国石油政策、反对西方石油垄断资本的剥削和控制于1960年9月建立的国际组织。

西亚经济大权，并推行新自由主义，给印尼人民带来了沉重灾难。

芝加哥男孩（Chicago Boys）是对一群拉丁美洲经济学家的非正式称呼。这些经济学家都是年轻男性，在芝加哥大学受教育，回国后，在智利天主教大学中创立了经济学系，因此得名。他们推行的经济政策带来了拉美的中心化和债务危机，最后扼杀了拉美经济崛起的机会。

世界的经济学理论，在20世纪70年代以后，从我们熟悉的经济理论，发展了多代，随着货币性质变化而变化，主要有以下几种。

1.量子理论时代

在布雷顿森林体系破裂以后，世界的货币从与黄金挂钩的布雷顿美金，变成了牙买加美元，这个黄金与美元脱钩、石油与美元挂钩的过程，让世界上的所有发达国家，从债权国都变成了债务国，没有了黄金限制，美元成为世界的等价物。对世界的证券理论而言，货币可以无限量地提供，证券市场的交易者当中，散户被杀出了。

没有了散户，出现了金融大鳄索罗斯，他的理论就是受到量子力学的启发。量子力学是概率波理论，量子有不确定性但统计有规律，高能量子的粒子性不能忽视。而散户也是不确定的、统计有规律的，在美元脱钩、美元丰富的情况下，大机构变成了高能量子。打破了原来经济模型的基本假设，既连续可导，又可以做微分方程。而高能量子是离散不可导的。

2.量化交易时代

在量化交易时代，苏联解体，美元变成了主导全球的货币，变成全球货币，美元在美国之外可以再一次衍生（比如外国银行可以有100亿美元存款，但它持有的美元只有10亿美元，这样就衍生了10倍），在海外衍生出来的美元也是流动性的，被称作广义货币M3！

与此同时，计算机技术的发展，提供了机器交易的可能，产生了金融工程，有了以前根本算不过来的复杂金融衍生品，这些衍生品都要机器运算、机器交易。金融工程下的衍生品是几百万亿美元的规模，远远超过了传统美元和传统证券市场，各种金融衍生品也提供流动性和交换媒介，被称作广义货币M4！

在量化交易时代，诞生了著名的期权和程序交易之父彼格菲（盈透创始人Thomas Peterffy），以及美国最大的券商盈透证券（Interactive Brokers）。它通过量化对冲来取得收益，股市的牛熊不关键，股市的波动率大小才是关键，后来连股市的波动率都有期权。复杂的流动性背后是网络泡沫的支持，并且产生了巨大的危机，因为这些金融衍生品的基础，是证券的价值，证券如果出现危机，上面大得多的衍生品倒塌，将是无法承受的。

3. 量化宽松时代

在2008年金融危机以后，产生了量化宽松，带来了负利率！也就是即使你持有货币，也可能要倒给钱了，因为你钱多了就没有地方放。拿着现金，不光有炒汇差价的铸币税，而且现金的使用被限制。你拿着黄金，黄金的运输都受到限制，西方各国大量携带现金、黄金是非法的，不能出入境。那要是存银行如何？不光是银行会倒闭，而且银行单一账户的存款有限制，存不进去。比如中国1万亿美元的外汇储备，存不进美国的银行，因为全部银行存款M2才10万亿美元出头，怎么可以每个银行存平均10%的中国央行存款？所以倒给钱的负利率都不行，只能买美债，而且美债还没有那么容易持有。

所以，在量化宽松的负利率时代，属伪钞概念，谁能够发钞，谁就胜利！投资是伪钞逻辑，不是以后收益多少，而是拿了“假币”要花出去！所以上市的各种网络公司，不用有利润就可以吸引投资，股市证券可以变成天价，这个天价的背后，就是货币伪钞逻辑要变成资产，保证了衍生品的总体价格。量化宽松时代产生了数字泡沫，数字泡沫的博弈成为主流。美国吸取了2008年的教训，不能让金融衍生产品崩盘。所以在2020年，QE常态化诞生了，这个诞生，标志着世界彻底地进入了量化宽松时代！

另外，量化宽松的结果，又产生了数字货币、电子货币等，比如比特币，产生了这些货币的相关衍生品，形成了庞大的市场和虚拟资产存量。这些货币，也提供流动性，叫作M5！美国的广义媒介货币已经到M5了，中国还是以M2为主体，有人说M2有200万亿元人民币太多了，其实是算账有问题。

这里说一个题外话，我们总说中国的M2有200万亿元，远远大于美国，但中国老百姓和企业为了安全要存款，那么这个存款就一定增加M2，这些存款的货币流通速度是极低的，所以虽然M2大，但流动性很低，股市一样不乐观。美国有M3，M3的数据美联储故意于2005年起不公布了。M3是海外流通的美元和可支付债券，中国海外人民币才多少？！

这里已经不是我们以前印钞多就要通胀的概念了。印钞以前是通胀，买的是社会消费品，消费者物价指数（CPI）里面食品、生活用品很多，但所有的这些商品，与当今的海量货币相比，篮子非常有限，就算全买下又怎样？这些商品是难以囤积的，是要变质的，只有在特殊的场合，对物质稀缺的社会，才会价格暴涨形成传统行业的通胀，现在多出来的钱都买了证券股票，都买了金融衍生品，甚至都买了比特币！2008年以后，公司的资产和利润都下降，但公司的股票涨价了，货币对于股票资产，其实是购买力真实下降，但我们说这个是通胀吗？我们说股市是牛市了！因此，货币对证券的贬值，不叫通胀叫牛市，这是量化宽松特有的牛市，原来的牛熊理论彻底改变了！

另外还有一个重要的问题，就是美国带头脱实向虚，虚拟交易与实体的交割结算越来越受到限制，结算价格也可以变成负值。这让我们看到，虚拟市场上的空单和看空期权等虚拟商品，在价格低的时候，对它们就是牛市，它们会涨到天价。以前是结算价最多归零，它们的价格都是有底线的，但现在没有限制了。因此，换一个角度，牛熊的看法和模型也要改变。本人认为，牛市应当体现更多的是总市值的增长，而不是总价格的增长。2015年股灾之后的几年，中国别看股市指数没有涨多少，而中国股市的首次公开募股（IPO）越来越快，股市的总市值越来越大，膨胀迅速，超过很多国家指数型牛市的增长。

在量化宽松的时代，维持股市的市值最重要，美国股市已经上涨了11年，而且按照以往的情况看，多次就要崩盘了，但又意外地流动性释放反转了，指数又弹了起来。而美国的指数构成，大有学问，与中国不同，不是所有股票都算，道琼斯的股指是成分股，成分股是调整的，几十年来成分股的调整变化很大，而且美国股市有大量没有流动性的股票，很多股票的价格要依靠做市商。做市商被称作善庄，但无论善恶，都要操纵市场，做市商有大量的持仓是要保值的，美国印钞的流动性就到他们那里，支持了谁，情况很重要。

很多人还想着QE和通胀的关系，但实际上现在西方的话语权之下，通胀已经不叫通胀了！现在热炒的粮食危机，国际粮食价格成倍增长，不是通胀吗？疫情损失之下，各个公司损失巨大，但在QE下让市值减少得远远少于原来的估值水平，这样一来，同样的货币买到的金融资产价值缩水了，不叫通胀吗？而美国股市的虚高，就算已经公认它是有问题的，美元买不到与其价值对等的证券，这个也不叫作通胀而叫作泡沫！所以西方印钞，在他们控制的舆论话语权之下，已经发生的通胀不叫通胀，通胀一词现在已经成为用来妖魔化中国和给发展中国家扣帽子的专用工具。如果算上股市的涨跌，中国人民币是通胀最小的。在发达国家，人们在食品等物资上消费的比重越来越小，仅仅以食品衡量货币购买力本身就是西方讲的故事。

美国、欧盟等搞QE热情高涨，背后是他们QE出来的钞票会国际流通，要在中国等国家使用这些货币并拿走商品！他们QE的结果是得到物资，肯定不会通胀，而中国这些需要美元的国家被拿走商品得到美元后，被迫外汇占款发行国内货币。所以通胀也是可以输入和输出的。美国之所以要QE常态化，背后与他们的剥削掠夺是绑在一起的。你的货币是否为国际支付货币，差别是很大的。现在，中国被拿走的是富余产能下的抗疫物资，是中国有利润的产品，对他们而言QE就不那么合算，因此新一轮妖魔化中国抗疫物资的声音就此起彼伏了。

到底是牛是熊，其实是看赚钱的能力！这里依靠宽松托起的市场，波动率可以不同，现在的对冲是否赚钱，与波动率的关系巨大，牛市可以是波动率的牛市！而中国的股市盘子不断扩大，二级市场不好，但一级市场绝对是牛市，新的科创板也创立成功，IPO和再融资都运转良好，熊市这个是做不到的。因此到底是牛是熊，需要重新认识。

现在的信息时代，是货币数字化、数据资源化、经济平台化和技术算法化，虚拟市场、资本市场、证券市场，都变成了数字货币、大数据AI分析、交易平台、量化高频交易算法的舞台。这个舞台之上，虚拟机器人也成为生产力，可以是一台做了编程、输入了AI算法的电脑在市场上不断交易产生收益，这个电脑其实就是一个虚拟空间的机器人，已经不是我们原来的交易形态，新的信息社会形成了新的牛熊经济理论。

综上所述，在全球量化宽松不受限的背景之下，货币的性质已经改变，更广义的货币M3、M4、M5活跃起来了，平台、算法、机器人都出现了，新的领域和新的赚钱手段出来了，数字泡沫来了，数字泡沫换取资产的游戏流行了！赢者叫市场得利，输的叫被剥削，背后还有货币金融“看不见的手”，欧美人称之为上帝之手，其实我们知道这就是霸权之手。中国需要顺应时代，建立自己新的理论体系，否则真的是输都不知道怎么输的。

四、美联储借疫情寻求全球央行地位[①]

图1–19

2020年4月，一个信息刷屏了，就是美联储宣布了一项决定，可以让各国央行拿着美国国债到美联储抵押获得美元（图1–19）。然后国内就有某文章说美国限制了中国持有美债的流通，引发一群标题党的转载。但这个政策的目的，却不是他们想的那样。美联储在寻求全球美元的再贷款人地位，再贷款发行货币是央行的职责和权力之一。

当一群人在说要中国持有的美债承担所谓的“责任”时，一些“美吹”在当牧羊犬，而“畏美派”则成为惊弓之鸟。但此政策并没有说中国持有的美债是不能卖的，也没有专门针对中国，而是说持有美债的各国央行可以在美债不卖的情况下向美联储进行抵押贷款。该政策其实是增加了美债的流通手段，让美债有了更好的流动性，与前面刷屏的文章相比，该文章正好把意思完全说反了。

央行给金融机构进行贷款，本身就是一种货币发行，同时也是央行的权力和货币调节的手段，央行就是最后贷款人的角色。以前，美联储只给美国国内的商业银行贷款，现在等于是把美联储贷款的范围扩展到了全球央行，也就是美元是全球的货币，现在美联储要做全球的央行。美元成为国际货币，全球一体化可没有建立全球的央行。所谓的世界银行等组织，不是央行性质的，是慈善救助性质的。

外国央行持有的美国国债要是出售，则要从金融市场上拿走货币美元；而向美联储进行贷款，则意味着美联储发行了货币，给金融市场上增加了货币供给。以前是外国央行抛售美债，会让美元流动性吃紧，美联储要增加美

① 本节经编辑后在《瞭望》新闻周刊2020年第18期发表，题为《美联储想成为全球央行吗？》。

元流动性，就要到市场上购买美债增加美元供给，这个行为也被我们说成了QE。而央行用美债抵押再贷款，是央行的标准操作，不用谁批准。这里的关键是以前央行再贷款是针对国内的，现在美联储给世界各国央行再贷款，寻求的就是做全球的央行。

很多人会问，为什么要到美联储抵押贷款？把美国国债卖了不行吗？美联储的QE，国债高涨，卖了正好。再者，中国是发展中国家，为什么借钱给美国？更有一群人高唱反美的调子，要抛售美债，作为中国打击美国的有力武器！其实明白简单的逻辑就可以让“懂行”的人哑口无言了。

这个简单的逻辑就是，中国外汇储备3万亿美元，在2020年大约有美债1万多亿美元，卖了美债，得到的美元放到哪里呢？中国只要有外汇储备，必然要大比例地持有的外汇储备是美元，这些美元放在哪里？很多人会说存银行、拿美元现金，等等，但有点金融道行的就不会这样想。因为拿着美钞，且不说对现钞使用的限制，就是现钞和现汇大约3%的差价，比利率就高很多。而现钞是什么？是美联储债券而已！

再说，你拿美元存银行又能怎样呢？且不说美国的商业银行会破产，就算不破产，你存得进去吗？这个问题很多人是想不到的。是否能够存？本人当年就这样问某分行行长：你的银行要是有一个储户，在银行里面的存款超过银行资本总额的1/10，人家可能随时提款，你会怎样？从这个角度分析，很多银行行长也没有想到。美国不是中国，中国能够有超过银行10%资本的只有国企。单一存款数额太高，银行是害怕被挤兑的。这里很容易算账。2008年以后的这些年，美国的M2大约是10万亿美元，中国人民银行如果拿着2万亿美元的外汇储备，这个数额平摊到美国所有银行里面，平均有20%的存款是中国人民银行的存款！美国能够让你存进去？银行是不接受那么大的存款的。这里还没有谈美国的银行会破产呢！破产规则是大额储户要多承担损失，好补贴小额储户！

所以，当你持有了大额的美元，大到与美元的M2可以比拟的时候，你其实是只能拿着美债的。你把美债卖了以后又会如何呢？不是你是否愿意借给美国人钱的问题，是你根本买不回来美债了！此时你的大额美元怎么办？有人可能还会说可以持有欧元资产，但现实中，美元占国际流通货币的70%左右，欧元占的20%国际货币流通量，其实主要是欧盟内部的流通。外汇储备就是应付不时之需的，人家挤兑你的是美元，如果你把50%以上的外汇储备变成了欧元资产，数量达到了美元M2的10%以上，到时候美元支付受到挤兑的情况发生，美联储不给你提供流动性，你怎么把欧元换成美元去支付呢？

中国持有美债数量被宣传为世界第一，而实际情况是股民散户都知道买股票要看看十大股东，要看看大户的持仓。其实，中国的美债这些年平均也就是美债总规模的10%左右，日本还持有10%左右，沙特阿拉伯等中东国家还持有5%～10%，而真正多的，是美国的养老金和养老保险，他们有60%以上。中国只不过是美债的海外大户而已。以上就已经持有美债80%以上了，美债还有多少流通盘？而这个估算，还忘记了一个大头，就是美联储持有的美债。美联储不断地QE买入美债，资产负债表几万亿美元，大量的是美债。把美联储也算上，就知道美债在外面多么抢手，根本就是没有什么流通盘。

QE常态化以后，美国国债总额2020年6月底是26万亿美元，美联储正式成为美国国债的最大持有人，一共持有4.4万亿美元。各国官方外汇储备持有美国国债一共是4.2万亿美元。亚洲机构投资者和个人投资人一共持有3.8万亿美元，欧洲投资人一共持有2.1万亿美元，其他的以美国的养老和保险机构为主，持有量基本没有变。

美债大机构以国家主权为主，基本没有了流通盘，那么美联储想要无限QE、随时QE，没有政府配合发行美债，其实是不行的，因为你买的美债是市场上很有限的品种！美联储想要多QE，但市场上没有那么多的美债标的给它买的，这个也就是所谓的资产荒！想要印钞发钞，没有资产给你买入！要买公司债，那么疫情下的公司财务恶化，公司债就是一堆雷。这个时候，各国央行要是为了一时的流动性紧张而把美债抛售了，等这个紧张时期过去了，大量的美元存不进美国的银行，也没有美债去买，那么就只能购买高风险的债券等，实际上是亏大了。美国人是会挤兑你的，美联储和政府，知道怎样操控美债、美元及其数字泡沫的流动性罗盘，罗盘怎么转是人家把持的。

美联储既要提供流动性，市场上又没有那么多的美债等可以买，那么美联储能够做的就是再贷款了，再贷款的抵押物是美债。美联储这样的做法，无疑是极大地提高了美债的地位，让美债变成了金本位下的黄金，从原来央行与政府的剥离，变成央行与政府结成紧密伙伴关系。通过这样的操作，就是要美债变成一种金融商品、金融资产，而不是债务。把这个实质看清楚才是问题的关键。这个政策，也是2020年疫情之下美国政府大量发行美债救市的原因。

当年金本位的问题，其中一个就是黄金与经济增长的错位。现在经济不断发展，需要的货币不断增多，尤其是在国际上对国际货币的需求增加，美联储要发行更多的美元解决国际货币流动性，那么美国就要发行更多的美债才可以支持，这个逻辑与原来的QE是印钞的逻辑完全不一样。因此，在美国说QE的时候，美元指数是暴涨的，而不是2008年那样大跌（图1–20）。

× 人民币交易与研究 > …

3月6日

认为各国央行将继续调降利率以对抗冠状病毒的投资者越来越多，他们不断蜂拥至安全性更强的政府债券，将国债收益推向新的高度。其中，美国10年期国债历史性地逼近0.8%，中国10年期国债也突破2016年2.64%的收益率历史低位，今日最新成交为2.63%。

RMB TO GLOBAL 人民币交易与研究

美国国债历史性地加速上涨在全球债券市场上得到了呼应，亚洲股市下跌而债券上涨。周五午后，新加坡市场上的10年期美国国债收益率已跌破0.8%至0.78%，重写150年以来的盘中纪录低点。

图1–20

美国QE的结果是美国国债大涨。这个低利率就使美国政府可以不断通过发债来取得利益。以前是央行要独立于政府，而当今则是美联储和美国政府联手在全球渔利。美联储如此的政策带来了对美债的需求。因为世界的经济是不断发展的，发展带来的就是每年国际的货币流通，以及对美元的国际需求同比增长，而对美元的流动性需求，使得用美债发行美元的需求同步增长，尤其是很多国家是新重商主义，以外汇储备决定本国货币发行量，对美债的需求就会更大。

为何穷国要买富国的债？因为穷国必须有外汇储备，以前是黄金储备，后来，国际金本位的布雷顿森林体系破裂，发展中国家没有全球金融权利，就必须储备外汇。大量持有外汇，就必须买国债，而且发展中国家是新重商主义，是以外汇决定发行货币量的。发展中国家和西方发达国家主要差距就在这里。虽然中国GDP高，但还是必须储备外汇的；欧盟国家都不用储备多少外汇，因为欧元是可以国际支付的。世界对美元的流动性有依赖性，中国也一样对外汇储备有依赖性。这个依赖性，才是美国可以QE常态化的基础，也是催生数字泡沫的基础。

认清世界对美元流动性的需求，美联储发行美元对美债的需求，把内在的逻辑链条建立起来，美联储成为全球央行的图谋就可以看清了。美联储如果真的占据了全球国际货币的央行地位，那么美债就可以大幅度增加。增加的美债，就是美国对全球的金融征税！到时候，不要说美国还不起美债，就是地球上的其他国家，也没有足够的美元去还那么多的美债！各国把美债都还了，国际市场上流通的美元就没有了，美元是美债发行出来的。我们只要把这个看清楚了，就能明白美国抵赖美债其实是得不偿失的，美国通过扩大美债，通过美联储全球央行地位，可以不断取得更大的利益。美国是需要中国给它输血的，具体的说法就是“金融扩大开放”。

在美债、美元的如此逻辑规则下，美国的美债与GDP的比值就可以更高，所以如果还说美国的负债率高就已经没有意义了。美联储是全球央行，美元是国际货币，而发行美元的美债，背后对应的是全球的GDP！相比全球的GDP，美国负债就不那么高了。因此对美国的全球扩张，尤其是在金融危机下，原来能制约美联储全球央行地位的欧盟、欧元衰落了，美国的地位和力量，不是那么简单地崩溃的，美国虽然有很多问题，但西方其他国家崩溃得可能更快，还会让美国吃到利益的。

美联储公开表态说不当全球央行，其实是不想履行全球央行的义务，而不是不要全球央行的权利！我们一定要看清这种说法背后的狡诈。美联储前主席珍妮特·耶伦表示："美联储希望通过货币互换的政策缓解市场流动性压力，但并不希望担当全球最后贷款人的角色。因此，考虑到一些政治因素，美联储可能不会将新兴市场国家纳入货币互换的范围。如果想要扩大货币互换的全球范围，只能通过国际货币基金组织（IMF）采取进一步措施。"这番话的背后，就是美联储不会给全球其他国家（不是它的盟国的国家）货币互换等支持，它要的是你拿美国国债来抵押的再贷款！根本不是货币互换的再贷款，而是要突出美国利益，要把美国国债变成黄金资产。

美联储国际地位上升，背后的关键还是蒙代尔三元悖论：外汇自由流动、独立货币政策和固定汇率三者不可能同时实现！你要自由流动和固定汇率，必然就没有了独立货币政策，最后美联储变成了全球央行。全球疫情之下，西方各国外汇是自由流动的，而其又希望固定汇率，尤其是那些衰落得比美国更快、所受疫情打击实际上比美国打压更大的国家，更不希望自己的汇率崩溃，要保汇率必然没有独立的货币政策，因此美联储货币政策可以影响各国，美联储可以追求全球央行的外部环境。

中国现在大量的人民币发行也是外汇占款，只不过比例已经从原来的超过80%降到现在的50%多，下降还是不少的，但其依然是中国最主要的货币发行来源。中国应当持续减少外汇占款的货币发行，另一个问题就是固定汇率可能有更大的浮动。中国最需要有自己的独立政策，不能放弃自己的独立政策和主权。美国保持霸权最大的目标就是围猎中国。中国的货币发行应当还会扩大，这个扩大如果变成对美元流动性需求的扩大，那么就会被美国剪羊毛。

中国抵抗美联储的全球央行企图，不外乎两种做法：一种是中国人民币发行尽快摆脱外汇占款的模式，以中国国债为主要发行方式；一种是如石油美元一样，对中国能够控制的地球必需品，必须使用人民币才可以购买，而且对现在需要使用美元购买的地球必需品石油，要更多地使用非美元货币购买。注意，是人民币支付购买，不是人民币标价！疫情之下，中国制造的必需品也增多了，这对中国同样也是机会，推动人民币国际化！如果人民币的发行大量依赖美元，那么人民币的国际化就是伪国际化。现阶段，人民币国际化不可能取代美元给世界投机资本提供流动性。但对需要中国制造和从中国采购资源的国家，都可以帮助中国为资源出口和消费品进口提供信用，从而更多地摆脱对美元的依赖，可以用人民币国债取代美元国债，支持中国制造和“一带一路”倡议。

综上所述，疫情是危机也是机遇，美国人看得很清，美联储在寻求全球国际货币流动性的再贷款人地位。美联储的QE理论已经不是当年的金融理论了，它的做法也不能简单地指责为印钞了。不能与时俱进，只是刻舟求剑，一定是要被薅羊毛的。我们可以看到美国的很多问题，我们可以不怕，但对它的力量，绝对不能轻视和低估。

中国抗疫成功、经济发展，美国疫情严重、出现危机，但在全球疫情之下，美国相对于世界其他主要国家，实力还是增加了。美国的实力增加背后，就是美国的金融霸权增强，美联储要成为全球央行，成为全球新经济的平台霸主！美国QE常态化，就是美国的数字泡沫规则对全球财富再分配财富。

美联储作为央行的十大工具

1. 公开市场操作（Open Market Operations，OMOs）

美联储从其成员银行手里购买或出售证券（一般是美国国债及抵押支持债券）来调节货币的供应量，这一行为就是公开市场操作。公开市场操作是调节联邦基金利率（Federal Fund Rate，FFR，各存款机构互相拆借超额储备金所形成的无抵押隔夜拆借利率）的工具之一。

当美联储希望利率上升时，它将证券出售给银行。当美联储想降低利率时，它从银行手里购买证券。

2008年金融危机时，美联储的公开市场委员会将联邦基金利率降低至几乎为零的水平。从此，美联储被迫更加依赖于公开市场操作，操作规模也随之不断扩大。这一扩大计划被称为量化宽松（Quantitative Easing）。

关于公开市场操作的详细内容，请查看边际实验室此前的一篇文章：《公开市场操作：美联储的资产购买计划如何运作》。

2.贴现窗口（Discount Window）

作为银行的“最后贷款人”，存款机构如果发生现金短缺，无法在市场上拆借到资金，可以通过贴现窗口直接向美联储进行借款。这里的借款利率被称为贴现率，是美联储向借款银行收取的隔夜借款利率。

正常条件下，很少有机构选择向美联储直接借款。第一是因为贷款利率较高，第二是容易引起公众对借款银行经营能力的担忧。不过，当市场发生流动性危机的时候，贴现窗口可以给银行带来流动性。

3.超额准备金利率（Interest Rate on Excess Reserves，IOER rate）

超额准备金利率是指美联储向其成员银行支付的超额准备金利率。在2008年10月以前，美联储不对超额准备金支付利息；2008年10月3日开始，根据《2008年紧急经济稳定法案》第128条，美联储银行开始为超额准备金余额支付利息。

理论上讲，当市场上联邦基金利率过高时，如果存款机构缺少准备金，只能在市场上通过高利息拆入资金。但是如果美联储的成员银行可以享受超额准备金利率，一些没有资格享受超额准备金利率的政府支持机构愿意以低于超额准备金利率的价格借钱给美联储的成员银行，使这些成员银行在市场上套利，这客观上使得超额存款准备金利率成为联邦基金有效利率的上限。

4.隔夜逆回购（Overnight Reverse Repurchase Agreement Facility，ONRRP）

在逆回购中，美联储接收市场参与机构拆借的富余资金（一般是隔夜，最长期限可以达到65个工作日）。

理论上讲，当市场上联邦基金利率过低时，这些政府支持机构对外拆出资金是无利可图的，于是这些机构只能选择以隔夜逆回购利率把资金拆给美联储，这使隔夜逆回购利率成为联邦基金有效利率的下限。

5.长期拍卖便利（Term Auction Facility，TAF）

长期拍卖便利指美联储将期限为28天和84天的抵押贷款拍卖给“财

务状况良好”的存款机构。其目的是希望缩小银行间同业拆借利率中隔夜利率与更长期期限利率之间的利差。

6. 长期证券借贷便利（Term Securities Lending Facility，TSLF）

长期证券借贷便利是指向纽约联储的主要交易商借出美国国债，换取其他符合要求的抵押品（投资级的企业债券、市政债券、MBS和ABS等）。

长期证券借贷便利的期限为28天。由于该工具使交易商可以将流动性较低的证券转换为易于交易的美国政府债券，因此可以促进金融市场的流动性。

7. 一级交易商信用便利（Primary Dealer Credit Facility，PDCF）

一级交易商信用便利是隔夜贷款工具，它将为一级交易商提供资金，以换取合格抵押品，旨在更广泛地促进金融市场的运作。

该工具最早于2008年3月16日创立，标志着美联储政策的根本变化，因为过去交易商是不可以直接向美联储借款的。

2020年3月17日，美联储宣布重启一级交易商信用便利。

8. 长期存款便利（Term Deposit Facility，TDF）

美联储通过长期存款便利向符合条件的机构提供计息定期存款。这相当于把银行的准备金存款转为定期存款，是一种收回流动性的手段。

美联储最近一次使用该工具是2019年5月30日，当时提供了为期7天的定期存款，利率设定为超额准备金利率加1个基点。

9. 资产支持商业票据货币市场共同基金流动性便利（Asset-Backed Commercial Paper Money Market Mutual Fund Liquidity Facility，ABCPMMMFLF或AMLF）

所有美国的存款机构、银行控股公司或外国银行在美国的分支机构都有资格根据这一工具获得贷款。该工具于2008年9月22日开始实施，并于2010年2月1日关闭。

10. 商业票据融资便利（Commercial Paper Funding Facility，CPFF）

2008年10月7日，美联储进一步扩大了其贷款抵押品的范围，使用新的商业票据融资工具将商业票据纳入其中。此举使美联储成为除商业银行和投资公司外的非金融企业的重要信贷来源。

2020年3月17日，美联储宣布重启商业票据融资便利。

五、美联储的流动性淤积与流动性定向

——为何QE常态化汇率稳定不通胀①

美国QE常态化，我们都说它印钞，但我们看到的是美国的通胀并不高，这是怎么回事呢？同时，我们看到了美元指数的走高，美元印钞还能够值钱，背后是什么机制呢？我们必须使用适应时代金融新发展的理论进行解释。美国通过流动性的宽松和定向操纵了数字泡沫，取得了再分配世界财富的重大利益。

还有人说美国的货币发行以后，进行了金融体系的空转，没有效率等，对实体经济没有支持，所以有流动性淤积一说。本人认为，只看到美联储制造流动性是不够的，还要看到美联储控制流动性走向的能力，也可以称流动性定向，而流动性的空转也不是简单的淤积，是有其经济意义的，只不过现在国际金融理论已经改了，因为QE下货币的性质改变了。

1.美联储的货币回收机制——超额准备金及其利率

很多人只看见美联储QE的放水，对美联储怎么把水收回来却关注得不多，或者说他们只是看热点新闻，不看新闻热点，因此不了解。美联储能够QE常态化的关键还在于怎么把水收回来。我们要知道，金融机构把钱交给美联储，其实是货币的回收，就如央行收取准备金一样。央行的负债是其发行的货币，但这个不是净发行的，央行的回收货币也是有工具的。最常见的就是准备金，央行通过调整准备金的比率，回收货币和决定市场上的货币金融衍生规模，调整货币乘数，影响广义和狭义的货币数量。

中国是各个银行都盼着央行降准，盼着降准给金融体系放水，但美国的情况不同，美联储是给准备金付息的，而且这个利息的收益率可以经常比国债还要高，美国的金融机构是愿意把钱交给美联储的，这导致美联储的资产负债表里面有大笔的超额准备金。别说美联储的资产负债表很胖，人家有很多是自愿给的。

---

① 本节经编辑后在《瞭望》新闻周刊2020年第27期发表，题为《看清美国QE常态化真实面孔》。

超额准备金利率（Interest Rate on Excess Reserves，IOER rate）是指美联储向其成员银行支付的超额准备金利率。在2008年10月以前，美联储不对超额准备金支付利息；2008年10月3日开始，根据《2008年紧急经济稳定法案》第128条，美联储银行开始为超额准备金余额支付利息。

美联储的公开市场利率是美联储的金融工具，其实美联储对于超额准备金的利息也是可以不断调整的，相当于美联储在吸收存款。改变超额准备金利率，对市场影响巨大。

腾讯证券2020年1月30日讯：虽然美联储决定维持基准利率不变，但确实对超额准备金利率作出了调整。美联储决定将IOER上调5个基点至1.6%，同时将联邦基金利率维持在1.5%~1.75%的目标区间不变。美联储官员将IOER的变动描述为技术性调整，但市场正在关注这种形势，因为IOER同时也是基金利率交易水平的反映，而美联储正在计算保持资产负债表所需要的利率水平。IOER被用作基金利率的“护栏”。

这个利率很高，与联邦基准利率可以比拟，所以美国的金融机构有足够多的理由把多余的钱存到美联储去。实际上对美国国债而言，美国的金融机构还多了一个工具，叫作“央行存款”——超额准备金！对应的还有超额准备金利率（图1–21）。

在美联储将利率归零以后，央行的超额准备金率还有0.35%，这带有明显的各种套利空间，而这个套利，估计应当是美联储故意留下的。因此，超额准备金和超额准备金利率就是美联储的一个重要的工具。在新一轮的金融理论和工具当中，西方主导的金融舆论重点在QE，强调QE的常态化，但对收回货币的超额准备金及其利率，则是刻意降低了调门。

有了超额准备金和给准备金付息的利率，则银行在给美联储进行存款还是购买债券之间进行选择，而美联储也可以在其中进行操作。也就是说，在各种

备金利率从0.72%下调到0.35%

首发

天蝎财经

2020-04-03 17:55 深圳飞乐富信息技术有…

关注

2020年4月3日，中国人民银行在官方网站发布了《中国人民银行决定于2020年4月对中小银行定向降准并下调金融机构在央行超额存款准备金利率》的通知。

图1–21

危急的情况下，美联储的利率为零了，但银行把多余的钱存到美联储还有利息，而美联储使用存进来的钱，再去债券市场购买国债等债券，只要国债的收益率高于这个准备金利率，美联储就可以得利。

2.流动性定向是金融定价权

这里有人会问，为何这样的过程美国的商业银行不自己干，而要让美联储赚钱呢？原因就是风险！因为商业银行对美联储的超额准备金是存款性质的，但买债券则有市场波动风险，到时候要卖可能就是低价了。但美联储这个操作却可以人为地没有风险，因为美国政府可以发新债还旧债，美联储总可以用不断印出来的美元去购买，永远没有风险。当然，有时美国的国债收益率还可能低于美联储的超额准备金利息，这个情况发生的时候，市场担心美联储终止给超额准备金付息，因此美联储的超额准备金利率政策可以主导市场预期。这个过程的详细讨论，在本人较早的著作《信用战》和《定价权》里有。

美联储QE买国债，金融系统得到货币，多余的货币再通过超额准备金进入美联储的循环，所以一些人认为美国金融体系流动性淤积了，而实际上这更可能是美国金融资本有意为之，目的就是：印出来的货币进行了流动性定向，把流动性主要锁定在美国的金融体系中，从而控制实体经济的通胀，也控制其他市场的流动性走向。谁能够获得美国金融系统的流动性，其实是一种权利，这个权利就是金融定价权。流动性定向在金融虚拟交易系统催生数字泡沫，丰富的流动性可以保障泡沫不破裂，保障泡沫能够通过交易换取财富和资源的流入。

在数字虚拟时代，美国的流动性定向极大地增强，因为货币已经无媒化，货币脱离了纸张媒介，只能在数字交易体系里面，只能通过美国控制的全球银行结算清算网络，而网络是受美国控制的。与原来持有大量纸币、持有贵金属的时代不同，你的交易、流动性的去向，都是可以大数据的，可以被宏观看到进行控制，类似的控制可以叫作微观调控，只不过他们不说。中国的金融体系和老百姓手里的现钞可以随时发生抢购，而美国人却可以让你想要抢购却拿不到钱，交易体系是可以限制的。

美国及其他西方国家是不会给中国金融定价权的，美国的盟友之间可以货币互换。2020年3月，美联储与加拿大央行、英国央行、日本央行、欧洲央行和瑞士央行有常备互换安排。美联储联合全球5大央行宣布采取协调行动，将利用现有货币互换额度为美元流动性提供支持。同时，各央行一致同意将货币互换协议价格下调25个基点。美联储还与另外9家中央银行建立了临时的美元流动性互换安排。美联储与澳大利亚、巴西、韩国、墨西哥、新加坡和瑞典各自达成不超过600亿美元的新互换安排，与丹麦、挪威和新西兰各自达成300亿美元的安排。

这个好处是双向的，现在美国给他们提供流动性，以后这样的协议也有助于印钞后美元的稳定，谁能够与美联储进行货币互换，谁就要烧香。美国有选择流动性定向给谁的权利，这个权利决定了流动性的走向和价格，体现的就是美国的金融定价权。所以美联储通过QE、超额准备金、货币互换等金融工具，实现流动性定向，背后其实是金融定价权。

美联储通过QE常态化和超额准备金工具的联合操作，实际上就是要让美国的国债利率向美联储的超额准备金利率靠拢，而且也可以稳定和压低美国债券市场的利率，因为美联储的购买债券的兴趣，已经从简单的国债变成了一些大企业债券和土地抵押债券了。这些债券的利率，其实也是与美国国债对标的，州政府的债券也类似。整体行为降低了美国政府的融资成本，让政府得到红利。本人在《霸权博弈》一书里提到，西方的货币权力不光是私有化央行的资本所有，这个红利是资本与政客集团的国家政府共享的，与那些货币战争理论的持有者不同。

3.美国圈子是合作博弈

美国QE常态化，有人认为稳定美元汇率、留住国际资本和印钞救市三者不可以同时得到，而这里的关键是：国际资本是谁？美国的金融市场的控制者是谁？发行美元的美联储是谁的？其实三者背后是同一伙人，而非三个不同的主体在博弈。美国的印钞控制了政府债券利率，给政府持续融资能力，美国政府就会保护他们。所有的金融资本最后的主体还要是一群人，这伙人依靠谁保护。美联储的私人股东不是美国的主人和国际金融资本的主导人吗？中国才1万亿美元资产的外汇储备，在总计几十万亿美元的盘子面前，能够掀起多大的浪呢？其他国家和实体给美国捣乱，搞得定美国的军事打击吗？金融学分析不清楚的，就需要用到政治经济学来分析。

中国与西方不同，中国自古政权与资本就是博弈的双方，因为资本就是渔利的。现在的中国资本，也想要从政权的缝隙渔利。双方的非合作博弈，最后就是纳什均衡[①]，就会有很多不可能。但美国的资本、美联储，还有所谓的国际资本，背后是联系在一起的合作博弈，以同样的理论和思考角度看他们，是要出大问题的。

美国的金融市场要稳定他们的债市。美国债市背后是大量的美国养老保险金，这些都掌握在美国财团手里，这些财团也是美联储的股东，也是美国股市的控制者，同时他们还有数以百万亿美元计算的金融衍生品市场对冲，这个金融衍生品市场也可以看作广义货币M4。他们的数字货币更可以无限放大泡沫虚拟金融资产，这个也可以叫作广义货币M5。有这些金融工具在，美国的QE常态化，看似不可能，实际上他们一直控制着局势。

美联储的做法让利率下降，作用非常明显。一个国家的融资能力，更主要的是看其承担的财务成本，财务成本腰斩，则融资能力翻倍。现在就是美国国债利率大减，美国政府的负债能力增加了很多。所以美国的政客集团、金融集团，是非常合作的，合作博弈共同维护泡沫不破裂，因为泡沫是脆弱的。中国是各方非合作博弈，如果有了脆弱的泡沫，则哪里脆弱哪里爆裂，因此中美内部经济博弈的逻辑分析起点和前提是不同的。

2020年3月6日的相关评论见图1–22。到3月9日，美国国债的长期利率就跌破了0.4%（图1–23）！还可以看一下美国一年期的国债收益率走势（图1–24）！美国为了更低的融资成本，已经在公开要求负利率了（图1–25），而以前我们所接受的金融教育，是不能负利率的，而且必须减去通胀率的实际利率为正。

认为各国央行将继续调降利率以对抗冠状病毒的投资者越来越多，他们不断蜂拥至安全性更强的政府债券，将国债收益推向新的高度。其中，美国10年期国债历史性地逼近0.8%，中国10年期国债也突破2016年2.64%的收益率历史低位，今日最新成交为2.63%。

RMB TO GLOBAL 人民币交易与研究

美国国债历史性地加速上涨在全球债券市场上得到了呼应，亚洲股市下跌而债券上涨。周五午后，新加坡市场上的10年期美国国债收益率已跌破0.8%至0.78%，重写150年以来的盘中纪录低点。

图1–22

现在，美国自己连名义上的正利率都不保证了，就如期货价格可以为负值一样，各种规则已经跌破了你的底线。实际上负利率的必然结果就是泡沫破裂！在金融宽松方面，民主党比共和党走得更远，换了拜登上台，

① 纳什均衡别名“非合作博弈均衡”，是博弈论中一种解的概念，指任何一位玩家在策略组合下单方面改变自己的策略，都不会提高自身的效益。

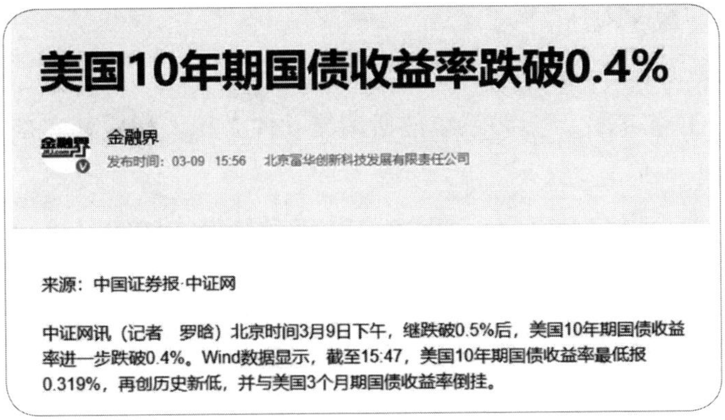

图 1–23

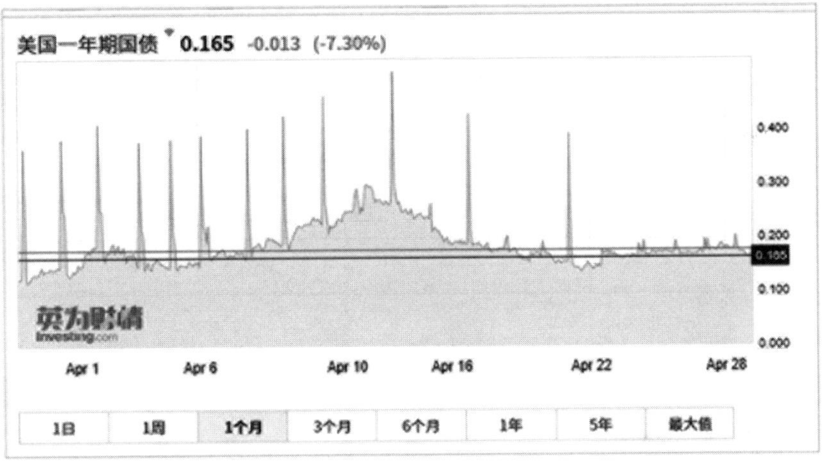

图 1–24

图 1–25

更大地刺激了数字泡沫。

4.流动性淤积其实是货币降杠杆

美国的QE常态化，金融系统的所谓流动性淤积，背后其实是美国金融货币的降杠杆！

在2008年金融危机以前，美联储的资产负债表才8000亿美元，那个时候美国的M2是8万亿美元，杠杆是10倍。后来QE了，美联储的资产负债表是4万亿美元，美国的M2大约是12万亿美元，变成了3倍。现在美联储QE常态化了，美联储资产负债表达到7万亿美元以上。2020年5月，美国的M2是23.1万亿美元，还是基本的3倍。也就是说美联储的QE让美国的货币乘数降下来了，美联储的资产负债表规模与M2的比例在QE以后显著下降，而且不断QE也是保持稳定的。QE后叫作流动性淤积，实际上是金融降低杠杆！中国的金融降低杠杆，降低的是产业和企业的杠杆；而美国的金融降低杠杆，降低了货币的乘数杠杆。结果是美国释放了金融风险，中国风险降低的同时，企业承担了巨大的压力。

图1–26为美联储的资产负债。图1–27为美联储的M2。

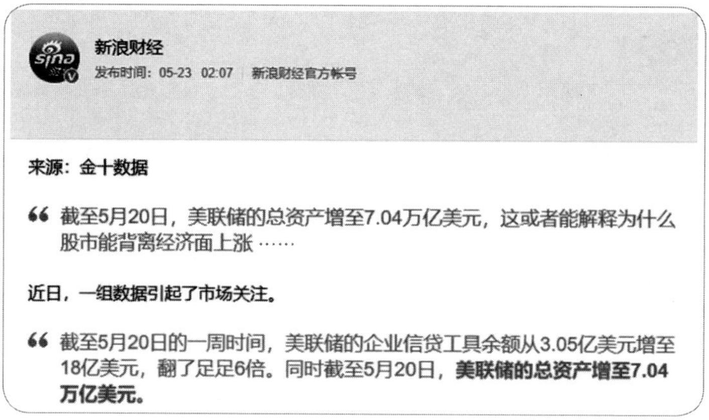

新浪财经

发布时间：05-23 02:07 新浪财经官方帐号

来源：金十数据

“截至5月20日，美联储的总资产增至7.04万亿美元，这或者能解释为什么股市能背离经济面上涨……

近日，一组数据引起了市场关注。

“截至5月20日的一周时间，美联储的企业信贷工具余额从3.05亿美元增至18亿美元，翻了足足6倍。同时截至5月20日，**美联储的总资产增至7.04万亿美元。**

图1–26

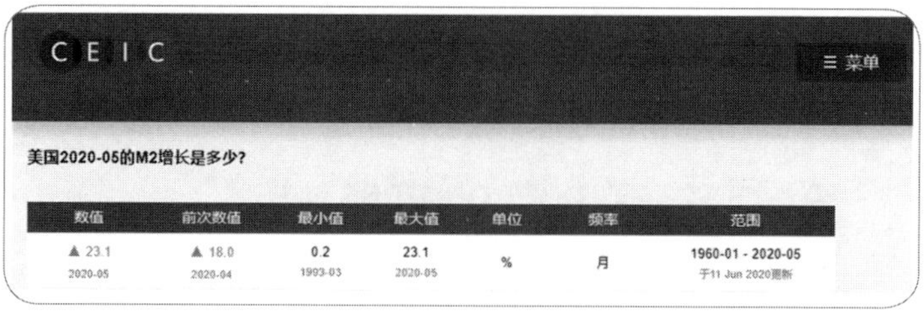

CEIC

☰ 菜单

美国2020-05的M2增长是多少?

数值	前次数值	最小值	最大值	单位	频率	范围
▲ 23.1 2020-05	▲ 18.0 2020-04	0.2 1993-03	23.1 2020-05	%	月	1960-01 - 2020-05 于11 Jun 2020更新

图1–27

同样的事情在中国却是另外的情景：中国的储蓄率飙升，看似中国M2也巨大，但M2带来的流动性固化到储蓄之中，老百姓要存钱，银行的储蓄存款多了，M2就必然变大。M2变大了，流通速度降低，结果就是流动性其实是变小的，市场上的资金很紧，但储蓄增加了。储蓄率一直是中国金融界持续争论的话题，近几年存款增速下降，2020年一季度又遇上新冠肺炎疫情，因此一季度的存款数据更加引人关注（图1–28）。

理论上讲，经济休克，收入减少，存款只会少不会多，但是央行的披露显示，2020年一季度人民币存款增加8.07万亿元，同比增加1.76万亿元。而2019年一季度人民币存款增加6.31万亿元，同比增加1.24万亿元。2020年一季度人民币存款增加达22%，2019年一季度同比增加达19.6%。

所以我们看到，中国的流动性一样是有淤积的，但这却不是我们的金融体系所能够控制的流动性定向。在中国现行模式之下，高额的老百姓存款，就如一个个巨大的堰塞湖，有巨大的溃堤而下风险，到时候一恐慌，老百姓都可以把钱取出来直接扑向紧缺领域，恶性通胀的压力和风险是巨大的。因此，中国和美国的结构性风险不一样，以中国现在的逻辑去分析美国，是失误的（图1–29）。

5.淤积的流动性支持股市和催生数字泡沫

美国的QE常态化，让债市稳定，往债市注入巨大的流动性以后，这个流动性是会向股市扩散的，而且美国人能够做到仅仅向他们需要的股市扩散，这样的流动性是不会到

全球战略联盟 >

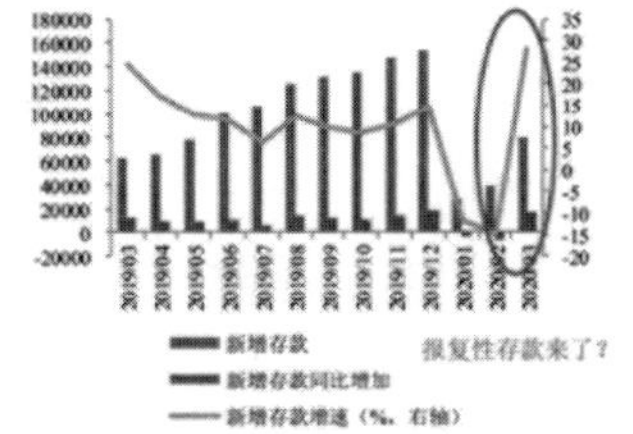

央行数据，今年一季度人民币存款共增加8.07万亿元左右，住户存款增加6.47万亿元，非金融企业存款增加1.86万亿元。

一季度住户存款增加6.47万亿，这是什么概念？

一季度3个月共91天，这也就意味着，**平均每天超过700亿存款涌向银行！**

图1–28

在2020年财经年会上，中国人民银行前行长周小川称，中国十年前储蓄率达50%，现在是45%，仍是全球最高。

美国经济分析局公布的数据显示，2018年底，美国居民储蓄率为7.6%。近十几年，美国居民储蓄率都在3%至9%区间内徘徊，2005年一度触及最低点3.2%。

可见我国居民储蓄率是美国的5.9倍。

美联储关于美国家庭经济状况最新报告(对超过12000人调研)发现，**仍有近半的人(40%)表示，他们拿不出400美元的现金用于急用**，或者需要借钱，或卖东西才行！

图1–29

中国等美国之外的市场的，这才是问题的关键，也是美国可以实现救市与汇率稳定同时存在的关键。

美国的企业债券非常有意思，企业负债，不是把企业的经营搞上去，而是负债把企业的股票买回来，然后注销掉，这样股价就炒高了，企业的负债率杠杆加大。在美国的低利率甚至负利率之下，企业只要一点点盈利就可以负担利息永续借债。这个举措使得企业的股价真的是利润除以利率，而且企业还宁可不付股息。企业的毛利润都变成了财务成本，不惜降低利润，而企业的股东，也不以分红为目的，凡是分红多的股票，反而价格更低。在这样的操作之下，美国股市就可以一路上涨。美联储的QE货币，通过债市，通过企业债券，变成企业的股票上涨，进而成就股市的牛市。美国的多年牛市就是如此模型。同样，疫情之后，美联储的QE强力操作，企业借债介入股市，美国股市又回到技术性牛市上。

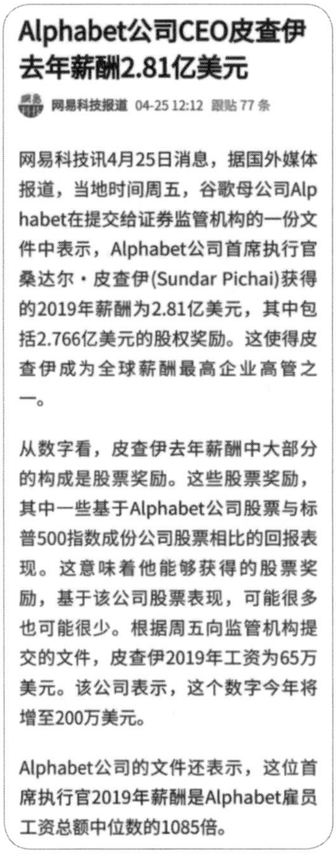
Alphabet公司CEO皮查伊去年薪酬2.81亿美元

网易科技报道 04-25 12:12 跟贴 77 条

网易科技讯4月25日消息，据国外媒体报道，当地时间周五，谷歌母公司Alphabet在提交给证券监管机构的一份文件中表示，Alphabet公司首席执行官桑达尔·皮查伊(Sundar Pichai)获得的2019年薪酬为2.81亿美元，其中包括2.766亿美元的股权奖励。这使得皮查伊成为全球薪酬最高企业高管之一。

从数字看，皮查伊去年薪酬中大部分的构成是股票奖励。这些股票奖励，其中一些基于Alphabet公司股票与标普500指数成份公司股票相比的回报表现。这意味着他能够获得的股票奖励，基于该公司股票表现，可能很多也可能很少。根据周五向监管机构提交的文件，皮查伊2019年工资为65万美元。该公司表示，这个数字今年将增至200万美元。

Alphabet公司的文件还表示，这位首席执行官2019年薪酬是Alphabet雇员工资总额中位数的1085倍。

图1–30

图1–30的文章告诉我们为何美国的大公司首席执行官（CEO）要增加杠杆，买入公司股票，把公司的股价搞上去。因为美国大公司的CEO的工资可以只要1美元，他们的收入都是通过期权来实现的，也就是在他们任期内，通过持有公司的期权，在公司股票涨价之后兑现期权，来取得远远高于一般薪金的收入。而为何股票要上涨？通过经营上涨不容易，涨幅也不会那么大，通过负债来买入股票，就容易实现得多。而且前任就是这么干的，后任想要有期权的收益，一定是要干得更疯狂才可以，否则后任背锅都背不起啊！如此的模式成为潮流，美国的股市怎么能够不牛？这个QE宽松到股价泡沫的传导过程，就是美国通过流动性宽松来催生数字泡沫的具体做法之一，数字泡沫就是这么被催生出来的。

美国的债市大幅度增加，公司债不断地新高，就印证了这一点（图1–31）。而垃圾债为何可以发行，与评级机构的作为是有关的，美国同时还有评级霸权，对这个评级的问题，在本人的新书《平台博弈》中还会深入分析。

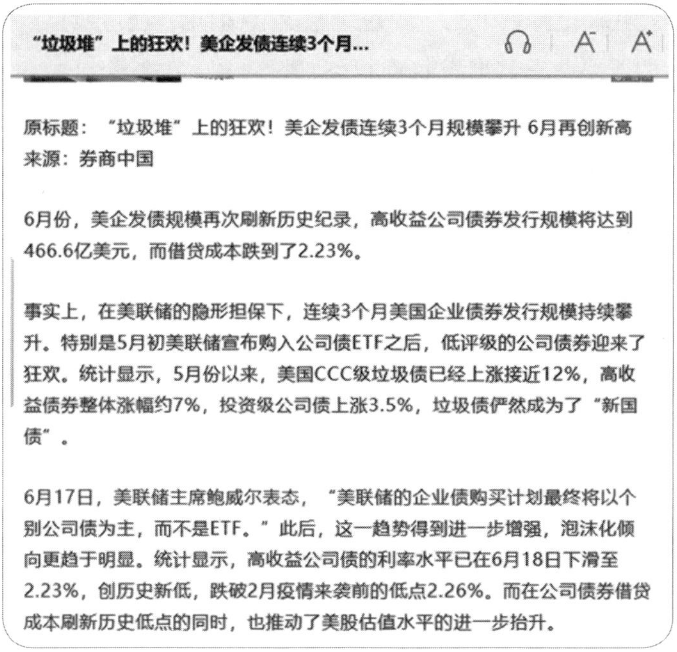

“垃圾堆”上的狂欢！美企发债连续3个月...

原标题：“垃圾堆”上的狂欢！美企发债连续3个月规模攀升 6月再创新高
来源：券商中国

6月份，美企发债规模再次刷新历史纪录，高收益公司债券发行规模将达到466.6亿美元，而借贷成本跌到了2.23%。

事实上，在美联储的隐形担保下，连续3个月美国企业债券发行规模持续攀升。特别是5月初美联储宣布购入公司债ETF之后，低评级的公司债券迎来了狂欢。统计显示，5月份以来，美国CCC级垃圾债已经上涨接近12%，高收益债券整体涨幅约7%，投资级公司债上涨3.5%，垃圾债俨然成为了“新国债”。

6月17日，美联储主席鲍威尔表态，“美联储的企业债购买计划最终将以个别公司债为主，而不是ETF。”此后，这一趋势得到进一步增强，泡沫化倾向更趋于明显。统计显示，高收益公司债的利率水平已在6月18日下滑至2.23%，创历史新低，跌破2月疫情来袭前的低点2.26%。而在公司债券借贷成本刷新历史低点的同时，也推动了美股估值水平的进一步抬升。

图1–31

6. 美国QE如何薅羊毛

市盈率10倍和市盈率100倍有什么区别呢？不光是美国股市的“牛市”，也不光是货币多了买到的股权少了的“通胀”，更重要的是二者的区别造出了一条劳动者和资本家间的鸿沟！市盈率是10倍的时候，劳动者可以通过10年劳动的积累变成资本家（如果按照中国积累率为50%来计算，是20年），但100倍的时候，一个人几辈子也赶不上了。美国在创造他们金融资本的鸿沟，就是让追赶者用不管多少年的积累也赶不上来。

于是很多人就想，美国的公司和CEO如此借债操作，不就是泡沫吗？他们不怕泡沫破裂吗？

其实，我们被洗脑了很多，见到泡沫就想要挤压，就想要戳破，希望没有泡沫。但美国却故意制造泡沫，而且不是戳破泡沫，也不担心泡沫破裂，要把泡沫用于交换！美国的股票价格高涨，股票也是支付手段，他们的换股收购，以100倍市盈率的东西换取你10倍市盈率的东西，如此的交易就是一个薅羊毛的过程。或者间接一点，高昂的股价可以发行股票取得美联储QE出来的现金，然后再现金收购高利润的项目，如此操作，公司的市盈率就降低下来了，财务杠杆也降低下来了。也就是美联储QE，换成股票的泡沫，但人家利用泡沫的股票，通过增发收购和换股收购等手段，公司换到了资产、业务和利润，资金花出去了，有问题的QE货币花出去了，资源得到了，QE真的得到了财富，你说它会通胀和汇率贬值吗？

我们总说股市的红海和蓝海，一个是估值市盈率很难上10倍，另外一个是估值很难下100倍！估值的差别在市场上是不会抹平的，背后有金融力量支撑。红海和蓝海互相交换资源，可以并购和收购。蓝海对应的是美国的QE利率，而红海则对应发展中国家的利率。红海产业在撤离发达国家，而蓝海产业就算是在发展中国家，背后也是西方QE资本支持投资的，有海外上市背景或者对标海外相关企业。这背后有流动性定向的作用，带来的是让QE货币取得财富信用的支持。

美国的股市上涨，还有更直接的方式，就是吸引外来的资产资本到美国的金融市场，到美国的股市上市。这里不光是上市融资得到的那一点美元，那些美元只买到了外来的优质资产，更关键的是上市企业的所有资产变成了美国金融市场的商品。中国的阿里巴巴到美国上市，它原来是一个中国公司，就要变成VIE结构，被美国上市企业协议控制，然后所有的资产其实都变成美国股市交易的资产。美国市场上的商品多了，按照费雪方程式，美元流动性就多了，美联储QE的需求就又有了。以后你想要拿走这些金融资产，也就是企业在美国上市后想要回到原来的私有化状态，你要拿出来的美元，比原来融资上市得到的美元一般要多很多倍，那些美元怎么来的，就要怎么拿财富去换。把这个过程想清楚，就知道美联储控制着金融定价权，背后是可以把QE出来的泡沫，换取实体的资产，等这个过程完成了，QE就不是泡沫了，是真实的美元需求了，到时候你还能够说他们是印钞吗？

所以，美国的QE宽松就变成了流动性定向，定向催生出来数字泡沫，数字泡沫再换取你的财富，完成了泡沫到财富，泡沫填实不破裂的过程，也保障了美国QE可以常态化进行。支撑这个的是海量的数据，数据资源化；是复杂的算法，技术算法化！这些新经济层面的问题，在后面章节中再进行分析。

综上所述，美国的QE投放货币，也有超额准备金收回货币。美联储在美国国内的行为，更像是一家垄断的超级商业银行，其他美国商业银行都是它的代理分支机构，美国不允许银行跨州，跨州的是金融控股集团，实际做大的是美联储。我们前面也说了，美联储在全球范围是一个全球央行。美联储与美国股市、美国政客的联系与合作，形成一个利益集团，是合作博弈。QE和超额准备金看似流动性淤积和空转，实际上降低了美国金融风险，推高了美国股市，催生了数字泡沫，还可以数字泡沫换取资源——薅羊毛，从外部得到资源。因此，美国的数字泡沫体系比我们想的要稳定，不是说泡沫一定脆弱，不是2008年金融危机以来很多人说的美元崩溃论的情况。美国的金融霸权，还会有很长一段时间，我们一定要有长期准备，现在不是全面挑战美国金融霸权的时候，要等中国整体GDP优势确立，中国战胜了美国的科技霸权，中国制衡了美国的军事霸权以后，才是考虑中国怎样挑战美国金融霸权的时候，中国崛起，还有很长的路要走。

六、数字造成泡沫：油价-37美元/桶
——美国让市场成为骗子

2020年4月21日的国际市场，期货原油价格居然是负的，这个历史纪录的背后是什么逻辑？是真实的负利率之后西方市场底线的又一次突破吗？其背后到底是什么？新时代要有新的理论认识了！

2020年4月21日晚上，油价暴跌，跌幅成为全球的焦点。因为油价居然跌成了负值，也就是说你买原油，人家还倒给钱，有这样的好事吗？怎么会这样？我们要说的是，美国的行为已经让市场成为骗子！

我们对数字泡沫的定义，是在虚拟交易的领域，与实体有偏差！因为虚拟数字交易，与实体不一样，实体只有价格虚高才可以赚取，价格虚高才是泡沫；而数字虚拟交易，正负都可以赚钱，结算价格成为负值，虚拟的商品——空单涨价到了泡沫阶段。所以虚拟交易中大幅度的价格偏离，不能进行期现套利，与现货脱钩，其实就是泡沫，只不过泡沫的方向不同。

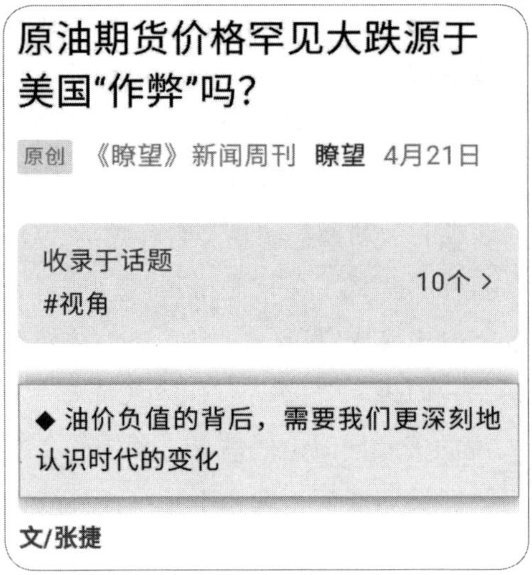

原油期货价格罕见大跌源于美国“作弊”吗？

原创 《瞭望》新闻周刊 瞭望 4月21日

收录于话题
#视角 10个 >

◆ 油价负值的背后，需要我们更深刻地认识时代的变化

文/张捷

图1-32[1]

很多人总说美国垃圾债养出来的页岩油行业[2]，在油价低于50美元/桶时会破产。而美国这一次负值的期货结算，实际上告诉我们，人家的页岩油玩的不是实体故事，是虚拟的故事，是负值结算，让生产者的空单涨到天价——不用油价涨，不用生产原油，他们一样可以赚钱，一样可以还债。这里的逻辑，需要我们重新认识。

2020年4月21日讯，NYMEX WTI 5月原油期货（美油期货）结算价收报–37.63美元/桶，历史首次收于负值，下跌55.9美元，跌幅305.97%（图1–33）。

当时的市场评论认为，下一份结算的原油期货合约为布伦特原油6月期货合约，将在10天内进行结算，而当前报价为25.54美元/桶，或为新冠肺炎疫情的下一个受害者，甚至可能跌至负值。

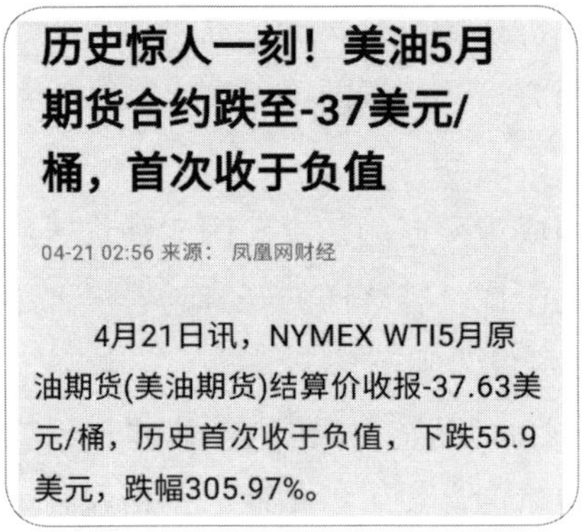

历史惊人一刻！美油5月期货合约跌至-37美元/桶，首次收于负值

04-21 02:56 来源：凤凰网财经

4月21日讯，NYMEX WTI5月原油期货(美油期货)结算价收报-37.63美元/桶，历史首次收于负值，下跌55.9美元，跌幅305.97%。

图1–33

为什么有这样的低价？有人给出的说法是人家交易所是要你把交割仓库腾出来，库容紧张！否则仓储和运输费用太贵，多头是拿不走的，等等。这不禁让人想起了当年郑州的期货市场，大户操控市场价格，雇用了一群农民在那里说要卖玉米什么的，赶着玉米的大车，叫嚷着车内的玉米卖不出去，市场内的期货价格立即大跌！这是当年期货市场

① 图1–32所示的文章是本人当天晚上写的，当时就登载在了《瞭望》新闻周刊的电子期刊上，是最早的深度分析文章，即时评论，现在依然经得住事后考验。

② 页岩油是指以页岩为主的页岩层系中所含的石油资源。

不成熟的历史故事了，现在美国给全球表演了一下。

而事实上，对于现货，根本不能用期货的负值价格买原油！原因就是原油期货的实物交割有很多限制，欧佩克不是吃干饭的！实物交割要经过迪拜的期转现市场，期货市场与现货市场其实是脱节的。以前，我们看到期货市场的价格很低，中国一样难以完全按照期货的成本买油。期货与现货的脱节，是数字泡沫可以不断膨胀的基础，否则期现套利，市场会让价格均衡！

美国的原油期货史无前例的负值，背后只能由美国的交易规则才能够操作！美国的交易所修改规则，负值也可以交易！以前负值不能交易，多头最大的损失是到零为止，现在这个规则改变，极大地有利于空方了！

美国修改规则，2020年4月15日开始测试，20日开始使用，而且立即生效。当时，中国已经晚了，对21日交割的合同就有效，这对多头是巨大的不公。现在不能实物交割，没有了逼空轧空头，而且可以负值，可以轧多头了。如果期货是与现货的交易被限制，那么期货和现货脱节，其实它们就已经失去了实际的贸易意义，就是一个金融赌博的工具，而且美国修改了规则同时还上场下注，实际上就是作弊。

从图1–34中可以看到，美国就是一周之内测试，而且不做新老区别对待，立即直接应用于即将到期交割的期货品种，其他人根本没有反应时间。而交易所对市场的持仓情况有很多不公开的内部数据，他们知道谁持有什么样的仓位，也就是说中国人持有大量的仓位他们完全知道，而对美国的大户和朋友，私底下打招呼也是有可能的。

芝加哥交易所修改规则的玩法——简单类比就知道合理不合理了。

芝加哥交易所修改规则究竟对还是错，用具体的类比进行说明：

为了迎接负油价数芝加哥交易所加班加点将代码搞了出来的，4月15日，芝商所交易所进行了测试，验证了负油价下市场会怎么样，测试情况据说还不错。OK，4月20日晚负油价开始了。

划重点：4月15日进行了测试，4月20日开始负油价，用在了WTI5月合约上！说明了什么，

1. 说明了芝加哥交易所把新规则用在了之前的一系列合约上。——正常的修订，起码要做到存续合约适用旧规则，新规则在新建的合约上生效。

2. 芝加哥交易所说，我提前公布了，所以规则没问题。但是，真实情况如何呢？公平吗？

举个例子就明白了：比方上交所发布公告说：“为了便于拓展大股东融资渠道，允许大股东根据自身融资需要，创设对应金额的股票先行卖出，但是大股东必须在以后有限时间里逐渐回购所创设的股票”——公告发布后3天适用，适用范围为所有的上交所股票。

图1–34

美国能够如此，与美国的脱实向虚政策有关，不能交割的虚拟交易，与实体关联性就没有了！原油的空单和看空期权，都是可以交易的商品，结算价格是负值，意味着它们的天价和数字泡沫。脱离实体以纯虚拟的商品角度看，就是数字泡沫。

美国如此制定规则，与市场作弊无异，他们就是要用超级低油价，救要破产的页岩油产业！低油价看似让实物市场上页岩油亏得更厉害，但在金融市场中美国的页岩油企业在期货相关市场是空方。以20美元/桶以上的价位卖出石油期货期权，当市场跌入负值的时候，获利是肥厚流油的。就如2008年金融危机当年油价暴跌到36美元/桶，中国各个用油企业反而大亏一样！能够这样干，没有市场规则的操控力度是做不到的。所以像沙特阿拉伯这样的卖油国，如果没有美国市场规则的制定权，可不敢把油价弄成这么低！而且这个低价告诉你，美国人控制的期货市场，什么叫没有做不到只有想不到。而市场上做多的一方是谁？就是需要用油的国家，其中的第一大户就是石油需求对外依存度高的中国。同时，中国国内还开展了与世界关联的上海原油期货等业务，中国的投资者很多变成了埋单者，原因在于对美国虚拟市场的数字泡沫规则不了解，还想着中国原油期货和现货市场的价格能够均衡，能够套利。

对美国原油期货的负值结算低价，很多人只看了期货交割与否和最终结算的部分，数量是远远不够的。因为在期货的价格基础之上，是大量的期权和金融衍生品，这些期权和金融衍生品的数量是一个未知数。现在的金融衍生品市场，大量的是金融对冲交易，造成了金融衍生品损失，美国不监管金融衍生品市场，不提供公开的数据和账户信息，谁损失了外界看不到。同时，也没有全部显示实物交割的详细情况，其中的利益输送，是外界也难以看到的。包括中国原油宝的损失，也不是在美国期货市场结算的，是比照其结算价完成的，这暴露出来的仅仅是冰山一角。

数字泡沫背后类似的损失程度之大，会超过很多人的想象！历史上看当年中国的石油大亏就知道了。2008年金融危机时，中国很多大型企业因金融期权造成巨亏。当时，油价已经每桶130多美元，中国企业用卖出65美元/桶的看跌期权（也就是说在65美元/桶以下的时候，人家有权以65美元/桶把石油期货卖给你）和买入140美元/桶的看涨期权（在140美元/桶以上的时候，你有权以140美元/桶的价格购买）对冲。在65～140美元/桶的这个区间对冲，是安全的，保障你的石油成本不会是天价，是一个金融套保行为。但出了套保的安全区间就不一样了，套保会变成巨大的风险！当时，谁也想不到石油会跌到原来价格的1/4。最后跌到36美元/桶，是当时腰斩价格再腰斩，巨亏就发生了（2008年石油走势的案例会在第三章第五节做详细分析）！到2020年年初，你会想到石油会跌到负值吗？而且还是深度负值的–37美元/桶？如果你卖出了20美元/桶左右的期权对冲的话，甚至几美元的期权对冲，你都会有几十美元的亏损。这个亏损的幅度大约是50美元/桶，正好是美国页岩油的成本。如果有原油需求的企业进行价格的套保，正好被算计了！要注意，金融期权的行权可以不是现货，而是期货！用–37美元/桶的原油期货去行权，会直接大赚，套保的多头石油买家则直接巨额亏损！中国是用油大户，大量是套保的多头买家。

看看这个，就明白中国人对石油的迷信让多少散户血流成河地亏损了。这个规则的改变，散户穿仓逃亡，银行是要承接亏损的。中国的机构在这个里面到底怎样了，真的令人担忧，油价被美国金融霸权玩成这个样子，绝对不是中国的利好。如果中国银行向散户转嫁风险，让客户全担，这可能马上造成社会的不稳。而即使是这样，若客户承担不起，还是中国银行承担损失。后来国家政策干预，中国银行也埋单了很多（图1–35）。投行和交易所的风险，不是只赚不赔，相关的逻辑，在第三章第四节有详细分析。

后来，有人说是中国银行不平仓什么的，这是对市场不了解。这个时候平仓是做空，大仓位已经平不掉了，继续平仓只能让结算价格更低，吃亏更多。此时你真的要做的，是像一个大多头一样才行，但美国是庄家，可以有海量的空单，这样的博弈，大家估计还记得327的国债期货，当年的8分钟作弊，现在美国人只是又干了一次！

在当今的金融衍生品时代，全球市场的期货交易远远大于现货交易，期权交易又

图1–35

远远大于期货交易。原来的现货盈亏，已经远远抵不上期货、期权的盈亏了，所以出现负值，博弈期货和期权可以脱离现货。就如在市场异常波动的情况下，超过了套保区间，就会有更大的风险。本次石油期货负值创历史，肯定超过了大量的套保买方，一定是买方巨亏，而产油国也赚不到这个利益，这就是美国利用其金融霸权。

为何石油暴跌而美股下跌很有限呢？因为石油的价格下跌，美国赚钱啊！在金融货币层面，石油价格暴跌美国同样能大幅度得利。在全球石油美元模式之下，石油价格下跌，是美元购买力提升的表现，美元变得值钱了，美元更可以多印多发行。美国的数字泡沫是流动性定向，若泡沫不破，需要的是其他商品的低价。

我们看到，虽然石油暴跌，但美元指数是平稳的！美联储已经QE常态化，美联储可以随时印出来海量美元，而且不用特别说明和公示。在充裕的美元流动性保障之下，美国的股市当然下跌有限。因此，全球金融理论当中的石油和美元的关系，也有了新发展，油价下跌是符合美元利益的，带来了美元更硬的购买力。在当今的市场模式之下，价格越低、供给量越小的规则也是不对的，因为价格低了，会出现大量的爆仓，导致的结果是平仓要求，让各种平仓盘供给市场，供给量大增，石油尤其有这样的特点。在石油国家，外汇进口必需品是刚需，石油价格低了，反而要卖出更多的石油，为本国购买必需品。疫情之下，需求萎缩，价格暴跌，但供给却是减不下来的，市场的价格供需理论失效了。

看到油价负值奇葩现象背后，我们要反思为什么！中国按照国际原油期货价格买不到油，为何中国要把我们的所有石油消费绑定在这个价格上呢？依据美国等国际期货价格，对国内石油消费进行油价的调整，实际上就有问题了！这不就是被人渔利，还为人进行价格操控背书吗？这么制定政策，中国企业的金融套保，也会成为被渔利的对象（对此问题，将在《平台博弈》一书中详细讨论）。在当今世界的金融理论发展下，中国的一些现行政策应当调整。

油价创造历史的负值提醒中国的市场参与者，大家要更深刻地认识时代的变化。现在是全球金融理论巨变的时代，所有的事情都不能以原来的历史经验来刻舟求剑。美国在危机的压力下，为了转嫁危机，利用其制定市场规则的能力进行渔利，为它们的利益服务。美国操控下的市场，已经不是公平的市场，而是一个骗子的市场。在被操控的市场中，必须要有博弈思维，保持时刻警惕。

最后我们看看原油宝事件的结果（图1–36）。

用户投机本金损失了，而机构承担了穿仓损失。以后章节，还要分析交易所的风险，在数字泡沫时代，超级杠杆之下，交易机构的穿仓风险是巨大的，而且穿仓损失可以远远超过保证金，就算司法支持交易机构，但客户如果破产，损失则只能由交易机构来承担。

据江苏高院发布公告，一审3起涉中行原油宝案，其中一件当事双方达成调解协议，另外两案法院公开作出了宣判：中行承担全部穿仓损失，并承担客户20%的本金损失。

江苏省南京市鼓楼区人民法院一审审结3件涉中国银行“原油宝”事件民事诉讼案件

鼓小助 江苏高院 2020-12-31

图1–36

附一则：欧洲天然气期货又见负值

美国的原油期货出现负值，中国的原油宝投资者巨亏，很多人觉得这是偶然现象，但到2022年10月底，我们看到欧洲的天然气期货也出现了负值。

据《华尔街见闻》报道，当地时间2022年10月24日，欧洲部分天然气现货价格一度跌成负数，至–15.78欧元/兆瓦时，为有史以来的最低。

受此影响，欧洲TTF天然气期货主力合约本周一跌破100欧元/兆瓦时关口，至96.5欧元/兆瓦时，日间跌幅达15%，创4个月新低。主力合约价格较8月创下的346.5欧元/兆瓦时，峰值回落70.8%。

为何天然气能够跌到负值？在美国原油期货是负值的时候，正是石油价格最低迷的时期，但在2022年10月底，欧洲受到俄乌战争的影响，天然气非常紧张，尤其是冬天即将来临，下面的天然气取暖还是刚需，此前，天然气不断刷新历史高价，现在有的地方跌成了负值，而且不同的期货市场差别也很大。虽然主力天然气的合约96.5欧元/兆瓦时下跌了不少，但仍然处于历史高位。

天然气的下跌，可以看到现货与期货的脱节，脱实向虚已经让期货市场的虚拟交易与现货脱离，按照期货的价格，并不能保证可以拿到天然气。这里有库存的原因。虽然天然气如此紧俏，市场上天然气的存储量却达到了历史高位，也就是价格越高，越不愁卖的时候，反而库存越大。

在经历大批高价采购后，欧洲天然气库存已接近存储上限。根据欧洲天然气基础设施协会（GIE）的数据，截至2022年10月24日，欧盟整体天然气储气率为93.61%，第一大经济体德国的储气率更是攀升至97.5%。

2022年10月，尽管储气率已经接近极限，但仍有大批LNG油轮驶向欧洲。媒体统计显示，欧洲本月有望接受82艘LNG油轮，较9月增加19%。在线船舶追踪服务网站MarineTraffic的追踪图像显示，大约有60艘LNG（液化天然气）油轮在欧洲西北部、地中海和伊比利亚半岛闲置或缓慢航行。

欧洲的液化天然气接受港口外已形成拥堵。在欧盟最大液化天然气进口国西班牙，由于无法处理过剩的天然气，大约35艘液化天然气运输船在西班牙海岸闲置。

船舶经纪商Fearnleys认为，由于预期价格上涨及接收燃料的能力有限，越来越多的LNG油轮将在浮动存储中停留更长的时间。如果状况持续，在海上漂泊的LNG油轮可能将被迫寻找欧洲以外的替代港口来卸载货物。

我们看到储存量的高启，大量的天然气船卸货困难，同时天然气的管道北溪1号、2号同时爆炸断线，俄罗斯通过波兰输往欧洲的油气管道也出现了泄露。也就是说空方要交割的话，由于管线、码头和仓储的原因，多方是难以收货的，而真正需求天然气的，却在市场上难以买到天然气。天然气的储运不易，也是造成期货与现货脱节的原因，期货没有仓储运输的问题。在疫情以来，西方的物流就出现了大量的瓶颈。

虽然天然气的期货价格暴跌，但欧洲市场上的能源价格并不便宜。在这里，自由市场经济理论彻底失效，在供需平衡理论下，价格越高供给越大是不存在的，而且理论的基本假设之一的市场出清，也是不存在的。

一方面惜售，一方面紧缺；一方面跌成负值，一方面交割困难，虚拟与实体的脱节表现得尤为明显。在脱实向虚的经济背景之下，需要考虑的理论模型也不一样。在能够成为负值的情况下，空单的计算模型就是上涨不受限制，而以前是不能成为负值的，最少是零的情况，最多下跌100%，模型的偏微分方程的边界条件根本改变，解也会极大的不同。

这一次天然气价格出现负值，又是美国金融力量的胜利。在俄乌冲突的状态下，俄罗斯通过战争使油气上涨到天价，对俄罗斯经济起到极大促进作用。而支持俄罗斯、支持油气价格上涨做多的资金，在期货跌成负值的时候，都要经历类似当年原油宝一样的损失，等于被西方金融资本薅羊毛，也就是说俄乌冲突，油气价格上涨，俄罗斯在实体上赚钱，而天然气期货大跌甚至跌成负值，则是西方金融资本在虚拟上赚钱，实体与虚拟是脱节的。

为了限制俄罗斯，此前，西方各国先是制裁俄罗斯。在制裁面对油气刚需失效的情况下，对俄罗斯出售的油气进行成本限价，后来，又对本国能源价格限价，打了一系列的经济战。其实经济战的看点就在虚拟与实体的博弈，因为在实体之上，没有资源储备是无法与资源国进行抗争的；但在虚拟之上，就完全不同了。通过让天然气跌成负值，在金融领域又可以大赚一笔。

七、西方国债负利率新常态下的货币套利

我们先讲一下背景知识。不同地区不同领域利率不同，在现代的金融体系之中，套利已经非常容易了，除了有利率掉期合约，不同风险有信用掉期合约，不同国家地区还有汇率掉期合约。在国际金融市场非常容易操作对冲，现在的对冲高频交易，就是以这些套利为主的。只不过中国不是资本开放自由外汇流动，直接对华的套利不容易操作，但也不是不可以进行，明股实债的事情很多，地下钱庄也有很多，就是用利息差食利。

中国历史上的闭关锁国，实质之一就是外国历史上的利率基本保持5%左右，而中国古代为50%左右。如此的利差下如果进行开放，中国会吃大亏。利率过低，不一定是好事，这个决定了你是否可以攒钱致富，是否可以劳动致富，负利率的背后，是你永远攒钱富不了，是资方和劳方的鸿沟。中国历史上就是一个攒钱致富的社会，所以老百姓爱攒钱。而西方社会是贵族社会或者战乱社会，老百姓历史上就是攒不了钱的。有关知识背景，本书后

面还要讨论，本节主要说的是，西方负利率常态背后的目的。负利率常态化，本身就是金融数字泡沫的体现，超低利率，是维持和催生泡沫的关键。

美国QE常态化，负利率的说法又出现了。其实在2008年金融危机之后，负利率就出现了。2011年8月5日，美国国家评级下调，但美国国债不跌反涨，而德国2011年11月9日拍卖15.25亿欧元，2018年4月到期国债，收益率从此前的1.22%下跌到-0.40%，首次出现负利率。而现在西方国家的国债负利率有进入新常态的趋势，这背后是全球货币的重大变局，带有巨大的国债货币套利。

2016年4月初，持续一周的国债价格飙升走势，已将欧洲最强经济体德国的基准10年期国债收益率推向曾令人无法想象的区域——负利率的边缘。根据TradeWeb的数据，基准10年期德国国债收益率周二触及0.08%，创一年内最低，距离历史收盘低位0.073%仅一步之遥。全球约1/4的政府债券收益率已经为负值，包括期限少于10年的德国债券。10年期日本国债2020年早些时候首次降至零以下，此前日本央行采取了负利率政策。甚至一些欧洲企业债券的收益率最近也已跌至负值区域。

国债利率的降低与央行不断地购买国债关系密切。美联储所持美国国债占美国政府债券余额的近20%。汇丰控股（HSBC）数据显示，2016年3月末英国央行所持本国国债占英国政府债券余额的比例为26%；日本央行所持本国国债占日本政府债券余额的比例为30%。到2020年美联储QE常态化，美联储持有了4.4万亿美元的本国国债。大量的国债被央行持有，成为货币发行的手段，而中国人民银行只有5%左右。

对负利率，很多人把这个现象归结为欧洲央行和日本央行的负利率政策，本人认为这只是表面现象，如此的货币宽松能够不通胀，能够让全球陷于通缩，是数字泡沫膨胀吸纳流动性并且通过交易换取了财富。即使是2020年，美国QE常态化，世界发达国家紧跟，货币的供给依然紧张。

全球货币流入债券，债券的收益又极低，背后是巨大的避险需求。全球金融体系风险加大，银行会破产，没有好的投资机会，主权货币储备数额巨大，存不进金融系统，只能购买国债。不断下跌的国债利率和货币宽松带来巨大的货币利益，催生了数字泡沫膨胀。这样的国债货币信用不足，国债货币套利和数字泡沫交易换取财富资源，带来国际财富再分配。国债货币化、泡沫化，是西方通过国债收取了全球的货币税。

按照现代货币的定义，货币就是国家信用的凭证，西方将可支付债券作为广义货币M3来计算，现在的债券支付是被接受的。基础货币购买国债以后，将不再发生金融衍生，也就是说使用货币购买国债之后，货币乘数要下降。我们看到美联储QE购买资产发行货币，将资产负债表从不到1万亿美元扩表到4万多亿美元，涨了4倍；美国的M2从8万亿美元涨到十多万亿美元，增长非常有限，背后就是货币乘数的下降。全球陷于通缩，按照费雪方程式，就是流动性的减少。流动性不光是货币数量，还有货币流通的速度，国债货币化以后，国债的流通速度是无法和原有货币相比的。全球货币流通速度减缓，是通缩的重大根源，在各次危机当中都是海量货币而价格暴跌，背后是危机中避险的考虑，以及流通速度的减缓。

全球货币涌向西方国债，西方国债货币化、泡沫化，带来巨大的利益，这些国债的对价是货真价实的商品或资产，是数字泡沫换取资产！西方货币用国债去杠杆，等于再一次剪了全球的羊毛。谁提供资产供给使得国债能够顺利发行，谁就是货币掠夺的埋单者，中国要避免过多地为西方国家埋单。

这里我们要看到，中国无法做到和西方一样搞泡沫化，背后是《巴塞尔协议》的限制。国债能够货币化的先决条件是金融机构持有国债应当与货币一样不能算风险资产，按照《巴塞尔协议》，发达国家俱乐部（OECD）国家的国债风险资产比率是0，而对中国是20%。同时持有金融机构的资产，OECD国家是20%且同时可以次级债计入部分资本，中国则是100%。因此，中国很难如西方那样供给国债货币，我们的4万亿元宽松之后，银行不得不为了满足《巴塞尔协议》再融资，压垮资本市场的事情，不应当忘记。现在可以维持，是因为银行20%的超高资本收益率和中国一直不宽松的货币政策。中国现在已经出现汇率压力巨大，中国刺激经济都是宽松的财政政策，一旦政府负债有流动性危机且难以为继，必然要出售国家核心资产，成为所谓的“倒逼改革”，有可能走上俄罗斯当年崩溃之路。对《巴塞尔协议》带来的枷锁，本书后面还会反复提到，此协议也是保障美国泡沫规则施行的重要抓手。

我们还必须考虑到资本倾销的问题。西方负利率下资本的回报率要求可以不计，是低于应有资金成本的资本倾销，但我们的资本回报要求很高，我们的资本无法与之竞争，而对方一旦倾销控制了市场，再抽紧流动性断供的话，我们的资产价格就要被操纵和贱卖。中国的资本项目开放，以及对待外资的态度，均应当根据西方资本和货币的变化做出调整，一味地对西方资本倾销张开怀抱，让西方印钞国债成功地换取了我们的实有资产，中国就将成为西方这次货币套利的埋单者，对此需要特别注意。外资资本倾销涌入对当期经济及GDP数值有促进，但如果GDP的所有权归属了外国，中国就将陷入中等收入陷阱，那些陷入中等收入陷阱的国家无一例外都被外国资本控制了核心资产。对资本倾销的问题，本书第五章还会详细地分析。

另外，欧洲和日本的负利率一旦美国不跟随，欧元、日元的贬值和避险资本的洪水猛兽开始冲击世界，埋单的未必是欧洲和日本，谁在他们货币扩张的时候让他们买走了资产，谁大量持有他们的债券，就是谁埋单。中国的外储欧日资产与美国资产相当，数量巨大，而中国的外汇支付90%是美元，所以对此中国应当特别注意。对美搞联吴抗曹三国演义的结果，可能是蜀国先灭，中国对此需要有所防范。对此，分析当年日本的泡沫破裂和渔利过程，会给你不一样的感觉，对此本书将在第二章第九节进行专门分析。

西方不断的QE和负利率刺激下，催生了资产泡沫，主要是数字资产、虚拟资产的市场不断放大，大幅换取实体的财富。中国不能如西方这样货币扩张，中国资产的泡沫是最小的，也给西方带来了巨大的渔利空间。所以我们要保护核心资产，我们将会在《平台博弈》一书中讨论。

我们需要认识西方国债负利率新常态的货币变局，西方国债货币泡沫化，中国需要避免被西方货币套利，避免俄罗斯的老路和中等收入陷阱，避免让负利率的国债通过一系列货币、泡沫、交易、贸易和资本投资，套取中国的实际资产。

八、美元不断便宜会造成资产荒吗？

——虚拟泡沫与实体资产之间的金融游戏[①]

美元便宜了，会不会资产价格暴涨？会不会通胀？现在的资产出售，会不会被贱卖呢？是不是囤积资产就一定有利呢？有一个名词叫作资产荒，优

① 本节内容经节选，发表于《瞭望》新闻周刊2020年第51期，题为《美元放水洗劫全球财富》，见图1-37。

良的资产不易取得，那么超发货币与资产荒有什么关系呢？

美元QE常态化，美联储的资产负债表空前增长，美国施行新刺激经济计划，而用于刺激的钱是美联储创造的。大家感觉美元便宜了，但要小心资产被低价出售。我们不光要看到美元便宜，也要看到美国资产的虚拟泡沫，看到美国金融体系下丰富的金融工具和交易机制，泡沫是可以填实的，是可以操纵资产价格的，因此不能单一视角看问题。

瞭望 - 美元放水洗劫全球财富
瞭望客户端

美元放水洗劫全球财富

作者：文 | 张捷 来源： 2020-12-19

美元纸币（2019年9月18日摄） 刘杰摄 / 本刊

◇如今，西方的金融体系有这样的功能：不仅能印钞，还能控制金融衍生品，控制虚拟资产的创造，控制资产泡沫，从而决定宽松货币下的价格走向

◇美国等西方国家的经济在2008年以后，早就是泡沫不断，资产不断注水，所以现在进一步宽松货币，更可能的作用是维持其泡沫，从而激发其他人的恐慌去买入这些泡沫

图1–37

1.疫情刺激

疫情以来，各国都在进行货币刺激，比较让人关注的是2020年的G20峰会。参会各国都说要QE出来5万亿美元来刺激经济，实际情况是，各国增发的货币比当初这个份额只多不少，货币出现贬值的趋势和压力，黄金也走向了历史高位。大家都不将其称为通胀，而称之为粮食危机、资产牛市、资产荒……实际意思一样。

这个刺激幅度够大，背后的风险也大。美元便宜、外资大量进入的信号，也是市场预期的信号：远期①可以放出来大量的外汇出售，背后是基于美元贬值预期和大量外资涌入，鼓励银行远期卖出，鼓励用汇单位、投资投机者等远期买入外汇（图1–38）。

以美国为首的西方增发的货币很多是以抗疫之名，钱是给全民平均发放的。国民拿到这些货币之后，没有进行经济建设，而是直接花掉了。在这一过程中，人们妥妥地从市场拿走并占有了物质财物。这些物质财物消费掉了，不存在于这个世界上了。财富消失，货币还是那么多，按照一般的概念，通胀似乎是妥妥地要发生了，但是事情没有那么简单，在当今世界金融体系之下，丰富的金融手段和工具可以妥妥地反向进行金融对冲操作进行掠夺。

西方国家如此大胆QE常态化地印钞（图1–39），对印钞可能引发的事情

① 远期指合约双方承诺在将来某一天以特定价格买进或卖出一定数量的标的物，包括实物商品，如大豆、铜等，以及金融产品，如股票指数、债券指数、外汇等。

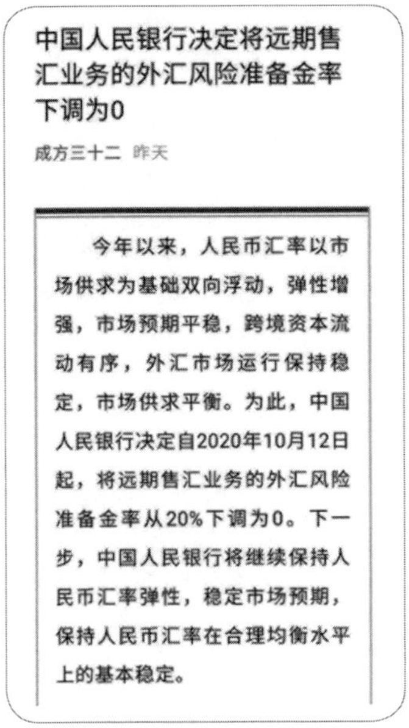

中国人民银行决定将远期售汇业务的外汇风险准备金率下调为0

成方三十二 昨天

今年以来，人民币汇率以市场供求为基础双向浮动，弹性增强，市场预期平稳，跨境资本流动有序，外汇市场运行保持稳定，市场供求平衡。为此，中国人民银行决定自2020年10月12日起，将远期售汇业务的外汇风险准备金率从20%下调为0。下一步，中国人民银行将继续保持人民币汇率弹性，稳定市场预期，保持人民币汇率在合理均衡水平上的基本稳定。

图1-38

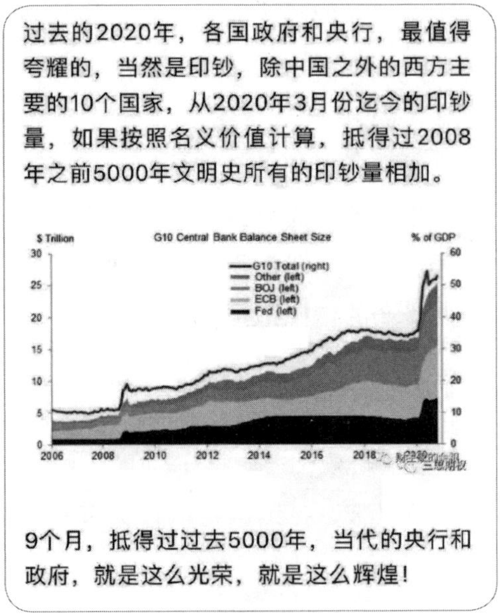

过去的2020年，各国政府和央行，最值得夸耀的，当然是印钞，除中国之外的西方主要的10个国家，从2020年3月份迄今的印钞量，如果按照名义价值计算，抵得过2008年之前5000年文明史所有的印钞量相加。

9个月，抵得过过去5000年，当代的央行和政府，就是这么光荣，就是这么辉煌！

图1-39

也会有一定的预判和应对。

2.背后有什么不同？

如果印钞后大家拿着资产可以稳赚不赔的话，那么美联储只要一印钞，恐慌立即就会被放大很多倍。大家都去买资产，立即就会发生恶性通胀。现代的央行体制，让恶性通胀变得越来越少，背后存在很多博弈。

在恶性通胀之下，财富的转移和再分配可远远不止是印钞出来的那一点。印钞产生的财富转移和再分配，如果不能被央行的金融体系控制，就是现代金融体系的彻底失败，这个想法是纸币出现初期的古典金融模型，最多是在金本位或者布雷顿森林体系下的情况。以前被翻译过来的金融知识、金融理论，属于冷战结束前的古典金融层面，用于分析现在已经不合时宜。因为当年美元是与黄金挂钩的，而现在已基本脱节。

如果是一个简单的“资产暴涨负债归零”的恶性通胀，那么原来的高杠杆企业就大赚了，如负债率90%的房地产企业利润爆棚。因为资产涨上天，负债、利率等财务成本不跟随上涨。这个情况在中国是不允许的。当年一直看涨的中国楼市，2020年出现“深深房哀”的情况，中国地产富豪在全球QE宽松的背景之下，日子不好过。

历史上，中国对印钞导致的恶性通胀记忆太深刻了，国民财富曾被这样洗劫，如1949年新中国成立前，国民党发行的法币、金圆券。当年，国民政府绑架银行印钞拿走财富。再如2016年前后津巴布韦金融灾难也是如此。恶性通胀之下，银行的存款会被挤兑，银行的债权因为没有到期会大损。西方央行背后是金融资本当股东，央行印钞绝对不会让自己老板的金融体系受到这个损失。因此，简单地认为只要拿住实体资产就能够让金融体系受损的想法是非常天真的。

美联储更可以控制流动性，可以全球性的实施，可以采取政治性制裁，可以打击用美元结算，可以对各国参与的银行惩罚性罚款！美国各类制裁美元结算“违规洗钱”的做法，效果对美元流动性的控制类似于外汇管制。

3.教训血淋淋

金融霸权尽显美元威力，教训血淋淋。当年，有人判断失误，认为美元不值钱了，石油资源该涨价了吧？结果大跌！美国让期货结算变成负值，而且是深度的负值，达到–37美元/桶！又有人说石油期货结算负值是因为没有仓储能力、仓储费贵，给投资者的感觉是：我不买期货，我买期权，我也不投机，我用期权进行对冲套保成吗？早在2008年，油价130美元/桶的时候，美国拿腰斩的65美元/桶的看跌期权与140美元/桶不到10%的看涨期权对冲套保，最后的结果是油价在腰斩的65美元/桶的基础上再腰斩，跌到36美元/桶，参与对冲套保的企业，就这么样亏惨了！这里的实战机制，会在第三章第五节讨论。

在货币宽松背景下，固守拿住资产，资产永远增值想法的，一定会面临巨大风险。对资源价格是否会永远增值，20世纪西方经济学者有两种分歧，一派认为价格机制可以制约，另外一派认为资源永远紧缺。结果是机制派取胜。现在的西方主流，其实是机制派的理论。这个胜利的背后逻辑是美国的交易机制可以改，可以作弊，如期货价格规则改成负值一样。最后的结果，是下跌的损失给印钞拿走的财富埋单，而不一定需要通胀贬值给多出来的货币埋单。因为下跌带来的市场损失，可以消灭多余货币。

入门现代金融的人首先要明白：现代金融是可以做空的，不是只能够做多。多出来的资金，可以多空双向选择。如果认为货币超发就是资产牛市、总是做多，肯定要吃大亏。在金融领域，现有的期货和期权的交易量已经远远超过了实物商品的交易量，而且是百倍的差距，因此实物的损益，已经远远赶不上期货期权的损益了。不要看最后期权期货公开的交割是多少，比照期权期货的场外市场要大很多，如油价-37美元/桶看似没有交割多少，但仅仅是中国银行的客户，就是几百亿元人民币的损失。相比最后的交割，日常买卖的损益也不能忽略，这是按照交易额乘以涨跌计算的，期权期货的交易额是实物的几百倍，盈亏就是实物交易的几百倍！而在期货和期权之上，还有各种金融衍生品，不光是价格变动可以有衍生品，价格波动率大小也可以有衍生品，衍生品上还可以再套衍生品，因而让金融衍生品市场变得无比庞大，比期权期货市场又大了很多倍。所以金融市场的规模，已经远远超过了实体交易和实体经济，实体的市场已经降为从属地位。

4.虚拟财富再分配

在金融系统的促生之下，各种衍生品和数字资产的市场，形成了庞大的虚拟经济。虚拟经济已经远远超过了实体经济的规模，催生出了不断膨胀的数字泡沫。在数字时代和虚拟经济下，虚拟资产是可以不断创造出来的，就如不断挖掘出来的比特币，其实还有更多种类的数字货币可以创造出来，而且数字货币也有了更多的衍生品。数字货币、数字资产形成了庞大的交易市场，创造出来的虚拟资产和不断膨胀的数字泡沫，也可以吸纳多余的货币。因此，货币多了，货币便宜了，真的未必是资产涨价了，而是有了数字泡沫，改变了虚拟资产与实体资产的比例。

在虚拟经济下，泡沫是可以破裂的，你的所有投资，都可能带有泡沫，都可能因为泡沫破裂而受到损失。比如，你认为资产会涨，利率低而股票价格会涨，当你买了股票，股票所属的上市公司却可能因为资产泡沫和投资失败而巨亏，最后是股票暴跌，持有股票的你需要为巨额亏损埋单。各种金融工具，制造泡沫，又操纵泡沫破裂，泡沫破裂的损失消灭了超发货币，结果就是财富的再分配。这也是西方金融泡沫的潜规则之一。

5.两个方向

另外，说美元便宜了，是不准确的，其实货币便宜可以有两个走向！也就是本人以前说的货币价值有两个层面：一个是货币的购买力，另一个是货币的利率。说资产要暴涨不要贱卖的，一般都是看重货币的购买力。资产暴涨要保持货币购买力不变，需要高利率，而高利率同时还有其他影响。货币便宜了，资金便宜了，也可以是利率降低。当今世界，金融市场的走势明显是利率不断走低，未来预期会更低，很多机构都认为会全面进入负利率时代。根据不同的货币理论体系，为宽松多出来的货币埋单，走向是不一样的，可以是购买力降低，也可以是货币应有的利率收益降低。

在信息时代，某些虚拟资产被创造出来。例如数字资产，也不全是简单的泡沫，因为它增加了实体经济的效率或者降低了成本，因此西方只讲这一层面，不讲再分配财富的一面。宽松的货币进入金融体系里，可以不断创造金融衍生品，创造金融虚拟资产。资产虚拟膨胀也只是资产领域，资产可以不增加价格，而使资产的规模膨胀，出现新资产。资产随同货币量增长，被快速地创造出来；这可以通过资产的泡沫破裂来承担损失，而不是通过资产涨价的货币贬值来承担。

虚拟经济与实体经济脱节的阶段，期现套利受限，交易体系的扭曲和数字泡沫也产生了。前面讲过，定义数字泡沫的，是差值，并非实体经济概念的永远涨价。因为虚拟交易是可以做空的，做空的空单也是商品，价格低了，就是空单这个商品涨到了天价，这里需要逆向思维。

现在的交易体系为何可以在QE下抑制价格，就是空单这样的虚拟商品可以成为市场交易的主流，虚拟商品远远大于实物商品；而且在美国把期货交易的结算价变成可以负值以后，不光空单会担心逼空交割，多单更要担心负值被碾轧！交易所脱实向虚的关键，就是对虚拟交易的实物交割越来越限制，你买入的资产，更多的是在交易场所的虚拟资产，你并不持有资产的实物。

在虚拟市场，做多和做空，本身就是两个方向。现在QE带来的资产价格走向，在虚拟经济下，也有两个方向，泡沫一样有两个方向，就如资产价格跌成了“狗”，负值下空单价格暴涨，这个空单暴涨的价格，难道就不是泡沫了吗？明白了可能有两个方向，虚拟交易成为主流，那么在QE常态化以后，资产价格会怎么走，你就不能简单看多了。我们相信资产的永远牛市和资源紧缺，但这个永远可能变成了超长线，你可能等不到那一天。

西方的金融体系现在就有这样的功能，它们不光印钞，也控制金融衍生品，控制金融虚拟资产的创造，控制资产泡沫，以数字泡沫赚取资源和再分配财富，从而决定宽松货币下的价格走向。

6.国际博弈三角

现在的金融市场是全球化程度最高的市场，需要放眼国际层面看货币的购买力和利率。

比如，某国的货币国际购买力与他国货币比较，可以近似使用汇率来表示；现代金融体系下，一个国家的货币政策最主要的是央行的利率政策和政府财政政策下的国债利率。国际汇率和国家利率政策二者之外，还有一个因素，就是前面说的一个国家金融体系对流动性的定向控制及干预。控制如果是某种阻力，可以看作是资本管制，但控制也有促进作用。在中国，这种促进叫作“招商引资和扩大开放”。把这三个因素一起提出来——国际汇率、国家利率政策和国家货币国际流动的控制及干预，三者的关系其实就是一个“蒙代尔不可能三角”。类似的理论模型关系，蒙代尔教授研究得比较清楚，得了诺贝尔经济学奖，也创立了欧元的理论基础，只不过2008年金融危机后就不一样了。现在美联储和欧洲央行QE常态化，又与以前不同，三者是各国金融博弈的焦点，一直没有改变。

蒙代尔不可能三角

经济学上一直存在蒙代尔的三元悖论，也就是一国货币政策的独立性、汇率的稳定性、资本的自由流动这三者不能同时存在，最多只能选择其中两个。

蒙代尔教授获超过50所大学颁授荣誉教授和荣誉博士头衔，亦曾担任多个国际机构及组织的顾问，包括联合国、国际货币基金会、世界银行、欧洲委员会、美国联邦储备局、美国财政部等。

对于国际的汇率和国内利率，同样伴随着巨大的交易和金融市场，直接的交易之上还有庞大相关的金融衍生品市场：汇率掉期合约和利率掉期合约。汇率和利率的金融衍生品也可以做多做空，也可以再度衍生持续叠加。同时，利率和汇率的金融交易杠杆率极高，可以是上百倍的杠杆，远高于其他金融产品。此外，外汇和利率的金融交易还是量化的、对冲的和高频的，相关交易已经到达普遍采用程序化交易、人工智能交易等自动化交易阶段，规模也超过了普通人的想象。美联储还“放弃了”对金融衍生品交易的“监管”，让交易数据非常不透明。

这不是客观规律，是主观霸权！需要认清的是：向各个方向进行避险，都可能被掠夺。金融霸权的西方要掠夺，而我们则需要预防被掠夺。

7. 看得见的手

在金融领域，现在的世界已经不像以前——市场被“看不见的手”操纵，而是被金融大鳄“看得见的手”在操纵。应对“看得见的手”和“看不见的手”，做法是不一样的。美国等西方国家印钞发钱消费，拿钱不劳动，不创造财富，市场却直接拿走财富进行再分配，这是一种掠夺，而博弈的结果是谁被掠夺。中国的货币宽松，背后是投资基础建设，想拿到钱需要劳动付出，要进行物质创造、财富积累，是完全不一样的。现在就如玩“抢板凳”的游戏，只有当QE的音乐停下来，才能看到谁没有凳子。不过，美国在抢不到凳子的情况下，它是不会让音乐停下来的，它会用数字泡沫撑住。2008年，它没有玩好，自己没有抢到凳子，泡沫还破裂了。凳子还是那张凳子，不会涨价变成沙发的，所以美国想通过博弈让大家损失来消灭它多印出来的货币，而不是通过资产涨价让大家一起埋单。资产的过度涨价，其实是对美元地位的威胁，金融霸权美元地位在美国人的眼里是金手指，比直接泡沫破裂损失金子更不能接受。所以一些关键的资产，不是涨价和贱卖的问题，而是不能卖，只要你卖，去玩这个游戏了，人家就能够印钞，能够操纵什么时候QE音乐停下来使泡沫破裂。不论你当时卖了什么高价，人家印钞去买，你都是贱卖。所以对核心资产，不卖才是底线。

很多人认为是二战前的各国超发货币，才导致了各国货币竞争性贬值时代，而美国的金融大鳄其实不满足于当年的竞争性贬值。当年的竞争性贬值让当时的世界霸主大英帝国实力大减，二战后，金融霸权转移给了美国。美国可不想走当年英国的老路。现代的金融体系已经不是当年的体系，就如当年布雷顿森林体系破裂，很多人认为美国会崩溃，而实际情况却是美元的涅槃重生，随后通过印钞的“星球大战”打败了苏联。美国希望通过印钞催生数字泡沫，用泡沫换取资产，再一次分配全球财富，像打败苏联一样打败崛起中的中国。美国在里根时代搞货币扩张、国家借贷、央行印钞，用“星球大战”搞军备。里根货币扩张期间，美国的资产价格是相对稳定的。尤其是与苏联相比，印钞的美国打败了没有印钞的苏联。最后，苏联贱卖资产是失败以后的结果，不是失败的原因。

8. 货币的交换本质

美元便宜了，我们需要再回到货币的本质看问题，货币的本质不是买，是换！对货币的定义，现在世界的主流理论，都是媒介说，不是商品说。抱守着货币多了资产要涨价的，背后是商品说。而媒介说则认为，货币是为了促进商品交换的媒介。持有的资产变成货币只是短暂的，货币是帮助你将其变成其他资产的，这里也包括金融资产、虚拟资产、数字资产等。因此，不是资产涨价的问题，而是你要换成什么资产，是什么资产涨价的问题。就连大家总议论的房价，货币宽松了以后的走势，应当也是分化的。你关注的好房子都在涨，但鬼城也越来越多，农村的空心村也越来越多，大量的房子跌价是你不关注的。美国主导财富再分配的本质，是用泡沫换取你的优质资产，买卖不光是贱卖问题，还有贵买问题！在货币宽松的涨价恐慌之下，贵买的问题同样严重，到底交易是否合算，要买卖一起来估值。

美元在QE常态下便宜了，同时美国控制流动性的背后，是宽松的美元可以定向催生数字泡沫，这些泡沫的资产是要你买的！中国市场中的很多国有企业，股权资产价格低，而美国关联的虚拟资产多的网络信息等企业，股权资产价格高，人家就是要用这些资产来换取中国的国有资产等传统资产，而且资产一旦易主，价格立即飞涨。

宽松的货币会带动资产涨价，但不是货币的通货膨胀，而是资产定向泡沫。通过主导世界市场，资产泡沫要在交换当中得利。刺激经济宽松的货币要换取抗疫的紧缺物资和民生物资，都是优质资产；而付出的对价则是泡沫资产，得到货币的再买资产，你买的是泡沫资产。现在更需要的是不要在恐慌之下买入泡沫资产，通胀恐慌是要不得的。

西方现在再分配世界财富的规则，就是货币宽松，定向资产泡沫，泡沫资产换取优质资产，再用泡沫破裂消灭宽松出来的多余货币。这个循环过程当中，谁埋单，哪个环节埋单，要仔细看清楚。泡沫破裂货币损失掉了，那么货币还多吗？损失者已经埋单了，还会资产涨价吗？增发的货币已经取得了财富，凭什么会通胀？这个泡沫破裂的过程，是泡沫资产降价的过程，而催生泡沫，则可能是在货币宽松之前，货币宽松的目的则可能是让以前还没有换取优良资产的泡沫资产不要破裂。

美国等西方经济在2008年以后，早就是泡沫不断，资产不断注水，所以现在进一步宽松货币，更可能的作用是维持其泡沫，需要激发大家的恐慌而去买入他们的泡沫。因此博弈是复杂的。

9.信息新时代、新理论

面对西方的印钞和掠夺，货币流动性的方向和趋势被操控，资产价格不是轻易简单化和确定化的。美元便宜了以后，我们还要预防未来美元突然贵起来，就如西方的疫情开始，美元反而增值了，美国QE了。

对未来趋势判断时，我们需要加强对当今金融理论的研究，因为现代金融理论也在大发展，尤其是信息技术提供了新的工具，大数据化了，可以用极低的管理成本精细化管理各种信用。金融是建立在信用的基础之上的，信用是建立在信息基础之上的。工具和手段都与以前极大不同，在信息爆炸时代，发展速度超过了我们想象。

为了再分配世界的财富，一些新虚拟资产出现了，数字泡沫的催生，也是飞快的。新的信息技术手段，也为复杂金融衍生品、数字金融资产等的创造提供了可能。没有计算机和信息爆炸，也没有那么多的虚拟资产和数字泡沫！信息爆炸的速度，以及信息社会的五大定律——摩尔定律、梅特卡夫定律、扰乱定律、吉尔德定律和雅虎法则，是信息社会庞大虚拟资产的基础，当今的金融理论已经与信息社会的虚拟资产、数字资产、数字货币紧密结合在一起，我们需要适应信息爆炸下的时代，我们需要更新金融理论。对信息系统规律的探讨，我们将在第四章深入探讨。

在如此多的金融手段和金融工具面前，在如此多的信息社会新创的虚拟资产面前，传统的资产价值本身也是激烈变化的。信息技术又提供了丰富的技术手段和极低的管理成本、交易成本，让传统资产的成本和效率发生变化，因此，所有资产价值的变化，一定是分化的、差异化的、激烈波动的。

在疫情造成的损失产生之后，损失已经在那里了，总收益是负的了，大家通过市场——不如叫赌场，决定谁是损失者！这里国家的庙算变得无比重要，个人在各国的宏观博弈当中是渺小的，国家博弈的胜负，与参与者的操作理论水平也有关。现在，是美国当赌场庄家，已经抽水得利，打压中国大户让中国埋单，而中国在积累掀翻赌场的实力，这里的硬实力是经济能力，软实力是相关理论水平。

中国的实力已经今非昔比，中国在理论清楚、正确应对之下，在5G背后的中国自主信息产业崛起之下，美国金融霸权的优势未必能够掠夺中国，但可能掠夺世界其他国家，最后导致其他国家衰落，与美国和中国差距拉大。

综上所述，当今世界进入激烈博弈再分配财富的阶段，美元便宜了是要再分配世界的财富，数字泡沫膨胀起来，要换取财富。而资产贵了不贱卖，仅仅是一道可能的防线，但虚拟经济下博弈远远不是只有一个方向，而是多空双向的，固守一个方向，可能是作茧自缚。因此，我们在防止被掠夺的过程中，需要加强是理论研究，全方位认识到各个方向都可能发生博弈，要通过实力实现国家崛起、民族复兴。

九、现代货币理论和历史变迁①

美国QE常态化了，背后是货币理论的深刻变革，而我们对美国在21世纪开始建立的新的货币理论——泡沫换取财富的游戏，缺乏起码的了解。

经济学有各种学派，不同学派的理论有巨大的差别，这个差别之下到底是什么？为什么他们理论可以自洽，但最后的结果却是差别更大，产生这些差异的根本原因是什么？

不同学派的差别就在于对货币的认识不同。每一种理论，都有自己的货币定义，又在其定义的概念之下建立逻辑体系，形成理论大厦。那么货币到底是什么呢？其实，从人类的发展历史看来，它是不断变化的，与公众的认识也有关。

不同的货币定义建立的理论，只能是在货币符合其定义的时候是正确的。货币具有多面性，这也就是为何各种经济学理论是差异的，但它们都可能是正确的，这个关系是欧氏几何和非欧几何的关系，是经典物理和现代物理的关系。

在布雷顿森林体系破裂之后，货币定义就发生了根本改变，但公开的经济学理论却没有相应变化，而实操的理论更不一样，所以产生了学院派和实战派。而现在QE常态化的背景下，货币定义其实又一次发生了改变，那么经济学要怎么变，其实美联储施行这个政策的时候，应当不是摸着石头过河的，而是已经推演清楚了。

1. 人类货币概念的轮回

货币定义从大的方面分类，分为商品说和媒介说。至于货币到底是商品

① 本节经编辑后在《瞭望》新闻周刊2020年第31期发表，题为《量宽常态化背后的现代货币理论》。

还是信用，不同的学派认识差别巨大。

图1-40中的字中国人都认得。“朋”字，最原始的意义是两串钱，只有有信用才是朋友，才有交易，才会用到交易媒介！当时的货币是打孔了的海贝壳，为何贝壳可以变成货币？“朋”字的这个义项，在孔子注释《易经》的时候多次出现，可见当时是流行的含义之一。而以后的信用交易，越来越发生在朋友之间，社交体系就是交易体系，也是信用体系，社会的变革也在其中。

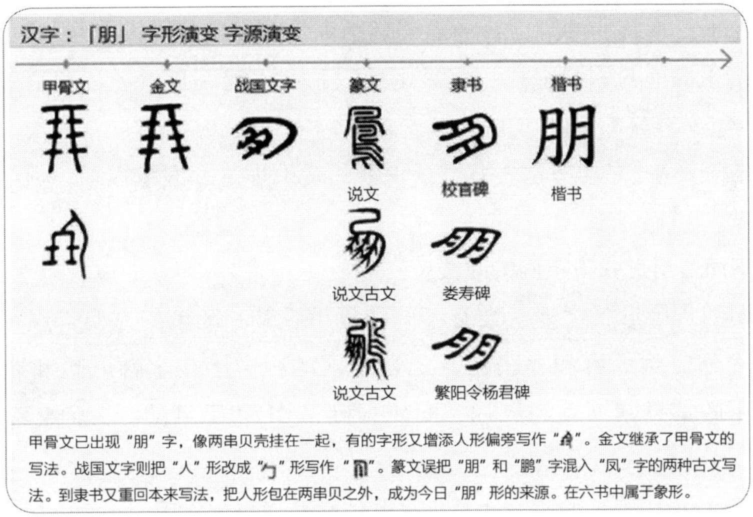

图1-40

本人举这个例子是说，货币其实是信用！否则的话，贝壳可以当作货币，谁都可以在海边捡贝壳，那就乱套了。贝壳上面最漂亮的地方有个孔，适合结绳记事。孔子说“有朋自远方来，不亦乐乎”，其实带有双关的含义，而能够使用货币做交易的，首先是朋友和有信用的人，否则就用武力解决了。

后来的礼崩乐坏，才需要货币本身的价值，但黄金最早也不是货币而是信用，比如“金口一开”，这个“金”是信用。后来才有了金子的价值，这就是商品货币了。而之后，贵金属商品货币成为世界的主流，还有了重商主义，以贵金属的流入、流出为国家追求。而马克思代表的古典经济学，说的都是商品货币，只不过他把价值定义为必要劳动时间，货币是一般等价物，这个被叫作古典货币。

西方建立央行体制、现代的货币制度的时候，货币的定义更多是媒介说，也就是交换媒介，才变成了现代货币。开始还与黄金挂钩，但货币的发行已经是以国债为主，国债是国家信用。后来，金本位破裂了，二战后又建立了布雷顿森林体系的国际金汇兑本位制，之后又破裂了；后面就是牙买加美元，同时很多发展中国家搞了新重商主义，也就是货币不是挂钩黄金，而是挂钩美元为主导的外汇储备；2008年金融危机以后，西方的货币概念又发展了，QE出现了，现在QE常态化了，货币的定义又一次发生了巨大改变。而货币背后站着国家，与以前金银的天然信用不同，变成了国家信用。美元的信用背书，也不仅是石油的锚，石油的期货结算价可以负值了，美元与数字资产，与金融衍生品，与网络霸权，也紧密地联系在一起，自由经济理论变成了政治经济学。

我们需要在QE常态化之下，认识新的货币理论、泡沫规则，学习新的货币银行学。

2.不同货币形式下不同的政策

不同的货币形式之下，会有不同的货币政策和政策的方向。现在公开的理论，中外应对危机和通胀的方式是不同的：中国在金融风险和通胀压力下，货币政策是紧缩和加息的，而美国则是QE和降息的。为何会有这样的不同？

其实这非常容易理解，中国的货币是商品货币，大家从金银的观念深入，商品货币要保持商品的价值，通胀以后，持有货币就必然要让持有的货币保值，就要给更多的利息，要正利率。而美国的货币是媒介货币，市场做媒介，价格与当媒介的时间有关，与利率有关。市场上货币多了，媒介多了，供给增大，按照市场的规律，价格要按照供需关系降低，而且媒介多到泛滥，持有是有成本的（这个持有成本是金融资本和银行的运营成本及剥削得利），就是可以负利率的。

中国的老百姓把货币当作商品，存钱成了储藏财富的手段，因此都会存钱，而且中国搞的实际上是新重商主义，央行的基础货币发行，占大比例的是外汇占款，也就是外国资产，对应的是外汇和黄金储备这类特殊的商品。而西方货币是媒介，是以国债发行的（而且国债已经超过GDP），是否能够还账，大家都清楚，所以西方货币就不那么值得存储了。而且在布雷顿森林体系存在的年代，美元被叫作美金，美国就是债权国而不是债务国，在布雷顿森林体系刚刚破裂的时候，美联储应对危机，也是加息的，而且是令人恐怖地加到了20%以上。

中国老百姓要存钱，存钱在银行，就是广义货币M2，而美国老百姓是不存钱的，这个差别，也造成中国的M2奇高。虽然都叫M2，内涵却有所不同，商品货币的M2与媒介货币的M2，是不好直接对比数量的，美国QE出来的M2，是在零利率下的M2，只有接近零利率的时候发行货币，才叫作QE。而中美现在的货币概念的差异也一直存在，这个中间是可以被套利的，只不过现在基本上是美国在套利得利。

3.新的货币媒介时代

世界确认进入媒介货币时代，应当是在布雷顿森林体系破裂、牙买加美元建立之后，美国以新的美元制度迅速抢占了全球资源，可以印钞搞“星球大战”计划，也是冷战打垮苏联的关键因素之一。

从2000年网络泡沫破裂到2007—2008年的次债危机和金融衍生品危机，美国度过危机的方式就是将货币的定义进一步改变，央行QE合法化，背后就是以比特币为代表的虚拟数字货币崛起，新的货币媒介出现，带动虚拟经济的崛起。比特币的媒介能力比传统货币更加强大，把以前不能覆盖的领域也覆盖了，比如暗网与现实世界的媒介，可以看到勒索病毒只要比特币，背后是对全球央行和司法追赃能力的挑战，成为勒索媒介。到了2020年的疫情环境下美国救市，QE常态化了，又是新的货币概念。

世界到了21世纪，可以看到的是虚拟经济的规模已经远远超过了实体。美国的虚拟经济规模，期货期权等金融衍生品的交易规模，远远大于了实体，数字泡沫时代已经来临。而且虚拟的交易已经彻底可以脱离实体的束缚，其标志性的事件就是油价期货交割可以-37美元/桶！在实体上的买卖，是永远不会有负值的。

美国实际上是通过莫须有的虚拟经济催生数字泡沫，来置换全球的实体财富和资源。这些虚拟的媒介对货币提出了更高的需求和要求，为了支撑庞大的虚拟世界、实体的美股走势等是不允许有熊市的。美国的金融衍生品市场已经比实体的股市、债市大了不知道多少倍，期货市场的交易量已经是现货市场的100倍以上，甚至可以是上万倍，这些交易背后代表的盈亏，与实体现货交易或者证券交易的盈亏没有区别！ 2008年金融危机如果再次上演，美国金融衍生品大厦倒塌，会比2008年导致更大的灾难。因此，美国需要一种可以海量迅速供应的货币媒介，保证美国的金融市场不进入传统意义上的熊市。2020年，疫情打击下的美国救市，QE常态化出现了，因此数字泡沫会长期化、合法化。而金融衍生品、数字资产和美国控制数字资产的网络霸权，可以成为美元新的信用来源，成为美元的一个锚，也是美联储可以不断QE的资本。因为美元等货币无媒化，数字货币的出现，货币已经脱离了纸质媒介，但货币的交易离不开网络，离不开银行结算清算体系，以前的银行间还有纸质的票据交换，现在已经完全网络化、电子化了，各种的支付方式也网络化、电子化了，已经进入一个新的货币交换媒介时代。货币数字化时代来了！

以前，货币是贵金属，信用是天然的；后来，货币是纸币，信用是国家的；现在，货币是数字化的，信用是平台的！平台可能是有中心的，也可能是去中心的。

美国的金融市场，现在没有牛市和熊市之分，只有波动率大小之分，因此这样的市场可以说是猴市、鹿市。猴市是上蹿下跳的大波动率，鹿市是胆小安静赚了就跑的小波动率。美国金融市场的量化高频交易，可以把波动率变化的钱赚出来，传统牛熊思维的人在里面是被收割的对象。因为高频交易背后是智能算法，是机器交易，技术在信息时代已经算法化了。

美国为了维持牛市，必然要更快、更便捷地提供无限的货币流动性，因此把原有的货币发行限制打破就是必然的，建立新的货币银行机制也是必然的，QE就这样出现了。当初，说QE印钞买的两房债券是垃圾债券，现在这个债券已经是全球最优债券之一，因为房价指数已经超过了2007年很多，债券抵押物足值，当时的美联储利率为5.25%的高点。美联储在最低点打折买入这些债券，债券变成最优，这个QE还能够叫作印钞吗？央行低价买入优良资产，妥妥的货币正常发行啊！

图1–41是2016年本人在和讯网的评论，可以看到那个时候，世界经济理论格局已经变化，原来的经济学已经不同，预测QE常态化到来只不过是迟早的事情！如今再看，QE已经常态化了。

美国房价指数一路上涨，房价、两房债券、债券背后的金融衍生品构成的信用背书，现代的货币理论与以前有了根本不同（图1–42）。

和讯网 > 评论 > 和讯专栏—张捷 > 正文

张捷:从两房债券已成最优看全球金融格局剧变

2016-01-29 10:54:07 和讯网 张捷

现在全球大宗商品价格暴跌，各国股市压力巨大，不光是中国股市的暴跌，其他国家也不好。中国的人民币还受到巨大的贬值压力，这背后的逻辑是什么？这里笔者首先要告诉大家一个关键性的事实，在当前，我们一直说的垃圾债券，引发次贷危机的两房债券，已经悄然成为了全球最优的债券了，根本不是垃圾债券了！这个事实让很多大肆攻击两房债券的所谓专家大跌眼镜了，因此他们选择性的失明了，依然胡侃。

图 1–41

央视交易时间 >

美国房价同期上涨8.4% 涨幅创六年新高

周二发布的数据显示，美国房屋市场继续是经济萧条中的一个亮点。标普的卡斯希乐房价指数（Case-Shiller）显示，**全美十月份房价比去年同期上涨8.4%，涨幅创六年新高**。房价市场的持续强劲表现是受益**美国人居家办公需求、抵押贷款利率和可售房屋稀缺**等因素。

图 1–42

4. 常态QE的货币银行学

QE常态化之下，西方央行与商业银行和投资银行的关系也发生了根本性的改变，全球化通过网络实现，网络信息平台化。

首先是在蒙代尔不可能三角理论下，资本流动、央行的作用已不再限于国内，而是全球化的。金融霸权国家的央行对全球的影响巨大，成为全球国际货币的央行，而其他国家因为“不可能三角”，其汇率、外汇管制和货币政策不能同时实现，所以在保汇率更重要的时候，必然在外汇管制加强或者货币政策的独立性降低方面，跟随金融霸主的货币政策采取相对锁国的政策。

西方央行的货币操作日常化，银行间货币市场的作用降低，金融货币的走向更多由政策这个“看得见的手”来决定，而不由金融市场决定。以前，对央行有很多限制，QE突破了这个限制，更重视全球财富再分配和国家间的利益博弈，而不再关注国内市场公平。

QE常态化下的新货币银行学诞生，不但有方便放水的QE，而且有快速方便回收流动性的超额准备金及其利息，还有一系列特色的金融工具被创设出来。美国操纵汇率，美联储是操纵机构。美国操纵汇率实质是他国没有按照美国认可的方式调整汇率。美国已经赤裸裸地表明，霸权是什么。对他国收割和薅羊毛是维持美国霸权的关键，因为他们不允许通过调节导致本国的泡沫破裂，造成损耗。

全球新货币银行学趋势是商业银行的投行化！以前，美国是银行分业经营的，后来变成了混业经营，现在则商业银行其实也投行化了。商业银行不仅控制证券公司，参与金融衍生品的创设，而且参与信用掉期合约、利率掉期合约、外汇掉期合约等。2008年的雷曼破产，也主要是因为这些金融衍生品导致的，而不仅仅是传统贷款坏账和挤兑造成的。后来，欧债危机深化、著名的德意志银行危机，也是由金融衍生品风险敞口带来的。从这些衍生品交易的规模来看，这些银行就是投行。而中国的商业银行的经营模式还是最传统的息差。

为何商业银行云投行化呢？其中一个重要原因就是金融市场的操作已经机器化、算法化和平台化。传统的商业银行和投资银行的产品在一个信息平台上交易，金融产品快速衍生和膨胀、交易速度极快、交易模式复杂、杠杆极大可能瞬间崩盘，在交易平台之上的高频交易已经非人力所及，必须依靠机器算法来实现，所以作为算法的主体机构必须整合。

目前，新的媒介时代，需要新的货币银行学，这已经是一个负利率和数字泡沫的时代，金融货币杠杆在降低。不能只看到美联储的资产负债表扩张，更要注意央行资产负债表与M2的比例，以及美国的QE常态化背后还有金融媒介货币杠杆的下降。金融货币杠杆下降极大，其实也定向释放了风险，这也是QE常态化下，为何美元可以汇率稳定，美元指数一直在高位的原因。

美国的国债已经不是简单的债券问题，而是成为发行货币所必需的资产产生了特有需求的问题。QE导致货币放水，国家筹措资金能力的增加、国家信用增加，也为现代货币价值背书。一切经济学到了最高级阶段，都会成为政治经济学。各国持有美债也不是简单的债券问题，而是巨大的国家外汇储备已经与货币M2可比。这个结果笔者以前也分析过，外汇储备到美国其实只能买国债，是存不进美国的商业银行的。美国的银行与中国的银行不同，资金紧缺到了拉存款第一的地步，而对过大的单一非友好客户的存款，银行是不接受的。

想明白上述问题，就明白为何会出现新的世界金融体系、新的金融国际、新的货币银行学。也就是说，数字泡沫、泡沫膨胀、泡沫交易财富等世界新规则已经诞生了。

5.脱实向虚改变了商品的概念

在美国新的交易规则下，虚拟交易可以负值结算，石油期货可以负值结算，其背后是虚拟商品与实体商品的脱节。

脱实向虚首先是货币的脱实向虚，货币先脱离了贵金属实物，然后脱离了发行者的主权信用，变成去中心的数字货币。因为货币的信用来自信息平台，平台可以是主权的，也可以是去中心的。各种交易在平台上发生，货币成为平台交易的媒介。

虚拟商品与实体商品的脱节，造成实体商品与之对应的虚拟商品不能简单且直接地交割，交割受到的限制越来越大，比如从纸黄金到现在的原油，再到原油的负值，交易所提出了越来越多的限制。当年，美国私人持有大量黄金属于非法，现在虽然不说非法了，但黄金的运输和进出境却变得非常困难，手续也更加繁杂。对于石油，有欧佩克的限产配额，要交割给多方，要求很多，比如要提前提示，要足额准备资金，要准备好仓库，等等；而空方则不用准备什么，这就使得交割成为轧多头，比原来的轧空头容易多了，使参与虚拟交易的多方不再想交割的事情，虚拟交易的市场真的逐步脱离实体交易。

允许有负值，是对经济模型的又一次重大改变，虽然现在全球绝大多数的期货市场、期权市场及其他衍生品市场还可以交割，但交割限制是一个趋势，出现负值更是一个趋势，以后会越来越多。

本来的期货给你的想象是现货交易，但如果不能交割，与现货的关系就淡化了，尤其是交割、期现套利、实际现货，对整个市场起决定性的作用。如果两者脱离了，现货需求的作用就少了，供需曲线完全是虚拟交易博弈了，供需曲线更扭曲，使多均衡点的定价权更加凸显。

虚拟市场、数字资产、金融衍生品，背后是美国主导的因特网和网络霸权在支持。它们给美国和美元带来新的信用，在石油的期货结算价格可以是负值的时候，石油与美元的关系发生变化，美元的信用之锚在数字虚拟领域，有了支撑点。

现在的现货市场采用长协模式，使大量现货交易结算绑定期货价格，结果是期货的交易价格决定现货，期货虚拟主导现货，期货的定价权更大地影响了现货市场，这为脱实向虚的美国提供了更大的操控世界的权力。

脱实向虚以后，出现了新的商业模式。虚拟交易下的空单、看空期权也是商品，它们拥有了更多的独立属性，而交易价格呈现负值，意味着这几个商品的价格上不封顶。在以前不能为负值的时候，最多价格归零，空单和看空期权有最高限额，商品价格也有最高限额，与普通的实体商品不一样，而在规定可以负值结算了，二者就对等了。因为有空单和看空期权这类的商品存在，它们的交易活跃度远远超过了现货，所以价格涨跌背后的意义就有所不同了。价格过低也可以是数字泡沫，即空单和看空期权的价格泡沫。我们需要明白：泡沫不一定是价格虚高，由此可以带来经济模型的改变。

6. 中国的应对走向

为了应对世界金融体系的变化，中国应该向哪些方向改变，这里简单地进行分析。

（1）反对脱实向虚

中央已经明确支持实体经济，反对脱实向虚，中国实体经济强大，要发挥中国实体经济的优势。

虚拟经济对中国也非常重要，我们反对脱实向虚，不是不要虚拟经济，而是以哪一个为主导、哪一个成为矛盾的主要方面的问题。解决实体和虚拟的矛盾问题，就是让实体成为主导方面。

（2）商业银行的混业经营

2020年6月底，各大财经媒体均公开报道证监会计划向商业银行发放券商牌照，或将从几大商业银行中选取至少两家试点设立券商。

中国的商业银行混业经营试点，将成为非常关键的一步，可能进一步改革中国的债券市场。西方的债券市场，银行也是主要的购买者和发行者，是深度参与其中的，债券市场其实比股票市场对经济的作用更大。

（3）扩大金融债券信托市场

拓展中国发展和建设的金融配套市场，不能只依靠银行贷款，资金来源要从商业银行贷款变成金融市场筹集。在本书的第五章，我们会继续分析信托产品的意义。

2020年4月24日，中国证监会、国家发展改革委联合发布《关于推进基础设施领域不动产投资信托基金（REITs）试点相关工作的通知》，标志着境内基础设施领域公募试点正式起步。REITs，即房地产投资信托基金，最早于1960年在美国推出。通过向投资者发行信托（基金）份额来募集资金，并由专门机构投资到房地产项目中去，投资者按比例获得房地产项目产生的收益。普通投资者通过购买REITs份额，可以降低参与房地产资产投资的门槛并分享其收益。

（4）进行微观调控

微观调控是国家对单个经济单位的经济活动所进行的调节与控制。一般说来，宏观调控和微观调控是相对而言的，调控主体都是国家。

笔者在2014年出版的《定价权》一书中对微观调控的意义专门做了详细论述，该论述在当前依然是有效的。宏观调控遵循“蒙代尔不可能三角”，受到美联储国际金融霸权的制约，中国的宏观调控会有很多困难。由于中国的很多行业在全球占有绝对的份额，因此微观调控一样可以影响全球。而中国的行政能力、政府的财政手段，特别适宜微观调控。中国搞的房地产调控、产业扶持政策、科技扶持政策、市场换技术等，都是微观调控的手段，而且都是非常有效的，也是美国忌惮的。中国可以做的微观调控手段还有很多，本书后面也会论述。以中国的微观，应对美国霸权的全球宏观，中国是有政策抓手和主动权的，可以在定价权和反剥削方面，为中国崛起争得权利和机会。

（5）增加货币发行国债占比

这个问题，财政部与央行有不同的考量。在货币政策上，央行对国民经济考虑得少，对银行业安全考虑得多。与美国不同，中国货币委员会主要是银行家担任，而美国则由总统提名国会任命。美国的财政也是国会为主，而中国的财政部则是各个层面都可以发言的，比央行考虑的问题更多。2019年，财政部官员公开讲话，希望央行可以配合自己的政策，让国债达到准货币的效果。

大规模的央行购买国债，中国只有一次。2007年，央行购买过一次特别国债。当年，中投（中国投资有限责任公司的简称）成立时，财政部发行了1.55万亿元人民币的特别国债，央行买了2000亿美元。也就是说，从央行账本上看，这2000亿美元是“已售汇”，不在央行外储之中。外储占款也已通过国债方式从市场上抽走。

类似的国债购买，中国还是可以多搞几次的，多发行国债，从市场上抽走资金，通胀的压力就不会那么巨大。美国的QE常态化，其实就是例证，以后国家的竞争，国家筹措资金的能力，央行应当配合。

综上所述，世界的新货币理论诞生了，中国要顺应世界，也要理解这些理论。全球化之下，中国与之接轨也是必然的，要主动利用这些规则进行博弈，这是我们回避不开的。当资源、市场、手段、配置都重新定义的背景下，甚至劳动也可以不需要人时，新的政治经济学可能真的会成为决定人类前途命运的重大理论。

十、国际投资有资和债的两面性

——QE常态化怎么在投资领域得利

对国际资本的认识需要全面且透彻。这里所说的国际投资要求的回报是非常高的，其到底是投资还是外债，其实是矛盾的两个方面。到底哪一个方面起主导作用，需要全面认识。国际资本操纵的舆论场把获得投资、吸引外资都变成国家社会无条件得利，尤其低利率政策的QE常态化让国际投资也变了味道，要知道低利率QE是可以掠夺财富的！

这里不能简单地说有人搞所谓的明股实债，实际情况比这个复杂得多。首先是风险投资（VC）的资金回报要求。大家都知道VC的资金是最贵的，但对为什么是最贵的却不明白。VC是有潜规则的，VC的对赌协议、对资金的保障非常好，带有类似的抵押性质，创业者完不成，等于公司廉价给对方了；若能够完成，则收益之高肯定高过高利贷。VC投资的要诀就是在新兴产业收割创业者，形成垄断。

其次是复杂性可变利益实体（VIE结构）！协议控制的同时，还要把投资利润、内资利润，在投资的直接收益之外，通过奴隶协议，转移到境外。更关键的是，这些协议不按照中国法律行事，结果是协议当中的中国人要加入外籍，至少要移民或有绿卡。在白手套住他们后，资产很可能捐给美国的各种机构，或者购买国际资本宗主国的各种低收益的公益事业。

上述这些仅仅是微观层面的，在宏观层面，问题则更严重。有没有金融定价权，是不是结算货币，资本是不是自由国际流动，谁有金融霸权，差别巨大。

第一，外国的投资进来，中国快速发展，宏观上，外资的收益率可以与中国的发展速度比拟。尤其是外资热点地区都是中国的经济活跃和发达的地区，其增长速度远远快于中国的平均水平，那么如此快速的增长之下，到外资要离开中国的时候，有多少外汇储备去平衡呢？尤其是外汇跟本国货币交换，央行持有的外汇只能投资结算货币、金融霸权国家的国债等金融产品，获利非常有限，二者的获利差别巨大。所以，美国等国的QE压低利率，实际上是扩大了与发展中国家的利差，在负利率的情况下更是如此，他们可以得到更多的财富。

第二，经济发展了，资产要增值，资产价格要重估，劳动力成本不一样了，内含的基础建设投资的价值转化等都要重估。同时，经济发达了，利率自然下降，那么股票和房地产等资产，价格都要上涨。当初，外资买资产的时候很便宜，卖出的时候翻倍，正如大量合格境外机构投资者（QFII）是股市2000点的时候进来，如果到4000点了，涨一倍的价格如何平衡？

第三，中国提供利润、注册地在离岸港、税收大量流失、利润支撑了国外的高股价、国外融资再收购中国的资产，这样的公司控制权很多不在中国，大量的利润汇出，都是外汇的压力。

这里要看到中国与美国的区别，就是美国用美元结算，外来的投资不会造成上面的外汇压力，而对中国则会造成巨大的外汇压力。美国的外来投资，更多的是投资属性，而中国的外来投资，如果算上对外汇的压力，则更多带有外债的性质，二者不能等同。

中国已出台多部与外资投资相关的法律，如《中外合资经营企业法》《中外合作经营企业法》《外商独资企业法》等法律规定，在中外合作和投资期满，企业的剩余资产归属中方。

中国刚刚实行改革开放之初，因为外汇紧缺和资金匮乏，希望有原始积累的投资！中国当年实行市场换技术，也就是外资进来占了中国市场，中国留下了外资的先进技术。而现在中国很多产业已经是世界制造业的中坚，工业化也基本完成，外贸大量顺差，外汇储备也很丰富，美国对华贸易战和科技战再想用市场换技术的做法已经不容易实现。所以现在外资在华的主要矛盾已经与当年不一样了，对外资的态度也要重新思考。

QE常态化等于美国的低息政策的常态化，低息和货币充裕会对中国带来怎样的投资博弈呢？笔者认为有以下几种可能的方式。

（1）最直接的是明股实债，直接套取两国利差，而利差需要由本国出口顺差、本国老百姓的积累率来埋单。

（2）低利率和宽松资金可以不计得失地购买和投资，再对抗监管，钻空子无序扩张，通过扩张达到垄断，控制产业谋取超额利益，让国家“拉美化”。

（3）中国不降低利率，而资产估值与利率相关，导致美国的虚拟资产估值和中国的实体资产估值拉开差别，美国不到1%的资金回报要求可以维持

100倍的市盈率，中国接近10%的资金回报只能换取10倍的市盈率，在资本自由流通的情况下，美国可以用高估值的资产泡沫交换中国的资产。

（4）在外资货币低利率和宽松的背景下，利用资本的价格优势搞资本倾销，实现资本扩张和垄断，这个问题以后的章节还要详细讨论。

（5）中国降低利率，中国的资产也重估涨价，但外资高位套现之后，中国要有足够的外汇兑付，必须加大出口顺差或者贬值，结果是让QE出来的货币买到商品或者维持高币值，美国可以不断QE来购买中国的商品和财富。

从上面各种情况的博弈结果可以看出，金融霸权在美国人手里，美联储想变成全球央行，而中国需要做的就是不和他们玩这个游戏。当初，在英国拥有全球金融霸权的时候，美国搞的不是开放政策，而是孤立主义，在美洲搞内循环。现在中国的内循环提法，是非常有意义的。不讲原则和底线的开放不叫开放。要应对美国的QE常态化，中国需要主动迎接双循环，在内循环当中积累财富。

QE带来的低利率和高估值，其实拉大了劳方和资方的差距。在高利率之下，估值是10倍，意味着攒10年的钱就足够了；在低利率之下，估值是100倍，则意味着需要攒100年的钱才可以。中国要快速发展，需要本国快速地积攒财富，而不能反靠外来。独立自主是投资领域的关键。中国的基础建设都是中国自己积累的，老百姓的存款变成银行贷款，老百姓攒钱买房支持土地出让收入，这部分比外来的投资要大得多。

QE常态化维持长期低利率，拉大劳方与资方的差距，拉开发展中国家与发达国家的差距，很多人难以理解，这里举一个简单的例子。假如一个人年收入10万元可以实现财务自由，在10%利息的时候，有100万元吃利息就可以实现，但当1%利息的时候就要有1000万元。而100万元，一个人努力工作年收入10万元可能10年就攒到了，1000万元则要100年。但对于原来就有资产的人，资产却从100万元变成了1000万元，增值了！现在，发达国家都是债务国，都是要支付利息的！所以QE低利率就是他们加剧掠夺其他人的手段。

低利率社会还会带来财富更加集中。因为低利率的结果让金融资产持有者的财富暴涨，而劳动者的收入并不怎么增加，结果是少量拥有巨额财富的人群的财富直线增加，社会分化进一步加大！在中国，比如北上广等地，房产价格暴涨，有房人群和有多套房人群，与其他城市人群财富的差距会扩大。

楼市、股市的价格高涨，都与低利率有关。低利率同样催生数字泡沫，数字货币不会自带利息，而商品货币的利息来自商品的使用价值和孳息。投资的债性对中国经济影响非常大，因为中国的刚性兑付比较多，破产不完善。2020年以来，政府打破刚性兑付的努力，其实是非常有价值的。

低利率对西方国家社会也有影响，就是挤爆养老体系，这一点本人在《信用战》一书中就分析过。本来辛苦缴纳的养老保险是足够养老的，但在低利率之下，养老金的收益就不够了。西方的低利率也掠夺他们的老人。比如2020年，西方佛系抗疫，老人大量死亡。

中国能够维持中高速发展，与中国的超级积累率有关。国内财经媒体《富丰财经》2020年6月26日报道说，在2019年年底召开的财经年会上，央行前行长周小川称，中国10年前的储蓄率是51%，现在只有45%，但仍是全球最高。中国的储蓄带来的银行资金是中国建设的主力，但如果遇到什么大事，老百姓因恐慌提取存款，金融安全的隐患也是有的。不过，中国能够依靠自身的积累解决问题，可以避免发生拉美式的债务危机。因为中国老百姓要存钱，银行存款大增，即M2大增，中国的M2的性质与西方也有区别。

中国要快速发展，资金依然紧缺！我们长期对外资有超级渴望，对外资给予了超国民待遇，外资得利成为常态。但外资在中国的无序扩张，外资的资金成本与国内的差距，造成的问题也很多。这个问题历史上就有，资本主义崛起于西方的低利率，而中国古代的高利率与之也有十倍的差距。西方资本的扩张，对近代中国掠夺严重。

目前，国家已经注意到了这个问题，尤其是对于网络上的资本在国内的无序扩张，2020年年底，开始进行反垄断调查。

反垄断和反对资本无序扩张，对外资和内资一同限制，不授人口实。其实，能够无序扩张的，主要是低利率和QE带来的外国投资，中国本土的资金紧张，难以躲过政府的监管无序扩张。

在美国的QE常态化和低利率下，美国是得利的，因为美国有金融霸权，美元是结算货币。如何规避这样的情况，就需要与美国当年的孤立主义政策一样，中国要有自己独立的循环体系，现在不是美国与中国脱钩的问题，而是中国不能完全被美国金融绑定的问题。

十一、政府回购债券的利益输送

美联储的QE新常态，到了加息周期，会有什么样的故事？对美国搞的数字泡沫、虚拟泡沫、金融衍生品泡沫会如何呢？在前面，我们说过，在虚拟交易之下，做多和做空都是可以得利的，是双向的，空单是商品，也可以是天价；交易价值是负值的金融衍生品，与不能是负值的传统证券还是不同的！没有负值的金融产品，下跌不可以超过100%，但有了负值就没有了限制。美国吸取了2008年金融海啸的教训，在美联储和美国政府双簧的金融霸权下，美联储躲到后面，让政府在前台进行利益输送，保持美国核心银行的利益，操纵金融衍生品市场，把金融危机变成对他国剪羊毛、薅羊毛的机会。

1.美国政府利益诉讼核心银行钱怎么来

2022年，华尔街的金融圈得到一些消息：美国财政部私下跟美国的主要银行进行沟通，问银行持有的债券是不是需要由政府回购。

这个消息听了以后，对美国和国际财经运行规则不太了解的一些朋友，就觉得有些不可思议：美国现在利率这么高，同时政府赤字上万亿，而且总的国债已经突破31万亿美元，很快又要突破国债的上限了，这时候，美国政府回购债券，哪里有钱回购呢？这听起来像天方夜谭。下面来分析一下。

前不久，英国的长期国债暴跌，40年期的国债的市场交易价格，从年初的100英镑，直接跌到了25英镑，是腰斩之后再腰斩（图1–43）。

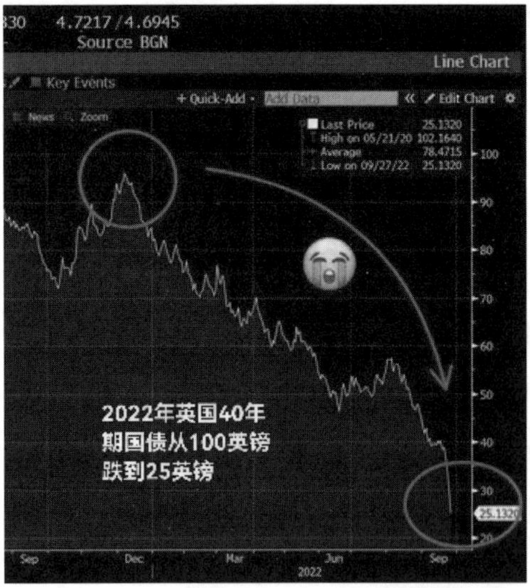

图1–43

国债发行一般来说发行面额是100英镑，市场认购当然也可涨也可以跌，后来不到一年就跌到25英镑。就是说政府当时发行国债的时候，政府差不多是100英镑发售，得到了100英镑，不到一年就跌到了25英镑，如果政府从市场上把这国债再买回来，政府只用25英镑就足够了，政府不用等到40年国债期满之后去偿还，买回来就注销了。

本人之前的著作也讲过这个逻辑。德国一战后为什么迅速崛起，也是因为如此。当时，德国为了偿还一战的战争赔款，在美国的支持之下发行道威斯债券，发行的时候是100美元，得到的款项之中，50美元用于还债，另外50美元由德国用于建设和发展经济，保障可以偿还国债。然后发生了1929—1933年的全球性危机，各国货币竞争性贬值，同时利率极大增加，最后道威斯债券跌到29美元！

就是说德国29美元买回来的话，后面就不用还了，等于当时虽然说看起来只拿了50美元，另外50美元还债，结果他拿到的50美元，在经济危机之下，已经比现在的50美元值钱多了，结果现在只花29美元就可以销账了！吃亏的是当初发行债券、购买债券的英法资本，最后的结果相当于英法给德国代赔了“一战”赔款，德国迅速恢复实力，20年后，第二次世界大战就爆发了。

所以，英国政府从市场上把因为加息而导致大跌的国债，便宜买回来，政府就赚了。但是要赚这个钱，好多人会问政府有钱吗？国会还没有通过呢，如何来的钱呢？

那我们还可以告诉你政府有钱！为什么？因为现在是加息，加息的周期是有限的，长期之下还会降息的。现在加了息，长期国债也是按照加息后的可比收益率进行估值。然后，按照加息后利率决定的收益率和当时的票面利率相比，估值就会跌到很低。但是，短期国债不一样，因为受到加息影响的是一两年，而不是长期国债受到影响的几十年。所以，政府可以发短期国债，把长期国债买回来。短期国债的利息，基本上与利率相当，价值贴现也不会降低多少。比方说政府发一年期的、两年期的国债，一年期的利息基本上与央行的利率不会有太大的差别。

也就是说，政府发一年期的利率为央行利率有限加点后，利率5%的100英镑国债，买市场上已经跌到25英镑的40年期债券，可以买四张，而在不到一年前，发行四张40年期100英镑的债券，得到的是400英镑，等到一年后，需要偿还的只不过是100英镑加利息，只有105英镑。这样的操作，白白赚了约300英镑，而一年后的通胀为8%以上，现在是负利率，短期债券总是大赚的。等到降息周期，又零利率了，再发行长期债券。

政府债券置换的操作，发短期国债买长期国债，然后政府的债务就大幅度降低，还不用央行来操作。因此，现在的美联储只管加息，说“我要缩表”！所以美联储是不买债券的，但是对于政府来讲，可以在国债的长期和短期之间进行操作。

玩债券金融操作的水很深，金融就是玩这些利率的，债券本身可以抵押，玩债券的杠杆比玩股票的杠杆还要大，然后玩得还刺激。算上衍生品等，债券的杠杆可以到100倍，是股票的10倍。所以大家要知道债券市场也会波动得非常厉害，全球债券市场与国内差别很大。

这时候，美国政府财政部专门找美国大银行，谈回购而不说市场上买卖，情况大不一样了。

前面说的都是公开的市场操作。现在，美国不公开市场操作了，财政部直接找美国的核心银行私下询问。像这种不在公开市场的操作，带有特殊的利益输送。就是说公开在市场上收购的时候，价格是很便宜的，但是美国政府在下边跟这些银行说回购，就是另外的概念了。

政府对债券私下叫回购的时候，不是按照市场价购买，也不按照这个债券到底值多少钱来计算该给你多少钱，而是按债券的票面现金价协商，就等于是债券的净现值。政府按照票面价值和利率提前终止债券交易。[①]

按照前面的例子，英国的40年期的债券，市场价卖25英镑，但是我要政府回购，按照1年期给银行，就是政府当时100英镑卖的债券，现在加上1年的利息，就是100多英镑从银行手里买回来了，而不是说市场的25英镑价格，等于是银行本来是账面浮亏75英镑的，现在浮亏没有了，但同时银行要买政府的一个100英镑的短期债券，短期债券利率可能很高，对原来的浮亏而言，损失可以忽略不计。

别看现在银行是浮亏，若银行的流动性有压力，必须出售的时候，那么浮亏就变成了实亏。在美联储加息缩表的背景之下，市场上流动性紧张，是很可能被迫低价出售的。英国的40年期国债暴跌到25英镑，就是各种流动性挤兑的结果。

---

① 债券回购是指债券交易的双方在进行债券交易的同时，以契约方式约定在将来某一日期以约定的价格（本金和按约定回购利率计算的利息），由债券的“卖方”（正回购方）向“买方”（逆回购方）再次购回该笔债券的交易行为。

因为美联储的加息缩表，各种持有美债的实体美元流动性压力都很大，美元指数在高位，持有美债在市场上浮亏很厉害。当初，本人在《信用战》一书中，就说中国要抱美债不要抱着欧债。若买欧债，现在欧债跌得更多，再加上欧元贬值，浮亏还多。若直接持有美元存银行，是存不进去的，因为中国的外储超过美国M2的1/10，也就是说若存进去了，对美国的所有银行，平均下来有10%的中国央行存款，这样的大额，没人给你存！而且银行会破产，破产时保护小储户，破产的风险对大资金杠杆放大，所以只能买美债没别的选择。

之前，中国央行还大量购买了日本国债，是日本国债最大的境外持有国，最后日本搞个安倍经济学，日元大贬值，已经跌破150日元兑一美元了，当时日元兑美元七十几，亏了多少？

美联储的加息缩表，拿着美债大资金都是爆亏，但美国政府干什么了？就是给有关系的美国主要的银行定向输血，让他们拿着美债，可以选择让政府回购，也就是说政府不但是按照票面面值给你，还要给你利息，让美国的核心银行都不受损失。回购的钱，政府再卖新的美债，就买短期的债券，利息高一点，让银行把长期的债券换成短期的债券，如此的利益输送之下，美国那些银行肯定会买账的，美国银行的损失就没了。因为短期的债券不会跌太多，下跌空间有限。因为利率提高了以后，影响和1年还是影响30年、40年、50年，差别很大，所以这个长期债券和短期债券不一样。

美国政府回购长期债券，再放短期的出去，虽然说美联储现在是加息周期，处于利率高点，但是我们相信美国很快就会变成降息周期，未来的利率会降低。等到降息周期利率低了，政府再卖长期的债券就又有人买了，价格也高了。

所以长期和短期是对冲操作，关键还只跟美国的主要银行选择性的交易。美国核心银行和美国有关系的让银行回购，其他没关系的银行，损失就是羊毛薅着了。尤其对那些一些持有债券的境外银行，如瑞信银行压力很大。

这样的回购操作，也只有美国政府会干。其他的企业融资，把长期低利率债券换成短期高利率债券，如此操作的政府补贴很隐蔽，在账面上的损益不被计入资产负债表和损益表，因此利益输送很大。同样，如果一个企业的管理层有私心，也可能做这类腐败的利益输送事情，对纪检监察而言，也是比较难于发现的，需要监察人员有充足的金融知识。企业做如此的操作和输送，有再一次融资困难和流动性不足的问题，但美国财政部的操作不用担心流动性问题，因为QE已经常态化了，虽然美联储现在说要缩表，但以后依然会买入政府的债券，还会有QE的时候。美国财政部没有担心流动性的理由。

中国央行持有外汇资产，发生浮亏后，谁也不会跟中国人民银行交易，是不是可以回购市价损失大的长期债券，换成损失小的短期债券，这就是与美国政府利益输送的差别，是金融主权的差别，更是美国的金融霸权。他能薅羊毛的地方和薅羊毛的方式，比很多金融鹦鹉大多数时候能够想到的都多，像这些故事美国的金融学者不会说，也不会给你写在教科书里。只有对美国市场操作非常熟悉的人会知道，对市场操作没有经验的人，可能连想也想不到。

2.回购操作影响金融衍生品

美国政府给关键银行回购债券，还有一个重要的影响，就是对金融衍生品市场的影响。因为美国的核心银行有了很大损失以后，好多损失是跟金融衍生品套在一起，金融衍生品市场出现危机会承担更大的损失。就如2007年美国次债危机后加息，导致2008年更大的危机，就是金融衍生品的危机。这个就是在美国现在的金融和经济压力下，美国政府已经对美国的银行进行定向输送利益，而且美国输送利益做得比较隐晦。

长期债券和短期债券之间进行互换、回购、赎回等操作，可以套利，也可以对冲，专业地讲叫作利率掉期，相关的交易是利率掉期合约。短期的债券，相当于政府浮动利率的融资，而长期的债券，则是政府固定利率的融资。在利率变化加剧和加息周期中，这类交易的实际效果就是利率互换，所以利率掉期也叫作利率互换。

政府和企业规避利率风险或者套利，都有上述交易需求，只不过这一次是政府输送利益。正常的情况是金融企业之间和各种投资主体之间，还有融资企业规避风险锁定利率，都需要类似的对冲，而且对冲的结果是不用交换本金，只要改变利率的承担方式即可。前面的例子中，100英镑的国债，原来政府是40年期的固定利率，变成了政府每年结算一次100英镑的年浮动利率，这样政府可以套取75英镑的利益。同样的美国政府的回购，则是在已经可以套取巨大利益让银行有巨大损失的情况下，通过回购避免了银行的损失。这类直接利率交换的，就叫作利率掉期交易，或者利率互换协议。利率掉期交易（Interest Rate Swap）是借利息支付方式改变债权或债务的结构，双方签订契约后，按照契约规定互相交换付息方式，如以浮动利率交换固定利率，或是将某种浮动利率交换为另一种浮动利率。订约双方不交换本金，本金只是作为计算基数。

掉期合约（Swap Contracts）又称"互换合约"，是一种内交易双方签订的在未来某一时期相互交换某种资产的合约。掉期合约是当事人之间签订的在未来某一期间内相互交换他们认为具有相等经济价值的现金流（Cash Flow）的合约。

利率掉期合约，本身也可以在金融市场交易，这个合约也是著名的金融衍生品，在美国金融衍生品市场有巨大的份额，而且还可以在实体的债券基础之上，设立虚拟的利率掉期合约，具有类似于期货、期权的性质，是衍生之后还可以再衍生。

2005年之后，美联储有一个特别的声明，就是对美国的M3不公开了，对美国的金融衍生品不监管，也就是相关数据不用公开了！而金融衍生品也是广义货币M4！利率掉期合约是最重要的金融衍生品之一除了利率掉期，另一个重要的衍生品是信用掉期合约，在利率暴涨、银行各种债券金融资产浮亏巨大的情况下，银行信用受损，信用掉期合约也会出现巨大的价格波动。

信用违约掉期（credit default swap，CDS），即信用违约互换，又称信贷违约掉期，是进行场外交易的最主要的信用风险缓释工具之一，也是一种金融衍生产品，还是信贷衍生工具之一。它可以被看作是一种金融资产的违约保险。债权人通过CDS合约将债务风险出售，合约价格就是保费。购买信用违约保险的一方被称为买方，承担风险的一方被称为卖方，双方约定：如果金融资产没有出现合同定义的违约事件（如金融资产的债务方破产清偿、债务方无法按期支付利息、债务方违规招致的债权方要求召回债务本金和要求提前还款、债务重组等），则买家向卖家定期支付"保险费"，而一旦发生违约，则卖方承担买方的资产损失。

货币掉期合约是指两笔金额相同、期限相同、计算利率方法相同，但货币不同的债务资金之间的调换，同时也进行不同利息额的货币调换的协议。

美联储的加息，必然导致利率掉期合约和信用掉期合约大幅度波动，同样的波动还有汇率，与汇率相关的则是货币掉期合约。美联储加息和美元指数冲向高位，与货币汇率有关的货币掉期合约也会波动。货币掉期合约也可以是国家央行之间，比如央行的货币互换协议。中国央行也与很多外国银行签署了相关协议，但中国与美国之间是没有这个协议的。有了货币互换协议，对在汇率上弱势的一方是有保护的，美国与众多西方发达国家有协议，与发展中国家没有，与中国也没有。中国与欧盟、英国都有相关协议。2019年10月，中国人民银行公告，与欧洲中央银行续签了双边本币互换协议，互换规模保持不变，为3500亿元人民币/450亿欧元，协议有效期三年。2018年11月12日，英国央行与中国央行续签了中英双边货币互换协议，规模为3500亿元人民币，约400亿英镑，协议有效期三年，到期后经双方同意可以展期。货币互换协议有助于各国之间的汇率稳定，锁定对冲央行持有外汇储备的风险。中国央行要持有美元作为外汇储备，但美联储不用持有人民币。在金融领域，美国对华是打压的，与对其他国家态度不同从这里可以看出来。

所有的现象表明，美国的金融衍生品市场的风暴要来了，还会导致全球的金融风暴。因此，美国政府暗中在干预，在支持美国的核心银行，而瑞信的危机也是金融衍生品的危机。美国财政部的利益输送，保护了美国的核心银行，而将风险转嫁到了其他机构。因为这个操作是暗箱进行的，市场影响巨大，美国政府在坐庄。所以在全球金融危机风险之下，美国的霸权带来的，就是美国金融企业内外有别。

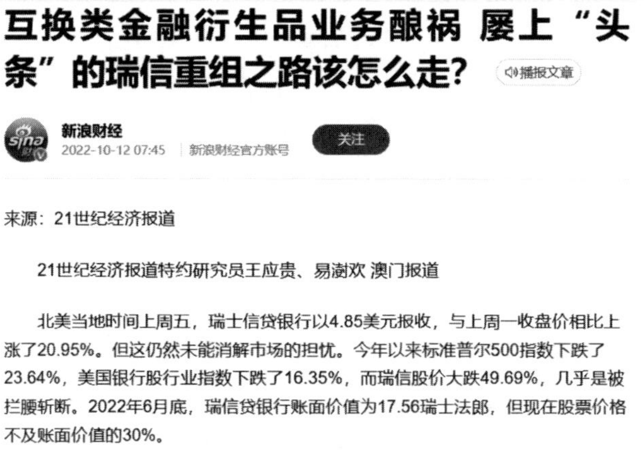
互换类金融衍生品业务酿祸 屡上“头条”的瑞信重组之路该怎么走？ 播报文章

新浪财经
2022-10-12 07:45 | 新浪财经官方账号 关注

来源：21世纪经济报道

21世纪经济报道特约研究员王应贵、易澍欢 澳门报道

北美当地时间上周五，瑞士信贷银行以4.85美元报收，与上周一收盘价相比上涨了20.95%。但这仍然未能消解市场的担忧。今年以来标准普尔500指数下跌了23.64%，美国银行股行业指数下跌了16.35%，而瑞信股价大跌49.69%，几乎是被拦腰斩断。2022年6月底，瑞信贷银行账面价值为17.56瑞士法郎，但现在股票价格不及账面价值的30%。

图1–44　瑞信银行因为金融衍生品受到压力的报道

从图1–44，我们可以看到，在2022年，瑞信银行已经因为金融衍生品受到了巨大的压力，在之前德意志银行也是因为金融衍生品风险敞口的问题在2016年遭遇重大危机，多年没有走出危机。2022年10月，香港的港币的货币掉期也受到了巨大的压力，这个布伦伯格公开的交易港币兑美元的汇率已经到了九块多了，曾经就是港币和美金的汇率。有华尔街的朋友私下里做交易，已经到了13.7，港币是联系汇率制，但香港特区政府的金管局已经受到了巨大的压力。而2008年的金融海啸，就是雷曼兄弟银行因为金融衍生品破产引发的。美国跌到了一次，也吸取了教训，现在就是美国之外的银行在金融衍生品上有巨大的压力，美国的核心银行有美国政府保驾护航。

美国国债暴跌的时候，政府怎么干预，央行怎样为本国金融利益背书。对发展中国家的央行，被迫拿着美国金融资产，在人家的一亩三分地上，永远是要被别人薅羊毛的。美国政府的这个回购操作显然不会公开说，也不用通过美国的国会，甚至金额不大时不用通过总统，因为在如此操作的时候，政府的资产负债表并没有改变。

综上所述，我们可以看到美国金融霸权的不平等，美国政府的利益输送。在QE常态化之下，美国依然具备金融渔利的能力，但其他西方发达国家，则与美国会拉开差距；中国的崛起，对西方发达阵营是有分化的作用的。

附一则：硅谷银行危机美国救市为何可以股票大涨

2023年3月11日，硅谷银行破产，美联储采取了救市行动，银行储户能够得到偿付，而股东的股权清零。但在相关银行股暴跌之后，14日美股地区性银行股盘前持续拉升，第一共和银行大涨超50%，PacWest Bancorp涨近40%，阿莱恩斯西部银行涨超35%。开盘后道指涨逾300点，地方性银行股飙升，第一共和银行涨约59%。

为什么要被清零的问题银行股还能够大涨？原因是在美国财政部担保下，美联储救助政策采取的方式，实质上是一个特殊的QE，可以让银行持有的美债和MBS按照票面值贴现，而不管浮亏多少。这意味着，随着多年后美联储降息，债券涨回来或者债券到期兑付，原来的浮亏就没有了，但在恐慌之中逃跑的资金，则被精准定向收割。同时，在金融衍生品市场做空的资金被轧空头，向金融衍生品市场注入了流动性。此原理与英国债券游戏是一样的，是本节所讲的金融逻辑之生动展示案例。

第二章

数字泡沫与金融危机发生原理

——论虚拟数字财富再分配游戏

控制世界的“统治者”，其实是希望金融危机发生的！没有危机去消灭他们超发的货币，没有危机让价格体系崩溃重组，他们超发的货币就要反噬他们自己，他们自己就要危机了。危机也是他们不断得利的机会，赌局总是要不断新开的。

交易市场被披上了零和博弈的外衣，但有了超发货币攫取利益，有了市场的非对称性和供需曲线的后弯，有了定价权，交易市场就不是零和博弈了，就可以渔利了。零和博弈是市场公平的关键基础，对可以渔利的市场，就不仅是市场的问题，还有国际政治的问题，属于政治经济学范畴。对虚拟交易市场的公平性，就需要重新思考。

在危机发生前，他们大量印钞。问题的关键是需要把印出的货币给发出去，更关键的是危机在谁那里爆发，谁承担危机的损失。金融霸权者要主导虚拟交易的方向，要把有泡沫的资产给换出去，主导世界各种市场的定价权，操纵定价坐庄得利，从而操纵赌局的输赢，他们要的是稳赚不赔。

市场经济是一个非零和博弈的过程，数字泡沫是可以换取财富的，市场是有定价权的，所有这些，已经把自由市场经济的基石全部打破了。世界真实的经济博弈原理是密宗，不外传，显学则变成了对民众的经济学心灵鸡汤。

一、别为实体经济优势过度骄傲

——数字泡沫换财富的全球再分配

中国实体经济的优势远高于美国。国内生产总值（GDP）下实体经济的比例，即实体经济在国民经济当中所占的比例：美国只有百分之十几，中国则超过50%。如果计算实体经济，中国的经济规模早已经超过美国。若以购买力平价来计算，中国的实体经济可以是美国的很多倍。

但现在中国和美国博弈所受到的压力，中国比美国大。中国实体经济的强悍，不等于在分配领域有权力！有人说"无虚拟不富"，这个不富的背后，其实是对财富分配的能力不足。2020年上半年的石油期货结算价格达到–37美元/桶，中国投资者纷纷巨亏，被薅羊毛了，然而幕后做原油期货交易的虚拟经济统治者却富了！原油宝事件已经非常说明问题。

对某些霸权者而言，怎样分配全世界的财富，比怎样生产财富更重要。财富生产出来了，分配给谁？归谁所有？才是问题的关键。美国的金融力量，可以QE常态化，QE的货币衍生出来，可以直接换走财富，而我们对财富的分配权却关注得特别少。

怎么样分配财富？以前马克思就对西方的剥削理论进行了深入剖析，并对剩余价值进行了论述。在本书中，笔者还想告诉读者，西方的分配占有财富的理论也在进化，不仅仅是剩余价值这样最原始的方式了。他们进化出来的就是虚拟资产、数字泡沫，用这些换取他人的实体财富。他们不说以前的掠夺、剥削、白占，现在他们要说的是虚拟数字资产的交换！通过虚拟资产、数字泡沫的交易，合法自愿地换取你的财富！

以前，我们说西方制造了大量的泡沫；现在，这些泡沫变成了虚拟资产、数字资产，他们想用虚拟数字资产换取财富！这些数字资产比原来的虚拟资产包含更大更多的泡沫，都是为了换取实体经济的财富，因为最后服务于他们需求的，还是物质财富。在数字货币挖矿取币变得越来越难后，他们就开始利用挖币成本不断增高的边际，重估其手中以前廉价取得的数字货币，用以换取更多的财富。

比如比特币，本身不是财富，是一个原来无法利用的算力，是体系熵增加损失的部分，后来被用来换取财富！在挖币边际成本不断增高的背景下，比特币值钱了，而且越来越值钱。挖币边际成本越来越高昂，而之前持有者的挖币成本，是基本可以忽略的。他们持有的货币变得值钱了，值钱以后就要换取你的财富，本质上是毫无理由就取得了你的财富，其实是一种财富再分配的游戏。

西方的金融体系制造了大量的金融衍生品，金融衍生品也都是要用货币去购买的；而这些货币是用实体财富交易换来的，其实间接地换取了你的财富。

现在西方搞出来的数字泡沫，就是要不断地换走他人的财富。以前是通过对剩余价值的剥削，而现在则是通过泡沫与实物资产的交易！在资本市场领域，不同国家有不同的市盈率、不同的泡沫水平，但全球的货币交易走向了统一。在数字资产层面，网络的霸权在美国，美国所有的数字资产都是超高的估值，亏损也可以上市，而这些资产大多是从与中国交易中换取的，都是中国实体经济的优质资产。

在实体财富与虚拟财富的交易层面，市场主导是谁？市场是零和博弈吗？金融的流动性由谁控制？本书后面还要进一步分析。市场不是零和博弈，谁控制市场，谁就是市场的庄家！

虽然美国实体经济超过英国很多年，但这个过程是漫长的，可以说经过两次世界大战，美国才超过了英国。因此，一个国家即使实体经济发达了，距离真正的崛起可能还有很长的路要走。美国获利巨大的两次世界大战，背后是多大的历史机遇？中国崛起，也需要耐心等待历史机遇。

数字经济、信息经济确实提高了效率，但这个成果到底该属于谁？双方合作时，如果考虑这个事情没有我会损失巨大，所以损失的部分都应当是我的，这个逻辑是有问题的，因为这样一来，合作共赢多得的利益都属于了一方。现在的虚拟经济、数字经济与实体经济在算经济利益的时候，美国人就是这样的逻辑，在这个逻辑下，实体经济（或者叫作传统经济）完全是被掠夺的弱势群体。

对虚拟经济和实体经济，我们还可以看到资本市场上估值的不同，有红海和蓝海的区别。所谓的蓝海（Blue Ocean），在经济领域里指的是未知的、蕴含庞大需求的新市场空间。与蓝海相对，红海（Red Ocean）则是指已知的、竞争激烈的市场空间。我们统计一下，基本上靠实体经济的，都是红海；而靠虚拟经济的，都是蓝海！这里不是简单地按照红海、蓝海的表现区分的，其实是按照美国等金融霸权控制的产业和资本流向区分的！QE美元先进入的都是蓝海，而晚进去的都是红海。谁控制了金融霸权和货币流向，谁在这个世界渔利。

中美博弈，我们为何会处于弱势呢？背后还是因为我们金融地位的弱势！本书后面会讲定价权与流动性的关系。在《巴塞尔协议》上，我们是被困死的，在市场经济地位上，我们也是被动的。中国一直呼吁要享受发展中国家的待遇，而实际情况却是发展中国家与发达国家在金融领域的性质是不同的，在虚拟经济的地位上也不同，差别在《巴塞尔协议》中就可以看出来。《巴塞尔协议》规定了资本充足率与风险资产的比例，但银行金融资产多大比例算风险资产，发展中国家和发达国家差别巨大！比如银行持有国债，经合组织成员国家国债的比例就为零，欧洲国家也是，而中国国债则是20%；持有金融机构的债券等，发达国家只有20%，中国则是100%！如此的不平等，造成金融的杠杆率、虚拟资产的衍生率不同，泡沫大小也会不同。

《巴塞尔协议》虽然没有明确称“发达国家”，采取的表述是“经合组织成员国”，其实指的就是发达国家！经济合作与发展组织（英语：Organization for Economic Co-operation and Development；法语：Organisation de coopération et de développement économiques），简称经合组织（OECD）。在国际上有一种

共识，某个国家一旦加入经济合作与发展组织便被认为是经济发达国家，但随着一些取得良好发展绩效的发展中国家（如墨西哥）的加入，这种共识在实际操作中变得难以把握。世界银行（World Bank）和联合国贸易与发展会议（UNCTAD）也没有给发展中国家下过明确的定义。

数字经济、虚拟经济是如何在实体经济面前成为“大象”的？在制度性差距面前如何“厉害”？为何《巴塞尔协议》如此强势？我们举个例子，就能说明问题。2020年，中国资本市场引发地震的“蚂蚁金服”上市又叫停，看看蚂蚁金服的轨迹，一切就清晰了。

通过数字资产高估值的交换和收购，从传统产业收购优质资产（包括金融牌照），蚂蚁金服集团从进入支付领域开始，通过虚拟资产的放大、新设和并购，不断扩大金融业务版图，已经拥有覆盖支付、银行、保险、基金、小贷、保理、消费金融等领域的13块金融牌照，超过任何一家金融机构。包括中信这样的银行系未曾持有的稀缺牌照，蚂蚁金服集团都有。

在并购和高虚拟数字的扩张下，蚂蚁金服的利润迅速成长为“大象”。2017年，蚂蚁金服利润不足80亿元，预计2020年将达到450亿元。在如此体量之上，短短几年大增几倍。蚂蚁金服的业务发生了什么样的变化呢？主要是新拓展了花呗、借呗类的资金业务（花呗用户6亿人，大过任何一家银行信用卡发卡量，花呗、借呗贷款余额近2万亿元，超TOP3银行信用卡未偿余额总和），从商业银行等金融机构分流了生息资产、低成本类存款、金融产品销售收入。资金类业务收入，蚂蚁金服在招股书描述的是数字金融科技平台的技术服务费，包括占消费信贷及小微经营者信贷余额相关的利息收入一定百分比的技术服务费、占资产管理规模一定百分比的技术服务费和占保费一定百分比的技术服务费。蚂蚁金服的技术服务费特别创新，没有包年或按照项目收费，而是按利息、保费、资产管理规模的百分比。这些都是传统的业务方式，在数字泡沫之下急剧放大，数字经济很美的背后，其实是分掉了传统经济的蛋糕（如图2-1所示）。

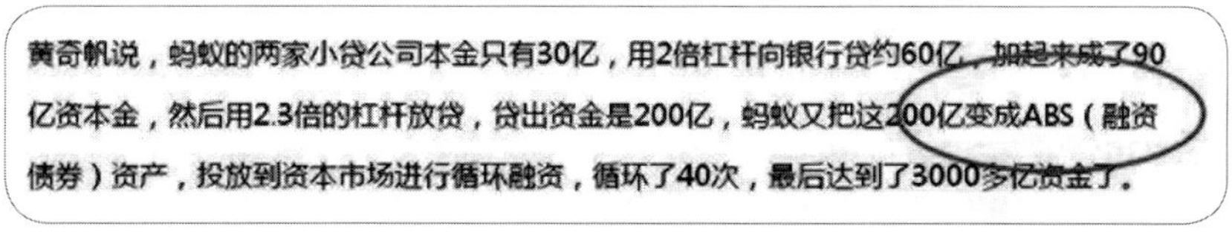

图2-1　网易视频截图

蚂蚁金服集团首次公开募股，按照招股价上限定价，集资额高达256亿美元，已经一举超越阿里巴巴美股上市时集资250亿美元的世界纪录。而沙特阿美（即沙特阿拉伯国家石油公司）完全行使超额配售权后，其集资规模已升至294亿美元。蚂蚁金服实际中签价格是每股68.8元，蚂蚁金服集团的募资规模将要达到350亿美元，相当于2300亿元人民币左右的融资。这将是世界上最大的IPO，超过了沙特阿美2019年12月创下的294亿美元上市纪录，而沙特阿美市值为蚂蚁金服的5倍左右。

如果蚂蚁金服集团可以融资2300亿元，资本金扩张了大约100倍，按照它现在本金30亿元花呗、借呗贷款余额2万亿元的杠杆率，它的资产就可以接近150万亿元，是2019年中国M2的80%，“四大行”加起来也没有它那么多。真正的原因，就是它不用受到《巴塞尔协议》的限制，而“四大行”要受到限制！当年的次债危机中，雷曼兄弟利用规则，把杠杆率做到了360倍，也没有违反《巴塞尔协议》的规定。数字资产的高杠杆率把泡沫吹了起来，就是对传统行业的不正当竞争。

图2-2显示蚂蚁金服依然在高速融资之中。

同样，我们可以看到数字资产的市盈率动不动就是几百倍，以百倍以上的市盈率为常态，泡沫是非常丰富的；市盈率是传统行业的10倍。我们的几大银行，可能还不到这个倍数。二者融合交易，人家制定的规则是用虚拟与你的实体交易，估值之比是10∶1！如此的利益分配规则，即使实体经济再强，人家给你的估值也只有人家的1/10，如此大的差距，美国为何要脱实向

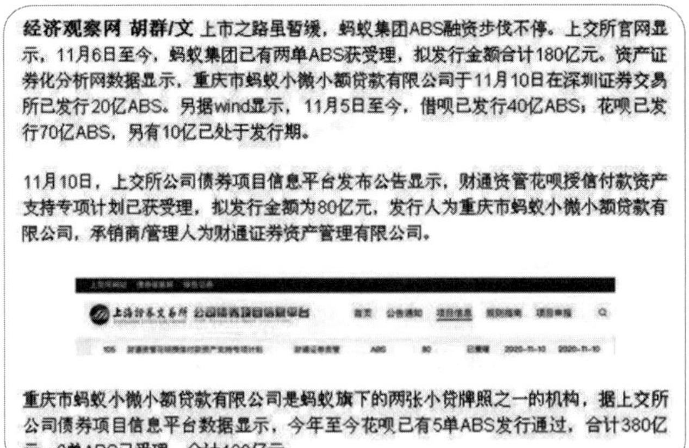
经济观察网 胡群/文 上市之路虽暂缓，蚂蚁集团ABS融资步伐不停。上交所官网显示，11月6日至今，蚂蚁集团已有两单ABS获受理，拟发行金额合计180亿元。资产证券化分析网数据显示，重庆市蚂蚁小微小额贷款有限公司于11月10日在深圳证券交易所已发行20亿ABS。另据wind显示，11月5日至今，借呗已发行40亿ABS，花呗已发行70亿ABS，另有10亿已处于发行期。

11月10日，上交所公司债券项目信息平台发布公告显示，财通资管花呗授信付款资产支持专项计划已获受理，拟发行金额为80亿元，发行人为重庆市蚂蚁小微小额贷款有限公司，承销商/管理人为财通证券资产管理有限公司。

重庆市蚂蚁小微小额贷款有限公司是蚂蚁旗下的两张小贷牌照之一的机构，据上交所公司债券项目信息平台数据显示，今年至今花呗已有5单ABS发行通过，合计380亿元；2单ABS已受理，合计160亿元。

图2-2

虚，为何资本不愿意流入实体经济，就很好理解了吧！

因此，一定要看到美国数字经济和虚拟经济优势对世界的影响，对世界财富再分配的能力。美国的数字泡沫，正在再分配全球的财富。有实体经济的财富不断注入，泡沫未必会破裂，很可能如美国股市那样，不断地走牛膨胀。同时，实体经济不断失血之后，实体经济发达的优势会损失巨大。因此，对我们的实体经济模式，要有多维度的认识。

附一则：中美GDP统计背后的故事

我们要明白一个关键的事实，美国的GDP统计方法与中国不同。中国主要采用的是“生产法”，分别计算各国民经济部门的产出总额，再相对应地扣除各部门的中间消耗，最后汇总所有部门产出增加值的办法。而美国则主要采用“支出法”，即用整个社会购买最终产品的总支出，包括个人消费、个人国内投资、政府购买和净出口等四大类统计项目，减去产品和劳务进口的差额来计算。

GDP核算有三种方法，即生产法、收入法、支出法。三种方法从不同的角度反映了国民经济生产活动成果，理论上，三种方法的核算结果相同，其实不是。我们先来看三者的计算方法的区别。

1.生产法

生产法核算GDP，是指按提供物质产品与劳务的各个部门的产值来计算国内生产总值。生产法又叫部门法。这种计算方法反映了国内生产总值的来源。

运用这种方法进行计算时，各生产部门要把使用的中间产品的产值扣除，只计算所增加的价值。商业和服务等部门也按增值法计算。卫生、教育、行政、家庭服务等部门无法计算其增值，就按工资收入来计算其服务的价值。

2.收入法

收入法核算GDP，是从收入的角度，把生产要素在生产中所得到的各种收入相加来计算，即把劳动所得到的工资、土地所有者得到的地租、资本所得到的利息及企业家得到的利润相加来计算GDP。这种方法又叫要素支付法、要素成本法。

3.支出法

GDP(Y)=消费(C)+投资(I)+政府购买(G)+净出口(NX)。通过支出法，可以从产品或劳务最终使用的去向反映出GDP的表现。

这三种计算方式，对一个封闭体系而言，肯定是等价的，但在全球化后美国不是封闭循环的，则背后就有故事了。中国的GDP计算方式的结果是，中国是制造国，就是你制造了多少，不代表最后你分得了多少！而美国是支出法，背后就是他们印钞带来的支出，印钞买到了你的财富，数字泡沫换取了你的财富，这些财富消费支出了，就都算作了他们的GDP，都变成他们生产的了。注意，这里不是他们分配来的，是他们“生产”来的，GDP是生产总值！他们消费的实体对价其实是虚拟的，是数字泡沫！美国这个算法，把他们通过霸权和泡沫交易取得的剥削利益，都算作他们的“生产”所得，掩盖了他们真实的财富来源！

2008年金融危机后，美国更改GDP统计方法，进行数字粉饰，改变历史。

美国商务部下属的经济分析局2013年7月31日正式在官网公布调整后的GDP核算方法(图2-3)，新方法将研发投入和娱乐产业等“无形资产”，以及养老金赤字等纳入核算范畴，而这些项目以前是在成本项下的。有分析认为，倘若按照新的GDP统计方法计算，知识产权产品等数字资产在GDP中的比重将高达40%，预计未来知识产权产品等数字资产的比重还将增加。其实这个计算的方法，就是把数字泡沫计算到其中了，以后的数字泡沫，变成了合理的GDP。美国的GDP经济增长亮丽，背后有数字泡沫催生的关系，美国在将泡沫利益理论进行合理化。

中国是美国、德国、日本三国制造业的总和，而且工业品和农产品，中国也差不多是三国总和，但为何我们的人均GDP会那么少？西方的支出法GDP其实是剥削了我们生产法的GDP。中国的制造品变成了他们QE印钞支

人民网
people.cn
人民网 >> 财经
美国修改GDP统计方法或将颠覆历史
廖冰清
2013年08月08日08:27 来源：经济参考报 手机看新闻

图2-3

出带来的GDP，美国救市QE，印钞几万亿美元，这几万亿美元支出了，买到了商品，就变成美国的GDP，所以他们的GDP就是增长了不少，这个逻辑故事，他们是不讲的。

二、金融交易零和博弈的骗人逻辑
——金融霸权的暴利在哪里？

金融交易是零和博弈吗？很多人认为在金融市场，无论是股票，还是债券等，做买卖有人赚就有人赔，这个赚和赔的数额都是一样的，所以他们至少是零和交易。与此同时，股票等交易的印花税和手续费是很少的，股票有分红的权利，债券也有收利息的权利，这些权利带来的收益应当是大于交易成本的，因此这个市场是一个投资的市场。

我们看到金融市场的博弈，存在霸权。霸权可以不断地从金融市场得到巨大利益，在一些人巨大得利被拿走以后，还是零和交易吗？人家说这个是投资的结果，是市场竞争的结果，是完全公平的，事实是这样吗？金融霸权的本质在哪里呢？

首先，大家算金融市场零和博弈的时候，都想着多少钱进去，然后多少钱出来，在金融市场的一个内循环上，货币的数量是不变的；然后就用货币的数字不变，有人赚了多少货币就有人亏了多少货币来洗脑你，说金融是零和博弈。而问题的关键是你在算财产的时候，可不仅算货币，还要算你股票等账户上的货币，以及股票、基金和债券的价值，即货币加上金融资产的价值。货币总量是不变的，但金融资产的总价值却是改变的，他们故意隐藏了这个变化。

在这个博弈的过程当中，货币只不过是金融交易的媒介。中国是古典货币媒介，货币还是商品说，而西方已经是现代货币的媒介了。如果按照西方的货币是媒介的定义，媒介的数量不变就说财富总量零和博弈，真的是很滑稽的，这么说的专家除了是在忽悠，没有其他可以解释的。因此，在金融市场，金融资产的估值和涨跌，才是关键。这个涨跌与货币数量有关，而不是说货币总量不变，金融资产和你的总资产就不变。

其次，金融资产相对于实体资产是有溢价的。我们都知道股票和债券等金融资产是虚拟资产，股票和债券的价格，不是实体资产的价值，也不是真实负债的数值，它们已经不叫实物资产，而叫作资本。股票和债券等金融资产的价值是与市场的利率挂钩的，股票到底值多少钱，与其背后有多少资产并不直接相关，所以有市净率一说。大多数情况下，市净率都大于1，而且很多时候是远远大于1的。这个价值原理就是说，股票或者债券能够带来的收益，与多少钱存在银行得到的利息是一个可以进行价值比较的关系。因此，其价值是由利率决定的，而且经常有溢价。

在现代的金融体系中，决定资产价值的利率是人为控制的，是央行可以调节的。央行调节利率，有多种工具，不光有硬性的工具，可以强行规定利率多少，也有相对软性的工具，也就是央行可以调整各种准备金率，决定货币供给的松紧，从而主导市场的供求关系变化，改变货币的价格利率；央行还可以进行市场化操作，市场买入资产和借出货币，从而影响市场的利率。因此，利率看似是市场化的，其实是被央行严格控制的，利率多少，金融资产定价多少，都被央行所控制。金融资产的估值与利率脱节，央行还可以通过投放或回收货币进行介入干预，这些干预包括救市、刺激经济、宏观调控等。

央行通过调节利率，实际上决定了所有金融资产的定价。如果上述的定价模型成立，意味着掌握央行的人群在市场的博弈当中，与其他主体是不对等的。金融市场是一个规则制定者也下场进行游戏的博弈。博弈在把参与博弈的规则制定者排除以后，对其他的所有参与者而言，当然不是零和博弈，而是一个赌场，规则制定者就是赌场的庄家。在西方的资本社会，央行是私有的，资产变成资本，其实就是金融化的过程。资产是按照其具体的财物价值属性计算总价值的，资本则是按照可得收益和利率计算价值的。此问题的本身就是资本主义的实质。

我们看到股票等是虚拟资产，与实物资产是价值脱节的。股票定义的价值，其实一般不容易实现。因为在新技术发展趋势之下，原来的收益一般都是无法长期维持的，大公司都是突然倒掉的。摩托罗拉当年如日中天，谁又知道它没两年就销声匿迹了；而IBM的收益和资产，也与当年完全没法比。这些公司当年按照股利计算的价值会如何？如果再早一些，当年投资航空业的、投资汽车业的，其实所有的投资，都比其产生的股息红利总量要多很多，情况与现在的网络烧钱亏损也可以上市性质是一样的。虚拟的价值会崩溃，金融资产赚回来的钱，真的比不上投入，那么钱到哪里去了？估值的游戏中，钱到了能够左右估值的央行及其所有者关联利益集团口袋里了。

2020年，美国QE常态化和负利率，美联储让利率与实际应当的财务成本倒挂，搞了资本倾销，催生了泡沫，进一步掠夺财富。不要以为利率高就一定对经济不利，市盈率100倍和市盈率10倍的差别，是金融资产的天价和资本的天价，背后人家的天价是印钞实现的。但发展中国家要依靠劳动来实现资本的原始积累，就需要付出更多的时间。以前是10倍市盈率积攒10年就够了，现在是100倍市盈率，你积攒100年才能够收购他们的金融资产和企业！高市盈率让后来者收购更贵了。对劳资双方同样也是如此，3倍市盈率，你攒钱3年就可以当老板了；100倍市盈率要多少年？资本主义社会的前提，其实就是利率低。西方进入资本社会，利率是5%，而中国古代是50%以上。

再次，我们要看到金融资产是可以彼此交易的，不同金融市场、不同国家的利率不同，不同领域不同国家的金融资产估值也不同。可是在国际化背景下，不同的估值资产，是对价进行交易的，以100倍市盈率的资产交换你10倍市盈率的资产，之间的财富转换和混同，还能够叫作零和博弈吗？因此，非零和的交易本身就是有人不平等得利的。人家需要的就是你金融市场的开放，你也到他的赌场中来，与他进行这样的“交易”！

我们再来看看高市盈率下的风险泡沫，对于金融资产虚拟资产，真的市盈率达到100倍，对资产的风险控制是不易的。市盈率是3倍，你基本可以预计3年；市盈率是10倍，则需要10年；但如果市盈率是100倍了，变化就太大了，谁也说不清，你能够保证总是有那么多的盈利吗？尤其是新技术的不断诞生，使用老技术的企业经常是吃亏的，因为他们已投资的老技术可能都要被新技术淘汰。10年后的技术发展什么情况，难以说清楚，风险其实是不可控的。

最后，在这些股票和债券的金融资产基础上，交易已经可以虚拟了，也就是可以期货、期权，可以做空、做多了，而且还可以在多空的基础之上，再看波动率的高低来设计衍生，交易还可以有多种对冲组合，可以价格对冲、时间对冲，还可以用复杂的对冲公式组合。这些金融衍生的交易规模，又远远大于实际的金融资产交易。金融衍生品本身成为一种更广义的货币，已经被叫作M4，而且还可以作为资产再抵押出货币或者发行新的金融资产，在金融系统内进一步衍生，衍生出来的流动性又直接影响金融市场的利率。在衍生放大的模式下，金融资产利率的政策变化，带来的金融资产价值的变化，被放大了很多倍。人为操控利率和金融市场变化，带来的交易当中的损益，变成了金融霸权者的收益。这个博弈就是赌场和庄家，根本不是零和博弈。

资本通过利率规则计算原有的各种资产价值，建立复杂的金融衍生体系，其实就是把所有的资产通过交易体系都绑定到金融货币之上，用金融货币权力控制市场。金融货币权力的崛起，成为在政权和宗教之外的另一个权力！政权、宗教、金融资本的三权分立，在没有金融货币权力的时候，宗教和政权两个权力，只能一个是另外一个的附庸，要么宗教是政权的统治工具和手段，要么就是政教合一，政权是宗教的附属品。只有金融权力出现以后，三权分立才能够实现。现在西方实行的资本主义社会制度，金融权力主导一切，货币权力高于其他权力，并且其金融权力可以跨国家，形成国际金融资本。

在国际金融资本和国际流动之下，汇率会形成对很多国家央行的制约，也就是蒙代尔不可能三角：一个国家的央行货币政策，与汇率和资本流动自由，不可能都实现。全球化体系下，能够控制世界的就是有金融霸权的美国。因为美元是世界货币，是各国货币汇率交换当中的媒介，是货币的货币。金融霸权给美国带来了巨大的利益，它不是市场自由运行的结果，是赌场和庄家在渔利。金融交易要是零和博弈，也就没有了霸权存在的空间了。

综上所述，金融交易背后不是零和博弈，西方要不断地标榜它是零和博弈，是为了掩盖西方金融霸权攫取剥削利益，再分配世界财富的本质，对其运行原理，我们应当从理论上认识清楚。

附一则：信用体系的位置决定经济行为

一个流传非常广泛的美国老太太与中国老太太的故事，可以很好地解释信用体系的位置对经济行为的影响。

美国老太太借款买了一套房子，这一辈子是房奴，还着贷款也住着好房子。到她离开人世时，贷款终于还清了，美国老太太说："感谢上帝，我终于把贷款还清了。"而中国老太太蜗居，一辈子勤俭节约地攒钱，到了将离开人世的时候，终于攒足了钱买了一个大房子，中国老太太说：“感谢国家，我终于住上了好房子。”从这样的故事中，所有的人都可以看到其中的差别，那就是美国老太太是享受了一辈子，而中国老太太蜗居辛苦了一辈子。因此，很多人在讲中国的消费观念问题，在讲中国也应当向美国靠拢的问题，在讲中国应当多信贷多消费的问题。

但是中美老太太故事背后的经济模型是不同的，是西方有意洗脑和美化他们的掠夺，专门设计出来的段子。我们应当看到，如果所有人借款进行消费，按照现代的央行制度，款能够借出来，因为再贷款本身就是一种重要的央行货币发行途径，但是消费的实物怎样来呢？所有人都取得贷款以后，没有实物购买，一定是物价暴涨。货币的发行必须对应实物的增长，中国老太太在攒钱的时候，其货币所对应的实物也是在积累的，所积累的实物通过交易，最后被贷款取得货币的人得到，也就是被美国老太太得到了。美国老太太贷款能够买到房子的背后，是有人在攒钱、在积累，没有实物积累，贷款造成货币衍生的结果就是恶性通胀。

中国古代为什么大家都要攒钱呢？原因就是中国古代为白银贵金属社会，全社会的总货币量增长有限。一旦经济稳定发展，一定是财富的增加远远快于货币的增加，同时大量白银被埋入地下储藏起来，造成社会金融的长期通缩趋势，甚至中国的统治者把这样的通缩物价降低当作政绩。如果社会和经济不稳定，动乱的时候埋入地下的白银会被挖出来流通，仍然是真金白银，消费的不动产能够变现和应对，不动产的贬值也要快于货币增加带来的通胀。因此，在中国古代的通缩社会攒钱就是得利。进入现代金融体系，货币是纸币，QE印钞海量增加，尤其是再贷款变成一种货币发行的方式。美国老太太取得贷款买房子，卖出房子的人得到的房款，属于广义货币M2，而原来存款人的存款也是M2，等于货币的总量增加了，这种货币金融衍生以前是做不到的。贷款导致货币增加，而社会的财富并不增加，一定会造成通胀。在通胀的趋势下，美国老太太的消费方式就是得利了。所以不同的经济模式与两国老太太的行为，也是相关的。

在现代银行体制下，央行再贷款成为货币发行以后，西方将贷款买房的思维灌输给你的时候，所有人都贷款去买房子，但房子的建设速度远远比不上你贷款的货币的增长速度，结果就是房价暴涨和通胀。美国等西方国家可以贷款消费，是因为他们的过剩经济，也就是说西方发达国家早已经度过了建设期，每一年新建的住房是很少的，而且人口是减少和向乡村外流的，有过剩房子供应，因此可以通过贷款促进其消费。明白背后的道理，也就可以理解中国与西方不同的房价模式和房价走势了。西方的消费模式和经济拉动模式的背后，一定要对应社会和经济的过剩，才是可行的，否则就造成通胀和动荡。

西方的过剩经济，不仅是产能的过剩，更是社会物资和社会财富的过剩。产能有增量的能力，而财富是已经取得的积累。货币实际上是交易的媒介和财富的储藏及支付手段，背后一定要有足够的财富为其背书。通过贷款消费，没有财富的背书，即使产能存在，但是生产需要时间，不能及时满足需要，也会造成价格的不正常波动。与此同时，满足这些产能持续生产的资源供给，必须足够！资源的供给保障除了经济实力和积累，还要有国际政治实力和军事实力作为保障。

虽然中国也是很多方面产能过剩，但是财富积累水平距离发达国家差距还很大。中国的资源人均占有量奇缺，在国际上保障中国的资源供给任重道远。中国的贷款消费与西方是不能比拟的，所以我们的贷款消费在逐步紧缩房贷，贷款政策更支持有库存积累的其他中国制造。比如，对于汽车的消费信贷，就是始终支持的，原因就是我们的汽车不仅产能大，而且有足够的库存，只要需求增长，富余的产能就能够迅速弥补缺口。但是对于房子，不仅房屋的建设周期长，土地一级开发建设配套到位的时间周期更长，而且在中国的耕地保护需求下，可利用土地稀缺。当今在中国，年轻人也具有了美国人借款消费的观念，对中国的国情现实造成了巨大的压力。

全球化的社会背景下，积累和消费在各个不同经济体之间转化。中国老太太积攒的钱所代表的财富，可以被美国老太太贷款消费，就如中国巨大的外汇储备，其所对应的财富就是中国的高积累率，中国的每一美元的外汇储备，都是拿真金白银的财富换取的，也可以说是中国老太太积攒的财富。美国人能够借款、能够QE而不通胀的背后，也就是有外来的财富流入，也就是说中国老太太的勤俭满足了美国老太太的消费。因此，中美老太太的行为，就不再是割裂开来独立进行比较的，而是紧密联系、此消彼长的。中国老太太实际上是为美国老太太的生活享乐作了贡献的。对各国而言，为什么鼓励消费和鼓励贷款，背后就是财富流入和流出的竞争，所以说要依靠消费带动经济。但是我们要认识到消费带动也是有前提的，中国是否也能够在透支消费面前，保持世界对于中国的财富流入和资源供给呢？背后不光是经济问题，还有政治、外交、军事等多方位的实力较量。

不同经济体之间，如果某个经济体的成员都在攒钱，而另外的经济体成员都在贷款消费，就会造成经济体之间的货币不平衡。等到攒钱的一方要消费，想要拿回那些积累的财富的时候，贷款的一方是不愿意的，是要渔利的。手段就是兑入大量的泡沫给你，向你原来借出和存储的财富大量兑水。泡沫最直接的体现就是通胀，再有就是限制你的货币使用，比如中国到美国的投资，就是受到限制的。2008年，中国2000多亿美元的累计海外直接投资当中，直接投资美国的只有9亿美元，与中国持有的美元货币和国债根本不相称。同时，中国购买急需的美国高科技产品，也是受到限制的，中国购买资源在全球也受到各种阻碍，结果就是中国积攒货币，让西方先享受了消费的快乐，中国以后要想取得积攒货币所对应的财富也是不易的。

在积累过程中，博弈也不断地进行，谁能够多贷款消费，本身也是一项权利。谁有国际上的国家货币结算、清算的权利，谁就可以通过QE印钞、发债等方式在国际上贷款消费。美国的货币可以在财富上满足所有贷款人，再贷款衍生的货币增长不通胀，背后就是美元可以输出流动性到世界各国，然后从全世界换取财富和资源。中国的国情和国际分工，决定了无法如美国那样消费，因为中国没有足够的供给保障内需，没有与贷款相适应的财富准备，人民币也没有如美元那样的国际地位。因此，对于中美老太太的行为，要更深入理解，不能简单地看作社会消费的观念问题，更要知道中国完全学美国的消费观，是要出现巨大问题的。里面的博弈关系非常复杂，中国是需要思考怎样反盘剥的，不能简单地套用美国的消费、内需等经济理论。

中国人与美国人的不同，是双方国际金融地位决定的，占据金融制高点的一方，对于另外一方是有势能的。在金融架构上的不同位置和地位，决定了你的行为，决定了利益的不同。如果是完全按照微观经济的假设进行，也就保障了金融霸权者通过架构渔利的权力。当前，中国急需的是改变地位，尤其是改变中国在国际上的金融地位，改变在金融架构中的位置，才是取得博弈成功的关键。

通过这些通俗故事阐释的逻辑，在一个经济学的微观领域，中国和美国经过金融化和全球化联系到了一起，成为一个全球金融架构的组成部分。但是中美在微观领域，却无法达到微观经济学所假设的基本条件。因为国际货币实力不同、流动性的松紧不同，是做不到市场出清的。国家的国际地位和世界经济宏观地位及网络、金融等彼此之间信息也不对称，中国被忽悠和吃亏的可能性就是巨大的。所以我们要讲自己的理论，我们要讲供给侧，我们要讲财政政策多于金融政策。

在数字泡沫时代，谁能够消费流动性，谁能够有数字泡沫，谁的数字泡沫能够赚取财富，谁可以超前消费，对此我们还会在第三章的最后进一步分析。

三、市场交易是伪零和博弈
——市场经济万能论是害人的!

人们对市场经济已经到了迷信的地步，似乎只要是市场经济，就是解决一切问题的金钥匙，但市场经济的背后是什么？它能够成为公平市场的理论前提和基石是什么？这个关键就是它必须产生价值，不是正和博弈（投资）也至少是零和博弈（投机），否则负和博弈就是赌场，就是一个被“割韭菜”的地方。但这个零和博弈真的是大家想的那样吗？

对西方经济学搞的市场交易是零和博弈的假定，很多人的想法非常直接，也就是说钱就那么多，有人赚钱了就有人亏钱了，赚到的等于亏掉的，所以这个就是零和博弈！这个假定是西方经济学的基础，也是西方说他们市场“公平”的基础，是他们推销西方市场理论的依据。因为市场经济的关键在于交易，交易的公平性在于它是一个零和博弈。

还有人认为投资交易是正和博弈，因为你的投资产品是产生孳息的，就如股票要产生股息一样，所以你做股票交易，就是一个正和博弈。正和博弈也叫作投资市场，大家参与是非常有利的事情，各种投资场所都把自己装扮得像正和博弈。这样，就可以吸引各种逐利者到市场中来。

为何有时候我们的感觉却不是这样呢？为何美国成为市场的“救世主”？为何美国要为了似乎大家都愿意参与的市场去打仗？牛市的时候大家觉得都有钱，但到熊市的时候大家手里都没有钱了，财富到哪里去了？就算现在有了做空机制，但在这个机制之下，熊市与牛市大家依然赚钱是不同的，里面能够赚到钱的，环顾周围肯定是不合比例的，这又是为什么呢？

市场的价值交易，是以货币数量来标定价格的，是一个以交换媒介货币价值为数字模型的价格体系，市场内各种产品的价格，是以货币价格为标尺的。所有的零和博弈的假设，都是以货币价值不变为基础的，但货币的真实价值一直是在变化的，尤其是在现代金融领域，这个变化是人为控制的。

近现代以来，世界各国的央行体系建立起来，货币数量是受央行控制的。央行决定基础货币的多少，而各国之间，汇率的高低，其实是由霸权国家控制的。央行的资产负债多少决定了基础货币是多少，央行买入资产，就进行货币发行。再者，央行可以买入有毒的资产，造成货币的兑水。同时，央行还有准备金作为工具，央行要求商业银行缴纳准备金的比率，确定了货币衍生的数量，控制了货币乘数的上限。

决定价格的，不光是货币数量，还有货币流通的速度，货币的数量和流通速度的乘积，叫作流动性。正因为不同领域的货币的流通速度是不同的，因此要把货币分成M0、M1、M2……也就是现金、狭义货币、广义货币等，现在的数字货币、金融衍生品等也是更广义的货币。

货币、流动性与市场价格体系的关系，在计量经济学当中已经分析得非常清楚，按照费雪方程式$MV=PT$，这里MV就是流动性，M是货币的数量，V是货币的流通速度。而等式另外一边，P是价格，T是商品数量，二者的乘积PT实际就是市场规模。这里说的是市场规模与流动性的关系，而流动性是由央行控制的，实际上央行控制了市场规模。因此市场本身，也是被央行计划着的。如果央行属于国有还好，如果央行是私有的呢？而全球一体化背景下，流动性全球一体，被金融霸权控制着呢？你的市场是否还要与之开放一体化，被他们控制呢？！

了解了货币与流动性不是一个东西，了解了货币的多少、流动性的多少与市场的关系，才可以更深地理解市场和贸易。即使在古代，货币的价值也是变化的，在不同地区是不一样的。尤其是流动性的变化，差别会更大。当年，因为蒙古收集贵金属搞境外贸易和美洲发现等，对中国国际经济活动产生了影响。历史上，西方长期利率是5%左右，而中国是50%，西方金银货币充裕，劳动力以金银计算的工资是中国的100倍左右；而日本则发现了石见银山，生产了当时全球30%的白银。外国贵金属货币充足，自然操控国际市场的价格，中国贸易处于被掠夺地位，以此为背景，就可以理解中国当年为何限制民间与日本交易。在劳动量基本相当的情况下，当年国际交易是人家一个人的劳动，可以换你一百个人劳动的成果。贵金属多少对国内国际市场极其重要，在当时的历史阶段，重商主义的经济学是主流，以贵金属流入为经济发展第一目标，为了贵金属不惜到处发动战争，而贵金属当时的作用，与后来央行的货币发行其实是等价的。

元朝以后，中国缺少贵金属，在古代市场贵金属当货币的情况下，市场交易被各种欺负，都用武力来“做生意”。明朝有倭寇，还有荷兰人占了我国台湾。东林党当年是给明朝政府干走私海外贸易的。清朝比明朝更闭关。最后是英国人来了，他们金银不多就卖毒品，不光卖鸦片，还要你开放口岸，要通商口岸合法卖毒品，为了“通商”不惜发动战争，鸦片战争被他们包装成为“通商战争”。当年中国要拼命闭关，而外来者不惜用武力要你交易，为何？因为当年的交易是单方获利的，单方获利的交易就不能叫作交易而应叫作抢劫！现在的合同法，对单方获利的交易是不保护的，叫作显失公平的交易，可撤销。否则，作为统治者谁不愿意多赚钱。明清时期，中国政权的财政也一直是非常紧张的。单方获利，永远不是零和博弈，更不是投资。因此，有些经济理论，要在中国立场上重写。

如果市场经济在货币的操控下，货币权力者拿走了利益，对其他没有游戏规则制定权的参与主体来说，不是零和博弈，是负收益的，那么市场就成为赌场，拿走利益的货币权力者就是赌场的庄家。对这个庄家而言，需要的就是你必须进入赌场来玩，只要有钱就不要离开！在古代如果发现金银不能买到东西，金银也要通胀，明清时西方人就是用白银来买东西，若买不到中国的财富，他们从美洲掠夺得来的金银，就要通胀了。而现在他们的央行能够创造货币，货币可以交换财富，如果是内循环印钞，一定是恶性通胀，但如果是外循环，创造的货币换取了商品，则是另外的情况，是别人要承担输入性通胀的后果而自己不通胀。如此的游戏，还是零和的吗？

在近现代的金融体系下，货币还是衍生的。也就是基础货币到广义货币，是有货币乘数的。银行的不断借贷，是创造货币的，而借贷的抵押物则是资产，创造出来的货币，让资产增值，多增值的资产又可以抵押更多的贷款，创造更多的货币。对消费品来说是通胀，但对金融资产的涨价，却不叫作通胀，而叫作牛市。美国的牛市已经延续好久了，而这个牛市背后股票等金融证券对应的实物资产和利润，相比以前都是下降的，起码与股票价格的增长相比是缓慢的，不可比的，同时与股票估值对应的利率也变化不大，那么这个涨价不就是货币对于股票的购买力下降吗？因此，对市场的非零和博弈，不同的领域有不同的称谓，是通胀还是牛市，真的是立场问题。就连粮食价格的暴涨，也不叫作通胀，而叫作粮食危机。

对于市场经济，核心是契约，但收益总体为负，低于零和博弈。不平等契约会带来什么？市场契约就变成了什么都不是！这个道理西方人是明白的，他们实行的就是双重标准。西方契约精神的核心，是他拥有霸权高高在上制定规则的时候，他给你讲契约，让你遵守规则，还要长臂管辖；在你能够挑战他的规则的时候，他给你讲兵不厌诈，讲博弈；在你处于有利地位的时候，他会给你"耍流氓"，叫作美国优先和国家安全第一。如今的美国不断退群和政治化限制中国5G和华为，已经把西方伪契约精神表现得淋漓尽致。没有了契约精神，博弈的公平性就没有了，更谈不上零和博弈了。

20世纪初，西方自由经济的奥地利学派的主张就一败涂地。凯恩斯提出了"看得见的手"，提出了"市场不会自己平衡"，背后就是要政府利用其政策手段，把市场渔利的权力抓到政府政权手里。国家进行社会各阶层和实体的分配，是政权和资本之间的博弈。政府对经济活动的干预，有监管、有刺激、有补贴，还有反垄断和关税，各国政府之间与各国利益集团之间，为了经济利益都在干预。这些干预有看得见的手，市场肯定不是零和博弈。世界各国在全球市场上的地位，是不平等的，就如他们"一直不给中国市场经济地位，而且违反WTO的约定，就是不给你，然后用各种不公平的反补贴反倾销搞中国产品"一样。后来，美国发动贸易战，无端增加关税仅仅出于自私利益，更是收你钱不商量的"耍流氓"。

在国际秩序当中，经济政策不仅不自由，更不是纯经济的，而是要遵循政治经济学。为了经济政策是要打仗的！就如当年中国要搞禁烟、禁鸦片，西方列强就以"通商"为由打上门来。一个国家到底实行什么政策，背后甚至有军事力量在较量。国际的军事和战争是为了财富，但却用所谓的"普世价值”进行道德掩盖。就如美军会为美元打仗，但美军打仗的理由和表象，一定会美化得高大上如灯塔，从表面上看不出是经济利益驱动的。他们要从他们操控的市场博弈当中得到经济利益，也就是说一定要你到他当庄家的赌场去赌博，还要用他们的美元货币，要用他们的交易平台，在平台上的交易对手却可以不直接是他们。就如对战败的伊拉克，必须用美元卖石油。虽然美国没有直接买油，但其他国家却要为了买油拿着美元去结算，美国拿美元便宜地买东西。世界各国石油只用美元交易，是美军带来的，是一种强迫交易。交易有武力和流血存在，怎么能够说市场是自由交易的零和博弈呢？

综上所述，不要简单地将市场经济看作万能的，里面有非常复杂的利益博弈关系，谁占有规则制定权，谁有金融霸权，谁就是市场的王者。自由竞争的理想化市场，在现实当中是不存在的，只存在于西方御用文人的口中。而如果市场交易的零和博弈的假定不存在，西方自由经济理论的基础就倒塌了，西方的经济理论就仅仅是忽悠人的舆论工具。

附一则：用金融货币的眼光看历史上的战争赔款

世界历史上战败赔款的事情太多了，中国近代史上的战争赔款就很多，欧洲殖民者在掠夺美洲时也获得了大量的白银，似乎每次战争的胜利，都给获胜的一方带来了巨大的财富。

战争赔偿的大多是白银等金属货币，如果贵金属不被当作实物，而仅仅是作为货币的话，按照金属本身的价值使用，那么它在社会上的作用，就和纸钞没有什么两样，最多就是它的信誉好一些，国际兑换便利一些，并没有什么特别的。

如果战胜一方想让战争赔款成为财富，只有到对方的国家买东西，才能够增加本国的财富总量。但是在古代交通成本极高的状态下，国际交易是很少的，更多的是在本国作为货币使用，尤其是当年欧洲殖民者从印第安人那里掠夺的金银，肯定不会再拿这些金银，到印第安人那里去买东西。如果在本国使用这些货币，那么就根本没有增加本国的社会财富，实际上增加的只是货币投放量！

在现代社会，增加一些货币投放量是很容易的，但是在古代社会没有现在的央行体制，金属货币的增加非常有限，后来实行了很长时间的金本位制或金银为主的复本位制，均受制于金银的开采量，想增加社会的货币投放量是极其困难的，最后是社会中的货币投放量成为制约经济发展最大的“瓶颈”。

古时的战争赔款，实际上是增加了战胜国的货币投放量，同时战争赔款是由政府获得的，政府获得了这些赔款后，就有条件增加政府开支，当然皇帝的私人消费也算在内。按照凯恩斯经济学的原理，政府增加支出，社会需求也增加，社会经济就发展了，国家就富强了。与之相反，战败国则会出现货币紧缩、经济萧条的现象。而新增货币投放量，也是社会信用重新组合的基础，西方能够进入资本社会，也与货币的大量投放关系巨大，货币很大部分就来自美洲的金银。我们现在说战争是为了金融，其实在古代的战争赔款，背后一样是金融起到了比财富转移更大的作用。

可能会有人说战争获得的金银货币是硬通货，将来可以在周边国家买东西，所以还是实际的财富增加。但是由于运输能力等因素的限制，古代的国际贸易量在经济总量中的比例远远小于今天，如果没有经济发展作为支撑，还会造成周边国家的货币贬值。

我们不妨以现在的美元这个国际货币硬通货来比较，获得美元与金银是相当的，甚至比金银好用，所以很多国家的外汇储备以美元为主，金银已经逐渐淡出国际货币的角色。这里大家再深想一下，如果美国多印刷美元投放到国外，所起到的作用是不是与获得巨额战争赔款的效果一样？因此在当今的货币社会，金融的控制权太重要了。所以欧洲要建立欧元，以后亚洲如果没有亚元，一定是被掠夺的对象，已经没有必要直接战争掠夺了。

古代人其实也很明白其中的道理。赔款可不光是要赔钱，还要互市，就是赔了钱，对方还要过来买东西。西方搞来美洲金银，就是要到东方买东西；日本发现石见银山，也要到中国买东西，中国不卖他们就抢。明朝为何闭关锁国？就是不让他们来买。晚清时西方要到赔款后，也是强迫中国多开通商口岸，不光卖鸦片，还要买走财富。中国晚清的厘卡制度，其实带有对西方财富购买交易的限制。

历史上也出现过一些国家虽然战败赔款，却把经济发展得更好的，比如一战后，德国交赔款那么多，却崛起了！

实际上，德国一战战败，没有经济的实质发展，哪来的犹太人财富给他掠夺？而这样的掠夺是财富在社会中的再分配，并没有增加社会的财富总量，反而会在掠夺斗争中有一定的流失损耗，因此国家是不会由此变成经济强国的，所以这样的解释是经不住专业质询的。

希特勒的经济成就就是建立了国家金融体制，很好地解决了经济发展上的货币投放问题。德国虽然一战赔款很多（后来也免了不少），但是德国的经济发展所需要的货币投放，被它的金融体系很好地解决了，结果是德国的货币投放量，比获得战争赔款的战胜国还要多。在国际货币博弈当中，德国反而取得了巨大利益，那些付出的赔款并没有带走德国的经济财富。这个逻辑，我在《信用战》一书当中分析过。因此，在1930年之后的世界经济危机期间，德国经济获得了巨大发展，成为有能力再次发动世界大战的强国。当时的西欧列强均惧怕德国，因此他们实行了“祸水东引”的绥靖政策，这一切都是以经济发展为基础的。

货币是一个很奇妙的东西，人类历史上每一次对货币理解的加深，都会推动历史和经济飞速发展。对于货币内涵的阐释，已经超过了语言所能够表达的范畴。经济学家各个派别的争论，代表了各自的利益集团，掺杂了各种各样的利益驱动，真实的东西也和历史的春秋笔法一样，需要有人解读。

四、索罗斯清盘后的经济学

对于经济学的发展，当今世界比较认可的说法是，20世纪70年代以后就没有新的经济理论出现了。以现有的经济理论解释当今的世界出现了很多问题，那么这个世界真的就没有新的理论了吗？其实问题是复杂的。最新的理论不是发表在国际权威刊物上，而是出现在华尔街的实操当中。新理论首先是在华尔街市场检验，到那里去赚钱，直到这个理论已经被市场广泛知道，不能再赚钱了，才会有人把它作为学术论文发表出来，再经过一段时间被世界广泛认可，才可能出现在教科书当中。现在不是没有理论，而是新理论没有出现在学术期刊和教科书之中。

20世纪70年代实际是世界经济理论巨变的分水岭，原因是在这个时间节点货币的概念改变了。以前是布雷顿美元，挂钩黄金的是美元；而牙买加会议以后，变成了牙买加美元，与黄金脱钩。货币的数量在布雷顿美元时受制于黄金数量，是有顶部极限的；而在牙买加美元时期，货币是没有极限的。这决定了在经济学模型当中的偏微分方程的根本改变。美元的数量原则是可以无穷地在金融体系当中创造，尤其是在高杠杆的衍生品领域，由于没有黄金绑定限制，大杠杆和广义货币衍生已经远非传统所能够理解。就如货币现在感觉还是M1、M2，实际已经到更广义的M3、M4、M5时代。现代信用货币的宽松，从里根时代的“星球大战”计划开始，就是类似于现代物理的高能阶段，流动性开始泛滥。因此，货币性质的改变，引发经济理论的根本改变。我们现在的投资理念已经从获取收益，变成买到就是胜利，欧洲已经是负利率。计算了通胀率的美国和日本也是实际的负利率。这样背景下的量化对冲模型，再按照传统模型解读，是解释不通的。

在货币数字化，以及货币概念发生巨大变化的情况下，首先获得灵感的就是金融大鳄索罗斯。他说量子给了他灵感。在传统经济领域，我们的经济假设是一个连续的假设，但现在经济活跃度与以前不同，货币总量可以天量释放，尤其是在对冲领域，这对传统的连续性假设提出了挑战。经济数据是量子化离散的，也就是说我们的每一个散户个体都是不可再分的量子，符合量子力学的个体概率规律，个体的位置不可确定，但统计规律是一定的。要探测市场行为，本身就会给市场带来影响，类似于量子力学的“测不准原理”。基本假设离散与连续的差别，我们可以看当年物理学的“黑体辐射乌云”，黑体辐射的紫外发散问题，就是把连续的波长变成了不连续的光量子hv，从而完美地解决了问题。在传统领域，能量是到不了发散的紫外阶段的，但在现代物理学的高能阶段，量子效应就非常重要了。物理规律可以借鉴到金融领域的模型，传统的金本位货币情况，流动性是紧缺的，是不用考虑离散效果的，但现代的信用货币的情况就必须要考虑了。要知道在对冲基金领域，大资金和百倍以上的杠杆，流动性泛滥和泡沫，是必须考虑的，因此索罗斯的量子模型取得了巨大的成功。

我们认为现在量子模型还是有不足的，尤其是货币的供应量变得更高的时候。在货币天量的情况下，供需曲线是扭曲的，在商品资源有限而货币无限时会产生惜售，在惜售的情况下供给不是随价格的提高而提高，反而在拐点之后会随着价格的增加而减少。同时在需求端的投机性和恐慌性需求，在拐点之后会随着价格的提高而大增，这样的供需曲线扭曲意味着原来的一个均衡点将变成多个均衡点，就会产生多个均衡价格。这些均衡价格相当于量子的能级，市场是会在不同的能级上进行跃迁的，能级与量子的能级类似，受到环境和本底的影响，可能是一个理想的概率曲线。因此，我们以量子跃迁为灵感，把这个叫作“量跃”。这个概念传统经济是没有的，因为没有那么多的货币，不会出现惜售、恐慌或投机的阶段，因为黄金是一个重要资源替代品，届时他们会选择黄金，持有黄金的结果就是消灭货币，流动性紧缺让价格降低。但在信用货币时代模型就完全不同了，我们在后面会继续论述。

在期权期货等远期工具发达的情况下，数据资源化，经济平台化，整个世界的价格体系已经不再是连续的，每一次经济危机就是一次这样的跳跃，新的体系在构成。价值链和产业链在重组。由于西方信用货币的使用和不断的增发货币，导致通胀必然发生，并被认为合理的通胀是良性和必要的，但在人为压制的超低利率之下，远期价格的增长是不能超过利率的（否则可以系统性套利让价格低下来），导致价格增长被压制。但在金融危机当中，买方市场和卖方市场会转换，新的价格会跃迁到一个新的位置之上，每一个位置就是扭曲供需曲线不同的均衡点。在达到均衡的情况下，供需双方的角色是会转变的。因为投机、套保等虚拟的交易者远远超过实体的交易者，例如期货的加仓和平仓，就是多空供需的转换，而非传统的生产和消费那样稳定的供需角色，因此在不同的跃迁均衡点上，可以决定我们的期权套利模型。

针对索罗斯的量子模型，新的能人诞生了，盈透证券（INTERACTIVE BROKERS LLC，NASDAQ：IBKR，简称IB或者IBG）的崛起就是在华尔街市场上全面竞争索罗斯的对冲基金而奠定的。网络泡沫带来了更宽松的货币和灾难，也给理论的检验和较量提供了擂台，盈透老板毕格菲成为期权之父。2000年全年，索罗斯的基金出现了15%的严重亏损而被迫清盘，而盈透基金取得了197%的超额盈利；在2001年重出江湖的索罗斯收益率只有13.8%，盈透基金的收益率是63.40%；在2002年索罗斯的基金收益率是0.5%，而盈透操盘的基金收益率是40.61%。这样的差距标志着一个时代的结束，从此盈透成为美国金融衍生品的霸主，到2007年占有全球金融衍生品场内交易19%~20%的最大仓位，在2007年、2008年，雷曼、大摩、高盛等老牌机构严重亏损破产或找政府救助时，盈透证券更以30%以上的回报率，取得了决定性的胜利，成为全美最大券商。

目前，全美第一的券商是盈透证券，很多人炒外汇和在境外投资，都开IB账户，但说起美国投行，还是在谈高盛和巴菲特，不知道盈透证券成了券商老大，毕格菲成了期权之父。盈透在危机之后赚了大钱，它悄悄地关闭了量化业务这个可能引发当年巨亏者众怒和报复的领域。因为毕格菲是一个华尔街暴发户，与美联储背后的大佬不同。美联储搞QE控制流动性，美联储的政策可以有更大的权力。盈透老板这个做法的明智，谁都不能否认。美国盈透证券从1998年的1亿美元，到2008年的美国第一，低调的毕格菲比马云赚钱还快。后来，盈透证券急流勇退，保持券商代理经纪业务，保持第一大券商的地位，降低风险保持安全守业，当然是最好的选择。

在货币数量巨大的时候，货币操控主体对于市场的影响也是巨大的。大体量的货币进入市场，哪怕它没有任何的操作，仅是它的存在也会造成市场的扭曲。这个模型是类似广义相对论的模型，大质量的物体存在会造成引力场扭曲，这与市场当中有大货币量的主权基金和央行、庄家的模型是吻合的，场的扭曲会造成信息严重的不对称和理性假设改变，传统的市场模型需要修正。

同时，当今世界的发展在资源有限和熵增加下，还存在耗散结构模型，在熵增加下的远平衡态会产生新的秩序。衍生品领域货币天量，资源的有限是相对于货币的无限创造而言的。在金本位下，黄金有限，导致货币也有限，所以相对性和耗散结构的考虑也是对模型的重要修正。现代物理学的高能量子模型与当今信用货币模型在数学原理上是类似的形而上的东西，有广泛借鉴应用的空间。

新的金融理论量化模型达到了技术算法化程度，可以针对全球多市场套利，规模不是国内一般量化投资产品可比，单只产品就能够做到100亿元以上的基金规模，除了因为全球市场的规模本身比较大以外，模型能够做出类似相对论场扭曲和耗散结构的修正，本身也是基金规模的保障。结果使得华尔街的新理论模型可以是国内量化模型的100倍以上的规模，而且可以控制更高的杠杆和投资的稳定性。

所有这些都显示，当今新理论已经出现，但掌握的人谁也不说，直接去金融市场发财才是他们最好的选择。

五、供需曲线的扭曲与定价权理论

对市场的定价，西方发展起来了供需理论，供需曲线相交，是价格的均衡点，是西方经济学的基础理论，传统经济学这个均衡点只有一个，均衡点是市场自然平衡产生的，这样也就没有了定价权。但这个理论已经解释不了现在的现象了，我们在它的基础上，有了新的认识。新的泡沫规则，其实也是从供需曲线在QE新货币理论之下发生扭曲和变化，进行发展构建的。

从供需理论来看定价权，先理解一下供需理论。根据供需理论，每一个价格下的供给量和需求量是一个点，随着价格的变化就可以画出供给曲线和需求曲线，通常是供给随着价格的增加而增大，需求随着价格的增加而减少，这样供给和需求曲线很快就会交叉到一个均衡点上，这就是均衡价格。如果一切定价都围绕均衡价格和趋向于均衡点的价格，则没有定价权一说了。为何有定价权的问题，关键就是供给曲线会后弯，而需求曲线是刚需，也会弯曲。定价权来自供需曲线的弯曲，这个弯曲提供了定价权理论的基础，在这个弯曲和畸形下，传统经济学的基本假设市场出清就不存在了，不能市场出清的偏离，就是定价权的体现。

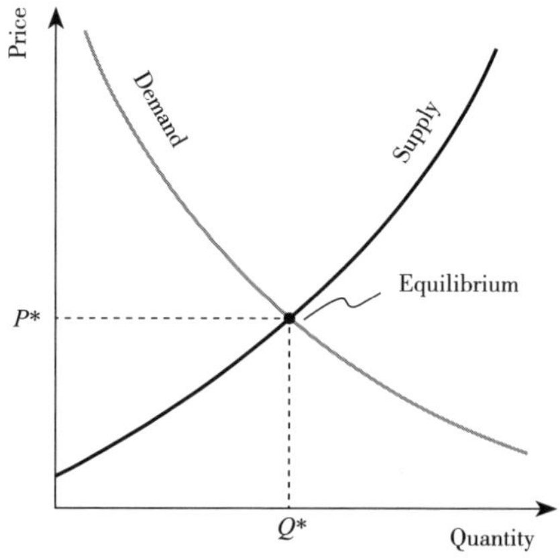

图2-4　供需曲线与均衡点

图2-4是传统的供需曲线和它们形成的均衡点，在经济学教科书当中都有论述。

在传统的供给曲线下，供给的数量随着价格的增加在增加，但这个供给量很多时候受制于资源的数量，就如图2-5中右边的曲线，资源的数量是有限的，在劳动力层面，社会的劳力是有限的，劳动力的供给量也有限。价格高，供给也不可能增加，曲线到后面会形成一个接近竖直的直线。对这些供给，很多经济学上讲供给的替代性，但本人分析经济学时会以熵的视角进行分析，熵的增加性使得这样的需求很难被替代。

传统的需求曲线，随着价格的增加需求会越来越少，但有些需求人们无法避免。比如粮食就是如此，这样的需求就是我们所说的刚需，如图2-6中左边曲线所显示的，在价格不断涨价下，需求到一定的程度就趋于刚性，形成价格增加、需求也没有多少减少的近似竖直的需求曲线。

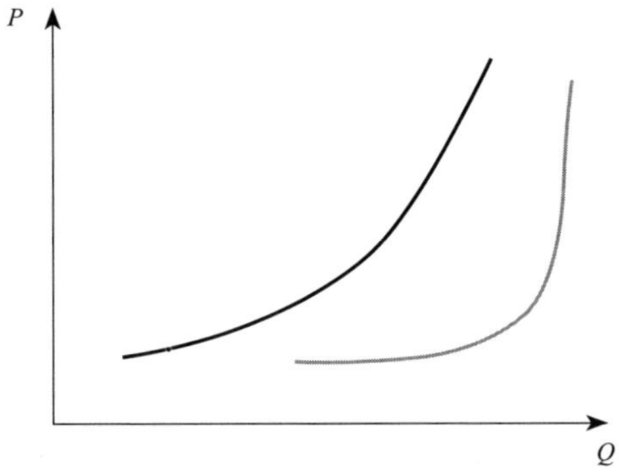

图2-5 传统的供给曲线

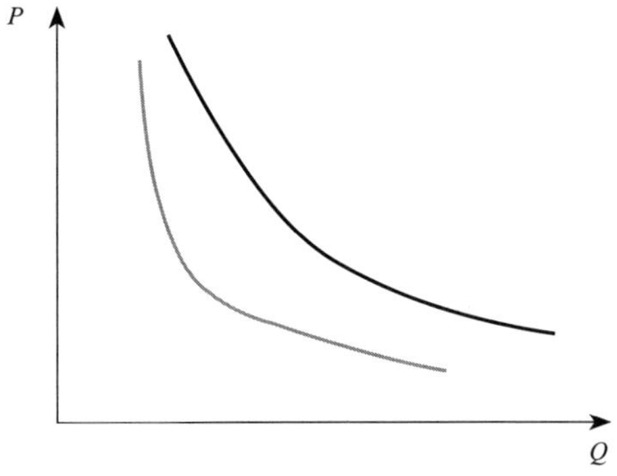

图2-6 传统的需求曲线

供需曲线会出现后弯的现象是很早就被发现的，萨缪尔森（P. A. Samuelson）和诺德豪斯（W. D. Nordhaus）在谈到后弯的供给曲线时，用的例子有两个：一个是劳动供给，一个是20世纪70年代的石油危机时的石油供给。这两个例子相同，都是随着价格上涨而供给先增加，然后随着价格的继续上涨而供给减少。对后弯的曲线，有劳动力和石油等资源，这个现象西方当年的主流经济学者就有关注[①]，但后来却选择性失明。而且在萨缪尔森的时代，后弯的曲线是特例，是不多见的，原因就是金本位的存在，在金本位不存在和印钞没有限制以后，后弯的供给曲线就更多地出现了，在石油价格危机后暴涨的时候，俄罗斯的产量和出口量也是减少的。

劳动供给曲线的形状表现为一条向后弯曲的曲线。它反映的是劳动供给量随着工资上升先增加后逐渐减少的特征。为什么劳动供给曲线是一条向后

① 〔美〕保罗· 萨缪尔森、威廉· 诺德豪斯：《经济学（第17版）》，萧琛主译，人民邮电出版社，2004年1月第1版，第125-126页。

弯曲的供给曲线？劳动供给取决于工资变动所引起的替代效应和收入效应，随着工资增加，由于替代效应的作用，家庭用工作代替闲暇，从而劳动供给增加。同时，随着工资增加，由于收入效应的作用，家庭需要更多的闲暇，从而劳动供给减少，当替代效应大于收入效应时，劳动供给随工资增加而增加；当收入效应大于替代效应时，劳动供给随工资增加而减少。一般规律是，当工资较低时，替代效应大于收入效应；当工资达到某个较高水平时，收入效应大于替代效应。因此，劳动供给曲线是一条向后弯曲的供给曲线。

资源产品也会出现供给曲线的后弯，原因就是货币属性的变化。在贵金属主导货币价值的时代，贵金属是有资源属性的，贵金属除需要大量劳动以外还需要资源，也就是金矿银矿等。但货币变成信用货币以后，资源属性就没有了，信用货币是可以无限量发行衍生的，但资源的数量也是有限的。而且我们假设以国家信用发行的货币中国家信用是无限的，但实际上国家的信用肯定是有限的。尤其是在世界陷于危机的时候，国家信用还要大幅度降低，结果就是货币衡量下的资源产品供需曲线发生扭曲。在价格高涨、货币竞争贬值的时代，价格越高，货币的贬值趋势越严重，则资源产品替代货币进行储备的需求越大，人们越不愿意以资源换取货币，资源的供给量就随着涨价降低，供给曲线出现了后弯。这在2008年危机时石油达到147美元/桶已表现得很明显，而且后来在石油价格达到100美元/桶之上时，俄罗斯也降低石油产量、压低出口量。在流动性的挤兑下，如果资源所有者缺钱，再低廉的价格也是要卖的，2008年危机后石油价格跌到30多美元/桶就是如此，因此石油供需曲线也是带有后弯属性的。还有奶粉，中国人到世界各地抢购奶粉的时候，各地都出现了限购，不但港澳地区限购，像新西兰这样的传统出口奶粉的国家也限制中国人大量购买，在涨价的压力下奶粉出现限购，这就是供给曲线后弯定理的生动写照。

对能源和劳动力的供给，我们如果在传统的刚性曲线竖直的情况下，考虑了资源持有者的惜售和休闲的需求，那么这个供给量随着价格的增长是可以减少的。这样的情况在传统经济时代之所以不会出现，是由于金本位之下，货币的数量是稀缺的，大多数情况下实际货币供给有限导致供需曲线根本画不到后弯的时刻（图2–7）。

我们还要注意到石油、粮食等价格是带有“刚需”性质的，而劳动力供给对于所有产品的作用都是难以替代的。“刚需”是刚性需求的简称，什么是刚性需求呢？这是相对于“弹性需求”而言的，从字面可以理解为“刚需”就是硬性的、必需的东西，指商品供求关系中受价格影响较小的需求，这些商品包括粮食、能源、房产等。在刚需的模式下，价格增加的时候，需求甚至是可以提高的，因为紧缺增加了人们恐慌和投机的需求，在供给曲线后弯以后，需求曲线的刚性过大，甚至也发生弯曲。就如民众对于粮食发生恐慌，原来储备一年就足够的粮食，人们出于安全感的不足非要储备两年，同时还有投机商人囤积居奇，那么需求立即就可以翻倍。2008年金融危机后，有传言食盐要涨价，一下子就让所有的商店买不到盐，盐价变成原来的几倍，而有的人甚至一下子买下了足够吃一辈子的盐，这就是价格上涨但需求却因为投机和恐慌反而暴增的例子。还有一个例子就是房价，在“刚需”和涨价的背景之下，人们的投机性需求和恐慌性需求对涨价的贡献是很大的，所以我们要宏观调控压低这些需求，而正常的市场是需要有投机行为来维持市场活力的。

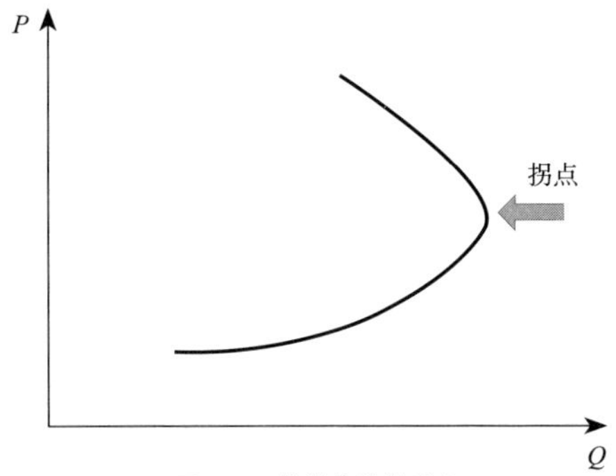

图2-7　供给曲线的后弯

在传统的需求曲线之下，刚需的曲线接近竖直，但在竖直向上以后，由于投机需求和恐慌需求的存在，需求的数量会在以前的刚性需求基础上继续增加，在传统曲线上之所以看不到这种现象，也是由于金本位下货币流动性的数量绝大多数时候是有限的，在刚需价格极高下市场是没有多余的流动性支持投机需求和恐慌需求的。但在信用货币时代，货币超发，情况就出现了根本性的改变。我们可以看到，经过一个拐点，需求反而可以随着价格的提高而诱发更多的投机和恐慌性需求（图2-8）。

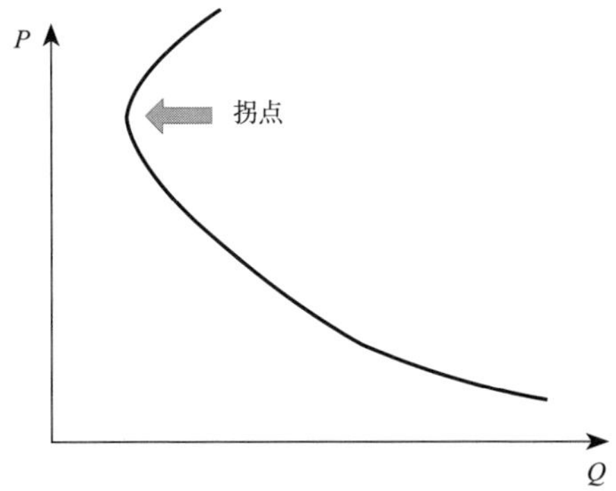

图2-8　需求曲线的畸形

按照一般的市场规律，价格高、利润高的产品，人们就会更多地生产；需求大、价格高，人们生产的热情也高。但在供需曲线后弯的情况下就不同了，“刚需”产品的产量是受到资源和时间限制的，不是能够迅速增加的。而后弯的供给曲线显示，价格更高以后人们是不愿意生产的，劳动力收入高了，即使休闲也不愿意更多地工作，这样的情况下，价格高、利润高是不会通过市场内的扩大再生产主动地恢复到合理低利润的。就如阿拉伯国家卖石油是按照他们的外汇需求来决定的，不会因为石油价格高就多卖，多卖得到的美元是贬值趋势，谁也不愿意多要。这样不能回归正常利润率的趋势就是这个后弯曲线的特性决定的。我们的血汗工厂则是反方面的例子，收入低了，他们不会不干了，而是没有选择地为了吃饱肚子和养家糊口而多干，供给反而增多，这样的供给曲线也不会如市场经济假设的那样，收入低就会按照市场规律自然地调整收益水平。由此可知，在后弯的供给需求曲线下，不同产业的收益率差别很大，与微观经济学要求的市场出清是不符合的。在利润率和收入层面，对于后弯供给市场的不同状态、普通市场的平均收益等是不均衡的，而且这不同层面的利润率差别是不会通过市场自动均衡的，这不均衡的偏离就是定价权！因而微观领域的不均衡，完全符合宏观经济学的假设，要有政府财政力量进行干预，这也是笔者一直提倡中国进行微观调控对抗西方定价权的理论基础。本人在《定价权》第五章专门提出了相关的微观调控理论，本书还会进一步讨论。

后弯的供给曲线与需求曲线是可以有两个交叉点的，到底是交叉在哪一个均衡点则体现了定价权带来的价值。对于我们出售资源和中国的廉价劳动力，是交叉在供给曲线的下方的，必须不断多卖出维持必要的收入；西方发达国家则交叉在后弯曲线的上方，价格高而供给会减少，是与需求的减少进行比较的，这就让发展中国家消费不起而没有需求。有效的供给在供给曲线的高价段只能给发达国家，他们享受了更多的资源，提供更少的劳动。对这样的后弯曲线，不同国家的供需均衡点到底交叉在后弯的哪一个位置，就成为关键因素。劳动力曲线的后弯特性会造成所有与劳动力相关的供给曲线出现同样的效应，同样，资源曲线的后弯特性也会让资源依赖型产品的供给曲线出现同样的特性，这会使得各种替代产品的供给曲线都有类似的特点，消费者是难以逃出定价体系的。在不同的区域，供需曲线受到流动性的影响是不同的，均衡点的位置就要有很大的差异，在曲线出现后弯以后，这个均衡点的差异会因为供需曲线的弯曲而放大，两个地方交易的利益差别将是巨大的。

在传统的供需曲线理论之下，供给是价格越高数量越多，需求是价格越低需求越小，这样的均衡点是很容易形成的。但在供给曲线出现了后弯和扭曲的情况下，与传统的情形就要有很大的区别。我们可以看到，不同的需求曲线位置如图2–9当中的D_1、D_2、D_3，D_1的情况与传统类似，这样的情况就产生了一个均衡点E。随着需求曲线受到市场的影响右移到D_2，则可能有两个均衡点产生，也就是E_1和E_2，但具体的市场参与者在价值链上是E_1还是E_2，这是本书解释的定价权的影响问题。如果需求曲线再右移到D_3，由于供给曲线的后弯，则不能形成均衡点。这意味着传统微观经济学基本假设市场出清的崩溃，市场处于价格混乱状态，这就是《信用战》一书当中解释的2008年金融危机的根源，石油涨价到每桶147美元后被逼空，无法交割形成均衡点导致市场的崩溃，造成全球巨大的危机。

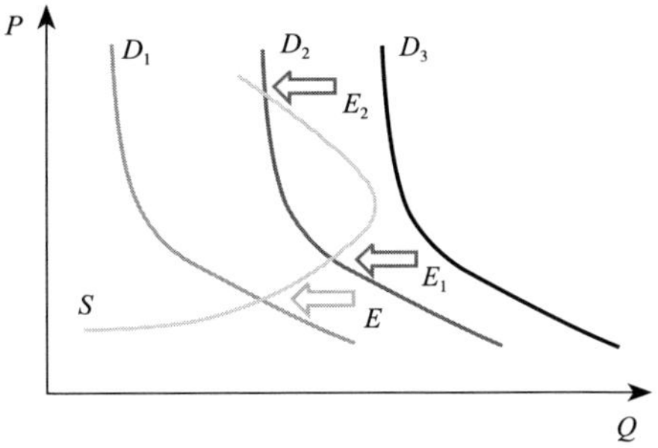

图2–9

刚需下的需求曲线对后弯的供给曲线，或者是刚需下弯曲的需求曲线对供给曲线，甚至二者均有弯曲，这样的情况还会造成西方市场价格体系的破裂。在这种情况下，供给曲线后弯以后随着价格的增加，供给下降的速度比需求减弱的速度还要快，或者供给虽然增加但投机和恐慌性需求增加更多，供需曲线是可以没有交叉点的，这就意味着市场经济供需平衡无法达到。在2008年危机的时候，石油价格在每桶147美元高位时石油的交割量反而下降，这导致西方的市场体系破裂，空头无论出多少高价都无法平仓。因此，资源等曲线的后弯效应，就是2008年金融危机的根源。

在传统的供需曲线理论之下，供给需求是单向变化的，导致均衡点是很容易形成的，但在恐慌和投机需求下，需求曲线出现了畸形，与传统的情形就要有很大的区别。我们可以看，不同的供给曲线位置如图2–10当中的S_1、S_2、S_3，在S_3的情况下与传统类似，这样的情况就产生了一个均衡点E。而随着供给曲线受到市场的影响左移到S_2，则可能有两个均衡点产生，也就是E_1和E_2，但具体的市场参与者在价值链上是E_1还是E_2，则由定价权决定。就如粮食紧张的社会，人们由于恐慌而大量存储粮食，粮食的价格就是处于高位的；而充足的社会保障下大家都不在家中储藏粮食，粮食的需求会降低。如

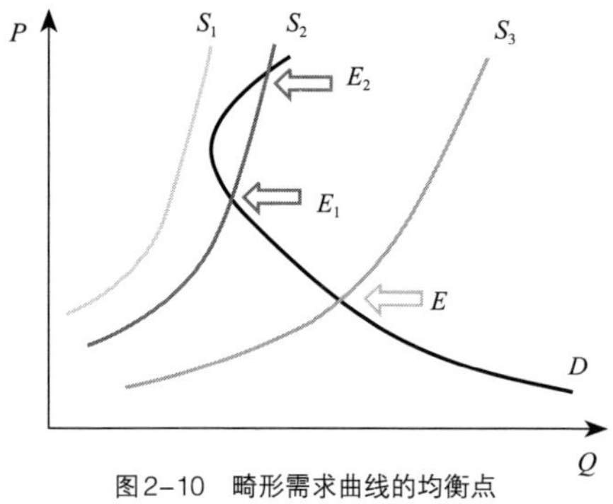

图2-10　畸形需求曲线的均衡点

果供给曲线再左移到S_1，由于需求曲线的畸形，则不能形成均衡点，这意味着传统微观经济学基本假设市场出清的崩溃，市场处于价格混乱状态，类似的情况我们可以看当年荷兰郁金香事件，大量的投机需求使得市场不能均衡而崩溃。

那么供给曲线的后弯特性怎样让均衡点达到高位呢？对劳动力供给曲线而言就是要价格高才可以，这个价格高与流动性、地域性是高度相关的，而资源类的产品能够在高位得到后弯的利益，则需要价格高的同时有高位需求推动价格，这就是西方发达国家在本国推动消费的原因。但是他们也是能源的消费者，也不希望能源价格高企，为了让资源国卖出更多的资源从而降低资源价格，则需要提高资源国对于货币流动性的需求，只有在流动性紧张需要货币的时候，资源国才能够卖出更多的资源。因此，美国在阿拉伯地区制造混乱，提升他们对于军火的需求，买军火就需要更多的美元从而要卖出更多的石油，这里面的军事和政治博弈背后，是资源定价权的影响。

对供给曲线和需求曲线都出现了畸形的情况，我们可以从图2-11中看到，由于曲线会弯过来导致再度交会形成均衡点，在这样的情况下，如S_1最容易出现两个均衡点。同样也可能如S_2所表示的情况，后弯的空间曲线是有限的，没有出现均衡，只有一个均衡点，恢复到传统供需理论的情况。因此在同时考虑到供给和需求的后弯之下，产生定价权的可能性大增，同时这样的后弯来自流动性的丰富，在不同领域的流动性丰歉，决定形成均衡点的位置，成为博弈定价权的关键。

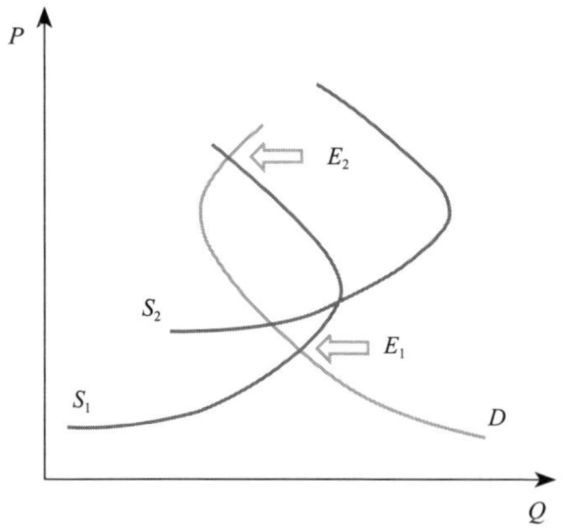

图2-11　后弯的供给曲线对畸形的需求曲线

对于将价格操纵至供需曲线的哪一个位置上，与流动性的多寡是有直接关系的，在金本位和贵金属货币时代，可以在供需曲线的高位。西方国家形成了资本化的背后，就是西方因为历史的机缘汇集了全球的贵金属，流动性过剩使得劳动力和资源的供需曲线均处于高位；而东方国家供需曲线则均处于低位，二者的市场均衡点产生了巨大的差异，这个差异带来巨大的利益，不同的均衡点之下的利润率完全不同。同时由于两个地域的流动性不同，供需曲线的差异因为流动性差异而无法改变，这样的均衡点差异是不能通过贸易消除的，贸易存在的作用不是让二者均衡成为统一的大市场，而是产业的重新布局，所有的生产将转移到这些处于供需曲线价格低端的国家或者地区，从而使得发展中国家及殖民地生产下游产品均衡点处于供需曲线低位的产品。而发达国家或者宗主国生产上游产品均衡点处于供需曲线高位的产品，曲线后弯的均衡点差异，带来的价格差异，导致利润率的根本不同，使得双方的流动性在上述分工以后，不会通过贸易而趋于均衡。双方的流动性差异是这个曲线后弯带来的，因而使得这个剥削套利变得长期化。就如中国制造的产品工人得到一毛钱，企业利润率在3%以内，而美国则是工人取得收入3美元，企业利润率30%，工人的收入和企业的利润都是所在区域流动性的持续来源，二者这样的收入和利润差别之下，流动性怎么能够在贸易中趋于均衡呢？如果流动性均衡不了，供需曲线和均衡点、利润率等差别就将持续维持，这样的剥削效应也是不断维持的。

在金本位时代，供需曲线的扭曲是不容易出现的，因为货币的供应量受到黄金等贵金属数量的制约，在价格处于过高位置的时候，是没有那么多的货币的，因此供需曲线在这样的位置上是人们在实际生活中难以看到的，能够见到扭曲本身就是要有足够的流动性。对此可以从通胀的角度去看，货币超发时的供需曲线呈现什么形态。通胀印钞、恶性通胀的时候，如果假定货币的价值没有改变的话，则超发货币下的通胀供需曲线就是扭曲的，所谓的资源供给曲线的后弯，则变成了我们经常所说的“惜售”，所谓的“刚需”曲线的扭曲则是我们抢购的曲线。不同的通胀，反映在不同的曲线之上，对供给不足的通胀出现的恐慌和投机，体现为“刚需”曲线的扭曲；对于需求过盛的通胀则产生“惜售”，供给曲线出现后弯。

这些供给曲线和需求曲线的扭曲，在20世纪70年代后屡次发生，与货币性质的改变有密切的关系。20世纪70年代，布雷顿森林体系破裂，牙买加协议签署，美元从布雷顿森林体系下的美元变成了牙买加体系下的美元，原来的黄金每盎司35美元，现在变成了几百到上千美元，货币的购买力完全贬值。尤其是美国不断QE以来，美元的实际信用贬值很快，但美元的币值变化却不在供需曲线当中体现，人们依然认为美元是不变的，就如在滥发钞票的恶性通胀下人们还认定币值不变，以此做供需曲线，这样的曲线必然是扭曲的。在西方20世纪70年代印钞模式开启以后，西方国家从债权国变成了债务国，印钞增加货币就是需求过剩，产生后弯的供给曲线就正常了，因为大量的资源在资源国出现了惜售的现象，在全球配置的市场下就是印钞后涨价了，但供给减少了。同样的，由于西方货币的流动性输入，大量的财富外流以后，发展中国家供给不足导致的通胀就变得很多，需求曲线的扭曲会更为多见。

回顾历史上的一些特殊时刻，虽然贵金属的数量对于货币的总量有巨大的限制，但发现金银矿或者外来流动性增加的情况还是有所发生的。金融体系的进步也会造成流动性相对于前期暴涨，这样的流动性突然增加的情况，在贵金属仅仅体现其货币金融价值而不是其使用商品价值的时候，也会有流动性泛滥，这样的泛滥就会使供给曲线和需求曲线出现扭曲，会造成奇特的投机机会：某一种商品突然价格越高需求越大，投机和恐慌带来不断增长的需求，同时在供给层面，人们的惜售使得供给反而是越涨越小，直到这个涨幅超过市场所能够提供的流动性，则出现价格突然坍塌，惜售者在抛售，投机者也在抛售，恐慌者更在抛售！我们可以注意到，在涨价和降价的不同过程当中，供给和需求曲线是不同的、变化的，这条曲线的变化也与市场的流动性有关，涨价的时候吸引大量的流动性进入市场投机，而降价时流动性又恐慌性出逃。这样的现象依然是一个流动性决定的事件，解释了流动性在供需曲线层面怎样催生了泡沫，并且让这个泡沫不能在自由市场上实现市场出清迅速消减，解释了为什么泡沫不会在市场中自动通过微观经济学假设消除，而是导致危机性的破裂。

这样的实例在西方殖民崛起时代就出现了，比如著名的荷兰郁金香炒作故事。16世纪中期，郁金香从土耳其被引入西欧，当时量少价高，被上层阶级视为财富与荣耀的象征，投机商看到其中的商机，开始囤积郁金香球茎，并推动价格上涨。1635年，炒买郁金香的热潮蔓延为全民运动，人们购买郁金香已经不再是为了其内在的价值或作观赏之用，而是期望其价格能无限上涨并因此获利。1637年2月4日，郁金香市场突然崩溃，六个星期内，价格平均下跌了90%。郁金香事件是人类历史上第一次有记载的金融泡沫，此事间接导致了当时欧洲金融中心荷兰的衰落。我们应当注意到，当时出现郁金香危机的荷兰正是世界的金融中心，荷兰进行了现代金融业的创新，对郁金香进行了期权合同交易，增加了市场的流动性。此时的荷兰是流动性最丰富的国家！中国国内也有相关炒作和泡沫，邮票、君子兰和牡丹鹦鹉都是与荷兰郁金香事件类似的炒作，也是在当时改革深入市场化、市场流动性丰富、货币出现巨大贬值趋势的时候出现的。再进一步讲，美国带给世界的次债危机和2008年金融危机、炒作金融衍生品，不就是在这样的流动性极为过剩的背景下出现的类似荷兰郁金香事件的危机吗？如果我们能够从货币的流动性与供给、需求曲线的扭曲层面分析，从它们对于定价权的影响上来认识，我们就可以用一个非常简单的逻辑解读危机的本质。

图2–12是《定价权》一书的封面图，石油供需是标准的资源供需曲线，是标准的曲线后弯。

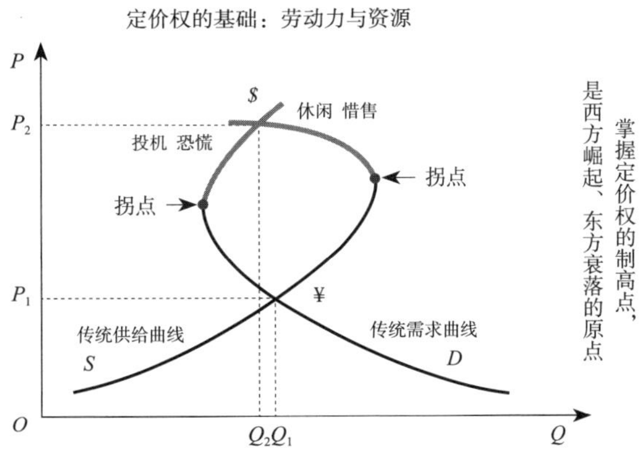

图2–12

石油在2008年金融危机前后的147美元/桶和34美元/桶，以及2020年的–37美元/桶，生动地解释了石油两个均衡点的作用。2009年1月12日，WTI原油（美国西德克萨斯轻质中间基原油）价格跌破40美元/桶；到2月12日，WTI原油价格下探至33.98美元/桶，到达2009年最低点。2008年7月11日，原油最高点达到147.25美元/桶，为历史最高价格。

在2008年金融危机以后，另外一个供需曲线的后弯明显出现，这样的曲线实际上以前也应当是有过的，这就是“牙买加美元”与“布雷顿美元”的差别。在布雷顿森林体系破裂以后，这个曲线就出现了，只是由于20世纪70年代美元的国际金本位还在，这个曲线在表面上难以看到。日本的QE已经存在，但日元影响力不具有世界性，而到了爆发金融危机的2008年，美国也搞QE以后，这样的曲线扭曲就非常明显了，这就是资金或货币的供需曲线，资金或货币的供给量和货币的价格即利率也可以做一个供需曲线。在传统经济中，利率越高越能够吸引更多的货币资金，而利率越低则资金越少；同样，在需求层面，利率越高则资金的需求就越小，而货币利率越低则资金越不愿意参与。QE当道，风险和收益产生了互相替代的效应，类似于在劳动力供给曲线后弯时劳动与休闲之间的替代关系。在风险和泡沫因素的影响下，利率越高人们越担心其中的风险，越担心庞氏骗局，因而资金越远离；而在利率低的地方，由于流动性的充足和资金的安全，更多的资金涌入。因此，我们看到美国的国债利率不断降低，而信用卡利率升到高位，中国的利率也到高位，这样的资金供给曲线的扭曲，就产生了金融定价权，产生了多个均衡点，一个是风险利率的，一个是无风险利率的。在美元主导的全球金融一体化下，发达国家利率极低而资金供给充分，发展中国家利率极高但资金供给不足，而高昂的利率最后形成产品的成本，使得资金充足的地方反而没有了通胀，资金不足的地方反而通胀压力很大。这些反常现象均是资金供需曲线造成的，而到底谁能够取得低的利率利益，就取决于金融定价权的力量了。这样的体系差别导致流动性在全球无法均衡，无法自动平衡，这个扭曲就是对自由市场经济的一记耳光。

资金的需求曲线一样可以是畸形的。如图2-13，我们可以看到一个拐点的出现，在这个拐点的下方是传统的货币供需曲线，而在这个拐点的上方，由于企业受到了危机的影响，在利率不正常地抬高以后，货币的流通速度会降低，按照流动性$MV=PT$的要求，如果市场PT不变，则V的数量降低，M的数量需求会加大。这样的例子在2013年6月的中国货币“钱荒”下尤为明显，在中国货币M2超过百万亿元的同时，由于影子银行大量还款到期，货币流通速度下降，货币需求暴增，利率暴涨，银行间拆借利率最高突破30%。同时，在危机当中会出现类似庞氏骗局的效应，也就是说利率越高，企业未来受到前期利率高产生大量利息的压力，资金需求不是降低的反而是增加的。

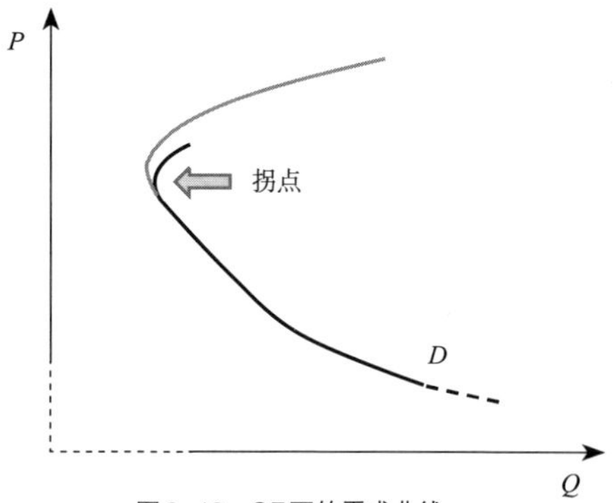

图2-13 QE下的需求曲线

综上所述，通过供需曲线的扭曲，可以看到曲线的后弯是不会通过市场出清自动恢复到正常曲线状态的，这就是定价权的来源。处于不同曲线位置的利润率存在巨大的差异，不同地区处于不同的后弯曲线的位置，这也是剥削的利益来源，而决定处于曲线什么位置，则与流动性水平决定的价格高低有关。因此，这个后弯可以揭示在自由市场下怎样取得定价权，也可以揭示流动性与定价权的关系，以及不同的地区均衡点处于劳动力和资源供给曲线不同位置所带来的剥削和财富转移效应，还有就是供给、需求曲线出现后弯与流动性、印钞、通胀之间的联系。所以定价权是可以通过西方的经济理论进行解释的，只不过这些理论西方人在殖民时代就很清楚，就是不出现在他们的经济学教材之中。

供需曲线的扭曲发生在劳动力、资源（包括能源、粮食）等领域，它们的供给曲线的后弯和需求曲线的扭曲就是定价权的核心，对此问题后面还会论述。

六、金融危机为什么会发生

——金融危机是定价体系的重组

金融危机为什么会发生，这个问题是一个争论许久的老问题，几乎每一个经济学派都要对此发表看法，其看法的不同也体现了本学派对于此问题的根本立场和学派之间的关键区别。数字泡沫膨胀，用泡沫换走财富，失去财富的体系，早晚要发生危机，而每一次危机，就是世界定价体系的一次重新洗牌。

在展开我们的理论之前，可以先看看世界对金融危机的理解，不同的学派有不同的认知。下面是向松祚先生的总结：

> 现代经济学如何解释金融危机和经济危机呢？经济学解释金融危机和经济危机，主要有四派理论。
>
> 第一派理论是凯恩斯—明斯基的“不确定性—预期—投资周期理论”。凯恩斯的《就业、信息和货币通论》（以下简称《通论》）历来号称难读，我觉得很奇怪：为什么大家说它难读？其实，凯恩斯关注的核心问题就是如何解释经济危机和经济周期。撰写《通论》时，凯恩斯心中萦绕的主要问题就是20世纪30年代的大萧条。《通论》22章起首第一句

话就说："前面各章里，我们已经声称弄清楚了就业总量的决定因素。如果我的理论正确，我就必须能够解释经济周期。"可见，凯恩斯将能否解释经济周期当作检验他的理论正确与否的试金石。凯恩斯理论由四大支柱构成：投资函数、消费函数、利率理论和资本边际效率理论。仔细分析下来，发现上述每一个"函数"或变量皆是主观变量，皆取决于人们的信心、预期、心理、感觉、牛群效应、群体跟风、关键事件、乐观还是悲观、兴奋还是郁闷……《通论》最核心、最关键的理念只有两个：资本边际效率和主观预期，资本边际效率反过来又取决于主观预期。

后来，明斯基直接将凯恩斯的经济周期理论概括为"不确定性—预期—投资周期理论"。既然经济周期主要或完全取决于人们的主观预期和信心，我们能否找到抹平经济周期的办法，实在很难说。"人心惟危，道心惟微。"古代圣哲说得真是透彻。

第二派理论是弗里德曼和卢卡斯领衔的一派学者所主张的"货币波动理论或货币供应量理论"。依照弗里德曼和卢卡斯的理性预期学说，经济体系是不会出现金融危机和经济周期的。因为市场总是自动迈向均衡，怎么会有经济周期呢？然而现实生活确实有金融危机和经济周期，他们又如何解释呢？他们的解释是：之所以有金融危机和经济周期，就是因为货币供应量突然变动。以前是因为突然发现黄金或贵金属，后来是中央银行行长们发神经瞎搞一气。大体上，奥国学派也是这么看。按照他们的想法，只要维持货币供应量稳定不变（譬如弗里德曼著名的4%增长法则），或者干脆取消中央银行的货币政策（譬如哈耶克著名的人人自发货币主张），那就天下大吉，不会出现金融危机和经济周期了。理性预期学派和有效市场假说误人不浅，现在大体只有书斋学者当作智力游戏来玩儿了，实战派的市场人士（譬如索罗斯们）是从来不相信什么理性预期和有效市场的。

第三派理论是费雪的"债务通缩理论"、辜朝明（Richard C. Koo）的"资产负债表衰退理论"和"经济阴阳周期学说"。费雪"债务通缩理论"强调过度负债、资产泡沫和泡沫破灭之后的债务通缩过程，极具启发性。但是，费雪却没能解释经济体系何以会"发神经"似的经常出现过度借债和资产泡沫。当然，作为顶级货币理论家，他指出了货币扩张和信用膨胀是造成过度负债和资产泡沫的主要原因。

华裔经济学者辜朝明的“资产负债表衰退”极有新意，伯南克亦有类似思想，譬如伯南克等人长期研究的“金融加速器机制”，主要是基于资产负债表调整机制。辜朝明的“经济阴阳周期学说”之灵感直接来自中国哲学思想经典《易经》。

辜朝明的资产负债表衰退和经济阴阳周期理论，起点都是人类的“过度自信、过度乐观、过度兴奋、过度投资导致过度借债和过度泡沫”。人类为什么会出现“过度自信、过度乐观、过度投资、过度借债、过度泡沫”呢？说到最后，还是归结到人类的心理、预期和主观愿望。我们还是找不到一个消灭或抹平经济周期的办法。

第四派理论是所谓“真实经济周期理论”，强调经济周期之根源是人类技术创新。该理论源远流长，康德拉季耶夫和熊彼特等大师级人物都深入研究过。当代有名的真实经济周期倡导者是诺贝尔奖得主普雷斯科特等人。但是，客观而言，真实经济周期理论很难解释为什么人类会如此频繁地出现资产价格泡沫兴起和破灭的金融危机和经济周期，很难解释为什么随着经济体系日益全球化和日益复杂，金融危机和经济周期愈加频繁。

向松祚先生尝试提出过一个新的宏观经济理论，以解释金融危机和经济周期，算是第五派吧。他的理论基于从逻辑上严格区分虚拟经济和真实经济活动，严格区分货币和信用，以及对人类财富理念演变历史的精心探求。不过，他的结论却非常悲观：随着人类经济体系日益复杂及人类财富日益积累，人们的财富理念不断发生巨大变化，导致虚拟经济相对真实经济日益膨胀。虚拟经济形成一个自我循环、自我膨胀的体系。虚拟经济自身是一个完全基于人们主观预期和信心的经济体系，是一个极度不稳定的体系。它随时可以出现资产价格兴起和破灭的剧烈调整周期，反过来对真实经济体系造成剧烈冲击。

人类货币体系和信用体系之演变，客观上起到了火上浇油的作用，助长了虚拟经济体系之恶性膨胀。这也是本人反复列举和论证美元本位制和浮动汇率体系的“七宗罪”的原因。然而，人类货币体系和信用体系之演变，又是基于人类财富理念之变迁和演化，经济政策很难扭转这个大趋势，至少短期内无法改变。

向松祚认为，过去40多年来，人类遭遇了愈来愈频繁的金融危机和经济周期，表面原因是过度借债、过度消费、过度投资、过度杠杆化、全球失衡，稍微深层次的原因是全球货币体系、美元本位制和浮动汇率。

向先生在金融发展、货币定义改变之后，看到了更多的东西。而其他某些理论则是在货币定义已经变化的情况下，不作更新，只能用作一家之言。向先生的看法还可以更加深入地去分析和讨论。对于金融危机的发生，对流行的各种学说，本人有着不同的理解，这样的理解是基于信用层面的理解。

信用是构建人类社会的元规则，一切人类活动都离不开信用的作用，现代货币就是国家信用的凭证，古典货币的一般等价物也比其他商品有更多的信用，其价值得到了社会的普遍认同。而金融体系建立以后，货币的本质发生了改变。何为金融？古典经济学家给出的定义是产业资本与银行资本的结合。这个定义没有错，但是没有反映金融背后的本质。

金融这个词在英文与中文中也不是完全对应的，中文意义的金融对应英文是finance，英文解释是the management of money and credit and banking and investments，从这个英文解释可以看到金融是信用、货币、银行业和投资的整体。中文意义的金融还有一个英文词是banking，banking的意思更多是指银行业或者银行学。中国金融的含义与世界对于金融的理解不同，我们这里说金融危机更多是指finance，而不是中国的银行业的危机banking，把金融的含义理解清楚，才有助于理解整个金融危机。中国之所以把金融变成了银行的具体原因就是，中国的金融实际上是被银行把持，已经完全银行化了，我们央行的货币委员会基本上是银行家们组成，这个组成实际上有对于金融理解的误区。这个误区使得中国谈及金融的时候经常会有概念被偷换，把finance和banking两个不同的含义混淆，甚至在同一篇文章当中金融的含义都不一样，在翻译成英文的时候，要斟酌finance和banking两个词使用哪一个。

中国经济发展到今天的金融时代，一定要搞清楚“金融”一词的含义。在计划经济状态下金融的主要功能就是banking，在市场经济状态下金融形成金融资本成为经济主导以后，金融的含义绝对不仅仅限于banking。本书所述金融的概念，如果不特别说明，都要按照finance理解。对于finance的真正内涵，早先的翻译家使用“金融”这两个字是非常合适的，金融就是货币、信用、投资和银行服务的管理与融合。

金融时代与古典货币时代最大的区别就在于，古典货币时代的货币是商品，你持有的这些货币、一般等价物是由你完全控制的，谁也不能不通过你占有和使用它们。但是到近代金融时代，你在银行里面存储货币取得的只不过是一个数字，就算你拿着纸币也只不过是一个票据和凭证，这些货币所对应的商品和财富怎样被支配你是决定不了的。就如你有100万元存在银行，你账户当中的数字所对应的财富都不是你直接支配的，银行把你的存款贷给谁，以什么样的利率贷给谁都不是存款人能够决定的。因此，金融时代就是你的财富被融合、被管理的时代；金融阶段，就是你的货币财富的支配权被迫地被融合、被管理的阶段。而且金融不断发展创新，还通过信用和衍生品、期权、期货等手段，把你现在占有和未来占有的所有财富包罗进来，将你的财富和社会的财富大融合大一统地纳入了金融这个平台。

在这些融合了你所有财产的金融平台，信用和财产是可以分开的。中央银行创造货币，商业银行衍生货币，但在经济活动中，所有货币的取得，对应的都是要支付对价，要交换财富和资产的。但货币可以创造，资产和财富的生产却是缓慢增加的，二者的缺口所对应的虚拟资产，到信息时代，变成了数字资产，而整个交易的游戏规则，就是博弈这些资产、资源、财富的再分配。

随着经济的不断发展，尤其是建立了各种金融产品和金融衍生品的虚拟经济以后，虚拟资产对货币的需求也不断增加，导致人类货币需求的无限膨胀。这个膨胀以前有黄金为其背书，后来由黄金信用背书，国家信用保证金本位；然后是国际金本位，国际金汇兑本位，再到国债为主的货币信用；再然后是QE，如今已经走到QE的常态化了。

在当今的金融交易和衍生品模式下，在当今的QE常态化的趋势之下，世界的货币体系无限膨胀，再一次进入了竞争性贬值的状态。以前的每一次金融危机，都伴随着金融货币体系的不断扩大，这个扩大不光是央行直接发行货币，货币已经从M0现金、广义货币M2，到了M3、M4、M5，其中M4是金融衍生品，已经到了数百万亿美元的规模，而M5是各种数字货币、电子货币，现在更是以不可思议的速度在扩张着。

而金融危机的发生，就是货币的大规模缩水，这个缩水可能不是基础货币M的直接减少，而是流动性MV的减少，也就是货币流通速度V的减缓。同时减缓的是各种衍生和广义的货币，货币的乘数大规模降低。2008年经济危机，美国开始QE，其M2的规模与美联储资产增加的规模相比慢了很多，货币乘数大幅度降低。2020年新冠肺炎疫情后QE常态化，但世界的货币不是泛滥而是紧缺，美元指数上涨也是因为流动性和货币乘数的降低，这个减少的结果就是大量的衍生货币被消灭，其所代表的财富也就缩水了，危机下各方的资产减少了。

与扩张的货币和虚拟资产、数字资产相比，实体经济的扩张要有限得多，这个背后是资源的有限性。实体经济是需要有资源的，也就是要有物质基础，要消耗能源。这些被消耗的能源就是熵增，熵增原理反映了不可利用资源的永远增加，所以与可以无限扩张的货币、虚拟资产、数字资产相比，实体资产和资源的扩张是缓慢的、有限的，结果就是二者的错位！

错位就会造成资源供需曲线的后弯，资源的有限对货币创造的无限，这个曲线不可能是单调的。这个后弯的曲线，西方经济学家也发现了。而需求曲线其实也是后弯的，这个后弯就是在价格走高的时候，会产生恐慌性需求和投机性需求，而在价格走低的时候上述需求都消失了，同时因为经济活动的减缓而需求大减。

供需曲线后弯的结果，是市场经济信用体系的崩溃。因为市场交易的价格均衡是按照供需曲线完成的，需要有均衡点，价格围绕均衡点进行上下波动，而能够快速达到均衡的前提需要依据供需曲线递增或递减的单调曲线，而且边际效应递减。出现了后弯，曲线就不再是单调曲线了，边际效应也不一定递减，均衡将被打破！没有了均衡就没有了稳定，原来的信用体系就崩溃了。这样的均衡崩溃，最后带来的一定是价格的暴跌，而且在金融工具夹持下，价格可以跌成负数。

当今发达的金融市场，大量的投机和金融攻击加剧了这样的崩溃，因为在现在的金融体系当中，期货和期权交易，虚拟的金融衍生品，已经远远超过实体交易。一旦交易的某种趋势出现了拐点，现在的金融工具就可以立即放大渔利，这样的渔利必然加剧系统的崩溃。因为渔利没有经济增量为基础，其所得必然要在存量上获取其他人的利益，给其他人造成损失。金融并不直接创造经济价值，如果金融出现了暴利，那一定有人被割了“韭菜”。

金融危机的发生和恢复，就是信用体系的崩溃与重构！需要建立一个新的价格体系，用货币重估各种资产的价值。在重构的金融体系、价格体系基础上，原来的市场规模和财富总量大规模缩水。这个缩水是因为财富数量是用货币标定的。在金融危机、经济危机当中，衍生货币大量减少，虚拟资产大量爆仓，泡沫破裂，泡沫所对应的财富大量损失掉。所以金融危机还有一个非常关键的作用，就是消灭掉世界上多余的货币。

金融危机的损失到哪里去了？如果市场的交易是零和交易，有人吃亏，而有人占便宜，应当没有损失才对！但事实上在金融危机发生以后，市场是全面损失的，鲜有得利者，而且价格一定是下跌而不是上涨的，就算有做空得利的，所得与实际的损失也远远不对等，损失到哪里去了？

答案就是损失实际上早已经发生，但金融体系的虚拟价值掩盖了损失。我们在计算财富的时候，是货币、实体资产、虚拟资产一起计算的，而虚拟资产是会消失的！很多财富是虚拟衍生的，在衍生的时候，一些人就已经拿走了对价！被拿走了财富的金融交易体系，是一定会发生危机的！就如美国的货币QE，在没有实际财富的基础上，创造出来那么多的货币，对应的却是真真切切地从实体经济拿走了太多的财富。美国的所谓救市，创造出来的货币发给了社会，是要买东西的，这个买来的东西都是消费品，都已经消费掉了。财富被消费掉已经不存在了，但货币依然存在于金融体系中，大家会觉得那些财富还在，这些被虚拟资产、数字资产的泡沫所掩盖，直到危机发生，才会让这些已经被消费掉的财富浮出水面。就好比抢凳子的游戏，凳子是资产，抢凳子对应的是货币信用，金融游戏的统治者自己先拿走了凳子，剩下的人多凳子少，到了危机时刻，谁抢不到凳子，谁就成了被掠夺的对象。没有危机的时候，有人站着有人坐着，看不出凳子已经少了；当危机发生，每个人（货币）都要有凳子（信用）的时候，才知道凳子已经不够了。财富被从市场体系当中拿走，市场必然崩溃，不同的市场领域，在哪里崩溃不一定。以前，各国的主要危机是在国内发生，是一个内卷化的博弈。而二战后，全球化以来，这个危机是可以输出的，资源紧缺、货币信用不足，多印货币，只要成功发钞，从其他地方买到资源，也就是事先抢到凳子（信用），损失让其他人埋单。

20世纪八九十年代发生过一场有趣的“世纪之赌”，两派分别是《人口爆炸》作者保罗·艾里奇和《终极的资源》作者朱利安·西蒙，前者认为人口爆炸资源会快速耗完，后者认为替代和价格体系可以让资源的价格下降。两派决定赌不可再生资源是否会消耗完，并选定了五种金属，看10年后是否会涨价。结果就是资源派艾里奇输掉了——1990年，世界人口增加了8亿，但五种金属无一例外跌了价。因为当它们价格上涨时，就刺激了人们研发出更便宜的替代品，比如塑料和光纤在各种场合大规模替代了铜线。艾里奇输了！不过需要注意的是衡量资源价格的货币是被操控的，价格下跌的背后，一定伴随着某些经济体的危机，这个赌到期的1990年正是苏联解体前夜，也正逢中国1988年以来的货币贬值，当时五种金属主要由中苏提供给国际市场，而两国对美元的渴求远远超过了对这些资源的渴求。

图2-14显示美国印钞以后，从中国进口商品总额创造了新高。美国QE常态化，这时也不说贸易战逆差要关税。在这场博弈里面，美国印钞买中国商品，看到中国出口商品总额创新高，不要简单地认为中国赚了。如果出现危机，美国已经消费了财富，埋单的是谁，是不是美国，还要在后续的博弈当中确定。美国给中国施压，目的就是保障埋单者不是美国。

如果没有金融危机，没有金融危机下价格体系崩溃和暴跌，价格一直涨上去，对金融国是不利的，资源国是大赚的。如果价格跌到很低，让制造国廉价地买到资源，制造国也是大赚的。金融国希望价格由他们的金融工具控制。在他们的金融工具控制之下，价格可以涨到天上，也可以跌到地狱。制造国觉得价格低想要抄底，他可以在抄底价格上再腰斩一下（2008年的石油跌到36美元/桶），腰斩不够了，还可以是负值（2020年石油期货跌到-37美元/桶）！金融霸权需要的是控制权！

很多人可能会发现，印钞的QE与金融危机的损失相比，似乎数量也不成

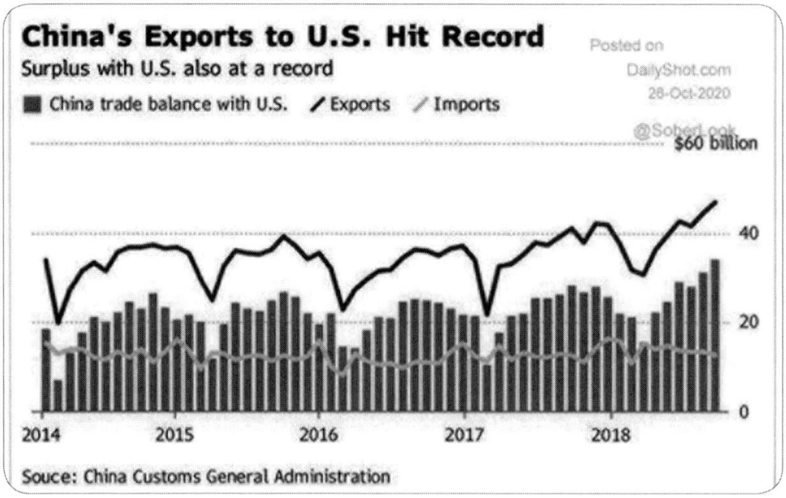

图2-14

比例，这又是为何？这里我们要看到，交换的不仅仅是货币，还有货币的各种衍生，各种虚拟资产。QE出来的是基础货币，然后货币衍生就要多出来很多倍，叫作货币乘数，而富裕的流动性会催生巨大的资产泡沫。这些资产是虚拟数字资产最能够膨胀，资产膨胀的规模，远远超过实体经济规模，也远远超过衍生货币规模。这些虚拟资产也是用来交换货币和实体财富的，是一个复杂的交换体系。但这个体系通过货币印钞和虚拟资产泡沫不断换取你的财富，并且把换到的财富拿走消费掉。因此，总量不是零和博弈，是负收益，其实就是一个赌场的模式，而一次次的危机，就是一次次的赌局清零清算输赢，然后赌局再重新开始。

控制世界的统治者其实是需要金融危机发生的！没有危机去消灭他们超发的货币，没有危机让价格体系崩溃重组，就没有他们不断得利的机会，赌局总是要不断新开的。在危机发生前，他们需要把印出的货币发出去，再决定危机在谁那里爆发，把有泡沫的资产换出去，从而操纵赌局的输赢，而不能庄家包赔。

2008年金融危机之后，美国一直在拿走财富，负债不断创新高，美联储的资产规模不断扩大，他们就不能让这个泡沫破裂。这就是金融危机的实质。

综上所述，金融危机的发生，背后是有黑手的，它肯定要发生，要博弈财富的再分配。西方的某些经济学人说不清楚其中的原因，其实是不愿意把他们渔利和再分配世界财富的实质说出来。

附一则：美国泡沫破裂美国是否亏了

2007年次贷危机之后，美国的房价就一直处于上升的通道，也是美国的经济表现强劲的基础，但最近美国的房价也一样受到了压力，而美联储的不断加息维持美元地位，给美国房贷利率带来了暴涨，成为楼市更大的压力。

2022年8月24日，房地美发表声明称，美国30年期按揭贷款利率均值从上周的5.13%升至5.55%，2021年同期该利率为2.87%。如果不算6月中旬的一周利率上升55个基点，这次的房贷利率升幅为2013年以来最高。美国15年期固定按揭贷款的平均利率从上周的4.55%跃升至4.85%。按照目前30年期房贷利率均值来算，一个拥有30万美元按揭贷款的购房者，每月将支付1713美元，比2021年年底时多出约430美元。这等于房贷要多还1/3，如果利率再如2007年，房贷会翻倍的。

上一次的2008危机，就是美国先加息抑制“泡沫”，然后房贷利率暴涨，房地产崩盘，接下来是巨大的金融危机。美国这十几年可以使经济增长，背后房价也一直增长，本人2010年写《房势》里面写过，房价的周期是18年，连续增长14年后下跌4年，从2007、2008年美国楼市的低点，到现在正好要14年了，在增长周期末端是暴涨，现在看都基本符合。中国楼市要是以2005年调控开始的时间来计算，则也差不多。

上一次次贷危机之前，美联储把利率的高点提高到5.25%，远远比现在高，也比美国现在的房贷利率要高，美联储持续加息，结果就是房贷真的可能翻倍，对于很多“信用不佳”的人肯定是受不了的。上一次危机让“信用不佳”的人背锅，指责的是美国政府给没有贷款记录的人（穷人）贷款，让背锅买单，这一次不知道又要说谁了。

但本人要说的是，美国泡沫破裂，看似危机，却不一定是美国亏了，就如中概股暴跌一样，最后持有中概股的是华人社会。更关键的还是笔者分析的，金融危机之下，这些是零和交易吗？暴跌的财富哪里去了，才是问题的关键。

美国的财富暴跌，暴跌的钱是美国金融体系创造出来的，早已经从其他领域把钱拿了回来。另外就是各种股市的泡沫，都是通过换股交换了资产，就是股价暴跌，资产也被交换到手了，损失的是没有金融权利的其他相关者。把自己的资产放在金融市场和楼市的投资者，真正的资本世界的统治者，不在于拥有多少资本，而在于拥有多少金融权利。也就是你是占有的“鱼”还是“渔”之问题。每一次泡沫的破裂，也是一次洗牌，他不主动戳破泡沫，他要控制泡沫破裂的时间，他要涨跌赚钱。价格一路上涨，没有下跌的时候，不容易洗劫你的财富，价格涨跌被他人控制，才可以对你的财富再分配。

七、定价世界的关键是流动性

前面分析了美国在QE常态化，在寻求全球的再贷款人地位，要当全球的央行，要进一步控制全球的货币流动性，使流动性定向。数字经济、虚拟经济也进一步创造了流动性，货币已经从M2到M5，而流动性及流动性的不均衡，对世界的影响到底在哪里呢？全球的定价权是由流动性决定的，下面简述一下流动性与定价权的关系。

2012年，本人在专栏文章提出本理论（图2-15），并为此写了《定价权》一书。

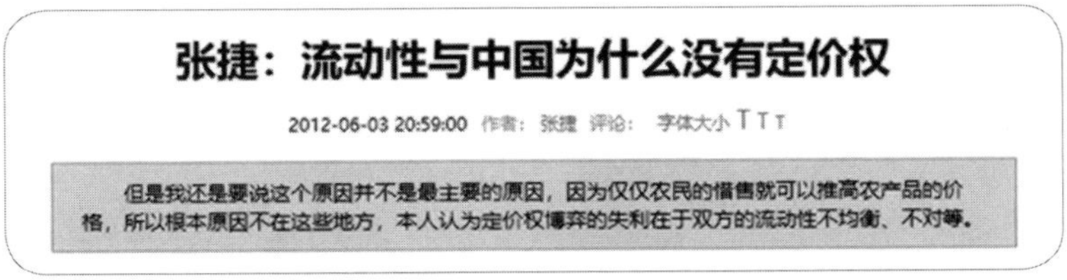
张捷：流动性与中国为什么没有定价权

2012-06-03 20:59:00 作者：张捷 评论： 字体大小 T T T

但是我还是要说这个原因并不是最主要的原因，因为仅仅农民的惜售就可以推高农产品的价格，所以根本原因不在这些地方，本人认为定价权博弈的失利在于双方的流动性不均衡、不对等。

图2-15

1.流动性均衡问题与定价权

中国制造的商品绝大多数都没有定价权，没有定价权的苦日子中国是特别有体会的。我们为什么没有定价权呢？中国的定价权争夺屡战屡败的背后一定有原因。原因在哪里？很多人说我们生产的是低附加值的初级产品。但是铁矿石为什么价格就这样高呢？很多人又会说我们不掌握资源。但是中国对自己的优势资源——稀土，一样没有定价权，一样贱卖。还有人说我们自己没有制造核心技术。但是现在很多中国的轻工业产品，比如玩具，质量和技术已经不逊于西方，却同样没有定价权，还是西方挣大钱。也有人把定价权的问题归结到中国的产业规模小和恶性竞争，这个结论得到了社会广泛的认可，但是这并不是最主要的原因，不可能仅仅因为农民的惜售就可以推高农产品的价格。本人认为，中国定价权博弈的失利主要在于双方的流动性不均衡、不对等。

很多人不理解流动性对于定价权的影响，我们首先分析一下：很多商品的通胀并不是真实的紧缺所造成的，而是流动性的局部过剩，局部的预期造成投机泛滥，引发大量的投机性和避险性需求。这一点在具有刚需性质的粮食上面表现得特别明显，农民的惜售和市民的超量储备把粮食的丰收年变成紧缺年。对于经济个体而言，没有比农民更小也更分散的个体了，仅仅靠农民的惜售很难让农产品的价格暴涨。农产品的价格被压低造成工农剪刀差的根本原因也是没有足够的流动性，农民必须出售粮食换取其他工业品。局部的流动性紧缺也是危害极大的，例如我们的稀土资源本来是世界上的稀缺资源，而且中国有绝对的控制资源数量，但是由于中国相关企业资金紧缺，只能低价出售变现而不能长期存储，这让本来就紧缺的资源变得很廉价，珍稀的稀土卖了土价，而西方本来数量众多的铁矿石却可以通过其资金优势和富裕的流动性控制销售数量、操纵价格，让中国购买铁矿石的支出连年上涨。西方学者强调所谓的定价机制，依靠的就是物流和资金流渠道。只要你的流动性不均衡，需要通过他的渠道，无论是物流还是资金流，就要被他渔利。在不均衡的流动性变化寻找平衡的时候，渠道是关键，就如股市中占据渠道资源的股票在危机中都被市场看好一样。我们再想一下，所谓的高附加值的产品大多是非必需品，刚需较小，如果遇到成规模的企业流动性不足要抛售的话，谁能够接盘？肯定价格损失更大，此时要是流动性不足，高附加值和集中度高的产业，在定价权上的危害和损失更大。

目前，外资不仅控制了海外资源和商品渠道，中国产品、中国资源只能廉价出售。这种趋势更逐步延伸到国内关键物资的渠道。因此中国在市场经济初级阶段，渠道不畅通或者渠道被外资控制的时候，流动性不均衡给外资热钱渔利的机会就特别多。为了控制各种泡沫，央行向社会收紧流动性，虽然能够在资金方面压制各种投机炒作，但是对很多正常生产的企业造成的压力也很大。投机资金炒作价格的利率承受能力一般要大于实体生产，在利率的诱惑下，资金的逐利流动导致投机的资金照样充足，而实业的资金却发生紧缺，使大量的中国企业受到压力。为了快速回笼资金，企业不得不忍受渠道的盘剥，廉价出售和压低库存，中国商品和中国资源挥泪大甩卖，而库存低则又导致没有对价格波动的承受能力，只能现货买卖，不得不接受渠道的高价勒索。

中国要想自己的产品和特有的稀缺资源卖出好价钱，前提就是这些企业必须要有足够的流动性，如果流动性紧缺，就一定会被有充足资金能力的发达国家盘剥。两个世纪前，中国茶叶与荷兰东印度公司的博弈也是由于中国白银紧缺、利率高企，一般年息不会少于40%～50%，也就是四分利或五分利，就如中国典当常说的九出十三进，就是你当十块钱的东西，除了要扣一成的手续费，还的时候还要还十三块，也就是利率达到44.4%。而荷兰可以得到美洲的白银，这些白银是美洲殖民地出产的货物而不是货币，导致双方流动性和利率的极大不对等，因此中国商人只能贱卖，导致中国商人退出了全部海上茶叶交易。我们看一下美国人写的《利率史》[①]就可以发现，西方崛起时的利率一般都低于10%，大部分时间是低于5%的，而中国是百分之几十甚至超过百分之百的利率，二者如何能够互相竞争？

中国生产型企业的资金是非常紧张的，银行基本上不会给企业做无抵押的流通贷款，企业要抵押也是用房产等不动产，这不但导致企业产生买房投资的畸形动机，挤压企业的生产资本，而且推高了房市的价格。就算有房子抵押能够取得流动资金贷款，利率也高于西方很多。同时，这样的贷款都是短期贷款，展期有很大的不确定性。中国与海外的定价权博弈是一个长期的事情，需要大量流动资金和货物囤积。企业的资金紧张，利息高昂，中外在做定价权博弈的时候根本不对等。我们不断收紧和放松金融货币的流动性产生的松紧震荡，会给流通和渠道企业带来巨大的资金压力和不稳定性，会令做流通的企业的库存和现金难以平衡，最终导致中国的流通渠道企业在与外国的竞争中败下阵来，将定价权完全拱手让人。中国的企业多是孤立的，而外国企业早已与金融资本紧密捆绑形成金融寡头，这使我们在定价权之争中根本无法取胜。

西方对于定价权的竞争实际上在几百年前就开始了，其主要手段就是利用流动性的不对等。英国搞的重商主义在表面上看是把贵金属当作财富，实际上他们利用贵金属的流入和外国贵金属的外流，造成彼此之间流动性的不均衡，这在以贵金属为货币的时代是致命的，在金本位的时代对于世界影响巨大。在重商的情况下，这样的贵金属货币的流动性失衡，其结果就是财富外流，导致财富外流最根本的因素就在于定价权归属哪一方。当年，胡雪岩与洋商斗法蚕丝，也是因为资本流动性的问题。胡雪岩囤积了2000万两白银，而且还有上千万两白银的资本，却因一笔50万两白银的付款而崩盘，原

---

① 〔美〕悉尼·霍默、理查德·西勒:《利率史（第四版）》，肖新明、曹建海译，中信出版社，2010年1月第1版。

因就是这笔付款要拿实银。当时，上海所有的实银只有100万两，洋商控制了上海的银根，而中国当年有30多亿两白银的GDP和8000万两白银的中央财政收入，其中作为货币的白银乐观估计也只有10亿两，保守估计最低有3亿两。而英国等国因发现美洲而有大量黄金白银的流动性增加，同时西方是使用金本位，白银不是货币，双方银根的差别是巨大的。这样的银根紧缩导致的高利率和流动性紧张在中外定价权博弈中屡次掐住了中方的脖子。

在金本位时代，货币数量得到了衍生，同时西方还拉大了中外金银的比值，而中国却还基本使用实银交易，只有小范围的银票流动，货币的衍生创造很少。中国本位货币的建立是20世纪的事情，比西方晚了百年，这样中外流动性的差距就更大了。

进入信用货币时代，西方推行的货币主义和受控的超发货币政策，使得西方的流动性和资本总是在发展中国家之上，牢牢地控制住各种商品和资源的定价权，每一次出现的经济危机就是再一次对资源占有和定价权再分配的博弈，流动性对于这样的博弈至关重要，在经济危机中各国印钞就非常容易理解了。

2008年金融危机以后，西方印的钞说是淤积在银行等流通系统，实体经济是通缩，而这些的背后是西方的流动性过剩被用到了渠道和定价权的竞争上，他们可以利用充裕的流动性囤积产品，而发展中国家流动性不足，只有卖出商品。20世纪西方在危机中把过剩的牛奶倒入海中。西方在渠道上所囤积的流动性，保障了西方金融体系的低利率优势，就是要在定价权上有所动作，我们反对农产品的涨价也与渠道被控制和定价权渔利有关，有关资本可以炒高农产品价格的关键也是在这个领域堆积了流动性，这也是一种流动性不均衡的体现。我们反对流动性炒高农产品价格，我们更应当看到统一压缩流动性的行为误杀了中国出口资源和商品的定价权，同时也给外来热钱进入流通领域渔利大开方便之门，这样的损失前者是中国的实业埋单，后者就是中国的消费者埋单。

流动性紧缩也让我们进口的资源产品价格被外国炒作，让中国经济埋单。就如铁矿石成为中国经济之痛之后，铜再次成为中国巨大的资源压力，在铜价不断创造新高的时候，中国的很多冶铜企业却陷入了亏损的边缘——2006年，中国铜冶炼企业加工费为95美元/吨，现货铜加工费最高甚至达到175

美元/吨。在2006年的谈判中，矿业巨头借势取消了已经存在30年的价格分享条款。随后，加工费一路下滑，中国铜冶炼企业仅在盈亏边缘徘徊，面对每吨七八千美元的铜价，冶炼加工铜的加工费在现货市场最低甚至达到25美元/吨。全球铜矿寡头企业不断压榨中国铜利润的历程赫然在目：矿业巨头盈利上千亿美元，中国铜冶炼企业仅以控制亏损为目标，这背后与铜的融资链密切相关，铜的仓单是重要的融资手段并且有各种衍生品支持，融资的高利息是巨大的压力。这类行为的结果就是中国很多商品价格国内要远远高于国外，哪怕这个商品是从中国进口的。因此，我们对于流动性的调控就不能在宏观上一刀切，在涉及中国核心利益的领域一定要有充足的流动性，这就需要微观调控来满足，利用中国国有力量和行业份额，微观调控是对抗西方定价权的有力手段。

21世纪发展到了网络数字时代，QE已经常态化了，虚拟经济成为主导。在数字经济领域，货币、信息和信用统一到了信息数字系统里面，金融衍生品、信息系统、大数据等经常不可分地成为数字资产。这些资产自身带有流动性，自身带有流动性不均衡。数字交易越来越快，高频交易越发普及和常态，交易的速度提高，背后的支付手段多样化、电子化、移动化和高速，带来的就是货币流通速度在数字资产领域的成倍增长，而且速度还依照摩尔定律在加快，这些高速的货币流动，带来的流动性MV是巨大的。而且数字货币的出现，又带来了新的M，当今的数字体系本身，流动性MV就是泛滥的。

相比数字信息产业，其他产业的流动性增长是有限的，这也是由产业特点决定的。外部的信息爆炸再快，本身的产业规律就在那里，传统产业的改变都是有限的、内卷化的。即使是QE常态化之下，传统产业的流动性依然紧张。对中国而言，我们是M2增长最快的经济体之一，但大家的感觉永远是钱紧！原因就是中国制造中的传统产业比例非常高，美国的实业比例却不到20%。中国大量的投资在基建领域，在基础建设层面，其流通速度最慢，要长时间才能够收回投资，也就是货币的流通速度V不高，虽然M很大，但流动性MV不大，产业间的流动性不均衡现象，也需要研究和重视。

我们需要弄清西方历史上的价格革命与通胀的内在差别，没有控制定价权的涨价是通胀，在定价权控制下的涨价是得利的价格革命。因此，充足的流动性和价格上涨，在有些时候是经济发展所必需的，对中国的M2快速增长，也需要正面理解。流动性只有泛滥到过度投机的领域才是有害的，就如我们反对过度炒房一样。在过度投机的领域，流动性的不均衡还会加剧不利局面。

因此，这样的流动性不均衡对于中国实体经济的危害也是巨大的。在2008年金融危机后实体经济受到巨大的压力，防范实体经济的危机是重中之重，2020年的疫情，又加重了实体经济的压力，因此流动性不均衡在此处的影响不可忽视。针对流动性不均衡，国家推出了很多鼓励性金融政策来支持实体经济，反对脱实向虚。对于流动性不均衡进行调控的重点就是要保障中国产品和资源的定价权，因为定价权的争夺关系到中国根本的经济利益和长期的稳定发展。

2.货币方程式阐释定价权

货币数量与价格的问题在西方是早有研究的，并且有现成的公式。这些公式揭示了定价权问题的答案。对于微观和货币的资产和存储价值，西方使用的是剑桥公式；而对于宏观和货币的交易功能，西方使用的是费雪方程式，不同的公式是有不同内涵的，主要公式内容如下：

> 1917年，剑桥大学教授庇古在《经济学季刊》上发表《货币的价值》一文，提出$M=kPy$的货币需求函数，即剑桥方程式。式中y表示实际收入，P表示价格水平，Py表示名义收入，k表示人们持有的现金量占名义收入的比率，因而货币需求是名义收入和人们持有的现金量占名义收入比例的函数。
>
> 费雪方程式是传统货币数量论的方程式之一。20世纪初，美国经济学家欧文·费雪在《货币的购买力》一书中提出了交易方程式，也被称为费雪方程式。费雪方程式为$MV=PT$（其中：M——货币的数量；V——货币流通速度；P——物价水平；T——各类商品的交易总量）。

这两个方程中，对于货币的交易功能，货币流通速度参数V是关键，而对于货币的资产功能，人们持有现金的比例k所占据的影响巨大。剑桥方程式表达的经济意义被称为“现金余额说”，主要强调人们保有的现金余额对币值进而对物价的影响。

按照费雪方程式$MV=PT$，MV是流动性，商品的数量是很难变化的，因此价格P实际上被流动性决定，这就建立了宏观上的价格与流动性的一个关系函数。在微观上，流动性是一个比较难以衡量的量，在这个微观社会就体现为现金的多少，因此剑桥方程的现金余额说就变得更有意义了。k表示人们持有的现金量占名义收入的比率，这个现金量的多少比较好衡量，而Py表示名义收入，人们的名义收入是多少也很容易衡量。剑桥方程式告诉我们货币需求是名义收入和人们持有的现金量占名义收入比例的函数。

通过这样的函数，我们就可以看到古代西方取得大量的金银，是怎样主导了他们的经济行为。在贵金属货币时代，不论货币需求是多少，费雪方程式中的M等于贵金属的数量，是无法改变的，人们持有贵金属的意愿又非常强烈，贵金属还经常被埋入地下储存，按照剑桥方程式，这就导致人们的名义收入降低，即劳动力价格的降低和物价的降低。在有了古代银行的衍生和后来实行金本位以后，剑桥方程式的M数量可以大幅度地增加，但也带来了银行信誉的巨大波动，这个波动极大地影响人们持有纸币现金的信心，人们持有的现金量占名义收入的比率k会大幅度地降低，从而也产生了当时货币的通胀通缩。

等到信用货币的时代，公式当中M的数量完全是由央行调控的，央行可以通过增加M的数量来博弈定价权，央行调控控制通胀，就是这样的宏观定价权的体现，这是一项央行的权力，这个权力的实现也离不开对于流动性的操控。但是央行的货币操控同样是有边际效应的，央行能够调控货币的数量，但要不通胀则需要货币的流通速度的变化或者持有货币者的意愿。在美国的QE下，美元不通胀的背后是各国持有美元的意愿增强，或者说不是直接增强，而是被《巴塞尔协议》不断增加的要求和金融风险所迫，各个金融机构进行去杠杆化，持有了更多的货币以对抗风险，而美国的QE及退出QE，按照他们自己的条件也是把控制通胀通缩放在一个重要的层面。如果我们换一个角度来看，控制通胀通缩就是控制物价，是定价权操纵的体现。

因此通过货币方程式，我们可以清楚地看出真正主导定价权的，是流动性MV。

3. 被央行QE改变的货币供需曲线

说到资金、资本或货币的价格，对商品货币是购买力，但对资本和媒介货币则是利率。在现代经济学和经济体系中，利率的主导作用更为关键，货币的属性也更侧重于交易的交换媒介。在货币、资金、资本的供给和利率层面，也可以形成西方供需理论的供需曲线。这个供需曲线在传统的货币理论金本位下是遵循“价格越高，供给量越大，需求越少”的规律，可以很快形成均衡点，这是自由市场经济学派的理论基础，也是微观经济学的基本假设市场出清，但在央行的干预之下，货币供需曲线结构被破坏，微观经济学的基本假设市场出清被破坏。

首先是央行本身决定货币的供给量和价格，同时干预货币的供给曲线。也就是说货币的数量和价格（也就是利率）是央行制定或者调控的，央行可以通过存款准备金制度和正回购、逆回购、央票、常备借贷便利（SLF）等金融工具决定货币数量，而价格则由央行的利率所决定，美联储的利率只对金融机构，不对金融机构在市场上的利率。而中国央行的利率则是客户端的利率，市场上的利率是一条直线，即便现在能够有所浮动也基本是一条直线。社会利率与银行利率由于贷款市场的分离不能混同画线，它们是分开画线的。在我们4倍央行利率的限制下，由于社会上资金的短缺，贷款利率也基本上是在高限的一条直线。

对于美联储和日本央行的QE，曲线则变成另外的样子。本来在利率低位货币供给量少的情况被打破，央行强制的债券购买计划使得供给少变成了供给丰富，而在利率的高位则由于经济的风险，货币的供给量反而减少了，各个资金持有者不是投资于产业追求高利润，而是投资于低风险的国债，买不了国债的就变成了美联储的超额准备金存储在央行，这就是QE带来的货币扭曲。

在央行的货币政策干预之下，尤其是美联储为代表的QE政策之下，货币的供给情况被干预和改变，造成供给曲线的畸形。在非常低价格（利率）之下，货币的供给可以因为央行的QE而暴增，这里有一个拐点，这拐点就是市场上的货币数量和利率触发央行进行市场干预的节点。在这个节点的下方，央行的不断货币投放让货币供给量增加的同时利率降低；而在这个节点的上方，市场恢复传统的供给曲线的状态，而且到价格的高端曲线趋向竖直体现出刚性来，因为企业在危机下会产生对风险的担心，导致利率再高货币供给增加也有限。被央行改变的货币供给曲线就是金融定价权的具体体现，是央行的力量对全球定价权的影响（图2–16）。

对资金的需求曲线，一样可以是畸形的（如图2–17的曲线），具体分析见对图2–13的讲解。

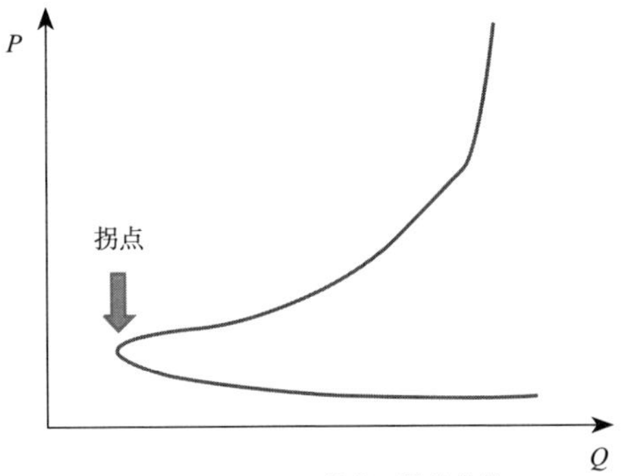

图2-16　QE下的货币供给曲线

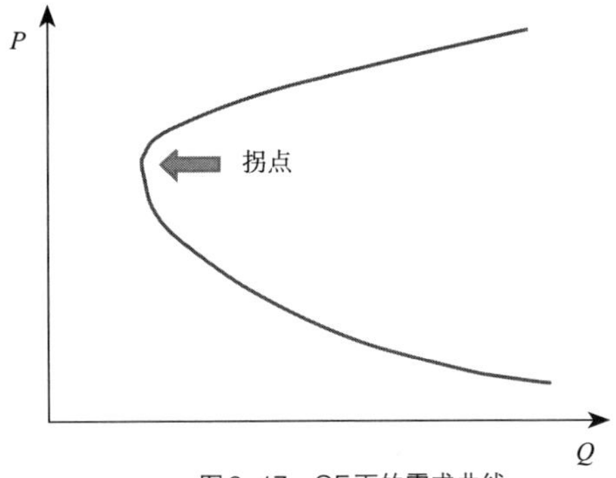

图2-17　QE下的需求曲线

这与以前正常的货币供需曲线完全不同，这样的供需曲线扭曲打破了自由市场经济的基本假设，使整个世界不是一个自由的金融货币世界，而是各国的货币供需曲线均发生不自然变形的世界。这个供需曲线的变形，不是市场决定的，而是央行决定的，这项决定的背后就是各国利益的竞争和博弈。在全球金融一体化的模式之下，国与国之间的货币供需也是可以互相作用的，到底哪一个央行对于货币曲线的影响大也需要注意。

那些对外汇进出进行管制的国家，央行的货币政策是独立的，货币供需曲线基本上由央行和国内的市场决定，央行具有主导权。对外汇不进行管制的国家，则要受到国际上的影响，即使是经常项目的开放，外汇的进出也会造成国内供需曲线的变化，此时央行还要保持其对于货币供需曲线的控制，这些货币的价值就不能由央行决定了，因为市场会根据需要进行货币的境内外流动，货币会换成外汇流向国外，从而改变货币供应情况。如果还要保持货币的价格和数量的曲线关系，则市场就会改变货币兑其他货币的比价，这实际上是蒙代尔不可能三角带来的。国内政策要受到国际货币市场的影响。

同样，在国际市场上，各国的货币有不同的份额，但美元还是占据绝对份额，占70%以上。国际市场上的货币数量是提供这些货币的各国央行决定的，各国央行的发言权是按照所占市场权重来分配的。由于美元的支配地位，实际上国际市场上的货币供给是由美联储划定的供需曲线决定的，谁能够对此划线，谁就有价格的确定权。这个权力也是由能够给国际货币市场提供多少流动性所决定的，定价权的背后流动性是关键因素，怎样让你的货币国际化，就要在国际上扩大货币流动性份额，能够更多地影响国际货币的供需曲线。而美国，由于国际市场也是它所主导的，因此它的国内政策不但不会受到国际太多的影响，反而可以影响国际政策，这就导致全球的货币市场受到其影响，美联储可以影响全球各国的货币供需曲线，美国因此拥有了全球货币金融的霸权。

货币供需曲线由央行画定，国际上的货币供需曲线是由货币的国际地位决定的，这些曲线与自然状态不同，是会扭曲的，扭曲带来的就是金融定价权、美国的金融可以影响他国，甚至主导他国的金融政策变化，这背后就是金融霸权。我们的世界已经不是贵金属货币时代的自由市场经济状态，我们来到了金融霸权、金融定价权的霸权博弈时代。

在QE货币政策的干预下，货币的供需曲线可以形成三个均衡点，对畸形的供需曲线，在传统的供需领域会有一个均衡点E，这与传统理论是一致的，就如我们的银行贷款利率。

在QE导致的拐点下方可以形成一个低利率高供给的均衡点E_1，这是QE下的无风险利率的需求，从均衡点可以看出，美国国债超低收益率下货币供给丰富，美国国债的安全性要高于美国的银行金融体系的安全性，所以即使美国的评级下调，美国国债反而上涨。美国国债的收益率可以长期低于美联储利率（美国国债收益率是0.12%左右，而美联储利率是0.25%），这个现象在2008年金融危机后QE下已经出现。

如图2-18，在拐点的上方还可以出现一个高利率高供给的均衡点E_2，这就是风险利率下的均衡点，美国金融市场是有二元性的。在QE时代，美国信用卡利率和信用卡违约利率在历史的高位，高达30%。而中国的利率是多重均衡的。在市场的高位，中国出现了影子银行和企业融资难下的高利贷等决定的高利率，这是中国经济难以承受之重。

央行干预下的货币供需市场，会出现多重的均衡情况，甚至出现三个不同的均衡点。多个均衡点导致会有风险利率、无风险利率和传统利率的分野，这里也有货币是卖方市场还是买方市场、货币的风险偏好是小是大的影响，但到底能够得到什么样的利率，则体现的是金融定价权（图2-18）。

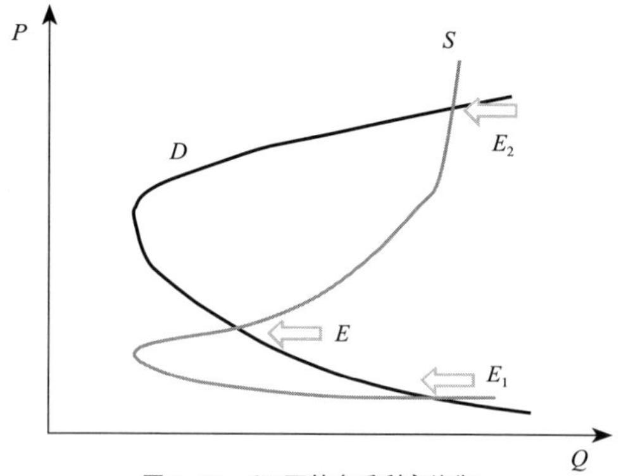

图2-18 QE下的多重利率均衡

2008年危机QE之后，市场就出现了真正的负利率，而在2020年之后的QE常态化之下，市场的负利率则更常见了。中国主权债券也出现负利率了。

财政部官网显示，2020年11月18日，我国发行40亿欧元主权债券。其中，5年期7.5亿欧元，发行收益率为-0.152%；10年期20亿欧元，发行收益率为0.318%；15年期12.5亿欧元，发行收益率为0.664%。

虽然这个负利率用欧元结算，在境外市场也说明对中国的债券利率可以有多个均衡点。利率的多均衡点不光是对美国、对美联储QE和欧洲央行，中国的主权债券，在中国的国际信用提高之后，风险降低可以近似无风险债券，取得实际负利率，低于很多欧洲国家。这背后还是欧洲货币市场被欧洲央行干预，市场充裕的流动性导致的。

4.流动性决定了泡沫的方向

历史上，贵金属货币流动性是紧张的，变成金本位货币，对流动性的担心始终存在，因为挤兑是可怕的。后来变成央行的信用货币，其实流动性的挤兑依然令人担心。到了QE时代，不用再担心流动性的问题，其实泡沫是通胀的另外一个说法，代表了一个立场。

在泡沫之下，流动性充裕，现在不是价格普涨的通胀，而是定向的泡沫，定向的涨价。对这个涨价，比如在金融市场证券市场涨价，被叫作牛市、技术性牛市、结构性牛市，等等。流动性的充足造成供需曲线扭曲，可以形成高位的均衡点，其流动性不是无限的而是受控的，目标是要形成高位的均衡点。真的恶性通胀其实是整个经济体系已经不承认货币的地位，而受控的泡沫，货币的地位是稳固的。

流动性的受控，使得在实体经济、数字经济、货币供需等方面，在QE常态化和流动性定向以后，不同的经济组织形式，其价值链、产业链、流动性不同。由于价格均衡在不同的均衡点上，所以高位均衡点泡沫换取其他行业低位均衡点的财富成为可能。这是高位的均衡点价格与低位均衡点价格的不平等交易。

所有的泡沫的产业在高位均衡点，都需要流动性维持。而数字经济产业，还自带流动性。这个就与流动性的性质有关，流动性是MV，在数字经济时期，V极大地加快，带来了充足的流动性，这是产业特点带来的。在传统产业时期，流动性更依赖M的数量而不是速度V，流动性MV就会少很多。

我们还要从另外一个角度认识高低两个均衡点，它们分别代表的是买方市场和卖方市场的均衡点。

买方市场亦称“买主市场”，与“卖方市场”相对，指商品供过于求，卖主之间竞争激烈，买主处于主动地位的市场。卖方市场亦称“卖主市场”，指商品供不应求，买主争购，卖方掌握买卖主动权的市场。由于市场商品供不应求，消费者争先恐后抢购，降低购买条件，对卖方十分有利，他们可限售、惜售，也可高价出售引起市场商品价格上涨。

比如石油，我们可以看到，就是明显的卖方市场，有钱也未必能买到石油，油价是高企的。这就是供需曲线后弯时的情况，到了2008年金融危机时，油价跌到每桶三十几美元，产油国都害怕自己的市场份额降低，都需要美元而卖油，石油就到了买方市场，此时价格呈现令人惊异的低价。而2020年，经济低迷，石油消费预期极大降低，为了抗疫，产油国对美元的需求暴增，结果就是石油价格异常波动，对冲这个波动，交易所作弊到负值，但实际的交易值，也是每桶三十几美元。

同样地，铁矿石难求的时候，铁矿石是卖方市场。而对于稀土，虽然中国占据垄断地位，但中国的各个生产企业都缺钱，都急于卖出，结果就是买方市场，买主占据主动。

一般而言，在高位的均衡点是不稳定的，除非有不断的流动性，否则不可能在高位均衡点持续。不断的流动性泛滥，变成了卖方市场，其实货币还有一个基本假设，就是大家都愿意拿着货币，而不是拿着商品。商品换货币一般要有销售成本，而货币变商品可以随便买，如果真的稳定在卖方市场，就是那一个商品比货币更有吸引力，大家更愿意要那个商品而不是货币，信用关系已经反转，供需曲线的图要重新画了。这个时候的货币，其实相对于那个商品已经不是货币，那个商品才是一般等价物。在石油等坚挺的时候，确实有这个效果。而在美国QE常态化之下，确实也有资产荒一说，大家更愿意要资产而不是QE下的货币，所以QE能够让数字泡沫稳定在高位均衡点之上。

对于交易的动机，原因很简单，就是稀缺性！其实不管是对买方市场还是卖方市场，流动性都是关键！谁缺钱，谁流动性宽裕，谁就决定市场的状态。由于恶性通胀，对这些货币不能认为是货币了，也谈不上市场，市场会有其他等价物或者交换媒介去替代，通常是粮食等生活必需品。

我们为什么去交易？就是因为我们缺钱，我们需要钱！钱之所以能够成为钱——货币，是因为钱是信用，可以解决各种问题，可以交换到自己需要的东西。各种数字货币骗局可以成功，也是在哄抢和拿钱买不着的氛围当中成功的，所以泡沫与财富的交易，是流动性需求推动的。当年网络泡沫发生，网络股票比钱都好使，数字货币火热，什么币都可以。因此，真的到了风口，有句话叫作“猪都可以飞上天”，这个飞上天的背后，是流动性的大风。

5.流动性与定价权价值链

我们说定价权，通常上是指公司对其产品价格制定拥有主动权。若改变产品定价不会对需求有负面影响，则拥有定价权的公司在成本上升情况下可以顺利通过提价将新增成本传导给下游且不影响销量。定价权不仅存在于公司之间，也存在于产业和行业之间，在价格变化的时候不仅向下游传导，也向上游传导，就如矿产资源在世界上是价格向下游传导。公司的竞争会让其在行业内部长大成为行业的标准，变成对行业上下游其他行业的产业链的竞争。全球的主要博弈，就是数字产业代表的虚拟经济与传统实体经济之间定价权的博弈，数字泡沫不断地换取实体的财富而增大，主导了全球经济体和产业的利益再分配。

流动性对于定价权的影响也有宏观与微观之分。宏观上，流动性的丰富影响价格，总体上呈现货币与商品的价格比值，这其实是一个货币定价的过程。微观上，各个公司、各个行业、各个区域的流动性本身是不均衡的，这些不同领域流动性的叠加积分就是总的流动性MV，而在不同领域的价格和商品的乘积就是这个领域的细分市场，这个细分市场的积分就是总的市场规模PT。宏观上，费雪方程式告诉我们，这个等式的意义在于流动性与市场规模相适应。在数字经济和虚拟经济领域，就是流动性极为丰富的领域，就是要有泡沫；而在传统经济和实体经济领域，流动性很不足，货币数量M比不上流通速度V，流通速度V是与行业的特点相关的，因此流动性在各个领域的不均衡，不是简单的货币政策的产物，而QE常态化，又是流动性泛滥的必要条件和重要影响。

不同的微观领域之间，流动性的不同决定了定价的差异。在一个产业的上下游，流动性本身不同，流动性的差异决定了各个细分领域价格利润的不同。交易的上下游的成本可能不同，不好比较，但我们如果在费雪方程式的两边同时除以一个产品的成本，就可以消除成本大小的差别。因为在价格P这一边除以成本，得到的就是利润率水平，而在M货币这一边除以成本，则是资本的效率（成本/货币量）的倒数——单位资本占有率。在没有流动性不均衡的情况下，应当假设不同领域货币流动性的单位资本占有率是一样的，资本的效率也是一样的，定价高、利润高，自然资本的效率收益高，在流动性紧张的情况下资本的效率要求就越高，资本回报率的要求更高。

由于各个不同的领域货币流动性不同，因而在不同的领域会形成不同的价值链。这个价值链的概念最先是在公司治理层面，由哈佛大学商学院教授迈克尔·波特于1985年提出。波特认为："每一个企业都是在设计、生产、销售、发送和辅助其产品的过程中进行种种活动的集合体。所有这些活动可以用一个价值链来表明。"企业的价值创造由一系列活动构成，企业要生存和发展，必须为企业的股东和其他利益集团，包括员工、顾客、供货商及所在地区和相关行业等创造价值。如果把企业创造价值的过程分解为一系列互不相同但又相互关联的经济活动，或者称之为"增值活动"，其总和即构成企业的"价值链"。价值链的各环节之间相互关联，相互影响。一个环节经营管理的好坏可以影响到其他环节的成本和效益。

在定价权博弈的时候可以把价值链的理论放大，国家、行业等都可以看作与企业法人类似的实体，这些实体的博弈就类似于企业的博弈，国家的各种政府机构就是企业的管理、销售等部门。也可以把这个价值链的概念微观化，一个大的产品线有多个业务单元，比如汽车产品线，有炼钢、零部件、设计、整车组装、驾驶服务、售后维修等，在一个企业里面分属不同的部门，在一个集团里面分属不同的企业，还可以分属不同的企业或者不同的行业。这些都是汽车产业的价值链，这些价值链当中有很多环节。价值链在经济活动中无处不在，上下游关联的企业之间存在行业价值链，企业内部各业务单元的联系构成了企业的价值链，企业内部各业务单元之间也存在着价值链。价值链上的每一项价值活动都会对企业最终实现多大的价值造成影响。

波特的"价值链"理论揭示，企业与企业的竞争不只是某个环节的竞争，而是整个价值链的竞争，而整个价值链的综合竞争力决定企业的竞争力。用波特的话来说："消费者心目中的价值由一连串企业内部物质与技术上的具体活动与利润所构成，当你和其他企业竞争时，其实是内部多项活动在进行竞争，而不是某一项活动的竞争。"定价权也一样，是一个价值链的竞争，彼此不能脱节。在价值链的不同环节，可以有不同的流动性，不同的流动性在不同的环节也会有不同的定价权，可以将成本的变化向其他环节转移。价值链中的定价权竞争，就是流动性怎样在价值链当中转移，对于一个产业链，价值链可以分布于不同的行业、不同的国家。因此，价值链上有不同的流动性，这些流动性之间也是有壁垒的，对此我们以后还会深入讨论。

认识了价值链，也就知道为什么科技不是定价权的决定因素。英国当年发明纺织机，羊毛成为天价商品，牧业赶超了农业，就是这个道理。在企业内部，科技只是一个部门，在产业里面设计研发也是价值链的一个环节，而资源、采购、销售等都是价值环节。科技这个环节的进步是否会向其他环节转化，从其他环节得到利益，还要受到多种因素的影响。各种价值链和价值链规则构成的就是一个信用体系，而流动性就是这个信用体系的能量，如果把货币看作信用符号，这就是一种信用流。

而社会不但是一个产品的价值链，金融商品和普通商品、劳动力等不同市场的价值链还是相互博弈制约的关系网。流动性丰富以后，西方让流动性集中于金融市场，而社会日用品市场流动性被控制，我们所说的西方不通胀是其日用品的价格对货币没有涨价，但金融品的价格都涨到了天价。2014年，美国股市从金融危机时的道琼斯指数6000多点涨到16000多点，并且大大超过2008年金融危机前的股市点位，创了新高，但美国的经济基本面却没有2008年前好。数字虚拟产业流动性更大，产生了数字泡沫，取得了极大的定价优势。到了2020年，美国股市奔30000点了，而美国道琼斯指数主要由与数字经济有关的谷歌、苹果、亚马逊、推特、脸书、奈飞等几大公司决定，纳斯达克也一样，指数的高企，是数字泡沫带动的。

流动性在不同的系统位置松紧快慢不同，决定了不同市场的价值链，这样的流动性分配机制就是信用体系，价值链和流动性在信用体系当中得到整合，定价权在流动性不同的层面确定定价权，而这些定价权是被价值链有机地整合在一起且相互作用的，从而保证通过泡沫可以不断置换财富。泡沫能够稳定和扩张，是不断有财富利益输入的结果，各种经济实体，不断被数字经济产业所兼并。

八、美国主导的价值链泡沫博弈

本章前面讲了供需曲线的后弯扭曲，会产生多个供需价格均衡点，高位的均衡点是卖方市场的，低位的均衡点是买方市场的，而生产在一个价值链上。在价值链上的不同结构，价值链的不同位置，会产生不同的卖方市场或者买方市场，不同的高位均衡点或者是低位均衡点，不同位置的均衡点带有定价权的利益博弈。谁都愿意自己强的地方是高位的均衡点，产品可以卖一个好价钱，而其他的地方是低位的均衡点，可以便宜地买到原材料，因此价格博弈要看产业链。

现代产业，是进行了社会分工的，而且是国际分工。不同的国家、不同的地区、不同的社会阶层，在不同的产业链上，这些国家的地区和人群阶层，在高低不同的均衡点上进行财富交换，就带有不平等性和剥削性，带有渔利的性质。

随着社会的发展，社会的分工和产业链的结构也是发展变化的。不同的产业链结构，其实决定了生产关系，而在不同位置的均衡点，在高位还是低位，是由所在位置的流动性大小来决定的，对此我们专门讨论一下。

在金本位的生产条件下，资源到制造，制造到金融，金融又绑定黄金，黄金是资源，其实这个产业链是一个闭环（图2–19）。

在贵金属货币和金本位时代，黄金等贵金属本身就是流动性，所以黄金这些贵金属处于高位均衡点，大家都想要黄金，黄金是有特别溢价的。当时的经济学是重商主义，各国以贵金属流入为主要博弈的关键抓手。

在这样的价值链上，各个环节互相作用，就如我们在前面说的，由于科技进步有了纺织机，结果却是羊毛涨到了天价。因为机器的效率提高了，造成纺织制造环节产能过剩，是严重的买方市场，必然价格压低；而同时对原材料羊毛的需求暴增，但羊的数量和羊毛的产量却不能如发明机器一样快速提高，结果就是羊毛的资源环节变成了严重的卖方市场，羊毛涨成天价，出现了圈地运动和“羊吃人”。从产业链的环节，我们更容

图2–19　金本位时代的产业结构：资源—制造—金融的循环圈

易理解这些博弈。科技虽是重要一环，但不是全部。后来，英国殖民了美洲的黑奴和印第安人的土地，有了大量的棉花种植园，大量的纺织原材料被廉价生产出来，才解决了这个矛盾。

随着西方近现代的经济发展，央行和货币越来越成为金融主导，资本需要摆脱束缚，而束缚在黄金之上，黄金的矿主与西方的霸主不是一个主体，这才是金本位破裂的真实逻辑，在《定价权》一书中有分析。英国当年与布尔人的布匿战争打败了，南非独立了，南非的世界第一大金矿生产了全球一半以上的黄金，依靠贵金属流入的英国重商主义经济学破产，金本位破产，然后信用货币国债发行。

英美作为全球的货币霸主、金融霸主，金融货币后来的走向就是黄金与货币脱钩。世界各国的货币一步步从贵金属货币、货币本位、国际汇兑本位的布雷顿森林体系，到后来牙买加体系建立。在新的货币金融体系之下，产业链价值链的结构又发生变化，变成一条直线的产业链，不再是以前的环状。牙买加美元时期的产业链、价值链，顺序是：资源➡制造➡金融，这是金融为王的时代。

在这个产业链价值链结构中，金融在供需曲线的高位均衡点，发展中国家都被金融打压，流动性不足，外汇紧张，利率高企。其导致的结果就是资源的价格一路走低。我们可以看到，在1979年的牙买加协议签订之后，各种资源价格走低，其中石油最低点是低于10美元/桶，而在布雷顿森林体系破裂导致的石油危机时，石油价格最高是36美元/桶。当时，制造业很多还在西方大国的手里，此时发展中国家的资源产业就是采掘业，被西方当作原始产业基地。2000年，资源价格的最低点出现。当时，澳大利亚还说采矿业是落后的产业，养羊都比采矿更有前途。

2000年以后，中国逐步崛起成为世界工厂，价值链中间的制造者变成了中国，而西方的制造业空心化了。加上苏联解体，西方对中东产油区的控制达到顶峰，海湾战争让中东的石油被英美资本控制，铁矿石和有色金属也是如此，这个时候他们挤压中国。此时，金融和资源都在高位的均衡点，中国制造在低位，西方是资源和金融，都赚得丰厚，美国人在克林顿、小布什时代很幸福。当时，我们出口玩具，美国人赚三美元而中国只赚一毛钱。中国被资源和美国金融挤压，一方面资源涨价，一方面外汇紧张。

随后，西方世界自己玩崩溃了，才有了2008年的金融危机！背景是当时中国从外汇紧缺变成了外汇冗余，外汇压力减小。而资源价格在高位，资源价格暴涨，西方发达国家也是资源消费国，他们也要为资源支付巨大的成本。中国制造被资源价格高企碾压之后，中国制造的产品是西方消费的，高价格成本带有传递作用，西方成为埋单者。在金融层面，他们难以从资源到制造等环节不断地攫取财富，以维持高位的金融衍生品在高位均衡点。在国际政治层面，资源价格的暴涨，导致西方国际政治对手俄罗斯再度强大；而中东的石油财富，让西方基督教的对手伊斯兰教势力再度强大。这些都需要资源的价格从高位均衡点上下来，所以危机就来了。

2008年金融危机爆发后，美国开始了QE救市，到2020年发展为QE常态化，实行超低利率政策长期化，还配套QE的美联储金融工具超额准备金等。美联储资产负债表的扩表、流动性定向，催生了数字泡沫！网络数字资本的崛起，网络上美国形成了新的霸权，也重构了新的价值产业链。这个重构就是以美国数字虚拟高端产业为核心的向心簇结构，而不是以往简单的链状结构，产业形态进一步改变。

新的产业链导致数字虚拟高端在价值中心，经济上脱实向虚。虚拟控制实体，传统的金融、中国制造和全球资源都被它所控制。处于价值链中心的数字高端产业，里面有数字货币，有信息大数据、人工智能（谷歌模式），有控制产业的设计中心（苹果模式），还有虚拟交易金融衍生品等。价值中心是处于卖方市场的高端，有充足的流动性，在价值链的高位均衡点，其他地方均在低位均衡点，大家都向心交易。不同位置均衡点的财富交换，结果是泡沫换取财富，美国可以取得更多的不平等利益，取得财富的输入（图2-20）。

信息时代是货币数字化、数据资源化、经济平台化和技术算法化，会有大量的AI机器人为人类工作，数据成为重要的生产要素，机器人则带来了新的价值，谁能够控制信息时代的AI价值，谁就能够控制泡沫，谁就能够让泡沫填实，让泡沫换取到财富。美国主导的设计中心模式，就是要在数字时代成为全球的霸权者。

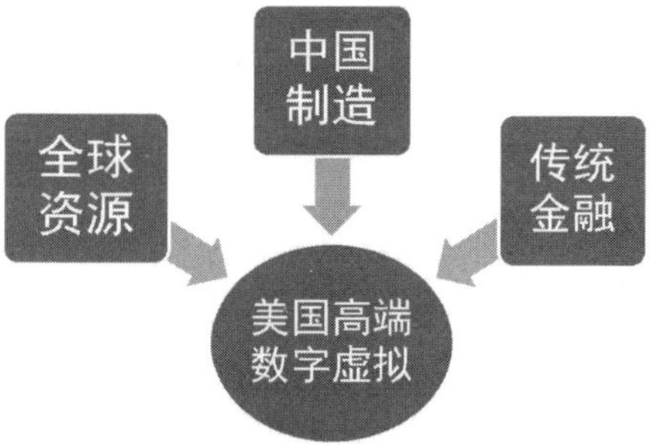

图2-20　数字产业占据中心的产业链

中国要崛起，就是要反对美国这样的价值链模式，我们反对脱实向虚，需要对我们有利的价值链和产业链模式。这个模式就是发挥中国的人口和制造业优势，还有人口基础素质高的人力资源优势。中国以前有良好的教育体系，劳动者普遍具备比较好的理工教育水平，有全球顶级的工程师队伍，基建水平全球最高，成本全球最低。其他国家没有中国的庞大工程师群体。

图2-21是中国需要的价值链、产业链模式，是智能制造和新基建主导为驱动的模式。

图2-21

中国的制造业强，要向制造业高端发展，发展智能制造产业，解决中国的人口老龄化和与其他低工资国家竞争的问题。

中国能够打破美国主导的价值链产业链模式的关键，是中国也有数字产业，中国可以突破美国的卡点，中国有全产业链，具有不可替代性。中国的网络公司已经有了巨头，抖音（TikTok）、头条、美团，与原来的百度、阿里、腾讯、滴滴等不同，已经是在升级了，模式是中国引领的，而不是中国跟随美国的网络创新。中国的华为、中兴、小米等在移动通信、5G、智能手机、量子通信和计算领域也有优势或并不落后，半导体、芯片、光刻机、操作系统、发动机、大飞机等领域也在独立自主地快速研发，研发投入远高于美国，美国维持其产业链模式的技术优势抓手在被突破，这是日本和德国所不具备的。

同时，中国还有其他国家刚需又不具备的工程能力。中国的产业输出，中国的基建是核心能力，中国的5G、高铁、特高压电网的新基建也有优势，这些是很多国家发展的刚需。而美国等西方国家到了基建换代期，基建已经落后，其再建设缺的不光是投资和钱，还缺乏相关的工程师队伍。中国一定要想办法将优势产业处于定价权均衡点的高端，要卖方市场不是买方市场，不是贱卖以便宜取胜，而是有选择地不卖！尤其是对印度这样的国家，是西方扶持的竞争对手，与中国还有边界争端和区域争端。美国人限制其高科技卖给我们，给钱也不行，更别说低价便宜卖了。我们的优势产业需要建立有利于中国产业链结构的抓手，与美国一样，我们要学习美国怎么干。

中国是大国，众多的人口需要保障资源和粮食的安全和供给。同样，中国也是制造大国，是世界消费品的供给者，经济其实是在供给端，怎样在供给端保持对我们有利的价格均衡，即掌握定价权，是问题的关键（图2-22）。

美国是一个消费国，他们的消费就是取得利益。他们讲消费，是为了模糊生产和再分配，掩盖其金融、泡沫、虚拟等再分配世界、剥削其他经济体的实事，因此他们要讲消费端。美国GDP是支出法，GDP（Y）=消费（C）+投资（I）+政府购买（G）+净出口（NX），消费是GDP计算的主体；而中国则是生产法，按提供物质产品与劳务的各个部门的产值来计算。

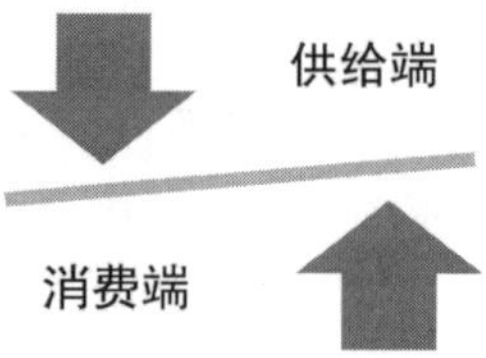

图2–22

看清楚产业链的结构与各国的利益诉求，中美博弈，中美脱钩，各自希望的产业链结构不同。中国希望的是多层次循环，中国处于循环的核心位置，而美国希望一切通过他，他是中心（图2–23）。

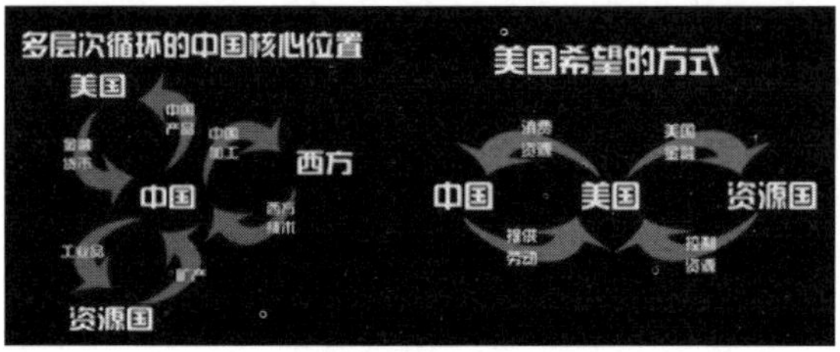

图2–23

美国希望产业链结构就是美国的金融交易体系，以他的虚拟泡沫网络体系为中心，成为中国代表的制造国和俄罗斯及产油国等资源国联系的纽带。他们希望所有人都要用美元交易，都要为美国的数字产业和网络服务。美国的中心则在价值链的高位均衡点，不断催生泡沫，用泡沫换取资源和工业品，其虚拟经济是核心，其他人的实体经济被他控制。

综上所述，价值链和产业链的结构，对经济利益和财富再分配有巨大影响，结构的不同属于生产关系。美国有先进生产力，生产力虽然先进，但生产关系的结构却不一定是唯一的路径，价值链的结构，未必是美国这样的结构，后面章节还会论及美国的“互联网+”与德国提出的工业4.0有什么不同。美国的价值链产业链结构当中，除了先进生产力，也有垄断与剥削，对中国的5G等，也是双重标准，但美国有评价和舆论的控制力，数字泡沫总是披着色彩斑斓的高科技外衣，高利贷也可以变成金融科技。

九、泡沫什么时候破裂

——另眼看日本泡沫破裂的博弈

讲泡沫破裂的文章到处都有，本人在以前的文章中也论述过，本来不准备专门讲了，但就书的完整性而言，这一节还是要有的。我们以讨论最多的日本当年的泡沫破裂为实例，分析泡沫博弈的来龙去脉，揭开其中的是非。

1.“割韭菜”的逻辑哪里都一样！

泡沫什么时候破裂？谁都知道不能破裂到自己的手上，要把泡沫破裂到别人手上，要等别人接盘以后才破。

就如股市，庄家炒高了股价，如果没有“韭菜”进来接盘，他就要一直维持这个泡沫，这个对庄家而言也是痛苦的，等到真的股票大势不妙，庄家被套的情况也是有的，也就是泡沫破裂到了庄家自己手上。

不过，现在金融创新也多，很多庄家就是大股东。大股东的泡沫不是直接销售，而是把股票泡沫抵押，银行成为托盘者，庄家大股东可以不卖股票，还要攫取作为大股东的额外利益，其实公司已经各种掏空。大股东也不希望泡沫破裂，因为泡沫是可以换取资产的，就如高股价可以增发，可以包装业绩，以后高增发圈钱，没准泡沫可以填实！就算以后泡沫破裂，泡沫换取的钱还是存在的。大股东要能够维持股价泡沫换取资产的操作，条件就是货币的流动性永远扩张；否则市场流动性紧张，坐庄大股东就要泡沫破裂了。这也是QE变成常态化的背景。

当然还有一种，就是泡沫庞氏骗局。先吹泡，有资金池，骗来“韭菜们”，再卷款跑路。以前最简单的就是传销和老鼠会，现在则有恶意P2P、长租公寓等的爆雷，也是新的案例。这类吹泡就是更直接的诈骗，就是准备跑路的。前面的泡沫交易学还是合法的交易，后面这个，就叫作犯罪、诈骗。但诈骗也是欺诈交易，包装在所谓的“创新”之下。

某些人的“创新”就是泡沫换债，比直接的泡沫销售换钱高级一些。再高级一些的，就是增发股票等操作，用泡沫吸水发股，新来的资本降杠杆从而降低泡沫，以后就算是泡沫破裂了，原股东也留下不少财产，还比他们当初的实际估值高了不少。发展到最恶的做法，就是泡沫犯罪跑路。

大利益集团的博弈，其实与微观投机坐庄等也是类似的逻辑和手法。只不过大家都在骂庄家，骂过之后一样再当“韭菜”。

要分析泡沫破裂，当然少不了对日本当年高调崛起又泡沫破裂的讨论。日本泡沫博弈的案例分析对于中国人认识当今的世界，还是非常有意义的。

很多国人在讲中国不能重蹈日本泡沫的覆辙，但是对于舆论场的众口一词，需要仔细分析。

2. 日元升值是金融战败吗？

日元当年的升值，是一个被迫吹起的泡沫，是日本战败的结果，不过这个外汇汇率的泡沫是怎么博弈的，怎么赚取了利益，需要抽丝剥茧地分析一下。1985年的《广场协议》让日本人口袋里的钱一下子增加了至少20%，汇率升值，也意味着有钱了。有钱了，就可以多买东西！不能只说出口成本大了，被外贸集团绑架。还有一种说法，认为日元单独升值也是一个伪命题。回顾历史，看看《广场协议》前后（1985年1月至1987年12月）各主要货币对美元的汇率变化：

美元/日元：255——→121（贬52.5%）

美元/马克：3.16——→1.57（贬50.3%）

美元/瑞郎：2.68——→1.27（贬52.6%）

美元/英镑：0.885——→0.530（贬40.1%）

从上述数据来看，美元的贬值，并不只针对日元，而是对大多数货币都贬值了，而且贬值幅度相当。所以，让日本为美元贬值单独埋单的说法值得商榷。而且，把日本之后20年经济萧条的原因归咎到日元升值的判断，也过于武断。

因为大幅升值的除了日元，还有马克、瑞郎，为何德国和瑞士在之后的20年，没有出现像日本的经济倒退？或许，日本在《广场协议》之后将近20年的经济倒退，其根源并不在《广场协议》本身（或者说日元升值本身），而是另有缘由。美元的贬值背后，还有欧盟的博弈，这个时期也是欧洲一体化、欧洲给美国压力的时期，而美国对苏联也还没有打赢。

当年，日元没有真正的升值，最多只是没有像当初绑定美元那样，追随美元一同贬值，没有与美国分享美元贬值过程中得到额外利益。同时要看到，日元升值，以及其他货币的升值，是美国采取货币贬值政策的后果，当时的背景是：美国提出了“星球大战”计划，大搞扩张财政政策。“星球大战”计划发布后，美国主动用财务扩张军备竞赛政策对付苏联。

美元的贬值和美国政府的积极财政政策挤压了苏联，而日本的日元升值则挤压了刚刚改革开放的中国。据统计，改革开放之后，日本共向中国提供资金贷款3.3万亿日元，合300亿美元。从1979年到2000年，中国共向日本申请了4批日元贷款，总额2.65万亿日元，日元贷款虽然是低息优惠贷款，但从本质上讲，日本政府开发援助依然是商业贷款，既要还本，也要付息（1999年日本对华贷款利率在0.75%~2.2%）。这些贷款看似利息不高，但是日本的商业利率更低，同时贷款以日元结算带有巨大的汇率风险。日元的升值，让这些看似低息的贷款，最后都变成了高利贷！日本对华借贷的收益点，不是在利息而是在汇率。

日元升值，日本对华等国的日元贷款，也伴随着日元的升值而大幅度增加。中国当年的GDP规模是2020年中国GDP的百分之一，只有1万亿元人民币左右。日元的突然升值令中国的日元贷款立即成为巨大的负担，造成国家不得不低价贱买资源，同时国内通货膨胀。在那个时候，从日本进口家电，与当今住房和汽车一样是年轻人结婚的刚需，中国对日贸易长期处于逆差，日元升值增加了中国外汇的压力。

中国随后发生的严重通货膨胀，怎么能够说日元升值是失败了呢？与此同时，美国把中国视为意识形态上的对手，也是乐于看着日元升值挤兑中国。国际经济金融的博弈从来伴随着国际政治的搏杀。

在此博弈过程中到底是胜是败，有一个非常容易识别的方法，就是看这一个阶段这些国家的社会经济是在流入资源还是在流出资源。日本这一个阶段明显是在流入资源，控制了大量的海外资产！流出资源的是俄罗斯、拉美和中国。资源流出把俄国从超级大国变成了“国际乞丐”，拉美国家几十年的经济发展毁于一旦。中国也在廉价卖石油、稀土等。按照当时我国与日本的稀土长期协议，稀土出口日本价格极其低廉，彻底交出了资源控制权。

整个过程中，日元升值的泡沫赚取了中国的资源，日本和美国是资源流入的国家，是得利者。但是日本会哭，哭得很好很可怜，避免了世界的抵触情绪，就如一个成功的富豪，反而非常低调地说自己没有多少钱。

3.泡沫破裂日本亏了吗？

日本的房地产泡沫也是中国人关注的焦点。1989年，日本房地产泡沫的最高峰，银座四丁目的地价是每坪（3.3平方米）1.2亿日元。东京的另一个地标——东京帝国广场下面1平方英里土地的价格，居然比整个加利福尼亚的土地价值还高，一个东京都的地价就相当于美国全国的土地价格，因此成为日本当年泡沫的标志。

同时，日本的股市也是泡沫巨大。1989年末，日经平均股价高达38 915.87日元，相当于1984年的3.68倍。1989年末最后一天，更是创下接近4万日元的历史最高。当时，日本股市的市盈率高达80倍（当时的美国、英国、中国香港的市盈率为25～30倍）。而几十年以后，日本的股市只有两万多点，2020年的年底是26 000多点。

日本借助日元升值和楼市、股市的繁荣开始了大规模的印钞活动，在1986年就达到2位数的货币增发量，通常情况下，银行对土地抵押融资是按土地评估价值的70%贷出，北海道拓值银行却以120%提供融资，由此可见土地在银行眼里已经成了金矿。日本的房地产泡沫完全是日本政府和资本力量人为印钞推出来的，是借助汇率上涨大规模制造泡沫印钞渔利的行为。

如此金融宽松政策，会产生巨大的泡沫，那么为什么日本政府还要这样搞？原因只有一个：那就是人为故意推动泡沫，并且在泡沫中得利。

日本的泡沫是可以创造信用的！利用土地所产生的金融效应和政府的印钞机，日本的产业取得了巨大的资本。外资热钱基于对于日本日元升值的预期进入日本炒作股市楼市，使得日本印刷的钞票可以顺利地以高汇率兑换成为其他国际货币，进行海外扩张，取得了巨大的海外资源积累，中国的很多矿山都是此时有了日本资本入股的。结果是日本取得了超过3.5万亿美元的海外资产，控制了大量的海外资源。后来的现象之一就是：在铁矿石和海运费的暴涨中，日本左右逢源，对华占尽优势。日本取得海外资源，是依靠日本央行的货币投放来实现的，是利用日本的泡沫经济廉价换取的。

最后日本的战略效果如何呢？日本是如何在海外占有和使用他国资源来创造GDP的呢？国内日本问题专家唐淳风先生的文章《学日本“闷气发财”》对于日本海外投资研究很深入，引用如下：

> 到了2004年，日本的直接出口额只有61万亿日元，而日本的海外企业销售总额达到了155万亿日元，是前者的2.5倍还多。如果将这些海外企业的销售额直接折算成GDP，可以达到3.5万亿美元，是日本国内的GDP的71.85%。与此同时，日本的海外总资产增加到了41 968亿美元，这包括日本在海外购买的土地、已经建造的工厂等。与海外企业的销售

额合在一起，日本在海外的“钱”就达到了41 968亿美元+35 000亿美元=76 968亿美元，这还是相对保守的估算。就这保守的海外GDP，依然是日本国内GDP的1.58倍，相当于日本在海外建造了一个比国内还要强的“资产日本”！西方的压制不但未能伤害到日本国内经济的增长，而且还在海外多出一个相当于国内经济规模1.58倍的日本！

唐淳风在文章中很认真地为中国人算了一笔账。“2004年日本国内的GDP总额是48 707亿美元。加上国外收益换成GDP总额，日本的资产高达125 676亿美元，是比当年美国117 350亿美元的GDP还要多出8326亿美元（8326亿美元是什么概念，到2009年5月为止，中国持有美国国债的总额）。也就是说，到2004年，日本占有全球35万亿美元GDP总额的1/3！美国并不是实实在在的世界第一经济强国，日本才是！”2004年日本海外纯资产是18 270亿美元，占到全球海外纯资产的90%以上，是切切实实的全球最大债权国，并且这个位置一坐就是十几年，从来没有人动摇过。而美国在2004年的时候海外纯资产是负数，达到了负3万亿美元。因此就海外纯资产，日本就落下美国不知道多少条街——至少比日本少了4.8万亿美元，这个数目相当于当时中国4年的GDP总和！

从上面的数据就可以明确地看出，从汇率升值和房地产泡沫的操作中，日本是怎样取得了巨大的海外利益和国家民族的长期利益。

4.日本自己捅破泡沫

日本的泡沫是怎么破裂的呢？其实是日本政府的一系列政策，自己给捅破的！在房价、股价一路高涨，日本经济一片繁荣的1990年3月27日，日本开始人为捅破泡沫了。日本银行出台了《控制不动产融资总量的通知》。

这一《通知》后来被称为日本泡沫经济崩溃的“发火点”，房价、股价掉头下跌。当年8月，日本银行又把短期贷款利率上调到6%。更有甚者，1992年大藏省又出台了地价税，每年0.3%的地价税竟然超过商品利润的20%，地价税对房价的抑制力可见一斑。

最终，日本房价下跌了50%。据2005年日本国土交通省发表的地价统计数据，日本全国的平均地价连续14年呈下跌趋势。与1991年相比，住宅地价已经下跌了46%，基本回到了地产泡沫产生前1985年的水平；商业用地下跌约70%，为1974年以来的最低点。日本国税厅2010年7月1日发表2010年度全国“路线价”(所谓“路线价”，是指主要道路旁的标准住宅和建筑用地的每平方米价格。这个价格被作为确定当年因继承遗产或通过赠与获得土地时课税额度的基准，每年由国税厅进行评估)显示：东京银座五丁目的鸠居堂、四丁目的三越百货及和光百货前的地价以每平方米2320万日元(约176万元人民币)连续25年居日本首位，是名副其实的寸土寸金的“地王”。但相比在泡沫经济的最高峰，银座四丁目的地价是每坪(3.3平方米)1.2亿日元(按现行汇率折算为人民币700万元)，这个价格低了很多。

日本股市也掉头向下出现了拐点，1990年9月就显现出征兆：日经股票市场平均亏损44%，相关股票平均下跌55%。1991年巨大的地产泡沫自东京开始破裂，迅速蔓延日本全境。1993年，日本21家主要银行宣告产生1100亿美元的坏账，其中1/3与泡沫破裂直接有关。

为什么日本政府要以股市、楼市暴跌的方式来结束泡沫经济呢？面对不动产价值的暴跌，日本政府为什么坚持不增发货币？日本政府为什么要出台这样的金融政策，是他们没有想到这些政策会导致楼市、股市大跌吗？即便如此，在楼市、股市已经开始暴跌的1992年，大藏省为什么还要出台地价税，让不动产业丝毫得不到喘息的机会呢？在泡沫破裂经济长期低迷的时候，日本政府怎么从来不采取什么积极的财政政策进行救市呢？所有这些只有一个合理解释，就是日本希望股市和楼市低迷。

日本为何要自己捅破泡沫呢？背后还有外汇的博弈。外资进来的如果是1块钱，泡沫涨到2块钱了，等它出去的时候，你怎么有2块钱的外汇？这里美元结算货币优势就显示出来了。中国的股市和楼市也有如此外汇压力，股市和楼市的牛市压力很大，所以中国的股市只能长胖不能长高，楼市要限制外资要锁死流动性，这里是有与美国金融货币霸权不对等的博弈。

5.泡沫中日本的利益循环

日本的楼市和股市大涨，有人买就有人卖，而在泡沫高点卖出股票的是谁呢?《广场协议》以前，日本没有大力发展住宅商品化，也没有大力开放国内金融市场，这些股票和土地都由日本的金融资本持有。在日元升值的同时，外资也大量涌入。《广场协议》后10年间，日元币值平均每年上升5%以上，就等于让国际资本投资日本股市和楼市稳赚不赔。即使投资资产的日元价格没有升值，也可以通过汇率变动获得5%以上的收益。

已经在汇率变动中尝到甜头的国际资本卷土重来，从1986年到1989年，日本的房价提高了两倍。国际资本的流入又引发了三个短期效应：第一，加剧了日元升值压力；第二，加快了股价和房价上涨；第三，过度增加日本国内货币供应量。这三个效应都刺激短期内日元继续升值、泡沫不断膨胀，吸引了更多的国际资本进入日本投机。

因此，在日本政府捅破泡沫前，大量的游资热钱进入日本；泡沫破裂以后，它们被套牢在了日本，炒楼的成为房东，炒股的成为股东，如果日本政府搞救市，实质上就是给这些外来资本解套逃亡的机会。

日本看似泡沫破裂，市场低迷，其实是成功套住了外来资本。进而，日本政府以物业税加深套牢在房地产上的资本，而银行却以零利率使得现金形式的资本在日本境内难以得到资金回报。与此同时，日本的资本却在进军世界市场，且不说产业进军海外和控制海外资源，就是在房地产方面也是获利的。

随着日元对美元的兑换率翻了一番，美国的高楼大厦几乎以半价抛售一般。日本投资者开始抢购夏威夷的旅馆、洛杉矶的办公大楼、佛罗里达州的网球场等。仅1988年一年，日本投资者就购买了总价值达100亿美元的美国地产，这就是利用日美地产泡沫率的不同进行套现。到1991年，套现达770亿美元。日本买主意识到这是一个千载难逢的好机会，纷纷购买外国高品质的著名建筑。

最有代表性的是东京亿万富翁横井英树，他购买了伦敦郊外的泰姆公园、英国南部的朱比特山、苏格兰久负盛名的标志性建筑——格莱乃普城堡和西班牙巴塞罗那郊区的菲尔格拉宫殿。1991年，还以4200万美元将被视为纽约心脏与灵魂的帝国大厦收于名下。

虽然日本大量购买的美国财产又在日本经济泡沫破裂的时候廉价抛售，但是对这样的廉价抛售算一笔经济账就会发现其中的利益。日本人在日本地价高位抛出房产取得日元来购买美国房产，那个时候的汇率是高点，到廉价抛售后以低点汇率兑换为日元，再把他们抛售的日本房产买回来的时候，价格又有几倍的差距。

日本资本将日本房产高价抛售，抛售得款在高汇率变成美元，再循环抛售美元资产，低汇率换成日元，把原来在日本的房产买回来，这一过程中，日本资本是赚了大钱的。虽然日本海外投资被廉价抛售的资产以美元计算价格减半，但以日元计算就少多了！若再以日本的房产为准把日本房子买回来，日本资本在原来持有的房产上，还多了很多日元现金！日本资本在这一轮的循环中，成功套取了日美房地产、汇率、货币的泡沫利益。这还没有计算前面提到的日本通过卖地到海外建厂和买资源的巨大收益。

世界公认的统计表明，日本因股市和房地产泡沫破裂而造成的损失达6万亿美元。但损失的是谁，赚钱的又是谁？在此过程中，虽然日本国民也有不少当了“韭菜”，但赚到了钱的也是日本人！在1985年前，持有资产和土地的是日本人，1990年后在日本泡沫高点，高价抛售资产进行海外投资的，还是日本人！日本人换取了远超过日本本土GDP的海外资产和海外产业，让日本取得的海外资产远高于之前的损失。

所以把日本的国内外控制的产业一起算账，日本的资本集团是暴赚了泡沫利益的，日本政府的控制力是得到提升的，日本的泡沫政策是一条成功之路。

6. 日美博弈，日本败在哪里？

日本1985—1995年的泡沫博弈失败了吗？其实是日本宣传自己失败了。日本在这十年是快速崛起的，同时这十年以后，日本达到了与美国国力相对的巅峰。

1995年，美国GDP为7.66万亿美元，日本为5.33万亿美元，日本GDP达到了美国的69.6%！是自1945年以来在经济上最接近美国的国家（表2–1）。当时，全球经济学家都预言日本GDP将会在十年内超越美国，日本自己也坚信这一点。

表2–1　1995年世界前十位国家GDP一览表

排名	国家/地区	所在洲	GDP（美元）	占世界百分比
	全世界		30.89万亿（30 886 564 791 441）	
	欧盟地区		8.3万亿（8 295 716 693 814）	26.8587%
1	美国	美洲	7.64万亿（7 639 749 000 000）	24.7349%
2	日本	亚洲	5.45万亿（5 449 116 304 981）	17.6424%
3	德国	欧洲	2.59万亿（2 585 792 275 146）	8.3719%
4	法国	欧洲	1.6万亿（1 601 094 756 209）	5.1838%
5	英国	欧洲	1.34万亿（1 341 584 345 905）	4.3436%
6	意大利	欧洲	1.17万亿（1 174 662 070 605）	3.8031%
7	巴西	美洲	7693.05亿（769 305 386 182）	2.4907%
8	中国	亚洲	7345.48亿（734 547 898 220）	2.3782%
9	西班牙	欧洲	6146.09亿（614 609 020 549）	1.9899%
10	加拿大	美洲	6040.32亿（604 031 623 433）	1.9556%

1995年，中国GDP才多少亿美元？当年中国是7345亿美元，是日本的约1/7，而且从1985年到1995年，日本泡沫输出，换取了中国大量的财富。

到了2019年，GDP总量排在首位的是美国约为21.02万亿美元，其次是中国约为14.4万亿美元，占美国GDP的68.5%，还没有超过日本当年的水平。根据2020年的统计数据，中国GDP为美国的70.4%，才超过了当年的日本。所以日本的泡沫破裂是日本故意控制的结果，与我们搞经济的软着陆性质是一样的。日本失去的20年，是因为日本的泡沫破裂之后的失败。

在日本的泡沫破裂之后，美国吹出了更大的泡沫！比如WIN95上市，以及当年的网络科技股狂欢。这些泡沫，其实是收割了全球的“韭菜”，大家涌入美国抢购网络泡沫的时候，各地的金融危机发生了，亚洲金融危机也发生了。

美国把日本当作了对手，日本军事上是“二战”的战败国，没有自己独立的主权，美国泡沫掏空日本的行动开始了。美国对日本的打压，压制了日本的产业发展，日本连发展都困难，更别说吹泡泡了。

日本的失败在于日本吹不出泡沫来了，美国的打压，压制了日本制造泡沫换取信用，日本再也不能进行泡沫换取财富了。美国的泡沫，比日本的泡沫还要大，同时支持了韩国等国家吹泡沫，支持日本的产业往韩国转移，中国加入WTO，对日本也造成直接压力。

虽然日本在2001年率先搞了QE，但日本面临的则是失去的20年。日本的QE也难以吹出泡沫来，背后是日本的人口老龄化，劳动力在萎缩。同时，日本的快乐教育，造成后来的年轻人都成为宅男宅女。日本下一代的数学能力急剧下降，在数字产业网络经济层面，日本开始落后。别看比特币是日本人发明的，软银是数字产业的投资大鳄，但独木难支，他们的主要资产不在日本国内，日本已经空心化，比美国更空心化，连数字产业也空了。

美国在网络泡沫之后，又吹出来了金融衍生品泡沫，在金融衍生品泡沫之后，还有数字泡沫！每一轮泡沫收割，都少不了日本，2020年底，特斯拉的股价已经是丰田的两倍；苹果的生态，日本的实体被压价更多。

日本难以吹出泡沫来，还在于外汇的压力，日元不是结算货币，以前日本给中国大量无息贷款可以收割中国，现在不具备这个条件了。其后还有安倍经济学，日元贬值。欧元的成立，其实没有打垮美元，但对日元在世界上的影响是巨大的，因为日元明显不如欧元有竞争力，在欧元发行以前，日元在欧洲各国还是有优势的，现在这个优势没有了，欧元其实挤压的是日元的空间。1999年1月1日，在实行欧元的欧盟国实施统一货币政策（Single Monetary Act）；2002年7月，欧元成为欧元区的合法货币，这个要与日元的QE结合起来看，日元在国际外汇市场上的相对实力被挤压了。

日本难以重新崛起，更在于日本的快乐减负教育；德国也一样，把孩子的“车库文化”捧得高高的。德国的数字产业也是一样，宝马没有蔚来股价高，奔驰没有比亚迪股价高。中国的数字产业群体是当年严格的数理化教育的结果，日本当年也是升学地狱模式，现在韩国有了科学英才高中，而现在日本的“平成废柴”，已经是普遍共识了。数字时代，没有数理人才资源的国家，是失败的国家。

日本败了，不是败在泡沫的破裂，而是败在了老龄化、空心化后，又没有资源、没有教育，吹不出泡沫！泡沫换取财富的游戏，日本玩不了了！

对日本当年的成功，我们应当看到，幕后是日本以泡沫换取财富的游戏，收割了苏联解体的财富和中国开放的财富。日本后来对美挑战势头的终结，也是因日本泡沫换取财富的游戏被美国终止。日本是一个岛国，资源和人口都远远小于美国，与我们中国当今的崛起是不一样的。中国的受教育人口是美国的几倍，资源虽然没有美国多，但是是日本的很多倍。日本没有低成本的外来资源涌入，没有用泡沫不付多少代价地收割到外来资源，怎么能够有实力挑战美国？只要打断日本泡沫游戏收割财富的链条，日本的挑战必然失败。同样，中国只要打破美国数字泡沫换取财富的规则，不让美国数字泡沫收割中国财富的游戏继续，美国则必然衰落。

十、美国做空中概股

中概股被市场公认为汇聚了中国几乎所有顶级的核心资产，本应该拥有更高的估值。然而数据显示，2020年，中国境外上市（包含在香港上市）的公司市值在美股整体大涨的背景下蒸发了近20万亿元，部分公司的市值甚至还低于公司账面上的现金，基本等同于发生了股灾。

2021年12月2日，美国证券交易委员会（SEC）通过了修正案，最终确定了《外国公司问责法案》(Holding Foreign Companies Accountable Act，HFCAA)的实施规则。该法案称，如果外国上市公司连续三年未能提交美国上市公司会计监督委员会所要求的报告，允许SEC将其从交易所摘牌。在美股上市的200多只中概股中，12月3日晚跌幅超过10%的多达89只。

有数据显示，截至2020年7月28日，在美国上市的中概股的总市值约为1.88万亿美元。截至2020年12月25日，A股4130家上市公司的总市值约为77.69万亿人民币，约合12万亿美元，而美国纳斯达克的总市值约为25.6万亿美元。

从2021年初至2022年初，200多家中概股公司中约80%的公司股价下跌。其中，大跌80%及以上的有40家左右，跌幅40%以上的超过150家，经历几次大跌以后，许多公司市值严重缩水。高途今年累计下跌96%，好未来累计下跌95%，新东方累计下跌89%，爱奇艺累计下跌76%，拼多多累计下跌69%，阿里巴巴累计下跌51%。

在此期间，中概股公司中股价上涨的仅有50家左右，而且涨幅较高的公司里面，除了中石油、中石化、BOSS直聘等个别公司有上百亿市值，其他大部分是小市值妖股。因此这些少数逆势上涨的股票挽回不了中概股集体下跌的颓势。

到了2022年一季度，随着俄乌冲突的打响，美国对俄罗斯的制裁加剧，SWIFT等组织让俄罗斯“退群”，美国等西方国家和俄罗斯分别对对方的海外资产下手。俄罗斯在西方的私人资产，也就是所谓的俄罗斯权贵之黑手套，被冻结和没收，俄罗斯则没收了在俄罗斯的外国资产，外国的债权也冻结不履行。俄方公布59家在俄外企“国有化名单”，苹果、微软皆上榜，高盛、摩根大通领衔华尔街投行巨头撤离俄罗斯，再度打压市场情绪。

美俄双方的报复行为，让中概股进一步“躺枪”，再次发生暴跌。2022年3月11日是黑色的一天，恒指一周跌幅高达1351点或6.17%，至20 553点，一度逼近两万点大关，续创17年以来新低。香港科技指数一周大跌10.36%至4246点，指数过去一年跌幅已经逼近2/3。纳斯达克金龙中国指数收跌10%，创2008年10月以来最大跌幅(图2-24)。

尽管中方表示，中美双方监管机构就审计监管合作的对话和磋商进展比较顺利，双方都展示了愿意解决问题的诚意，有望尽快达成共识。但市场并不买账，在美上市的多只热门中概股依然暴跌。除了京东暴跌15%以上，中概电商巨头拼多多跌近17.5%，阿里巴巴跌近8%。此外，爱奇艺跌21.71%，哔哩哔哩跌14.1%，贝壳跌23.93%，网易跌11.8%，富途控股跌11.4%，携程跌12.8%，趣活跌11.2%，知乎跌9.0%，腾讯音乐跌13.0%，晶科能源跌17.49%。中概新能源车跌势也很惨烈，蔚来跌11.9%，小鹏跌9.01%，理想跌近6%（图2-25）。

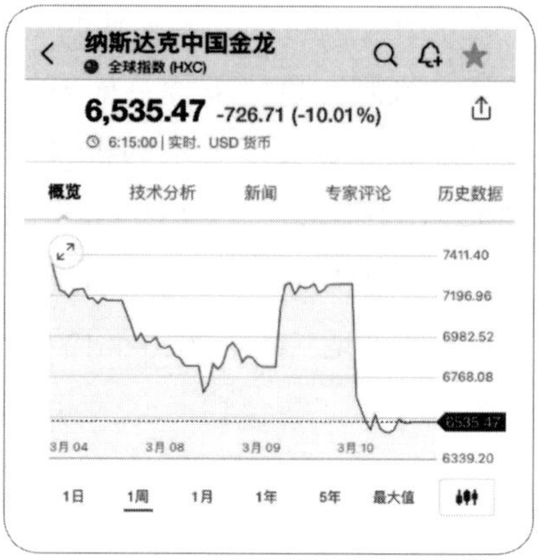

图2-24

当前人气	今日上升最快	本周上升最快		
排名	名称	现价	涨跌幅	
1	阿里巴巴	92.89	-7.96%	人气
2	京东	52.52	-15.83%	人气
3	拼多多	35.76	-17.49%	人气
4	爱奇艺	3.21	-21.71%	人气
5	哔哩哔哩	21.68	-14.10%	人气
6	特斯拉 (TESL.	838.30	-2.41%	人气
7	贝壳	11.00	-23.93%	人气
8	蔚来	17.77	-11.90%	人气
9	晶科能源	47.03	-17.49%	人气
10	苹果 (APPLE)	158.52	-2.72%	人气

图2-25

美国人为地戳破了泡沫，对中国影响很大。很多人还一直沉浸在美国给中国施压，中国就反思，然后就深化改革扩大开放，进一步满足美国的要求的幻想中。而此时为何美国主动戳破了中概股的估值泡沫，背后的原因才是值得我们思考的。

要知道，中概股的高估值，本身就是美国搞出来的。那些在中国不能上市、中国给不了那么高估值的股票，最后都到了美国IPO上市。美国的上市规则是，亏损的公司也可以上市，对网络烧钱公司也是接受的，中概股里面的网络公司，基本都是在这个背景下在美上市的。

很多人会问，中国为啥自己不能投资阿里巴巴，不能给他们高估值？第一个层面就是前面解释的资本倾销，以及中外资本成本的差距。中国的综合利率要到6% ~ 8%，高的时候是10%以上，而美国的资本成本是1%！而股票的估值，与利率高度相关，所以它在美国市盈率可以达到100倍，在中国则只有10倍。

第二个层面就是本书前面讲的供需曲线的后弯，可以有两个均衡点。一只好的股票，也遵循这个曲线规律。价格高了反而惜售，供给减少；价格低了却可能是杠杆平仓，供给增加。在需求端，价格高了会有投机性和恐慌性需求，价格低反而担心套牢而不敢买。此时的曲线就是后弯的，会有两个均衡点，一个在高位一个在低位。有朋友对我的理论不解，问：为何高位有均衡点，而且均衡点还是稳定的？我告诉他，这就是买方市场和卖方市场的差别，你是更愿意拿着货币还是更愿意拿着股票？在中国，央行一直对货币不放松，你肯定是更愿意拿着货币，而在美国、欧洲等地，由于持续的QE，人们可能更愿意拿着可以快速变现的股票而不是货币。在QE时代，西方已经多次出现实际的负利率了，拿着货币是要倒给钱的。如果你更愿意拿着股票，实际上就是原来的均衡边际理论的货币和商品二者的角色互换了，互换当然就会有两个均衡点。在互换的拐点，一定波动最大，在此处，期权最容易赚钱。对此，我们在2008年石油定价模型当中已经应用过，本书相关章节也会论述。

在股市交易，蓝海和红海，一个是在高位的均衡点，一个是在低位的均衡点，二者交易交换财富，就是利益输送，高位的掠夺低位的财富。决定具体谁在高位均衡点、谁在低位均衡点的权力，就是本人一直在讨论的定价权问题。中概股在美国股市，原来就是处于高位的均衡点，在中国股市则是处于低位的均衡点，美国戳破了中概股的估值，目的就是不让中概股处在高位的均衡点，所以研究中概股暴跌的关键原因，在于研究美国为何此时要戳破中概股的估值，而此前美国为何又允许中概股与美国股票一样有高估值。

在中国资本市场发展的初期，美国就是通过提供高估值，引诱中国优质资产到美国上市。我们可以看到，中国的国企核心资产也是在美国上市的，中石油、中国移动等公司都是海外上市的，因为当时只有海外能够给它们高估值。随着中国的发展，投资的美国人获得了暴利，而它们自己在本次中概股暴跌之前就估值很低了，等于被提前戳破了估值。

这里要注意到近年来发生的两个变化。第一个是中概股持股对象的变化。以前持有中概股的主要是外国资本，而随着中国的崛起，持有中概股的更多已经变成了中国资金，包括中国企业留存在海外的资金、中国人在海外的财富，以及移民的资金。一些中国人逐步变成了有钱人，他们的财富也金融化，开始持有股票了，他们最先投资的就是他们比较了解的中国大蓝筹股。西方通过让中国在海外的蓝筹公司的红筹股都跌到了地板价，套牢了一大批中国财富。所以海外中概股暴跌，背后是中国海外财富缩水，其造成的压力会传导至国内经济。

第二个是中国人移民意愿的变化。以前一个人能够拿到美国的绿卡，或者移民到西方其他发达国家，在他的亲朋眼中都是巨大的荣耀；现在观念变了，很多人觉得中国还不错，并认为不一定要移民。疫情是催化剂，因为疫情，很多人不愿意移民出去了，而本次俄乌冲突发生后，中国人也看到了放在西方的财富可能不安全，回到中国的意愿更强烈了。很多中概股尤其是科技股公司中，有大量的创业人员因为股票的高估值而暴富，他们原先的目标是移民美国。对美国来说，股票估值高一些，肉烂在锅里，同时还招来了牧羊犬，当然是不错的事情。现在，这些人更愿意选择留在国内，如果依旧维持股票的高估值，等他们套现之后，大量美元会被带回中国，对美国而言就是财富外流，美国当然要把中概股的估值降低，不能让他们套现太多。

还有一个逻辑更关键，就是美国之所以维持股票的高估值，需要通过换股吸纳低估值财产，就算并购不直接用股权交换支付，增发取得现金再收购其他公司和资产，也是间接用高估值换取了低估值，就是多了一个货币媒介而已。现在，美国控制的公司，各种VIE结构，在中国的好日子到头了。中国对外商投资的国家安全审查、对VIE公司的警惕加强了，在近两年更是提出了反对资本的无序扩张，对美国支持的高估值公司并购中国优质低估值资产的限制越来越多。这样一来，保持中概股的高估值，美国也无法从中赚钱了，美国人当然就不愿意了。

中概股的估值破裂，对中国经济运营模式的影响是长远的。一个是对VC的运行模式的影响。以前，风险投资的主要退出模式是中概股上市，或者被中概股收购，而在美国中概股估值塌陷以后，原有的VC退出机制就不同了，更多地要依靠国内市场，但国内的退出估值与中概股估值有差距，市场完善程度也有差距，那么以后在进行VC的时候，给创业者的估值也会折扣很高，创业压力也就随之而来。最近，众多的创业公司在缩减规模，便是写照。不过，中国政府也做了一定的应对，在科创板上，北交所也出来了，最终效果如何，我们还要看后续发展。

中概股估值塌陷对中国造成的另一个影响就是整个社会财富消费的压力。中概股的估值没有了，投资中概股的中国人都被套牢了，很多有钱的移民又变穷了，很多企业在海外的活钱也被套牢了，可以在中国消费的资金会变得更紧张。我们可以看到，核心地区的房地产市场在2021年下半年也受到了压力，背后就是在限购模式之下，有购买力的新增买房者，很多就是创业后实现中概股上市、套现的人，而现在的卖房者，则是移民海外投资中概股又被套牢的人，购买力下降而抛售增加，市场肯定要受到压力。

综上所述，我们可以看到，美国主动降低中概股的估值，就是针对中国的财富博弈。在这一次博弈当中，中国依然是被动的一方，因为我们没有金融定价权，因此中国的经济受到了压力，但从长远来看，我们的经济发展依赖于美国金融市场的格局可能也要改变了，我们需要更多依靠我们自己。

十一、泡沫背后的财富与税收博弈

美联储的泡沫政策，不断印钞带来的资产泡沫，背后还有主权和税收上的博弈。也就是说，因为有泡沫，资产膨胀之后，膨胀利益所得还有财富再分配和二次分配的问题。这个全球的财富分配就是税收博弈和全球移民所导致的财富流动。

1.美国QE常态化的深化

2021年，美国拜登政府又要没钱停摆，这个时候美国进一步明确QE常态化。

美国当地时间2021年9月30日，美联储前主席、现任美国财长耶伦提出将支持永久取消美国的债务上限（图2-26）。

这一年，美联储对美元的公开市场操作力度前所未有（图2-27）。

美联储逆回购的数量惊人，不断刷新纪录。

2021年6月9日，据全球最大的银行间交易经纪商之一ICAP统计，美国

图2-26

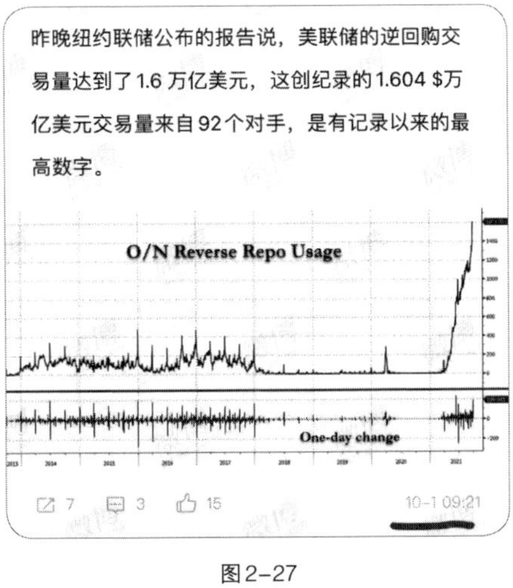

图2-27

隔夜一般担保回购（GC Repo）利率首次在0%交投，买卖价均在0.01%。市场现金极为充裕。

与中国央行的公开市场操作相反，美联储隔夜逆回购（O/N RRP）具有回笼流动性的功能，货币市场基金和银行等合格交易对手方将现金存入美联储，进而换取美国国债等高质量抵押品。

有如此充裕的货币，财富博弈到了新阶段，政府的财务平衡需要税收，有了税收才可以发行更多的国债。美国有了金融数字泡沫，税收的再分配博弈也开始了，泡沫利益也是不能肥了外人的。

2. 美国资本市场境外化

美国的印钞和QE常态化，股市长达12年牛市，其背后是美国印钞带来的泡沫。美国股市附加了数百万亿美元的金融衍生品，已经不允许股市走向发生实质性变化，但不断的牛市，美国股市是谁的呢？谁在牛市下得利呢？想要保障这部分利益是美国人的，这个问题就很不简单了。

可以用谷歌查一下在美国上市的外国公司有多少家（图2-28）：

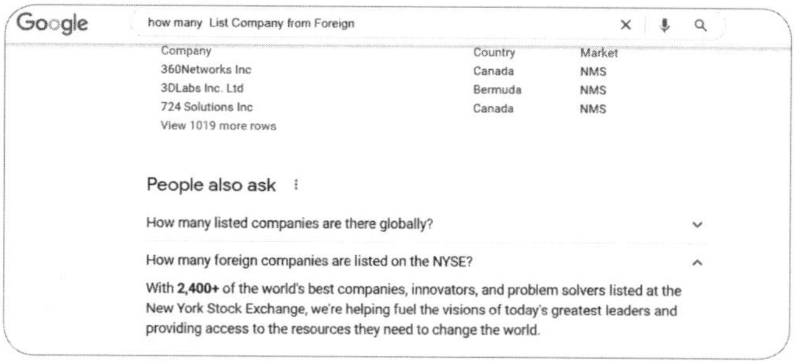

图2-28

上图翻译过来就是（图2-29）：

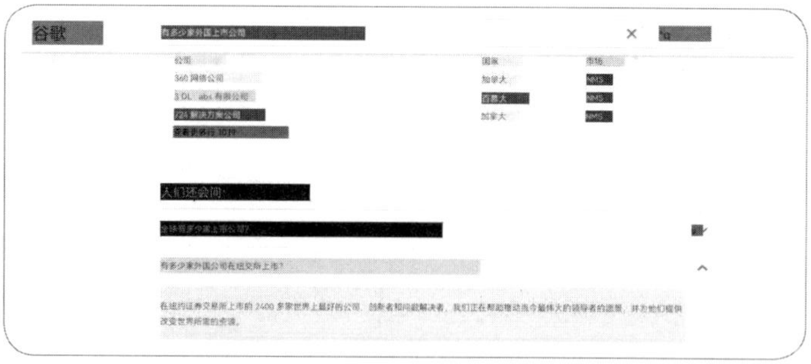

图2-29

初步统计，在纽约证券交易所NYSE上市的外国公司有2400多家，在纳斯达克上市的外国公司有3815家。也就是说，外国公司已经成为美国股市的主体！那么多的外国公司在美国股市上市，是2008年金融危机前所没有的。还有另外一个统计：美国上市公司的总销售额中，科技类公司中，超过60%的销售额是海外创造的，而且此情况已持续多年！

美国股市有那么多的外国公司，也有统计口径的问题，是按照公司注册地还是按照实际控制人统计，数据差别很大。美国很多公司由董事和经营层控制，实际控制人在美国，公司的注册地则在离岸港，按注册地统计可以不算是美国公司，许多美国的著名公司都注册在离岸港，中国会把它们当作美国公司，同样，很多在离岸港注册的可变利益实体（Variable Interest Entity，VIE）中国公司，实际控制人已经加入了美国国籍，中国却还把它们当作中国公司。这些公司是否注册在美国，带来的差别就是征税权的问题在二次分配上是不同的，所以国际税收博弈就产生了，哪个国家有征税权才是关键。

美国股市的投资者构成可以看看下表（图2-30）：

表二：按股票持有者分类的美国股票投资者构成一览表——持有股票市值（10亿美元）

		2014	2015	2016	2017	2018
美国持有股票总市值	Total U.S. Holdings	37,814.4	36,670.1	39,769.2	47,558.8	42,869.4
家庭投资者持有	Households	13,796.6	13,348.0	14,806.6	17,703.4	16,127.7
机构投资者持有	Institutions	24,017.8	23,322.1	24,962.6	29,855.4	26,741.7
互惠基金	Mutual Funds	8,799.2	8,625.3	9,069.9	10,819.6	9,674.2
外国投资者	Foreign	5,920.8	5,500.9	5,781.3	7,030.8	6,335.1
交易所买卖基金	Exchange-Traded Funds	1,620.2	1,709.7	2,032.7	2,775.6	2,669.3
州和地方政府基金	State & Local Gov't Retirement Funds	2,283.6	2,250.0	2,320.6	2,677.4	2,291.6
私人退休基金	Private Pension Funds	2,284.3	2,220.4	2,326.6	2,687.6	2,342.5
人寿保险公司	Life Insurance Companies	317.4	335.4	457.1	468.2	395.2
财产保险公司	Property Casualty Companies	341.9	334.0	354.3	410.6	375.2
联邦政府退休基金	Federal Gov't Retirement Funds	240.2	240.3	260.8	324.2	303.3
经纪	Broker/Dealers	167.8	166.8	176.1	162.7	147.7
州和地方政府	State & Local Governments	211.7	210.1	232.7	274.1	253.7
美国注册存储机构	U.S. Chartered Depository Institutions	106.1	97.7	104.0	129.0	110.7
封闭式基金	Closed-End Funds	119.4	99.8	101.8	109.3	90.0
联邦政府	Federal Government	33.4	33.4	33.3	33.2	37.2
货币局	Monetary Authority	0.0	0.0	0.0	0.00	0.00
其他	Other	0.0	0.0	0.0	0.00	0.00
非金融公司	Nonfinancial corporate business	1,552.1	1,498.2	1,711.4	1,933.00	1,716.03

注1. 家庭包括非谋利机构组织；其他包括在美国的外国银行分支机构和融资公司

注2. 信息来源：美联储资金流动账户，L.223（Federal Reserve Flow of Funds Accounts, L.223）

图2-30

从表中可见，2018年，互惠基金和外国投资者持有的股票在机构投资者持有股票中所占的比例分别是36.18%和23.69%。美国股市里面有大量的外国投资者，而互惠基金里面也有各种外国投资者的投资。另外，美国还有庞大的场外交易市场，即业界所称的OTC市场，又称柜台交易市场或店头市场，是指在证券交易所外进行证券买卖的市场。它主要由柜台交易市场、第三市场、第四市场组成。场外交易很多也是国际大宗交易，数据不透明。

美国股市里面也有不少到美国上市的中国公司，据美国研究机构统计，截至2021年5月初，中国在美上市的公司数量为248家，这些上市公司分别在美国三大交易所——纽交所、纳斯达克、美交所挂牌，总市值高达2.1万亿美元（约合13.55万亿元人民币），要计算美国存托凭证（American Depository Receipt，ADR）的话会比这个还多。例如，腾讯是香港上市公司，也会在美股市场上发ADR。另外，如果按照香港上市公司在美国发的ADR来统计，那这些公司在美国股市的市值会是更大的数字，汇丰可能都要计算上。

中国国内证券不能直接到国外发行，而必须通过ADR的方式间接发行。ADR 是美国银行为便于本国投资者购买而签发的、代表外国证券的一种可转让所有权凭证，通常代表一家非美国公司公开交易的股票。ADR以美元计价，按美国证券市场的交易方式进行交易。以B股企业到美国销售股票为例，中国企业必须将其发行的股票交给美国的一家银行保管，然后以这些证券为保证，委托美国存券银行在美国发行ADR，实质上是发行一种替代原股票的美国证券。所以，美国股市中外国企业多，还有ADR的贡献。

上述数据带来了一个实际的问题：美国印钞催生的资产泡沫，带来股市的上涨，而股市上涨带来的泡沫规则利益，不光是美国公司享有，在美国上市的外来公司也能够享有，这也是美国要搞中国概念股的原因，美国希望不对称的利益，把利益控制在美国手里，手段就是税收。

3.关注泡沫数字增长带来的税收影响

现在美国搞起了全球追税的行动——对在离岸港注册的公司，美国对持股的美国人采取了各种限制措施，要求他们到美国缴税。美国在泡沫利益之上，还有二次分配，就是税收的博弈。美国的税收主要是直接税，只有对最终资产的持有人才能够有效征税。

我们要注意到，在印钞催生的泡沫之下，各种税收也是重要的博弈分配手段。泡沫带来的数字增长，在征税上就变成了纳税依据和征税空间，通过征税，对数字泡沫利益进行再分配。

印钞造成资产价格上涨，马上就可以征收到资本利得税，而印钞造成的商品价格上涨，则可以征收到间接税，比如增值税等，不同领域的价格上涨，税收的博弈也不一样。美国的QE常态化，希望的就是资产价格涨得多而商品价格涨得少。在全球化的征税博弈上，美国的直接税能够有效征税，而其他国家间接税转移不需要美国承担税负。

我们知道，税收是政府的收益，也知道税收可以调节贫富，但他们不会讲的是，在全球化的今天，一国的税收政策可以影响到国际收支的走向、国际资本的走向和人员的流动，可以影响跨国公司和全球富人、信托金融机构及慈善机构、避税港等的重新洗牌，影响资金的流动及其在各国的再分配。

大量在美国上市的公司，公司的资产价值在资本市场暴涨，印钞也让美国发财了，怎样使他们的所得也为美国人所控制？就是通过征税权博弈，主要有下面几个手段：

（1）限制美国人在离岸港公司的持股，对他们所持的股票在美国缴税。

（2）非美籍人持有的投资，美国渗透进去，让各国都对资产搞严苛的直接税（遗产税、房地产税等），搞“劫富济贫”，逼着资产持有人避税，把资产信托给美国的金融机构。

（3）美国的机构要缴纳资本利得税，持有资产的机构要缴纳资产税，比如房地产税，外国资产为避税信托到美国，就要在美国缴税，即使是免税的慈善机构，也要对美国尽义务，比如搞慈善事业补贴美国社会，或者非政府组织（Non-Governmental Organization，NGO）渗透到他国，为美国的国际政治服务。

（4）打击和妖魔化能够转移支付、让美国承担税负的各国间接税，让各国间接税减税。美国是不征增值税的，因为它的制造业外流，GDP中工业的比例不到20%，是征不到间接税的，是间接税被转移的对象。

（5）让各国最低的直接税税率不能与美国竞争，打击避税港，美国却自己开设避税天堂。

（6）用“高级黑”在各国教唆“低级红”对富人建立掠夺式征税制度，从而引诱和威逼各国富裕人群移民美国，而他们如果再想离开美国，美国则设置了重重税收限制。

把上面的手段看清楚，就知道美国的全球税收博弈开始了。在美国开启全球征税博弈之后，现在全球发达经济体也都利用其经济体制上的优势，进行征税权博弈，都希望能够从别人身上“薅羊毛”。

4.虚拟交易与税收

虚拟交易带来的现实问题中，税收怎么进行是一个大问题。在中国，对网店要不要注册、要不要纳税的争论很多，阿里巴巴总部所在的浙江省对此的态度是：不注册、不纳税。但在淘宝上开网店的可不都是浙江人，而淘宝这个网络平台在浙江运营，注册在上面的网店，经营地怎么算，怎么纳税？

在阿里巴巴上市之最后时刻，国家出台政策，明确小微企业月收入3万元以下不用纳税，暂时平息了争论。对此经营者心里明白，月收入3万元以下不纳税，那么收入高了多注册几家就可以了。所以现在很多商家开了一大堆的网店，行话叫作矩阵，每一个店都不够纳税标准，交易的税收漏洞和灰色空间依然存在。

做交易少不了税收，但做金融则没有金融交易税收。欧洲在2008年金融危机的时候讨论过托宾税（Tobin Tax，是指对现货外汇交易课征全球统一的交易税，旨在减少纯粹的投机性交易），但最终没有能够实施。对金融而言，为什么黄金具有货币属性？关键就在于黄金的交易税是零，商品是要有交易税的。具体到中国，都知道中国的增值税难以逃避，但有多少普通人知道黄金在中国的增值税率是零？

虚拟交易与实体交易相比有巨大优势，其中很重要的一条就是税收的问题。虚拟交易的流转税难以收取，因为其交易在网络上是跨地区跨地域流转的，中国人到美国开一个网店很容易，外国人在中国网络平台上开店也容易，你要开一个实体店就没那么简单了。虚拟交易有专门的交易支付金融工具，在这些专业工具上，银行的出入口被控制了，看似交易和支付在虚拟时代都透明了，但对征税的地方税务管理机构来说，征税变得更困难，对全球来说这都是难题。

另外，现在在专门的支付工具之外，又出现了专门用于虚拟交易支付的虚拟数字货币。虚拟数字货币的出现，让避税变得更容易了。虚拟数字货币本身就是“去中心”的，主权国家对其难以干预和追索，连病毒都可以公开勒索虚拟货币，对犯罪难以追溯，对其征税则更办不到了。虚拟数字货币和支付工具的存在，让实体的黑社会转入暗网，对暗网上的交易已经不是征税的问题了，而是打黑的问题，但网络虚拟空间犯罪，执法难度高。

因此，美国等控制网络的国家，就希望对虚拟数字交易免税，虚拟交易没有间接税，仅存对实际控制人的直接税。美国脱实向虚，不依靠实体和制造业，国内一直就没有增值税，只有直接税，很多人认为应当与西方接轨，但美国能征直接税的关键在于全球主要公司的控制人和垄断寡头都是美国人，它当然可以对美国人征税。而中国如果也如美国一样，只征直接税，则中国的征税权会大大流失。如何进行网络征税，不让网络平台的资本无序扩张，是中国未来的大课题。

5. 全球税收博弈开始了

现在发达国家的税收博弈要限制最低所得税，要搞碳税和数字税，全球进入政治经济博弈新时代。

（1）七国集团（G7）要求全球所得税要有最低税率

2021年6月，七国集团达成历史性协议（图2–31），降低跨国公司的税率水平，这个协议其实矛头指向中国，他们想要说服中国也加入这个协议。

法财长：下一步，说服中国是场硬...

观察者App 点击下载

观察者

G7达成历史性税收协议，法国财长：下一步说服中国是硬仗

责任编辑：郭涵

来源：观察者网 2021-06-08 16:33:11

（观察者网讯）七国集团（G7）财政部长刚刚就跨国公司纳税规则达成"历史性"协议。然而对他们来说，现在还不是开香槟庆祝的时刻。外媒提醒，这份原则上通过的税收方案不但需要进一步细化，还面临在包括中国在内的20国集团（G20）中推广的考验。

法国经济财政部长布鲁诺·勒梅尔公开承认，"说服中国支持方案"将会是场硬仗，但他对此表示"乐观"。此外，"胁迫"低税率国家加入的影响、美国是否应率先加税，乃至美国国内的党派分歧，都对这份协议的未来打上一个问号。

图2–31

在这个协议的背后，我们看到的是世界关于税收协议的升级。我们可以看一下为何他们说"说服中国是硬仗"，而且要"胁迫"低税率的国家加入。现在有人在喊，要减企业税而开征直接税，就是来配合境外势力"说服中国"的。

真相就是，这个协议就是针对中国的，就是针对中国的国际征税权和财富再分配的游戏，是全球征税的深度博弈！西方想的是对跨国公司少征税，改为征跨国公司所有者的直接税。跨国公司在华投资大，中国的GDP大约有1/3是外资贡献的。而中国海外投资少，海外投资与中国境内外资的规模相比不成比例，如果降低流转税，增加直接税，结果就是中国税收收入降低，降低的收入跑到了西方国家的税收之中，中国巨亏！

国际性的税收博弈，就是通过税收到其他国家"薅羊毛"。我们可以关注一下数字税和碳税等，看看这些博弈。

（2）欧盟碳税与环保极端主义

全球变暖是一个故事，为啥要搞环保极端主义？就是为了其背后的碳税。欧盟的碳税打着环保的旗号，财富博弈才是根本目的。欧盟征收碳税，始于2008年欧盟立法将国际航空纳入欧盟碳排放体系，且从2012年起开始实施，也就是说，所有在欧盟境内飞行的航空公司的碳排放量都会受到限制，超出的部分是要用钱买的，所以此法案在推出之际就受到外界的强烈反对。

中国说要实现碳中和，也就是通过植树造林来中和我们的碳排放。中国有全球做得最好的植树造林，西北在变绿，所以我们有条件地接受了欧洲的意见，一起给美国施压。为啥特朗普要退出《环保协定》？因为美国是碳排放第一大国。

（3）快速推进的数字资产税

2021年1月1日，肯尼亚政府颁布的《2020年数字服务税收条例草案》（Digital Services Tax Regulations，2020）正式生效，规定对数字服务征收占总交易价值1.5%的税费，不遵守规则者将被限制进入肯尼亚市场。在此之前，英国、意大利、南非、印度等国家就已设立数字税，并将GAFA（Google、Apple、Facebook、Amazon）等大型跨国互联网巨头纳入征税名单。目前，越来越多的国家加入了这一行列，据人民网报道，2020年以来，全球已经有30多个国家相继宣布对跨国互联网巨头征收数字税，随着更多国家将数字税提上日程，这一队伍将继续扩容。

（4）美国对数字资产征税的报复

2020年3月12日，据媒体报道，英国政府宣布，将于4月1日起对搜索和广告等数字服务收入征税2%。该税将适用于全球销售额超过5亿英镑且至少有2500万英镑来自英国用户的企业。美国信息技术产业理事会CEO表示，这项税收将不成比例地直接影响总部设在美国的公司，敦促英国不要推进该税。美国财政部长则警告称，如果英国实施数字税，美国将进行报复，考虑对汽车公司任意征税。

2021年6月，美国为了尽快在经济合作与发展组织（OECD）和七国集团中就新的国际税收规则达成共识，又一次出了霸道的关税政策。当地时间6月2日，美国贸易代表办公室宣布，美国将对英国、意大利、奥地利、西班牙、土耳其和印度6个国家，总计约21亿美元的商品收取25%的报复性关税，作为对这些国家向脸书、谷歌和亚马逊等美国科技公司收取数字服务税的回应。

上面的各种税务博弈，再加上最近西方国家对跨国公司的减税，世界的税收博弈已经到了白热化的阶段。

（5）中国限制虚拟资产，对虚拟资产征税

中国严格限制虚拟货币，虚拟货币交易在中国被认定为非法。

图2–32

现在中国对虚拟货币所得也要征税（图2–32），比如呈现巨大泡沫的比特币。征税是一个态度，至于怎么征收那是技术问题。

6.避税需求带来财富再分配

西方国家都有遗产税、资本利得税等税种，但这些税的设置不是为了要你缴税，而是客观上逼你避税，避税的方式就是通过各种信托，让人把财富信托到他们的机构里面，为其所控。

看看全世界都怎么收遗产税的，真的收上来多少，这个数据才更加关键！英国、美国收所谓的遗产税，最后缴纳给政府的是多少钱呢？可以告诉大家，美国的遗产税只占其税收收入的1%，每年缴纳给政府的才200多亿美元，被收割的基本是富裕中产，资本家是统治者，怎么可能真的缴遗产税呢！

现在一些人鼓吹中国也应当开征遗产税，说是可以均贫富，如果考虑全球的税收博弈，最终的征收情况可能不会成功，因为富豪会选择全球避税（图2–33）。

可以想见，中国当前如开征相关税种，结果就是中国的富豪都把资产变成外国信托，而美国需要的就是他们把财富信托到美国，然后移民美国。

（1）间接税转嫁的机制分析

西方妖魔化间接税，说间接税会转嫁，这里我们要理性分析一下啥情况下间接税会转嫁，啥情况不转嫁，以便把不怀好意的忽悠看清楚。

间接税是否转嫁，转嫁给谁，其实与交易机制和定价权有关。在交易的时候，买方愿意以某个价格买，卖方愿意以某个价格卖，中间是有交易区间的。比如你愿意出110元买某个

10位中国巨富设立离岸家族信托5000亿元

信托设立人	信托资产标的/上市公司名称	信托内的股份价值（亿人民币，估算）	信托设立时间
马云	阿里巴巴	1,119.36	2014上市时/前设立
黄峥	拼多多	882.05	20[illegible]上市时/前设立
雷军	小米	560.50	2018年上市时/前设立
张勇舒萍夫妇	海底捞	553.22	2018年上市时/前设立
吴亚军	龙湖集团	511.72	2018年11月变更
刘强东	京东	333.49	2014年上市时/前设立
孙宏斌	融创中国	458.95	2018年12月
许世辉	达利食品	286.63	2018年12月
林斌	小米	212.08	2018年上市时/前设立
王兴	美团	188.76	2018年上市时/前设立
合计		5,111.25	

注：由Amy姐的跨境金融圈（chinachintay）统计并制图
注：马云、刘强东信托所拥有股份数量，为2017年底数据
注：以2019年1月17日当日（或停牌的前一日收盘）估算，以2019年1月[illegible]

图2–33　中国巨富资产信托情况

商品，而卖家则愿意90元卖，中间的20元就是交易区间。但这个交易到底在哪个价位发生呢？如果是在这20元区间随机发生，那么可以说是不确定的自由市场，但实际情况却经常是按照90元成交，或者按照110元成交，为何会这样？这背后就有定价权的因素！还有就是市场交易机制的问题，是买方在报价还是卖家在报价，谁先报价谁吃亏！

我们知道，在美元霸权之下，中国的商品是没有定价权的，中国要卖什么，什么就便宜；中国要买什么，什么就贵；铁矿石和稀土，都是资源，但定价却不同。

这个时候我们再看交易税间接税。间接税导致的结果就是，中国想要卖商品的时候，卖价已经是能够卖的底价了，再多了这个税，就只能把这个税加在售价上，那么对买货的来说，报价低不下去，在他愿意买的价格区间内，他就只能用更高价格去买，那么这个税实际上就是转移到买家身上了。而中国要买的东西，已经是各种成本博弈后所能够接受的最高价了，中国进口还要有这个税，那么卖家要把东西卖出去，只能把这个税承担下来。

例如铁矿石，中国市场能够接受的价格如果是110元，多了17元增值税预征，那么卖家就只能以含税的110元出售，等于他的卖价是93元，其实他90元也会卖的，但这个定价权不在中国。实际上这个增值税是卖家承担了！如果铁矿石是进口的，就是外国GDP来承担；如果铁矿石是国产的，就是国内矿老板承担。也就是说，中国增值税的间接税博弈，其实是不亏的。这就是本人在《定价权》一书当中所说的，用中国作为世界工厂的地位，与美国博弈征税权的定价权。

这个税费转移不光是出口过境转移，国内消费品在进口原材料环节可以将税费转移给西方，比如芯片等进口产品，都是这样的商品。商品在国内消费，承担税费的是外国人，那些经再制造后出口的，也是雁过拔毛。

（2）中国的优势在间接税

美国这些国家反对间接税，要求征收直接税，因为他们的商品都是高价格，定价权在他们手里，他们可以把交易区间全占，把价格定到买方能够接受的高限！若此时有流转税间接税，那么因为价格再增长买方就会无法接受，而卖方自己有足够多的利润，远多于税款，卖方肯定会选择交易，那么卖方就要承担这个税收的成本。

美国人清楚间接税无法转嫁，无法转嫁的就不叫间接税，成了直接税；此时，中国要征收流转，美国人一样要承担。就如美国打贸易战所增加的关税，现在事后看90%都由美国买家承担了；而中国所收的贸易战关税，也由美国卖家承担。他们原先设想的是这个税会促使产业和产能转移，变成其他国家提供产品，但疫情来了，其他国家没有足够的产能。同样，美国收直接税，要避税也只能在美国本土的避税天堂，受美国人控制。而中国要征这些资产税，会直接导致财富外流美国。

所以，搞所谓的“直接税”，可能会逼着有钱人跑到国外避税，直接税实质变成“间接税”，征收有限，反而给外国输送财富。现在中国是世界工厂，通过流转税等间接税的手段，成为世界的征税中心，这些让西方很不爽，所以妖魔化中国。

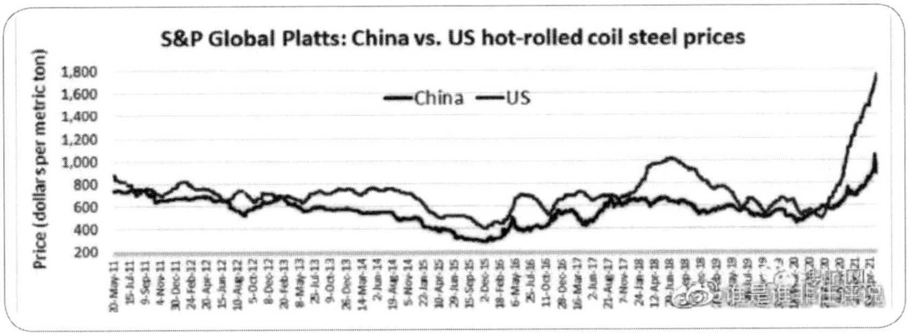

图2–34

图2–34所示，中国与美国的钢材价格差距，最近，美国钢铁价格更是飙升至中国热轧卷钢价格的近两倍。原因是中国取消了钢铁退税，中国与美国钢材价格差距暴涨，等于把间接税加到了差价里面——美国人承担了。

7.人员流动带来的财富流动

税收带来避税需求，也会带来人员的流动。美国的财富回流，也需要人员流动。美国自己有避税天堂，例如在特拉华州，注册企业的政策与在大洋上的离岸港的企业采用一样的政策，对成立公司所需的资金并没有硬性规定。另外，特拉华州州法规定，公司高层成员及股东的姓名、地址都不需要公布，相当于是保护了公司成员的隐私。但美国需要其他国家设置很高的直接税，说直接税可以调节贫富，在非合作博弈之下，其结果是富人向美国移民。

在以前收入低的时候，中国的移民是不受欢迎的，想要移民很难，偷渡都是要给蛇头巨款的，而且真的偷渡成功以后，他们都是寄钱回家，财富是没有外流的。

中国等中等收入国家的移民在2008年后大幅度地增长，背后是美国等西方国家放松了相关政策。比如，美国在2008年金融危机以后，移民政策明显放松，移民美国的人在不断增加。虽然特朗普在任时收紧了移民政策，那是针对低端移民人群的。他们依靠这些外面流入的财富维持了危机中他们的国家和社会的稳定。奥巴马上任的时候美国国债总额为10.6万亿美元，而8年后将要卸任的时候是19.44万亿美元。特朗普上台后继续将国债放水，加之疫情的多轮刺激，现在美国国债高达近30万亿美元。其中美国每一年抽走1万多亿美元，但美国和世界却没有发生通胀，谁为之埋单了？

美国多印出来的美元可以买到中国制造的产品，而每年移民美国的人有10万。同时，拉美等国家还有很多人移民到美国。美国还扰乱了中东，给欧盟造成巨大难民压力，其结果都是吸引了大量的移民到美国，这些移民的财富以美元的形式回流美国，支撑起了美国的危局，是美国可以不断扩大国家债务规模的基础。

美国保守智库移民研究中心的人口普查报告指出，自2008年美国金融危机爆发后，美国的移民数量持续稳定增加，从2010年到2014年，有520万新移民进入美国，仅在2014年就新增了100万移民。美国新增加的移民基本上是投资移民，投资移民的最低门槛为几十万美元，实际上没有100万美元以上很难成功。如果每个移民带入美国100万美元的话，这些移民带来的财富就是数万亿美元，可以抵得上美国国债的增加额了，这就是美国不断地欠债和印钞，但仍能不通胀和不崩溃的原因。

移民造成的财富流动，实际影响比上面的数字还要大很多，两者的差距就体现在对全球资源再分配的影响。我们要看到，移民财富所流入的发达国家，是没有资源成本的。

中国国际收支平衡表（年度表）

单位：亿元人民币

项目	2010	2011	2012	2013	2014	2015	2016	2017	2018	2019	2020
2.2.1.4.2.4保险和养老金	0	0	0	0	0	149	-45	44	18	123	224
2.2.1.4.2.5贸易信贷	3,387	2,476	2,673	2,784	-121	-3,869	1,157	-155	2,776	-1,898	427
2.2.1.4.2.6其他	-18	69	343	-2	318	-147	1,699	-300	-261	-255	389
2.2.1.4.2.7特别提款权	0	0	0	0	0	0	0	0	0	0	0
2.2.2 储备资产	-31,831	-25,231	-6,087	-26,749	-7,209	21,537	29,821	-6,136	-1,037	1,362	-1,878
2.2.2.1 货币黄金	0	0	0	0	0	0	0	0	0	0	0
2.2.2.2 特别提款权	-7	30	32	13	4	-17	22	-49	2	-34	7
2.2.2.3 在国际货币基金组织的储备头寸	-141	-226	102	69	60	66	-348	146	-47	-1	-132
2.2.2.4 外汇储备	-31,683	-25,035	-6,221	-26,830	-7,273	21,498	29,947	-6,233	-992	1,397	-1,753
2.2.2.5 其他储备资产	0	0	0	0	0	0	0	0	0	0	0
3.净误差与遗漏	-3,555	-842	-5,495	-3,659	-4,122	-12,613	-14,569	-13,896	-11,783	-8,916	-11,443

备注：

1. 本表计数采用四舍五入原则。
2. 根据《国际收支和国际投资头寸手册》（第六版）编制，资本和金融账户中包含储备资产。
3. "贷方"按正值列示，"借方"按负值列示，差额等于"贷方"加上"借方"。本表除标注"贷方"和"借方"的项目外，其他项目均指差额。
4. 金融账户下，对外金融资产的净增加用负值列示，净减少用正值列示。对外负债的净增加用正值列示，净减少用负值列示。
5. 年度人民币计值的国际收支平衡表由单季人民币计值数据累加得到。季度人民币计值的国际收支平衡表数据，由当季以美元计值的国际收支平衡表，通过当季人民币对美元季平均汇率中间价折算得到。
6. 《国际收支平衡表》采用修订机制，最新数据以此表为准。

图2–35

国家外管局的报表（图2-35）显示，每年的净误差和遗漏居然高达上万亿元人民币！大量财富外流了。

西方能够维持其发达经济和信用体系，关键就在于他们在全球资源再分配当中的地位没有动摇。移民所带走的，对应到资源层面几乎都是净流入。这才是问题的关键。而中等收入陷阱更是一个资源瓶颈，中国现在就是资源压力巨大，外汇收入即使是顺差，也有巨大的资源成本压力。而移民支出的对价，西方是直接要换取他国资源的，这个买卖怎么平衡？不能平衡怎么能不跌入陷阱？

8. 中国财富回流的需求

中国崛起，以前的移民人员想要回来，而他们原来从中国带走的财富在美国成为被“收割的韭菜”，很多移民也认识到了这一点。

在美国的华人，尤其是带着财富移民的中国人，除了回不来的贪官和罪犯，普通的中国人，尤其是富二代，已经感受到了巨大的压力。因为美国反华，他们在美国过得并不好，而且他们的财富在美国的保值增值非常困难。同时美国有极高的税率，美国的避税港内华达州的拉斯维加斯也是犯罪天堂，他们的人身安全无法保障，而且美国歧视华人，在美国的黑人都觉得自己比亚裔地位高。

有的在美国的富豪朋友回来，回来的动力就是孩子要回来。这些孩子在美国很难融入主流社会，现在美国反华，他们受到的排挤和歧视更大了。而随着中国崛起，中国的国际地位抬升，于是他们想要回来，毕竟现在中国比美国的机会要多得多。

这里我们可以看到，中国在海外上市公司是VIE结构，上市主体在外，但VIE结构有两面性，公司中的中国创业者，可以把财富留在海外或者带入中国。另外还有避税的信托投资，在信托人没有死的时候，多半是可以反悔和改变的，信托人死了以后就难以改变了。家族财富信托就带有部分遗嘱性质，包括死后财富安排。

另外，美国虽然有遗产税和弃籍税等，但富二代还有一个选择国籍的机会，也就是他们成年之后，可以自己选择加入中国籍还是美国籍，这个不属于弃籍，当然也就没有了弃籍税等麻烦的事情。

许多富二代在美国生活得并不快乐，现在这些人都想要回来。早期从中国转移美国的财富普遍估计有数万亿美元，而中国在境外上市的VIE公司占了其中的大头，他们的财富是一个未决的状态。美国当然想要收税，他们的对策就是信托，但信托后会如何？美国能够给这些人信心吗？

美国搞数字泡沫，一样有税收、移民等二次分配问题，在二次分配上，一样是各国的激烈博弈。

十二、虚拟泡沫的QE经济在加息周期

本书前面章节论述了美国的QE常态化，以及不断QE催生虚拟经济的数字泡沫。2022年以来，世界已经进入加息周期，美国的美联储已经连续加息，而且加息的幅度达到了每次75个基点，然后很多发达国家跟随美国的加息步伐。

新华社华盛顿2022年9月21日电（记者熊茂伶） 美国联邦储备委员会21日结束为期两天的货币政策会议，宣布将联邦基金利率目标区间上调75个基点，到3%至3.25%之间。这是美联储今年连续第三次加息75个基点。

在加息过程中，美联储主席鲍威尔援引FOMC（联邦公开市场委员会）利率点阵图分化称：美联储2022年还将加息100 ～ 125个基点。美联储寻求回归“(针对美国经济）具有有效限制性的”政策利率，当前利率的限制性作用是历史上最低的。加息幅度将取决于未来数据。“在某些时间节点”放慢加息速度将是适宜的。历史经验表明，我们需要对超前降息保持警惕。按计划推进缩表，称通胀仍偏高。不考虑迅速出售美联储资产负债表里的抵押债券MBS。

围绕美联储的加息，美国进入利率上升通道，其他国家也在跟进。

· 券中社2022年9月22日讯，英国央行加息50个基点至2.25%，符合市场预期，自2021年12月已连续7次加息。

· 为了在货币贬值和美联储保持鹰派的情况下缓和通胀压力，菲律宾央行2022年第五次上调利率。该行周四在一份声明中表示，将隔夜逆回购利率上调50个基点至4.25%。

· 2022年9月20日阿根廷中央银行再次宣布，将国家基准利率一口

气提高550个基点至75%，用以支撑汇率，以及遏制国内不断高企的通货膨胀。这是年内阿根廷央行第9次提高基准利率。

· 瑞士央行加息75个基点，将政策利率从−0.25%上调至0.50%，结束持续8年的负利率政策，利率水平达2008年12月以来新高。

· 格隆汇2022年9月22日丨汇丰银行(0005.HK)宣布，由明日即周五9月23日起，上调港元最优惠利率(P)0.125%，由年利率5%调高至5.125%，少于外界预计的加0.25%。本次是汇丰自2018年9月以来首次加最优惠利率，当年同样加息0.125%。汇丰对上一次调整最优惠利率，则是在2019年11月1日，当时减息12.5基点。

另外，在美国2022年9月份加息之前，欧盟已经先加息。新华社法兰克福9月8日电（记者单玮怡）：欧洲中央银行8日召开货币政策会议，决定将欧元区三大关键利率均上调75个基点，并表示可能继续加息，以进一步遏制通胀水平。欧洲央行当天发布公告说，自本月14日起，将主要再融资利率、边际借贷利率和存款机制利率分别上调至1.25%、1.50%和0.75%。这是自2002年实体欧元货币面世以来最大幅度加息（图2–36）。

图2–36

加息普遍被认为会进入衰退，因而造成各国的股市大跌，同时美元指数达到110以上，人民币汇率破7，欧元下跌到0.96欧元兑一美元，而早先日元已经贬值到了144日元兑一美元。在本次加息之下，日本央行进行汇率干预，日元暂时没有进一步贬值。

在美联储的加息之下，对美联储继续的货币操作，是不是QE要再讨论了？因为QE的含义是在零利率之下，不断买入国债资产，国债资产又是以国家信用为背书，国家还是赤字，西方私有制的国家还没有多少资产属于国家，这样的央行购买问题资产又超低利率，我们才把这个叫作印钞；如果央行是购买优质资产，而且利率很高，本身叫作QE就不合适，已经不是原来的QE概念了。美国加息之后，目前美联储利率已经超过3%，以后预计会超过4.5%，如此的利率，美联储的购买资产的操作，已经不能叫作原来意义上的QE了。不过，从另一个角度看，如果不是名义利率而是实际利率，当初QE的时候在说美国的通缩，希望美国的CPI能够到2%以上，而现在我们看到西方的CPI普遍爆表，美国等发达国家都是9%左右。

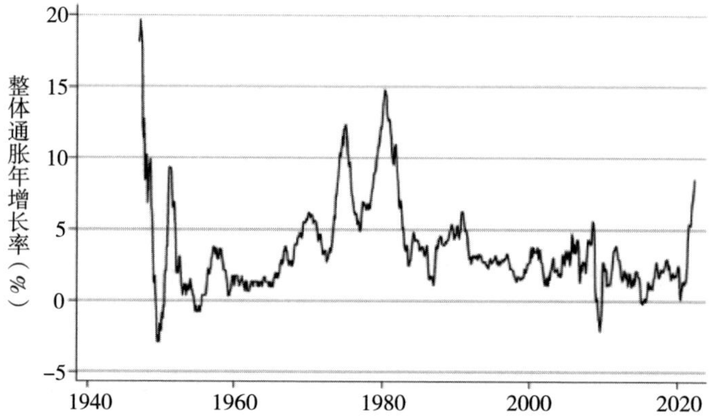

注：本图展示的是同比变化。
资料来源：美国劳工统计局。

图2–37

从图2–37可以看出，几十年来，美国的通胀率情况，在前面30年都基本在5%以下，现在出现了突破。2022年7月，美国CPI是8.5%，8月为8.3%，连续进入了高通胀的模式。

美联储加息，美国政府的财政赤字没有好转，美国的国债在加息下会大跌，那么美国的金融货币如何平衡呢？从这里就要明白美联储的厉害了，美联储直接购买政府的国债，并直接记账，不会受到挤兑，也没有多少成本，而是否给超额准备金付息，美联储自己可以决定，其持有的国债缩表，未必是卖出，而是等到到期兑付就可以了。美国政府发行债券，可能利率会很高，但这并不影响政府的财政收支，只要这个债券是QE并由央行买而不是金融市场购买就可以了，原因是政府付给美联储的国债利息，要变成美联储的利润，利率高付的利息高，美联储的利润也大，而美联储的利润是要上缴美国财政部的，等于这部分政府支付的利息，转了一圈后，又变成美联储利润重新上缴了。所以，直接央行购买国债与央行在金融市场上进行国债操作，性质是不同的，央行直接购买的模式，政府承担的债券利率，其实会转回来，并不是政府的财政负担，所以说此模式是印钞，对此大家要深刻理解。

美联储近年来向美国财政部上缴利润的情况

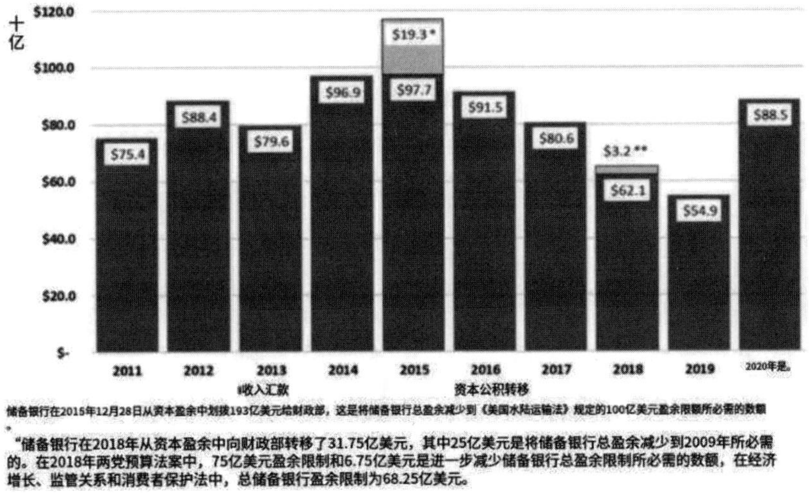

图2-38

近年来，美联储都是不断向美国财政部上缴利润。2020年，美联储给美国财政部带来了885亿美元的利润，而美联储的净收入主要来自获得的证券利息，当年收入1000亿美元。2021年，美联储向财政部上缴年利润1074亿美元，数额大增长。在加息的背景下，利息收入还将大幅度的增加。央行利润给国库是各国普遍的做法，中国也是如此，例如，2022年3月8日，人民银行发布消息称，人民银行依法向中央财政上缴结存利润，总额超过1万亿元。所以，央行直接购买政府债券，政府支付给央行的利息是多少无关紧要，这也是为什么当初限制央行直接购买政府债券的原因，而2008年危机以来，QE打破了这个禁区，而QE常态化则把如此操作变成了日常操作。

另外，我们注意到，美联储的表态含一个重要的信息，就是虽然他们持续缩表，但美联储资产负债表上的抵押债券MBS不卖！而抵押债券的主要抵押物就是房地产。对美国当年推出QE3，QE3开始购买土地抵押债券，本人在《定价权》已经讲过，QE3与前面两次的QE性质不同，抵押债券MBS主要的抵押物在于土地的价值，这背后意味着美国在把美元信用绑定土地，所以

QE3其实应当叫作Next QE1才对，是下一次新形式的QE的开始。其后，美国的房地产开始暴涨，房价指数远远超过了次贷危机时期的2007年，房地产也在QE的政策之下出现了泡沫，即使是现在美国的房地产价格出现了回调，其价格也远远高于数年前设置抵押时的价格，这些债券的抵押物都是足值的。

在次贷危机之前，美联储的利率最高到5.25%，后来，危机当中快速降低为零，才有所谓的QE，而前面的高利率债券同时抵押物又足值可以偿还，已经是最优债券了，打折购买最优债券，美联储当年的操作在事后分析是成功操作。而现在，美国的房地产抵押利率又涨起来了，对持有地产抵押债券的，更有利可图。

财联社电报

财 经 通 讯 社

2022-09-22 22:01 星期四

财联社9月22日电，美国抵押贷款利率跃升至6.29%，为2008年10月以来最高。

长按二维码阅读原文

准确 快速 权威 专业

财联社 · 上海报业集团主管主办

图2-39

美国现在土地抵押的利率，已经达到了6.29%！为何美联储资产负债表进行缩表，也不卖抵押债券MBS，从这个收益率就可以看明白了。当年危机都说两房债券是垃圾，后来两房债券成为最优债券，成为美联储的优质资产。

我们要注意，美国的土地是有所有权的，而美国的房地产税也在地价的估值当中充分进行了计算，持有土地也就是持有国家的核心资产，尤其是美国的土地可不光是盖房子的，还有耕地！耕地对应的是粮食，目前，其粮食的价格已经在全球通胀模式之下出现了不断上涨压力。比如微软的富豪比尔·盖茨已经是美国的大地主。据外媒报道，过去十年里，比尔·盖茨和前

图2-40

妻梅琳达在美国19个州购买了超过242 000英亩（1088.6平方公里）的农田，以及27 000英亩的游憩用地和过渡用地，总面积近27万英亩（约163万亩），相当于两个纽约。至此，比尔·盖茨成为美国最大的私人农田所有者。麦当劳的土豆也来自盖茨的农场，超过14 000英亩的农田种植着巨大的土豆。一英亩大约等于中国的六亩多点。这个仅仅是公开的信息，只是冰山的一角。

美联储买MBS，如果美元的发行背景是土地抵押债券的话，其实也在改变着美元的属性，即美元要从石油美元变成土地美元和粮食美元。在资源层面，美国依然是得天独厚的，它的耕地和种粮成本，比俄罗斯有优势。有人会问：石油美元不香了吗？这个确实比不上美国的土地美元和粮食美元，因为石油美元让产油国的地位大增，美国要搞定石油中心中东地区的成本巨大，而且俄罗斯也有巨大的石油储量，虽然美国现在开发页岩油和页岩气，也成了油气产品的净出口国，但毕竟美国国内的消费量巨大，国内的价格被绑架。

QE常态化的财富游戏，让美国等西方国家赚取了大量的利益，而且通过虚拟的泡沫置换了大量的实体资产，也得到了巨大的利益，但为何美国要走入加息周期呢？这个加息周期是不是美国主动戳破泡沫呢？

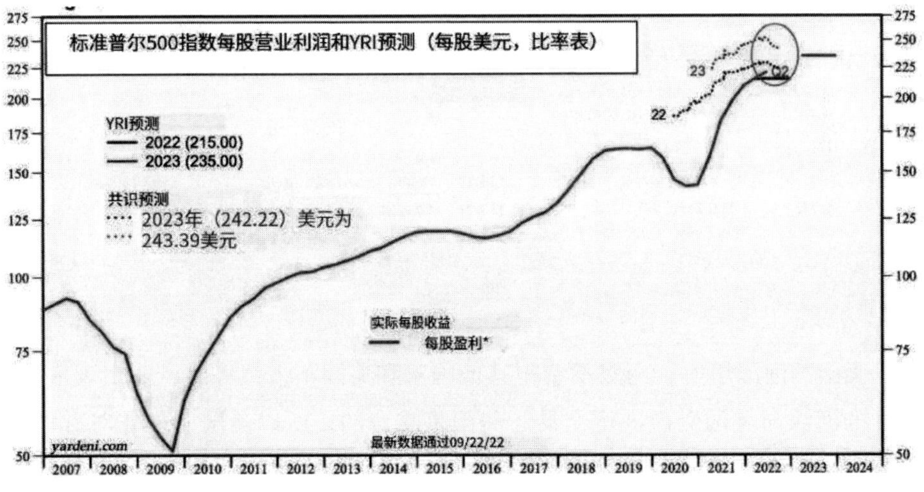

图2-41

很多人对美国的股市泡沫还停留在2008年危机时代，从图2-41看，在2008年危机期间，美国整个股市的收益率和利润接近零，确实是泡沫，但随着美国通过网络泡沫不断置换资产，实质上，美国的股市泡沫大量被填实了，美股的利润是不断走高的。美国的龙头公司，比如苹果公司、微软公司利润丰厚，2022年下半年三季度，市盈率在25倍左右。另外，网络巨头谷歌和奈飞在2022年三季度市盈率甚至不到20倍，脸书Meta的2022年三季度的市盈率不到12倍，已经完全是正常的区间。美国的网络巨头们，已经不是当年网络公司亏损上市的状态。也就是说美国进入加息周期，美国网络公司当年的泡沫，已经通过各种金融操作和资产置换，处于泡沫填实的阶段，他们需要的是让别人泡沫破裂。

图2–42是2022年市值最高的美国苹果公司的市盈率。图2–43是2022年美国脸书Meta公司的市盈率，居然只有11倍。

图2–42

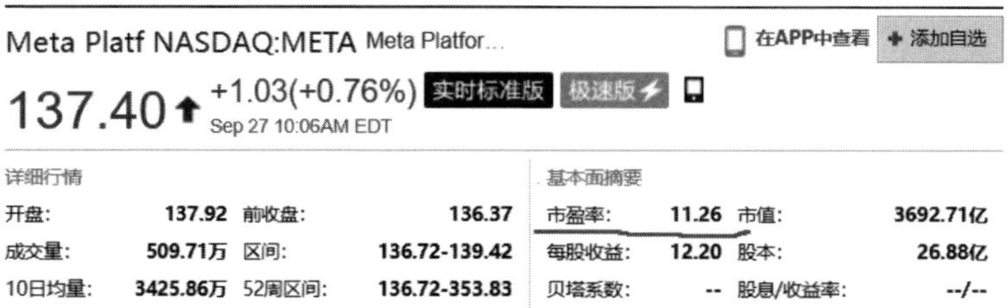

图2–43

美国的泡沫填实，当然不希望其他国家和美国不占优势的产业出现泡沫，这样的泡沫与美国资产进行交易，美国是吃亏的，所以美国需要非对称戳破泡沫，继续维持美国的金融优势，这样就可以再分配他人财富，而不是他人占美国核心资本的便宜。

在美国的QE常态化下，我们要注意到资源产品也出现了泡沫，而且整个世界是资源国、金融国和制造国的博弈，美国的QE常态化政策让资源国得利太多，而且资源国的得利已经让美国得不偿失。在2022年又发生了俄乌冲突。俄乌冲突的这根最后的稻草，让资源价格在本来流动性泛滥的情况下持续暴涨，而且这个资源价格的暴涨和刚需，让俄罗斯得到了巨大的利益。美国为首的西方国家制裁俄罗斯，反而在油气需求之下，俄罗斯强行使用卢布结算，让卢布的汇率回到了高位。

从制裁后，美元和卢布的走势（图2-44），可以看到卢布的强势，背后就是欧盟在2022年接近冬天之时的能源紧缺，德国的电价上涨了几十倍。所以美国要调整泡沫的方向，对资源产品上的泡沫，也是不接受的，在资源价格上打压资源国，要压资源的泡沫，同时在工业品上要打压制造国，也压中概股的泡沫。

图2-44

美国的QE和加息，对不同的国家产生了不同的效果，我们可以看到日本在美国加息之下日子的艰难。美国这一次加息想戳破日本的泡沫。日本最先搞QE，通过泡沫建立了海外的巨大资产，本次加息过后，可能日子将不好过了。

日本的半导体、家电等企业都日子不好过。2022年上半年的财报显示，丰田汽车的半年利润为40亿美元，同比暴跌了42%，而中国的出口汽车数量暴涨，已经逼近日本。全球明星企业——软银，也深陷亏损泥潭。

2022年，软银巨亏，继上一财季创下了巨亏2.1 万亿日元的记录后，软银在2022年4 至6 月的财季软银净亏损再创纪录，达到了3.16 万亿日元！半年亏掉6 万亿日元，可谓是“前无古人后无来者”。软银卖掉了自己持有的阿里股票的大约1/3，约合220亿美元。不过，我们看到软银的亏损是按照日元计算的，他的投资则是全球投资且按美元计算的，日元的贬值对他的投资是

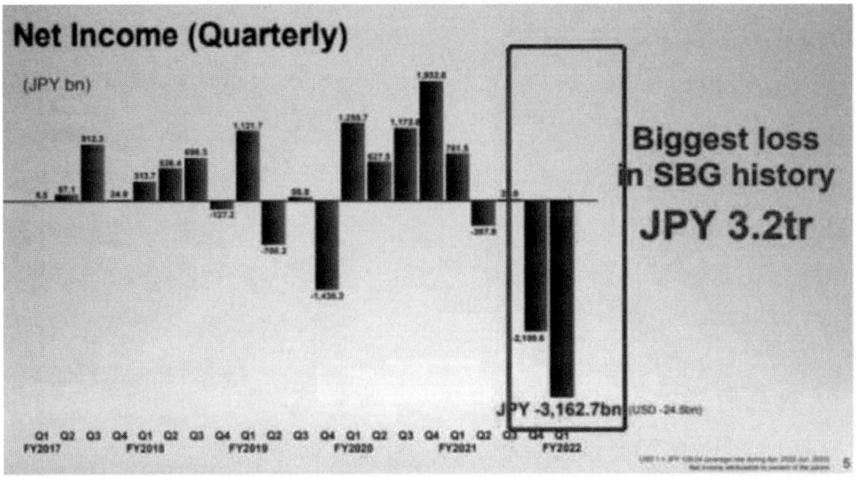

图2–45

巨大的利好，也就是说他的投资，当初是在日元汇率70多的时候投资的，现在日元汇率140日元，那么他投资的美元资产，即使是价格上腰斩了，换成日元正好持平，没有亏损。软银的资产基本是美元资产，包括他投资的阿里巴巴在美国上市，算美元资产，而且阿里巴巴也是股价大跌，从2020年10月的319美元高点到2022年的70多美元低点，已经是腰斩又腰斩的状态了；软银投资了大量的中概股，中概股外资也是按照美元计价的，中概股也暴跌蒸发掉了80%以上的市值。日元贬值对日本海外投资回流是有利的，美国在海外戳破了日本投资的泡沫，日本的金融系统要不崩盘，就需要日元的大贬值，与当年的安倍经济学类似，否则巨额亏损会让日本的金融系统崩溃的。

在本国汇率贬值的情况下，有些人认为汇率贬值有利于出口，但实际上贬值也让出口所得减少，进口的刚需却增加，关键是汇率主权没有，怎么可能有定价权？贬值之后就是价格被压低，能够增加出口，肯定要打败其他竞争对手，但在市场饱和、技术不占优的状态下，出口不能增加，进口反而更贵，结果就是逆差的增加走向反面。2022年，日本的进出口形势，刚好说明了这一点。

日本财务省15日公布的贸易统计结果显示，由于进口商品价格高企叠加日元大幅贬值，日本连续13个月出现贸易逆差，8月逆差额达2.82万亿日元（1美元约合143日元），创历史新高。日本连续逆差超过了12个月。此时，日元已经跌破了140关口，创下24年来的新低，就是日本的信用崩溃。

美国实行加息周期后，日本央行在搞货币宽松，但这个宽松带来的，是日本的信用崩溃，在世界的GDP排名当中的位次下降。2022年，日元跌破144：1，如果按照日元兑美元汇率1：140计算，日本的GDP将仅有4万亿美元左右，直接跌回30年前的水平；而如果按照中国汇率1：7计算，日本的GDP也就是中国的1/4了。日本的GDP全球排名将被德国超过，而且可能不久之后还不如印度。目前，印度已经超过了英国达到了世界第五的位置。

信用崩溃的压力之下，日本央行被迫进行外汇干预。新华社东京2022年9月22日电（记者刘春燕），由于日元对美元汇率出现剧烈波动，日本财务省22日宣布对汇市进行干预，以阻止日元进一步贬值。这是日本政府自1998年6月以来首次干预汇市。22日下午，日本央行召开货币政策会议，宣布继续坚持当前超宽松货币政策，维持利率水平不变。消息公布后，日元对美元汇率进一步下跌，当天盘中一度逼近146比1关口，创24年来新低。

在日本央行的干预和宽松政策之下，其他与日本经济纽带紧密的东南亚和南亚国家为维持汇率稳定、缓冲本币贬值幅度也必须跟进，印度等亚洲国家动用外汇储备干预汇市。国际货币基金组织(International Monetary Fund)公布的数据显示，2022年初至6月，新兴市场和发展中国家的外汇储备减少了3790亿美元。根据印度央行公布数据，截至9月16日，印度外汇储备达5456.5亿美元，7月和8月外汇储备分别环比减少194亿美元、128亿美元。2022年以来，印度外汇储备减少约810亿美元，泰国、韩国、印尼、马来西亚则分别减少320亿美元、270亿美元、130亿美元、90亿美元。印度的经常项目赤字很大，卢比兑美元已经创下新低，2022年5月至9月，印度央行已加息140个基点，回购利率为5.4%。当初，本人预计印度年底的利率将达到6.25%，印度的通胀也达到7%以上。截至2023年3月，印度利率上调至6.5%。为啥要干预外汇？由于国际大宗商品价格高企，印度对原油、食用油、黄金等刚需进口额上升，印度贸易逆差不断扩大。2022年4月至6月，印度经常项目赤字占GDP比重达3.6%，为近九年来高点，如此的逆差，日本有大量的海外资产还不同，印度国家信用是随时可能崩盘的，就如斯里兰卡一样。

然而，日本央行进行干预的效果并不好；印度的政策干预也不行，卢比也汇率到了新低，各国央行的干预，其实也是抛售美元外汇储备，给市场增加美元投放。美国的加息和QE，需要收割世界财富，需要其他国家亏损来给美国提供财富。在前面章节已经分析，金融交易不是零和交易，金融危机的财富已经从当初印钞取得货币的时候带走了，现在博弈的是损失谁来承担。谁的泡沫破裂了，谁承担损失，其他人的泡沫就可以维持。

与日本类似，德国、韩国的情况也不乐观，据韩国《首尔新闻》2022年9月21日报道，韩国关税厅统计数据显示，9月前20天，韩国贸易逆差为41.05亿美元，系韩国连续第6个月出现逆差，韩国8月逆差接近100亿美元。2022年，截至8月，累计逆差规模达292.13亿美元，全年逆差有可能超过500亿美元。对在欧洲的领头羊德国，德国联邦统计局的数据，德国2022年5月近10亿欧元的贸易逆差，这是德国自1991年以来首次出现贸易逆差。

虽然美国的股市也在加息下连续下跌，但从下跌的幅度看，是日本、中概股、德国等不能比的。因为其他国家的股市下跌，在国际上要把汇率因素算进去，美股还是最有泡沫空间的。在加息的背景之下，各种资金也在逃离泡沫破裂和即将破裂的地区，除了美元加息大量资金流向美国之外，中国的外资也大幅度流入。中国股市的不涨，CPI和PPI不高，在竞争性贬值之下，吸引了大量的投资，这些投资是日本、德国、韩国对中国的产业转移。短线看，虽然货币贬值之下到中国买到了便宜资源是有利可图的，但从长远上看，重要的产业转移到中国，对中国可持续发展和产业升级，有巨大的好处。

2022年前8个月中国吸收外资实现了两位数增长。商务部发布的数据显示，2022年1月至8月，全国实际使用外资金额8927.4亿元人民币，按可比口径同比（下同）增长16.4%，折合1384.1亿美元，增长20.2%。而且中国这一次外资流入的领域和质量都比较高，高技术产业表现比较抢眼。从行业角度来看，服务业实际使用外资金额6621.3亿元，同比增长8.7%。高技术产业实际使用外资同比增长33.6%，其中高技术制造业同比增长43.1%，高技术服务业同比增长31%。从区域分布角度看，我国东部、中部、西部地区实际使用外资同比分别增长14.3%、27.6%和43%。此外，从来源地角度看，韩国、德国、日本、英国实际对华投资同比分别增长58.9%、30.3%、26.8%和17.2%。这些涨幅，在2022年各种不便之下，在经济各种压力之下，确实是一个需要关注的重大变化。

综上所述，美国的加息，美联储并没有放弃QE和戳破美国的泡沫，因为算上通胀还是实际负利率，美国政府的国债直接购买后增加的利息，最后变成美联储利润还给政府，是一个内循环的游戏；而美联储买入的MBS抵押债券背后是美国的土地和粮食，信用绑定美国核心资产。所以美国的金融霸权和控制权依然存在，只不过每一次的危机是相对的削弱的，他们要戳破的是他国的泡沫和美国需要消费的资源泡沫，要在泡沫破裂过程当中再分配他国的财富；而日本和欧洲在美国加息的情况下，货币贬值信用崩溃，顺差变成了逆差，是被美国收割的对象；中国需要的是练好内功，在危机当中立于不败之地。

附一则：黑石违约和硅谷银行破产

美国的金融泡沫游戏，现在各种暴雷，世界财富开始再分配，而且是定向的。虽然这样的破裂会有连锁反应，但也有人在对手破裂之后，它们反而安全了。比如银行和私募的破裂，会让很多人把钱转到美国人需要的银行里面，因此让某些机构破裂，也保障了另外一些机构的安全！

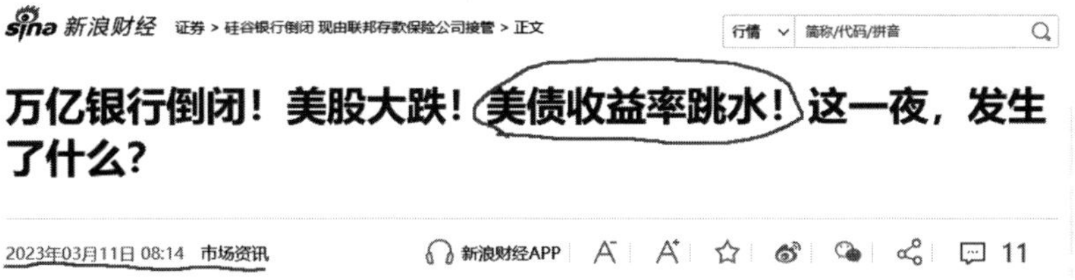
sina 新浪财经 证券 > 硅谷银行倒闭 现由联邦存款保险公司接管 > 正文

行情 简称/代码/拼音

万亿银行倒闭！美股大跌！美债收益率跳水！这一夜，发生了什么?

2023年03月11日 08:14 市场资讯

新浪财经APP 11

图2-46

硅谷银行破产，美国各个银行出现挤兑现象，而这次的银行挤兑不是把钱取出来，因为在美国取现金很困难，有现钞与现汇的差价（等于铸币税），人们用现金买债券。美债收益率跳水，实际是美债大涨，债券价格低，到期对付多，收益率高。本人的《信用战》和《定价权》等著作，一直在说中国需要抱住美债，即使当时美债已经零利率甚至逼向负利率，也不能拿现金存银行，原因之一就是银行有破产的风险。美国让这些银行破产，银行的钱就只能去买美债，有利于美国政府发债，以及低成本融资。

硅谷银行的破产，让资金涌向美国政府债券，美国可以在加息的过程当中实现债券大涨。美国政府可以低利率发行债券，即在现在美国政府发债周期内，实现美国的利益最大化，那么此次美国收割了谁呢？我们可以把几个事件结合起来看。

时间到了2023年，美国的危机压力加剧。然后，就是接连不断的金融爆雷事件。首先是世界第一的金融机构黑石违约了。

2023年3月2日晚，贷款服务机构Mount Street判定黑石集团的一只价值5.6亿美元的按揭贷款支持证券（CMBS，即商业房地产抵押贷款支持证券 ）违约，该证券化票据现已到期且尚未偿还。上述被判定违约的CMBS，由芬兰房地产公司Sponda Oy拥有的办公室与商店等资产组合来支持。该债券由花旗集团和摩根士丹利承销，最初是以芬兰的63座办公楼为抵押。

黑石集团是美国一家管理资产规模高达9510亿美元的全球最大另类资产管理公司、华尔街最大的商业地产业主、私募股权巨头。公司旗下有超过12000个房地产资产和250个投资组合公司，包含四个主要部门：私募股权投资、房地产、对冲基金及信贷。如此巨头的公司，却为不到其资产总额千分之一的债券违约，说明了什么？

紧接着，一个重磅消息引起世界广泛关注——美国硅谷银行破产了。2023年当地时间3月10日，根据美国联邦存款保险公司(FDIC)发布的一份声明，美国加州金融保护和创新部(DFPI)当日宣布关闭美国硅谷银行，并任命FDIC为破产管理人。为保护投保的储户，美国联邦存款保险公司创建了存款保险国家银行(DINB)，硅谷银行在关闭时，作为接管人的联邦存款保险公司需立即将硅谷银行所有受保存款转移到DINB。

硅谷银行成为自2008年金融危机以来被FDIC接管的最大银行。硅谷银行是一家州特许商业银行，也是位于圣克拉拉的联邦储备系统的成员。据报道，截至2022年12月31日，硅谷银行总资产约为2090亿美元，总存款约为1754亿美元。这个资产规模，与当年雷曼相比，与大银行相比其实不多，而且与瑞士银行同年的亏损相当，导致它破产的是18亿美元证券的亏损，虽然只占其资产的1%，但是造成了挤兑恐慌！

还有一个信息，就是作为欧洲金融中心之一的瑞士，瑞士银行巨亏！根据瑞士央行公布的初步数据显示，2022财年瑞士银行的亏损或将达到1,320亿瑞士法郎，折合美元约1425亿美元，相当于瑞士GDP的18%。

我们需要注意的是美联储加息，美国是在戳破泡沫。这些金融暴雷，都与金融证券及其衍生品巨亏有关。不过，这些违约破产的金融资本，背后损失的可不一定是美国人！硅谷银行的存款大部分是中概股和在硅谷的华人。华人喜欢存款。当年，雷曼兄弟破产，其资产也是美国大银行当中外国资产最多的，连香港迷你债这样安全的产品也损失巨大。黑石债券背后的商业地产，就是北欧的地产；而瑞士的巨亏，则是欧洲的资产和全球洗钱中心的资产。在美国的压力之下，美国人的财富早已经从瑞士转出来了。

硅谷银行其实与中国VIE结构的公司一样，当时基本在美国开户的唯一银行，而且还网传美团的王兴也有大笔存款在硅谷银行，同时硅谷银行还有大笔的虚拟数字货币存款，稳定币在此银行就有不少。通过它们的破产，财富再一次分配而已。

因此，在数字泡沫时代，不是不戳破泡沫，而是要看戳破的泡沫要看谁的，这里面也是要转移财富的。戳破泡沫一样是财富再分配的游戏。

第三章

交易学原理实战分析

——理论就是要实践检验的

在全球化的今天，即使全球市场是零和博弈，局部市场也不是零和博弈了，每一个国家都是局部，都有自己的利益取向，国家立场下的股市绝对不是零和博弈，而是国家间财富的再分配和掠夺。更何况在新的经济模式下，虚拟交易本身带有非零和性质。

国际博弈，需要考虑交易当中的利益走向。因为股市高涨的泡沫是可以换取他国低估的股票、资产、资源、货币的！所以在全球化的环境下，对一个国家来说，做多得利，做空则会被掠夺。因此，各国抬高本国股票，打压做空竞争国家的股票，是一个只做不说的潜规则。

实践是检验真理的唯一标准。所有的经济学都要用来实战，必须能够解释当今世界，还能对未来进行预判。

本章的大部分内容曾是本人当年发表的对市场的分析预判和对实例的理论研究，现在很多年过去了，依然可以回看，当年的预判应验了。

一、带期权期指的市场难有慢牛

从实例的角度认识数字经济的规律和扩张，可以帮助大家更好地认识市场的规律。在有了虚拟经济和数字泡沫以后，市场牛熊规律就发生了改变，尤其在数字衍生品出来之后，市场就不存在慢牛了。

2015年6月底，中国的股市大跌。有人认为管理层似乎希望股市形成慢牛状态。但我们研究发现，慢牛其实是一个伪命题。在中国崛起和资产重估的背景下，中国有了牛市的基础和需要，即使我们想要慢牛也符合以往的规律，但是我们在股市搞了股指期货，规律就发生了改变：在期指存在的模式下，市场难以有慢牛。

期指对市场的影响巨大。2015年6月以来，期指主力合约交易量高企，到6月26日，期指出现跌停，但这一天成分股票成交6130亿元，相关期指总成交31 398亿元，要不是期指在尾盘处于跌停状态，成交量会更加巨大。这个巨大的背后所产生的实际财富盈亏转移也是巨大的。因为实际的涨跌乘以成交量就是财富的盈亏，期指市场的盈亏远远大于股票市场。因此，期指带给我们的影响是决定性的，我们不能仅凭历史经验而刻舟求剑。同时，我们也引入了期权工具，期权市场的成交量也在不断放大，对市场的交易也有指引作用。

期指和期权的奥妙之处实际上是把未来的市场和现在的市场联系起来了，我们炒作的实际上是未来，是交割那一天的指数和行权的价格。期指和期权市场是一个联系现在与未来的市场。我们以前可以贷款来消费未来的收入，现在一样可以通过期指和期权来消费未来的股票，那么这现货与未来又有什么样的关系呢？我们要考察二者的联系，才可以知道事情的真相，这真相在套利之中，在于现在与未来价格的绑定。

我们知道，无论是升水还是贴水，幅度都是有限的，一般不会超过100点，如果超过了，就有了可以无风险套利的好机会。在我们的大盘和期指之间，实际上维持着一个100点左右的空间，虽然有时大家极度看多或极度看空，可是这个幅度是不会改变的，这就使得股票的价格被期指绑死，有大量的筹码是进行套期套保的筹码。只要点位差距大了，大家就可以在升水时融资买股再做空远期期指，或者贴水时融券卖空做多远期期指。由于套期套保的保值和套利需求的存在，而且规模巨大，实际就是把市场的估值限定在了某一水平。也就是说远期的期指与现货的价格由于套保套利的存在，与现货的差价应当在利率以下，超过利率就有套利空间了，通过套利则又将差距缩小。这实际已经严重地影响了行情的走势，造成行情的扁平化，要打破这个扁平化，就需要一个快速的变动跃迁。通过这样的跃迁，从一个平衡的状态跃迁到另外一个平衡的状态。

根据经济的量跃理论模型可知，进入数字经济的衍生品时代，是不可能有慢牛的，从一个估值状态向另外的估值状态跃迁，一定是快牛。而在某个状态下，由于有各种金融工具的套保套利，远期价格与现价受利率和波动率的制约形成类似量子场的稳态，而每一次打破稳态，需要有足够的动力，一旦稳态被打破，就要快速寻找新的平衡，这就是快速跃迁。快速跃迁向上就是快牛；如果快速跃迁向下，则是危机。想要慢慢地发展行情的话，只要行情方向明确，必然导致远期期指出现方向性升水或者贴水，这就产生了套利空间，而不断地套利是一种保持稳定的力量，会使得你的方向性选择被抹杀。

现代经济学的发展中，博弈理论得到广泛的应用，其中的一个关键就是进化稳定策略，进化稳定策略的基本思想是：假设存在一个全部选择某一特定策略的大群体和一个选择不同策略的突变小群体，突变小群体进入大群体而形成一个混合群体，如果突变小群体在混合群体中博弈所得到的支付大于原群体中个体在混合群体中博弈所得到的支付，那么小群体就能够侵入大群体，反之就不能够侵入大群体而在演化过程中消失。如果一个群体能够消除任何突变小群体的侵入，那么就称该群体达到了一种进化稳定状态，此时该群体所选择的策略就是进化稳定策略。在经济学的市场当中，不断的套利行为，就是不断地消耗个人和小群体的不同突变策略，从而使期指的股市在平时就是一个进化稳定策略的市场，套期保值形成了各种稳态。

大千世界物种丰富，研究表明，物种的大爆发和大灭绝都是在极短的时间内完成的，包括人类自己也是这样的，这就是突变奇迹进化策略。一旦一个小的突变博弈大于群体支出，就可能形成蝴蝶效应，造成群体的迅速反馈，这样形成的市场变化一定也是剧烈的。中国在开展了股指期货以后，股票就是长期被稳定在低位，而中国在亚太经合组织（APEC）上的表现和亚投行的国际影响，就是一个突变。在这个突变之中，中国的股市就是要向高位跃迁的。有关估值支持的理论在本人的《价格革命和资产重估牛市》中已有分析。

很多人拿着所谓市盈率来说中国股市。现在中国石油的市盈率已经78倍，军工龙头中国重工的市盈率近200倍。中国的银行业利润与实业利润的扭曲需要打破，银行的暴利就走低；银行办券商，券商的利润降下来；保险公司的持仓损失也比较大。实体经济不好，市场利润水平远远低于几年前的熊市利润水平，当时是大盘2000点时候的估值水平。中国股市再按照这个逻辑走熊以后就只能有1000点！牛市不再，对中国是灾难性的。因此，中国股市的估值逻辑已经不是原来的逻辑，而是中国资产重估的逻辑！这个重估的价值，就是支持中国打破期指套利所带来的市场稳定的突变奇迹。这奇迹与亚投行、世界对中国态度大反转的奇迹同步发生，这是一个快速重估的过程，必定带来快牛。

这样的跃迁必须是快速的，必须在跃迁过程中让最少的人得利，如果让大量的得利兑现，尤其是慢牛当中反复震荡导致庄家的控盘收益和股指期货的套利收益巨大，跃迁的动能就会不足。这样的股市不会给那些在牛市过程当中赚钱的套利者更多的机会。这次的快牛股市只有让大量的参与者赚不到钱，才能打破原有的平衡进行跃迁。如果是慢牛股市，大家都赚钱，这个钱从哪里来？跃迁的成本太大了。快牛股市可以打破原先的平衡，空头爆仓所带来的巨大利益足够让市场进入高位。这个道理，个股坐庄的操盘手都知道，把股票的价格拉上去，一定是一个快速的主升浪，在此过程中一定是要洗出浮筹让最少的人跟风得利，绝对不是一个慢速地让所有参与者都有满意利润的过程。

传统的经济学在当今有些落后了，它是依据布雷顿森林体系的国际金本位的美元建立的，而现在用的是牙买加协议下的美元。在金本位时期，市场上的美元是有限的，利率是高企的。在石油危机时美联储曾经把利率加高到20%以上，以限制石油等期货市场的套利投机。而现在的货币体系下的利率是很低的，中国央行施行货币新工具也投放了大量的货币，银行间拆放利率大多在3%以下，系统性套利的机会很多，而西方世界的QE政策则提供了更多货币，这样的货币形势造成传统经济学的供需曲线扭曲。

定价权理论讲供需曲线是扭曲的，因为在大量货币供给下，资源供给有限，无限对有限必然要扭曲。金本位货币受制于黄金数量有限，价格高大家就都去换黄金。现在不同了，高价会让供给方产生惜售，低价则会有恐慌和去杠杆供给，因为供给曲线不是价格越高供给量越大。对需求来说，则价格高会有投机性需求和恐慌性需求，在价格低时除了刚需之外会投机观望。需求也不是价格越高需求越少，因此传统供需理论受到挑战，弯曲的供给曲线和需求曲线会形成多个均衡点，而不是传统经济理论讲的单一均衡点。比如在股市，想要出货，不是打压股价，而是拉高股价，这样庄家就能够出货了；同样，想建仓，也不是简单地一味买入推高价格，而是打压股价让融资盘爆仓和散户恐慌，就拿到筹码了。因此供需曲线扭曲，市场就有多个均衡点，谁能够主导市场在哪个均衡点上，谁就有定价权。而当价格从一个均衡点向另外一个均衡点跃迁，就是市场的快牛、疯牛，或者是金融危机。

这些跃迁和多重均衡点的理论，其实在2008年实战当中已得到充分检验。前面的章节已经讨论过理论的模型框架。在石油价格每桶130多美元的时候卖出对冲期权，140美元/桶的认购和65美元/桶的认沽让我们的航空公司巨亏，所以不能只讨论油价在147美元/桶以上得益有限，而不考虑油价247美元/桶。其实这就是石油后弯曲线下的两个均衡点造成的，当油价稳定在低位65美元/桶以下，就是这个均衡的体现。当年，100美元/桶以上呈现高位均衡，华尔街的理论模型准确地进行了估算。牛市走势的认识，同样输在了理论起跑线。在多个均衡点稳态跃迁模型下，是没有慢牛的。我们几年的熊市也是市场稳定在低位的均衡点之上，现在好不容易打破了。想要慢牛，再回到原来的均衡点之上，其实就是杀死了牛市。慢牛的口号欺骗性极大，一些海外势力打着慢牛的旗号想要做空中国。

中国要崛起，就要有自己的理论体系。目前，我们使用的理论，其实已经过时，如果拿着西方的过时理论来分析中国市场，一定会被对手带到沟里。中国的股市已经与世界接轨，就要应用华尔街的实战金融理论模型，在大盘下跌20%的情况下，就要变成熊市，而不是慢牛，因为这个时候不光是杠杆的融资盘爆仓，合法的期指多头也爆仓了。原来通过套期套保形成的市场稳态和方向性已经被打破，没有政府的强力干预，下面就是向低层的均衡点跃迁，这个低位均衡点要是有价值，可以让中国石油的市盈率变成15倍。这意味着中国石油股票要跌到1/5，即2元1股，这个估值对中国不公平。

综上所述，中国的股市在股指期货模式下，就一定要是快牛，而暴跌一定是危机，绝对不能够任由其下跌，从而把市场的定价权拱手让人，用杀死牛的方式来获得慢牛，得到的只能是死牛和食腐的大熊。

进化稳定策略与纳什均衡

进化稳定策略（Evolutionarily Stable Strategy，ESS）指种群的大部分成员所采取的某种策略，这种策略的好处为其他策略所不及。动物个体之间常常为各种资源（包括食物、栖息地、配偶等）竞争或合作，但竞争或合作不是杂乱无章的，而是按一定行为方式（策略）进行的。对某个个体而言，最好的策略取决于大多数成员在做什么。由于种群的其他部分也由个体组成，它们都力图最大限度地、更多更有效地繁殖自己的后代.因而能够持续存在的必然是这样一种策略：它一旦形成，任何举止异常个体的策略都不能与之比拟。在环境的每次大变动之后，种群内可能出现一个短暂的不稳定期，但是一种ESS一旦确立，就会稳定下来，偏离ESS的行为就会被自然选择淘汰。

纳什平衡（Nash Equilibrium），又称非合作博弈均衡或纳什均衡，是博弈论的一个重要术语，以约翰·纳什命名。在一个博弈过程中，无论对方的策略选择如何，当事人一方都会选择某个确定的策略，则该策略被称作支配性策略。如果任意一位参与者在其他所有参与者的策略确定的情况下，其选择的策略是最优的，那么这个组合就被定义为纳什平衡。一个策略组合被称为纳什平衡，每个博弈者的平衡策略都是为了达到自己期望收益的最大值，与此同时，其他所有博弈者也遵循这样的策略。

二、证券市场稳态与期权的重要性

西方的金融市场，是一个期权和期指同时发达、同时可以做空不受限制的市场；中国期指远远比期权要发达，而且开始只有期指。金融的现货、期指、期权之间的关系，以及它们对市场的稳定作用，也是要从理论的高度进行认识的。

图3-1的文章写于2015年，现在中国证券虽然已经有了期权，但规模完全不足，起不到对冲风险的平衡作用。

证券市场稳态与期权的重要性

2015-07-28 microee 阅 分享 全屏 转藏

量跃资本：张捷、谢军

图3-1

中国证券市场多次大起大落。为何中国证券市场的波动总是比西方的市场大呢？很多人把中国的证券市场简单地解释为不成熟，以及处于在市场的初级阶段。这个解释有些牵强，因为大多数初级阶段的市场是一个没有成交量的市场，而不是大幅度波动的市场。大幅度波动的市场首先是要有市场的搅水者、投机者，同时市场机制有缺陷，是市场发展到一定阶段才会有的。我们的市场到现阶段到底哪里出现问题了呢？我认为，中国股票现阶段由于期权的短腿，造成了市场的极大不稳定。我们虽然开展了期权，但期权的交易受到诸多限制，股民开具期权门槛极高，导致交易量太低，无法对市场形成有效的稳定制约作用。我们过去也有类似期权的权证。权证交易爆炒导致的暴涨暴跌给市场带来很大的伤害，因此大家认为期权的全面放开会导致市场更大的波动。这个认识是不全面的，因为在有股指期货以后，问题是变化的，要整体认识。成熟市场下期权的作用主要体现在三个方面：(1) 有权利没有义务的杠杆；(2) 正确操作低买高卖，维护股市稳定；(3) 股灾时，持有股票太多可以买入认沽期权（看跌期权）对冲。下面我们将深入进行分析。

有人说中国的股票市场现在成交量冠绝全球，这就要考虑为什么有这么大的成交量。有人简单地说中国的M2比较高，但中国的货币大量是社会存款，并不在资本市场，与外国有本质不同。中国的股市有如此大的成交量，本人认为这恰恰是没有足够的期权交易存在的产物。如果有期权的存在，短线投机和高杠杆资金主要的交易对象就是期权了；如果计算期权相关的金融衍生品交易的话，西方市场的交易额就会远远大于中国股市。进一步讲，期权是带有巨大杠杆的，比如我们交易一个1元钱的期权，它背后的认购或者认沽的股票可能股价是100元钱，如果没有这个期权交易而交易股票的话，则意味着是100元的股票交易！因此，没有期权的市场必然交易量巨大，而且对流动性的依赖巨大，会因为流动性的变化大幅波动。美国股票市场的交易量没有中国大，但美国的金融衍生品市场巨大，期权交易量巨大，还有不少场外交易，如果把这些期权交易换算成对应的股票交易，则中国的交易量就远不如美国了，而且美国的证券市场比中国要稳定。

使用期权进行交易的巨大好处就是对流动性的要求很低，因为期权带有自然的杠杆。要买股票，必须有与股价相对应的资金，没有就要融资，买入股指期货；市场波动下方向不对的时候，我们会追加保证金或者被强制平仓（强平），而期权则不会面临这个问题。这种看似微观的差别在宏观层面发生股灾的时候会表现得特别明显，股票的融资会因为风险撤退或者要求更高的利息，股指期货的保证金也会增加，股指期货的强平压力也会让你多拿资金。股灾下大家都有流动性需求的时候，流动性反而因为股灾而离开股市，造成股市的流动性枯竭而进一步下跌，引发正反馈，导致越跌则流动性越少，流动性越少则更跌，这是造成中国股灾很重要的一个原因。如果此时有期权，市场同时还有牛市的预期，那么就会有大量做多期权的资本。这些资本做多期权与做多期指不一样，做多认购期权，空方是无法让他们的期权爆仓的。而且以期权套保锁定的股票，以后空方是无法买回来还券的，那么空方打压的动力和胆量就要小很多。期权是个权利仓位，不是义务仓位。股票运行于我有利时，我可能获得巨大盈利；股票运行和我预期的相反时，我的最大损失为最初的原始投资。期权不会爆仓带来的是与融资融券不同的巨大好处。期权本身与融资融券是有相互作用的。

在国外，期权更是一种发行股票的手段，通过发行期权和行权而发行股票，可以避免大量股票发行带来的市场波动和流动性不足。我们的可转债实际上是一张债券加上一个以转股价和转股期限设定的期权的二者捆绑买卖。流动性是利用了债券市场的流动性，在股票市场仅仅是期权的概念，这也是一种与期权性质有关的股票发行方式。还有公司的股权激励计划，公司给员工的持股计划，西方成熟市场更多的不是直接让员工买入股票，而是期权奖励，员工必须做好公司，这个奖励才是真的奖励，激励机制更有效。所以以期权和行权这种方式发行股票，比定增和配股更公平，是市场决定的，而且必须把公司基本面搞好，大家愿意行权才能发行股票。而我们当初的权证，就是为了股改的市场稳定而设计的，股改的全流通和非流通股东给流通股东送股，本身就是对市场上流通股东的一个股票发行过程。后来，市场爆炒权证，但全流通的股改股票的走势都是良好的，股改顺利完成。因此，对当年权证的作用，我们不能仅仅看负面的。国外的期权很多也是机构发行的，给机构带来更多的收益，同时国外也有做市商制度。做市商在市场上的行为，除了高抛低吸维持股价稳定外，更多的是以期权的买卖来稳定股市，期权的操作需要的流动性更小、作用更大，所以个股期权的意义涉及很多层面。

对中国2015年的那次股灾，我们一直在谴责裸做空的问题，以致有人拿西方成熟市场的情况说事，而不接受中国的股指期货被裸做空是恶意做空的概念。期权存在以后，裸做空的概念就不同了。西方市场是期权完善的市场，与中国市场没有可比性，明白这些就知道为何中国对做空是有仓单限制的，规避限制的裸做空不但违法违规，而且这些法规是有市场依据的，跨市场的套利就是恶空。

在成熟完善的期权市场中，做空认购期权可能风险无限大，对期权的做空与做多是不对等的。例如，著名的保时捷收购大众事件，血淋淋的事件面前，再有做空的基本理由，期权也不像期指那样可以放胆恶意做空。而看空市场做多认沽期权进行做空，大量的认购认沽期权使得认沽期权暴涨，市场看空气氛浓厚。认沽期权的价格上涨不但使你在高位买入期权降低了做空的收益，而且如果你是裸做空没有持有股票，则在你行权的时候，必须买入股票来进行认沽行权。你如果是散户，可能影响不大；如果你要操纵市场，持有巨量的期权进行裸做空，则很可能你是买不到股票行权的。更可能的是，你买入大量股票准备行权的行为本身就使股票大涨了。而你为了对冲这个大涨再买入认购期权，就已经做多了，且如果此时再跌，你的空方操盘依然是失败的。在为了行权而股票大涨和当初购买认沽期权价格大涨的双重压力下，你为行权买入造成大涨，如果不行权则白白损失期权价格，若再以认购对冲，也有损失风险。即使是市场大跌，在期权层面上的做空都是可能亏损的，这才是问题的关键。同时，如果有谁是裸卖出认沽期权，并不对市场构成巨大的下行打压，这意味着你准备在那个点位买入，你已经不是空方了。“债券大王”比尔·格罗斯2015年4月开始说做空债券是他一生中一次难得的机会。然后他大举做空债券市场，而且市场也确实如他预测的那样债券大跌。但是令人大跌眼镜的是，他个人却不但没有暴赚，反而是亏损了，而且是巨额亏损。只有弄明白为何他会亏损，才能真正理解在有期权的市场，期权是怎样对做空有抑制作用。

在同样的状态下，期指则与期权的行为根本不同，把期指价位压低是可以期现套利、直接拉低股价的。因为期指有一张空单就有一张多单，二者是对应的；而期权是单向权利，有认沽未必有对应的认购，期权是一种选择权。就如你持期指空单和股票套保，在股市出现下跌趋势时你有动力先抛售股票，再让经过抛售打压的股指空单平仓得到更多的利益。这个时候，套保就变成裸做空了，但如果变成你持有股票和认沽期权的套保，你先抛售股票，以后如果要行权，还要把股票买回来，不会有前面那种套保的投机需求了。因此，在裸做空的问题上，期指是有更高的投机动力的，相反期权是要限制做空动力的。

期权与期指类似，可以成为股票的套保工具。比如我买入和持有股票，同时我又担心股票跌太多，那么我就可以在我所担心的下跌点位买入认沽期权。如果我卖出了股票害怕踏空，则我会在卖出股票后，再买入认购期权。这个买入的套保，在股市大幅度波动的时候，成本是固定的，资金的投入是固定的，不会出现股票和期指的套保需要增加大量保证金的情况，升水和贴水的套利也因为期权是选择权，而不容易实现。更关键的是期权的套保是与个股更紧密联系的。在西方发达市场，个股期权发达，股票与期权的套保更多是在个股，而期指则很难与个股挂钩，空头坐庄个股，做空个股是不容易赚钱的，没有大盘期指这样打压整个市场的机会，而打压整个市场的外部恶空势力，容易被个股做多势力以期权抵抗。

在西方成熟市场，一般有经验的股民会做多期权。股票上涨时，不管持有的是认购还是认沽期权，期权对应的股票行权价值增加，股民如果不想风险太大会卖出一部分股票；股票下跌时，期权对应的股票行权价值减少，股民不想失去太多股票仓位，可以选择买入一些股票。这个过程，就实现了低买高卖，和追涨杀跌完全相反，是对市场起到稳定作用的。举例来说，就是在行权价格为20元的时候，如果股票涨到30元，期权行权价值是10元，则股民可以卖掉股票仓位只拿着期权，拿着期权与拿着股票是类似的，这样股民的资金回流了；而如果股价跌到10元，认购期权的价格会稳定在一个很低的机会值，这个时候股民需要的就是买入股票了。更进一步的就是期权的杠杆率，只有当股价与行权价比较接近的时候才是巨大的，股价高企和过低，杠杆率都是减少的。比如还是20元的行权价，股价到100元时，期权行权价值80元。这里近似地不考虑期权选择概率的溢价，世界通行的期权定价模型OPM[①]由布莱克与斯科尔斯在20世纪70年代提出。通过模型的数学运算，该模型认为，只有股价的当前值与未来的预测有关；变量过去的历史和演变方式与未来的预测不相关。模型表明，期权价格的决定非常复杂，合约期限、股票现价、无风险资产的利率水平及交割价格等都会影响期权价格。为了简单说明问题，我们只考虑股票价格和行权价格的利益，这80对100，杠杆是很小的，期权约等于股票；而股价在25元时，期权价值5元对股票的25元，这个杠杆就非常大了！股价25元，行权20元，期权价值5元，5元的期权对应25元的股票是5倍；而到100元，80元的期权价值对应100元的股票价格，只有1.25倍了，杠杆大幅度降低。更要注意的是股价在20元以下的时候，期权不会被行权，对应的是0股股票，在20元以上时才会行权，则期权对应的是1股股票，这0到1的变化，对市场的影响也是巨大的。这个例子当中在股票价格25元、行权价格20元的时候，期权的价格肯定比5元高很多，因为有机会选择行权的利益价值，在这里仅仅是以行权价值来论述其杠杆价值的。对此，再举个极限的例子，假设离认购期权到期只有不到1天了，我们暂时忽略期权的时间价值，不考虑波动性的变化，只考虑认购期权的内在价值。对于100元钱的股票，105元的认购期权价格趋近于零（也许只有0.25的时间价值），但如果股票在最后1分钟涨停，那么105元的认购就变成5元了（可以行权105元买进股票，110元卖出），期权价格从接近0涨到5元，就是巨大的

① OPM是指企业充分利用做大规模的优势，增强与供应商的讨价还价能力，将占用在存货和应收账款的资金及其资金成本转嫁给供应商的一种资本管理战略。

杠杆效应。但如果股票当天跌停，认购期权价格就变成0（没有义务要105元买股票），持有期权是不会爆仓的。这个规律与股票融资的杠杆规律恰恰相反，人们炒股融资越来越多，炒到最高的时候杠杆最大，2015年股灾就有很多仓位是这样的情况，造成严重踩踏也与之有关。而期权的选择权价值，在市场的波动当中，更起到了对冲和稳定的作用，这个价值高低直接与市场稳定有关，其高低是对冲市场波动的，以后我们会论述。

期权的杠杆还可能是非常巨大的，类似彩票，彩票期权的大量存在，对市场波动率的平抑作用更大。认购期权的行权价从高于股价转向与股价接近的时候，期权的杠杆可以非常巨大，期权的杠杆就是delta，认购delta在0和1之间变化。你可以在delta为0.05的时候买进，如果后来股票大涨，delta变成1了，就是20倍，这才是杠杆的威力。股票20元，行权价20元，50元认购0.05，我花1元可以买20个认购，等股票涨到50元或100元，这20个认购就几乎控制20股股票的起伏，所以期权是个动态杠杆，和期指、融资融券的固定死杠杆不一样。所以，巨大的杠杆有时候可以和彩票类似；反之，认沽期权也是类似的。在股票价格高位的时候，对很多锁定仓位的大股东，可以卖出认购期权额外得利，同时也会有很多人在低位卖出认沽期权，不是以行权为目的而是为赚取期权费，是对市场低位的有效支撑。所以，这些期权的存在有助于平抑市场的波动。这种期权真的能够行权的机会是很小的，平时delta接近于0的期权就如彩票差不多，能够行权的概率和中奖的概率差不多，但在市场暴涨或暴跌的时候，就会产生巨大的力量，所以这些期权出来，市场就难以大幅度波动而跳出这些期权行权价构筑的区间，它就在这个区间形成稳态，除非有特别的走势打破这个稳态，此时这些期权就会带来暴利，带来整个市场的量跃。

我们的涨跌停板和T+1的股票交易制度在2015年股灾当中也受到了巨大的非议，其实涨跌停板和T+1的制度与期权是可以联系起来的，涨跌停板制度也可以从期权层面来看。涨跌停板某种程度上类似期权，应该大力发展期权市场。中国每天买卖的股票，由于涨跌停板，类似于股民在做一个当天的10%的期权交易。买入股票，其实相当于卖出一个当天涨停板的认购期权，同时买入一个当天跌停的认沽期权；卖出股票，相当于卖出一个当天跌停的认沽期权，同时买入一个当天涨停的认购期权。涨停板上的这个期权，行权需要一天，行权一天与T+1交易锁定你的股票一天是等价的，原来的T+0就与T+1对等了，而卖出股票等于买入一个当天涨停板的认购期权，也是行权一天，买入股票是一天后可以卖。如果选择不行权，当天的钱就可以买其他股票了，就是T+0不变。而对于T+1的交易，可以当天卖出一个期权对冲。

有了期权的概念，知道涨跌停板和T+1是可以对冲的。也就是说，股灾时大面积跌停的情况下，股民对于股票的操作（卖出），所隐含的期权操作都是错误的，等于在错误的位置卖出了期权。所以我们比涨跌停板和T+1制度更需要引入个股期权，完善期权市场，要通过期权市场的规律来保障市场稳定发展。

在股票与股指、股票与期权的两种套保以外，其实期指和期权也是可以套保套利的，使用期权与期指的套保套利与股票不同，我们做空期指可以用买入相关股票来对冲，也可以用买入相关认购期权进行对冲，这个对冲不需要全资购买股票，所需要的流动性要少很多。在发达国家期权以个股为主，是个股期权和大盘期指的一种对冲套保。而个股期权做多与做空的力量完全不对等，个股期权很多是与员工股权激励等挂钩的，认购期权的数量远远多于认沽，外部势力抛售个股的时候，会遭到个股期权的抵抗，做空会比在中国困难得多。在期指市场和期权市场都发达了以后，期权就不再如我们以前的权证那样成为波动的工具，有很大的正面作用。期权的开展，对股市的牛熊的影响是完全不对等的。在期权加入以后，市场的稳定状态与以前就不同了，变成了股票、期指、期权的三者套保对冲，极大地增加了市场的稳定性，保障了牛市的进程。因此，如果没有完善的期权市场，只开设了期指，会因期指造成市场更大的不稳定，但有了期权这第三条腿的支撑制衡，市场就稳定多了。现在的大起大落问题，就是股指期货不受制衡而引发波动的问题，是我们的期权市场太弱小的缘故。光有期权没有股指期货的市场，也是不稳定的，它们之间的制衡关系才是重要的，我们要从整个市场体系来认识期权和股指期货的意义，对它们的认识不能片面地从体系当中孤立出来。

期权在微观层面会带来股票的稳态。本人了解到，很多人在中国工商银行等相对稳定的股票上采取了这样的操作策略，在现价上面几分钱挂卖单，下面几分钱挂买单，随着股票的价格波动，让股票自然成交，这个策略让很多人赚了不少钱。这其实就是在炒作股票的波动率。如果有了期权，此类做法变得更加容易，你可以在股票上同时买入认购和认沽期权，这样无论股票涨跌，你都可以赚到钱，而且这样的操作与我们前面所述的老股民挂单不一样，你不用支出全额的现金，这是有很大的杠杆的。这种操作只有在股票不太波动的时候才会赔钱，这里期权的价格，就是受波动率大小影响，最后会达到一个平衡。我们股市的股灾，就是恐慌下的大幅度抛售造成的，在股票大幅度波动的时候，市场的流动性是不足的，但在这个时候如果有期权，则股票的波动性就要受到限制，因为会有大量的期权出现，大量的人在做股票的波动率。这些期权会遏制你抛售的冲动，也会对冲套保降低波动的损失。有大量的股票期权存在，股票的波动就要减少，因为流动性紧张导致的抛售就会降低很多。出现股灾的情况下，波动率上升，手上的期权即使个股价格不变，价值也会上升。更有可能是通过标的股票的大幅波动实现盈利。这就相当于通过期权的非线性属性对投资组合进行对冲，在股灾的时候增加流动性。

期权在宏观层面也带来市场的稳态，ETF的期权本身可以强烈影响大盘，因为期权本身是可以限制市场波动率的，可以同时买入看涨期权和看跌期权，这种时候无论股票涨跌，都是可以赚钱的，只有股票价格不变，才会有损失。如2015年股灾开始前后，本人从突破4500点以后一直告诉大家最好的投资产品就是期权的波动性，不论股票涨跌都是赚钱的，当时时常是一天之内一个方向的期权上涨100%以上，另一个方向的只下跌10%多，当天就可以翻倍的！期权的特性在于选择权，在做对方向时可以大涨，而反向则不会太跌，这与股指期货是不同的，因为你可以不行权。由于有大量波动性套利的期权投资者的存在，就要遏制波动率的高涨。我们股市的快涨快跌是波动率大的表现，但如此特性给了期权波动率套利巨大的机会。我们在期权定价模型下，市场的波动率高，期权的价格就要暴涨，就会有更多的期权发行出来得利。按照我们前面的论述发行期权是要锁定股票或者买入股票行权的，期权的存在直接影响了股票的交易，让股票的买卖和走势与波动的趋势相反，市场波动受到遏制。在期权套利可以大量增加的情况下，波动就要被遏制。西方的证券市场，波动率比我们的市场小，期权工具的影响不可忽视，在这些成熟市场中，期权甚至可以二次衍生，有专门的波动率看涨期权和波动率看跌期权，丰富的期权产品与期指交织起来，维持了市场的稳态。

综上所述，借鉴西方成熟市场的经验，我们要让市场稳定，就要给市场更多的金融工具。期权的杠杆大，同时对市场的流动性需求小，在流动性紧张时有更大作用。期权和期指是相互作用的，仅仅有期指没有期权是会加大市场波动的，市场的波动需要有期权工具来遏制。所以我们需要充分认识期权、期指和股票三者在整个市场体系当中相互作用的制衡关系，消除对期权认识的误区，扩大期权市场规模，降低准入门槛，完善市场机制，深化改革，这对稳定证券市场非常重要。

三、微观博弈下看期指带来的量跃稳态

——看监管层各方如何庖丁解牛

图3–2是2015年本人的分析文章，现在依然可以读。

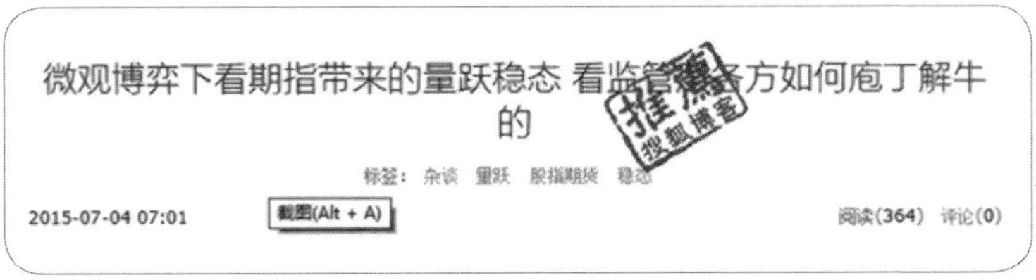

图3–2

中国崛起，中国资产被重估是合理的，2014—2015年中国股市走牛，有内在合理的原因。但此轮股市的高涨当初被恶意地说成了人造牛市、杠杆牛市、泡沫太大等，舆论上早有伏笔。证监会的打爆杠杆和IPO、新兴战略板，以及汇金的减持、央行降息降准的矜持、监管层的合力等全部打在要害上，就如庖丁解牛，“奏刀騞然，莫不中音”，牛市已经悄然远去。市场的牛熊有其量跃的规律，难道不应当反思一下我们的理论认识出现了什么问题吗？

在前面一节“带期权期指的市场难有慢牛”当中分析了在期指的套利套保的情况下，现货的价格走势会进入稳定博弈阶段，形成稳态，对这个稳态如何产生和运作，我们结合2015年6月、7月的走势进行具体的微观分析。

在股市当中存在大量的套保盘，这些套保盘是有方向的，也就是有看跌的套保，也有看涨的套保。具体就是，如果你对大盘是看跌的，你的股票仓位又非常重，可以做空股指期货或者买入认沽期权，同时持有股票与之对冲；反之，如果是在看涨大盘的情况下，你的仓位轻，有大量的现金，你的买入会推高价格，不合算，则可以期指做多或者买入认购期权进行对冲。

如果可以融资融券和加杠杆，你也可以进行套利或者杠杆操作，这个时

候的看多就是在原有仓位的情况下融资加仓，同时在遇到风险的时候做空对冲，或者是在融券卖空后做多对冲风险，在杠杆的压力下，对冲变得更为频繁，而且股市的交易是T+1，但股指期货可以T+0，这里的隔夜风险也是可以对冲的。与此同时，就算你没有看跌看涨的明确判断，对于股指期货和现货也是可以套利的，做法其实与套保类似，把期货与现货的升水或者贴水套取出来。

虽然名义上说是套保套利，实际上也是带有巨大的投机性机会的，也就是说在看跌套保的时候，你有机会把仓位很重的股票当作打压的筹码抛出，令期指比股票更快下跌，期指的获利要超过股票的损失，甚至再发展到融券，进一步扩大战果，这个时候就不是套保而是直接做空了；同样对于看涨的套保，你可以把手里的现金买入股票或者加大杠杆买入，从套保变成直接做多。

在不同的套保方式下，做多和做空是不对等的，对看跌的套保，真的到股票一直涨却不停的时候，股票的涨被期指做空的损失抵消是不得利的，解开套保平仓期指也不能带来比不做套保更多的利益；同样对看涨套保也是一样的，这些套保本身是有方向性的冲动，这个冲动对市场的走势影响极大。因此，这个投机的方向性一旦产生，我们说的“量跃”就要实现了。

在正常的情况下，市场当中存在大量看跌的套保和看涨的套保，它们的平衡就是一个重要的稳态，因为打破它们的平衡需要巨大的能量。市场的价格一般处于一个稳定的状态，一旦产生了方向性的升水或者贴水，则市场的套利会导致套保的数量天平朝着减少升水和贴水的方向运动。比如，2015年的暴跌，在2015年6月29日沪深300的IF1507是4014点，贴水177点达到4%以上，中证1507是7768点，跌停贴水700多点达到10%，如果不是跌停应当贴水更多，这就产生了巨大的套利机会，带套利的套保就是做多期指而抛出股票。这个套利是值得借钱来做的，一个月不到就10%的利差，年化收益率可以达到100%以上，如果再加上杠杆，可以实现百分之几百的无风险套利，太诱人了，这个套利的结果就是股市上大量的股票被抛出，直到套利空间减少。

在平时，股指期货与现货有几十点的升水或者贴水也是正常的，这个套利的利润大约是1%，但年化收益率百分之十几，对理财等资金来说已经很诱人了，如果再有财务杠杆，也是有很大的空间的。这个套利的资金同样是有方向性的，对贴水的可以变成做空以后，反手做多股票，让贴水扩大赚取更多的钱；对升水的可以变成做多股票以后，反手做空，扩大升水套取更多的利益。这种方向性的投机可以比反方向仅仅取得套利利润更有诱惑性。这样的结果就是对升水产生可以做空投机的套利，对贴水产生可以做多投机的套利，从而把股票价格维持在一个相对稳定的状态。

我们的牛市就是一个不断量跃的过程，在原有的套保基础之上，很多套保变成了投机性的做多，原来在4000点、4500点感觉害怕踏空的客户进行了看涨的套保，先是做多指数，但看到大盘一路飙升，就从原来的套保变成了做多，资金不断进场和增加杠杆买入股票。这样的量跃需要的动能只有打爆原来的空方才能实现。如果空方爆仓，空方的资金变成多方所有，多方就会买入更多的股票现货，支持市场走得更牛。如果这个时候大盘不断上涨，能够打爆空方，就要直接冲击6000点了。

当时，中国中车上市复牌，复牌是立即进入指数的，它的市值和所带动的板块，如果像预计的那样连续涨停，对股票大盘的影响巨大，每个涨停会影响大盘1%，每个跌停也是1%。中国中车连续大跌，6天换手大股东以外的筹码100%，应当明显受到了空方有预谋的阻击，因为正常的获利盘、恐慌盘、庄家出货等都没有这么多的筹码。中车的熄火，对股市量跃是致命的一击。

这个时候，证监会不断提示风险，很多仓位大的机构又在5000点以上进行了看跌的套保，到大盘真的下跌的时候，他们会投机性地选择把股票抛出，在期指上赚取更多的利益，从而助长了股市大盘的下跌。

大盘跃上5000点非常关键，在4500点和5000点进行了反复争夺。大盘2015年6月5日收盘5023点，6月8日收盘5131点，6月9日收盘5113点，6月10日收盘5106点，6月11日收盘5121点，6月12日收盘5166点，连续5个交易日收盘在5100点以上。正常的情况下，突破了5000点并且站稳5100点后大盘是应当突破上行的。空方主力在一个月前建仓的位置是4300点左右，涨了20%，如果再上行，空方一定是要爆仓的！因此，空方处于力竭的时刻，而多方此时也是杠杆融资和套保变成做多，也是最脆弱的时候。此时，证监会的查融资、去杠杆、增发IPO的釜底抽薪，是庖丁解牛的刀下到了牛市的关键部位。同时，空方突然有了新生力量，应当是有外部的新力量投入了。此时，多方和空方都没有留下余地，已经到了必然会有一方爆仓的地步，一旦一方爆仓，就是方向的重大转折。

这个时候，稳态已经被打破，关键是看大盘跃迁到哪个稳态上面去，多方和空方只要一方爆仓，另外一方就具备了让大盘朝着自己希望的方向进行量跃的力量。此时，到底是哪一方爆仓，监管层起到了决定性的作用。证监会的做法，对多方就如庖丁，全部打到关键地方。“彼节者有间，而刀刃者无厚；以无厚入有间，恢恢乎其于游刃必有余地矣！”如此神力，牛怎能不倒？

监管层的态度、多空力量关键点位的质变，如果下跌不能快速修复，又会引导大量的投机跟风者，力量的天平将就此彻底扭曲，方向选择就要确立了，市场一定要到另外一个稳态上去积蓄力量。在这样的关键时刻，难以判断方向，本人一再提期权的波动率套利，就是告诉大家可以同时购买看涨和看跌期权，就能够获得好的收益。实际的期权盘面走势，也验证了此结果，经常是认沽和认购的涨跌幅度差超过100%，呈现出暴利。

期指套保和投机，对方向性也有助推作用。股票大跌，大量仓位股票跌停，机构被迫进行看跌套保，就是做空股指对冲持有的股票，导致股指与大盘的巨大贴水，同时吸引套利盘做空股票吃入股指。这种做空股票给大盘更大的压力，因为所有的套保避免了应有损失并通过套利取得无风险利润的背后，均是需要没有操作金融工具的一方承担更大损失。这个损失的承担是通过大盘更大的跌幅来实现的，给大盘更大的下跌动力，这是一个正反馈的恶性循环。

同时，对于看跌套保的机构，巨大的贴水意味着如果大盘反弹，机构套保平仓或者到交割，就是确认10%的损失，为了套保反而增加了10%的损失，令人难以接受。不接受的结果就是引发进一步的投机冲动：看空和卖空股票，变成完全的做空，希望做空成功以减少损失，是一种合理的选择。据有关人士分析，证监会查封空单账户，直接又引起大跌，让本来想要套保的机构套保不成，为了规避风险只能减仓股票，给大盘更大的压力。

从这些分析可以看出，一旦稳态打破了，就是一个正反馈的过程，很难让它慢下来，量跃是快速的。因此，市场原有稳态被打破，大盘走牛，如果向上的快速量跃被人为地打断，但又不能跃上新稳态，就要向下量跃回到原来的稳态。如果这种情况发生，意味着股市要重新回到一年多以前的大盘在2000点左右的低位稳态，市场进入熊市。牛被庖丁精确打击杀死了，庖丁杀牛是“手之所触，肩之所倚，足之所履，膝之所踦，砉然向然，奏刀騞然，莫不中音。合于《桑林》之舞，乃中《经首》之会”。然后还要说是市场规律，辟谣外资做空，“动刀甚微，謋然已解，如土委地。提刀而立，为之四顾，为之踌躇满志，善刀而藏之”。

所以，微观下的稳态博弈必须被打破，才能够有方向的突破，而在突破的关键节点，双方都是最脆弱的时候，到底谁爆仓，决定了大盘的走向。证监会以去杠杆之名，在牛市突破5000点的关键性时刻，精准打击让多方杠杆爆仓，决定了大盘大势，决定了市场走向，以后再想要扭转乾坤，在未爆仓一方已经获得暴利和力量大增的情况下，怎么可能不付出巨大代价就能够成功呢？

四、交易市场风险与量跃模型

前面讲过，在我们的定价权模型下，供需曲线可以后弯，就不是一个均衡点了，大家认为交易所的包赚不赔，其实是建立在交易模型只有一个均衡点的模型之下的，而存在多个均衡点的情况下，均衡点之间会跃迁，交易所就再也不是一个稳赚的状态了，均衡点突然改变、流动性脱节，就会发生穿仓、平仓失灵，连锁违约、信用失控等，交易所也会深陷其中。

2015年9月21日，出现了某交易所群体崩盘的事件。本人要在这里谈一下交易市场的风险问题，类似的问题在2008年的金融危机当中也发生过。其实我们的量跃模型可以非常清楚地演绎其中的金融逻辑（图3–3）。

图3–3

证监会对交易市场，尤其是一直想管理大宗商品交易市场，并且下过多个文件，但设立和管理交易市场是各个地区金融办的事情，且现货和期货交易市场存在打架状态，还有是否溯及既往的问题。现实是证监会权力管不到，但出了事情，群众依据证监会的文件，让证监会依据文件履行职责，证监会本来是想揽权的，变成揽义务，证监会被动了。

而政府都有争夺定价权的想法，都希望做高特有的稀有金属的价格，因此交易市场采取各种各样的有利于多方的政策，并且给多方支持，这背后不是简单的坐庄问题。后来的价格暴跌，多方和空方均遭受了巨大的损失，交易市场崩盘，这是当初没有想到的。

大家都认为交易市场是稳赚不赔的，只要有了足够的交易量就可以了。其实不然，交易市场的风险是存在的。在交易市场能够有很好的流量抽水赚钱时，进行交易市场诈骗其实是没有必要的，因为风险和收益不对等，交易市场的风险比大众想象的要隐蔽得多。

交易市场的保证金不足可以危及交易市场。对此，本人在前面已经分析了中金所在股指期货暴跌后无法平仓，在投资人爆仓以后，期货交易市场存在风险的情况。在现有的货币环境下，大宗商品的供需曲线是会出现扭曲的，是可以多空双杀的。在扭曲的供需曲线下，暴涨的时候是价格越高供给不增反降，爆仓的空单不能平仓；暴跌的时候是价格越低需求降低，供给增加，爆仓的多单也平仓不了。

在信用货币市场下，商品的数量有限而货币的发行量无限，供需曲线就要弯曲，这最早被萨缪尔森等人发现并写入经济学。后来的石油价格走势也印证了这一点。价格高的时候，大家都减产惜售；在价格低的时候，则因为外汇需求等货币流动性压力必须更多地销售，造成原来价格越高供给量越大，供给曲线弯曲。对需求曲线来说，在价格高的时候会产生恐慌性需求和投机性需求，而在价格低的时候去杠杆和投机投资需求平仓反而供给量大增，结果产生不止一个均衡点，在价格走高的时候可能无限高企，价格下跌又能超过想象，且变化迅速，多空可能会双杀。对此，本人在《定价权》里有充分论述，前面章节也进行了分析。

很多人认为，期货和现货的价格偏离就是诈骗，其实在大宗商品行业，期货和现货偏离的情况是非常多的，如2020年美国石油期货–37美元/桶的极端事例。国际市场的石油交割价格、现货价格和期货价格有巨大的差别，原因就是石油买卖要有欧佩克配额，买入无配额的俄罗斯石油则要预付8～20年的货款；在石油价格低的时候由于没有仓库，现货就要更低。中国的大宗商品形成批量了，也是要有资质等门槛的，比如铁矿石的期货、现货价格就相差非常远。国家对稀有金属也有特别的门槛，省市和行业协会也希望建立门槛；对一些半导体材料，同样的产品不同的杂质成分含量对其性质影响巨大，而且很多稀有金属也是有毒性的；所有这些背后的因素都可能变成交易市场前台现货与后台期货的矛盾，最后还可能导致中国稀土国际博弈的失败。WTO裁决，取消稀土出口配额，交易平台上有配额的和国内现货没有配额的稀土，价格是不好比的。因此，问题不像维权者所说的那样简单和直接。

在交易市场爆仓的情况下，投资人怎样多空双杀，为什么对冲基金的套利套保也会有巨额损失呢？我们要知道，期货是可以在不同市场区间套保的，比如近期价格和远期价格差别较大，我们就可以买入/卖出近期多单，买入/卖出远期空单进行对冲，把近期和远期的差价套取出来，市场的参与者可能同时持有多单和空单，只不过多单和空单的交割时间不同。但如果交易市场出现危机，比如大跌无法平仓破产，你的多单爆仓，损失巨大，你账户上有钱，就直接支付了，而你对冲的空单本来利润巨大，却因为交易市场破局无法支付给你，于是你原来看似绝对安全的套利就要损失巨大了。

合法的机构一样有风险，要改变政策规避风险。中金所当时把政策改为：自2015年9月7日起，沪深300、上证50、中证500股指期货客户在单个产品、单日开仓交易量超过10手的，就构成“日内开仓交易量较大”的异常交易行为。日内开仓交易量是指客户单日在单个产品所有合约上的买开仓数量与卖开仓数量之和。也就是你做不了几手交易了。套期保值持仓交易保证金标准由之前的10%提高至20%，非套期的提高到40%，也就是杠杆率成倍下降。将股指期货当日开仓又平仓的平仓交易手续费标准由之前按平仓成交金额的1.15‰收取，提高至按平仓成交金额的23‰收取，也就是手续费涨了十几倍。最后是严查出借和非实名账户。所有这些政策，意味着交易所已经实际停摆，表明中金所已经受到了非比寻常的压力（图3–4）。

图3–4

图3–5是沪深300当时的走势，可以看上方箭头的位置，从4000多点到2600多点，就一周多的时间，7个交易日。其中2015年8月

24日，涨跌幅–14.07%；8月25日，–10%，都是多方10%的保证金直接爆仓穿仓！几天的暴跌，是难以平仓的，而且当天就可以爆仓穿仓。

图3–6是当时中证500的走势，与沪深300的情况类似，暴跌、爆仓，接着穿仓，损失谁赔？交易所会怎样？

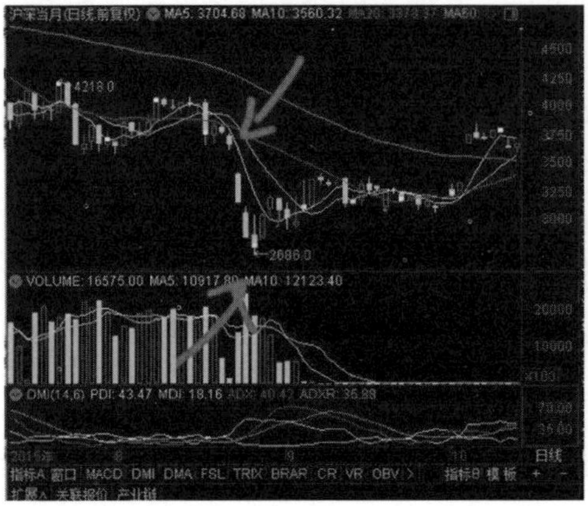

图3–5

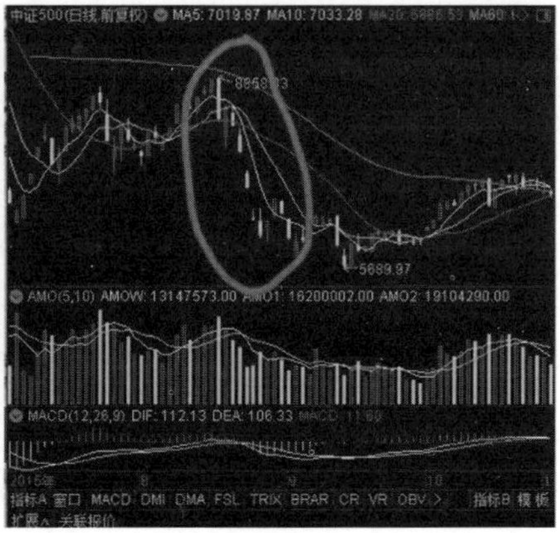

图3–6

我们再回顾一下当时中国期货市场的走势。股指期货在2015年8月24日和25日连续跌停，股指期货的保证金才10%，这意味着当天就让多头爆仓了，而且第二天继续大幅度地亏损。21日（周五）也是暴跌的，收盘后很多人就要补保证金了，经历这样的下跌后他们会补钱进来吗？如果他们不补，则这些仓单当时如果没有认亏立即平仓，实际上就是交易所有了系统性风险，多头已经爆仓，而空方依旧不依不饶，多单的平仓就是做空，因此平仓会加大贴水程度，我们看到26日中金所提高保证金以后，到9月贴水依然不断扩大，多单无法平仓。9月2日中午收盘，股指期货IF1509上涨5.96%，而沪深300下跌0.16%，到收盘则变成沪深300上涨0.11%，股指期货IF 1509下跌1.38%，中间的落差是7.5%以上，这就是午后仓单减少多方平仓导致的。如果理解了这个，就知道为何后面股市无论如何要涨回来，而到2016年开年，股指期货交割及券商结算之后，会释放风险导致连续熔断大跌！

对冲机构就是要面对这样的风险。2008年金融危机时，雷曼的爆仓就让很多对冲基金损失巨大，比如在中国很热门的城堡基金就亏损了55%，很多著名投行也不得不让政府救助。在这样的情况下，就需要另外的对冲思维，建立我们设计的量跃模型来解决。在扭曲的供需曲线下，不同均衡点之间的跳跃就是要伴随着爆仓的，这个跃迁的过程是需要人为干预的，也就是要在预期的均衡点进行对冲。我们用量跃模型进行了很好的测算，在2008年油价140美元/桶的时候，对冲65美元/桶的认沽取得了很好的结果，而从当今石油走势来看，石油价格在低位均衡的时候，65美元/桶就是一个很难超越的点位。

市场出现交易所风险，从定价权理论层面非常容易理解，其实就是市场交易的商品，从高位均衡点变成了低位均衡点，以前泛滥的流动性对市场的一次性透支变现。商品价格处在高位均衡点是卖方市场，处在低位均衡点是买方市场，从卖方市场到买方市场，就是市场机制的崩溃，原来针对买方市场或者卖方市场设计的市场规则，一下子被突破了边界。

历史上，从买方市场到卖方市场见得比较多，因为在传统货币时代，流动性紧缺是矛盾的主要方面。这个转变其实就是逼空，如果不加限制，价格可以无限涨上去，以前自然的限制会造成流动性不足，另外交易所对恶性逼空进行了一定的限制。目前，平时流动性泛滥成为矛盾的主要方面，市场在泡沫化，或者卖方市场转变为买方市场，交易所防范不足造成巨大损失，所以2020年美国交易所作弊改原油期货规则，结算价为负值。而2008年，除了损失巨大以外，大量不可想象的以腰斩价格65美元/桶对冲的期权出现了，东航等买入这些期权最后大亏。中国的交易所，对交易所风险研究不足，缺少规避机制，很多人认为开交易所只赚不赔，结果巨亏后交易所成了过街老鼠，被受害者认定为骗子。

量跃模型认为：所有的投资人相当于物理学、量子力学中的量子，是个体带有随机性群体的、符合统计规律的不可分单位；供需曲线在信用货币下后弯，期货建立未来的供需是期货投资者决定远远超过现货交易量，弯曲的供需曲线形成多个均衡点；不同的均衡点就相当于量子的不同能级，平时投资者是稳定在某个均衡点上的，在交易市场等系统性风险下，原来在某个均衡点附近的投资者，就要跃迁到另外的均衡点之上形成新的价格均衡，相当于量子在能级间的跃迁；能级也受本底的影响，货币的松紧就是主要原因。美国股市的走牛，其实就是QE货币兑水，总体而言，美股常年的缓慢上涨超过了经济的涨幅，与货币宽松的增长是关联的。打破这个过程是要人为对冲干预的，而且跃迁的能量来自爆仓的系统。因此，对于现在发生的危机不是不能解释，而是原来的模型不够完善，新的经济学模型是可以解释很多问题的。量子力学的物理模型与交易模型类似，还有一个关键点就是在数学上，它们描述的都是概率波。交易对冲，就是一种捕捉概率利益的游戏，如何把各种小概率的差别变成稳定的利益。

现在的金融危机，本人认为是一种交易市场的系统性风险。这个交易风险是可以多空双杀的，也给交易所带来了巨大的风险，我们不能简单地认定为诈骗。这个风险是信用货币下供需曲线弯曲形成多个均衡点的结果，面对这个系统性的风险，量子跃迁的模型是可以很好地予以解释的，我们需要在理论上进行更高层次的认识，而不是简单地说这是投机风险。

现在，交易所的风险，在数字货币领域体现得特别明显，因为数字货币的杠杆可以达到500倍，爆仓归零可能只要1秒，下面就是巨大的损失。

像大型的提供合约交易所，出现10倍、20倍的OKEx（欧易交易平台，2022年1月更名为欧易OKX）；出现50倍、100倍的加密交易所Bitmex，而Bitms是熊市中诞生的高杠杆交易平台，最大可押500倍。比较典型的就是OKE交易所。

可以看看OKE交易所2018年的事件：2018年3月30日凌晨5:00到6:30，虚拟数字货币交易平台OKE出现了极端交易行为，导致了比特币（BTC）季度合约价格一度比现货指数低出20多个百分点。据不完全统计，在1小时内爆破多头46万个比特币的期货合约。

对此，OKE在其官网发布公告回应称，有异常账户通过大量异常操作，导致BTC季度合约价格异常，大幅偏离指数。为了保护广大用户利益，OKE将把所有币种的当周、次周、季度合约数据回滚至2018年3月30日5:00，回滚预计需要在15:30结束。由于那天为交割日，回滚结束后，将直接开始交割结算，完成交割结算后将重新开启交易。2018年3月30日5:00开始有"从合约账户转账至币币账户"或"从币币账户转账至合约账户"行为的也将被同时回滚。

另外，当天下午，OKE再次发布公告称，为了避免"次周、季度"合约在结算后因价格差导致爆仓，因此按照目前数据库回滚进度，预计在3月30日24:00进行交割。OKE将把所有币种的当周、次周、季度合约数据回滚至2018年3月30日4:47。同时，所有币种的"当周、次周、季度"合约都直接参与交割。交割后，所有挂单将会被撤销，所有持仓将会以交割价进行平仓。

在该事件发生后，投资者反应激烈，对OKE给出的方案甚是不满，有不少投资者认为OKE这是通过技术手段进行"定点爆破"来牟取暴利。

2018年5月22日下午1：00至3：00，OKE钱包升级过程中，其不少期货账户充值过程中出现了泰达币（USDT）"双花"问题，即划转和用掉的USDT还在法币账户未归零，并可以重复一直刷单至币币账户。

所以，比特币是高杠杆的，在超级杠杆之下，肯定需要各种金融衍生品对冲，需要超级的交易速度。虚拟数字货币的多空双杀、交易所的耍赖，也不断在虚拟数字货币领域上演。

案例分析："妖镍"和交易所风险

2022年2月，俄乌冲突发生后，大宗商品价格暴涨，其中也包括镍。镍是重要的金属材料，是制造不锈钢的主要原料之一。俄罗斯的镍产量约占全球的8%，是全球第三大生产国，俄罗斯受到制裁后，影响了镍的供给。

2022年3月7日，镍的价格开始大涨，涨幅达到89%，引发全球关注。

2022年3月8日，镍的逼空行情持续上演，伦敦金属交易所（London Metal Exchange，LME）镍价日内涨幅扩大至100%，连破6万、7万、8万、9万、10万美元关口，两个交易日大涨248%，刷新价格纪录。

LME（伦敦金属交易所）在研究了俄乌局势的市场影响及近期多种基本金属的低库存环境后，宣布调整规则，而规则的调整更加剧了世界的恐慌。俄罗斯受到制裁后，俄罗斯的镍无法交割，场内的空头受到巨大影响，本来准备好的交割产品突然交割不了。

《中国证券报》援引媒体报道说，由于俄镍被踢出交易所，无法交割，导致青山集团开的20万吨镍空单可能交不出现货。青山控股是国内专门从事不锈钢生产的龙头企业，每年营收超过3500亿元，年利润预计达到1800亿元。市场传闻，有机构根据持仓推算，青山集团因2022年3月7日的镍价大涨可能浮亏80亿美元左右。瑞士嘉能可在LME镍上逼仓青山，索要其在印度尼西亚镍矿的60%的股权。印度尼西亚是全球最大的镍产地，青山集团是华友钴业在印度尼西亚开发镍矿项目的合作方。

面对镍期货价格的暴涨，LME紧急出手！2022年3月8日盘中，

LME暂停了镍交易。暂停交易前，伦镍期货日内涨幅为59%，报80 000美元/吨。LME锌、LME铅、LME锡等的价格则“直线跳水”。

暂停交易后，LME宣称将积极规划镍市场的重新开放，并将尽快向市场公布机制。考虑到地缘政治局势，可能会考虑多日停牌。在此情况下，LME也将安排处理即将到来的交割。

8日晚间，LME又发表声明，取消所有在英国时间2022年3月8日凌晨00:00（北京时间3月8日早上8:00）或之后在场外交易和LME屏幕交易系统执行的镍交易。LME还表示，将推迟原定于2022年3月9日交割的所有现货镍合约。这次是因俄乌冲突无法交割，属于不可抗力，原来准备给交易所交割的用户，是可以抗辩的；因不可抗力而违约，是不需要承担责任的。LME虽然被港交所收购了，但注册地在英国，受英国的司法管辖，依据的是英国法律。当然，虽然法律如此规定，但别以为西方的法律会完全公正，其中会有复杂的国际政治博弈。特别当违约的巨头是中国企业时，结局就不好说了。如果美国巨头违约，西方媒体一定会把不可抗力宣传得震天响。现在LME取消交易和延期交割，因为他们发现他们的关键利益深陷其中，这么做主要是为了自保。

国内的期货市场在2022年3月8日也交易暂停，国内不锈钢资讯平台“我的不锈钢”发布无锡电子盘镍暂停交易的消息称，无锡市不锈钢电子交易中心有限公司发布了关于镍暂停交易的通知：自2022年3月8日（周二）起暂停镍品种所有提单买卖协议的交易，恢复时间另行通知；自2022年3月8日（周二）结算时起，调整镍品种所有提单买卖协议的订金至20%，在此之前，所有持有镍品种提单买卖协议的交易商限制出金。

镍价如此暴涨，交易所会受到什么影响？网上有帖子分析得很清楚：LME取消今天的交易，不是因为两个大鳄，是因为上午已经没有流动性了。下午所有镍空头会触发保证金机制，全被平仓又平不掉，然后触发所有品种的头寸被强平（锌已经有这个迹象了16%）。所有空头全被强平，所有经纪公司全部破产，多头的纸面财富没人给，LME崩盘。然后整个世界金属产业链崩溃。所以，事情还远远没完呢。LME不在乎别人的死活，它在自救。

这样的情况会发生吗？2015年本人写过《交易所风险与量跃模型》一文，进行过分析。

现在都在用jump模型计算随机微分方程，西方对其中的原理是很了解的；中国搞的自由市场经济，用的主要是奥地利学派的理论。

奥地利学派的理论核心是主观价值论，即边际效用价值论。它产生于19世纪70年代，流行于19世纪末20世纪初。因其创始人卡尔·门格尔和继承者维塞尔、柏姆·巴维克都是奥地利人，并在维也纳大学教授课程，都用边际效用的个人消费心理来建立其理论体系，所以也被称为维也纳学派或心理学派。与萨伊等人的“效用价值论”不同，边际效用价值论认为：一件东西要有价值，除有效用之外，还必须“稀少”，即数量有限，它的得、失成为令物主快乐或痛苦必不可少的条件。

对边际效应和均衡理论，西方早已经发现了其中的问题，20世纪70年代，萨缪尔森的经济学里面就提到了石油供需曲线的后弯。

交易所应用的就是均衡理论。如果价格总可以到均衡点，交易所收取佣金就只赚不赔，但要是均衡点难以形成，问题就出现了。

在交易所失控的情况下，商品价格越高，越吸引投机者，而交易所在保证金不足的状态下强制平仓空单，就是做多，会导致进一步的逼空。而如果价格低，交易所的平仓多单则是进一步的做空，会让价格低到匪夷所思的地步。

当出现穿仓时，交易所如平仓，保证金之外的损失是否可以向参与投资的人继续追偿，就不好说了。就如英国的交易所如果发生保证金穿仓，依照英国法律处理，要向中国企业追偿，但中国是可以不认英国的判决的。同时，这次穿仓是因为俄乌冲突，而英国参与了对俄罗斯的制裁，才导致了无法交割，一般这种情况都是属于不可抗力，是可以抗辩的，保证金之外的损失难以追偿。2020年的中国银行原油宝事件，穿仓的损失最后没有向投资人追偿，损失都让居间的中国银行承担了，因为中国银行在美国有足够的资产，当时也没有类似俄乌冲突的背景做抗辩理由。

本次LME更改规则取消交易，类似中国当年的“327事件”，但当年是因为有人钻空子，本次连钻空子都谈不上，其实就是交易所在市场崩盘时，不得已修改了规则。但西方对交易所是保护的，也没有媒体说是交易所的问题。同样的事若发生在中国，西方媒体则一定会鼓动投资者攻击交易所闹事，认为交易所成了骗子，谁要解释原因谁就会挨打。“327

事件”中，中国的交易所要是能够如英国LME那样取消交易，则后来的社会矛盾就不会那么大。

把均衡点理论看清楚，问题看明白，就知道自由市场理论有什么问题、交易所有什么风险了。这些问题和风险，与西方兜售给中国的经济理论有冲突。中国要崛起，就要有自己的经济理论，不能被西方忽悠。马克思的劳动价值论是客观价值论，与自由市场经济的主观价值论是完全不同的，马克思理论在经济学部分的价值，也得到了西方实战派的认同，若能将其与中国实践结合起来，会有很大的发展空间。

五、新交易学模型的实例分析

1.让东航等巨亏的定价模型

东航在2008年石油价格130美元/桶时做多10%，与65美元/桶的做空对冲，后来价格最高涨到了147美元/桶，最低每桶30多美元，最后因为价格腰斩，出现了巨额亏损。国内类似东航的企业众多，东航是一家用油的企业，这个对冲本来看似是降低了风险的，但在对冲的合理区间之外，却加大了风险。

这一次的巨亏引发了热议，国内的很多专家说对冲协议几百页，短时间看不懂，也找不到漏洞，对冲的公式复杂，也看不懂，等等，实际上，都没有把问题说到点子上。西方的期权合同完善了上百年，多少个聪明脑袋都想过，若有漏洞早就堵上了，再想找到漏洞简直是开玩笑。

真正的问题，就在于人家也知道结果，市场涨10%与跌50%对等吗？人家为什么会白白让你占便宜？如果价格涨的不是10%而是50%，输掉裤子的就是对方了！关键是你为何会觉得石油价格不可能低于65美元/桶，而对方认为65美元/桶腰斩的概率是大概率，这个才是理论的关键。

下面再把供需曲线后弯的图（图3-7，此图同图2-12，为便于读者理解，再提供）放到这里：

石油供需是标准的资源供需曲线，是标准的曲线后弯。2009年1月12日，WTI原油价格跌破40美元/桶；2月12日，WTI原油价格下探至33.98

美元/桶，成为2009年年内最低点。而2008年7月11日，原油最高点达到147.25美元/桶，为历史最高价格。详细理论在第二章和《定价权》一书当中都有论述。

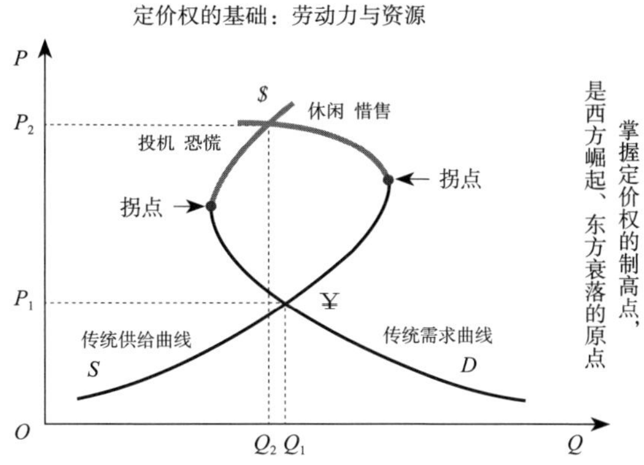

图3-7

其实这个原理，使用我们的定价权理论，按照双均衡点来解释，是非常容易的。高位的均衡点，就是110美元/桶以上；而低位的均衡点，就是40美元/桶以下。价格到了130美元/桶，应当是已经超出了高位的均衡点了，而低位的均衡点就是30多美元/桶，所以价格是不骗人的。

为何在65美元/桶对冲呢？因为65美元/桶就是后弯曲线的拐点。做市场研究的，对供需曲线的数据分析很清楚，拐点只要突破了，就走向另外的方向。这个拐点带有指数的特征，也就是高位/拐点=拐点/低位。65美元/桶是130美元/桶的一半，34美元/桶又大约是65美元/桶的一半。而且我们注意到石油价格，65美元/桶左右，就是一个激烈的争夺点。而现在价格趋向有所改变，与2008年以后的页岩油和电动车也是有关的。页岩油的成本在50美元/桶左右，电动车的兴衰也与石油价格有关，电动车的使用改变了世界对未来石油需求走势的预期。

而不同的均衡点，其实就是买方市场和卖方市场的变化。均衡点在高位的时候，产油国在谋求减产，都牛得不要不要的；而在低位的时候，产油国都害怕失去市场份额，减产协议难以达成，同时不断地违反减产协议，把后弯曲线的特性和高低均衡点的作用，体现得淋漓尽致。用65美元/桶的期权进行对冲，实际上是对冲交易所在市场强弱拐点变盘下风险的有力武器。

而2008年为何会有大规模的“130美元/桶看多和65美元/桶看空”美元的对冲出现，这个才是问题的关键。不光是东航，也是国内用油单位普遍存在的现象，世界其他国家、其他公司类似的情况也不少，说明有人在大规模做这个对冲。65美元/桶这个数字，其实也是模型算准的。谁是这个大规模对冲的主导人？为何他们会判断市场很快就要到低位的均衡点去了呢？

首先还是流动性的变化，流动性决定均衡点的走向。在2008年的时候，开始的涨是有次贷危机、资产避险因素的作用，2007年的次贷危机在不断深化，结果是流动性必然紧张、流动性塌陷，以后就必然要到低位均衡点。这个其实是可以预知的，价格不可能再高，尤其是当时QE还没有出来。因此，流动性的变化其实是可以预期的，在正确的模型之下，一定会有预警。

其次，后弯曲线之下，真正的风险来自交易所。当价格真的迅速降低为原来的几分之一，交易所的大量持仓是平仓不了的，而且交易所的客户保证金是不够的，客户是可以破产的，交易所就要出现巨大的损失。这个市场拐点，就是交易所风险关键点，此位置就是对冲交易所的危险位置。因此，西方的交易所是有经验的，中国的一些交易所没有经验，在出现问题后把交易所的经营者定义为骗子。美国人知道，他们的做法是用QE救市，2020年把QE常态化，也是为了这个，否则如果股票暴跌，必然会引发金融衍生品整体崩盘，导致美国整个交易体系崩盘。

大量的65美元/桶对冲，是交易所做的，这是交易所为了自身安全考虑。同时有好的投资机构也参与其中，同样的量化对冲，有人赔惨了，因为市场出了对冲风险的空间；也有人赚大钱，美国的盈透证券就是一个。2008年危机后，盈透证券成为美国第一大券商，以前那些著名的老牌投行，都跌落神坛。

到了2020年，为何美国的交易所可以15日通知讨论交易价格成为负值，同时交割提示期过去了，20日实施，21日交割，背后一样是交易所的风险需要负值来对冲。敢于做负值的是谁？交易所的此种行为，实际上也是因为交易所受到了巨大的风险，平仓不了的仓单在交易所手里，要新的仓单来对冲的。最后一定是低价的投机者成为“韭菜”。

这里有一个问题，就是2020年油价–37美元/桶，与2008年油价腰斩再腰斩相比，赚钱的人比想象的少了很多，是根本不对等的，这个问题其实正好验证了前面的理论——市场是非零和的，金融危机的利益其实在货币衍生、虚拟衍生繁盛的时候已经被抽走，做多与做空是不对等的。

最后要解决危机，还得注入流动性，所以美国当年打破规则搞了QE。2020年，QE变成常态化不封顶了，充足的流动性是关键。但注入流动性是要有人埋单的。当初，中国也注入了流动性几万亿元，然后地方政府又将其扩大到几十万亿元，结果就是东航不亏了，但铁矿石涨到了天价，力拓对中铝的收购案违约了，中国购买铁矿石多支出了几万亿元人民币。2009年以后，我们输入性通胀，买了大量欧债，给欧债担保的德意志银行基本是以破产价卖给了中国企业。因此，美国通过QE来注入流动性，多发行的货币拿走了财富，解决了当时的危机，背后谁埋单了，其实很清楚了。

2.铁矿石和稀土博弈回顾

2007年，本人写了《非洲买矿记》，成为网络大V，这篇文章也从网络热文变成了专业学术文章。文章当中囿于保密协议要求没有写全部真相和逻辑，而后来本人凭借当年对铁矿石的世界博弈的了解，又写了《资源角逐》。现在把铁矿石等资源博弈的模型和发展作为我们理论的实例，给读者回顾一下，有助于理解当今实战经济理论。

对铁矿石的认识，首先要从价值链上开始。钢铁是工业产品价值链的一环，钢材涨价，中国经济当年非常疼，但在钢铁自身的价值链上，钢铁产业其实是希望铁矿石是牛市的。

我们从铁矿石谈判各方利益取向和关系入手分析，外国矿山当然希望涨价；而中国的矿山也希望涨价多赚钱；中国的大型钢铁企业，因为拥有大量的库存和在制品、原材料等，铁矿石涨价对它们也有好处。再看铁矿石的进口商，从他们早先囤积居奇将大量铁矿石压港就可以知道，他们当然也希望涨价。最后看小钢厂，虽然反对大厂和进口商联合炒作铁矿，但是铁矿石涨价给了全社会钢铁涨价的预期，钢厂日子好过，也不会特别强烈地反对铁矿石涨价。

在中国与境外矿山的铁矿石价格谈判中，几乎所有参与的中方机构和企业，都在盼望着铁矿石涨价，与外国矿山的利益一致，这样的谈判怎能不越谈判越涨价？

当年，钢材和铁矿石能够涨价，背后是中国的工业因素，钢材是市场化最好的，而煤价和电价则是受控的，尤其是国家控制电价，这样经济上的涨价空间就都给了钢材。在现代金融体系，货币是可以创造的，资源是创造不出来的，必然造成供需的脱节，钢铁需求旺盛供给不足，给铁矿石涨价也带来了宏观的空间。救市的结果是被输出和渔利的，这个其实就是我们提出的理论——价值链和定价权问题，就是供给侧问题。

铁矿石的长协模式，实际上就是通过协议捆死需求和供给的垄断模式。有人认为，价格谈不拢，我们可以不买，中国可以找其他买家。实际上，中国要是能够有这样的选择余地，世界上有两家矿石公司就足够让他们竞争了，何况现在世界上有三家大矿山外加无数的小矿山。

在铁矿石的长协合同中，因为每一年的运输成本波动极大，铁矿石的运输成本是决定性成本之一。所以价格不好定，只能定死了供货的数量或采购的数量，期限一般达到5 ～ 10年，甚至达到20 ～ 30年，而价格却是一年一谈。长协执行了，谁都不可能要求退货，也不可能收了货不给钱，最后价格谈不成，只有诉讼。而中国现在的铁矿石谈判之所以处境很被动，就是因为如果谈判不成，通过司法程序确定价格的话，能够成为价格确定依据的，就是市场实际成交的价格数据，可以作为比照的是其他的长协价格。所以在2009年未谈下来的情况下，中国得到的价格就是日本与三大矿山达成的长协价格。

铁矿石当时的这个机制，是在中国崛起开始大量采购之前，世界铁矿石的游戏是三大矿山和日、韩、美、欧几家大钢厂之间势均力敌的垄断博弈，这些钢厂和矿山之间彼此还有交叉持股。建立长协机制实际上是把其他小钢厂、小矿山排除在外，是矿山垄断企业和钢铁垄断企业共同排挤竞争对手的一种机制。而长协与现货的差价，更在于流动性的控制，西方大厂有更多的流动性，可以有铁矿石储备、小钢厂和矿山的流动性储备不足，结果就是在中国进来之前，长协与现货的差价，是发达的炼钢工业国可以吃差价、对相对不发达的资源国和发展国钢厂得利的一种模式。

中国的钢企加入以后，中国的钢企都是流动性紧张的，都是利率很高的，都是没有资源储备的，背后就是中国的利率高企，即使是国企也基本上需要8%的成本，而外国是低利率，能够给的估值不一样，最后我们的高利率高回报要求，就是要带着高风险。就如对于年回报率要求是1%的投资与回报率要求10%的投资，投资2年开采8年的矿，估价就是要差一倍以上的。投资回报率的不对等造成估值的不对等，这是造成海外投资的诸多问题的根源。其实中国在2000多年前就知道："积著之理，务完物，无息币。"（司马迁《史记·货殖列传》）。要储备，一定不能有资产的瑕疵，一定要使用没有利息的货币。古代的利率多高啊！

而且中国的流动性成本高，就是钢厂储备资源库存铁矿石的资金成本高，不能有更多的铁矿石储备，采用长协博弈的模式，就要吃大亏。中国的加入，把铁矿石从买方市场变成卖方市场。2000年，澳大利亚还说采矿采掘业落后，要发展更先进的养羊业。

针对当年的铁矿石博弈，本人曾写过文章讲中国经济要受控着陆，因为这样一来，令世界铁矿石需求预期改变，那么涨价模式就会改变。后来，中国的经济增长由量变到质变地放缓，铁矿石的矛盾就得到了极大的缓解。中国需求终于可以有博弈力量了，在2020年开始限制澳大利亚铁矿石，减少对其铁矿石购买量，牌已经到中国手里了，这说明铁矿石也逐步变成了买方市场。

图3-8是本人2011年的分析文章，现在看依然有前瞻性。

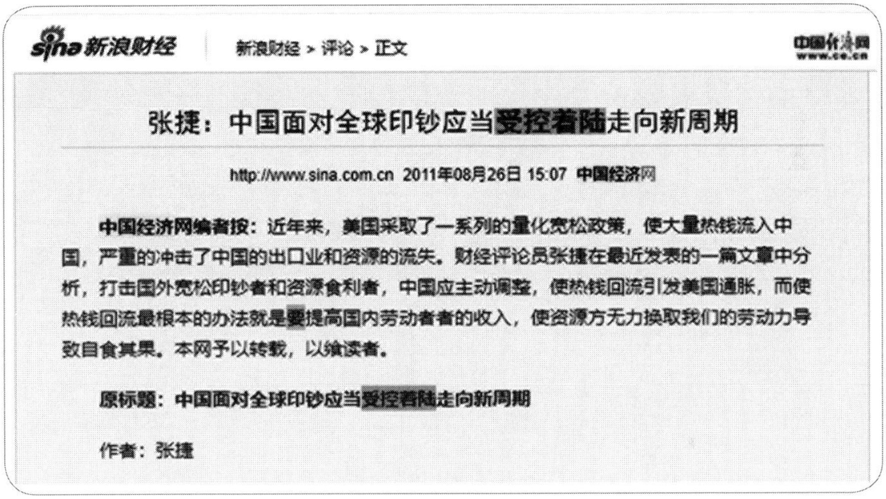
sina新浪财经 新浪财经 > 评论 > 正文 中国经济网 www.ce.cn

张捷：中国面对全球印钞应当受控着陆走向新周期

http://www.sina.com.cn 2011年08月26日 15:07 中国经济网

中国经济网编者按：近年来，美国采取了一系列的量化宽松政策，使大量热钱流入中国，严重的冲击了中国的出口业和资源的流失。财经评论员张捷在最近发表的一篇文章中分析，打击国外宽松印钞者和资源食利者，中国应主动调整，使热钱回流引发美国通胀，而使热钱回流最根本的办法就是要提高国内劳动者者的收入，使资源方无力换取我们的劳动力导致自食其果。本网予以转载，以飨读者。

原标题：中国面对全球印钞应当受控着陆走向新周期

作者：张捷

图3-8

对铁矿石的博弈，西方说要指数定价，本人认为指数定价不一定是坏事，关键要加入中国指数。金融资本进来，比产业资本有更大的流动性，铁矿石的虚拟交易会比实体交易对市场的影响力更大。后来果然如此，中国的铁矿石期货开起来了，世界其他的铁矿石指数也开起来了，与三大矿山的铁矿石结算，已经加入了中国指数。中国铁矿石博弈的被动局面得到了改善（图3-9、图3-10）。

2020年底，中国的铁矿石期货价格暴涨，背后有中国与澳大利亚的博弈，但这个与当年的铁矿石涨价已经有所不同，一是进口矿与国产矿当时不正常的巨大差价没有了；二是期货市场的行为是复杂的，矿山更多的是期货

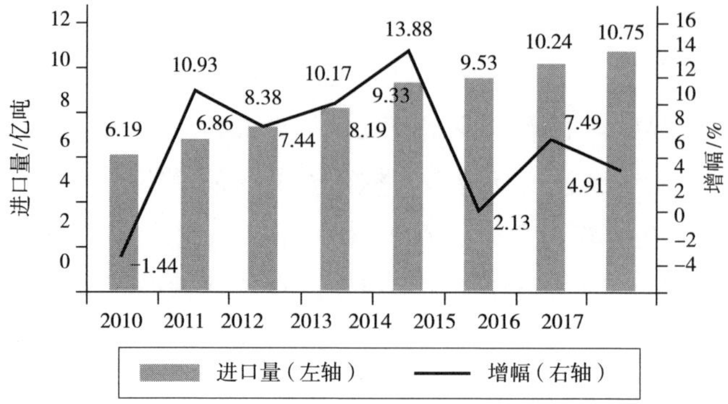

图3-9　2010—2017年铁矿石进口量及增幅

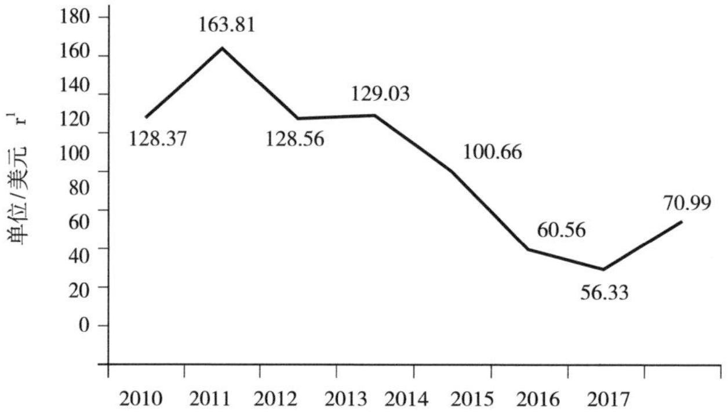

图3-10　2010—2017年进口铁矿石均价

市场的做空卖出方，而钢厂则是买入方，短期的涨价谁得利是说不清的。就如当年油价暴跌，亏钱的是用油的东航等公司，而且矿价上涨钢厂可以再涨价，卖掉的是库存。实体变成了虚拟，且虚拟远超实体以后，事情就不同了。

就如当年中石化，油价上涨一样会巨亏（图3-11、图3-12）。

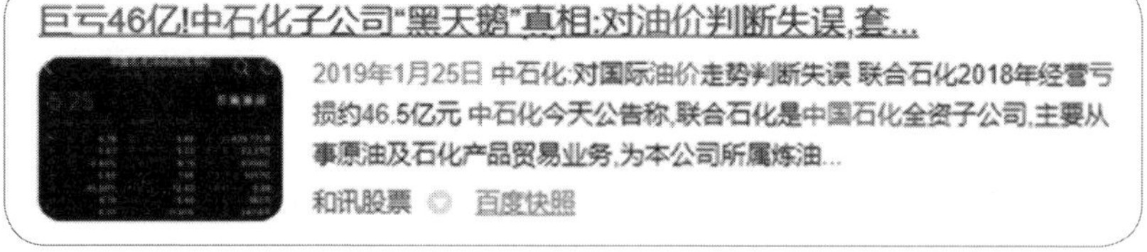
巨亏46亿!中石化子公司"黑天鹅"真相:对油价判断失误,套...

2019年1月25日 中石化:对国际油价走势判断失误 联合石化2018年经营亏损约46.5亿元 中石化今天公告称,联合石化是中国石化全资子公司,主要从事原油及石化产品贸易业务,为本公司所属炼油...

和讯股票 百度快照

图3-11

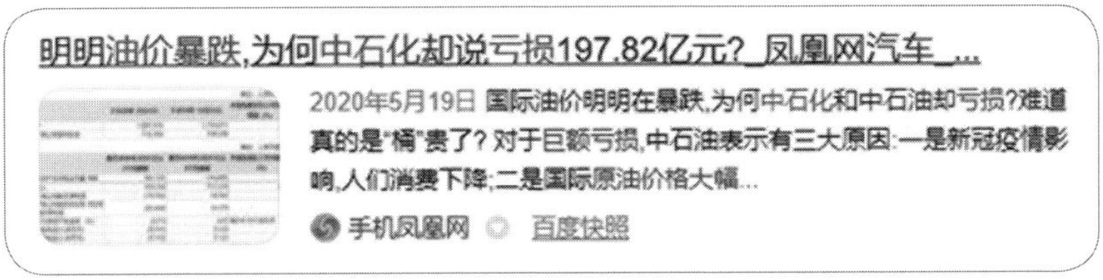

明明油价暴跌,为何中石化却说亏损197.82亿元?_凤凰网汽车_...

2020年5月19日 国际油价明明在暴跌,为何中石化和中石油却亏损?难道真的是"桶"贵了?对于巨额亏损,中石油表示有三大原因:一是新冠疫情影响,人们消费下降;二是国际原油价格大幅...

手机凤凰网 百度快照

图3-12

油价下跌，一样是亏损。有期货的市场，远远不是涨跌那么简单，将市场设在国内，能够用人民币结算，才是关键。

同时在这个市场参与博弈的，还有中国的大量国产矿山，中国虽然每年要进口铁矿石10亿吨，但国产矿的弹性非常大，国内矿山生产成本高的可以达到80 ～ 100美元/吨，较低的也需要50 ～ 60美元/吨，铁矿石的价格高企，国产矿的产能会迅速恢复，对当地的经济非常有好处。因此，铁矿石的涨价，利益是多元的，已经不是当年的外矿单方得利的局面了。

尤其是中国在搞铁矿石人民币结算，中国的期货市场用人民币结算，对人民币国际化和打破美元霸权都意义重大（图3–13）。

为什么世界铁矿石巨头相继选择人民币结算?

2020年6月5日 根据公开的消息,世界三大铁矿石巨头澳大利亚必和必拓、力拓和巴西淡水河谷都迈出了人民币结算的第一步,这是人民币国际化的好消息,不仅是铁矿石,在石油领域,伊朗、委内...

www.bvrcn.com/web/article/inde... 百度快照

好消息:中国又一巨头与澳企实现铁矿石人民币结算!意味着什...

2020年8月5日 大宗商品使用人民币结算是人民币国际化的必经之路,近来进口铁矿石不断实现人民币结算,将对更多大宗商品采用人民币结算起到推动作用。据澎湃新闻的最新报道,一条运载铁...

新浪财经 百度快照

最新:中国铁矿石进口大增20%!中企与3大巨头实现人民币结算

2020年5月14日 与3大铁矿石巨头实现人民币结算 与此同时,由于今年国际铁矿石价格居高不下,作为全球铁矿石需求最大的国家,同时也是铁矿石进口最多的国家,中国也将干预国际铁矿石...

新浪财经 百度快照

图3–13

更关键的是此时的铁矿石涨价，正是外国对华买、买、买的时刻，钢铁、电力、能源等价格上涨，上涨的部分转移到出口商品当中，是一个全世界埋单的过程（图3–14）。

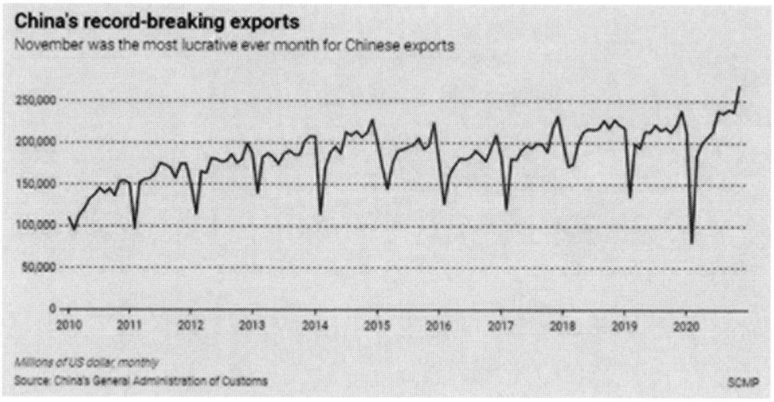

几乎是从10年来最低点，V形反转到了10年来最高点。

图3–14

再看海运的指数（图3–15）。

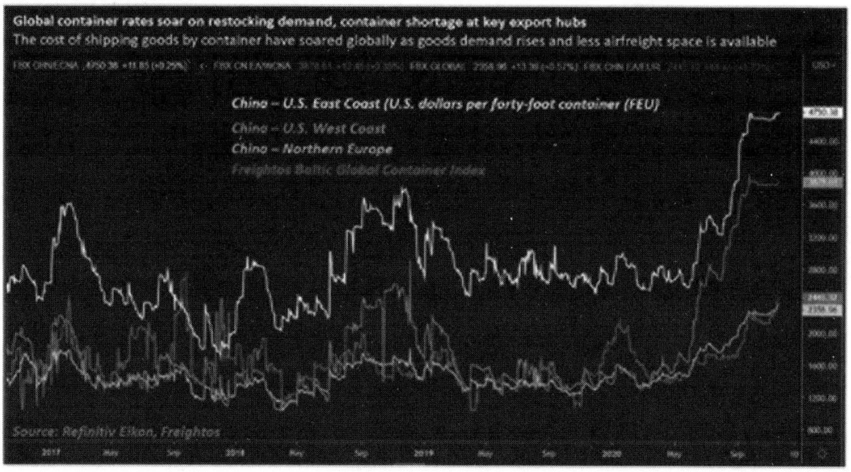

因为外国人订货太猛，集装箱正变得一柜难求！在航运、外贸人士朋友圈，最近谈论最多的话题就是集装箱，价格猛涨。

图3–15

在中国出口暴增的状态下，再看铁矿石的暴涨，埋单的对象不同了，感觉是不一样的（图3–16）。

而这个暴涨，中国应当是有预估的，中国主动针对澳大利亚的限制，肯

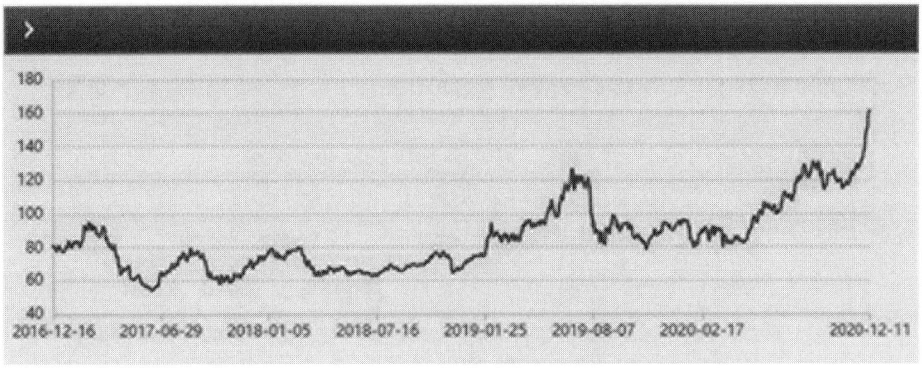

图3-16

定是在之前预期到了价格的上涨，这个预期，应当已经在期货市场做好了准备，因此铁矿石期货的暴涨逼空，最后到底谁赚了，与当年的只有长协的时代绝对不同。

对中国稀土的博弈，关键是中国的流动性不足，西方国家有巨量的稀土储备，人家可以多年不买你的稀土，中国的稀土企业却需要尽快销售取得现金流。对此，本人说过稀土要严格管理，同时要输入流动性，要民间资本投资稀土，甚至可以用稀土做货币，做硬币等。

后来的中国稀土大涨，与中国稀土的流动性改善有关，大量的通胀避险资金进入稀土领域进行稀土储备。只不过后来交易所P2P破局，WTO对中国稀土裁决失败，稀土领域流动性再度不足，稀土的下跌也让一些投资者吃亏了，但无论如何，中国整个稀土行业再也不是被外来资本简单廉价购买的时代了。

图3-17、图3-18、图3-19、图3-20是本人写的关于铁矿石和稀土的文章。

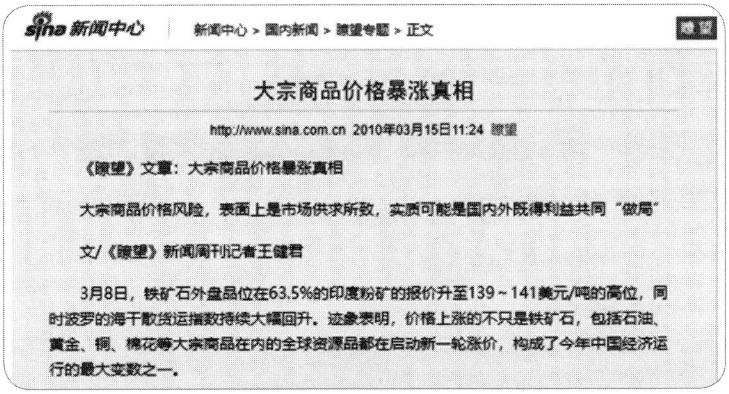
sina新闻中心 新闻中心 > 国内新闻 > 瞭望专题 > 正文

大宗商品价格暴涨真相

http://www.sina.com.cn 2010年03月15日11:24 瞭望

《瞭望》文章：大宗商品价格暴涨真相

大宗商品价格风险，表面上是市场供求所致，实质可能是国内外既得利益共同“做局”

文/《瞭望》新闻周刊记者王健君

3月8日，铁矿石外盘品位在63.5%的印度粉矿的报价升至139～141美元/吨的高位，同时波罗的海干散货运指数持续大幅回升。迹象表明，价格上涨的不只是铁矿石，包括石油、黄金、铜、棉花等大宗商品在内的全球资源品都在启动新一轮涨价，构成了今年中国经济运行的最大变数之一。

图3-17 《大宗商品价格暴涨真相》，《瞭望》，2010年3月15日

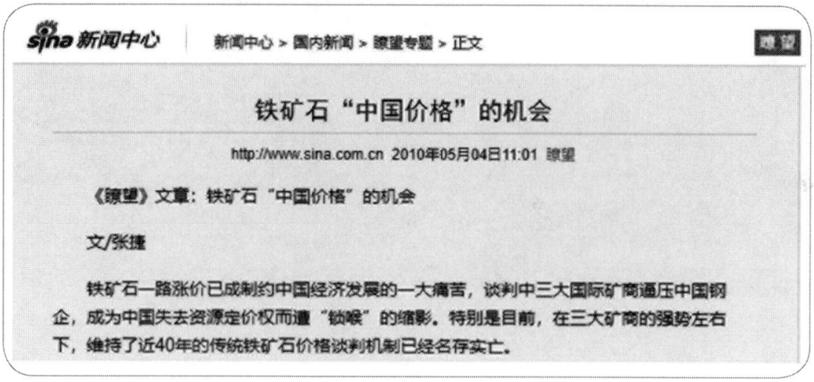
sina新闻中心 新闻中心 > 国内新闻 > 瞭望专题 > 正文 瞭望

铁矿石“中国价格”的机会

http://www.sina.com.cn 2010年05月04日11:01 瞭望

《瞭望》文章：铁矿石“中国价格”的机会

文/张捷

铁矿石一路涨价已成制约中国经济发展的一大痛苦，谈判中三大国际矿商通压中国钢企，成为中国失去资源定价权而遭“锁喉”的缩影。特别是目前，在三大矿商的强势左右下，维持了近40年的传统铁矿石价格谈判机制已经名存实亡。

图3-18 《铁矿石“中国价格”的机会》，《瞭望》，2010年5月4日

文章节选：

在中国境内制定中国铁矿石指数，就能让中国所有矿山企业都加入中国指数市场与国际垄断矿商进行博弈，而不是屏蔽中国矿商力量的海运价格市场。在海运市场占据70%以上份额的三巨头，其博弈力量将会因中国指数市场的确立而大为削弱。更何况，在中国境内还有反垄断的手段和法律。

所以说，面对来自西方国际规则体系的挑战，中国应该主动应对并力争制定自己的“游戏规则”。

网易首页 > 新闻中心 > 热点新闻 > 正文

[我财经]中国应该把稀土价格炒高 当作货币替代物

2011-07-07 15:31:00 来源: 中国经济网 举报

图3-19 《中国应该把稀土价格炒高 当作货币替代物》，中国经济网，2011年7月7日

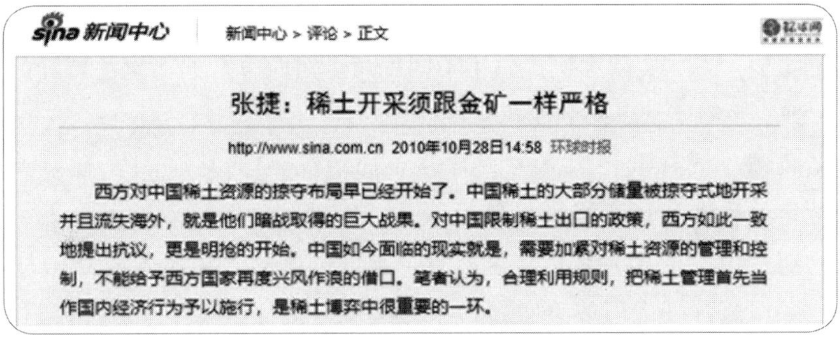

sina新闻中心 新闻中心 > 评论 > 正文

张捷：稀土开采须跟金矿一样严格

http://www.sina.com.cn 2010年10月28日14:58 环球时报

西方对中国稀土资源的掠夺布局早已经开始了。中国稀土的大部分储量被掠夺式地开采并且流失海外，就是他们暗战取得的巨大战果。对中国限制稀土出口的政策，西方如此一致地提出抗议，更是明抢的开始。中国如今面临的现实就是，需要加紧对稀土资源的管理和控制，不能给予西方国家再度兴风作浪的借口。笔者认为，合理利用规则，把稀土管理首先当作国内经济行为予以施行，是稀土博弈中很重要的一环。

图3-20 《稀土开采须跟金矿一样严格》,《环球时报》，2010年10月28日

后来事件的走向，印证了本人当年的判断。

世界三大矿山之一的必和必拓在与中国客户的合同续约中，纳入了中国的Mysteel铁矿石指数。采用Mysteel 62%澳粉指数的主要考虑有二：一是满足客户需求；二是为推动铁矿石定价的透明性和可靠性（图3-21）。

sina新浪财经 滚动新闻 > 正文

必和必拓将中国铁矿石指数纳入定价机制

2018年01月25日 20:49 新浪财经

图3-21

3. 香港特区1998年的救市之另外解读

1998年的亚洲金融危机，中国内地出手救市香港，成为当年反击以索罗斯为首的西方金融资本大鳄的成功案例。不过，这个案例的背后，索罗斯的基金还是盈利的，真正让索罗斯退出历史舞台的是与盈透证券的世界期权之父毕格菲的博弈。毕格菲的名字国内提及得非常少，他是东欧人，是西方人

眼中的二等公民。毕格菲的重要助手、当年盈透的首席量化官，是本人的大学同班同学，为本实战案例提供了不同视角。对西方金融衍生品博弈的实战分析，确实也需要从不同的视角来审视。

先回顾一下香港特区1997—1998年的情况。1997年7月，在泰国发生金融危机，香港恒指奇怪地不跌反涨，可以理解为国际对冲基金做空恒指的建仓期。1997年10月，形势急转直下，危机爆发，其导火索是10月20日台湾地区银行管理部门放弃对新台币的支持，新台币随即贬值9%。有消息称，1997年10月21—22日，索罗斯在伦敦外汇市场上抛出了60亿美元的港币，把港币汇率压到7.75的警戒线之下，同时市场盛传香港联系汇率制度不保。

攻击流动性不均衡的结果就是拆借利率的暴涨，10月23日中午，同业拆借利率急升到280%。香港炒股普遍是超高杠杆的，如此高的利率必然会导致去杠杆的发生，股市是承受不了的，大家都会把股票抛售了还贷，恒生指数当天暴跌10.4%。1997年10月28日，香港恒生指数再度暴跌13.4%，香港股市市值减少2.1万亿港元。这里的拆借利率飙升导致各种杠杆必须消除，与2015年我们证监会的去杠杆是类似的，所不同的是我们的银行利率在这个时候保持稳定。

去杠杆和融资盘的大量爆仓，是要压垮整个市场，进而压垮整个经济和社会信用体系的。1998年的投机者对香港金融市场联合发起了精心策划的攻击。在联系汇率制度下，金融管理当局无法及时提供流动性，投机者在短期内通过集中性抛售港元，在货币局的制度下能够暂时抬升利率到失控的状态，这将对股票的融资杠杆施加巨大的向下压力。通过短期内对货币施加压力并且抛售股票，即使不能冲破设定的汇率，他们也可能从股票指数期货合同上获取一笔收益。

1998年8月13日，香港恒生指数跌穿6600点，从1997年8月16 000多点的高位下跌将近10 000点，此时离8月28日的恒指交割期时间已近，可以说胜败已定。虽然后来香港特区政府进行了力挽狂澜的救市，将股市的点位提升到了8000点以上，维持了市场不崩溃，让投机者在最后阶段损失不少，但是前面的投机者已经赚取了暴利。对于从16 000点的高位做空而来的大额投机者，在恒指暴跌至6600～8000点的区间，再贪婪的投机者也应当止盈收手了，否则巨额头寸怎样平仓呢？因此对冲基金的沽空期指的主力合约大部分已获利平仓了。

后来，发生在2015年6月的我国内地股灾，也是类似的情况。在从5000点向下暴跌的过程当中，空方已经赚取了足够的利润，以后的救市与空方无关了，所谓的多空决战，就是一个痛打死老虎的游戏。

1998年，香港特区政府在中央政府的支持下，以1000亿港元平准基金成功挽股市汇市大跌之狂澜，最终1000亿港元不仅挽救了香港股市，而且赚取了1000亿港元利润，这个成功的案例是因为有中国中央政府强有力的支持，不过普通香港股民也损失惨重。对于楼市造成的影响呢？从香港建立联系汇率制度后，1985—1997年房价上升了近10倍。但在汇率攻击利率飙升以后，1997年房价一路下跌，至2003年年中，香港房价已下跌70%左右，导致大量负资产（持有物业的市场价值已经跌至按揭金额以下）产生，这一轮下跌过程长达6年，至2003年底才慢慢有复苏的迹象。

1998年8月，香港特区政府毅然在股票和期货市场上进行了一场具有争议性的干预行动——特区政府购入以当时市值计约150亿美元的香港股票。1999年9月，该批股票市值已升值至260亿美元，保住了港元的联系汇率制度。虽然香港特区政府为了香港投资者的利益放宽了交割时间，但是香港投资者仍然蒙受了巨大的经济损失——户均损失达到250万港元。许多家庭因此破产，万劫不复。这些教训是应当深刻反思的，亡羊补牢为时未晚。

很多人指责这样的救市，实际上救市击退国际金融大鳄一说是不成立的，因为在做空港股的时候，国际炒家需要有打压股市的筹码，从最终涌出的筹码数量来看，这个筹码的规模是1000亿港元左右，此时炒家大部分空单应当在股市从16 000点到8000点腰斩的时候已经基本平仓兑现了利润，到6600点的低位的时候，任何人都知道这样低的点位做空是有巨大风险的，其持有的空单更多应当是对应其所持股票的套保，在套保之下政府的救市虽然让空单受到了巨大的损失，也让炒家持有的打压市场的1000亿港元股票筹码得以在高价出货，赚取了利润，但国际炒家得以全身而退，所以国际炒家是没有受到损失的。不过即使是这样，救市也是必需的。

很多人看到了炒家的套保，但没有看清深层原因。国际炒家进行了套保，这样的套保在市场上是一个零和博弈。如果在市场的下跌途中，大笔的国际投机炒作资本得以套保保全，市场就要让没有套保的付出更多的代价，只有这样，平均下来套保不损失才是零和博弈。因此，如果没有救市，香港的股市会下跌得更多，香港市民的损失会更大。可能这里有人会问，你怎么知道下面会是走熊，且在6600点是低点啊？走牛反转的可能性应当更大，走牛的时候套保的不得利不是让没有套保的人得到更多吗？这个问题实际上是不成立的，因为国际炒家要撤退，1000多亿港元的资金要从市场上抽走，抽走这么多的资金，市场是走熊还是走牛呢？这样的资金抽走本身就有一个流动性问题，炒家是持股和空单进行的套保，到期期货空单交割是不存在流动性压力的，而套保则在交割的时候股票同时抛售，抛售1000亿港元的股票会有怎样的市场压力不用多说了吧！这里如果是融券和多单的套保，股市走向可能就到了反面。所以说，虚拟交易、数字泡沫，是带有两面性的，不是简单的实物做多的泡沫思维。

政府救市，往市场里面输入了流动性，1000亿港元现金进入了股市，对冲了国际炒家撤退所带来的流动性不均衡。如果炒家的抛售导致股市再跌，很多股票质押融资就要出问题，市场的质押大量发生于股市在12 000～16 000点的高位上的，6000～8000点是质押股票即将平仓的位置，金融机构的平仓潮会引发连锁反应，那样的结果是香港的金融危机不会比东南亚的小。所以虽然香港遭受损失，让炒家赚取了利润，救市的意义还是很重大的，更不能抹杀，还需要事后多反思。如果是浮动利率，炒家全身而退就没有那么容易了，做空股票的利润会在货币贬值的汇率当中损失掉。2015年，我国内地股灾，也是在这个杠杆炒家平仓的关键点位，如果他们都爆仓了，意味着中国股市要大熊很长一段时间。

市场上有了期权期货的博弈，与没有杠杆的博弈，视角是非常不同的。我们的股市也是有期权期货的，但规模和杠杆其实受到了很多限制，与境外的情况没法比，所以中国的股市还有很多散户，而外国的交易市场，散户已经不容易生存了。根据现代市场的理论，只有特别专业的人士才可以做到，而中国内地机构的操盘专业水平与国际上有很大差距，市场需要多培育合格的交易者。

4.做多和做空是不对等的

图3–22所示的文章被多家国内媒体转发。

图3-22

我们的股市2015年经历了一场严重的下跌，公安部门都进场要严查恶意做空。很多人不理解，为何政府对做空的态度与做多不一样，其实这个不一样全球都是如此，并不是我们单方面妖魔化裸空者，问题的关键在于做多和做空不一样，很多人存在常识误区。

我们设计期权交易的时候，期权市场交割的时候，空头和多头进行结算，空头和多头的增减永远是对等的，因此很多人说期权市场是一个零和博弈，做多和做空是一样的，这是孤立来看期权市场，事实上，期权的多方和空方的盈亏交割依据是现货市场指数的高低，是与现货市场紧密相连的，是与现货市场交换利益的。我们的股指期货主要的作用就是套期保值，与现货市场对冲，因此考虑做多和做空是否对等，就必须考虑现货市场的情况。

如果我们考虑现货市场的财富，问题就完全不同了。就资本市场总体来看，我们做多股票，让市场的总市值增加了10万亿元，意味着这多出来的财富是可以让每一个在市场当中的投资者得利的；反之，如果做空，市场的总市值减少了10万亿元，则意味着大家在总计损失了10万亿元后，还有人从中赚钱。这一定是让市场价格更低，由没有进行套期保值的人埋单，会助长现货市场更低的价格。很多人说这个涨跌没有价值，创造的是泡沫，但实际上如果大家能够认可你的市场价格高，则意味着这多出来的10万亿元是市场信用所创造的，按照现代货币理论，货币就是信用凭证。

对此，我们可以用数据加以验证。据东方财富网截至2015年7月3日的数据显示，7619只被统计的私募产品中，处于亏损状态的达89%，其中盈利的只占11%，盈利的收益在5%以下的多达522只。收益超过40%的仅有14只。7月3日我们的沪指是3912.77，创业板是2605.26。虽然我们说有股灾，但股指还是远远高于2014年底收盘的3234.66点和1471点，且停牌股的市值是按照现值和指数涨跌估算的，如此亏损不正常。这背后就是做空的期指额外带走了市场的财富。因此，考虑期货和现货市场间的操纵和渔利，多空就不是零和博弈而是单向的掠夺，恶意做空是损害市场整体利益，对此我们证监会对恶意做空的解释，特别提到跨市场、跨期现的做空就是恶意做空。

我们还会讲客观价值论，价格是围绕价值波动的，似乎有这个波动是做空和做多造成的正常结果，但我们还要知道的是我们的股票是要对外交换资产或者货币的，就是换股收购和增发、股权融资等。股票价值高换取的货币和资产就多，而且企业会热衷于进行这种交易。这个交换在股市处于牛熊不同时期是严重不对等的，因此做多可以让股票换取更多的财富。这股票的信用能够支付和换取财富，就是前面所说的市场信用与现代货币理论下货币属于信用凭证的最好体现。在西方的体系里面，可支付证券是作为一种更广义的货币来看待的，被叫作M3。

在全球化的今天，更可以见到全球市场是零和博弈，而市场的局部却不是零和博弈。每一个国家都是局部，都有自己的利益取向，国家立场下股市绝对不是零和博弈，而是赤裸裸的国家间财富的再分配和掠夺。因为股市高涨的泡沫是可以换取他国低估的股票、资产、资源、货币的。在全球一体化的环境下，对某国来说，做多得利，做空则要被掠夺。因此，各国抬高本国股票，打压做空竞争国家的股票，是一个只做不说的潜规则。

我们可以看一下追捧自由市场经济的美国人对股灾做空是怎么干的。

2008年9月15日雷曼破产，股市大跌。

2008年9月17日星期三，美国证监会发布了禁止裸卖空（Nakes Short）的通告，明确不准在没有持有股票或融券的情况下进行卖空。虽然态度明确，但裸卖空市场规模毕竟较小，影响不大。在没有止跌的情况下，证监会终于放出了一记大招。9月18日星期四收市后，美国证监会发布了一条惊人的通告：证监会决定停止797只金融股的卖空，为期10天。同时，证监会宣布所有机构投资者必须每天汇报做空的头寸，并且宣布会严厉查处操纵市场行为。通告发布时，X教授（微信公众号：X_Man_Investment）正在芝加哥。芝加哥大学的学者们一向是自由市场理论的捍卫者，但是在这次禁令出来之时并没有很多异议。

9月22日星期一，三大证交所继续增加禁止做空股票清单。例如，纽交所加了32只股票，后一天又加了44只。新增的已经不仅是金融股了，就算有金融子公司的大型企业也被加了进来，比如：通用汽车和通用电气。

到了10月2日，10天的禁令到期，证监会又把禁令延长了几天，直到10月8日。10月9日起，所有金融股都恢复了正常的卖空交易。10月12日，又有消息传来，美国财长保尔森表示将尽力挽救银行等金融机构，避免雷曼事件再次上演。

我们看到了美国的反应迅速和2008年危机时监管层对做空的限制，这种违反美国标榜价值观的做法背后，难道不是做空危害极大的例证吗？

综上所述，我们的股票市场和期货市场不是零和博弈，做多和做空是不对等的，因此为了国家和全体人民的利益，严惩恶意做空也是必需的。

5.成交量与股市牛熊的理论分析

对于股市，很多人都知道成交量对于股市牛熊的关键性意义，但是对于成交量对股市到底有什么样的影响，更多的是感性的认识，认为：成交量大说明市场活跃度高，市场活力大，因此是牛市，反之则是熊市。这样的感性分析不是理性的分析，更不是一个定量的分析，下面我们从理论的深度分析一下这个问题。

成交量所对应的是每一次成交都是一次货币与股票的交易，成交量大的背后就是货币的流通速度的增加，而货币流通速度的增加对于价格的影响早就有理论模型。

为了说明问题，这里还是要提到本书常用的经典货币供应方程式——费雪方程式（$MV=PT$）。通过费雪方程式，我们就可以看到在原先的货币环境不变的情况下，商品数量的增加与价格下降成反比，而货币流通速度的增加与价格成正比，股市的增发和再融资就是股市的商品T的增加，而成交量的增加就是股市的货币流通速度V的增加。

对于一个市场而言，我们可以看到，相对市场的总市值，商品数量增加，也就是股市的增发即使很大，总体的比例也是有限的，就如我们股市的融资上万亿元，对股市20多万亿元的股市总市值而言也仅是5%，货币总量的增加完全可以弥补增发的商品数量的增加。同样，货币的数量增加也是有限的，尤其是在政府防通胀控制货币总量的情况下就更是如此，我们每一年货币总量增加百分之十几，已经非常高了。因此，问题的关键在于市场的成交量，股市的成交量是可以比货币总量增长快很多，就如在2010年10月成交量最大的时候，沪市可以达到3000亿元，而2012—2014年只有1000亿元左右，灰暗的时候才几百亿元，这其中的差别是三倍，相应的股价点位是3000多和2000左右的差别，而货币总量除非发生恶性通货膨胀，否则无论如何也不会有成倍的差别。因此，成交量的成倍增加就意味着货币流通速度V的成倍增加，对股价的贡献是最大的。

对于股市的走熊，市场的缩量阴跌，很多人认为是市场拒绝再跌，因为很多人已经不愿意抛售股票了，但是这样的成交量萎缩恰恰意味着股市货币流通速度的减缓。成交量低实际上反映了两方面，既反映了很多人不愿意卖，也反映了没有人愿意买入，否则股价就要涨上去了。对于这样的主观因素，我们不应当忽视西方的主观价值论的影响，价值的高低不再是必要劳动时间的客观决定，而是主观上愿意买卖的统计曲线——供给曲线和需求曲线的均衡。由于主观价值论，人们买入支付货币的动因就是为赚取便宜，在股市购买股票就更是为了赚钱而不是为股票的使用价值，没有便宜赚是不会买入的，这样的交易背景就使货币每一次过手都是要盈利或者有强烈的盈利预期。这样的交易背景和主观价值论环境下，成交量的活跃表明人们对于价值的主观认识在不断提高，西方经济学的基础也在于此，包括西方经济学的公式来源，认识经济事物的本质也需要有哲学的高度。

因此，股市当中的成交量实际上直接决定股市的总市值，也直接影响每一个股票的价值，这是一条统计规律。越大越完善的市场，统计规律所能够起到的作用和准确性也越好，认识股市牛熊的关键不是股市的价格指数，而是股市一段时间内的平均成交量水平，突然的短线成交量的放大可能是因为恐慌和政策影响造成的波动，长期的成交量趋势肯定是受内在的规律性影响。股市要发生牛熊的根本性转变，一定是成交量发生根本性的变化。成交量萎缩，即使大盘指数是在上涨也一定是到了顶部；成交量持续放大，即使是股价还没有动也必然是一个底部的形成；而没有成交量的上涨必然是一个短线的反弹，放量下跌的资金恐慌出逃却可能是诱空的最后一跌。

因此，对于股市的短线走势可以看指数的K线，长期的牛熊对市值的支撑就要受到成交量所带来的货币理论模型的规律性影响，股市的成交量与股市的长期走势关系是一个客观规律所决定的必然。

6.为什么中国的股市会有这样大的杠杆

图3-23所示的文章在中国经济网和《人民日报》(海外版）发表。

HWW 海外网 人民日报海外版官网 | 财经

中国股市的"杠杆病"源于缺少个股期权手段

来源：中国经济网 07-14 08:46

■张 捷

图3-23

总说中国2015年股灾杠杆高，但这与西方数字泡沫那几百倍的杠杆相比，真的是小巫见大巫。

中国股市2015年的股灾暴跌是因为去杠杆，理由是中国股市杠杆太高了，中国的场内融资盘就达股票市值的10%了，场外还有几万亿元的股票，因此中国股市的融资盘太大了，中国要去杠杆。但是本人认为中国的股市这样大的杠杆有其内在的道理。反思本次股灾，我们要从认识中国股市高杠杆的合理性、不过分妖魔化高杠杆开始。

对中国的股票融资盘导致的杠杆很大，首先要明白，中国股票的加杠杆除了融资买入外，没有其他的手段，而外国是有个股期权的，个股期权所带来的杠杆一样是巨大的，是隐形的杠杆。外国的个股期权的比例是很高的，一个股票有10%以上的期权很正常，券商还可以虚拟创设，期权带来股票的高杠杆。期权对资金的流动性要求不大。中国在杠杆高的同时，受到货币流动性的影响也大，这也是中国股市与外国股市的不同。因此，中国股票的杠杆其实不比外国高，差别在于中国的股票对货币流动性的依赖。

融资买入有很高的利息成本，而股票期权没有这个利息成本。这个成本和相关政策导致股票融资买入是短线行为，期权却是一个长线行为，对市场的波动压力也不一样，被平仓的要求也不一样，期权出了问题与融资盘被强平不同。因此，中国股票的杠杆并不大，而是结构有问题。西方融资少的背后，是想要加杠杆炒作，不用融资直接炒期权，融资更多的是在期权行权等。

中国融资盘多更关键的原因还在于融资买入股票，在中国是有套利利益的，这与外国不同。西方的股票和金融市场成熟，贷款非常容易，利率也很低，在公司价值高于股票市值的时候，公司会主动购买股票注销，如果公司不这样干，也有专门的公司猎杀者进行金融杠杆收购，因此在利率市场化下，西方的融资购买在公司回购情况下变成了零和博弈，在零和博弈下你再融资买入的动力就不大了。

中国则不同，因为利率市场化不充分，市场不同的地方利率不同，可以套利，场内融资8%～9%的利率是相对较低的，中国很多企业的理财融资成本都在10%～13%，而场外融资的利率在18%～24%，相对于房地产融资、企业的民间利率，这个利率也是低的。因此，融资买股不会发生公司回购自身的股票。公司有多余的钱款也会另外投资甚至放贷，不会回购本公司的股票来注销，因此，股票融资在中国不是零和博弈，套利的溢价带来的动力当然会使中国股市的融资盘比西方多，这个多是有合理性的。

中国股票的杠杆大，与中国的利率市场化不充分、资本市场不充分有关，这里面不要单方面妖魔化做杠杆的人，认为其就是赌博和投机。在西方，由于公司回购和利率透明，是零和博弈，这样的博弈带有投机和赌博性质，但中国则是融资盘的杠杆低于通常社会利率，带有利差套利的性质，有了套利不是零和博弈，也不是赌博。在看好未来股价高于现价的情况下，中国是高杠杆融资买入为主，而外国则是公司资金回购股票注销为主，这个差别恰恰是市场的合理选择。

需要注意的是，高杠杆所带来的流动性不均衡的问题，外国对待这样的不均衡，央行是主动干预的，但中国的央行却认为是事不关己的。在这次股灾开始的时候，央行没有插手。因此，中国的高杠杆确实给市场带来了风险，但这个风险却不能全部归罪于高杠杆的问题。

最后还有一个层面就是对冲套利。在国外，超高的杠杆都来自对冲套利，但中国的股指期货有了高杠杆，股票却没有高杠杆，虽然开设了期权交易，但没有个股期权，ETF期权的成交量很小，流动性不足，无法与股指期货的交易盘子形成有效的对冲，因此融资购买股票就是唯一的方式。我们注意到，股指期货与现货的差价经常超过100个点，在半个月的交割期限内收益高达2%～3%，年化的收益率高达50%以上，而高杠杆融资的利率也就是年化20%左右，这个套利空间是诱人的，因此你按照1∶9的杠杆融资购买股票和做空期权，投资是2，收益是10的20%～30%，这样超高杠杆操作的年化预期收益可以翻倍，而风险却因为对冲变得很小，即使是暴跌融资爆仓，你的股指上的利润和点差依然是可以保证的。尤其是发生恐慌性暴跌时，股指对冲的空单会贴水更多造成溢价，就如本次股灾，股指期货贴水超过10%，意味着大盘跌停当天融资爆仓，而空单的利益会因为贴水增加10%，平仓不及时的风险转嫁给了融资方，空单增加的贴水却归属了自己，导致一下子对冲套利投资利益翻倍。

因此，这样的高杠杆不是外面想象的高风险，这次股灾下做量化对冲产品的都取得了良好的收益。所以说，场外配资高杠杆的妖魔化是有问题的，而且你不让股票有这样高的杠杆，却允许股指期货有高杠杆，必然的结果就是期货市场主导操纵现货市场，数字泡沫成为市场主导。

同时，我们要看到股票的供需曲线是扭曲的，也就是在股价高的时候，会有投机性需求，“韭菜”入场，持股的也惜售，结果是需求增大供给减少；而在股价走熊的时候，爆仓平仓的供给大增，而因为恐慌不敢买成为主流，供给增大需求减少，供需曲线就后弯扭曲，会有两个均衡点。炒股的人都知道，股票庄家卖不出去的时候，除打压股价造成大亏能够出货之外，拉高一样可以出货，拉高带来了跟风投机，需求大反而可以成交，两个均衡点很多人都有体会。在高杠杆之下，不能平仓而使穿仓发生，投行、券商、交易所一定也会深陷其中。所以对去杠杆的风险，要系统性去认识它。

综上所述，我们对证券市场的高杠杆要深入认识，不能简单地妖魔化，不能简单粗暴地一去了之；要在股灾后反思高杠杆，而不是一味地去杠杆，要优化市场的结构，尤其是要认识市场供需扭曲和交易所风险的存在，认识会有造成股灾的不可控风险。杠杆去不掉恰恰是市场看多有杠杆套利机会和对冲投资需要而产生的。

中国的高杠杆虽然有问题，但不能因为去杠杆，导致市场看多的气氛和共识被打破，这样做得不偿失。中国的股市要从这次受到去杠杆影响巨大的股灾走出来，重新认识中国的高杠杆的合理性。

本人虽然对高杠杆比较宽容，但不意味着支持大家都高杠杆。这里送给大家一句话：“积著之理，务完物，无息币。”中国的股市投资还是长线持有得利，短线与庄家赌心思是散户玩不来的，持有的要求就是务完物，即一定要选择好的股票；要无息币，一定要没有利息的货币，我们的杠杆都是有利息的。现在美国催生数字泡沫，与你博弈的，都是无利息的货币。中国市场的交易者不要只看美国的杠杆多高，还要看到美国的流动性和货币利息，是中国比不了的，中国市场需要不同的理论分析，否则就南橘北枳了。

7. 杠杆爆仓的大调整约等于牛市不再

本人当年对2015年股灾牛市拐点的预测，是所有专家里面最准确的，本人于2015年6月21日发表了文章《杠杆爆仓的大调整约等于牛市不再》，此文被各处转载（图3-24）。

杠杆爆仓的大调整约等于牛市不再
我们也希望有调整让牛市变成慢牛和挤出泡沫,但笔者认为,如果再跌导致出现大面积的杠杆爆仓的大调整,则牛市就此夭折是大概率的,市场的无情走势会事与愿违的,想要...
同花顺财经 百度快照

任评说:杠杆爆仓的大调整约等于牛市不再 - 乌有之乡
2015年6月21日 我们也希望有调整让牛市变成慢牛和挤出泡沫,但笔者认为,如果再跌导致出现大面积的杠杆爆仓的大调整,则牛市就此夭折是大概率的,市场的无情走势会事与愿...
www.wyzxwk.com/Article/jingji/... 百度快照

杠杆爆仓的大调整约等于牛市不再-谁是谁非任评说-搜狐博客
2015年6月21日 我们也希望有调整让牛市变成慢牛和挤出泡沫,但笔者认为,如果再跌导致出现大面积的杠杆爆仓的大调整,则牛市就此夭折是大概率的,市场的无情走势会事与愿...
zhjtop.blog.sohu.com/3091843..... 百度快照

图3-24

图3-25所示文章是权威中证网的转载。

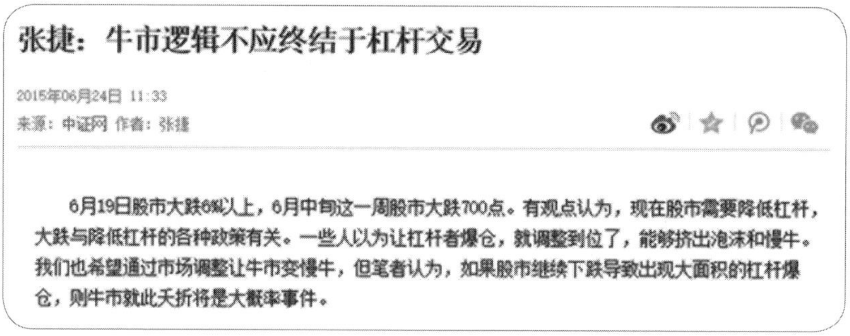
张捷：牛市逻辑不应终结于杠杆交易
2015年06月24日 11:33
来源：中证网 作者：张捷

6月19日股市大跌6%以上，6月中旬这一周股市大跌700点。有观点认为，现在股市需要降低杠杆，大跌与降低杠杆的各种政策有关。一些人以为让杠杆者爆仓，就调整到位了，能够挤出泡沫和慢牛。我们也希望通过市场调整让牛市变慢牛，但笔者认为，如果股市继续下跌导致出现大面积的杠杆爆仓，则牛市就此夭折将是大概率事件。

图3-25

而文章发布的时点，刚好就是当时的拐点（图3-26）。本文是对2015年的市场拐点和原因做了准确分析的文章，在当年有巨大影响。

从图3-26可以看一下当年的走势。6月21日前后，就是在拐点上。

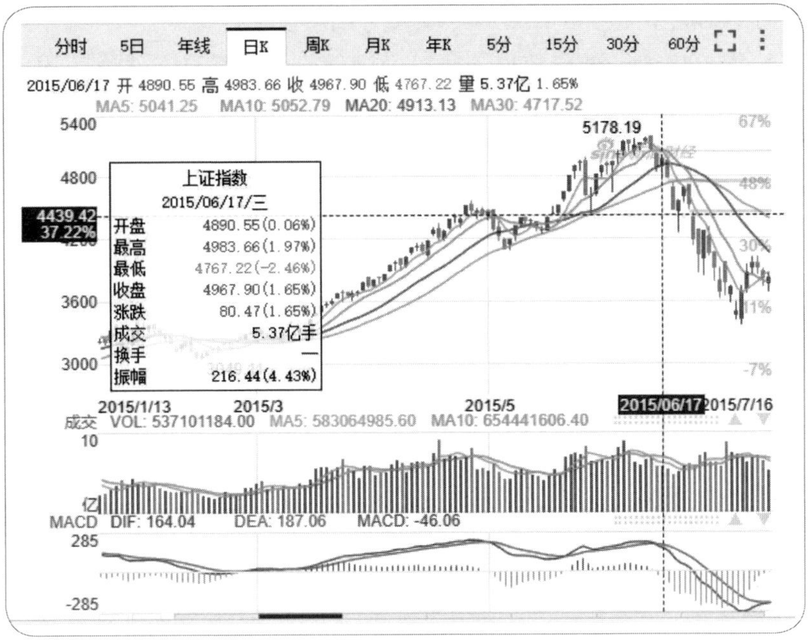

图3-26

图3-27所示是当时深圳的指数，也是一样的。

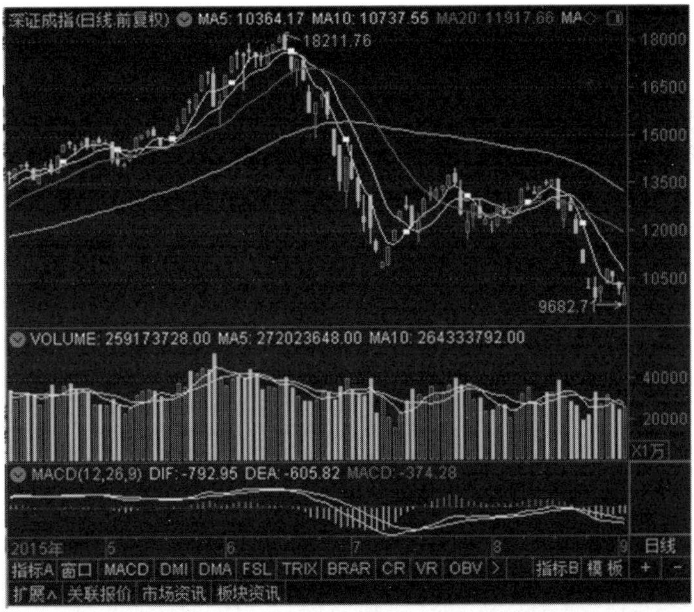

图3-27

为何中国股市牛短熊长？背后就是中国的流动性稀缺，中国央行一直实行紧缩的货币政策，没有宽松，所以中国的股市一直是在低位的均衡点上，而美国股市有QE常态化和超低甚至负利率的流动性充裕保障，美国需要的就是他们的股市一直在高位的均衡点上。而世界的资本市场是相通的，他们特别需要你的资本市场开放，然后两个不同估值均衡的金融市场就可以价值互换了。

中国股市的估值，其实远远低于2007年，股市的供需拐点就是在四五千点的位置，所以说4000点才是牛市的起点，而在4000点以下，到3500点就是一大关，对于这个，2011年我们就认识到了。

图3-28所示文章是本人2011年初写的。当时有人提出万点论，但本人认为再涨10%都很难，能够涨上去就有希望万点，当时成功预言了股市的阶段性拐点！

大盘上涨10% 约等于沪指破万点

2011年3月7日 万点的预言与现在让沪市大盘上涨10%,也就是成功突破3200点差不多,一句话,说大盘在目前上涨10%约等于沪指上万点。3000点上方套牢了天量的筹码,这样的筹...

finance.huanqiu.com/article/9C... 百度快照

大盘上涨10%约等于沪指破万点

2011年3月7日 通过以上分析,所以笔者认为大盘突破万点与涨10%的差别不是很大,但是预言家愿意语出惊人的引人注意,如果真的发生必然会让散户拜神,目前基金公司招揽客...

个人图书馆 百度快照

大盘上涨10% 约等于沪指破万点——中新网

2011年3月7日 万点的预言与现在让沪市大盘上涨10%,也就是成功突破3200点差不多,一句话,说大盘在目前上涨10%约等于沪指上万点。3000点上方套牢了天量的筹码,这样的筹...

中国新闻网 百度快照

图3-28

写这篇文章的时间是2011年3月，沪指点位突破了3000点，但最高只到3067，也就是涨了大约2%出头（图3-29）。

在股市的后弯曲线上，中国的股市供需拐点在2008年以后就是在5000点左右的位置。如果真的突破，就要翻倍，大概率上万点；而达不到的话，均衡点就是在腰斩的两三千点，这个就是我们看重的股票特性。

2015年，我们预先就抓住了龙头——南车、北车，当时预测可能涨到百

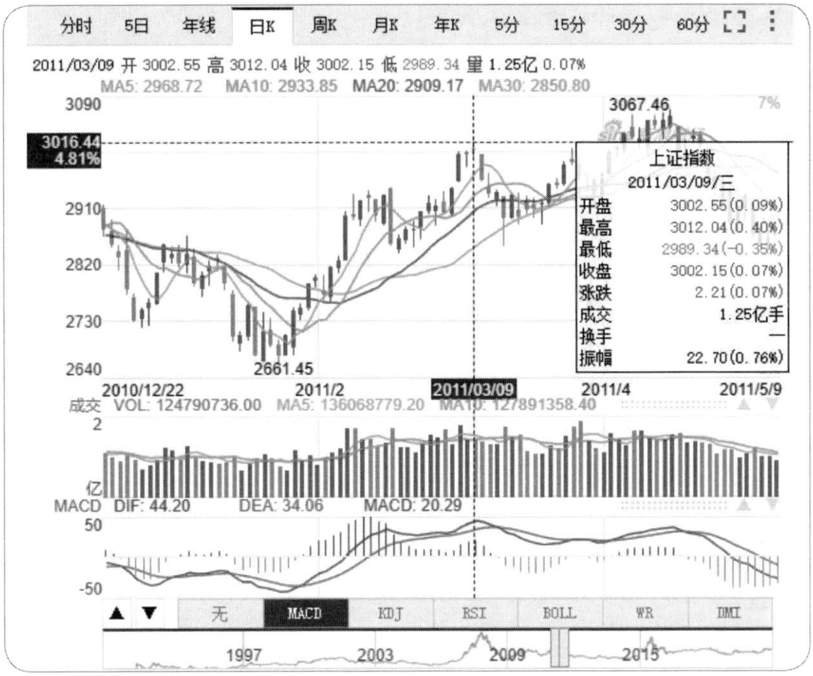

图3-29

元以上，我们在它们三四元的时候就入手，最高是42元左右（10倍），后来在6月21日的拐点文章发表之前清仓，基本五六倍的收益是有保障的。如果中国当时不认为要去杠杆打死流动性，让股市在5000点腰斩变成股灾，真的可以超过2007年的中国股市高点，它肯定是一只百元股。打断这个牛市最后变成股灾，中国财富被收割，历史教训是必须要汲取的。

下面附上当年的这篇文章。

杠杆爆仓的大调整约等于牛市不再

2015年6月19日，股市大跌6%以上，6月中旬这一周，股市大跌700点，监管层对此信心大跌，因为我们现在股市需要降低杠杆，大跌与降低杠杆的各种政策有关，一些人以为让杠杆者爆仓，就调整到位了，能够挤出泡沫变成慢牛，能够让市场更健康！我们也希望有调整让牛市变成慢牛和挤出泡沫，但我认为，如果再跌导致出现大面积的杠杆爆仓的大调整，则牛市就此夭折是大概率，市场的无情走势会事与愿违的，想要调控疯牛，结果却是熊来了。

我认为，杠杆爆仓导致牛市不再的逻辑，并不是大家平常所说的这次牛市是杠杆性牛市。我的牛市逻辑认为，牛市是中国崛起世界对中国资产的一次重估，是价格革命。我们的牛市突破关键点位，是在APEC中国表现和亚投行影响带来的，中国崛起需要资产重估，资产重估带来牛市，我相关文章已经在《中国证券报》上发表。我的牛市不再的逻辑是杠杆爆仓的大调整把牛市的支持者都杀死了。能够在5000点以上的高位坚决大杠杆做多的，都对中国未来看好且有信心。这创新高更多的是投机者要降低杠杆避险，这些支持中国的群体，不该国家支持他们吗？

我对牛市可能终结的逻辑，是从市场的运行规律本身推出的。西方将下跌20%定义为熊市不是没有道理的，我们则经常跌30%还叫作中期调整，但我们的金融政策与西方接轨后，熊市的内在逻辑也要接轨。市场需要降低杠杆，但这个杠杆绝对不应当通过让有杠杆的人爆仓来降低，如果这个爆仓变成了现实，那就是让市场当中最活跃和对国家最有信心的那部分资本和群众彻底失败了，把这部分资本转移给了做空和打压中国的人手中，要想再聚集起人气和信心就太困难了，支持牛市的人都没有钱了，变成有心无力了。这也是美国不惜QE，也不能让他们被清盘的道理。

大跌以后，媒体上的爱国人士也力挺牛市，但牛市改不改不是口号，敢杠杆激进做多的都是对中国牛市最有信心的群体，他们都爆仓无钱了，那么牛市当中的多空双方的力量就根本不平衡了，没了最积极做多支持中国的他们，牛市就死了。这里我们要注意到爆仓对他们不是无杠杆，而是彻底无钱。与以往的牛市转熊被套死不同，那个时候虽然熊市，但他们不割肉，他们还留有种子可以涨回来，现在的不同是这群人彻底无钱了，他们想要做多也不可能了，你怎么能够指望，①在这个点位大力做空的人，内心期望的是远远超过这个点位呢？②这些做空资金怎么可能带动大盘超越现有点位？③投机的中间派们能够坚决支持不再投机了？因此这些杠杆爆仓了，牛市不是变成了慢牛，而是要转折了。股市的多头在2008年的大熊当中损失巨大，但不会被平仓，只要不割肉坚持到2009年的反弹可以弥补很多的损失，这一次别看只跌了20%，就可能是被平仓血本无归了，损失是不可同时比较的。

这里我们可以看一下西方成熟的市场，市场如果大跌超过20%，就不叫调整而是叫牛熊转换，原因就是牛市的多方爆仓了，多方彻底没有钱了，这与中国以前没有杠杆，多方可以拿住股票死扛是不同的，现在多方无钱无股票，就没有翻盘的资本了。因此，中国的这一次牛市的规律不能用以往的经验来分析和控制，以往是中期回调可以挤出泡沫，股票会不断回调，挤出不坚定的筹码有利于后市，但这一次则是坚定的筹码都会带杠杆，都爆仓无钱了，你依靠的拥护者都死掉了。所以这一次不要仅仅看着单边上涨与以往不同，回调的后果也不一样。如果出现较大回调让坚决支持国家崛起、支持中国经济的牛市拥护者都没有钱了，牛市还能继续吗？你指望牛市回调后走得更高的支持者都被你杀死了，以后的走势可能是再怎么刺激也起不来了，就如2007年后的6年熊市。

这里我们说杠杆大，其实融券一样是杠杆，场外的融券性质的各种股票仓位掉期合约的杠杆其实更大。都说融资盘大，清理场外融资，却不说场外融券也巨大，机构和大股东的证券都与做股指融券的进行掉期赚取额外利益。我们现在严查场外融资，但对场外融券则是拓宽融券渠道，这样的提法是严重不对等和有单方倾向性，有利于空方，对多方不利。实际上场外的融券秘密掉期，联合做空，对中国股市的危害更大，在国际上是重罪，而且还是例外的有罪推定。中国只有对个股的，没有对大盘的，但现在国际资本博弈和股指期货下大盘才是关键。这里妖魔化和做空中国的外部势力是渗透其中的。

我们的股票杠杆到底高不高也要多角度看，因为股指期货的杠杆巨大。股指期货100万元以下的客户是15%的保证金，杠杆6.7倍；100万元以上的客户可以下调为13%，杠杆7.8倍。股指期货的交易量是大盘相关股票交易量的多少倍？2015年6月19日沪深300成交5196亿元，而股指期货相关各合约总成交33 066亿元，是股票的6倍，这涨跌的点数乘以成交量，就是实际的盈亏，股指期货的盈亏已经远远超过了股票！所以相对于股指期货的杠杆，股票有一些杠杆算什么？股票杠杆交易的比例与股指期货相比就不算什么了，所谓杠杆高的逻辑成立吗？

个股的融资盘爆仓和大盘大面积爆仓是完全不同的概念，个股的爆仓可以理解为股市有风险和对股民的风险教育，但大盘暴跌导致的大面积爆仓，则意味着牛市的结束，因为最坚决支持牛市的、进行杠杆的人群已经没有钱了，与个股爆仓会让市场合理配置资源避免过度炒作是不同的。这不是简单的风险问题，而是不同力量的对决，是支持中国和做空中国力量的对决，这个对决当中空方的杠杆也是极大的，场外的秘密融券和各种掉期都是大杠杆，博弈双方都有巨大风险，怎么能够只说多方风险而不提融券风险和牛市崩溃风险呢？怎么能够因为做多的有融资杠杆，有杠杆带来的风险，就不是在政策上支持中国经济的拥护者？我们还发现，海外的一些势力在这个时点上集体唱空中国股市，香港特区的政局也有不稳因素，难道都是巧合吗？如果真的是支持中国的群体与做空中国的势力发生对决，发生金融战，则一定是要给前者更多的支持，让他们能够多加杠杆保卫中国的金融利益，绝不是打压他们的杠杆进行釜底抽薪，更不能把诸如1998年亚洲金融危机时金融战败的惨象归结为支持者对金融攻击的抵抗。对那些高调唱着降杠杆和挤泡沫的人，我们也要两面看待。

中国有没有泡沫，我们可以关注一组数字：2007年，我国国内生产总值（GDP）达到265 810亿元人民币，折合为3.4万亿美元；2008年，中国GDP为314 045亿元人民币，折合为4.3万亿美元。在2007—2008年危机前，全球排名第四（美、日、德、中），同期GDP美国14万亿美元，日本4.8万亿美元。2014年，中国GDP达到63.6万亿人民币，折合为10万亿美元以上，已经与日、德、俄三国的GDP相当。短短几年，中国的GDP翻倍还多，相当于再造一个日本或德国加俄国的总量。所以中国虽然这一年经济基本面不好，但综合2008年危机后这几年，综合世界各国的相对水平，中国经济的基本面对股市的支撑是极大的，这个基本面足以支持中国的股市上万点，不能单看一年的情况。泡沫论是一些做空中国的人需要的，他们要把他们的金融攻击变成合理的，他们占据道德的制高点，我们不能被带到沟里。

综上所述，我认为，中国的股票杠杆和泡沫都不是大问题，问题是有人要拿着降杠杆和泡沫论说事，在股市里面串通做空大盘，打断中国资产重估的牛市进程，让最支持中国、最看好中国的资本和人民财富损失殆尽，这不是简单的市场问题，是中国政府给人民的信用问题，是赤裸裸的金融战争、信用战争已经开始，如果我们对这个战争还没有准备，被西方舆论势力左右，觉得合理的调整有益于股市更健康的发展，则在杠杆多方全面爆仓遭受重大损失之后，期望的牛市第二场不会再有了；依靠股市牛市来扭转经济压力、深化国企改革的机会也要再等很多年了，西方遏制中国的目的就达到了。这个调整，是很多人认为很好的，但我认为如果让最坚定支持中国牛市的资金爆仓，以后没有多方支撑的做空趋势起来后，牛市将不再，一些人高估了他们自己控盘的能力。

对于619的暴跌，我们要站在更高维度认识。没有所谓的中期调整，不要被忽悠，如果真的调整了，就是约等于牛市夭折了。我们应当认识到金融攻击已经发生，要大力进行干预，否则牛市不再、民心尽失，国际金融大鳄渔利满载而归，中国崛起之进程就要放缓。我在2011年针对当时的万点论写过《大盘再涨10%约等于上万点》，当时的涨10%是过3500点，现在这个逻辑依然成立，当时说这个话是指大盘不太可能上万点，所以涨10%基本不可能，结果当时的3186成为多年的阶段性高点，现在，我依然认为牛市是大概率，政府不管是小概率，但风险依然不可忽视。我认为如果政府救市在6月22日出利好，再加上打新资金回来，反弹大涨是大概率，空方在交割后力量减弱，大盘在30日均线下方的日子可能不超过三天，也就是没有有效跌破30日均线。在有杠杆的情况下，30日均线的意义比以前大，这也就是我总说的大盘是震荡不调整，不会有效跌破30日均线。如果破了，就要考虑避险，因为调整可能就意味着牛熊的反转。对散户而言则是国家若不对金融做空攻击采取断然措施，就要自行保护自己，大盘跌破20%就必须避险，不要盲目抄底。

8.熔断机制与期权及做市商体系

图3-30所示的文章，是本人2016年对熔断机制在金融市场实战的思考。中国和美国，为何南橘北枳，就是因为双方的市场流动性不同。美国市场是虚拟市场带动的，有做市商制度，场外还有很多故事；中国则是场外股票交易国家要干预，是灰色的，弄不好就是犯罪。

图3–30

熔断暂停了，但其引发的思考却不能停止。2016年，中国实行股市涨跌熔断政策，新年开市第一天两次熔断，到1月7日，市场再两次熔断，总计交易不到15分钟，熔断反而带来了风险，被市场一片诟病，接着就是周四晚上紧急通知暂停。这个熔断机制是从西方市场学来的，是西方市场比较成功的做法，为何到了中国就变成了南橘北枳了呢？这其中的原因是西方市场有完善的期权市场和做市商机制，这二者与熔断有机结合，是稳定市场的关键，中国只有熔断，则适得其反。

2016年开年，连续熔断的走势图如图3–31所示。

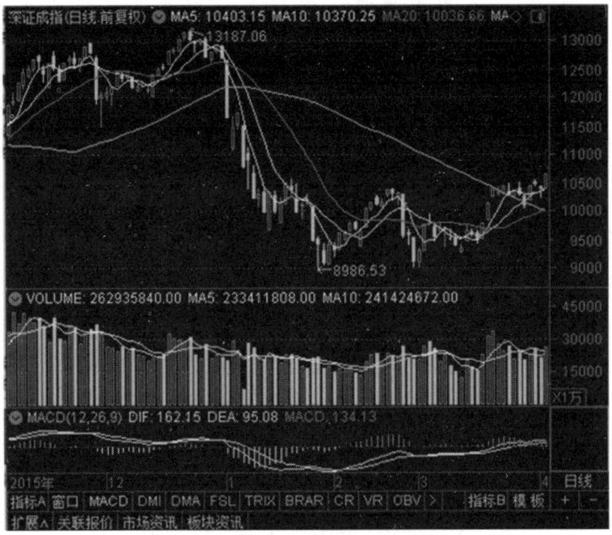

图3–31

我们要注意到西方的市场是T+0和没有涨跌停板的，中国是T+1和有涨跌停板的，有了涨跌停板以后为何还要熔断，这里有什么不同，这个不同可以通过期权来解释，具体见本章第二节详述。

有了期权的概念，其实涨跌停板和T+1是可以对冲的。而熔断机制是到时候市场完全停止，没有期权的概念；而在西方发达市场，则是通过期权的存在很好地实现了涨跌停板和T+1的功能，甚至可以说通过不同的行权期限，可以对冲多日的风险，这些期权的存在，可以抑制市场的暴涨暴跌。

在西方，做市商合法。做市商更像我们所说的善庄。在市场特别的时候，要承担特别的义务，他们有义务给市场提供流动性，也就是说在市场出现流动性紧张的时候，他们要释放流动性，尤其是在期权市场的做市商，更要提供流动性向市场提供相应的期权，给市场的投资者提供买入期权进行避险的机会，避免投资者被恶意投机者渔利。在中国，市场的庄家享受做市商的好处，却不承担做市商的义务，信息不透明。西方的证券市场引入做市商机制的本身，也告诉你市场不是什么时候都能够出清的，需要有市场的特殊主体来完成市场出清的任务。

我们认识了西方市场的做市商和期权市场，就可以知道西方市场的熔断，不是中国这样的恐慌在发酵，而是给期权市场和做市商一个时间。在熔断期间，期权交易是继续的，尤其是西方很多期权交易还是场外交易，场外交易远远大于场内交易，大量的期权出现，有利于稳定市场。在此期间，做市商调集资金，释放期权，市场起到了主导作用。西方的熔断，绝不是系统的熄火，而是一个危机系统的启动。西方资本市场是在市场不能出清的时候熔断，然后利用熔断的时间，让期权市场和做市商机制发挥特殊作用，让市场实现出清。等到开市后，市场已经出清，可以正常运转了，那么这个市场必然在熔断恢复运转后，体现出良好的态势，熔断起到了切实的效果。中国则在市场熔断期间，所有的事情都停摆，市场出清困难没有解决，同时新的恐慌带来市场更大的不均衡，没有风险的出口和义务承担者的斡旋，只能是危机进一步发酵。所以熔断机制在中国走向问题的反面是必然的。

熔断还带来市场的齐步走效果，齐步走会引发共振并带来巨大的力量。这里中外的齐步走效果也是不同的。在中国，熔断是市场停摆，恢复以后恐慌的散户齐步走，原来散户不太整齐的步调现在一致了，一致抛售，肯定是大跌。而西方市场则不同，市场暴跌是期权卖出方和做市商损失重大。在这个损失和压力面前，他们需要团结起来步调一致，而且不同的股票做市商不同，彼此操作的证券不同还没有囚徒效应的问题，结果就是他们可以利用这个熔断的时间，步调一致地面对市场的非理性恐慌，实现市场出清。西方的熔断是期权、掉期、场外协议密集交易，绝不是市场的停摆。对市场而言，最大的恐慌就是没有交易的机会。西方的熔断也是与场外市场、期权市场要结合起来看的。

这里熔断造成恐慌，还有一个关键性的原因就是熔断后的机构赎回是两日后的估值计算，这才是诱发临近熔断时暴跌的根本原因之一。熔断造成威胁，机构赎回大增，此熔断是保护机构的。熔断让这次股灾后出现的收盘前现象变成了熔断前现象。机构应对赎回压力，不需要熔断，而需要有期权和做市商的保护，依靠期权和做市商尽快市场出清，解决赎回压力。

比建立熔断制度更迫切的，是要认清熔断背后的各种规律，进一步完善资本市场机制，引入广泛的期权和做市商制度，完善期权市场、增加做市商机构，还要认清三者的规律和相互作用关系，通过期权市场的规律和做市商的主动参与，配合熔断机制，以利于市场稳定发展。照猫画虎是有问题的，选择性地引入，不看西方市场环境的不同，就会出现南橘北枳的现象。

9.胡雪岩泡沫破裂与国家中兴夭折

中国历史上的货币升级，却因内耗夭折，看似泡沫破裂了，其实是影响了中国当年的崛起。泡沫破裂的实质是金融战败，是被打劫和被薅羊毛。

清政府要搞洋务运动，很多人没有讨论金融层面的问题，清政府当年要洋务化、资本化，需要大量的货币作为资本。这些货币怎么来？当时，清政府没有建立自己的国家央行，都使用白银贵金属作为货币，货币肯定是不足的。而西方主要国家，已经实行了本位制的货币，以纸币为主，贵金属交易受到限制，尤其限制黄金的流出，奉行重商主义的经济理论，交易的都是纸币。

洋务运动时，清政府要解决货币不足的问题，是依靠钱庄和票号来完成的。在实银作为钱庄准备金资本的前提下，发行银票。银票作为货币流通，流通数量远远多于白银的数量，部分解决了经济发展中资本不足的问题。当年，钱庄领域领袖是胡雪岩，他在全国设立阜康银号20余处，并经营中药、丝茶业务，操纵江浙商业，资金最多时白银超2000万两，是当时的“中国首富”。而流通中的银票，又远远超过钱庄的资金。

同治五年（1866年），朝廷下令左宗棠调任陕甘总督，开始平定西北的战争。左宗棠赴任之前，竭力推荐胡雪岩协助料理船政和筹款的一切具体事务。中国能够收复新疆，与胡雪岩的筹款得力关系巨大。与此同时，胡雪岩也帮助借下了大量洋债，先后六次出面借外债1870万两白银，解决了西征军的经费问题。这些为日后银票信用危机带来了隐患。

光绪八年（1882年），胡雪岩在上海开办蚕丝厂，耗银2000万两。当年，清政府生丝的定价权被洋人控制，生丝价格下跌，主要原因是华商各自为战，资金短缺，不得不贱卖生丝，被洋人控制了定价权。胡雪岩为了自身和民族的商业利益，与洋商进行了生丝定价权的争夺战。百年企业史上，第一场中外大商战开始了。商战中，胡雪岩利用其丝栈的渠道优势，高价尽收国内新丝数百万担，掌握了原料储备，商战占据上风。但胡雪岩背后钱庄是民营的个体户式金融，与近代西方国家央行背书的金融体系在力量上难以匹敌。为了支持洋商，在华洋行全力抽走市场的流动性。整个上海的实银数量是有限的，洋行抽走实银，就挤兑了整个金融市场，导致通商口岸的金融危机突然爆发。在危机下的挤兑浪潮当中，没有央行信用背书的胡雪岩已无回天之力。次年夏，全部生丝被迫贱卖，亏耗白银1000万两，洋商赚取了清政府的大量财富。胡雪岩银票泡沫破裂，胡雪岩个人家资去半，连锁反应的结果是破产，最后他自己一贫如洗地死去。而其后果，对国家和民族更是灾难性的，标志着中国与列强的金融战败了。

胡雪岩的银票泡沫破裂，导致清政府金融危机的爆发。胡雪岩钱庄挤兑风潮的发生，其实离不开一个人，这个人就是盛宣怀。他当时把胡雪岩银根紧的情报给泄露和利用了。他利用其管理电报业务的便利，获取了胡雪岩的情报并且加以利用。胡雪岩要往上海调实银头寸，与此同时，汇丰等洋行为了打压胡雪岩囤积生丝，争夺生丝定价权，大量回收实银，胡雪岩也必然要调回头寸。然后就以胡雪岩信用不足为由，政府通过胡雪岩归还的洋行债务实银不按时交付，引发挤兑（对此事件历史上还有不同说法，但这个说法是主流之说）。

胡雪岩被挤兑，导致连锁反应，所有的钱庄票号都受到了挤兑，一时之间，所有的商业交易都不接受银票了，中国的货币退回到实银阶段。而洋商的外国货币纸币是可以使用的，洋商还有国际市场上外国支持的白银控制在手，中国的商业必然惨败。胡雪岩亏损，赔了1000万两白银。如果胡雪岩打赢了，那么得到的就将是至少大赚1000万两白银，而且是在以后每一年的国际生丝贸易当中，清政府生丝行业都要大赚1000万两白银。正负对比，中外财富博弈，损益差别就太大了。伴随着中国银票信用崩溃，中国单方面金融危机，被洋人金融收割，中国损失的不只是生丝一种商品，中国出口的各种大宗原材料，都连带受到损失，其间接损失是不可估量的。

盛宣怀搞胡雪岩，背后是李鸿章搞左宗棠，是政治斗争和内耗。左宗棠和李鸿章，都是要搞洋务的，要强军的，只不过是海防论还是塞防论的问题。胡雪岩支持左宗棠收复新疆，建立了不世之功。而李鸿章的洋务和海军，其实也是受到了金融危机的巨大影响，只不过他们自己制造的危机，当然只能打落牙自己咽下去，后来清政府银票都变成了实银。在胡雪岩危机之后，中国的银根空前紧张，银根不足，能够干的事情就十分有限了，关键时就付不起钱了。

借洋债整死了胡雪岩，还有谁敢像胡雪岩支持左宗棠那样，支持李鸿章建设海军借洋债？李鸿章自己为了与左宗棠不同，也不能借洋债啊！

我们可以算一下账！建造颐和园，挪用的海军军费是白银600万两，1885年，英国出售给清朝政府的2300吨的“致远”号巡洋舰单价85万两白银，“定远”“镇远”战列舰造价283万两白银，一艘141.5万两。中国付不起钱，日本以60万两白银就低价买到了“吉野”号。中国建造整个北洋舰队，总造价才白银2000万两。胡雪岩要是在定价权之战中取胜，中国得到的财富是白银上亿两，完全有能力既修好颐和园，也建设好海军，还能够促进经济快速增长。盛宣怀与洋行一起，挤兑胡雪岩经手的洋债的作为，就是西方买办的行为。所以这不是胡雪岩一个人的问题，是中国当时整体的问题，个人财富和国家财富的关系，在锅内和在锅外，是要立场清楚的。

1870年之后的平定西北和收复新疆，左宗棠的军费大约是9000万两，远远多于颐和园和北洋舰队的造价。为何当年有钱而后来没有钱了？而且颐和园属于政府大工程，虽然花费高，按照现在的经济学概念也是扩大投资、扩大内需啊，只有支出进口军火才是白银的硬流出。但平定西北和新疆，要用的也是军火。还有当年平定太平天国和捻军，平定云南回民起义，中法战争等，都是花费。当年，江南富庶地区一片战场，这个军费都是有的；而太平的十年，却没有了这些费用支出，背后又是什么原因呢？

很多人不理解的是，泡沫破裂了，银票破裂变成实银交易，但其他商品和财富没有变，为何财富就没有了呢？这个就是本人一直讲的，金融交易不是零和博弈，金融危机中财富会消失。这些财富是通过交易被外流了，被西方赚取了！因为胡雪岩倒台的信用危机令银票破产，银票变实银，使交易中的货币变成了原来的几分之一，这个通缩的幅度和规模，多么巨大！胡雪岩的泡沫破裂，他的生丝就直接亏损1000万两白银，直接让外国人买走而少给中国1000万两白银，这白银背后是有财富对价的。同时这个定价权没有了，每年少1000万两白银。银根紧张，货币通缩，其他的商品也要降价，外国人买走你其他的商品，支付对价也少了很多，按照当年大约白银一亿两的对外贸易量，清政府每年向外流失的财富就高达几千万两白银。

银票信用破裂，其后对清政府的信用影响更是巨大的！即使是到民国后，也不是信用纸币，而是银圆！只不过把白银货币标准化了一下，交易的时候还是关心银圆的纯度，而且变成了金条和白银的交易，没有银票了。民国的《国币条例》规定："以库平纯银六钱四分八厘为价格之单位，定名为圆"，"一圆银币，总重七钱二分，银八九，铜一一"，"一圆银币用数无限制"，等等。直到1935年发行法币，距离胡雪岩破产大约50年了。实银制作的货币为主的交易，比起胡雪岩的银票，货币的乘数降低了很多，流通中的货币数量大幅度降低，经济发展受到严重制约。1929—1933年的经济危机，美国搞了白银法案，通过美联储印钞把白银的价格提高了4倍，美国作为世界最大产银国，又薅中国一把羊毛，成为美国渡过危机的因子之一，但中国没有话语权，就没有人会提及这段了。

中日甲午战争中，北洋海军全军覆没，标志着清朝海军实力的完全丧失，也标志着35年的洋务运动宣告破产。北洋水师连续6年没有经费，没有增加新舰艇，装备的弹药也不足。失败是带有必然性的，本人在《霸权博弈》《信用战》《定价权》等著作里面都讨论过。当时，英国借给了日本上亿两白银，清朝则基本没有负债，你说英国军事顾问会指导谁打赢？日本要打输了，英国的银子都泡汤了。中日的指挥官都是英国的学生，战争中都有英国的顾问，丁汝昌是陆军出身不懂海军，英国顾问在干什么呢？为何战后各国海军建造的不是"吉野"号那样的巡洋舰，而是"定远"号这样的战列舰呢？后来，世界的海战实力对比，一艘战列舰在，有多少艘巡洋舰都被认为是"弱鸡"，不会讲巡洋舰如"吉野"号一样跑得快、射速高。甲午海战中，中国有两艘战列舰，日本没有战列舰。英国人事后的评价是：当日本的舰炮打不穿定远舰的甲板时，清政府应当全歼日本舰队。

甲午战争后，日本得到的战争赔款，是以英镑结算的，英、法、德、俄四国贷款，贷款利息是赔款的两倍（赔款2.3亿两白银，还本付息总额7.29亿两白银）多，英镑与白银的国际博弈和国内金融影响，每年的损失是多少亿两的白银（本人以前在著作中做过计算），而日本给了西方列强各国这一场盛宴，西方列强就“取消”了日本的不平等条约，被说成日本一维新列强就取消不平等条约，来洗脑中国当时的思想界。日本的金融体系建立，也是给英国交了保护费的，不像中国当年以白银为本位发行货币，而是把赔款变成英镑，英镑存入英格兰银行，以英镑的外汇储备来发行日元以发展经济。后来，日本不受控制，英美就联合搞它了，不是因为它侵华。侵华的时候，日本是英美盟国，而中国不在英美阵营，英美制裁日本主要是因为它要金融独立。央视的《毒钞》，即反映了以日元为背景的货币与绑定英美货币的货币在上海滩是怎么样殊死斗争的。

对于洋务运动的失败，政治因素固然影响非常大，但政治是上层建筑，是经济基础所决定的。洋务运动在经济层面的重大问题，被讨论得很少，因为这里有当政者的失误、后来主政者的政治立场、西方列强和日本的国际立场，等等。而真实的根本，还是在经济层面。

当年，洋务运动发展近现代经济，进行工业化，结果是金融制高点被洋行占据，金融货币完全没有跟上，金融货币还是农耕时代的贵金属原始货币，怎么能够工业化成功？工业化所需要的货币不能在本国的金融系统内得到满足，需要依赖外国洋行。如此的工业化，怎么能够不沦为西方的经济殖民地？中国的探矿权、筑路权、关税权，是海权控制陆权的关键。三个权力的核心，是金融权力，是金融渗透的关键抓手，没有了探矿权、筑路权、关税权，金融独立就建立不起来。经济要崛起，要工业化，核心是金融。没有独立的金融体系而搞洋务运动，没有现代金融体系支撑的工业化，甭管是什么样的政治制度，甭管政治制度的好坏，都是经济殖民地。工业化和经济崛起，金融独立是经济基础，失去了基础，必定失败。

对于胡雪岩的失败，现在有些中国经济学家将当年西方的解释翻译过来，在中国广泛传播。其说法就是：“胡雪岩以落后的生产力对抗先进的工业化生产力，对抗西方纺织科技革命，所以他必将失败！”回到现在，我们再看看，人家的铁矿石是怎么对抗你的炼钢的，人家的原油怎样对付你的？拿中国的科技不如人掩盖西方金融掠夺的本质，是西方御用文人的理论基础。其实现在西方对我们干的事，就是胡雪岩当年争夺生丝定价权时对洋商们干的，都是一样的。

胡雪岩以银票替代实银，在当时可以看成是将白银搞出来了银票泡沫，但他的银票泡沫占据了资源生丝，是要高价换取西方的资产、西方工业品的。现在的西方，则是以类似的货币QE泡沫，要换取中国制造和全球财富。当年的中国人嘲笑西方是蛮夷，以纸为钱，早晚必将破裂崩盘！大清朝的货币都是实银，是真金白银，所以信用牛！在大清朝发银票搞泡沫投机的，就是要戳破泡沫、要严打。李鸿章的错误，一直得不到纠正。当年的认识，与现在的一些人嘲笑西方QE货币是印钞、是泡沫，必然破裂，是一个性质的。

胡雪岩的眼光是高于那一个时代的，甚至高于现在很多鹦鹉学舌式的“中国经济学家”。西方人其实早就知道，当初发明纺织机以后，羊毛涨到了天价，可以羊吃人，可以牧业超过农业，才有了圈地运动。西方经过这个阶段，当然不会让胡雪岩在生丝上重演西方当年羊毛圈地的故事。而胡雪岩当年的背景，是中国同光中兴，中国的GDP重新到了世界前三，当年第一的英国与法、德、俄的GDP没有差距那么大，中国在中法战争当中没有战败，在收复新疆的战争当中打败了英国和俄国的代理人，当时中国也是在挑战西方霸权。

在洋务运动当中，中国就已经具备了铸铁、炼钢及机器生产各种军工产品的能力，包括大炮、枪械、弹药、水雷和蒸汽轮船等新式产品，中国近代矿业、电报业、邮政、铁路等行业相继出现。轻工业也在洋务运动期间得到大力发展。1880年，左宗棠创办兰州织呢局，成为中国近代纺织工业的鼻祖。中国近代纺织业、自来水厂、发电厂、机器缫丝、轧花、造纸、印刷、制药、玻璃制造等，都是在19世纪七八十年代开始建立起来的。洋务运动当时的历史背景，是欧洲的英、法、德、俄的争霸，给了世界其他地区崛起的机会。美国的崛起，就是赶上了这个时机！而日本当年的原始积累，根本不能与中国相比，日本的崛起是后来给西方列强当白手套，渔利了中国崛起的财富完成原始积累才发生的。当年李鸿章、盛宣怀为了政治斗争，主动搞出来金融危机，结果不仅损失巨大，更错过历史机遇，断送了国运。

后来，盛宣怀倒台，也是因为想要争夺橡胶的定价权。当年，橡胶是重要的战略物资，西方人搞的一场橡胶股票泡沫，在上海滩换取了大量的中国财富。橡胶泡沫破裂之后，中资产业损失巨大，责任人转嫁损失和危机，导致保路运动，导致辛亥革命和大清朝的灭亡。而保路运动当中，主要责任人盛宣怀差一点丢了脑袋，最后被革职，流亡日本。

中国要仔细反思一下当年的削杠。在2015年的牛头上，自己戳破泡沫，让最支持中国走牛的资金爆仓，而让做空中国的资金暴赚，结果就是自己损失巨大。泡沫的损失是要有人埋单的，对价利益已经被赚走了。而美国的金融市场一路牛了十几年，积累了那么高的杠杆、那么多的泡沫，即使2020年被疫情打击，美国人也绝不允许去杠杆和泡沫破裂，变成了QE常态化！印钞让市场永远牛市，牛市了，就要交易全球财富，其中的逻辑，不是某些经济理论所能解释的。

下面我们看看美国是怎么印钞，而不让泡沫破裂的（图3–32）。

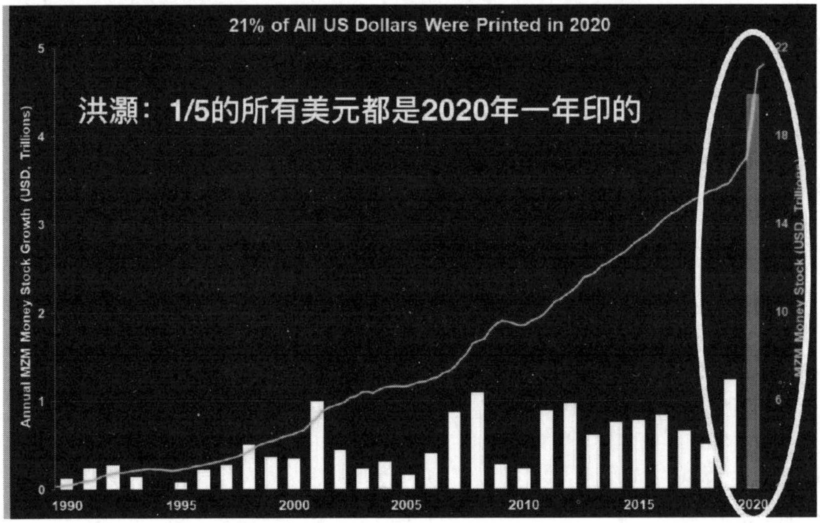

图3–32

2015年，对中国股市而言对贾跃亭和乐视这样的骗子，当然是戳破泡沫太晚，但对中国中车这样的中国制造龙头企业和名片，国家要支持、要保护，不能将其说成是泡沫。中车的龙头被打击，结果就是与胡雪岩争夺生丝定价权失败一样，“一带一路”我们的高铁走出去，搞连通世界的高铁网，等等，都受到了巨大影响，中国高铁对外的影响力立即降级。“一带一路”与生丝，都是以丝绸为纽带。如果中车股票高企，中车是国家的，中车高位再巨额融资，再换股收购，中车可占据全球80%的高铁机车市场，中国铁路是政府补贴的，低价销售，要是正常国际价格，中车的利润也是现在的几十倍。中车不该比特斯拉这些公司股价高吗？如果中车股价超过特斯拉，则中车股价要超过130元，是最高点的三倍。这股票的膨胀要置换回来多少财富？中车股价低迷，背后就是后续的研发和市场开拓的乏力，对中国制造影响多大？对中国崛起影响多大？中车是中国制造的名片，到底谁希望它崩盘呢？打压了它就是打压了中国制造的龙头。龙头成为破裂的泡沫，崛起就会受到冲击。

中国自古讲储备持有，要用无息的货币。美国的泡沫高企，货币没有利息是关键，股票价格背后，与利率的关系、与货币的关系、定价权与货币泡沫的关系，需要从更高的理论层次去认识。

六、带杠杆指数基金牛市也能成赌场

前面我们讲过金融市场的非零和交易，带有赌博的性质，本节对某一种特定的金融产品，怎样带有非零和性质做一个具体的分析。

2015年，中国也要搞杠杆指数投资基金，在当年去杠杆的要求下，一场股灾随之而来，让这个基金的推出不了了之，但我们仍然需要更好地认识这个基金的性质。这个基金的收益和亏损是不对等的，这个杠杆化的指数性基金运行起来，给你的收益率概率不是大家想象的那么简单。在波动率和融资利率的影响下，股指杠杆基金的收益率并不一定随着杠杆的增加而增加，反而有可能因为加杠杆导致收益不如没有加杠杆的情况，甚至出现负值。因此就算是明确的牛市，它也未必值得投资，可能在牛市下出现负收益。

我们回顾一下关于这个基金的消息。中国证券网消息称伴随股市规模快速扩张，投资者对投资工具的需求也不断增长。后来，上海证券交易所和中证指数公司宣布，上证50杠杆指数系列及中证500杠杆指数系列将于2015年6月16日正式发布。据新华社报道的编制方案，上证50杠杆指数系列及中证500杠杆指数系列均为日杠杆指数，各包含正向两倍、反向一倍，以及反向两倍三个维度。指数设计规则沿用沪深300杠杆指数系列规则，其中将两倍杠杆指数日收益设定为两倍基准指数日收益并扣除无风险利率；将反向及反向两倍杠杆指数日收益，设定为每日基准指数反向及反向两倍收益加上现金管理或衍生金融工具隐含的无风险收益，同时扣除为实现反向杠杆所需要承担的卖空成本。当时，指数系列以金融机构人民币一年期贷款基准利率为无风险利率；卖空成本则参考券商主流融券利率，在上述无风险利率基础上上浮3%（当时中国的利率是5.10%，上浮以后是8.10%）。未来随市场环境的变化，相应的无风险利率及卖空成本标准将适时调整。据报道，已有机构有意向基于上述指数开发产品，但现在肯定没有人做了，不做是因为大势已去。我们要分析的就算是牛市，这个杠杆基金也可能就是赌博，收益率可以是负数。

2倍的指数杠杆基金的回报率一般不会有相应指数回报率的2倍，它们的日杠杆要求使得它们的日常操作有时必须做高买低卖的操作。几倍的杠杆基金基本都会亏钱，它们基本属于做空期权的gamma，市场往上走再掉下来回到原位，杠杆基金就会亏钱。这种杠杆的问题是：它必须借钱来维持2倍的杠杆，也就是说，如果基金的净值是1元，它必须借1元去买指数。再准确一点讲，2倍基金在每天收盘的时候必须调节，借来和基金净值同样多的钱买股票或期货，以保证第二天基金的波动幅度是市场指数的2倍。这里我们就算是涨上去后杠杆降低了不调节，但跌下来如果不调节的话立即有爆仓的压力，杠杆就会急剧升高。涨上去不调节股票持仓的话，盈利能力也会降低，因此这类杠杆指数产品要随时调节仓位，与不带杠杆的可以不调节仓位的基金产品完全不同。每日根据涨跌调整持仓以保持杠杆率不变，就是报道当中提及的日杠杆指数的意思，而不是初始杠杆几倍就不变。为了简化说明问题，我们先假设没有任何借钱成本。 如果第一天股票涨了，假设指数从100涨了5%到105，当天净值增加，变成1.1元，需要对于净值增加的0.1元，再去借同样多的0.1元在第一天的收盘价位买股票（因为净值是1.1，已经借了1.0元，为了保证2倍杠杆，也就是手上要有2.2元的股票，必须再借0.1元在指数105的时候买进股票）。第二天如果股票跌了，指数从105掉回100，昨天2.2元的股票掉到2.095 24，净值除去借的1.1元，就是0.995 24。对于0.995 24的净值，手上握有的股票必须调整成0.995 24 × 2=1.990 48元。只能借0.995 24元，那前一天借的1.1元买的股票就必须相应减持，也就是必须在指数100的时候卖出1.1–0.995 24=0.104 76元的股票。这个简单的例子中，指数波动两天最终不动，但基金的操作就是两步：

（1）借0.1元在指数105的时候买进股票。

（2）在指数100的时候卖出0.104 76元的股票。

实际结果就是高买低卖，净值从1元掉到了0.995 24元。所以日杠杆的基金不建议长期持有。

有个数学概念需要澄清一下，如果理论上指数都是上涨的，用2倍的杠杆理论预期回报率应该是市场的2倍，为什么最终结果有可能比不用杠杆更差呢？这里有个几何平均和算术平均的区别问题。请看下面的例子：

（1）指数上涨100%。

（2）指数接着下跌50%。

经过（1）、（2）步骤后，指数原地踏步，几何平均回报率是零，但算术平均回报率是（100%−50%）/2=25%，25%显然不对，这里的涨跌和杠杆具有不对称性。这个不对称性也是导致本文分析的概率差异的原因。不少购买杠杆基金的投资者都是用算术平均，也就是用预期回报率估算了这种杠杆基金回报率（以为2倍的杠杆就应该是2倍的市场回报率），实际上他们应该考虑投资组合的几何回报率（预期增长）。

假设股票价格S波动符合以下几何布朗运动，股票的波动率为σ。

$$\mathrm{d}S = \mu S\mathrm{d}t + \sigma S\varepsilon\sqrt{\mathrm{d}t}$$

ε是个符合（0，1）正态分布的随机数。$E[\varepsilon]=0$，$E[\varepsilon^2]=1$。$\mathrm{d}S$有时被称为无穷小量，用来描述在无穷小时间里S的变化，它的预期值是：

$$\mathrm{E}\left[\mathrm{d}S\right] = \mu S\mathrm{d}t + \sigma S\mathrm{E}\left[\varepsilon\right]\sqrt{\mathrm{d}t} = \mu S\mathrm{d}t$$

这里$\mathrm{E}[\mathrm{d}S]/S$算出来的就是单位时间内预期的算术平均回报率$\mu$，它和波动率无关，可以简单理解成没有波动率时的股票预期回报率。

要计算几何回报率，需要算出$f=\mathrm{In}S$随时间变化的无穷小量。用伊藤原理，可以推导出：

$$\mathrm{d}\left(\mathrm{In}S\right) = \mathrm{d}f = \left(\mu - \sigma^2/2\right)\mathrm{d}t + \sigma\varepsilon\sqrt{\mathrm{d}t}$$

$$\begin{aligned}\mathrm{E}\left[\mathrm{dIn}S\right] &= \left(\mu - \sigma^2/2\right)\mathrm{d}t + \sigma\mathrm{E}\left[\varepsilon\right]\sqrt{\mathrm{d}t} \\ &= \left(\mu - \sigma^2/2\right)\mathrm{d}t\end{aligned}$$

也就是投资组合的预期增长率g和预期收益率μ、投资组合波动率σ的关系：

$$g = \mu - \sigma^2/2$$

可以看出，虽然可以把杠杆放大，把预期收益μ按线性倍数增长，但投资组合的预期增长并不一定增加。这是因为杠杆加大以后，投资的波动率σ按线性倍数增长，但波动率对预期增长率的影响$-\mu^2/2$按非线性平方倍数增长。所以增加杠杆并不一定能提供预期增长（长期收益率）。

假设每年预期回报为25%，波动率为30%，那么N倍的杠杆基金，每年预期回报为$N\times 25\%$，波动率为$N\times 30\%$，那么在线性的情况下，不同杠杆的预期增长率为：

1倍　$g=25\% - 0.3\times 0.3/2 = 20.5\%$

2倍　$g=2\times 25\% -(2\times 0.3)^2/2 =32\%$，计算8%配资利率为24%

3倍　$g=3\times 25\% -(3\times 0.3)^2/2 = 34.5\%$，计算8%配资利率为18.5%

4倍　$g=4\times 25\% -(4\times 0.3)^2/2= 28\%$，计算8%配资利率为4%

5倍　$g=5\times 25\% -(5\times 0.3)^2/2 = 12.5\%$，计算8%配资利率为−19.5%

6倍　$g=6\times 25\% -(6\times 0.3)^2/2 = -12\%$，计算8%配资利率为−52%

当然，年度的预期收益线形只不过是近似的，而且没有考虑杠杆融资利率的影响就已经很说明问题了，如果再考虑8%的中国利率因素，则变得更加难看。

如果杠杆指数不断调整保持杠杆，则这个增加是随着融资越来越多而不断放大的，是一个指数性的增长过程，也就是说如果不断浮盈再融资，则股票涨了一倍，二倍杠杆可能不是两倍而是四倍。因此，在每日调整持仓的情况下，完全按照线性的计算杠杆倍数和预期回报也是不准确的，只能在收益率比较低的时候做近似。如果预期收益率较高，就应当计算杠杆不变融资不断增多的复利带来的指数性影响。因此，我们还可以按照平均每天增长进行指数化的近似运算，并且考虑到杠杆利率的影响。这里美国的利率0.25%～1%是很低的，可以忽略近似，但中国的股票配资利率是8%已经很不错了，很多配资的理财产品的收益率为10%～13%，利率很高就不能忽略，这里姑且以8%计算。这样的结果更准确一些。

对指数型的模型，我们就要按照复利平均预期每一天的收益为μ的话，一年的收益是$(1+\mu)^{365}$，而不是$(1+\mu)\times 365$。把这个公式倒过来，就可以把股市的年度收益预期按照复利的模式平均到每一天的收益，减去加杠杆融资每一天融资的利率成本，再计算波动率的影响，以此模型进行近似同时计算杠杆融资的利率，以杠杆配资年化利率8%，日计算复利的利率0.21‰计算的各种杠杆下的收益预期（表3–1）。

表3-1

预期μ		熊市-10%		平盘		10%		25%	
杠杆		日（‰）	年（%）	日（‰）	年（%）	日（‰）	年（%）	日（‰）	年（%）
无	—	-0.29	-10	0	0	0.26	10	0.61	25
二倍	8%	-0.79	-25	-0.21	-8	0.31	12.0	1.01	44.5
三倍	8%	-1.29	-37.5	-0.42	-15.2	0.36	14.0	1.41	67.2
四倍	8%	-1.79	-48	-0.63	-20.5	0.41	16.1	1.81	93.5
五倍	8%	-2.29	-56.7	-0.84	-26.4	0.46	18.2	2.21	123.8

注：在这里，股票持仓因为杠杆导致的仓位变化的影响，购买股票的手续费、印花税、波动等，我们按照机构投资固定费用忽略不计算。

从表3-1中可以看出，在仓位不断调整的情况下，大盘如果上涨超过利率以后，通过杠杆放大的收益远远大于简单的倍数关系，同时因为杠杆调整，也不是下跌了就一定会亏光平仓，这里也充分体现了与简单算术平均的不同。

但这是理想的单边上涨状态，如果考虑波动率，按照凯利公式可以计算出，就算是在牛市，考虑了波动率σ的收益率预期概率变化也是很不乐观的，可以看一下表3-2。

表3-2

	二倍（%）	三倍（%）	四倍（%）	五倍（%）
σ%	18	40.5	72	112.5
r 10%	-6	-26.5	-47.9	-94.3
r 25%	26.5	26.7	21.5	11.3
r 50%	90	148.3	228.7	343.2

从表3-2中可以看到，如果牛市是慢牛，则这样的杠杆指数基金的预期回报率经过波动率的修正，预期收益的概率是不佳的，只有在市场处于快牛、疯牛的阶段，杠杆指数才确实能够赚取巨额的利润，真正起到放大的作用。

通过上面的计算，我们可以看到，预期回报不是杠杆越大，预期回报越高，预期回报率和波动率、利率的关系非常值得关注。在大牛市的范围内，增加杠杆可以加大预期增长。如果是波动率不小的慢牛行情，再有较高利率，杠杆指数是不合算的。

很多人认为，推出杠杆型的指数基金，是让市场用来套利和套保的；中国监管层提供杠杆和做空工具等也主要基于市场套期的概念，而不是为了助长投机，所以对非套保的股指期货都是限制持仓的。但上面论述的基金在概率上不合算的背后还带来了一个后果，就是要通过这样的杠杆指数基金套利套保是不行的，因为波动率带来了额外的影响，容易产生巨大的风险。因为看到了股指期货与大盘ETF的点位差距，股指期货很容易加杠杆，而ETF基金原来是没有杠杆的，只能是投资人自己融资买入加杠杆，杠杆比例很低。看似能够以融资买入加杠杆的指数型基金，得到一个简单增加杠杆套保的机会，但实际情况并非如此。因为原先杠杆都不调整持仓，是一个算术的倍数，而杠杆型的指数基金则是要不断调整仓位以免受到大盘波动率的巨大影响，如果你此时套保套利的话，在市场波动下可能就要有巨大的损失。而且股指期货和ETF原来的线性算术平均，变成每日调整杠杆的几何平均，这套利也不是简单的数字对应，因此如果要套利套保，就要在考虑波动率之后进行更复杂的计算。

杠杆型指数基金的回报概率不佳是有数据支持的，上面的分析在西方成熟市场环境下也得到了验证，图3–33所示是美国标普500指数ETF基金（SPY）和3倍杠杆的ETF基金（SPXL）在以往5年大牛市的回报率。

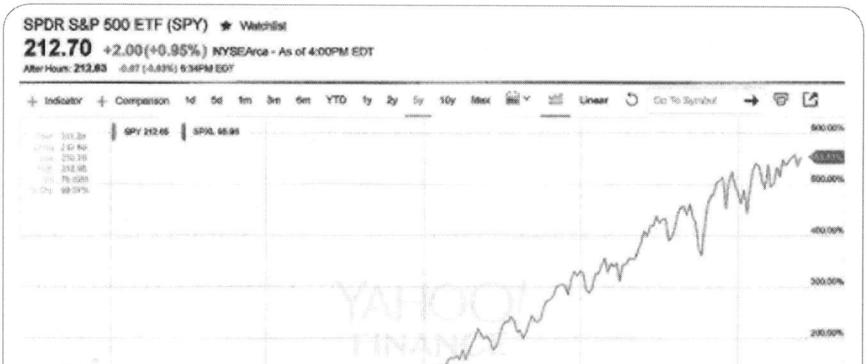

图3–33

从图3–35中可以看出，虽然标普这几年是牛市，但三倍的指数基金的收益率远远低于标普指数。

也要注意到，如果是一个单边增长的牛市，波动率比较小的话，则收益就是可观的。比如波动率在10%的情况下，就如中国股市2014年到2015上半年这样，市场单边大涨50%以上且回撤不超过10%的牛市，这个杠杆指数基金的预期回报率就非常好看了，对10%的波动率可以计算出的预期回报见表3–3。

表3–3

	二倍（%）	三倍（%）	四倍（%）	五倍（%）
σ %	2	4.5	8	12.5
r 10%	10	7.5	6	5.7
r 25%	42.5	59.2	85.5	111.3
r 50%	106	184.3	292.7	443.2

从这个数据可以看出，只要波动率小，那么杠杆的意义就是很大的。这对单边市场走势非常有利，但如果市场是反复震荡的走势，那么杠杆指数基金将付出额外的巨大代价，导致这个基金并不合算。因此指数型杠杆基金是一个带有很强投机性的基金，你必须基于对市场单边市和大牛市的判断，再进行比较激进的投资。

通过上面的分析，我们可以看到，大家对带杠杆的指数基金有很多的认识是似是而非的。通过概率统计理论的严格计算，对于运用日杠杆需要每天投资组合再平衡的倍数基金，如果杠杆过大，导致预期增长率是负值的话，长期而言，基金的净值应该是向零值收敛的［具体论文可参阅 Thorpe，E.O “Optimal Gambling Systems for Favorable Games”，Review of the international Statistical Institute，37（1969），pp. 273–293］，也就是说这种基金的长期回报率将和彩票相似。在美国这样的市场年均增长相对平稳和市场波动率很大的情况下，杠杆指数基金在概率上是吃亏的，导致这个基金在很多情况下赚钱的概率为负。按照市场惯例，零和博弈是投机，正概率是投资，而负概率则是赌博。但是在大牛市中，预期回报率非常高，远高于波动率，这样的杠杆指数也确实给你提供了赚钱的机会，这样的产品只不过是给你提供了赚钱的工具，关键在于你对市场是怎样判断的。中国在当时推出这样的基金，意味着监管层认为市场是一个超级的牛市或者单边的牛市，波动率不大，因此是可行的。

但冰冷的事实是2015年股灾发生了，波动率极大，一般的2倍杠杆的股票都要爆仓了，股指期货的指数也跌停了，此时这类基金就是杀人的杠杆指数基金了，就算是我们成功救市，也意味着波动率极大，在波动率极大的情况下，杠杆基金的收益概率就是负数，就是一个赌场。

七、宏观哲学层面：熵世界观

1.以熵的眼光看世界

熵是一个物理量，学物理出身的我特别有感觉，在熵的眼光之下，世界变得容易从更高的宏观和哲学层面去理解了。在哲学层面，物理学也是哲学的一部分，经济学是哲学另外的方向，对这些熵的认识，本人在《资源角逐》一书当中已经详细论述，这里更多是简述其中的结论。

（1）以熵的眼光看世界，熵增加，熵不光是一种不可以利用的能量，也代表有序度的一个度量。泡沫的膨胀，在物理上肯定是属于熵增加的情况。

（2）从资源熵、生物熵，再到信息熵、数字财富，熵是非常重要的度量，社会的有序也可以使用熵的概念，而且社会层级和更高的有序也是如此。社会有序，是文明的体现。

（3）熵永远增加，要取得熵的降低，要额外消耗能量，交易当中取得负熵是各国追求的。有序的维持，需要消耗能量和新陈代谢，相同的劳动价格，熵的损益可以不同，带有财富的再分配。

（4）交易价值的确定有两个维度：一个是劳动价值论，一个是熵的价值。这是一个矢量，可以解释人类社会价值确定的复杂性。

（5）人的劳动带来的价值都应当是一样的，不一样的仅仅是训练的费用，而且不是复杂与简单的劳动，而是由资源的稀缺性和依赖性决定的劳动，也就是要消耗资源或者资源稀缺影响的劳动，这背后是要消耗熵的。同样在虚拟数字领域，机器人工作带来价值也要消耗熵。信息熵，由资源的稀缺性和依赖性决定。

（6）从物质到社会再到虚拟数字，是一层层的熵循环，遵守最小熵产生原理，寻找低成本的路径。数字文明，在原来的熵循环之上，是新的一层高级熵循环。

（7）熵的降低，从混沌到有序，是耗散结构，可以从无序到有序，打破熵增加的热寂说，耗散结构在远平衡态下要消耗能量。高度的文明、高度的有序，以消耗更多的能量为支撑，物质文明是高级社会形态的基础。

（8）数字泡沫的运行，符合耗散结构的规律，大数据通过能量消耗，在越来越无序和远非平衡的状态下，建立有序，取得更高级的有序信息。信息体系的膨胀泡沫与信息体系的有序，是耗散结构下的对立统一。资本在网络上的无序扩张也是如此，最后建立资本控制垄断的有序。

（9）从熵的角度看资源再分配，就是取得负熵的流入，降低社会的熵，建立更加有序的社会。

（10）数字泡沫换取资源，就是负熵的流入，在熵的视角之下，再分配利益可以看得很清楚。

熵是一种世界观，是理解世界规律的一把钥匙，从熵的宏观层面去观察，可以发现世界运行的规律，也可以看到世界霸权博弈利益的走向和原貌。

2.二维价值模型下看定价权

这100多年来，人们对价值的认识不断变化，在没有认识到熵的时代，对资源的价值认识是不足的，而价值的尺度——货币的内涵也在不断变化，货币的资源属性在脱离了贵金属本位制后也不存在了。自由主义的失败在于货币，奥地利学派以金本位为前提，现在央行控制货币，货币不自由则自由不存在，金融主权成为关键，剥削已经从阶级之间变成国家之间，金融、资本、贸易、信息全球化，不让人全球化产生剥削，就要从更高的价值层面来认识定价权。

良好的不滥发钞票的国家信用，来自人的劳动和人的信用的组合，以这个信用发行的货币更多是劳动力的衡量。尤其是当代的信用创造，所谓花明天的钱办今天的事，能够承诺明天还钱的，是人明天的劳动，资源是没有办法穿越的。资源在其中的影响体现了对价值体系的定价权。资源的熵本身度量的就是秩序，定价权、价格体系等本身就是市场秩序的产物。

为什么各种商品的供需曲线异于劳动力的供需曲线？这样的差异就是由

于资源的影响造成的。资源的影响如果对应一维体系，就是通过资源的依赖性和稀缺性建立各种定价体系。资源如果到熵这个层面，就体现了有序度对价格的影响。在不同的有序度下，价格是不同的，有序度决定了价格与价值的稳定偏离趋势，这种偏离本身就是定价权的体现。

在熵世界观下，价值的确定是人的劳动带来的信用和熵的信用共同决定的，是一个二维模型；价值是一个矢量，在不同的角度有不同的投射，是不一样的，这个不一样可以带来交易。大家为什么交易，是因为交易的每一方都认为自己赚到了，简单以使用价值来解释是不足的，用二维模型来看就非常清楚了。

在二维模型下，我们的价值是二维的，而价格却是一维的。价格是通过货币实现的，货币是信用不包含资源在其中的作用，那么定价权就非常好理解了。很多资源可以通过劳动创造和替代，但并不是所有的资源产生的效用都能够被替代，对于熵增加的趋势也是通过劳动无法逆转的，因此资源必然有劳动不可替代的作用。这些不可替代作用的部分，在二维体系之下的价值表现是一个劳动与资源的矢量，而在一维体系之下则变成了在劳动上的扭曲，这个扭曲的力量受到资源力量的影响。这是一个通过不断套利也不能消除的差价，就如西方在金本位之下，对白银货币的东方就产生了百年的套利。这个套利差价就是因为黄金成为本位货币之后有特殊的资源属性，黄金带来了特殊的金融有序度。

认识了二维模型，也就可以解释在一维模型下为什么等价交换会让价格围绕必要劳动时间的价值出现偏离。如果没有价格对于价值的偏离，就没有定价权。而对于主观价值论，交易体系本身就是一个有序度决定的体系，理解熵对其中的影响则更为容易，资源权力是一种物质权利，在主观价值论方面，这是物质权利对人们意识的影响。

在二维模型下，可以更清楚地看到保持劳动力的差距可以产生资源掠夺效用，因为劳动所带来的熵效用的改变可以作为一种衡量常数，与不同的劳动生产率和劳动力价格无关；就可以很清楚地把不同劳动和劳动的复杂程度统一到对改变熵的大小上来。劳动对熵有多少改变不受劳动具体过程的影响，因为熵是一个状态量而不是过程量，熵的变化与生产中不同方式的过程的千变万化无关。以熵来衡量劳动的成果与人们的劳动时间是二维模型的两个维度。交易更关心时间，不关注其中熵的损益，这些交易当中的资源流动被忽略，资源在这里被掠夺，资源流动带来的就是定价权的影响，因为资源在地球范围内是有限的，带来了与劳动时间、劳动力成本所对应的内在价值的差异。

另外，二维模型下的扭曲、差别被变成了虚拟资产，数字资产、信息大数据都是有信息熵的。大量的数字泡沫在交易当中产生了，大量的泡沫是使用体系的无效能量带来的，也就是熵。例如，比特币就是使用全球富裕算力诞生的，这些原来无法利用的能量和资源，就是熵。比特币出来就是无效的熵增换取了有效的资源，早先挖币暴富的，其实体财富基础在哪里呢？是要换取其他人创造的实体财富，是财富再分配的游戏。

对于人类社会，同样的熵价值在不同的社会劳动价值却不一样，尤其是不能跨区域贸易的很多服务项目，两个社会对此等价交换的背后，就是西方以较少的劳动换取了较多的劳动。换一个角度理解，就是，劳动一样但资源不一样，熵的价值不一样，交易的游戏变成非零和与不等价，人与人的剥削就产生了。

对于定价权，我们把认识价值变成二元性后，资源的价值被认识了，因此定价权产生额外的偏离和利益，就完全可以用理论模型进行解释了；对数字泡沫的利益规则，也可以用理论解释了。

3.数字泡沫的虚拟价值是从属价值

对于虚拟价值产生数字泡沫，也可以从熵和有序度的角度去理解。我们认为数字泡沫的虚拟价值是从属价值，实体价值才是关键，数字泡沫的虚拟价值是从实体价值上分享利益的。西方立场通过虚拟价值数字泡沫的交换，剥削分享了实体财富，进行了财富再分配，他们是要掩盖这个过程的。

（1）负熵与虚拟价值

本人的经济理论的一个核心观点，就是认为熵是一种价值的来源，负熵通过系统的有序性统一了各种资源的价值。虚拟数字世界，形成了新的空间——虚拟数字空间，这也就带来了新的秩序问题。这个秩序背后也对应负熵的价值。

在信息时代，用熵的眼光首先对大数据、云计算和区块链进行研究，看看其带来的熵价值是怎样的。

大数据产生于数据爆炸的情况之下，而不会产生于非平衡态之下。海量的数据在迅速增长的计算能力之下达到耗散结构的临界点，从而走向有序，这是以数据更无序而产生有序，这个有序就是负熵，拥有巨大的价值。

我们能够通过云计算把富裕的计算机系统资源广泛地联系起来并行运算，有序度增加，熵减少。因此，这个技术能够带来价值，但系统的安全性降低，本身就是熵的付出，所以总的熵增加不变。云计算的负熵建立在系统熵增的基础上。

区块链的存在，使中心信息分散，各个区块大量重复记录信息，系统的熵肯定是增加的。通过熵增加，就可以排除“拜占庭将军问题”①的叛徒。完成这一目的后，系统达到平衡状态，熵就减少了。在拜占庭将军问题的假设下，所有忠诚的将军能够不被叛徒欺骗、迷惑而做出决策，在找不出叛徒（找叛徒是成本最高、效率最低的解决办法）的情况下达成共识。这本身就是假设找叛徒的熵增加得更多。达成共识是一种有序的建立，是一种有序的达成，在有叛徒的远非平衡态下，要耗费能量不断重复记录信息的情况下，达到有序的目的，应当是一种耗散结构的例子。

虚拟数字经济带来的价值是在系统产生耗散结构时，从无序变成了有序，有序则带有巨大的价值，有序度就是负熵，就是与能源、矿产的自然资源有序一样的东西，对人类社会有巨大的价值。

（2）熵与大数据

数字产业的核心——信息学和大数据，也是耗散结构理论非常好的例子。耗散结构需要开放体系，网络第一要务就是开放和互联。网络就是一个开放体系，网络权力、网红等赢者通吃的规律，就是耗散结构需要的远平衡态。在网络和大数据状态下，远平衡态这样的不对称是明显的，摩尔定律的增长显然是非线性的指数增长，所有这些都符合耗散结构所需要的条件。

根据耗散结构，系统将会出现“行为临界点”，在越过这个临界点后，系统将离开原来的热力学无序分支，发生突变而进入一个全新的稳定有序状态；若将系统推向离平衡态更远的地方，系统可能演化出更多新的稳定有序结构。这个现象在网络信息领域属于大数据的世界。在我们积累信息量和处理信息能力超过某个数据量临界点的时候，原来各种杂乱的信息爆炸下的垃圾信息

① 拜占庭将军问题是由莱斯利·兰伯特提出的点对点通信中的基本问题。在存在消息丢失的不可靠信道上，试图通过传递消息的方式达到一致性是不可能的。

和数据，经过统计挖掘就变成了有用的内容。这些信息再加上人工智能和算法深挖，可以挖掘出越来越多有用的大数据。大数据给信息系统带来耗散结构下再度有序化的过程。这个有序化带来了巨大的熵的价值，在熵的价值层面，与自然资源释放的能量是没有区别的。因此，这个熵变化的过程，通过耗散结构原理，把大数据的价值来源解释得非常清楚。熵价值，对应资源。

我们认识大数据时代，首先要知道信息熵和耗散结构，它们能够在哲学上用具体的数字机理计算论证大数据带来的社会有序度的变化。社会有序度提高了，就更发达和文明了。大数据与熵联系到了一起，就有了资源属性。在新的信息时代，数据资源化，是一个时代的代表和特征。

（3）熵增原理下总价值肯定不增

交易可以带来秩序，秩序是有价值的，秩序的背后就是熵。但说虚拟数字世界不一定就是价值来源。这个价值是创造还是转移支付，需要另外考量。

根据自然规律，我们知道熵是永远增加的，而在信息熵的概念引入之后，这个熵增加依然存在。信息系统带来的有序，是其他层面更大的无序化导致的，总体上，熵还是要增加的。耗散结构并没有打破熵增原理，只不过在开放性的系统上，通过外部的熵增带来内部的有序。

如果从外部熵增带来内部有序这一点来看，我们就可以知道在虚拟数字世界中，有序来自外部，其价值不是内生的而是转移的。

这个观点其实与传统的价值论相符合，传统的价值论当中，商业价值就是从生产价值当中转移和分离出来的，现在的虚拟数字价值，只不过是把传统的商业价值当中的商业行为放到了网上，变成了虚拟和数字化，其价值本质依然是相同的。

因此，我们认为，在熵增的眼光之下，能够把虚拟数字价值的转化性质和来源看得很清楚，在价值转化的过程当中熵增加，全人类总的价值还要有所消耗。

（4）资本无序扩张

中国已经认识到资本无序扩张的危害！西方的QE常态化，让资本无序扩张，可以亏损也上市；可以PPT，就得巨额投资，网络数字领域，完全是烧钱模式。

而这个无序扩张，就是在全球成为封闭体系下，需要人为地制造一个开放体系，这个开放体系就是资本无序扩大，虚拟爆炸扩张，泡沫海量增长，带来一个远非平衡态的状态，需要产生有序，以满足耗散结构的条件。

资本无序扩张，是要达到垄断的有序；网络一旦垄断，就是超级利益，导致一个难以打破的霸权秩序。因此，膨胀和泡沫，也可以带来有序。有序度其实就是信用，就是价值来源。谁能够建立这个世界的秩序，谁就是这个世界的统治者，其利益是无法计算的。

> 濮阳人吕不韦贾于邯郸，见秦质子异人，归而谓父曰："耕田之利几倍？"曰："十倍。""珠玉之赢几倍？"曰："百倍。""立国家之主赢几倍？"曰："无数。"(《战国策·秦策》)

资本无序扩张，要建立的就是秩序，是网络和资本王国和幕后统治。从无序到有序，宏观上，用熵增原理是可以解释的。熵增原理也是由严格的数字统计逻辑推演而来的。

（5）虚拟依附于实体

虚拟体系当中耗散结构能够带来有序，有序就是熵的降低，就是有价值的，但这个价值应当属于谁呢？

从自然的角度讲，自然资源是更基础和直接的，而且耗散结构要依赖这些基础条件才能够成立。在耗散结构下要消耗资源的新陈代谢，这都离不开实体的能量来源和物资消耗。虚拟和数字产业需要实体产业给它们不断的资源交换才可以；数字虚拟产业的原始信息和数据，也都来自实体经济，其结果也要通过作用于实体经济来实现。在信息体系内，虚拟数字产业在和实体产业不断交换资源、信息，当实体经济运行在信息爆炸的远非平衡态下，导致虚拟的耗散结构的出现、维持、演化，从这个角度上而言，实体经济更是本源。

还可以从法理的角度看虚拟数字产业的所有权从属关系。虚拟数字产业的价值和秩序是从实体运营当中最原始的信息中挖掘产生的，具有孳息性质，是从属性关系。比如蚂蚁金服芝麻信用的利润，来自实体贷款支付的利息，这部分是它创造的还是实体创造它分享的呢？在各个网站，它们都要在注册须知里说明它们对信息的权力，但并不包括从你的信息数据当中衍生的虚拟数字权力产生的价值。它们如果拥有这些虚拟数字权力，是有问题的。网站免费其实不是免费午餐，免费是支付信息数据的对价。在法理层面，这里的主物权和从物权的关系也是非常清楚的。

现在各国已经越来越重视保护隐私，中国对隐私数据的保护也升级了。越来越多侵犯隐私的数据犯罪出现，而且很多数字产业、大数据产业、虚拟产业，其盈利来源于数据所有权不明的灰色地带，带有流氓软件的性质及数据垄断不正当竞争的性质，所有这些的根源就在于数字虚拟价值的从属性，数据真正的所有权，应当是实体当中的主体，而不是来自各种虚拟。

从熵的角度来看，人的劳动价值都是一样的，不一样的是资源的稀缺性和对资源的依赖性。在数据资源化后，算法设计的价值急剧增加，人类的劳动，很多不再是一般人经过训练就可以达到的，而是本身带有人的资源型，是顶尖算法天才的稀缺和算法设计对天才的依赖，是人力资源的一部分。另外一点就是，机器人的价值来自生产资料数据。数据已经资源化，有信息熵，有数据稀缺性，也有数据依赖性。所以各种采集数据侵犯隐私的无良行为，背后就是数据已经成为资源，与野蛮开采和掠夺矿物资源没有什么区别。

因此，无论从人文还是自然的角度看，数字虚拟的价值，都要依附于实体，虚拟价值是从属价值。因此，我们反对脱实向虚，坚持本立而道生，是正确的方向。

4.世界变成了封闭体系

我们的熵世界观不是永远熵增加，而是可以产生有序，依赖于世界开放的体系，这个是耗散结构的成立条件。

目前，全球从开放体系变成了封闭体系。以前，一国对全球，体量差别巨大，全球可以近似为对一国的开放体系。而现在中国和美国的GDP之和已经是全球GDP总和的40%，如果计算购买力平价，计算中国和美国的增长，可以预期超过50%，这样全球就再也不能当作一个开放体系来近似了，而成为一个封闭于地球的封闭体系。

在这个封闭体系中，是内卷化的博弈，是内部再分配更重于生产的增加，人类利用资源已经超过了体系的承受能力，已经饱和，博弈的是哪些人群可以更多地利用资源。而数字泡沫就是一种手段，利用泡沫去换取资源。

美国对抗全球封闭体系维持其霸权秩序的，是不断扩展的泡沫和虚拟数字空间，是一个泡沫替代另外一个泡沫，数字资产泡沫越来越大，但世界没有总能膨胀的东西，最后的破裂就是霸权的崩溃。

在封闭体系之下，熵增加的规律又开始了，熵增加就是有序度的降低，就是混乱要发生，而霸权的衰落，也是一种有序度的降低，因此美国霸权的走向，一定是衰落而不是加强，在全球化的今天，是中国的机会。

八、美国游戏驿站是散户碾轧空头？

——是交易所和平台的大佬博弈[①]

2021年，出现了一个全球吃瓜的大事，美国散户围剿了大空头！一直被当作可以“割韭菜”的散户，在已经基本没有多少散户的美国，突然发威了！经过仔细分析，本人发现，散户只不过是在外面吃瓜和跑龙套的，背后是金融大鳄、交易所与网络平台新势力的博弈，是幕后的大佬博弈，散户只不过是大戏当中的群众演员（图3–34）！

瞭望客户端 立即下载

游戏驿站风波背后的多重博弈

作者：文 | 张捷 来源： 2021-02-06

美国纽约的一家“游戏驿站”商店（1月28日摄） 郭克摄 / 本刊

图3–34

为什么能够有如今的疯狂，疯狂背后到底是什么背景？其实很多内在逻

① 本文2021年2月6日被《瞭望》周刊收录发表。

辑还是要细看的。美国散户已经只有5%了，根本不能成为大鳄的对手盘。大鳄做空对的是谁？市场机制怎么失效了？真正的力量在哪里？未来会怎么个走向？所有这些，要透过现象看到问题的本质，要从理论的高度理解。下面我们抽丝剥茧地来分析一下。

1.大戏开锣，空方大鳄离场

看看事情发展的大致过程，首先要从事实出发，然后再从理论上进一步认识。

2021年一定是一个转折之年，游戏驿站（Gamestop，GME）的疯狂程度，让大空头香橼（Citron，著名做空机构）都缴械投降。2021年1月4日，还是17美元，到1月27日，以347美元收盘，不到一个月涨了20倍！我们看到的现象是散户带头为主角，是以社交媒体Reddit上的一个名为“华尔街下注”的群（子论坛）为中心。散户们于1月22日聚集在WallStreetBets（WSB）上，成功实现了“韭菜”逆袭——对机构和华尔街大公司的血洗。华尔街见闻写道，由于声称这只一年不到股价涨了30倍的游戏股实际只值20美元，相当于当前股价不到1/3，香橼创始人Andrew Left被Reddit网站高人气“投资”板块WallStreetBets上的散户们群起而攻，乃至演变为一场网暴。香橼官方社交媒体账号也被黑，被迫另开新号。

这个现象让全球沸腾了，中国的“韭菜”吃瓜群众也无比开心，看戏的不嫌事大，都和过节一样，而且是以中国“韭菜”的视角来理解美国华尔街的。美国从未参与金融的底层，看到大鳄的失败，也是非常高兴，到处洋溢着围观的文字。

> 以往，被机构吊打、相互算计的散户，竟然团结了起来，他们互相打气，号召大家团结做多，只要他们一条心，就可以逼退空头。
>
> 于是，为了赚钱，更是为了尊严，散户们开始了第一次针对机构的报复行动。
>
> 1月22日（周五），GME开盘了：
>
> - 1小时，股价拉升了5%；
> - 2小时，股价突破了10%；
> - 3小时，股价爆拉，突破40%；
> - 4小时，股价达到高潮，突破70%！股价突破70美元（图3–35）。

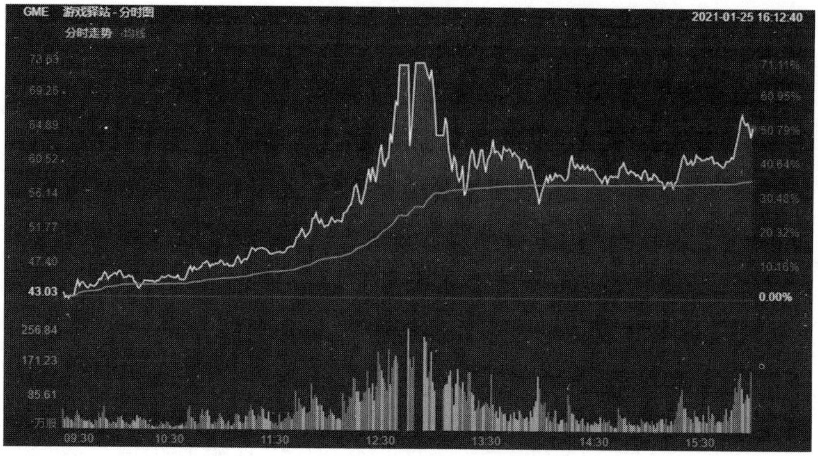

图3–35

在这场博弈当中，大空头香橼哭了，像个祥林嫂一样，他说：

这是一次有组织、有规模的“金融暴力”！他们不仅割我的“韭菜”，还骚扰我的家人！我要告他们！

机构大佬不断爆仓，博弈的结果，让做空的机构损失了约70亿美元。几家基金被血洗。大名鼎鼎的香橼投降，黯然离场；Point72（对冲基金）7.5亿美元，全部赔光；Citadel（对冲基金）20亿美元，几乎殆尽；Melvin（千亿资产的明星对冲基金）直接爆仓，濒临破产。纽约证券交易所9次熔断。

如此的损失，我们看到的就是空方大鳄的爆仓。在这个博弈中，空方大鳄已经彻底失败出局，但事情还没有完。它的影响刚刚开始，博弈也远未结束，下面才是更激烈和有实力的势力，这将改变未来世界的金融格局。

2.交易所的风险与腾挪

中国对交易所一直有一个误区，就是从老百姓到绝大多数官员甚至是业内人士，都认为交易所只赚不赔，因为是针对交易的抽头而已。中国办交易所的热情一直很高，然后就是很多的交易所破产成为骗子和跑路。其实交易所是有风险的，本次大戏再演下去，就要出现交易所风险了。

本次GME股票，如果散户继续逼空，则Citadel、Point72等机构的伤亡必然会更惨重，下面就是破产和穿仓了。也就是说期权期指的仓单赔光了，破产了，是有限责任，当然无限责任最后你家没有银子了也一样，但这些仓单还要继续下跌，后续的损失是谁的呢？仓单的对手盘是不平仓要看涨赚钱，仓单的亏损实际上就是经纪人和交易所的。因为实际在交易所进行交易的是经纪人，继续损失，经纪人要给交易所或者与自己盈利的其他仓单对冲，经纪人给不起交易所，但交易所还要给盈利的经纪人和客户，经纪人自己对冲也要给自己经纪的另外的盈利客户，但亏损的已经亏光，这个钱谁出呢？只能是经纪人和交易所来掏腰包。所以下面的博弈，就是券商、经纪人和交易所变成了对手盘。

而交易所、券商、经纪人平不了仓，要停止亏损的方法，就是让GME、AMC等股票停止上涨。所以交易所、券商和经纪人要不被席卷、要不破产，必然要参与限制交易等行为。所以紧接着，华尔街进入了耍赖模式，如果类似的事情出现在中国，券商、交易所等一定会被当作骗子交易所。

财联社电报

财经通讯社

2021-01-28 21:13 星期四

据Reddit和推特用户反映，目前无法在美国在线券商Robinhood上找到AMC和GME的股票，即目前无法交易。

图3-36

GME及相关股票、交易被限制了（图3-36），而且搞得很流氓。各种平台的相关股票群也给禁止了。

美国最大的券商盈透证券对期权交易进行了清算，而且把保证金提高到了做多100%和做空300%（图3-37），远远超过了中国2015年中金所的20%、40%的幅度，而且关键是人家想要价格下来，做空的增加得多，做多的一样增加。当年中金所的行为，是股价暴跌希望做多，对做多的降低佣金，做空的增加也有限，等于是让做空的找到了对手盘。看看美国券商怎么干的，就知道当年的中金所在股指期货上限制做空的政策，还是嫩了很多。

中国基金报 >

盈透证券表示，出于市场异常波动的考虑，将AMC、BB、EXPR、GME和KOSS的期权交易进行清算。此外，股票多头仓位需要100%的保证金，股票空头仓位需要300%的保证金，直至另行通知。盈透证券是全球最大的线上券商之一，它的政策具有指标意义。

图3-37

盈透证券创始人在电视上讲话说限制交易和做空得到了美国证券监管和经纪人的同意。为何他要出面？肯定是受到了不一般的压力。

可以看到，这一次爆仓的梅尔文资本、持有GME空头仓位的对冲基金Citadel、Point72都是券商罗宾汉的大客户，为其贡献了源源不断的收益。而且Citadel还是罗宾汉的重要投资人，且承诺后续将继续增资入股。券商已经是深陷其中了，要是穿仓，券商和交易所压力巨大。于是便有了罗宾汉、盈透证券等券商集体限制买入这些股票的丑陋戏码。其实，2021年以来，在做空的游戏中亏损的华尔街机构远不止上述3家。据多家主流媒体报道，罗宾汉正计划从现有投资者处筹集超过10亿美元，以确保允许用户交易GME和AMC等被严重做空的股票。其实就是券商对可能的穿仓损失需要紧急融资了。

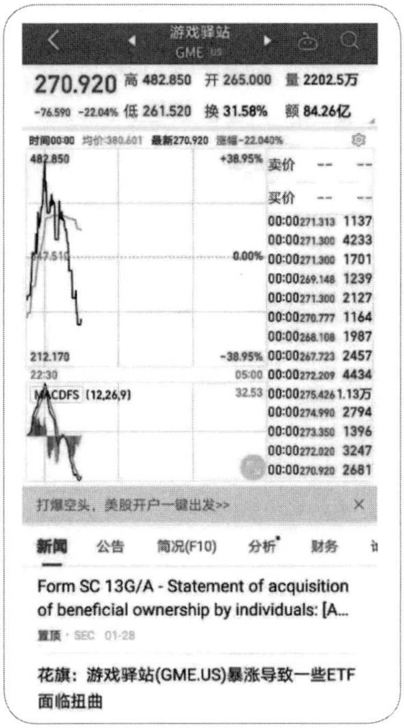

图3-38

如图3-38所示，在券商、交易所限制GME等股票交易以后，股价明显掉了下来。这个暂时的掉下来，其实非常关键！只要掉下来这么一次，让交易所和券商能够平仓爆仓的金融衍生品，就算以后股票价格再涨上去了，后来也确实恢复交易涨上去了，但实际上是交易所风险的释放完成了。

对GME，前面做空的大机构爆仓，难以平仓的穿仓损失，是需要交易所承担的。后来，交易所改规则，不让公开交易，持有者只让卖不让买，那么我们问一句，买的是谁的盘呢？可以告诉大家，买的是交易所的平仓盘！也就是说赛道要给交易所留着！你们都不能买，只有交易所可以买来平仓，对冲掉风险！以后再放开交易，其实不是散户的力量，首先是交易所平仓完成了。对于美国“散户”的“复仇”，交易所动用“删代码、拔网线”的手段，使得美国散户们只能卖出，不能买入，搞得舆情沸腾。而后来又全放开了，背后就是给了交易所平仓的窗口。

这里我们可以看看大约十年前保时捷收购大众的案例，保时捷也是玩的期权，也是发生了逼空，最后德国的著名富豪卧轨。原因是他投资一亿元，亏光了以后平仓不了，还要倒赔几十亿元，直接破产！后来也是各种压力之下，保时捷最后释放了一些期权，保证了穿仓下交易所不崩盘，否则交易所是一定要改规则的。中国当年交易所改规则的事情，也是复杂的。就如那个3月27日，突然之间在涨停跌停之间转换，保证金才多少？又有不是实时结算的漏洞，好多穿仓的损失交易所怎么办呢？只好交易不算了，再抓人背锅。

2020年疫情防控期间，中国银行的原油宝，也是投资者亏光了本金，本来还要投资者亏多少倍补损失。只不过国家干预了，损失中国银行承担了。为什么敢这么干？就是因为中国银行不会破产。美国的金融机构都是分散的有限责任小金融公司，要各州注册不许跨州经营。中国都是大金融，银行全国一个公司，背后的金融牌照就一个。

我们可以再回望一下2020年的原油宝事件。疫情让油价暴跌，美国大量做多的爆仓了，穿仓难以平仓的，都是交易所的损失。而人家就是需要做空平仓对冲回来，但当时做空的价格到零为止，还不足以弥补这个损失，怎么办？就是改成负值，抓住中国银行埋单，坑中国人。美国的交易所就是这样转移自身的风险的，对金融交易的本质，我们要认识清楚。

GME及相关股票，在做空大鳄爆仓离场以后，股价继续上涨，交易所难以平仓，成为损失风险的承担者。下面的多空博弈参与者，实际上做空的一方已经不是大鳄们，而是交易所参与了！交易所要是爆仓了，美国的交易市场就完蛋了，美国的监管机构若不是为了揽权的局部利益，绝对不会搞一个美国的“38号文”，把按照各州法律设立的交易所、交易市场，变成非法骗子交易所！要是交易所交易、市场崩盘了，美国在市场经济的霸权就终结了，这个是美国的核心利益，美国只会把其他国家的交易所变成骗子交易所，他们自己是要当灯塔的。

交易所的风险，是必须正视和研究的，交易所是一个国家的核心市场。

3. GME做空大鳄针对谁？

GME的多空大决战，做空的对手盘是谁？真的就是我们看着的散户吗？我们在舆论上看到的是各路散户的狂欢，比如某个散户晒出来自己5万美元，赚到了1000多万美元，引发了围观，给人的感觉，就是散户的行为一样（图3–39）。

Symbol	Actions	Last Price $	Change $	Change %	Qty #	Price Paid $	Day's Gain $	Total Gain $	Total Gain %	Value $
GME Apr 16 '21 $12 Call		46.65	22.25	71.77%	1,000	0.40	2,225,000.00*	5,284,483.60	13,042.83%	5,325,000.00
GME		65.01	21.98	51.08%	50,000	14.8947	1,099,000.00	2,505,766.83	336.47%	3,250,500.00
Cash Total Transfer money										$2,600,479.97
Total						$785,249.57	$3,324,000.00	$7,790,250.43	992.07%	$11,175,979.97

图3–39

一位网友晒出了他的盈利单：5万美元的看涨期权，变成了1117万美元，盈利21000%！业内人士分析，此次散户的集体逼空行动空前绝后，更要命的是，他们除了买入大量股票推高股价外，还买入大量看涨期权。同时，利用高杠杆期权获得的暴利，再反手买回股票，继续推动股价拉升。

看着这个账单非常惊艳，但我们要说的是该讲统计的时候举个例，该讲概率的时候举个例，其实就是要流氓！到底比例是多少？根据金融数据分析公司Ortex的数据，仅在2021年1月，对冲基金的空头头寸损失预计约为708.7亿美元。再加上看跌期权和其他衍生工具，实际损失更大。所以在这场博弈里面，这个散户带头大哥，实际的盈利只不过是总盈亏的万分之一！

其实，我们还忽略了一点，所谓的“散户围殴做空大鳄”成立，还有一个重要的逻辑前提，就是公司的董事会、大股东和一致行为人的支持！且不说他们抛售股票，他们抛售股票可能有所限制，他们能够干的，还有再融资！散户把股价炒得很高，人家搞一个增发会如何？增发了的股票，就可以行权了！就算是原来老股东有配售，期权同步增加，要你极高的增发价会如何？这里为何忽略了大股东？而且美国有合法的“庄家”做市商。

我们都知道，美国的散户只有5%，中国是80%～90%，就算现在中国散户大量减少，也在50%以上。美国如此少的散户，所谓著名的做空机构，这些大鳄把做空的对手盘，对到了散户上，5%还不够塞牙缝呢！因此，在美国市场，任何一个机构在策划他们的做空方案的时候，都不可能以散户为做空对象。

相关数据显示，GME的空头确实不少，FactSet的数据显示GME的空头净额是股票流通量的138%。而在“散户”没有群起的时候，这些空方的对手盘在哪里？其实这个不是与当年保时捷秘密收购大众期权类似吗？散户是在前面掩护的，后面跟着的藏着的，肯定有大佬。

所以把美国的金融市场各种势力和参与者看清楚，就可以知道在没有了散户之后，美国的做空大鳄的逻辑，不是中国的“割韭菜”逻辑，没有“韭菜”可以割的。他们做空所针对的对象，实际上是大股东和做市商！而一般的大股东和做市商确实是没有做空的金融大鳄有实力，这一次是做空资本算错了账，被打出去了。

我们再仔细看看，GME其实是来了新的控制人，背后应当还有新的做市商，新的资本势力进入，与做空大鳄进行了博弈。根据公开的信息，游戏驿站换了CEO，新来的是原来的宠物用品网站Chewy的大佬，公司的财报也暂时确保了不会倒闭。这个公开消息，有意低调，利好是不容易被挖掘。新势力进入要抬高股价，Reddit网友们为做市商和大股东抬高股价，打了掩护！

现在，我们普通的坐庄叫作恶庄，美国的做市商制度，被叫作善庄，而有人说要将其引入国内！还有大股东炒高股价，我们叫作“妖股”，而美国叫作市值管理！

GME从一年前的低点3美元涨到20多美元，已经上涨7倍左右。2021年1月12日，GME股价接近20美元，这时，DFV（一个名叫Keith Gill的人，DFV是网名缩写）的GME单股投资组合在一年里已经涨到了300万美元，并且还有价值100多万美元的1月15日20美元的看涨期权。换一个角度，确实是够得上“妖股”了，这也就是做空机构看上它的原因。

大股东和做市商的行为，其实是受到很大限制的，但能够发动所谓的“散户”，就可以“散户”行为掩盖很多大股东的行动，散户的行为实际上是可以不受限制的、是自由的。中国的坐庄，现在的一致行动人，不是庄家直接控制，而是庄家通过平台间接控制。因此，这个行为其实不是啥散户行动，而是做市商与大股东为一方，另外一方是做空的大鳄。后来的变化则是大股东和做市商，找来了网络平台的支持，做空大鳄出局，交易所风险无法释放，交易所成为博弈的一方。现在就是网络平台与交易所的博弈，博弈升级了，故事更好看了。

4.网络平台的统治力量

在华尔街，通常的情况是，做空大鳄都比单只股票的做市商和大股东力量大，原因就是华尔街是大鳄的华尔街，大鳄是核心力量。对做市商和大股东而言，他们的统治地位比不上大鳄，他们有很多限制，因为美国的金融市场，大股东和做市商有些还是海外资本，比如中国的海外上市公司，等等。

这一次为何大股东和做市商打爆了空方大鳄，同时还让交易所受到了压力？除了如当年保时捷收购大众那样的暗中准备充分，还有一个关键就是平台的力量！我们现在也在立法限制平台的无序扩张，平台的力量巨大，提供公共服务，已经带有网络政权、虚拟世界政权的性质。在信息爆炸的今天、在信息世界、在虚拟世界，平台实际上已经具备了王者的力量。

这场对抗战的主战场WallStreetBets论坛，可谓是一个大型“赌徒乐园”。其实它就是一个平台，却发挥了巨大的力量。WSB，这是一个Reddit的分区，大意为“华尔街赌场”。可想而知，来这个论坛的各位网友都不是信奉理性和价值投资的角色；而是把股市当赌场，幻想用自己的梭哈单车变摩托的赌徒。WSB众网友的梦想是过上《华尔街之狼》中小李子那样的生活。

彭博数据显示，2021年1月初，交易所之外Robinhood等券商APP的散户交易量，为2008年来首次超过了纽交所和纳斯达克等地的机构交易量，这意味着平台控制的“散户”力量，已经几乎能与机构并驾齐驱。这些平台让参与者变成了一致行动人，实际上是发挥了平台的力量，平台是这个虚拟世界的统治者。平台让散户成为比大鳄更大的巨鳄（图3-40）！

图3-40

在平台的巨大力量之下，我们也可以看看监管部门的表态。在美股盘中，SEC在一份声明中明确表示：正密切关注近期出现的极端市场波动性，将对限制交易能力的实体行为进行审查，一旦发现实体存在违法行为，将采取行动保护散户投资者，以维持市场的公平原则。为何不是前面盈透证券老板说的，他们限制交易得到了监管部门的同意了？有分析认为，SEC的此番表态，可能会被WSB成员和其他散户解读为利好消息，从而进一步做多GME等股票，进行逼空。根据Ortex数据显示，截至美国时间2021年1月28日，超过5000家美国投资公司存在亏损的空头头寸。

美国监管部门的态度，显然是受到了舆论的压力，同时在前面限制交易的窗口期，交易所的风险已经大多释放，美国还是需要灯塔的，而且下面的博弈再度变化。交易所的风险释放以后，又成为中立方和交易的撮合者，为这个股票博弈，是在本轮多空对决以后，该股票必然重新估值。为这个估值，多空重新站队，原来做空的机构，可能翻多，而原来看多的，可能会获利了结，也可能判断很多人获利了结而看空，多空重新变化，重新组合。

5. 价格曲线的扭曲和理论改变

为啥可以暴涨、逼空？金融现象背后的理论机制是什么呢？背后其实就是市场理论的失效。以往的市场理论，是价格越高，供给越多，需求越小，所以市场可以很快达到价格均衡，有一个价格均衡点。

对于价值理论、供需曲线的均衡理论，在20世纪70年代石油的交易里面，就发现了供需曲线的后弯，在供需曲线的扭曲之下，交易机制、均衡理论都是改变的。本人在《定价权》一书当中，对此就有论述。

这里我们可以看到，对股票和期权的交易，供需曲线极为扭曲，在股票逼空的时候，价格暴涨，供给的股票是有限的，供给曲线是下跌走向；同时，需求反而是暴涨的，大量的投机性需求产生了。因此，供需曲线不再是单调的上升或者下降曲线，而是一个复杂的曲线。

我们同时应当看到期权对供需曲线的影响。由于价格的暴涨，以前不会行权的期权，都要行权，带来需求的暴增。尤其是在空头爆仓以后，平仓和行权会带来进一步的需求，进一步增加这个扭曲的趋势，供需曲线不是单调上升或者下降，意味着曲线不是一个交点，对应到经济模型，就是供需不是一个均衡点。加上以前的杠杆率有限，期权期指的杠杆率巨大，所以在有了期权期指放大之后，价格的趋势性改变会变得特别剧烈。

在期权期指模式之下，一旦股票的价格达到了某种均衡点，只要这个股票是足够热门的股票，围绕这个均衡点就会有大量的看多和看空的期权期指等金融衍生品，衍生品的交易成为主流和均衡以后，股票的涨跌相对于金融衍生品的损益就不重要了，就如本次GME的散户都会买入股票维持股价，让自己的大头金融衍生品赚钱。而期权的卖出者，更是要控制股价。因此，股价会稳定在均衡点附近，形成类似量子力学里面的能带。股价一旦变化，就是衍生品的失衡，产生巨大的损益，价格会快速跃迁到另外的均衡点上，再度通过金融衍生品的套期而稳定，这个与量子的跃迁类似。所以对这样的模式认识，我们叫作量跃模型。

市场的机制是能够通过市场交易进行调节、自我平衡的。交易平衡不了了，其实是市场机制的失效，看不见的手调节不了，那就需要看得见的手来调节。

在期权和做空的交易下，股票是需要交割的。前面讲石油的结算价格都有负值了，这个负值的结果其实是市场限制了交割的结果。在美国QE常态化之下，黄金为何不暴涨，背后也是限制了黄金交割，在美国自己运送1000克黄金都要各种申报，你入境戴或带着黄金，是受限制的。对黄金的人为限制，其实已经不是市场的手段了。

如今，不光是有了做空机制，关键是虚拟交易已经远远超过实体交易，期权期指等金融衍生品虚拟交易主导市场，市场供需模型该怎样建立，需要慎重。世界已经发展，再用老思维，就算是美国的华尔街金融大鳄，也是要栽跟头的。

6. GME价值重估的蓝海逻辑

交易所平仓等风险释放以后，在多空对决开始之前，交易所的行为也受到了平台舆论的巨大压力，平台的力量也是舆论掌握着，而舆论是无冕之王。所以随后美国散户买入GME、AMC等股票的限制基本全部解除了。开盘前，WSB社区的美股散户高呼：准备就绪，准备好买入了！

图3-41

2021年1月29日，美股开盘后，市场资金火力全开，暴力扫货了，GME、AMC等个股均大幅高开，强势收复了前一交易日的跌幅。截至收盘，GME暴涨67.87%，AMC涨53.65%，EXPRESS涨超27%。盘中，GME一度触发熔断临时停牌（图3-41）。

这一次重新开盘的暴涨，本人认为，GME已经脱胎换骨，完成了价值的重估。现在的这只股票，处于价值重新定价的状态，大家对它的价值存在巨大分歧，但本人认为，这个股票价值大幅度增长了，认识这个价值的增长，必须要在虚拟世界的新逻辑下进行！

在此之前，GME是一家游戏零售商，相信美国的各位都很熟悉。在科技发达、人人通网的情况下，越来越少的人会去实体店里买实体游戏，过去几年，大多数人对GME都不看好。股价从2016年的28美元一路跌到2019年年底的3美元多，一直没有起色。它的估值，完全是传统的走衰模式；而现在，它则进入新的网络眼球经济估值模式，不同的模式下，它已经从红海到了蓝海！

此前，Andrew Left（以猎杀中概股闻名的做空机构香橼创始人）在其看空论述中，还提出了以下几条主要逻辑：

（1）虽然GME的放空利息高，但“没有出现轧空的情况”，因为仍有大量GME股票可供借来做空；

（2）2020年12月，虽然GME实体销售同比增长23%，但整体营收销售下降了9%，所以GME的市场份额正在输给竞争者，比如沃尔玛和亚马逊等；

（3）GME估值太贵，股价是远期EBITDA的40倍；

（4）Twitter散户正在推动股价上涨，形成高估值；

（5）GME的债务超过10亿美元，可能会出售股票以减少债务，从而稀释股东股权。

总体来看，这五条理由主要还是围绕GME当前估值过高，该股票处于传统模式的红海逻辑展开论述，虽然有人说相比诸如浑水做空瑞幸咖啡时说的“欺诈问题”略显薄弱。但瑞幸当时的估值是按照蓝海模式进行的，这个比较是有问题的。

另有分析师对GME的估值表示：仅就短期而言，也似乎没什么因素能支撑GME当前的股价飙升。Collins就称，还没有看到足够的证据证明它“有理由”从2020年9月的5美元上涨到2021年1月22日的60多美元。仅在过去两周内，该股就从不到20美元飙升至50美元以上。

所有的看空者对GME的看法，还是停留在老看法的刻舟求剑当中。

而多方认为，看涨GME主要是基于这样一个预期：宠物用品网站Chewy的联合创始人Ryan Cohen已被证实将担任GME的CEO，这将帮助公司从业绩下降的零售商，迅速转型为主要电子商务参与者。这个看法，就是从传统的红海逻辑，变成了高估值的蓝海逻辑。

对GME为何变成了蓝海逻辑，本人在这里简单讲一下。在网络时代，关注度和流量是问题的关键。经过这一次的多空博弈，GME这个股票，等于让全世界关注了，全世界的多数股民都把它放到了自选股里面。我们想一下，一只股票能够让几乎所有的投资者放到自己的自选股票里面，那么这个股票应当值多少钱呢？现在的网络投资，即使亏损也不惜继续烧钱，也一样可以上市涨到天价，另外刚刚出来的逻辑，PPT造车企业，也都股价飞上天了（图3-42）！

图3-42

图3-43

PPT造车企业，可以没有车就股价飞上天，关键就是它们得到了股民和投资者的关注。既然PPT造车都可以，那么有那么多的玩家粉丝基础，本次多空博弈又吸引了全球眼球的GME，比PPT车企的底色要好多了，为何PPT车企可以高估值，其逻辑是什么？以后GME就可以同样的逻辑高估值！

还有一个关键，就是我们在交易所和量跃模型里面写的，对股票定价，不同的均衡点，会被大量的期权期指给固定下来，想要打破这个估值的平衡，是非常不容易的。现在GME这个股票，大量的期权期指，其实很快会把估值给套死，实体的股价会变得不重要，重要的是金融衍生品期权期指的损益。

图3-43的文章是本人2015年对期权锁定估值的模型及交易所风险的分析，经得住历史的考验。

7.数字泡沫新玩法

很多人还会说高估值变不了钱啊？GME没有利润怎么赚钱呢？其实讲这个说法的，没有与时俱进。

对如此的高估值，传统的股票卖出和增发，均会造成股价暴跌，估值模型破裂，因此很多人把这个叫作泡沫！而且在中国的经济领域，普遍的认识就是有泡沫就要戳破，泡沫一定会破裂的！

本人要说的是，当前的网络时代，泡沫的规则也改变了，泡沫是可以硬化的，泡沫也可以不戳破。你可以看到蓝海出现，蓝海的高估值，就是不破裂！而红海估值上不去，包括到了QE常态化，大量的印钞QE和零利率甚至负利率，货币的数量极大增加，货币成本极大降低，但对红海的估值，依然涨不起来，依然是10倍市盈率及以下的状态，与利率相比，原有的利率与股价的估值模型，是彻底失效的。

现在美国的数字泡沫玩法，就是虚拟经济交易学的核心，怎样制造虚拟泡沫、制造虚拟价值，然后再用虚拟价值与实体价值交换，把泡沫填实或者硬化，从而取得财富，而不是戳破泡沫。

GME的高估值，肯定会有人与之交换财富，可以注入优良资产。大家试想一下，你有一项可以赚钱的创新项目，你愿意把项目注入哪里？当然选择市盈率高、股票被关注、估值很高的公司，与这样的公司换股，你的价值是可以得到保障的。谁都想让自己的项目估值高一点，你注入估值10倍的企业，你的估值就是10倍；你注入估值100倍的企业，就算不能估值100倍，估值三四十倍也是可以的，自然的选择就发生了。

GME这类股票，只要受到了关注和追捧，下面就会有人愿意把好项目注入，通过注入换取高估值。所以可以看到有报道称：另外分析人士表示，GME将在未来12～18个月内投资数十亿美元，在此情形下，GME当前的价值可能被严重低估。这个就是本人说的数字泡沫的玩法，现在搞PPT造车，也是类似的玩法，通过PPT的高估值，让传统的汽车相关项目都注入进来，别看现在没有车，以后填实硬化了，一切都会有的。

为何现在市场上有红海和蓝海的分化？红海其实就是传统的估值逻辑，而且现在被网络创新打击，估值不高还会有损失市场的风险，与看空GME的金融大鳄是一个逻辑。而蓝海逻辑，就是数字泡沫换取资产财富再硬化的逻辑，现在的网络平台、网络资本都是这样的逻辑，它们也是美国的核心势力。

对GME，新的CEO已经自带网络光环，可能新进入的势力早已经储备了好项目，本身就是传统和信息电商之间的游戏，完全是可以从红海逻辑跳到蓝海逻辑的，在蓝海逻辑下，这个股票比PPT造车企业好多了。

把问题的核心看清楚就明白，在虚拟经济下，新的理论和新的势力崛起了，是网络资本、网络平台等势力干掉了传统金融、做空大鳄的势力。所谓的散户群殴大鳄，只不过是这个大戏动用了大量的群众演员而已，在核心势力的较量当中，从来不缺吃瓜群众。

附一则

2021年2月8日，游戏驿站GME的价格变成了60多美元，第一次收得了上涨，而这场运动的“带头大哥”Keith Gill则遭到监管调查。监管调查才是重点！美国金融大鳄还是掌握着监管这个利剑的，网络平台在金融监管层面还没有足够的权力，所以获利了结是必然的。

形成鲜明对比的是，据《华尔街日报》报道，Senvest Management旗下基金资管规模狂飙7亿美元。另外，摩根士丹利旗下基金持有GME股票市值暴涨逾一亿美元，该基金在去年就押中了GME。

浑水创始人Carson Block在接受彭博社采访时提到，GME等个股的股价抛物线走势，显示并不像是美国散户大本营WSB上的散户所为，反而更像是部分对冲基金针对其他对冲基金的轧空，且存在几家对冲基金联手的可能。

彭博社对此评论称，如果Carson Block是对的，那么这场看起来像是散户创造了历史的行为，事实上只是各大对冲基金内部混战的烟幕弹。

不过即使是到60美元，或者以后再到20美元，对原来3美元的游戏驿站而言，这个价格对大股东也是巨大的成功，是重新估值的逻辑。

美国为啥要对逼空进行监管严查？因为真的都逼空了，造成金融衍生品的杠杆塌陷，都是实物交易为主，那么在金融衍生品市场上的大量货币，就要释放到其他市场了！美国搞的是脱实向虚才能够发行更多的美元不通胀，如果多发行的美元都到了实体领域，美元的通胀就控制不住了，这个关系到美国的根本利益！

综上，美国的这一次逼空对后续市场心态的影响是巨大的，美国搞超级杠杆的金融衍生品，已经蕴藏了巨大的风险和危机，随时可能释放，逼空仅仅是冰山一角。

九、物流瓶颈导致脱实向虚的危机

西方现在物流崩溃了，导致崩溃的原因是什么呢？对于那些对自己不利的因素，他们会选择性失明，闭口不提。其实西方的物流危机，恰恰是西方疫情影响和脱实向虚搞过头的结果。这给中国带来了新的历史机遇。随着数字产业的发展，实体的需求转向了物流和基础设施。而海运费的暴涨，已经到了令人怀疑人生的地步。

中国到东南亚的海运也加入了暴涨的行列（图3–44）。

關於東南亞線海運費調整的通知

Rate Restoration for South East of Asia Trade

In view of the increasing cost pressures in the captioned trade lane, it is hereby to advise that Rate Restoration will be applied on top of your current rates based on the **on-board-date from 06-NOV-2020**. Details are as following:

Quantum

Exports from Shenzhen & DongGuan ports to all SEA trade and Effective from 06-NOV-2020 (on board date)

All ports of South East of Asia　　+USD500/1000/1000 (20/40/HQ)

即從2020年11月06日起(on-board-date計)，深圳和東莞出口到所有東南亞港口在現有運價基礎上執行上調，額度為：

所有東南亞港口：　　+USD500/1000/1000 (20/40/HQ)

图3–44

我们以2021年暴涨之后的海运价格算一下账。按照暴涨后中国到欧洲一个集装箱运费2万美元计算，最大的集装箱船可以装载23 000个集装箱。上海到德国汉堡30天航程，满载23 000个集装箱的巨型集装箱船，总运费高达46 000万美元。该船船员只有26人，每天工人薪酬共计4000美元，30天的总薪酬就是312万美元。另外，油费总共是3300万美元，毛利超过42 000万美元，也就是人民币约27亿元，而集装箱船的造价（含各种成本）不超过12亿元，也就是说，跑这一趟，获得的毛利是船价的两倍还多，几乎跑15天就挣出来一条船。再看一下集装箱巨轮的造价变化：2019年，长荣海运23 000TEU单船造价为1.53亿美元；2014年，中海集运19 000TEU单船造价达1.37亿美元；2011年，马士基航运18 000TEU单船造价1.9亿美元。可以看出，现在船价涨幅实在是太不值一提了。

不过，运费暴涨只不过是外在表现之一，关键还是船舶大量滞留，航运效率极大下降，物流已经崩溃。时间就是金钱，在港口滞留带来的利益损失就已经超过船价了。

疫情就是一个导火索，带来的现象就是全球的物流行业出现了崩溃，最为严重的就是航运业。大家都注意到，疫情防控期间，世界的航运指数处于历史最高点，一趟运输的费用，可能就相当于一条船的价格，为何会这样？本人认为，美国的脱实向虚和疫情发展，对本次物流危机有重大影响，以后还将深远地影响经济格局。关于2021年世界物流的崩溃状态，可以先看看各种报道和数据。

2021年8月，根据AIS数据显示，全球有7.5%的小型干散货船停泊在中国港口附近，包括灵便型干散货船（Handysize）和超灵便型干散货船（Supramax）。全球的干散货船只总数为7725艘，相当于有570艘干散货船拥堵在中国港口卸货！而半个月前，排队卸货的船只共有400艘。也就是说，半个月内，停泊在中国港口的干散货船数量增加了37%。

根据Oceanbolt提取的数据，8月在中国港口附近等待停泊的超灵便型散货船和灵便型散货船共有548艘。

中国的海运船舶滞留，主要是由于中国采取了严格的防疫措施，使得港口的周转速度降低，因为一旦疫情蔓延，代价太大了。但对世界其他国家来说，这不是主要原因。

世界其他国家对疫情“躺平”，搞自然免疫，结果它们的船舶港口滞留情况比中国的更为严重。这些国家没有像中国这样严格管控疫情，而是对疫情采取放任的态度，它们的物流危机就比中国更厉害。

在美国西海岸，据洛杉矶港signal平台2021年10月11日的数据，仅在洛杉矶锚地等待泊位的集装箱船就达到28艘，在港外等待的船舶达到14艘，平均等待靠泊时间维持在11.1天。如图3–45所示，第41/42周的货量仍在继续增长。

而差不多在十天前，在美国东海岸佐治亚州的萨凡纳港——美国第四大海运进口门户，人们也正试图清理积压在港外水域的20多艘集装箱船。据港口官员表示，最近几周大西洋上一度有20 ～ 26艘集装箱船在海面上漂泊等待，其中2021年9月28日在萨凡纳港外等待泊位的船只一度达到24艘。佐治亚州港口管理局表示，集装箱在港口等待运输的滞留时间从七八月的平均4 ～ 5天增加到了12天，之后略微减少到了9.2天。与此同时，大量集装箱长时间堆积在码头上，等待进行内陆运输。

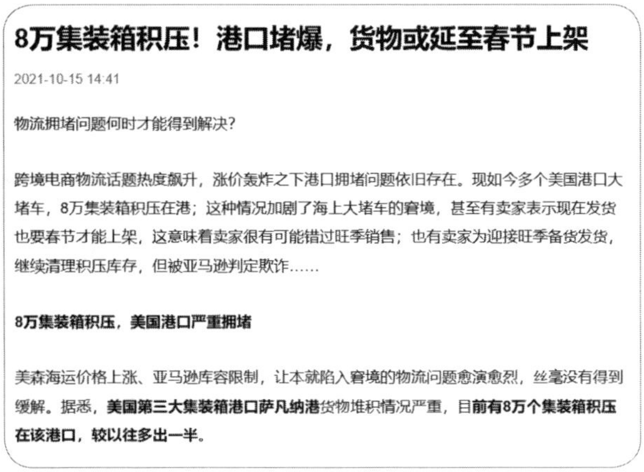

8万集装箱积压！港口堵爆，货物或延至春节上架

2021-10-15 14:41

物流拥堵问题何时才能得到解决？

跨境电商物流话题热度飙升，涨价轰炸之下港口拥堵问题依旧存在。现如今多个美国港口大堵车，8万集装箱积压在港；这种情况加剧了海上大堵车的窘境，甚至有卖家表示现在发货也要春节才能上架，这意味着卖家很有可能错过旺季销售；也有卖家为迎接旺季备货发货，继续清理积压库存，但被亚马逊判定欺诈……

8万集装箱积压，美国港口严重拥堵

美森海运价格上涨、亚马逊库容限制，让本就陷入窘境的物流问题愈演愈烈，丝毫没有得到缓解。据悉，**美国第三大集装箱港口萨凡纳港**货物堆积情况严重，目**前有8万个集装箱积压在该港口，较以往多出一半。**

图3–45

美国港口问题棘手，而同一时期欧洲的港口问题也不容小觑。据了解，2021年10月，欧洲的主要港口费利克斯托港（Felixstowe）被堵爆，充斥着无人认领的集装箱货物，而码头方也开始拒绝归还空箱。重型货车司机严重短缺，进而造成集装箱停留的时间被大幅延长，港口甚至面临完全停摆的危险（图3–46）。

图3–46

与此同时，加拿大主要海洋门户温哥华港也出现严重拥堵，商品零售旺季前的进口量激增导致仓库塞到爆棚，码头的集装箱堆积如山，转运的卡车供不应求。轮船靠港、卸柜、提柜等作业效率都出现大幅下降，大批货物滞留在港口。这令积极备货的卖家们坐立难安。很多发货至加拿大仓库的货物出现时效延误。据货代称，这一时期加拿大货运的总时效有15 ～ 30天的延误。一位发货至加拿大的卖家反映，数月前发的货到现在还没消息。而货代给的回复是现在货已经到了温哥华港，但由于港口进口货物太多，港口越来越堵，仓库已经被“塞爆”，因此无法预约派送时间。

美国的物流爆仓，已经成为美国经济社会的重大问题，白宫也进行了干预，要求港口全天不停地作业，以缓解物流危机。

2021年10月13日，美国总统拜登宣布了“90天冲刺计划”（90-day sprint）（图3-47）。白宫发言人普萨基表示，这项计划要求洛杉矶港口的部分作业实行全天24小时运转，尽快解决货物积压问题。总统拜登将与加州长滩和洛杉矶港口的运营商、港口工人与卡车司机协会，以及全美大型货物承运商和零售商开会，讨论如何解决当前威胁到物价上涨和经济复苏的供应链瓶颈问题。

图3-47

在白宫的干预之下，美国的港口拥堵情况并没有从根本上好转。进入2022年后，美国的进口需求依然强烈，加上洛杉矶港和长滩港的码头工人大量感染奥密克戎变种病毒，在美国加州附近海域排队的船舶数量再次创下新高。

根据南加州海运交易所（Marine Exchange of Southern California）的数据，2022年1月6日，有创纪录的105艘集装箱船在洛杉矶和长滩港外等待泊位。这105艘船舶中有16艘是在离岸40英里内的港口水域，另外89艘在指定的空气安全质量管控区外。

105这样一个数据也意味着等待洛杉矶和长滩港泊位的集装箱船数量是2021年同期的3倍多，比2021年6月24日（去年的低点）高出11.6倍，比2021年10月24日高出31%。

在拥堵的情况之下，世界航运的需求却极为旺盛。2021年5月，美国加州长滩的集装箱吞吐量超过90.7万个，是1995年以来的最高水平。在过去25年里，该港口最繁忙的10个月中，有9个月都集中在过去1年中。在美国全国范围内，佐治亚州萨凡纳港在截至6月30日的12个月内运输了530万个集装箱，创下该港口的纪录，较上一财年增长20%。（来源：雪球网）

为什么在运力紧张得超过极限负荷的情况下，港口的效率反而是下降的？这与堵车的道理一样，就如你看到满大街都堵满了车，根本开不动，此时通过路口的车不是更多而是更少，甚至可以下降为零。下面的数据可以反映这样的效率下降。

图3–48为美国2021年2月、5月及9月主要铁路码头集装箱平均停留时间。(资料来源：Hapag Lloyd)从图中可以看出，2021年9月，美国11个主要铁路码头的集装箱平均停留时间为9.8天，远高于5月份的6.7天和2月份的5.9天。

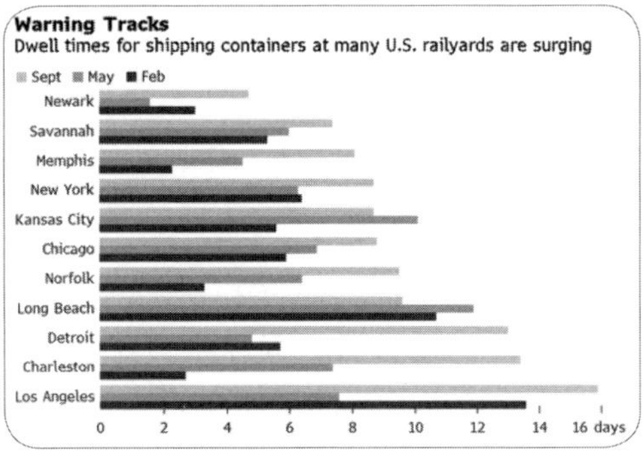

图3–48

在港口拥堵的同时，美国国内各地超市的货架已经全面缺货，空空荡荡的货架成为美国的别样风景线(图3–49)。

在谷歌趋势统计中，“空货架”一词的谷歌搜索数量也在激增，成为热搜词。

美国印钞QE常态化，在全球大采购中买到了东西，而且买到的东西价格还不高。中国虽然出口暴增，但出口价格在大宗商品涨价的背景之下，传导到出口端还需要时间，中国的消费品CPI指数很低。美国通胀的主要原因在于物流费用，不光是海运费暴涨，国内的运输工人也非常紧缺。为啥会突然紧缺了呢？

图3–49

西方的解释就是劳动力不足、工资不够、招人困难，包括卸货以后的仓库和运输能力不足。西方媒体只说到劳动力不足就不往下说了，为啥会劳动力不足才是真相！以前，美国总说2008年金融危机后失业率高涨，年轻人找不到工作。美国的劳动力真的不足了吗？真相是，美国脱实向虚让从事实体经济行业的劳动力不足，美国的实体经济萎缩，与其劳动力供给有关，也与疫情有关。

据华尔街见闻报道，全球最大私营玩具企业、总部设在洛杉矶的MGA Entertainment，其CEO Larian在接受采访时认为，“今年美国圣诞季完了”，因为“你没法找到劳动的人手，没法找来卡车，没法把商品送出去”。似乎一下子劳动力就没有了。福克斯新闻网洛杉矶记者说，洛杉矶和长滩港口的货运积压预计不会很快缓解。拉斯维加斯一家为铁路和工业公司生产产品的公司说，成本已经翻了一倍，有些公司甚至翻了四倍。

克鲁格曼在《纽约时报》上发表评论员文章称，美国就业人口比疫情前少了500万。蓝领工人纷纷辞职，等待工资更高的工作。克鲁格曼称之为“大离职”。酒店和旅游行业的薪水已经上涨了18%，但是人手还是招不齐。在停止发放失业补贴的州里也不见好转。制造业和服务业都在涨工资以吸引基层劳动力，越来越多的工会加入了罢工队伍，和资方谈判更好的条件。而这部分涨出来的工资，肯定要消费者买单，美国的通胀CPI就会很难看。

MGA Entertainment公司的CEO Larian将劳动力短缺造成的港口拥堵归咎于拜登政府的失业补贴政策。“如果你出钱让他们留在家里，待业在家挣的钱比工作挣的还多，那他们就不想回去工作了。”美国劳工部在其发布的消息中称，“可以作为衡量工人离职意愿或能力指标”的零售业离职率在2021年8月为4.7%，为4月份以来的最高水平；在更广泛的劳动力市场中，整体离职率升至2.9%。数据显示，8月零售工人的离职率跃居全国前列，当月共有721 000人离职；8月零售业职位空缺120万个。辞职人数较此前一个月攀升了24.2万，达到427万，突破2000年有统计以来的最高值。其中，私营企业的辞职率达3.3%，也是自2000年有统计以来的最高水平。

本人在2014年所著的《定价权》里面就已经分析过，劳动力的供给曲线是后弯的，当劳动力的价格到了一定程度时，劳动力的供给不是增加而是减少！美国过度地发钱，加上在工会参与之下蓝领的工资变得更高，结果就是他们会更多地选择在家待着而不是工作。据报道，2008年金融危机的时候，美国汽车和钢铁行业的蓝领，他们一年可以收入14万美元。但从事零售行业的人收入却远不及蓝领。美国的零售业之所以能够长期维持低工资，其实是靠压榨非法移民。拜登上台之后，非法移民的身份合法化，这些人可以得到的救济钱，比他们工作获得的报酬更有吸引力。实质上，服务业低工资群体和工资40年没涨的阶层，可能迎来了一个等待已久的、全面改善收入的历史性机遇。现在他们肯定会要求获得与有工会的美国蓝领一样的工资收入，工资一定会大幅度上涨。美国不是没有就业机会，而是劳动者有了美国身份和福利保障，愿意工作的人越来越少。

在美国等西方国家愿意从事服务业和物流业的人员越来越少，除了工资收入低和福利不好之外，还有一个西方回避的极为重要的原因，就是疫情！

美国缺乏劳动力的，都是服务业、物流业等窗口行业，那些可以在家办公、可以躲避疫情的岗位并不缺人。西方搞自然免疫，染病人数剧增，而且疫苗的效果有限，康复以后还可能被感染。另外，西方的商业医疗保险极贵，基本医疗保险不足，普通人根本看不起病。从事服务行业的人，接触人多，他们在工作中被传染上新冠病毒的概率远远高于在家待着和在办公室工作的人，而他们因为买不起昂贵的商业医疗保险，一旦得病就要面临巨大的医疗开销和生命危险。这个巨大的风险与不高的工资形成了一个对比关系。所以面对美国如此高的发病率，他们肯定辞职回家躲疫情。回家还有政府的失业补贴和救济，尽管福利救济并不多，但只要够活着，与得病的风险相比还是要合算多了。况且一旦得病，不光要考虑会不会死亡，还要考虑新冠病毒对身体的长期伤害，以后真成了药罐子，一般人根本承担不起治疗费用，在没有医疗保险的情况下，这些费用都是要自己扛的，美国老百姓不傻，他们会算账。正因为西方不搞中国这样严格的防疫控制，导致防疫不力，才会令劳动者主动避开有可能被传染的高危行业。但西方对导致物流危机的原因是不会提及的。

2021年10月17日的疫情数据（图3-50）显示，美国还是每天新增确诊病例约10万，更夸张的是每天居然还要死掉3000多人，疫情严重程度明显超过了2020年同一时期，甚至可以说新冠疫情在美国的严重程度增加了至少1倍！但美国媒体对此选择了漠视，否则美国的疫苗医疗利益集团怎么向民众交代？美国是疫苗接种最广泛的西方国家之一，竟然让疫情如此泛滥，美国辉瑞、莫德纳疫苗的作用体现在哪儿呢？疗效被美

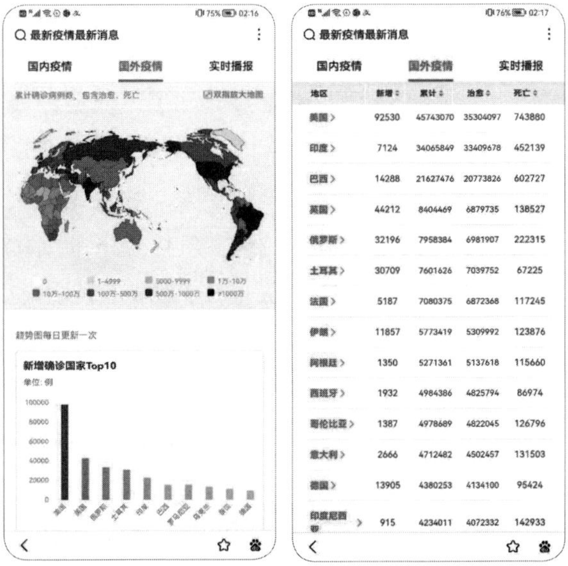

图3-50

国制药公司吹上天的特效药的作用体现在哪儿呢？美国的监管机构给他们背书和批准，里面有多少作假？现在美国已经全境开放，结果就是疫情进一步加重。我们也看到，英国、加拿大等与美国一样消极抗疫、搞自然免疫的国家，民众会用脚投票的。

中国能够在抗疫方面取得如今的成绩，与中国政府和社会体系能够有效组织有关，各种基层组织是健全的，它们都是实体，没有脱实向虚都变成数字虚拟，在疫情之下，没有足够的人力组织，没有人去牺牲是不行的。西方搞的是精致利己主义，中国搞的是集体主义，中国共产党要求党员有牺牲奉献精神，军队也是如此。而美国的政党和党员是以利益取向划分的，军队也没有各种社会义务，可真到面对疫情的时候，有靠钱解决不了的问题。

这场疫情对中国其实也不是没有影响。比如前一阶段，菜价已经比肉价高了，这一方面是因为现在中国猪肉价格在历史低点；另一方面，就是疫情等因素也确实推高了物流成本，所以涨价多的都是鲜嫩蔬菜，耐储蔬菜如土豆、萝卜等就没有涨价。此外还有天气的因素。这与西方全面的超市货架空荡荡还是不同的，而且现在西方超市即使涨价货架也是空的，这才是问题的关键，说明造成这种现象的原因是物流崩溃而不是需求过高。

我们要注意到，疫情只不过是一个导火索，在疫情之外还有更深刻的经济结构的变化。那就是疫情催生了电商更快崛起，而电商的崛起又带来了劳动力结构的巨大变化。

在网络时代，最大的社会经济运转结构变化就是电商崛起。电商崛起后并不是就没有劳动、不需要劳动了，而是需要更多的服务性劳动，劳动的性质不同了。本人在《平台博弈》一书当中也分析过，在电商时代，需要的是物流！物流的需求会极度地扩大。物流也是实体，不是说虚拟时代实体经济就没有了，而是在数字时代，实体经济的结构发生了变化，物流是一个大产业，快递小哥就是产业从业者。物流产业迅速膨胀，带来的就是对劳动力的需求极度增长。

以前，大家到超市购物，都是自己开车过去采购很多商品，现在是通过电商在网上下单，商品送到家门口，区别在哪里？就是比如说你要买20件商品，你到超市去采购会一次性地买来运回家。现在在线购物，是这20件商品通过快递一个个送到你家，可能要运送20次！本来你自己去买东西也不属于工作而是休闲，但送20次商品到你家，那就妥妥是工作了。

电商崛起带来物流压力变化是一个正反馈过程。美国物流紧张，超市货架空了，那么人们购买必需品就更依赖网络、电商，电商的供货和物流需求就更旺盛，需要更多的人去为电商送货，从而导致超市货架更加空空荡荡。

电商革命，在中国发展得比美国更早，而且产业更完善。疫情防控期间，可以看看在电商模式下中国的快递数量。2019年，中国的快递年业务量破600亿件，占全世界包裹快递总量一半以上。2020年，我国人均快递包裹量近60件，约为全球平均水平的2倍。美国等西方国家，交易和物流电商化，人均快递需求增长应当也是巨大的，原来低端低收入的劳动力数量肯定难以满足，人员缺口巨大。一方面，新的需求需要新增大量物流从业人员；另一方面，原有的物流从业人员在新的需求之下，会找更高薪的工作，这样又进一步增大了人员缺口。电商物流支付的报酬，肯定比传统低端服务岗位更高，于是就造成大量低端服务行业的人员辞职和调整。

与西方国家相比，中国早在疫情暴发之前就已经完成了电商模式之下物流产业的升级转型，中国的物流业在疫情防控期间发挥了重要作用，不但没受影响，甚至还发展壮大了。根据中研产业研究院《2020—2025年中国快递行业市场前瞻与未来投资战略分析报告》，在疫情防控期间，两个月内，全国美团外卖员新增了 58 万人。研究机构统计，现在中国的外卖员、快递员从业总人数竟然高达 1000 万人，其中包括兼职人员。这个规模之大，是美国没有的。在中国，从事快递配送的人员被亲切称为“快递小哥”，他们的收入并不低，于是越来越多的人选择去当“快递小哥”，甚至很多高学历者也加入进来，引发社会讨论。但也要看到，在中国人口高度集中，美国则是人口分散，需要配送的距离和成本比中国高多了，两者效率不可简单地只对比数量。

物流需求暴增，全面考验一个国家的基础设施能力，因为物流无所不在，不光是在物流的拥堵点，其他环节的效率下降，也会导致物流出现缺口。就如西方各国现在缺卡车司机，要是道路拥堵，就会需要更多的卡车及司机。物流是一个体系，整个体系的效率与整个社会的基础设施建设有关。在电商配送货物的背后，交通基础设施起到关键性作用。在基础设施方面，中国现在已经是世界第一了。几十年来中国不断进行的基础建设，在物流业发展中发挥了巨大的作用。

1988年，上海沪嘉高速公路通车，中国大陆实现高速公路零的突破；到2013年年底，高速公路通车总里程达10.44万公里，跃居世界第一；2020

年年底，高速公路总里程达16.1万公里，稳居世界第一，占公路总里程的3.1%，对20万以上人口城市覆盖率超过98%。截至2020年年底，中国公路总里程达519.8万公里，其中农村公路总里程达438万公里，贫困地区具备条件的乡镇和建制村全部通硬化路、通客车、通邮路。截至2020年年底，中国公路桥梁已达91.28万座、6628.55万延米，全球跨径排名前10位的悬索桥、斜拉桥中，中国分别占据6座、7座。隧道方面，中国公路隧道已在2020年年底增至21 316处、2199.93万延米。2007年建成的秦岭终南山隧道、2017年通车的青海花久高速公路雪山一号隧道等一批隧道工程达到世界级水平。（数据来源：《人民日报》2021年9月10日第4版）

从图3-51中可以看出，目前中国东部公路网密度已达118公里/百平方公里，超过了美国的71公里/百平方公里。虽然中国西部地区与东部相比仍存较大差距，但西部地区人口也少。美国的全国人口分布则均衡得多。

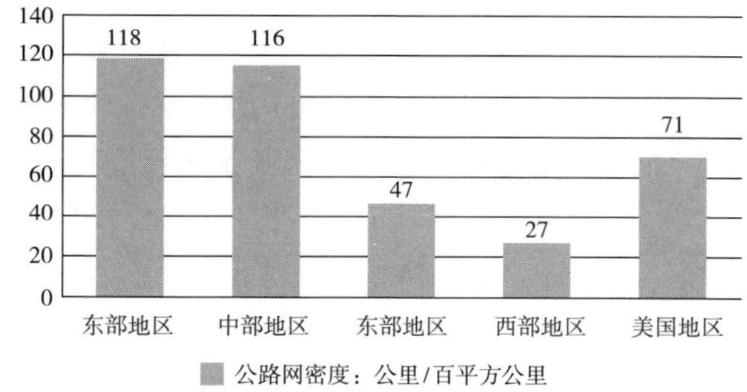

图3-51

表3-4所示为世界主要国家的公路情况。

表3-4　世界公路总里程排名　　单位/km

排名	国家	道路总里程	高速公路里程	数据时间
1	美国	6,853,024	108,394	2017
——	欧盟	6,100,000	73,000	2016
2	印度	5,903,293	1,583	2019
3	中国	4,846,500	142,500	2018
4	巴西	1,751,868	11,000	2013
5	俄罗斯	1,452,200	2,050	2018
6	日本	1,215,000	8,050	2012
7	加拿大	1,042,300	17,000	2013
8	法国	965,446	11,882	2013

西方基础设施建设的短板不是一天两天造成的，也不是短时期可以解决的。

另外，港口货物积压，也反映出港口的效率不行。要知道现在港口机械化，已经是中国产品占主导地位了，中国有世界最先进的港口设备。为了满足巨大的装箱量，沪东中华研发制造了当今集装箱船领域最先进的绑扎桥，型式多达21种。最大堆箱层数高达24层，相当于22层楼的高度，堪称海上“巨无霸”。集装箱船的制造也是如此。目前，世界最大的双燃料动力集装箱船“达飞雅克·萨德”号，2020年9月在上海顺利交付，该船长399.9米，比世界最大的航母还要长60多米，能够装载23 000个标箱，中国拥有完全自主知识产权（图3–52）。

中国建造的巨轮，世界第一！

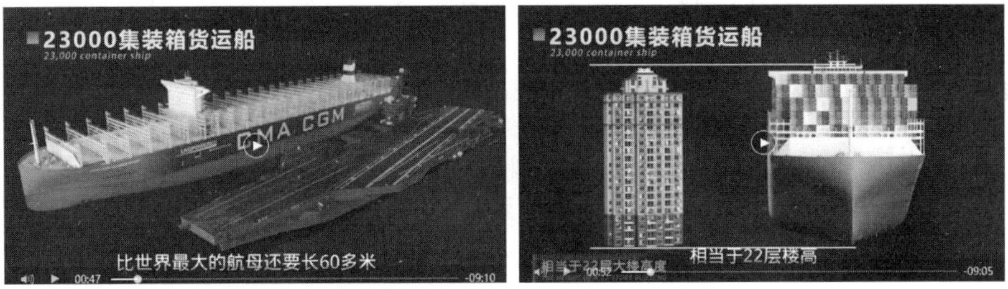

图3–52

再说说港口建设。世界十大港口中国已经占了七个，仅仅上海洋山港，年吞吐量4000多万标箱，是美国九大港口的总和，是世界第一大港。目前，已经累计完成吞吐量2亿多标箱，这些集装箱首尾相连可以绕地球30圈。根据这个数据，你就知道为什么物流量大增，西方的港口要瘫痪（图3–53）。

图3–53

中国的港口现在高度自动化，已经比美国等国家先进，需要的工人人数大幅减少，因此西方有码头工人不足的问题，中国却没有这个担忧。即使有，也能更好地避免人员和物品接触，疫情风险也就小很多。

中国能完成海量的快递运输，不光是快递人员多和基础设施好，背后的高技术支撑也非常重要。在仓库自动化和分拣方面，中国的电商巨头也走到了世界前列。中国电商巨头的物流自动化程度和科技研发，在世界上都是最先进的。前面说过去到超市采购是你跑一趟拿20件，电商则是一件件送过来，那么怎么提高电商的效率？就靠高效的配送，让这20件快递都由一个快递小哥送，不是送20趟，而是每天来一趟就可以了。这背后的物流智能化、数字化的科技含量极高，中国快递公司的数字科技水平，已经不是传统邮政可比的了。有了技术才有效率，这一整套体系不是短期能够建成的。

美国搞数字泡沫，搞印钞和金融网络霸权，在实体层面，可以没有制造业，但不能没有物流，物流就是实体。没有实体物流的支撑、物流自动化建设上的落后，物流基础设施上的不足，美国经济学家理论上的虚拟世界就是一个空中楼阁。

本人一直在说世界经济有三个要素：人流、物流、信息流。因疫情，人员的流动减少，取而代之的是电商和物流的增加，实物商品的流通需要增加，这是虚拟经济、数字经济、信息流等无法解决的瓶颈问题。脱实向虚的瓶颈最主要就是在物流层面。物流基础设施的短板、从业人员结构性供给不足，再加上疫情影响，其结果就是2021年危机全面爆发。

西方在人员流动层面能力也非常欠缺，这与物流水平是对应的。中国的高铁建设极为发达，早已经世界第一，人员可以借此快速流动，而西方还是主要依靠机场和高速公路，人员流动效率受疫情影响巨大。有了高铁，中国的务工人流可以迅速调整，弥补各地劳动力缺口，每年到新疆采棉花和南下珠三角打工的劳动力，都是巨大的人员流动，这在世界其他国家是没有的。

还有一个重要因素是，中国现在的人口集中度很高，人口高度集中居住在城市，城市的路网和基础设施极为发达，与西方国家大部分人住在乡村大为不同。对电商来说，往乡村配送货品的成本极为巨大。即使在中国，对地广人稀的地区，电商也不愿意配送，这些地区的快递配送多数都要依靠享受国家补贴的邮政快递来完成。而美国整个国家的人口集中度与中国地广人稀地区相似，因此，物流运转效率受到了挑战。

资本出于自身的需要，总在宣传虚拟可以替代实体，而实际上虽然很多事情虚拟可以替代实体，但在物流层面，虚拟也产生了新的实体需求。世界经济的结构在发生改变，实体和虚拟二者是平衡的，只不过换了一个平衡的方式。以前是金融掏空国家制造业，制造业空心化问题很大，而现在虚拟的兴起掏空了实体，没有实体的物流和基础设施，没有足够的从事实体物流的人员，经济运转一样会停滞，出现死结，正如西方过度虚拟化，基础设施投入不足，物流从业者缺乏，经济活力也同时受限。

西方的危机，对中国来说，恰是新的历史机遇。

第四章

数字货币新风口

——数字时代的新规律

数字货币和区块链货币虽然都叫数字货币，但实质和内涵有着极大的不同。中国禁止比特币等数字货币。2021年3月，中国全面发行人民币数字货币。人民币的数字货币，与比特币等区块链货币有啥区别？

这里的关键，就是人民币的数字货币显然是有中心的，发行人民币数字货币的底层密码和开发团队是中国的，且在国内运转，首先使用国内的手机和5G电信网络，与美国的各种数字货币去中心是不同的。比特币号称是去中心的，但它们的研发团队，谁有底层密码非常不透明，因此它们是伪去中心，它们的中心在哪里不让你知道，以所谓的去中心诱骗全世界的投资者“割韭菜”。

新时代数字资产崛起了，数字资产可以成为新货币了，数字权力与金融权力怎样结合？数字泡沫、数字霸权和虚拟霸权是怎么形成的？货币数字化、数据资源化、经济平台化、技术算法化，新的社会形态和经济时代开始了。

一、信息数字资产爆炸规律

数字信息资产、数字虚拟资产，它们能够不断膨胀，不断带来泡沫，背后有其特有的科技经济金融规律。

对于信息爆炸和扩张的规律，不得不说的是信息学的五大定律：摩尔定律、梅特卡夫定律（Metcalfe's Law）、扰乱定律、吉尔德定律（Gilder's Law）和雅虎法则（Yahoo's Law）！这些定律得到西方的认同，也与信息系统的很多走向趋势吻合，这里都介绍一下。

1.摩尔定律

这个是大家都熟悉的定律，每18个月，微处理器的价格降低一半，性能提高一倍。它代表了信息社会指数型增长和信息爆炸科技发展的速度模式。

另外对现在热门的量子计算，又有更激进的增长提法，超过原来信息学的五大定律，尼文定律（Neven's Law）诞生了。该定律讲的就是量子芯片的发展速度大致满足一种双重指数的增长速度，它是一种比指数增长更快的爆炸式发展。

关于这种超速增长背后的原理，尼文从两方面给出了解释：

（1）量子计算机本身的优势。类似量子物理学中的概念，叠加态既然可以让薛定谔的猫既是死的又是活的，它同样也允许一个量子比特（Qubit）既代表0又代表1，从而不再局限于传统存储的0或1的选择之中，而是可以“全都要”（图4-1）。

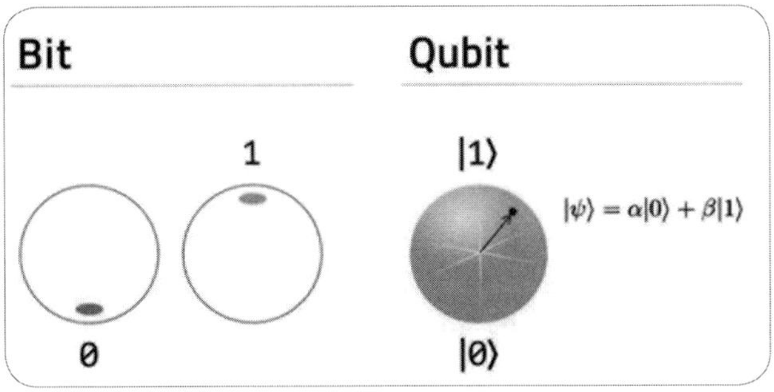

图4-1 传统的0、1存储与量子比特的叠加态存储

（2）我们对量子芯片的优化速度也是非常快的。

在计算结果确定之前，一个量子比特就可以同时表示0和1来参与计算，这样的结果是，4个量子比特就可以替代16个传统的比特存储单位。所以量子计算机双重buff的叠加，也使得它有极大和神化的想象空间。

虽然对量子计算机学术上还有争议，但中美科学家都如此狂热，不会是偶然的。就如当年对量子力学的质疑一样，直到原子弹爆炸才停止，原因是各方为了保密，公开的很多原理故意是错误的，而且现在公开的原子弹原理，依然是不准确的，按照公开原理是做不出核弹的，真实的原理还在保密之中。

2. 梅特卡夫定律

该定律是一个关于网络价值和网络技术发展的定律，由乔治·吉尔德于1993年提出，但以计算机网络先驱、3Com公司的创始人罗伯特·梅特卡夫的姓氏命名，以表彰他在以太网上的贡献。其内容是：一个网络的价值等于该网络内的节点数的平方，而且该网络的价值与联网的用户数的平方成正比。

该定律指出，一个网络的用户数目越多，那么整个网络和该网络内的每台计算机的价值也就越大。

梅特卡夫定律背后的理论，亦即所谓网络的外部性效果（Network Externalty）：使用者愈多，对原来的使用者而言，其效果不仅不会如一般经济财产（人愈多分享愈少），反而其效用会愈大。大体而言，摩尔定律加上产业合流现象形成到处信息化，梅特卡夫定律再把到处信息化的企业，以网络外部性的乘数效果加以联结，终于造就一个规模可与实体世界相媲美、充满了无数商机及成长潜力惊人的全球化数字虚拟市场。

3.扰乱定律

扰乱定律由唐斯及梅振家提出，它结合了摩尔定律与梅特卡夫定律的第二级效应，单独成为“信息社会的五大定律”之一，被称为扰乱定律（图4–2）。它表述为：

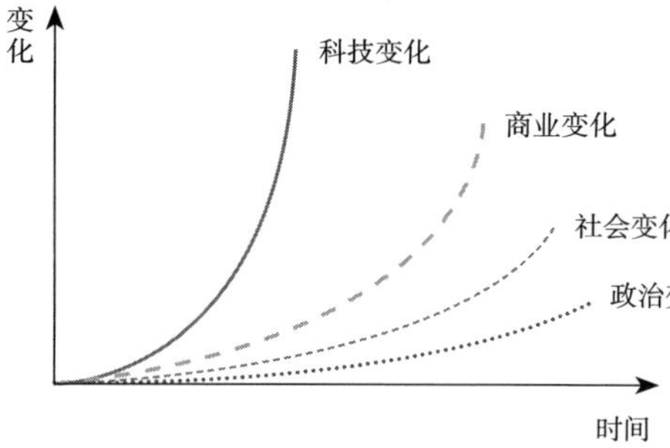

图4–2　扰乱定律

（1）科技以突破性的跳跃进步，但商业体制、社会结构、政治体制的演化却是渐进的，产生了失衡的现象。

（2）社会体制以渐进式成长（但是科技却以几何级数发展），其速度远远落后于科技变化速度，因此在这期间产生了鸿沟；当这两者之间的鸿沟越来越大，就可能产生革命性的改变。

4.吉尔德定律

吉尔德定律又称为胜利者浪费定律，由乔治·吉尔德提出，最为成功的商业运作模式是价格最低的资源将会被尽可能地消耗，以此来保存最昂贵的资源。在蒸汽机出现的时代，因为蒸汽机的成本已经低于当时传统的运输工具马匹，因此，聪明的商人开始了蒸汽机的使用。如今最为廉价的资源是电脑及网络宽带资源，以后可能是移动通信、5G、6G，等等。

吉尔德定律被描述为：在未来25年，主干网的带宽每6个月增长一倍。其增长速度是摩尔定律预测的CPU增长速度的3倍，并预言将来上网会免费。带宽的增加早已不存在什么技术上的障碍，只取决于用户的需求——需求日渐强烈，带宽也会相应增加，而上网的费用自然也会下降。会有那么一天，人们因为每时每刻都生活在网络的包围中而逐渐忘却“上网”之类的字眼。只要将廉价的网络带宽资源充分利用起来，也会给人们带来巨额的回报，未来的成功人士将是那些更善于利用带宽资源的人。其实现在移动通信的发展，5G开始建设，已经越来越向这个方向迈进。

5.雅虎法则

雅虎法则是1998年7月10日，由著名的IT网上杂志UPSIDE主编Richard L. Brandt在《雅虎法则》一文中正式提出的。雅虎法则是指："只要雅虎继续控制着挑战所有历史先例和逻辑的价格/收入比，互联网将继续是你投放金钱的巨大场所。"("The Internet will continue to be a great place to put your money as long as Yahoo continues to command a price/earnings ratio that defies all historical precedent and logic.")

雅虎法则是网络股的基本定价规则，其最大特点在于，它是一套不依赖网络公司预期财务收入而为公司市场价值定价的规则。传统行业把用工业社会标准衡量的货币财务收入当作这些公司全部的现实资本。但这样一来，对于数字虚拟财富的价值，它们就漏掉了以信息社会标准衡量的重要财富：信息资产。

信息学的五大定律告诉我们，信息爆炸的速度如此之快，产生的价值增殖如此巨大，而信息爆炸、信息的价值膨胀、网络的赛博空间价值，都是构建在数字平台上的价值，通过信息平台和信息交易，创造信息流，把数字价值炒出泡沫，换取他人的财富，就是新的财富博弈。

这里可以看看五大定律对交易学理论的影响：

第一个摩尔定律及量子计算的尼文定律，讲的是在信息时代算法机器人等，会以多快的指数型增长。

第二个梅特卡夫定律，讲的是信息系统能够衍生出多少的数据，数据量是与节点的平方来比较的；数据就是资源，数据代表着价值。

第三个扰乱定律，其实是讲信息流的爆炸，对传统的人流物流、定价交易体系，以及传统的社会和理论是一个扰乱。

第四个吉尔德定律，讲的是信息流膨胀的速度、信息传播速度的增长方式是怎样的，信息流之下，对资源怎样消耗和再分配。

第五个雅虎法则，讲的是信息平台的力量，信息平台的估值是挑战所有以往的价值估值模型的。

信息学的这几大定律，与传统的经济定律完全不同，勾勒出了在信息时代的理论框架。几大定律怎么改变传统，构建新的交易学，是本书主要研究的内容。

全人类的信息和知识，现在是每七年翻番，这个趋势目前还在不断加快。

信息的价值，使社会效率急速提高，但这个效率最终要变成实体经济的效率，以及变成物质的财富。就如一个苹果手机是一个个人信息平台，最后所有信息和功能，都要变成手机的实物存在，但这个手机的实物元器件的成本，是远远赶不上其中的数字虚拟部分的，占其售价极大比例的是设计、品牌等。这里首先计算的是数字虚拟部分，传统部分分摊的价值被边缘化了。计算的思路就是置换法，想想“没有信息体系的时候”会怎样？

如此想法与“没有信息社会的效率”相比，技术进步的增殖没有分摊，都计算在虚拟部分，其结果就类似两个人的合作，你不能总想着“没有了你合作会怎样”来分配，这样的结果是，合作一定破裂。每一个人都这样想，每个人算出来的利益总和一定是大于实际的，因为每一个人都把共同创造的部分归于自己。这就是数字虚拟社会与实体社会的财富分配逻辑，是美国脱实向虚的逻辑。

类似的就如当年发明纺织机，羊毛的价值一定要涨到天价的纺织机带来的效率价值，羊毛也是要得到一部分的。现在炼钢是高级技术，但价值体现在了铁矿石上。上述现象的背后是什么？羊毛和铁矿石是资源。由于信息爆炸，数据也是资源。信息系统越大，数据的增长就越多，增长是非线性的，因此，信息系统的数据价值增大，结果是数据资源化的体现。信息数字社会，数字产业、信息产业创造的价值是实体的从属价值，但价值都归了信息和数字产业，别说什么高科技等，相比铁矿石，炼钢是高科技，为何铁矿石是天价，挖矿比炼钢赚得多？因为实体还有资源，真正决定信息系统价值的，是资源化。光有资源还不够，中国的稀土是资源，没有流动性照样是土的价格。所以信息系统的高定价，有的是流动性。前面已经讲了，流动性在信息数字产业这一边，是数据资源化和货币数字化的结果。

流动性是掌握信息数字霸权的美国控制的，货币已经符号化和数字化，同时数字信息产业提供的交易体系，可以极大地放大流动性，流动性是MV，M的货币数量一定的时候，货币流动速度V才是关键。而数字化、信息化的交易，就是让V不断提高，高到不可思议：不用数字信息交易体系、不用人工智能和大数据，已经难以交易。所有信息体系、数字体系，背后都有交易，要加快流通。

流动速度V的提高，背后也有信息系统、数字系统特有的规律，其实数字交易背后，就是算力的增加，就是要符合摩尔定律的。现在的金融衍生品等数字交易都是智能化的高频交易，交易的速度依赖于运算速度，运算速度依赖于摩尔定律。按照费雪方程式$MV=PT$，M是货币，对应的信用是商品T或者说节点，而V则是系统的速度，P是价格，所以把这个公式变化一下，就很容易理解梅特卡夫定律价值是节点的平方了。信息系统的价值不断膨胀，在费雪方程式的视角之下，就是流通速度的飞速增加带来的。只要摩尔定律存在，信息系统就一定还要膨胀和泡沫下去，真正的统治力，在于谁能够掌握数字资产膨胀带来的力量，用膨胀的泡沫换取资源和财富，完成全球再分配的过程。

同时货币也数字化了，在交易体系里面发生了金融衍生，导致信息数字体系里面的流动性更加充裕，这些都是传统产业无法比拟的。传统产业需要物流，金融体系是外在的不是内生的，因此流动性肯定无法比，按照费雪方程式，价格与流动性的关系，就已经决定了谁有价格泡沫，谁能够有更高的估值，而高科技等，只不过是一个让各方满意的解释罢了。

信息系统、数字系统平台值钱，更关键的层面，就是它其实有政治权力，它有社会性、有社会公共服务性。这些职能都替代了政府的很多职能，因为这些职能到了网络上，权力是巨大的。就如网络打车服务，对出租车辆进行网络管理，其实是网上出租车管理局。提供公共服务是政府的义务，也是政府的权力，这些公权力给了商业网络，带来的效果其实是把政府的权力与商业网络分享了。

政治权力、社会权力的价值，是远远超过商业价值的，因此网络系统亏损也可以上市。也就是黄金有价，点石成金的金手指无价，当年吕不韦就是这样算账。

因此，网络信息数字等虚拟世界的权力，就是未来统治世界的权力，现在表面上它是资产计算的，背后则是你永远买不来的政治经济权力！这是因为到了信息时代，已经出现了货币数字化、数据资源化、经济平台化和技术算法化，数据成为最重要的生产要素，机器人可以成为劳动力了。

在虚拟世界里面，数据成为生产要素，意味着机器人将大规模成为劳动力。机器人能做什么，实际上主要取决于数据量。可以说，虚拟世界里“劳动创造财富”需要重估，虚拟世界的“劳动”不一定是人类劳动，也可能是机器人劳动。如果考虑到财富大部分是“仿真”，那么劳动其实完全可以做到不需要人。实际上，在股市里面已经可以看到这个景象，当今股市中交易的

60%以上是机器自动交易，也就是说在资本领域，机器人实际上正在创造着比人类更多的财富。这背后也就是信息流的衍生和算法对信息流衍生和流向的控制。

数据体系的价值膨胀，在于机器人成为劳动力、技术算法化，通过算法机器人可以在数据体系当中无限地创造和复制，而且算法机器人的增长规律，符合前面所说的几大信息规律，因此算法支持和操控下的信息流，就是信息数字资产可以价值暴增的力量来源。

二、信用、数字信息和金融的融合统一

在本人的《定价权》和《信用战》两部著作里，银行的经营实际上就是一个经营信用的历史，银行经营的本质是信用。而在信用卡的发展过程中，可以看到信用卡一方面是信用，另外一方面则是数字信息，是反映持卡人真实情况的一组数字信息，数字信息和货币是不可分割的。那么现代金融体系是什么呢？现代的金融体系就是信用和数字信息的集合。

以往的金融运作，离不开各种纸质的凭证，与纸币一样，是各种银行票证和债券组成的一个体系。证券票证上记载的是与信用卡类似的数字信息，而其价值是由其数字信息所反映内容的信用来决定的。现代金融体系的建立，尤其是电子数字信息技术的发展，使整个金融系统已经完全是一个数字信息系统，一个银行的IT部门已经是银行的核心部门，所有的银行运作都是电子数据。我们的货币、证券等金融资产和交易，都已经成为央行和商业银行计算机和数据库里面的一组数据，这些交易已经完全数字信息化了，完全脱离了纸质的凭证，一个数字信息系统出现故障，对整个金融体系而言就是致命的，各种交易也就灰飞烟灭，金融与数字信息在这个系统当中是完全不可分割的，只不过是一个内容的两个方面而已。

在这个系统内，信用是被系统内化的。在现代金融工程之下，社会上的法律、财会、政策等规章也被内化到数字信息系统之内，成为数字信息系统运行的规则；还有就是各个机构和个体的契约，已成为构建系统运行的法律依据保障，被内化了。就如证券交易所制定了股票的规则，建立了证券交易

系统，所有的券商就要按照这个系统构建自身的子系统。我们炒股就要使用这个子系统的客户端，这个系统就是按照交易规则建设的。我们炒股的规则就是依据各种证券法规具体化的表现，其强制力由证券法规保障，交易的同时是与银行的货币账户托管连接的，账户的变化是联动的。你能够交易也是被银行货币信用保障的，变化的是一组数据库内的数字信息，而大家都信任这个数字信息在这个数字信息系统上交易的行为就是数字信息的信用，这里是由契约、法律、财务、政策等构建的信用体系，因此所有的信用也被内化在这个数字信息系统当中。这里有法律和国家强制力保障的你与券商、银行等一系列的契约，你持有的股份也是数字信息系统内的数据，而不是历史上的纸质股票了；相反，纸质股票由于难于确认真假和权利的最终归属反而没有这一组数字信息更有信用。这种事在中国股市建立时发生过。那个时候，上市公司以前发行的股票要在公司股票上市后进入系统，是需要复杂的认证手续的，很多股票还成为非流通股。而现在大家拿着股票，没有其他凭证，只不过是券商的一组数据，谁也不担心自己的资产没有了，这就是这组数字信息的信用。

因此，金融电子化、无纸化的时代就是数字信息化时代，金融本身就是商业信用和银行信用结合的产物。在此阶段，金融、信用和数字信息完全融合统一，这样的统一使金融交易的速度极大地加快，商业信用下的证券也起到了类似货币的作用，从而使得在银行资产证券化时代对货币的需求被债券等替代，总的货币量会下降。而进入电子数字信息时代以后，交易的速度比纸质凭证时代极大加快，以前要各个银行的人员到票据市场人工交换票据，现在直接电子指令即可，尤其是网络时代更只是网络间的数据交换，这使得交易的速度一日千里，货币流通速度也大大加快。

我们经济学所讲的流动性不是简单地指货币，而是货币与货币流通速度的乘积，在货币流通速度极大加快的时候，同样的流动性货币的需求量就大大降低。我们可以看到的就是美国的广义货币M2可以没有中国的M2多，原因就是美国的债券市场有货币信用的替代作用，美国金融市场的衍生速度大大快于中国。如果把在信用系统内衍生的高级货币M4、M5等计算进去，就可以发现美国的超广义货币量是远远多于中国的，这也是数字信息、信用和金融相统一的结果。在这个时代，数字信息、信用和金融的大一统的体系就是世界的控制体系，我们所看到的数字信息、信用和金融只不过是这个体系的一个方面，而货币、价格体系、证券、衍生品等又是这个体系更小的一个方面。这个年代把各种经济要素全部整合在一个体系之下，而信用就是这个体系最关键的方面，认识了信用、认识了信用社会、认识了这个控制世界大一统的体系，也就找到了认识这个世界的钥匙。

在数字化时代，信用也是数字化的。个人的信息透明，信用变得更精细化和数字化，所有的体系都进入了数字体系，流通速度极大地加快，流动性增加，催生了体系的数字泡沫，三者的统一，才是这个时代的特征。

这三者的统一，背后是交易都到了平台之上，不光是虚拟交易、信息数据交易，实体交易也通过信息化的交易平台，有了电商，同时定价受到交易平台的影响，在平台上，信息、信用和金融是统一的。

信用、数字信息、金融的统一，背后就是货币数字化、经济平台化、数据资源化、技术算法化的体现，背后是虚拟时代的经济基础，也是美国当前网络霸权与金融霸权的结合。在这里，美国的霸权优势，可能是强强联合了。美国在虚拟世界的实力一家独大，比实体和国际政治社会优势要大得多。

附一则：无成本杠杆、有成本杠杆和交易成本

信用、数字信息和金融的融合，带来的巨大变化还在于交易的杠杆和成本。交易的高杠杆和极低的成本，创造了虚拟世界的繁荣，带来了新的经济模式。

做交易、做投资，现在有一个热词，就是金融杠杆。杠杆来自物理概念，有一个小的力可以撬动更大的物体，或者用一个大的力可以让物体运动更大的距离。在金融和交易上，杠杆的存在，则可以在风险和收益上进行转换，可以用少的钱做更多的交易，或者用更大的风险去争取更多的收益。

大家了解最多也最直接的杠杆，就是各种贷款，以及金融交易的融资融券等，但这些交易都要有足够的资金，要有资金成本，是有成本的加杠杆。所有的融资都是要支付利息的，要有资金的成本，或者要有担

保物，有担保的成本。有了期权期货，则变成了无成本的杠杆，成本很低，杠杆的比例更高了。

如果你做期货交易，一般只有10%的保证金就可以了，也就是杠杆是10倍。而我们现在股市的融资，合法的只有一倍的杠杆，要更高的杠杆则涉嫌非法。

如果你做期权等衍生品的交易，买一个期权与其对应的标的物，期权的价格可能只有标的物行权的1%，也就是杠杆可以是一百倍。

中国有很多看似是期货的市场，其实是现货的仓单交易，就如出了风险的泛亚交易所，所有的交易背后都要对应实际存在的标的物仓储，否则是违反证监会38号文件的，会被依法查处的。因此，做这样的交易，实际是要有100%的资金，只不过你的担保物可以是标的物本身，都是要支付利息的。泛亚交易所的问题也在于它背后的融资链条涉嫌违法。很多银行搞的贵金属交易，也是要有标的物在银行相对应的，否则银行也不能交易，银行不是期货交易所。2022年，中国的银行普遍停止了相关黄金的交易。

在高杠杆和无成本杠杆下，金融交易变得非常复杂，可以有各种套保和对冲套利。这些交易都建立在更低的交易成本之下，加杠杆的成本，也是交易成本之一。

交易的繁荣，有赖于交易的成本。货币之所以能够成为货币，就是货币的交换是没有税的，比如黄金有货币属性，因为黄金的交易税也是零。中国的黄金增值税是零！很多人是不知道黄金的交易税是零的！在期货的交易当中，我们也可以看到并不收取增值税，不会对期货商品的差价征收增值税，只有少量的佣金、手续费、印花税等，征收的比率完全不能与增值税相比。这是虚拟交易能够繁荣的关键，所以当今的虚拟交易规模，期货交易规模，远远大于实体交易、现货交易。

美国的虚拟交易和金融衍生品的空前繁荣，背后就是相关交易都是高杠杆，能够高杠杆的同时还要交易杠杆的成本很低，或者无成本。美国一直致力于降低交易环节的各种税收成本，所以搞金融立国的金融国都是反对间接税的，只针对交易主体收直接税，而制造国则需要间接税。

数字时代，各种区块链的数字虚拟货币，包括NFT等数字产权交易，搞所谓的去中心化的背后，还有一个重要作用就是去掉了各国的征税权，没有人能够对数字虚拟交易征收交易环节的税费，连交易所的经纪费用和印花税都可以被去掉。

对交易的成本，还有一个关键就是交易的速度，收取费用是成本，交易的完成时间和安全性也是成本。在电子信息时代，数字化和智能化的交易，让交易的速度极大提高，交易的安全性也极大提高，交易系统快速运行，原来需要很长时间才能够完成的交易，在计算机系统当中，交易时间已经变得可以忽略。

所以对虚拟经济，首先要从交易成本层面进行认知。现代交易成本极大降低，数字化的电子交易，就成为主导世界的力量，也是美国脱实向虚的动力，美国希望在美国的网络之上，主导全球的交易，成为新的金融霸权。

三、全球央行和司法被区块链去中心

信用、数字信息一体化之下，货币数字化，数据资源化。在信息社会和虚拟经济时代，总讲数字世界厉害，数字世界去中心化。这个去中心以后，是数字权力的崛起、数字的价值膨胀，与去中心下其体系权力的膨胀一体。而区块链的出现，其实是进一步的数字权力增加，全球央行和司法被区块链技术去了权力中心。在虚拟世界平台化的今天，数字货币及其交易平台，是虚拟经济脱离实体控制的一个重要手段。所以中国反对脱实向虚，反对比特币这样去中心化的货币。

虚拟数字货币大热，区块链技术大热，区块链技术的去中心化被捧到前所未有的高度，而这个去中心化带来的问题，却被一些人选择性地不予讨论。没有了中心，央行的管理如何进行？司法的执行如何进行？这里的空白，在区块链的著名案例——比特币的应用上，已经显露了。2017年5月的勒索病毒，就是公然挑战全球央行反洗钱和司法追赃。

勒索病毒出来，这一次勒索的是比特币，而不是美元。很多人说区块链下的虚拟数字货币，如何如何安全，是不会有人盗窃的，因为账本是如此清楚，等等。而这一次的勒索病毒背后只管你要比特币，说明这个虚拟数字货币系统才是最方便洗钱的，这背后就是虚拟数字货币去中心，你没有中心也就没有了司法的参与，在法外之地，绝对不是天堂。

这一次勒索病毒全球勒索比特币，就是以公然犯罪的态度，挑战全球司法对比特币的空白，全球对他们的勒索所得都没有反洗钱和赃款追踪能力，这已经将区块链去中心化带来的危害给全球人民演示了一遍，但利益集团依然乐此不疲。

这样的故事，在比特币巨额被盗以后，就发生了司法和洗钱的空白，不但不能追回损失，而且司法干预和诉讼都成了问题。

2016年8月，Bitfinex宣布丢失119756个比特币。按照当时价格计算，这一次黑客攻击造成的损失约为7000万美元。虽然很多账户里的美元没有被盗，但他们却被迫分担了36%的损失。在遭受此次攻击之前，Bitfinex是最大的美元比特币交易平台。该公司表示，由所有用户共同分担损失是避免其破产的最佳方式。这里的公平和透明是完全没有的，在法律的真空处，什么区块链有账本，账本改不了，全球都不再有金融犯罪等，全部变成了乌托邦式的梦想。

这个区块链的司法之难，本人以律师的视角看是非常清楚的。首先是管辖，网络无国界，但司法是有法域和国界的，各国的法律是有冲突的。你按照哪个国家的法律来算？各国主权是不会相让的。即使差别在具体规定上差别不大，但在执行和证据层面差别巨大，没有全球统一的司法和政府，这个问题是无法解决的。

比特币已经成为反洗钱的黑洞，各种比特币的交易规避了监管和司法，事实与很多人介绍和想象的差距巨大。如果我们的经济生活全部使用这样的比特币，这样的没有中心，这就是我们早已经证明的“失败的无政府主义”。这只不过是无政府主义通过披上去中心化外衣卷土重来，而真正搞无政府主义的，其实并不想真的没有人来管，而是要颠覆原来的秩序，变成由他们来管。

有关专家认为：当前，有些人认为区块链金融“去中心化”是不恰当的，中心依然存在，只不过以前是物理中心，未来将是以互联网为中心，谁提供区块链的发布与信任服务，谁就是中心，区块链生成平台即中心（《首都金融》2016年9—10月刊，总第28期）。这段话被一些人引用，当作所谓的网络在区块链下不会失去秩序，而这句话恰恰表明了美国因特网要实现霸权统治世界的图谋。

以比特币为例，如果提供区块链的发布与信任服务，区块链生成平台即中心，那么控制比特币的人就太可怕了，是世界霸主了。而比特币确实非常神秘，前500位的账户背后到底是什么？是否发布者有密码后门？区块链生成于美国军方控制的13个节点——根服务器，其他国家对这个军方控制的网络均是主从接入协议，这等于把全球控制中心交给美国军方，交给ICANN（The Internet Corporation for Assigned Names and Numbers）。大家要注意的是因特网虽然免费向社会开放，但不是美国军方不用或者淘汰了，而且交给美国私人机构ICANN的管理权，其背后与军方的关系也完全不透明。其实这就是向美国军方和网络资本交权，等于把全球央行的货币权力和主权实体的司法权力去掉的过程，对此我们要看清楚。

我们要发展数字货币，那么要怎样发展？关键是要在我们自己的网络平台上搞，中国的自主主权的公网不建设好，未来发展数字货币就不成熟。

数字权力，一定是要主权的！对此我们后面的章节还会论述。

四、网络ICO的政治经济学

1.区块链下的ICO呼唤国家主权

数字时代，区块链推动了数字货币的发展，而数字货币迅速建立起自身的金融体系和市场，虚拟的数字货币资本市场出现了，这就是ICO。

ICO英文全称Initial Coin Offering，即首次公开募币，是以初始产生的数字加密货币作为回报的一种筹措资金的方式，是币圈类比IPO（首次公开发行上市）创造出的一个概念。而这个虚拟金融市场是未来国家主权争夺的主战场。我们说面对全球迅猛的ICO狂潮，是回避不了的，我们需要国家主权。

对虚拟世界的主权，美国是最有概念的，并且最先尝试立法和确定标准、概念。2017年7月19日，美国统一法律委员会（ULC）以45票的绝对优势通过了《虚拟货币商业统一监管法（草案）》。此监管法案的立法目的在于建立一个“虚拟货币商业活动”的法定结构和面向本国居民提供服务或产品的货币商业活动规范。该法案一共七章，包括一般规则、执照核发、检查、执法、披露和保护居民措施、政策与程序等内容。法案的起草遵循《统一货币服务法》(Uniform Money Service Act)的相同模式，并与美国财政部金融犯罪网络局(FinCEN)关于虚拟货币的规定、州银行监督协会(Conference of State Bank Supervisors)于2015年发布的关于虚拟货币业务的框架性意见保持一致，同时参考了各州已经发布的相关法律。

美国的金融委员会是个独立的组织，负责认证交易技术及外汇市场的外部纠纷调解。该组织已经成立了一个委员会来认证新的ICO。这个ICO认证委员会将由独立的自治机构组成，并得到金融委员会的纠纷调解委员会支持。国际商会(ICC)将会根据一系列尚未公开的条件来评估ICO。ICO认证委员会宣布成立的时候，不少国家的政府都在计划加强ICO监管。SEC近期就ICO发布了一份警告，认为ICO属于未经注册的证券发行形式。随后，加拿大和新加坡的金融监管部门紧跟SEC的脚步。2017年7月25日，美国证券交易委员会在一份监管报告中明确表示："ICO代币应被归类为证券，向美国投资者出售证券的人，需在证券监管机构进行登记。"8月初，新加坡金融管理局(MAS)亦发表声明称，根据该机构的监管规定，某些代币出售等同于证券发行。

与此同时，中国对ICO也积极应对，有自己的思考。中国对ICO施行严管政策。2017年9月4日下午3点，央行在其官网公布一个重磅消息：取缔ICO。这个公告是中国人民银行、中央网信办、工业和信息化部、工商总局、银监会、证监会、保监会联合发布的"关于防范代币发行融资风险的公告"。

中国监管部门指出：代币发行融资是指融资主体通过代币的违规发售、流通，向投资者筹集比特币、以太币等所谓"虚拟货币"，本质上是一种未经批准非法公开融资的行为，涉嫌非法发售代币票券、非法发行证券及非法集资、金融诈骗、传销等违法犯罪活动。2017年9月2日，互联网金融风险专项整治工作领导小组办公室发布99号文。文件中明确：ICO本质上属于未经批准的非法公开融资，涉嫌非法集资、非法发行证券、非法发售代币募集，以及涉及金融诈骗、传销等违法犯罪活动，严重扰乱了经济金融秩序。在监管的高压之下，2017年9月，已经有多家ICO平台相继暂停服务。如"比特币中国"网站2017年9月2日晚间公告称：9月2日起暂停ICO COIN充值与交易业务，并将于北京时间2017年9月3日星期日下午6点暂停ICO COIN提币业务。

中国对ICO和虚拟货币、区块链当中的风险关注令人欣慰，但我们需要注意的问题，远比想象的要复杂得多。这里的关键就是我们可以制定各种法律，但我们的这些法律和监管怎样执行呢？

网络的根服务器和域名解析服务器都在美国，美国立法以后，是可以通过法律手段，在根服务器和域名解析服务器上采取措施，区块链去中心，却去不了网络管理这个中心。对非法的ICO和区块链，美国可以在顶层网络管理层面屏蔽这些区块，让非法者就范。

我们面临的更现实的问题是面对网络的无国界，我国的监管部门是否有检查、监督、司法等权力呢？与传统的金融业务不同，他们要在你本国落地，可以在境外操作！人家在境外的操作是合法的，我们怎么办？有何监管的手段？

面对区块链的去中心，其实是想去掉我们监管的中心，我们的监管是缺乏手段的，与美国有ICANN在手、有网管不同。这个网管等于是做了网络的世界警察，管理着全球的网络金融。美国说监管ICO，就是全球化的，因为这个网络的根服务器和域名解析服务器在美国，一切发生在美国网络上。按照美国司法的长臂管辖原则，只要这个行为经过美国的网络服务器，美国就有权管，同时他们也有手段去管。

中国的监管更多的是在国内取缔相关的网站和交易平台，或者采用线下手段，对境内的服务器采取措施；对境外的服务器和平台上的ICO，我们更需要在网络信息进出境上加以限制。美国在根服务器和域名解析服务器上解决，是直接面向全球的；而我们则只能针对在中国国内的服务器。而且我们的比特币可以自己挖出来，但又容易出境，这个通道也很难堵住。

综上，不在根本的网络主权上解决问题，我们的战略劣势将是永久和不可改变的，我们需要的就是网络主权，我们也参与国际网管，在类似ICO监管等问题上，中国的司法裁定能够得到执行。以前，美国政府管理网络，我们还可以施展外交手段，主张将网络管理交给联合国把网络管理权力国际化，而当美国把这个网络管理权力交给私立机构ICANN以后，以私有化彻底否定了网络国际化，我们面临的将是国家层面与美国的私人机构“鸡同鸭讲”的困境。

要解决问题，我们就需要有自己的网络，要在自己的网络上搞自己的网络金融、数字货币、区块链、ICO等，有了自己的公网，然后是各国网络之间的平等互联。网络管理也应当与外交一样，有国际规则和国际秩序，这其实就是虚拟世界的外交。

2.网络霸权迈向金融的ICO——比特币值钱的过程，就是一张纸变美元的过程

数字货币、数字资产能够金融化，是实现其泡沫权力的重要手段和步骤。数字流动性在泛滥，数字权力在崛起，在向传统行业要财富。

网络控制权要变成真正的财富拥有者，必将走向金融化，这里很多人想到了区块链和数字货币，但这还不够，还需要有投资的功能。这个投资的功能就来自ICO，ICO带来了数字证券、数字货币衍生品，使得网络霸权金融化。

金融这个概念在中国有广义和狭义之别。狭义的金融就是银行的英文，要翻译为banking，即我们的支付、P2P等；而广义的金融则翻译为Finance，这里有财政、债权债务、信用、投资等。我们网络上的大数据在形成财政类似的权力，信用由信息体系或区块链来提供，而投资则在ICO当中，这实际是网络巨头转向金融巨头的过程，是ICANN与美联储的权力游戏。不同的是，美联储通过美元的霸权控制世界，而ICANN则通过美国因特网的网络优势控制世界。

ICO是以初始产生的数字加密货币作为回报的一种筹措资金的方式。源自股票市场首次公开发行的IPO概念。投资者可以简单理解为：IPO募集的资金是人民币，ICO募集的是比特币；IPO发行的是股票，ICO发行的是各种代币；IPO募集资金用于各种生产经营活动，传统信息传播为其信息透明做保障；ICO募集“资金”用于开发各类虚拟的项目，使用区块链技术做项目的技术保障和信息透明。

从大类上看，ICO的模式主要有两类：一类是创业企业在官网或论坛中直接进行ICO项目发布；一类是通过第三方平台进行项目发布。早期的ICO项目多是区块链企业自行操作，随着项目的增多开始出现第三方平台，现在的主流模式是同时在官网和第三方平台上进行项目展示，多渠道引流。在具体业务流程上，ICO项目主要包括预热、开售、投后管理三个阶段，如果是在第三方平台展示，还需要经过ICO平台的形式审核。为了激励投资人积极参与，ICO项目通常采用分阶段发售的方式，即包括早起鸟阶段、第二阶段、第三阶段等，其定价原则是，越是早期参与，越能以更低的价格获得项目代币。

企业IPO是由证监会来监管的，在严格的上市规范和强监管之下，证监会依然能查出企业很多弄虚作假的问题，有的企业可以被中止IPO进程。成功IPO的企业上市后继续受到监管，投资者也有维权依据。而ICO怎样监管，还有很大争论，虽然中国的七部门发文进行监管，但网络无国界，全球的各种ICO基本还处于无监管状态。ICO发行的项目，投资者基本通过传统手段无从证实，是一个区块链去中心的东西，一个没有被任何权力中心所属部门干预监管的融资项目。这里我们看到的不光是区块链去中心化所带来的好处，还有区块链无政府状态所带来的问题，比如：这个项目是否存在，首先被质疑。同时，投资者的获利方式是二级市场交易到的“代币”，代币的所有权怎样确定，都没有足够的法律体系为依据和支撑，具有巨大的不确定性。这些虚拟世界的存在，被美国因特网管理者控制，网管怎么说才是关键，存在网络权力利益集团与传统金融利益集团的博弈。

比特币的创立、区块链的诞生，给网络以信用、支付、交换媒介等制造货币的功能，是数字泡沫的重要组成部分。比特币被当作数字货币的代表热炒不断，价值数年间涨了500万倍。这价格现在看基本是按照挖矿耗电的边际效应来决定的，在电价便宜的地方，架起来无数挖矿机器。对绝大多数的比特币，当初都是极低成本取得的。比特币的总量是2100万个，但87.5%的比特币都将在头12年内被“挖”出来。这个增加的速度是几何级数降低的，如果按照新挖矿的成本来定价，则意味着比特币的价格要不断地翻倍。这对于比特币持有人，不是巨大的财富吗？原来根本不值钱也没有使用价值的数字，一旦成为交易和信用的媒介，就可以交换巨大的价值。这部分价值，与印钞权带来的利益是没有区别的。这部分利益到底归属谁？谁拿着最初的廉价比特币在囤积居奇？比特币前500位的持有者在哪里？这天文数字的财富在哪里？这就是网络霸权背后的金融势力。

2009年，比特币在美国受到巨大危机重创后诞生，背后替代的就是美元在世界霸权的延续。比特币体系支持起来一个巨大的暗世界，它可以公然挑战我们的司法和央行反洗钱系统，最明显的例子就是勒索病毒公然勒索以比特币付款，全世界都拿它没有办法。假如真的让美国的网管没有办法管理，美国怎么能够容忍它这样崛起呢？而有了比特币挖矿，其实对黑客帝国，大家都找到了活儿干。让被各种木马控制的“肉鸡”去挖矿，没有比这个再划算的事情了，因为直接获得的就是可以交易不被追踪的货币，比要与实体社会发生关系的其他违法获利手段方便多了。现在是强大的比特币矿山工厂，当年可是黑客控制的比特币挖矿“肉鸡”。就算现在，“肉鸡”也在为比特币工作。比特币的出现给黑客帝国指明了赚钱的方向。有强大的网络黑社会的推动，你就可以理解为何比特币有这样大的生命力了。

ICO本身就是各种暗世界洗白上岸的通道，如果是完全白的东西，国际上股票交易所的IPO是备案制，人们早就去IPO了。ICO不透明风险很大，正常的情况下就是要给一个风险对价，肯定要比IPO多付出成本。很多自由主义者把市场神圣化和监管妖魔化，其实监管有其特有的价值，价值就是监管带来的安全，正常的市场是要给出安全溢价的。那么ICO在风险不透明的情况下，为何还能够受到特别的追捧？背后就是它收取比特币，来源和渠道未必那么干净。比如，勒索病毒获得的比特币，就需要有一个消费的渠道，我们日常的社会日用零售商品不能满足他们的需要，他们需要资产类的权益。

在ICO项目中，区块链创业企业平均募集2000BTC左右，按照当时的市价，折合人民币4000万～6000万元。对投资者而言，通过支付比特币或以太币，获得区块链企业发行的代币，其回报主要体现为代币的币值增值和区块链企业自身的项目分红。随着数字加密资产市场的整体火爆，ICO作为加密数字资产发行的主流渠道，火热和爆炒就开始了。这是信息和网络的金融化、虚拟化，而催生数字泡沫的结果。

ICO可以在不受监管的情况下出来，背后一定是巨大的混乱和黑灰色的利益。马克思说：“如果有20%的利润，资本就会蠢蠢欲动；如果有50%的利润，资本就会冒险；如果有100%的利润，资本就敢于冒绞首的危险；如果有300%的利润，资本就敢于践踏人间一切法律。”中国监管部门调研后，早已发过警告：“90%的ICO项目涉嫌非法集资和主观故意诈骗，真正募集资金用作项目投资的ICO，其实连1%都不到。”

就着投资者的狂热，各种诈骗性ICO项目涌现出来。最典型的，便是打着ICO的幌子搞加密虚拟货币传销，搞起了庞氏骗局，和P2P火爆时打着P2P的幌子搞“互联网理财”如出一辙。相比P2P行业当时20%的年化收益率，打着ICO幌子行传销之实的传销项目，可以打出200%甚至2000%的收益率，再加上巧舌如簧的宣传，诱惑性更大，危害也更大。迄今为止，恒星币案、万福币案、中华币案、百川币案、维卡币案、珍宝币案、五行币案等，均是已经被查获和曝光的数字货币传销案，更多的案件则尚未浮出水面。

自2017年4月起，中国民间的ICO呈现爆发式增长。无数的新“数字货币”被ICO出来，甚至出现了“马勒戈币”“韭菜币”等。各式各样的ICO的暴富神话满天飞。据说，ICO随便就能有100%的收益，甚至有2000%的超高回报。某资深玩家说：“ICO的暴利已经超过了某些犯罪收入。”那些真真假假的故事，让人血脉偾张。泡沫？没人怕的，因为他们的口号是：“不喝泡沫，你根本喝不到啤酒。”甚至连广场舞大妈也被吸引来加入。

以下引自《财新》报道：

> 据Coindesk ICO跟踪工具显示，2017年4月以来，ICO月度融资金额出现快速上涨，当月融资金额1.04亿美元，5月份环比增长123%至2.32亿美元，6月份环比增长99%至4.62亿美元，7月份环比增长24%至5.74亿美元。这里不光中国，美国也是一样的。美国的区块链公司 Tezos 通过 ICO 融了2.32亿美元之后，拿出5000万开始做VC！What？创业公司拿着投资人投的钱开始搞VC？这是要闹哪样？这5000万占到公司总融资额的25%，规模大到都可以参与美国Top 100 VC的评选……

很多人看到了ICO泡沫，对此数字泡沫，也有很多人说泡沫不可避免，但更关键的是这个泡沫的利益是谁取得的，在ICO的暴涨暴跌和财富聚集的过程当中，是谁得利谁发财的。不能把涨了很多倍、大家以传统眼光看不懂的东西都叫作泡沫。网络下的虚拟货币带来的金融化、带来的ICO，就不是那么简单的泡沫了。100美元的纸币，原来还有国家保障对应着黄金，后来与黄金也没有了关系，但美元指数一样坚挺。100美元纸币的成本只有几美分，但你能够说这几美分的东西可以兑换100美元价值的商品，它就是泡沫吗？这里面有更深刻的东西在起作用。这里我们关注的是更本质的东西，那就是ICO背后的网络霸权在金融化、数字化。其走过的道路，与整个传统金融走过的道路是一样的，只不过发展的过程比传统金融要快得多，以往金融史是几百年的发展历程，而现在几年时间就全部经历了。

ICO的这些代币，本身还有一个性质是比特币等虚拟货币的金融衍生品。其实对ICO性质的认识，从传统金融的发展历史回望，就可以充分认识到了。传统意义上，因为交易媒介的需要，让便于交易的贵金属有了货币属性；而虚拟货币的便于交易和越来越难以取得的特性，与之有相似之处。之前是贵金属用白银一种不够了，就出现很多种其他金属币种，比如黄金和铂族等，与现在多种虚拟货币并存的特点是一样的。贵金属货币再发展，钱庄和票号出现了，虚拟货币则出现了各种交易平台。再进一步，就是各种钱庄票号要发行自己的银票，这些银票要能够到各种地方交易，与发行银票的钱庄信誉有关；对等类比ICO的各种代币，就是相当于银票等东西，背后是与金本位对应的比特币本位。金本位其实是极大加强了黄金的货币属性和溢价，使得金银差价不断攀高；而ICO的火爆，也是比特币能够不断上涨的动力来源。与传统媒介相比，传统上是印刷和纸质传播，那么传统金融就是纸币；而网络社会的传播是信息和数字，那么如纸钞一样防伪的数字加密信息片段，就变成虚拟货币。网络数字货币发展沿着传统轨道亦步亦趋，对它未来的方向，从传统金融发展的历史，就可以看出端倪。

更要看到的就是ICO热潮背后，比特币都值钱了。以2017年8月的价格计算，比特币是大约3万元人民币一枚，全球2000多万枚的比特币的价值就是6000多亿元了，这6000亿元是要换取实体财富的。2021年年初，比特币突破4万美元一枚，总价值又高出来很多倍。后面买入比特币的，都是要支付实体财富对价的。这就是实体财富给网络输血，而且要分传统金融的一杯羹。比特币的未来增值，如果按照挖矿难度的增加，依据挖矿成本的上涨之边际效应来计算价格的话，比特币的价格还要暴涨。

我们还可以看到，他们定义了一个伪命题，说比特币2100万封顶，不会印钞放水等，但我们要知道金本位所面临的问题，就是经济发展和人口增多，需要的货币随着经济发达越来越多。人均占有经济资源与货币量是要一致的。人类黄金开采的增长速度其实是很快的，不是黄金越采越少，而是黄金产量越来越多。1800年以前，人类用了5000年时间才开采了5000吨黄金，而1800—1850年，50年就开采了5000吨；1850—1900年开采1万吨，1900年全球2万吨；2021年年初，已经突破18万吨（数据来源：中国黄金协会），而且每年还以3000多吨的速度增长。

比特币的增长速度当前是远远小于黄金开采速度的，黄金一直在生产上不封顶，而比特币总量理论上是封顶的，且已经挖出了大部分。比特币供应降低和边际挖矿成本增加，这就会造成中国贵金属货币历史上经常出现的通缩现象，也就是白银越来越值钱。如果金融霸权被网络霸权、数字霸权取代，比特币就会极大地供给不足和暴涨，比金本位的问题还要厉害。涨出来的价值，要与我们流通中的货币总量相当，会剧烈地泡沫膨胀。这个数字货币的价值，要占有现实世界相应的财富，这是多么大的一笔财富转移。

ICO可以把虚拟货币的价值放大10倍到100倍，变成资本市场和金融衍生品市场的总市值，这些虚拟的价值数字泡沫，一旦通过交易而实体化，你的实体经济要给他们输多少血？这将是现在比特币总市值的成百倍。因此，网络金融化、数字化、泡沫化的背后，是巨大的财富转移和再分配，是霸权再一次食利全球，而不是很多人描述的那么美好。这个过程当中，从业者可以暴富，就如金融掮客和买办一样，但给整个国家和民族带来怎样的结果，我们必须有自己的思考。

在网络霸权金融化的过程当中，谁有更大的优势，是我们需要注意的。在传统金融领域，发钞权和金融管理权是一个国家当然的主权；在网络上，网络的管理权一直都在美国，我们没有域名解析服务器，我们没有根服务器，我们对美国是主从的接入服务协议，我们要接受根服务器的管理，13个因特网根服务器我们一个都没有，这与我们拥有最多的网络人数是完全不相适应的。中美数字网络领域的差距，实际上比传统金融领域的差距还要大。所以在虚拟货币和ICO的模式下，别被各种新技术、新名词、新概念花了眼，要想办法保护自己不被掠夺。

综上所述，我们要看到的就是传统金融霸权与网络霸权，网络霸权的金融化、数字化、泡沫化，这个亘古未有的巨大改变，既给我们带来赶超的历史机遇，同时在网络领域，美国集中了更大的霸权优势。全球更为一体化、货币数字化、经济平台化、数据资源化、技术算法化，新的经济模式带来了ICO的繁荣，但ICO背后的政治经济学，我们要搞清楚，我们应当顺应这个变化。我们要更多看到其中的问题，网络不是万能的。我们要迎接网络时代，但不能被别人掠夺。

3.深度认识虚拟交易下的黄金

黄金天然就是货币，为何避险工具不是黄金？

2021年1月6日，特朗普对美国选举的质疑引发骚乱，作为避险工具的比特币迅速创下了历史新高，跨越4万美元一枚大关并突破4.1万美元。图4–3为2021年1月8日晚间的行情，累计一周已经上涨超过了40%。

图4–3

虚拟货币，现在也是美元的一个避险产品了，而以前这个产品是黄金，问题出在哪里？

首先就是美联储对黄金的做空，每一次黄金价格高涨，威胁美联储的美元信用的时候，都可以看到黄金租赁利率的降低，有人放出黄金，给空头做空。这么多黄金谁能够放出来？只有大国央行有这样的实力。

图4–4为2021年1月8日美国黄金期货的K线图。

图4–4

图4–5为2021年1月8日的美国黄金期货走势，可以与比特币等对比一下。

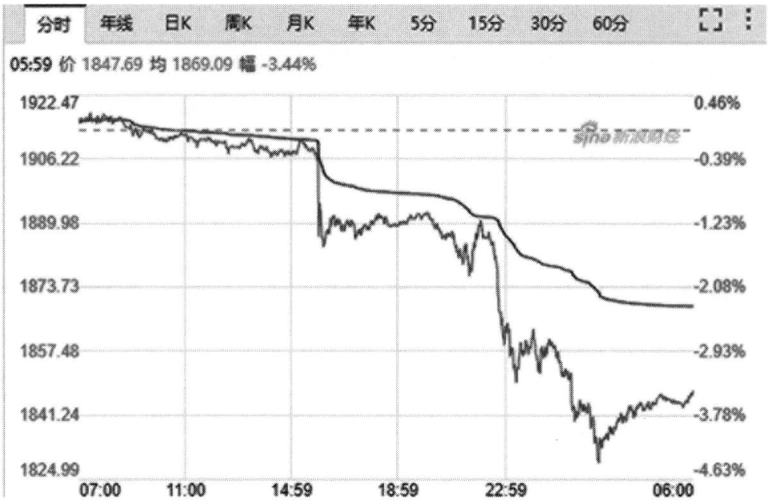

图4-5

放出那么多黄金，不怕被逼空吗？实际的回答就是不怕。美联储是纸黄金，交割是有限制的。在西方国家，要带一根金条到处走不行，要交割黄金，不仅带不走，还要放到美联储这样的地方保管；它保管的黄金，还可以再租赁出来，你没有权利去查它的账目。这个规矩，连其他国家的央行都做不到。

把黄金放到美联储，就是给美国的投名状。中国央行的黄金，当年也是放在美联储。所以你存放黄金，还要缴纳保管费，你拿着美元，买一点美债，利息再低也有收入。美元是美联储的欠条，美联储的纸黄金，其实还不如欠条！

美国人不愿意多拿黄金，还有就是美国是一个长期持有黄金非法的国家，在布雷顿森林体系下，美国黄金受到挤兑的时候，美国总统定的政策，既然非法，就可以国家征收，征收的价格很感人，美国人征收黄金就是35美元/盎司，也不管当时黑市是多少！

美国的纸黄金，美国的黄金期货，与黄金有什么区别？其实2020年的市场已经教育投资者了，就是美国原油期货的结算价格，变成了–37美元/桶，中国银行的原油宝投资者被收割了一把！而黄金期货，怎么就不会呢？中国和印度，很多黄金交易的价格，还是绑定美国的纸黄金的。

因此，对于中国人而言，还可以拿着黄金，就一定是要拿着实物金，未来是否赚钱，其实是超级长线的。黄金不是拿来赚钱的，是拿来避险的。世界的各个机构持有黄金，就是拿来避险，对冲美国崩盘、美元崩盘等风险的，但一定要拿住的是实物。这个风险可能你一辈子都见不到，但你不敢说子孙下辈子见不到，所有的大家族、大财团，都是以百年为基础进行规划的。

虚拟数字货币，也是避险的，都是多处下注，这也是它变得有价值的一个方面，因为它比黄金流动性要好，储藏安全不容易被抢劫。不过，现在盗窃它的事情也有了，密码忘记了子孙难以继承的问题也存在，没有绝对美好的一面。

总体而言，虚拟数字货币的价值，2021年3月比特币突破1万亿美元了，但与全球黄金价格相比，与黄金的货币溢价相比，还是黄金更多。2020年全球的黄金开采量已经快18万吨，官方储备4万吨左右，每吨黄金大约6000万美元。全体虚拟数字货币的价值能否彻底超过贵金属，也是一个重要的门槛。

另外，黄金的上涨是受到打压的，其他贵金属的价格也在上涨，铂族元素尤其是钯金，以前加入黄金是被当作掺假的，现在比黄金要贵了！

看一下钯金五年来的涨势（图4–6）。

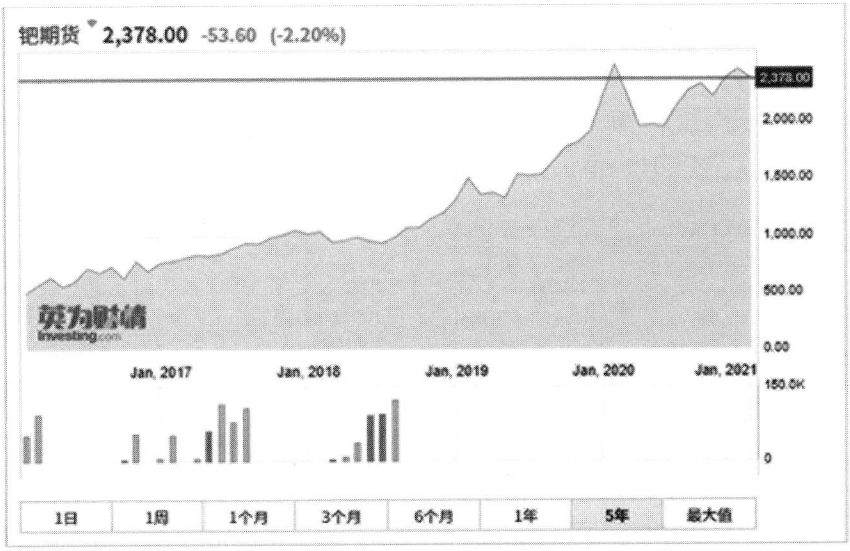

图4–6

QE常态化之下，黄金还会涨，它的价值，有数字货币取代不了的地方。

五、工业时代让位数字虚拟经济时代

1.进一步的社会分工

社会分工是经济发展的动力，人类从原始社会进步到现代社会，无不伴随着社会分工的发展，我们的社会进步和生产效率的提高也是由于社会分工的进步引发的，对于社会分工怎样促进生产力发展，已经有太多的论文论述，这里就不再赘述。

随着数字信息社会的发展，新的分工出现了。一个企业的产品研发、数字信息、咨询等部门从企业中分离出来，在此以前这些企业都是大而全的企业，所有的数字信息自己收集，产品研发也自己做，而现在这些工作都可以外包了，全部可以由专业公司来处理。

在以前对于设计外包，最多就是在建筑领域，现在几乎所有的工业设计都有专业的工作室。企业的市场战略、人力资源管理、生产流程设计等也有专业的咨询公司，并且在这些领域形成了垄断性的国际标准，比如：ISO9000。这些标准化的东西使得各种工作在不同的企业间变得比以往容易得多。

在这些分工的背后，应当看到的是与数字信息有关的内容从原有的工业生产中独立出来，从而可以在不同的地区进行，而世界各国的经济发展不均衡也使得这样的分工在不同的地区有不同的优势。世界发生了重大的产业转移，发达国家控制高端的数字信息、设计、研发等领域，而发展中国家进行低端的生产工作，在数字信息产业的分工没有从原有的工业生产分离独立出来的时候，这样的地域转移实际上是不可能完成的。

发达国家的人力成本高昂，需要有更高附加值的产业来支持这样的高人力成本，从而促进了这样的分化。数字信息的高端价值和控制力符合这样的需要，数字信息产业成为发达国家控制发展中国家的手段，有了这样的控制，他们才能放心地把其生产转移到其他国家去。

这样的分工，使得设计中心的地位越来越高，可以在网络上通过一个设计中心，控制所有的生产环节。比如苹果手机的模式，设计中心在美国苹果公司，实物生产的所有环节集中在中、日、韩。美国控制了全部苹果手机生产流程，占有了高额利润。产业链的组织形式发生了改变，从原来上游到下游的链状，变成了向心的簇状。

在设计中心，人工智能被广泛使用，人工智能得到空前发展！“阿尔法狗”战胜围棋世界冠军，背后是新的一群高智商搞人工智能的，战胜了以前高智商下围棋的。人工智能的广度和宽度，可以把各行各业的顶尖人才都集中过来。

在人工智能的背后，大数据是基础，搞大数据的行业崛起了，各种收集信息的数据行业，把全球各行各业的信息都给集中和控制了起来，这些信息资源，让世界透明和没有秘密。同时有了智能和数据，电商行业崛起了。

在人工智能和智能制造之下，传统的产业工人大幅减少，替代的是各种快递小哥、物流的精准化精细化。但这个人工的快递，可能也是过渡性的。就像现代教育崛起了，模式可能类似于现在的钢琴教育，学钢琴的最后出路，大概率是教钢琴。真正能够成为钢琴家的，一年未必出一个。科技教育也是，庞大的教育最终培养出来的是少数顶尖科学家和搞人工智能的工程师，其他人的出路就是生产和教育下一代。

这就是数字信息时代进一步分工的特点，设计中心崛起了，人工智能崛起了，大数据崛起了，电商崛起了，高端人才的需求激增。以前这样的模式是办不到的，美国重振制造业，已经不是原来的制造业，而是以设计中心、人工智能、大数据为控制中心的全球制造新秩序。在这个秩序下，谁也不会反对苹果手机是美国货，即使它的实体生产基本不在美国。

在网络信息时代，还有一个巨大的变化，就是原来的传统产业，中间商是不可或缺的，但网络时代的平台化、透明化，中间商的生存空间被不断地压缩。而且网络平台的力量、数据资源、算法技术实力，让传统行业的中间商根本无法竞争，原来控制传统领域渠道的力量被网络取得，并且更加强化。先是金融支付领域、代收费领域等，银行的中间代理业务和零售业务被网络平台占领，然后是金融交易、投资领域，电商、网络中间商的力量已经无处不在，以后类似的事情还会很多，就如网络平台要卖菜，全社会的小商小贩、超市、农产品生产者等都不寒而栗，平台、算法、数据的力量越来越大。

新的分工和社会形态，带来的就是货币数字化、数据资源化、经济平台化和技术算法化，这四个“化”的形成，下面还要展开论述。

2.信息的传播模式促成经济变革

每一次信息传播模式的变革，都促进了经济的加速发展；信息传播领域的费用降低，给其他产业带来倍增的利益。现在的信息传播模式就是在快速的变革之中。

古代陆地上的信息传播依靠驿站，中国的驿站一般只对官吏开放，商业和个人的信函一般是由熟人传带；西方比较早就有了邮政系统，在没有邮票的时代，通信的成本绝对是与通信的距离和实际传递成本相联系的。

邮票的意义，我们现在只讲了它的便捷性，却很少分析它为什么使通信的成本极大地降低，邮票降低成本的关键是其在一定区域内不再按照路途的远近计费，从而把每一封邮件的计费成本给省略。即我们可以看到在市内邮寄是一个价，国内邮寄是一个价，国际邮寄是一个价，国内地区间的通信是不计算远近的，从而实现了对落后地区的补贴，使得原来费用高昂的边远地区可以廉价通信，促进各个地区的平等发展。有了这样的邮政基础，报刊才能够定期发行。

其后的电信服务，延续和发展了邮政的信息传递收费模式，并且形成了电信法中的“普遍服务原则”，即在一定区域内按照同样的价格收费。而实际上，同为长途电话，相邻两个城市之间的通话成本肯定低于边远地区到中心城市的通话成本。如果按照成本计费，对这些地区的经济发展是非常不利的。这种模式在广播和有线电视服务中进一步发展，有了免费和包月。

网络出现后，以免费为基础，通信费用即使收费，也是包月和流量，计费时不计算谁给谁信息，也不计算远近，从而促进了信息的全球交流和信息爆炸。我们试想一下，如果信息传播的成本很高的话，巨额的成本就不可能容纳下那样海量的信息！信息的数量与信息的传播和存储等成本是成反比的，符合信息时代的五大定律！信息成本无限降低的趋势，是信息统治世界的物质基础。

网络信息时代，信息流和信息衍生不断扩大，而不像以前在传播中自然损耗。信息传播成本的拐点是信息爆炸的基础，信息社会到来了。信息流带来的数据、知识增长和效率，与物流和人流之间的交互，深刻地改变了全人类社会运行的规则。

进一步的移动通信，我们的5G通信时代来临了，意味着人们可以随时随地地得到想要的信息，重要的信息不用随身携带，可以有云端，云端是什么信息都有的，随时可以通过移动通信网络到你的身边。你的位置被精准定位，你的信息也变得透明，社会的模式和生活的方式，已经发生了根本的改变。信息从固定到了移动，全方位地包裹了人类的生活，人类已经离不开手机。

在信息传播基本免费和信息包围环绕的情况下，世界的信息成为一体，进而发展成为垄断。在信息本身所带来的实体经济价值与信息成本之间，形成了新的经济空间，促生了新的产业，经济大变革的时代诞生了。信息促进经济变革的力量足以震撼世界，同时也再分配了世界的财富，世界的秩序在重整。

网络传播成本可以忽略，同时网络不会忘记，这让舆论战的情况也不同了，谣言成本低了，网络暴力来了，不是谣言止于智者，而是声音大的就是真理。以前不辩可以止谤，现在做不到了。信息战和舆论战也开始了，而且全球的舆论场被网络迅速整合，全球的舆论传播竞争博弈，会变得更加激烈，会有民族、宗教、主权等多重的因素影响和渗透，改变了世界的经济和社会生态。

信息的垄断、泛滥和贬值，让信息由取得困难变成检索困难，而检索则离不开各种算法。各种营销让信息到人们的眼前和脑中，也是各种算法优选和推送，算法精准直达。这背后就是技术的算法化，算法在信息社会的价值在不断扩大，与算法有关的技术成为各种技术当中最重要的技术之一，而算法本身是一种方法而不是物质存在，是虚拟的。

3. 算法主导你的大脑

世界有两件最难的事情，一件是把你口袋里面的钱放到我的口袋里，另一件是把我脑袋里的想法装到你的脑袋里！而现在的算法，就可以把我想要推送的理论和信息装到你的脑袋里面。

以前，每个人获取信息，是个人的事情，外部很难干预。那时，获取信息的成本极高。后来就是网络免费化，信息爆炸，获得信息很容易，获得有用的信息很难，垃圾信息泛滥，结果就是各种搜索引擎的出现，怎么搜索查询是关键。再后来就是搜索查询变成以利益为导向，竞价排名出现了，使用新一代的搜索引擎，要检索排除垃圾信息，要花费更多的时间，同时很多内容变成付费的了。

新一代互联网和5G时代，算法和人工智能出现了，人们获取的信息已经可以被技术操控，这个是前所未有的。我们每一个人、每一个账户都被精准地分类，记录在系统里面，被算法规则控制，我们要获得啥信息内容，系统可以在算法下实现精准推送。

在网络上，以前，创作是自由的，每一个人都可以在网络上创造新的信息和内容，这些内容到哪里都是平等地被搜索。但竞价排名让搜索变得不平等，算法之下的精准推送和导流，让创作内容到底怎样传播，谁可以看到，都可以被操控。

一个内容能够传播给多少人看，展现多少次，是算法控制的；展现给哪些人，也是算法控制的。算法可以把内容展现给需要的人，让内容迅速流传开来，也可以把内容展现给不喜欢的人和反对者，让内容被投诉、攻击，最后在攻击中被扭曲。我们关注的网络暴力，也可以被算法控制。

在算法的控制之下，我们看到的内容可以是自己喜欢的，不喜欢的看不到，这增加了你对该信息平台的黏度，会让人们产生错觉，认为世界上都是与自己一样的人。算法也可以把你不喜欢的推送给你，让你对某些人群和社会现象产生反感，就如西方网络媒体总是妖魔化中国，台湾地区某些势力妖魔化大陆，让他们的目标人群觉得中国大陆还像几十年前那么落后，让台湾人觉得现在大陆人还吃不起茶叶蛋。

更重要的是，现在国际政治经济领域搞起了战略传播。战略传播是美国的新型外交理念，是在公共外交基础上，由美国军方提出的理念。战略传播是指政府或组织为实现特定战略利益，动员协调各种资源，向特定目标受众传递信息、施加影响的过程。一般而言，战略传播以认知提升、形象塑造、身份建构、态度转变、价值认同、行为转化为战略目标。战略传播多用于国际博弈，亦用于国内政治领域和经贸领域。在网络算法时代，网络信息传播成了各种它所支持的利益主体的战略传播工具。

在算法的精准推送之下，他们让你看到的所有内容，包括网页、视频、音频等，都是他们想让你看见的。他们给你他们想让你知道的信息，教授你他们的逻辑和价值观，让你自己“思考”，通过你的“思考”得到他们想要的结论，结果就是把他们的想法真的装到了你的脑袋里，而且会让你坚信不疑，因为你觉得这些都是你自己想的，没有谁影响你，实际上，这些是他们利用算法对你进行信息轰炸和包围。

在虚拟世界，算法主导，把战略传播变成了一种自动的和标准化的操作，以达到对特定人群精准推送的目的。这些人可以影响国家和企业的决策，也可以影响社会的认同。算法已经从信息社会的软实力，变成攻击他国的信息武器，对其威力我们必须有深刻的认识。

算法时代，虚拟社会可以洗脑现实社会中的人，也就间接获得了对现实社会的统治力量。当然，统治者最后还是会落在现实的人上，不过统治的人却已不是原来的政治群体中的人，他们可以跨越国家、主权和民族，成为一种巨大的新势力。

现在把这样的算法控制，叫“去中心化”，实际是对现实世界权力的夺取，让传统世界让位于虚拟世界。

4.虚拟经济产生实际价值

人们的网络生活，使其在网络上拥有了很多虚拟资产，比如电商号、社交号、网络信用、电子邮箱，以及游戏账户下的虚拟武器装备、宝藏等。这些个人虚拟资产，都已经成为众多网民日常生活的一部分，而它们也将是21世纪现代人才拥有的数字财产。这些资产有隐私，不同于以前的虚拟资产，是每一个人都离不开的，人不可以脱离虚拟资产、数字资产而生存，现在人人都离不开数字资产的世界。

数字虚拟资产已经产生价值，对于数字虚拟财产和隐私的保护，国内现在比较重视了，新刑法修正之后，盗窃虚拟财产的黑客也能被判罪了，关于虚拟资产的诉讼及产权的问题已经开始了司法讨论。而随着网络的影响日深，首先大家比较关注的就是虚拟资产的继承问题，这些数字遗产的阵容无疑还将进一步扩大。如果我们离世，现实生活中的财产由亲人继承，这些数字遗产又该怎么办呢？如果后人想得到去世亲人的电子信箱账号和密码，网络公司是否应该抛开各种保密协议而主动提供？如果网络公司拒绝立即开放死者信箱，而继承人认为信箱中有不能延误的重要数字信息又该怎么办？在国外已经有了先例，迄今最为著名的数字遗产案发生在美国。一名美国士兵的父母希望得到阵亡儿子的电子信箱密码，以整理他的信件，但雅虎公司一直拒绝提供密码，直到法院判决后才同意提供。继承权的出现是虚拟资产取得物权的根本体现。

中国也启动了将虚拟资产适用于实物资产的司法程序，本人查到最早的案例，上海市一中院根据上海聚和堂广告公司的申请，对该市一家网上服装销售公司在网络支付平台“支付宝”账户内的50多万元资产采取诉前保全措施，这不仅让当事人在诉讼过程中有效避免了未来判决书变成空头支票的可能，更为重要的意义在于对网络资产进行了客观的认定，将虚拟经济纳入了法律的范畴。此后，全国的网络纠纷案件都将本次的判决作为重要的参考。在很多人生活中，占据重要位置的网络交易在国家、法律和整个社会的层面上正在得到肯定。

网络是每个人都可以登录的，这些数字虚拟资产的属地在哪里？动产或不动产等实物资产，属地是容易确定的，但数字资产却不容易，管辖权是泛化的，到底属于谁？这里美国是有优势的，ICANN是有优势的，谁有了网络的控制权，其实就有了全球数字资产的控制权。网络管辖权的泛化和美国拥有长臂管辖，其资产的再分配已经发生了。

到了大数据时代，我们的各种数字信息被加工成为新的数字信息产品，我们的实体身份在虚拟世界的活动有了价值，数据已经资源化了。各种公司都在收集我们的数字信息，从中挖掘有用的内容，网络的羊毛出在猪身上，这个猪就是被挖掘了数字信息的透明人。虚拟与实体的联系，在数字信息世界变得更紧密了，数据的新价值出现了。这些资产变得更为重要了，这些资产的管辖权也变得更重要了。

新的技术发展，区块链去中心化，上面的资产继承如何完成呢？法院判决又如何执行呢？谁能够执行这些判决，这个权力实际上就是控制数字世界的权力。数字资产的新权力诞生了，美国控制的网络，对区块链而言，网管这个中心是绕不过去的；其他各国绕过以后，剩下的唯一中心，会成为核心和绝对权力。

所有这些，背后离不开算法，智能算法！数字货币依赖算法，虚拟交易高频交易的控制有赖于算法，信息大数据的数据处理也要算法。网络虚拟世界可以有仿真的机器人，机器人的劳动也创造价值，而所有的机器人背后，是AI算法，所以虚拟时代还有一个关键，就是各种技术的算法化，都变成了信息领域的算法。算法在不断创造虚拟价值，算法在控制实体的运行，在算法的运算下，虚拟经济，对实体就是产生了价值影响。

5. 数字信息、信用与货币的泡沫

货币的实质是信用，信用是要数字信息维持的，货币泛滥的背后是信用的泛滥，而信用的泛滥需要数字信息的泛滥和失真，在数字信息全面的情况下，谁也不会发放有问题的贷款，买入有问题的债券、股票、期权及其他金

融衍生品。为了说明信用与货币的等同，我们可以回顾一下信用卡的产生。

信用卡于1915年起源于美国。最早发行信用卡的机构并不是银行，而是一些百货商店、饮食业、娱乐业和汽油公司。美国的一些商店、饮食店为招揽顾客，推销商品，提高营业额，有选择地在一定范围内发给顾客一种类似金属徽章的信用筹码，后来演变成用塑料制成的卡片，作为客户购货消费的凭证，开展了凭信用筹码在本商号或公司或汽油站购货的赊销服务业务，顾客可以在这些发行筹码的商店及其分号赊购商品，约期付款。这就是信用卡的雏形。据说有一天，美国商人弗兰克·麦克纳马拉在纽约一家饭店招待客人用餐，就餐后发现他的钱包忘记带了，因而深感难堪，不得不打电话叫妻子带现金来饭店结账。于是麦克纳马拉产生了创建信用卡公司的想法。1950年春，麦克纳马拉与他的好友施奈德合作投资1万美元，在纽约创立了“大来俱乐部”（Diners Club），即大来信用卡公司的前身。大来俱乐部为会员们提供一种能够证明身份和支付能力的卡片，会员凭卡片可以记账消费。这种无须银行办理的信用卡的性质仍属于商业信用卡。1952年，美国加利福尼亚州的富兰克林国民银行作为金融机构首先发行了银行信用卡。1959年，美国的美洲银行在加利福尼亚州发行了美洲银行卡。此后，许多银行加入了发卡银行的行列。到了20世纪60年代，银行信用卡很快受到社会各界的普遍欢迎，并得到迅速发展，信用卡不仅在美国，而且在英国、日本、加拿大及欧洲各国也盛行起来。从20世纪70年代开始，中国香港地区、中国台湾地区、新加坡、马来西亚等地也开始发行信用卡业务。

从上面的信用卡发展史可以看出，信用卡的诞生本身与货币没有任何的关系，更多的应当是一个数字信息卡，卡片记录的是持卡人的数字信息，只是因为其交易起到了交易媒介的作用，逐步成为货币的衍生物，从而吸引了银行业的全面进入，银行业的整体实力在竞争中将原来的信用俱乐部给挤出了市场。

数字信息时代替代工业时代，我们可以看到的就是金融电子化、货币电子化，各种交易结算清算电子化，在电子化的背后就是货币的介质更多的是一组数字信息，数字信息成为媒介和载体。随着网络的发展，当年信用卡的历史重演，在网络上充当交易媒介的东西，已经具备了货币的属性，实际上就是货币。各种金融衍生品，就是基于数字信息和网络发展起来的，交易大多数是电子的，几百万亿的衍生品交易，就是一堆数字信息和数字的游戏。

在网络时代，网络的虚拟资产拥有了价值并与实质的资产发生了联系，网络的虚拟货币也就与真实的货币发生了联系，我们可以看到这样的网络货币已经与实体的银行产生了冲突。支付宝就是这样的例子，从2004年到2009年，短短五年时间，支付宝累积超过6300万的用户，日交易总额超过3.1亿元人民币，日交易笔数超过135万笔，占到国内网上支付平台的八成份额。支付宝从用户注册和认证开始就在各个方面进行安全和信用保障，任何一个账户都需要通过支付宝实名认证并接受身份数字信息核实，同时在进行交易时由支付宝平台先代为保管货物款项，在买家收货并确认无误之后再支付给卖家，因此无论是从用户管理还是交易环节等方面都绝对的安全。但是支付宝这样的网络支付平台是对银行业的竞争，银行的网络银行业务实际上与支付宝等网络支付平台是竞争对手，因此银行对它的排挤就很容易理解了。到了2020年，利用电商的崛起和电商平台，支付宝下衍生出来的蚂蚁金服，规模已经是“四大行”的总和，背后就是平台的力量！

《新闻晨报》2008年11月14日报道：

> 近日，民生银行停止与支付宝信用卡业务合作一事再度引起关注。业内普遍认为，防止信用卡非法套现带来行业风险是部分银行叫停这一业务的主要原因。不过，据记者了解，银行叫停支付宝信用卡业务主因是无利可图。登录支付宝网站，发现目前民生银行、中国银行、农业银行、兴业银行和深圳发展银行等均不支持支付宝信用卡交易。而其他银行对网上支付也作了相应的限制，如招商银行和中信银行信用卡在支付宝上的单笔最高限额分别为499.99元和500元，光大银行每日限额最高300元。交通银行证书认证版信用卡客户每日限额为1万元。这样的限制，实际上就是限制网络的虚拟货币形成事实标准对银行的业务造成威胁，在支付宝被限制后，人们的大额交易就必须通过网络银行了，网络的虚拟世界又成为传统金融业的舞台。

支付宝撬开传统金融支付业务以后，网络金融经历了疯涨到暴雷的历史过程，剩下的就是长成大象的蚂蚁金服。蚂蚁金服这样的公司，30亿元的资本，贷款余额达到2万亿元，几百倍的杠杆超过了暴雷破产的雷曼兄弟公司，蚂蚁金服这个样子，就是通过信息网络的高效，把社会每一个人和犄角旮旯的芝麻信用都给利用了起来，让你借呗、花呗，透支消费，未来的支撑在哪里？数字时代，中国也走向透支。

同时我们的货币泡沫没有数字信息领域的问题，货币的泡沫就会受到巨大的限制。2008年经济危机，很大程度上来自美国的过度消费，过度消费的基础就是信心的膨胀，没有对未来走向的绝对信心，有谁敢过度消费？就如我们说的“今朝有酒今朝醉”是对明天的不负责任，但是从另外的角度来说，这样的做法也是对明天有绝对的信心，是对明天的收入所得有绝对的信心。这里的信心来自数字信息的误导，而美国的过度消费正是对应于货币泡沫的，如果有正确的数字信息让社会知道真实的情况，问题就是另外的样子，即使是老百姓不懂，操作社会投资的操盘手一点也不傻，这样金融大鳄也就剪不了暴发户的羊毛了。

2008年危机以后，区块链技术带来了新的信用，比特币被说成了可以替代黄金给货币信用的东西，说成了它是依赖全球计算能力为信用背书的东西，价格也是一路暴涨。而我们的央行也在推动数字货币的发展，数字货币开始在多个城市试点。

根据我们的广义货币定义，金融衍生品是M4，而各种电子虚拟货币则是M5，已经变成了广义的货币，但这些虚拟财富进一步扩大泡沫，衍生品市场已经是26.3万万亿美元（此为五大经济体用于“钱生钱”的2019年非严谨数据）的规模，远远超过了实体经济、工业经济（2019年全球GDP为87.7万亿美元），这背后的支撑就是网络和数字信息社会，工业时代全面让位于数字信息时代。

所有这些，背后是新时代的货币数字化，货币已经不是原来的货币，因此可以有数字货币，也可以美联储QE常态化，经济理论已经改变。

6.信心经济与大数据

我们的社会进入了信心经济时代，信心的走向实际上是被数字信息左右的，我们的信心来自数字信息。

数字信息会引发恐慌，恐慌在网络时代特别容易蔓延；数字信息会产生狂热，狂热也特别容易在互联网上延伸。所有这些前所未有的改变，就是因为现在的数字信息传播超过以往的临界点，很多在传统情况下可以控制消息的，现在不能控制了，以往来得及补救的，现在来不及补救了。数字信息反馈的周期大大缩短，每一次的反馈都造成更大的损害，更大的损害再次传播出可怕的数字信息，反馈回来就再扩大一次，因此数字信息产生了放大作用。信息流是衍生和放大的。

对这样的情况，我们也可以利用数字信息控制舆论，这一直就是维护系统最有效的手段。有人质疑我们统计数据的真伪，认为西方是公开透明的，事实是这样吗？为了增加民众的信心，美国采取了以往不可想象的做法，从某种意义上讲，这样的手段就是鼓励企业作弊，美国更改了美国的会计准则。

在金融危机中争议颇大的“按市值计价”会计准则（Mark-To-Market Accounting），终于成了平衡美国各方利益的牺牲品。这一改变，不仅将极大改变美国各大金融机构的困难处境，也有可能加速全球金融市场和实体经济的复苏。2009年4月初，美国金融会计标准委员会对美国“按市值计价”会计准则作出了两方面明显改变：一方面是允许金融机构在证明市场失灵导致价格不正常的情况下，可以用其他合理价格估算资产价格。此项改变，实际上是对那些有价无市甚至是无价无市的金融资产，给予了有别于“公允价值”（Fair Value）的另一套定价准则，从而使这部分资产不至于因为估价模型导致的价格偏低而造成过多的资产减记。另一方面，美国金融会计标准委员会同时表示，如果一家机构认为自己持有资产只有在资产到期时才会出售，而不会用作交易来投机，那就不需要根据“非暂时损失”原则（OTTI）来进行减记。所谓OTTI规定，即便持有资产是为了到期收回本金，一旦有“尚未实现的损失”，也需要根据“按市值计价”原则来进行资产减记。这项规则，对金融机构那些“持有到期”的金融资产估值尤为重要。因为在金融危机中价格大幅下跌之时，金融机构可以通过认定部分资产为持有到期的资产避免用市值计价，并避免大规模减记的发生。

美国的会计准则的更改，把本来应当记入亏损和损失的财务数据变成了优良资产，企业的损失还在那里，但是账本上看不出来了。这是一些企业弄虚作假的传统方法，我们虽然也修正统计数据，但是绝对没有公开成为标准。

美国之所以能够这样操作，因为大家都认为这样可以恢复社会的信心，哪怕是虚假的数字信息，只要大家都相信，恢复了信心努力生产和消费，虚假的也就变成真实的了。

美国这样的做法也使世界各国对美国经济最终走向更难判断，如果各国认为美国即将大规模衰退，所采取的经济对策是完全不同的，美元会更加贬值，美国的经济会更不好，这就是信心经济最根本的体现。信心经济不仅是老百姓的事情，更是国与国的事情，是一个国家对另一个国家的经济走势的判断，会影响到他们的政策和外交。在国际贸易和国际投资、金融越来越发达的今天，这样的情况对全球的经济发展有举足轻重的作用。美国控制和隐瞒了其真实的情况，所以数字信息变得更加重要了。

美国的做法是有连锁反应的，美国现在的GDP高涨，但我们知道美国现在的GDP已经不是以前的GDP了。而有的国家也效法美国，包括印度，印度把牛粪记作GDP，牛粪GDP就是印度经济奇迹的重要部分。

印度的“神牛”，每年牛粪产量超过20亿吨。

印度的神奇举动，确实也给他们带来了信心，只不过这些信心是数字泡沫，但数字泡沫在当今是可以兑换的，国家的好数据，在国际上可以得到更多的支持，西方媒体，对印度已经吹捧有加了。

有了信息系统，可以处理原来处理不了的海量信息的时候，数据变成了大数据，信息数据成为左右世界的最重要资源之一，资源的价值是可以与原有的传统经济社会交换财富的。数据资源遵守信息经济规律在不断地爆炸和产生，与原有的有限资源相比，具有了巨大的比较优势。

7.数字信息不对称的不平等竞争

我们讲“知己知彼百战不殆”，而数字信息不对称的结果恰恰是一方知己知彼，另一方最多做到知己而已，这样的数字信息状态就是数字信息的不对称，这样的实体竞争就是不平等竞争。

这样的不平等竞争更多地发生在行业的竞争之间，这就是金融资本与产业资本的竞争，数字信息产业与其他产业之间的竞争。

这样的不平等竞争，导致资源在各个经济领域的重新分配，各种掌握和控制数字信息资源的企业快速崛起，原来的老牌企业衰落。这样的再分配过程本身就是数字信息占有量的再次体现，是根据企业在经济金融领域数字信息的控制程度的利益再分配过程。这样分配的结果就是无论在资本市场还是在影响力等方面，数字信息产业的权重逐步增加，取代原来的工业产业，工业产业逐步沦落为其高端上游的附庸。发生这样变化的根本就是数字信息不对称导致的产业间的不平等竞争。

在这里，信心确实起到了决定性的作用，而信心来自数字信息而不是来自工业产业。在网络上，各种数字信息可以快速反馈，对信心形成决定性的舆论场，这些都是在工业时代做不到的，工业就此让位于数字信息产业，传播数字信息的网络已经是渠道为王。

现在的数字信息已经走入了大数据时代，而大数据的控制权，现在掌握在美国的大公司里面，中国与它的差距很大，世界其他各国与它的差距更大。中国的网络信息是实名制，大数据公司在中国收集信息限制很少，而美国则是网络匿名制，隐私被保护。欧盟搞了网络虚拟身份，信息收集也是有限制的，这个问题在《平台博弈》一书当中将进行详细分析。

当今世界进入了云时代，所有的信息都在云端，世界主要的云服务提供商被美国垄断，个人信息存储云端，被后台如何利用，个人是不知道的。

美国限制中国的云服务（图4–7），但中国不能限制美国的云服务，因为我们的很多商业和科技工作，已经离不开云服务，或者说美国谷歌等大公司的云服务，已经难以绕开了。中国网络基础建设的短板，在这里又暴露了一块。虽然中国也有阿里云、华为云等，但中国的云是局域的，美国的云是全球的，这个差别是巨大的。未来的竞争是赢者通吃，谁找服务，都愿意找一个能够覆盖全球的。这也是美国要打压中国的云服务发展的原因。唯一有效的对抗手段，就是双循环，其他国家也必须一边一个才行。类似的还有我们对搜索引擎的政策和市场问题，这里不再赘述。

突发！美国宣布“净网”：要封杀中国运营商，禁用BAT 云服务，下架微信 TikTok 等 App

2020-08-06 12:19

美国又开始了新一轮的封禁行为。

2020 年 8 月 5 日，美国国务卿 Mike Pompeo 召开记者会，宣布了一项旨在“遏制潜在的国家安全风险”的清洁网络计划（Clean Network）。

在该计划的 5 项具体措施中，分别涉及了运营商及其设备、应用商店、App、云基础设施、海底电缆。

记者会上，Mike Pompeo 点名包括华为、中国移动、百度、阿里巴巴在内的 7 家中国科技公司，指出要在美国应用商店里禁止包括 TikTok、微信在内的“不受信任”中国 App，同时进一步限制中国云服务提供商在美国收集、存储和处理数据的能力。

图4–7

因此，在信息升级的云服务和大数据时代，中国的网络透明，对美国又是一个巨大的信息不对称领域，这个不对称，是要付出代价的，美国是要渔利的。

这个不平等体现在经济的平台化，经济平台归属于谁？信息平台对经济的作用越来越大，中国网络巨头的信息平台，在社会公共事务当中的作用是越来越大。

8. 政权公信力被新媒体掌握

在网络数字信息时代，新媒体的力量颠覆了大量的政权，从颜色革命到茉莉花革命，一个个政权被新媒体颠覆，新媒体成为新的政治力量。决定政权的经济基础，不再是工业为主，而是数字信息产业，谁控制了网络，谁就是王者。

新媒体的力量超过传统媒体，数字信息的舆论场可以决定政权的兴替。2016年7月15日，土耳其使用新媒体挫败了控制传统媒体的政变者，再一次证明新媒体已经取代传统媒体成为新一代舆论王，我们需要加强对新媒体阵地的争夺。

这充分说明国家的公信力在国家政权的机器当中，网络新媒体有了决定性的力量，政权的支持已经从工业党变成媒体王了，一个时代的改变就此发生。新媒体不断迭代，已经从文字到图像再到视频，中国的新媒体应用抖音（TikTok），也被美国人认为是“威胁了国家安全”，这个在以前是不敢相信的，新媒体的力量之大，已经影响到国家间的博弈了。

这个力量不光在其他国家，美国也一样。美国特朗普上台依靠的是新媒体，在美国传统媒体都反对他的情况下，特朗普变成推特治国。2020年的选举，不光是传统媒体，新媒体的大佬也在民主党一边，对特朗普进行了限制，特朗普的影响力就受到了巨大的制约。新媒体的力量，已经全方位地展现了。

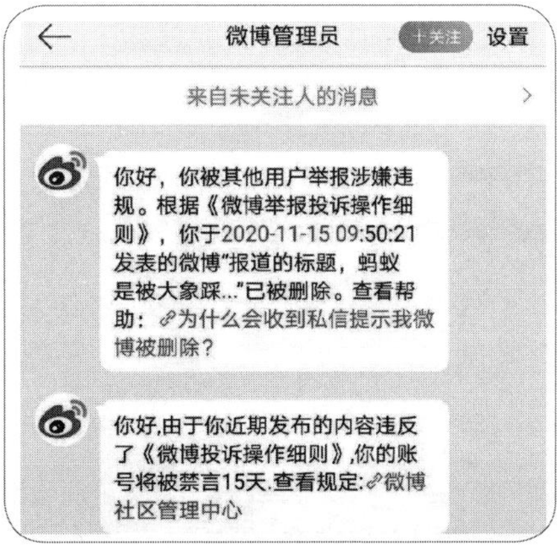

图4-8

2021年，美国“川粉”冲击国会，新媒体方面迅速地封杀了特朗普的新媒体账号（图4-8）。特朗普的声音没有了，而且他最后几条推特的言论是不是他本人的，也未可知。特朗普的“川粉暴乱”被迅速压了下去，关键就是新媒体把特朗普给封杀了，就如在传统政变当中，电视台和广播电台被占领。宣传媒体被谁占领，标志着谁的成功。

新媒体拥有如此的力量，以后各国为了国内稳定都会封杀外国新媒体，而且要有自己主权的新媒体，这个与以前政变要占领电视台是一个道理。过去讲新闻监督是权力的无冕之王，这个权力在新媒体时代，已经让位于网络媒体。

网络让原来的票选出了问题，因为票选的关键在于传播渠道，谷歌等大网站的立场在发生影响。现在大数据，可以判断你的投票立场，可以定向催促让你邮寄选票。让原来不投票人群中定向支持某人的人群，被催促和服务而邮寄选票。所以网络其实很可怕，网站支持民主党，帮助它催促自己的选民投票。这个更中心化，中心给网络控制权，控制在ICANN的加州私人机构手中，问题很多，本人在《网络霸权》一书中就说了这个问题，当年很多人不理解。

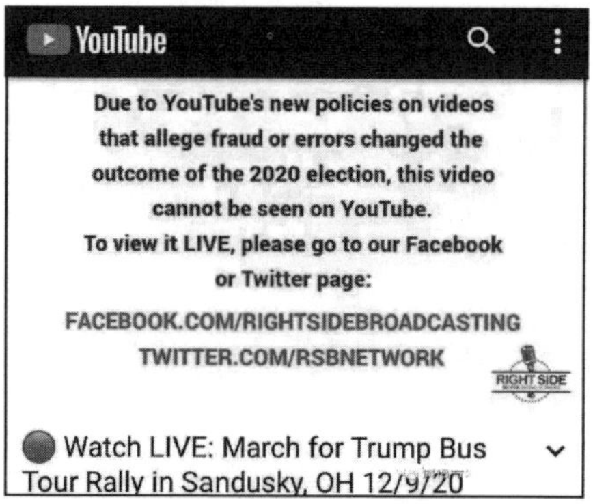

图4–9

图4–10

美国票选带来的是网络影响，现在网站的态度，对管理网络在加州法律之下的ICANN，与美国其他州都有矛盾，不仅是美国与其他国家、西方盟友的问题。网络的权力、因特网的管理权，其实是非常有意义的话题。

媒体舆论的实力，也是决定力量。图4–9是谷歌在禁止对大选舞弊的评论。

大选舞弊的诉讼还在进行，谷歌就禁止评论大选舞弊，而且在任总统（特朗普当时还没有卸任，无论选举结果如何，他当时也是总统）的言论是不是也有问题呢？对法庭的舆论监督呢？对法庭的审理为何不能讨论呢？（图4–10）美国发生的这类事情，已经超过了某些人对媒体自由和神化后的认知，到网络新媒体时代，其实一样是一地鸡毛。

新媒体时代，个人虚拟数字资产以后会越来越值钱，比如网络大V的账号，价值难以估量，但这些账号归谁所有？谁有权处置？网络权力可以删除、禁言，基本是它说了算，你注册账号的时候还必须同意这个要求，以后网站可以随意删除你的内容乃至整个账号。外国也一样限制账号（图4–11）。

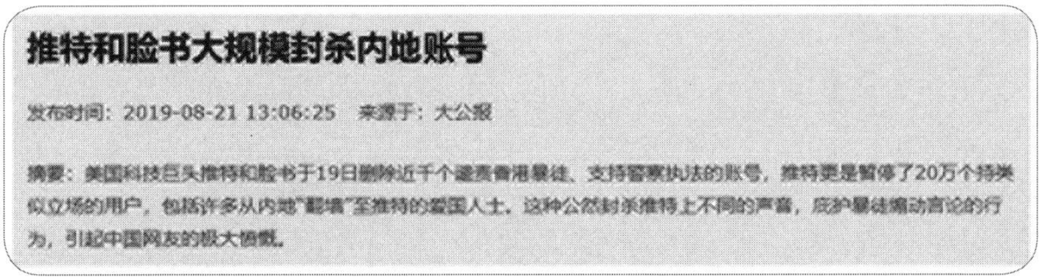
推特和脸书大规模封杀内地账号

发布时间：2019-08-21 13:06:25　来源于：大公报

摘要：美国科技巨头推特和脸书于19日删除近千个谴责香港暴徒、支持警察执法的账号，推特更是暂停了20万个持类似立场的用户，包括许多从内地"翻墙"至推特的爱国人士。这种公然封杀推特上不同的声音，庇护暴徒煽动言论的行为，引起中国网友的极大愤慨。

图4–11

对某些行为，我们有救济手段，可以行政诉讼，但对网站的删除，监督和司法却很难干预，而且删除了不可恢复，如何处理？法理上，你注册的时候就与他们签署了合同，同意他们删除。

当不受监督的权力产生，网络权力可以处置你的虚拟资产，而且超越了国家。公民的网络数字资产，以后价值越来越大，这个超越国家的法外之权，代表一种新的力量。如何控制，值得深思！

9.新的经济模式和平台的崛起

信息时代，新的经济模式产生，模式就是货币数字化、数据资源化、经济平台化和技术算法化，背后就是虚拟经济政治化，而且已经从经济领域上升到了政治领域，所有的经济学，实际上是政治经济学。

在美国的金融霸权之下，在新技术之下，货币的数字化是必然。数据在信息爆炸情况下，也越来越重要；在被算法深度挖掘后，可以得到以往没有的信息，数据已经资源化。算法就是数据，AI智能已经产生，机器人可以替代很多人类劳动创造价值。数据化、数字化的货币和算法，被整合在平台上；经济平台化，改变了社会的生态。

现在的美国就是七大网络和IT公司占据了美国主要的股市市值，也是它们的上涨推动了美国的牛市。这七大公司是：

苹果公司：终端的平台、应用的平台，一部手机、一个平板电脑和一台计算机电脑，也是个人信息集成平台，尤其是人已经很难离开手机了。

微软公司：网络、系统和应用程序的平台。

谷歌：搜索的平台、算法云服务的平台。

亚马逊：电商的平台。

奈飞：视频平台。

推特：新媒体平台。

脸书：社交平台。

2020年股票暴涨的特斯拉，之所以能够有这样高的估值，因为它不说自己是造车公司，而是一个平台公司，是一个交通平台，它要有星链，要有高速轨道，它的车子是一个移动中的交互平台。电动车与汽油车的差别，不光是用电和用油，关键是在电动车上可以实现全电控，可以网络化成为平台，而汽油车的油门等控制，还更多是司机操作，实现全电控比较困难。因此所有的电动车股票都在暴涨，就是看中了其中的平台效应。2020年年底，小米公司，市值高达7000多亿元，与中国移动和中国石油差不多，背后也是平台的力量。

茅台为何股价高？背后也含着交易学的原理。这其实与网络股有类似的估值原理，就是去掉了中间商的巨大利润空间，控制了渠道。茅台的价格高是一方面，但其他酒厂一样有很贵的酒，拉菲就远远贵于茅台。茅台真正与其他酒厂不同的是渠道成本，渠道成本不光有差价，还有销售的速度。茅台的渠道差价与网络电商平台差不多，而销售的速度则可以秒光。拉菲的销售渠道就要很大成本了。

在数字时代的平台上，算法运行，机器人工作，数据成为生产要素、由算力带来生产力，很多人的劳动被替代，效率极大提高，超越了传统时代。传统交易也在平台上发生，平台的媒介替代了传统的市场，传统的物流、人流都被信息流影响和控制，这才是数字虚拟时代可以让工业时代让位的根本实力。用一句大家比较熟悉的话，就是网络信息平台控制了渠道，渠道为王！

六、网络、数字经济霸权与货币博弈

1.信息不对称与泡沫

我们知道货币发行是受到限制的，同时金融系统还有各种衍生工具平衡这些风险和泡沫，所以泡沫不像我们普通人想象的那样，简单的印刷钞票就可以产生，泡沫的产生来源于金融体系的崩溃，系统的平衡从负反馈变成了正反馈，信息不对称是造成这样反转的根本原因。

我们可以随心所欲地借贷，背景还不是将来的通胀，让我们可以更低廉地还贷！前一段时间，经济高涨的时候，各国实际已经进入了负利率时代；而经济低迷的时候，西方降低利率甚至实际进入了负利率。所以大家以“借到钱就是赚钱”来看世界，而广泛流行的货币主义也主张以固定的比例长期通胀，大家的信心就更足了。美国没有这样的疯狂借贷和消费，没有QE常态化的流动性永远宽松的预期，又如何能够制造泡沫再分配世界财富？又如何使多印刷的钞票通过金融体制的限制进入流通领域？

我们看到美元的贬值趋势，也看到政府海量救市资金的投入，还看到美国违反规则的“印钞”，给大家的感觉就是恶性通货膨胀即将来临，而危机的实际情况却是全球进入了通缩，甚至在2020年历史上第一次石油结算价出现大幅度的负值！这是谁也没有想到的事情，如果当初能够预见到通缩，你会这样高价买入吗？你会这样借钱消费吗？没有全社会的追捧和借贷资金支持，货币和大宗商品的泡沫是难以产生的，而大家追捧的原因就是我们没有掌握这些信息，信息是不对称的。

如果事先能够有足够的信息预知这些风险的存在，那么把手头的金融衍生工具组合稍微变换一下，就可以得到截然不同的对冲策略。可以选择把100%的风险都对冲掉，也可以选择只对冲10%甚至1%的风险，这一切都取决于对未来市场的预测和对风险的承受能力。由于对冲的存在，货币市场的风险是可以通过对冲来避险的；由于有这样的金融工具，如果大家都能这样对冲规避风险，整体效果就是货币泡沫难以产生，因为在西方的货币发行体制下，泡沫多出来的货币会发不出来。所以我们可以看到，在实体经济层面，美国多发了很多的货币，但价格却在之后得到了控制，石油价格在2008年危机当中下跌到每桶30多美元，当时认为是一个暂时的现象，而后来，货币

QE了很多，石油价格却多次低于30美元/桶，甚至出现负值。

对冲实体经济富余的流动性，抑制实体经济的泡沫，需要一个不断扩张的虚拟数字市场。这个市场比实体经济大很多，不断地制造泡沫吸纳货币流动性，同时在信息不对称的操控之下，泡沫不断破裂消灭货币，同时还不断通过泡沫与实体经济交易，取得财富的输入，维持泡沫的存在。其中运转的规律，已经不是原来实体经济的交易学，是新的交易学，而这个实体与虚拟的差异，背后其实是信息不对称造成的。虚拟的数字泡沫，是数字霸权，是掌握核心数字信息的人群控制的，货币霸权和数字霸权，二者是有权力转换的。美国的美联储和ICANN，是两个权力中心：一个是数字霸权；一个是货币霸权。

2. 美联储和ICANN操控关键信息

美联储——美国中央银行是一家注册在特拉华州（Delaware）的私人企业（Private Company），它和美国联邦政府机构根本不是一回事。尽管美联储的主席由总统任命，国会核准，但它仍然是一家私营性质的公司。美联储的核心是七人委员会、12家美联储银行和公开市场委员会（Federal Open Market Committee）。12家美联储银行全部是私有公司，由各自地区的主要银行组成。其中纽约美联储银行势力最大，实际上代行中央银行的职能。七人委员会的成员全部出身银行和金融圈子，由总统任命，国会核准，主要负责重大货币政策。公开市场委员会则是七人委员会决策的执行者，它主要是授权纽约美联储银行实施具体操作。

美联储可以知道所有核心信息，因为股东会提供这些信息。美联储的基本特点就是金融寡头们的行业协会，它的最高决策权看似掌握在七人委员会的手中，实际上仍然是操纵在金融寡头们的手中，因为所有的信息和形成决策的基础设施最终掌握在银行家的圈子里。

美元和黄金的清算体系给出外界无法知道的核心信息，美元和黄金的特殊地位反映了全球的经济、贸易、投资等信息，有巨大的信息挖掘空间，就如国内证券交易所，其公开的信息很重要，但是不公开的信息更加重要，我们的一些软件产品与之合作，提供一些大户、机构等的交易信息，已经让大家趋之若骛，更何况美联储掌握着全球所有国家国际贸易和结算的信息，完全占据了信息的制高点。

美联储的信息不公开只是对外有限，其股东银行知道，这些机构委派的董事当然也知道，因为他们要向公司汇报。公司的控股股东当然知道，只是不能公开地在市场上讲，但是他们可以利用这些信息进行投资和金融操作，从中取得利益，这就是信息的不对称。

ICANN成立于1998年10月，是一家注册在美国加州的非营利私人机构，职责是因特网名称与数字地址分配机构，也是一个集合了全球网络界商业、技术及学术各领域专家的非营利性国际组织，负责在全球范围内对互联网唯一标识符系统及其安全稳定的运营进行协调，包括因特网协议（IP）地址的空间分配、协议标识符的指派、通用顶级域名（gTLD）、国家和地区顶级域名（ccTLD）系统的管理，以及根服务器系统的管理。这些服务最初是在美国政府合同下由互联网号码分配机构（Internet Assigned Numbers Authority，IANA）及其他一些组织提供。ICANN行使了IANA的职能。

本来，世界其他国家要求美国将其管理的因特网相关权利国际化，但美国却选择了将这个权利私有化，以后各国对美国的私人公司，连外交交涉也不存在了，相关情况本人做过详细分析，得到了有关部门的奖励（图4–12），文章收录于《平台博弈》一书。

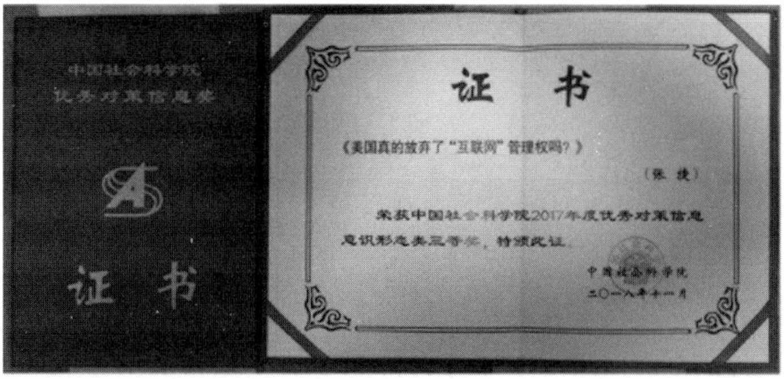

图4–12 本人的获奖证书

这些保密原则在国家安全需要和军事需要时是不受法律保护的，美国的安全情报部门和军方可以方便地知道这些信息并用于国家的竞争；美联储虽然为私人的，但仍是美国企业，有义务向美国军事和情报部门汇报。而任何一个国家如果要进行货币战争，是绕不过美国的，与我们真刀真枪的常规战争不同的是，货币和信息的战争完全掌控在美国，这就是信息的霸权。美国获取情报的这种机制，已经在斯诺登的“棱镜门”当中揭露得非常清楚了。

棱镜计划背景：

棱镜计划（PRISM）是一项由美国国家安全局（NSA）自2007年小布什时期开始实施的绝密电子监听计划，该计划的正式名号为“US-984XN”。英国《卫报》和美国《华盛顿邮报》2013年6月6日报道，美国国家安全局（NSA）和联邦调查局（FBI）于2007年启动了一个代号为“棱镜”的秘密监控项目，直接进入美国网际网络公司的中心服务器里挖掘数据、收集情报，包括微软、雅虎、谷歌、苹果等在内的九家国际网络巨头皆参与其中。

根据报道，泄露的文件中描述棱镜计划能够对即时通信和既存资料进行深度监听。许可的监听对象包括任何在美国以外地区使用参与计划公司服务的客户，或是任何与国外人士通信的美国公民。国家安全局在棱镜计划中可以获得的数据电子邮件、视频和语音交谈、影片、照片、VoIP交谈内容、档案传输、登入通知，以及社交网络细节。综合情报文件《总统每日简报》中，仅2012年就有1477个计划使用了来自棱镜计划的资料。

根据斯诺登披露的文件，美国国家安全局可以接触到大量个人聊天日志、存储的数据、语音通信、文件传输、个人社交网络数据。美国政府证实，他确实要求美国公司威瑞森（Verizon）提供数百万私人电话记录，其中包括个人电话的时长、通话地点、通话双方的电话号码。

关于棱镜计划的报道是在美国政府持续秘密地要求威瑞森向国家安全局提供所有客户每日电话记录的消息曝光后不久出现的。泄露这些绝密文件的是美国国家安全局合约外判商的一名员工，名叫爱德华·斯诺登。他原本在夏威夷的国家安全局办公室工作，在2013年6月将文件复制后将文件公开，交给英国《卫报》和美国《华盛顿邮报》。

《华盛顿邮报》报道，棱镜计划2007年启动。参议员范士丹证实，国安局的电话记录数据库至少已有7年。项目年度成本2000万美元，自奥巴马上任后日益受重视。2012年，作为《总统每日简报》的一部分，项目数据被引用1477次，国安局至少有1/7的报告使用了项目数据。

因此，美国的信息不对称优势是巨大的。

3. 制造信息不对称与金融交易掠夺

大家都在一个公开的市场上进行操作，由于有各种避险和套利的金融工具存在，大家可以进行一样的操作；如果没有对信息封锁，造成信息不对称，得到信息的人很容易通过各种金融工具和杠杆规避风险，把你进行货币战争的各种进攻手段一一化解，因此如果大家对一个趋势和你的目标产生准确的预期，你的战略目的就很难达到了。货币战争、金融博弈，能够赚取非常多的利益，一定是信息优先的，而战争开始的标志就是信息的封锁，制造信息不对称。

美国不公开M3，货币泡沫无从知晓，这就是货币战争或者是新一轮剪羊毛活动开始最好的印证。M3是反映美元最广泛货币量的一个工具，从中可以知道全球的美元有多少，如果只是M2和M1，这样的数据是不全面的，M3比M2多了大额定期存款（10万美元或以上）、货币市场共同基金（机构）、中长期回购协议及中长期存于欧洲非美国银行的美金（Eurodollarsl）等。这些数据在货币战争和经济危机的时候，恰恰是最反映问题实质的。美联储说不公开M3是因为没有提供更多的信息，但是其后的大宗商品狂涨，存于美国之外的美金巨额增多，因为这些美金是炒作国际大宗商品和冲击国际汇率的热钱，就如炒作我们人民币升值的热钱，很多也是在中国的银行存储着或者在货币市场共同基金（机构）中；而主宰本次金融危机后获得巨额资金，其结果肯定是大额的定期存款出现，在世界通缩的背景下，这些降息前定期存款的债务压力对银行来说是巨大的负担。

美联储对世界黄金市场的主宰更加深入，世界各国的黄金储备都放在美联储，包括中国的600吨黄金，因为只要你不把黄金放到美联储，黄金就不能进入国际清算体系，黄金就不是货币而只是商品，不具备货币属性的黄金被国家当作外汇持有是没有任何价值的。黄金在美国，各国的黄金清算和纸黄金的情况也无从证实，因为你无法到美联储进行查账，你最多看看自己的黄金是否还在，但是当美国人指着一堆黄金说是你的黄金的时候，你怎么能够知道他不是挪用其他国家的黄金放在那里？要整个查一下美联储是否做了假账，难度极大。

1999年11月，格林斯潘推动美国国会永久性废除商品期货交易委员会对金融衍生品的监管权，其背后就是金融衍生品的信息被彻底封锁。这些信息封锁后，金融大鳄们就有可能在前台操作股票的涨跌，由于股市的公开原则好像都是公开透明的，而在幕后通过金融衍生工具收取利益，我们的金融危机的巨额损失在前台，金融衍生工具的盈利在幕后。金融衍生品，现在被当作M4，而且金融衍生品的规模远远超过了实体金融交易的规模，即使是2008年金融衍生品发生了巨大危机，一样不予监管，原因就是信息不会公开。

还有，2008年以后的数字货币大幅度发展，数字货币其实是M5，这些有多少，信息一样不对称，但作为网管的美国应当是知道的，数字货币离不开网络去运行。这里不光是要知道基础的数字货币有多少，基础的容易知道，就如可以知道比特币挖出来多少矿一样，真正困难的是数字货币衍生了多少，有多少与之相关的结算，此类数据，就是被网管ICANN和美联储垄断的信息。

美国封锁这些重要的信息，产生了信息不对称效应，才有可能渔利剥削，需要的时候发动货币战争，世界各国都在信息的盲区，对这样的攻击是根本无力防范的。因此，在2008年危机中，很多国家都受到了冲击，不仅我们损失惨重，欧洲很多国家也一样，俄罗斯、冰岛等国的损失比我们多很多。2020年疫情之下，美国的实体遭受重创，而美国的金融可以不倒，因为可以大规模印钞，可以QE常态化取得全球财富，转嫁危机，美国的股市又可以创新高，可以看到，美国的数字霸权优势依然是巨大的。

4.信息战争中的超主权影子

国家也一样在危机中被算计，比如当年私有化洗劫了苏联；后来，俄罗斯在石油等资源价格暴跌的情况下，国家的经济产值下降过半，当年的4000亿美元外债成为国家的沉重负担。美国政府就一切无忧吗？实际上，危机中美国也问题多多，美国一年的GDP有多少？2008年危机的时候，美国GDP是13万亿美元而已。国际上公认的债务占GDP比例安全线是60%，美国则奔着100%去了。这还仅仅是公开的国债，据估计，加上医疗保障、养老保险等隐性债务，美国2008年危机时就已经陷入了一个 73万亿美元的债务巨坑，而疫情之下，这个坑更大了。国际金融协会（IIF）2020年11月18日的一份报告显示，2020年，美国债务总额可能达到80万亿美元，在2019年为71万亿美元。也就是说，美国仅用一年的时间，债务总额增长8万亿美元，增长份额达到美国债务总额的10%。2008年的时候，说73万亿美元是含社保的隐性债务估算，现在80万亿美元则都是直接债务，如此快的债务增长，你相信这些全部是美国老百姓的消费吗？中间又有多少钱流到了金融大鳄的手里？这样的巨额债务，不能简单通过货币的泡沫来解决。

2008年危机中，美联储的影响力让位给了美国政府，这是实质吗？美联储会轻易放弃自己金融和货币发行权力让政府直接发债券印钞吗？这里肯定有金融资本大鳄的根本利益在那里。这背后实际是，控制信息的ICANN崛起了，分享了权力。现在金融市场的走向离不开网络和数字信息技术，数字技术已经创造了极为庞大的虚拟数字资产，这个资产在2008年之后，依然是暴涨的，美国金融市场、股市的六大公司均与之有关。

美国2008年救市的巨额投资，弥补了各种在金融危机中的亏损，但亏损的钱又给了谁呢？这些钱隐藏在哪里？美国的资本家能够这样轻易把自己的股权让给政府，让政府国有化吗？问题的实质是金融资本把其在企业中的权益从股权价值变成了债权价值，利用次级债的危机引发次级债的暴跌。这些金融大鳄应当已经完成了对债券的抄底，这些买卖可以透过复杂的套期对冲操作来完成，金融股企业在对冲中损失惨重成为他们的债务人，因此引发金融股票的危机。现在让政府注资，实际上就是给这些由股权转换成债权的金融资本还款或者提供还款保证，还让政府承担再下面很可能发生的实体危机和经济萧条的风险，让政府在入资后等到经济好转，再逐步把企业私有化，他们的债权权益就再次转换成对金融和产业领域的股东权益，因为美国的社会制度绝对不可能就此成为社会主义，政府入资国有化肯定是暂时的，早晚要再次把企业私有。

2007—2008年被痛骂为垃圾债券的“两房债券”，现在已经成为市场优质债券，因为它的抵押物已经都足值了，当初是抵押率高的抵押物——房子的房价腰斩，现在是多年偿还抵押率下降，同时房价已经远超2007年，而它的利率是在2008年危机前美联储5.25%的利率高点，现在西方都基本上是零利率了，抵押物足值能够还钱，而且利率最高，当然是优质债券。如果知道了两房债券是优质债券，那么当初QE买不良资产的逻辑还成立吗？当初，美联储打折买的这些债券，怎样支持美元的，你还能够说当年买它的QE是印钞吗？

我们再回想一下当初是怎样说美国开动印钞机的。

2009年3月18日，美联储公开宣布将收购3000亿美元长期美国国债，以及1.25万亿美元“两房债券”发行的抵押贷款支持证券。这样的结果是，美联储通过政府成为垃圾收购站，所以前面金融大鳄们可以放任美联储的金融市场权利蒸发而让国家政府跑到前面，各国的反应是除了一些怨言以外只采取了跟随策略，对于其中的利益走向与美国出奇一致的三缄其口，这样的操作使垃圾债“乌鸦变凤凰”，背后巨大的经济利益如何分配的？这一点显然已经得到了世界金融资本的广泛一致认可，不在政治家们的讨论范围，媒体就更不能张嘴了。

全球舆论都说2008年美国金融海啸起因是华尔街投行设计的金融衍生品长期无人监管，但至今没有一篇报道或者一个美国政要出来表态，说要修改甚至废除相关法案把金融衍生品纳入监管。此前，因为美国没有修改或废除这项法案，华尔街可以设计出种种金融衍生品，包括次级债产品，把它推向全球，去套各国的钱，直至2008年金融海啸爆发。而美国之外的国家和机构，也没有公开指责美国的这个政策，这不是很有意思吗？唯一的解释就是世界各国的金融大鳄都维护这样的制度，他们维护这一制度的背后一定是这样的制度维护了他们的利益。

美国的金融市场是一个大舞台，全球的资金都可以在上面操作，金融资本是没有国界的，尤其美国推行全球自由主义，背后也是国际金融资本的需要，在美国成为世界金融中心的背后，是世界金融资本的支持。在“二战”时由于胜负难料，欧洲交战双方的金融资本均把自己的避险资本放到了美国，因为在“二战”开始时，美国是中立国，同时又在美洲有大洋阻隔，而且国家的实力也比瑞士要好，结果是，“二战”后美国建立全球金融体系时，这些金融力量发挥了重大作用。但是这些金融资本的力量独立于美国也独立于其他国家，世界的这些金融资本的力量本身就是超越主权的，他们主导了世界经济。

5.一切来源于信息的不对称

经济学理论是建设在其基本假设上的，如果其假设的基础不存在了，其理论必然倒塌。就如前面讨论了市场是非零和博弈的，下面则是信息对人类决策的关联和不同，也使得经济学假设不存在。

新古典经济学市场分析有两个重要前提假定：(1) 个人决策是价格参数和收入给定条件下的最优选择，不影响他人也不依赖他人；(2) 市场信息充分且无成本。这两个假定前提使微观经济分析始终处在完美的一般均衡确定性分析的美妙境界中。现实生活却非如此，经济作为一个整体，不仅人与人之间相互影响，个体获得信息的能力有限，而且信息也是有成本的。经济社会中，每个人都是根据他所掌握的信息作出决策的，而非对称信息环境是常态。所谓非对称信息环境，指的是一些人拥有他人不掌握的信息。

信息时代存在信息不对称，到数字时代，不对称被放大和成为常态，而且不同的国家和经济体之间差距巨大，导致一个霸权掠夺的世界，以前的经济学基础就不存在了。

我们所知道的富豪，并不是真正的西方贵族，只是暴发户，他们是在此轮经济快速增长中迅速积累了自己的财富，是养大的肥羊，他们没有金融领域的信息，巴菲特更多也是财务投资者，并不掌握金融的核心信息。比如，美联储2005年开始不公开M3，但是绝对不意味着美联储外其他人就不知道其中的变化。同样，对于美国的衍生品市场，信息的不公开导致整个公众社会谁也不知道市场的宏观情况。在信息上、在核心信息资源上占有情况不同，造成了信息在社会上的不对称。掌握核心信息资源的人可以操纵世界经济和对其他人进行剪羊毛。巴菲特、盖茨等富豪是产业的巨头，在所在的产业拥有无与伦比的控制力，但是他们不是金融寡头，主宰不了世界的经济大势，当产业资本与金融资本竞争时，就只有失败一条路了，我们中国的产业出海也一样。

以2008年危机当中，中国航空业在石油期权上的巨亏为例。我们的套期交易是可以有权以140美元/桶买入，同时对方也有权以65美元/桶的价格卖出，在当时市场高位运行甚至高点达到147美元/桶的时候，无疑这样的套期是获利巨大的，当时谁在卖出这个期权呢？事实是油价被炒作到天价，石油的抛盘却没有，炒家的抛盘在这些套期里面，但是这些套期衍生品是不公开、不监管的。如果你能够知道市场的全貌，知道世界衍生品期权的整体情况，知道有人大量抛出这样的期权，你的决策就不是这样了。当时中国所有的航空公司都大量吃进了这样的套期，说明实际上那时这样的套期抛售规模是天量的！你吃亏就是因为信息不对称。我们应当对比一下，在股市，如果你不知道总的交易K线，也不知道那些大户的买卖信息，你的股票买卖就如没有头的苍蝇一样，成为押注的赌博，在赌场赌博是没有胜利者的，这样的道理也是赌徒与赌场的信息不对称。同时可以做出65美元/桶这个价格准确的判断，在价格腰斩的基础之上，价格再腰斩，一定是有新的理论进行了计算，这些新理论是什么？

就如1992年，索罗斯在阻击英镑的操作中，最精妙之处是他清楚英镑必须贬值的根源，挖掘到了问题的核心信息；而不是他在英镑贬值时，能熟练对冲，或者能熟练操作各种金融衍生工具。前者是道，后者只是术而已，掌握道的是寡头，掌握术的是基金经理和操盘手，这就是大师与专家的区别。当然，这里本人并不是说熟练对冲和操作各种衍生工具不重要，它们只是一些基本的技能而已，没必要过于渲染。

所以要对国际金融海洋中的金融鲨鱼有充分认识，我们的社会主义初级阶段还是在发展产业资本的阶段，要上升到金融资本是需要历史的洗礼，要能够成为一个猎鲨者更是任重道远。

6.剪羊毛后的深刻社会经济变革

在每一次的经济危机和剪羊毛过后，社会都进入一个新的阶段，每次的危机都是对社会问题和体制的一次改善。历史上的剪羊毛让农场主破产，是美国深入工业化、资本化的重要步骤，美国在第一次世界大战前更多的是一个农业国家，美国的剪羊毛总比英国的圈地运动要好得多，在剪羊毛后，世界的经济理论就开始了从需求主义逐步地发展向货币主义。

2008年危机和剪羊毛，已经让全球认识到信息不对称问题和信息霸权出现，危机后新的社会经济变革就要开始。2008年剪羊毛，也一样以深刻社会变革为背景，在金融危机、货币泡沫破裂的背景下，原来的货币主义经济思想遭受挑战，在传统的经济理论之下，美国作为国际货币发行的国家，美联储作为货币的发行机构，货币的信用和信心在下降，但为何美国可以QE常态化？

网络新经济、数字虚拟财富、数字货币兴起，新的交易工具出现，数字泡沫常态化和QE常态化。在虚拟数字世界，世界在寻求区域货币互换和区域联合，新兴经济国家也在谋求超主权货币，那么新的主导世界经济的是什么？新的理论新的交易学于是出现了。

七、从华为、5G看中国网络的底层问题

——为何有些专家只能不断撒谎下去

这个世界从来没有一个公司如华为这样让美国动用举国之力来限制。在历史上，西方举国之力针对中国技术可不止一次，当年的陶瓷、丝绸、茶叶，就是这么从中国偷去的。美国这次针对华为的攻击将会带给世界什么？

2019年，美国针对华为的行动大幅升级，基本印证了本人前面的分析，贸易不是最重要的，真正的战略决战在移动通信所决定的未来网络制高点上，所以华为和5G比整个贸易战都要重要。华为虽然受到很大影响，但国内大力支持，一些短板有所改善，而且此举导致全球产业链分裂，中国只能加速自己的单独产业链，替代美国厂商（图4–13）。

图4–13

后来，美国又想让华为使用安卓系统，这也是谷歌的软件出口。华为的未雨绸缪还是起到了非常大的作用。中国更需要考虑我们网络底层问题，如果美国如搞华为那样搞我们的网络，结果会怎样？我们的网络，美国给中断了会怎样？网络之外，还有操作系统，这个会如何？这个问题才是关键！

以前一说到美国可能断网，就有人会说美国的契约精神和法治社会等，这是因为网络背后，网络资本和利益集团主导了舆论场。但美国对华为的举动，现在就是赤裸裸的欲加之罪何患无辞，根本不要什么契约和法制，也没有所谓的自由市场。

中国与美国的网络，是接入网，不是平等的互联关系！这个就是不对等的，到时候不给你接入会如何？有关问题，《平台博弈》一书详细论证过了。

如果美国搞紧急状态，就是可以断网！这个权力在对方手里，人为刀俎

我为鱼肉。很多人说断网了，我们自己成为一个局域网也可以运转。真的是这样吗？

第一要说的是网络的镜像服务器。如果有了镜像服务器，中国境内网络是否可以成为独立子网呢？与大家在公司普通认知下的局域网不同，广域网络需要一个域名解析服务器，而不仅仅是有自己的镜像服务器，就可以了。首先如果断网了，.cn的是我们管理的，.com、.net、.gov等域名不是我们管理解析的，这个怎么办？还有就是我们的服务器只是镜像的，如果与上层服务器冲突，要接受人家管理，人家断网前把你的镜像删除了或者打乱了，你怎么办？别说你有备份，这个备份也会跟着人家的操作同时改……镜像服务器是不可能拒绝主服务器的更新命令的。黑客入侵就是这样做的。

第二要说的是如果真的断网，即使你真的有自己的域名解析服务，还是不行！因为现在的网络，不按照中国的疆域来划定！美国是网络霸主，掌握了广域网的绝对话语权。中国有五个网络出口，都由不同的境外服务器管，美国管理网络路由，不是你境内的链接就不会出境，他们是东亚环太平洋等区域一起算路由链接的。也就是我和我邻居的网络链接，网站域名解析和路由计算以后，可能经过的不仅是国内的服务器、路由器、交换机等网络设备，还有可能到日本甚至美国走一圈才连上！如果断了，那么我们就链接不上了，这个问题才是关键。现在国内就不是一个独立的网。对此本人在吕述望教授那里做过测试，还有倪光南等多个院士，也确定就是网络链接路由，你想不出境都办不到！

第三要说的是我们的网络与操作系统已经不分家了。很多版本的正版操作系统安装后要在3天内联网激活，此后还要不断联网验证，验证失败则不能使用，至于操作系统升级更要通过网络。我们现在使用Win7、Win10等软件应当已经对此有所体验了。

第四要说的是有些网络和后门，大概率已经绑定到了芯片里面，在我们没有注意到的情况下断网，芯片里面还有未知的故事和风险。这个底层之下，网络的各种密码体系都是透明的，你就是不加密被脱光的。

最后还有一个关键点，就是网络上的各种开源和协议都会有问题，因为这些协议和开源，都是给美国因特网的，我们接入美国因特网是没有问题，美国不让我们接入了，这些软件的知识产权怎么办？现在美国就不让华为使用开放性源代码的安卓系统了，如果美国不让你使用开放性源代码的IP/TCP

等网络协议，怎么办？不让你使用各种网络地址怎么办？

美国因特网当年是军方给民用的，与美国的协议，是一个平等的协议吗（图4–14）？从我国台湾公开的协议，就知道怎样受美国的管理。

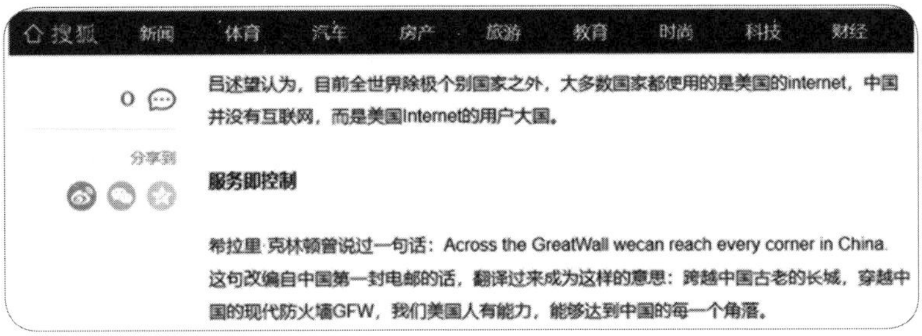
搜狐 新闻 体育 汽车 房产 旅游 教育 时尚 科技 财经

0

分享到

吕述望认为，目前全世界除极个别国家之外，大多数国家都使用的是美国的internet，中国并没有互联网，而是美国Internet的用户大国。

服务即控制

希拉里·克林顿曾说过一句话：Across the GreatWall wecan reach every corner in China.这句改编自中国第一封电邮的话，翻译过来成为这样的意思：跨越中国古老的长城，穿越中国的现代防火墙GFW，我们美国人有能力，能够达到中国的每一个角落。

图4–14

俄罗斯已经在测试如果美国断网会怎样了。俄罗斯网络建设得晚，组网相对独立，也比我们好多了。我们的网络初期是五个企事业单位各自与美国签署的协议，然后我们又分成三个公司，三家通信标准，一个是中国自己的，另两个的标准则分别是欧美的。这个混乱程度是俄罗斯所没有的，欧盟、美国都没有。真的要断网了，中国最复杂。

中国没有自己广域服务的民用网络，即没有全部主权权益的民网！中国的企事业单位和公众甚至是政府，都是个体租用美网服务，要给美国人交域名费和网络地址费。中国公民、法人租用美网，被.cn、.hk、.mo、.tw等分解掉了，根本不是整合在一起的一个子集，如果美国断网，问题会比其他国家更严重。从用户看，.cn管理的用户数只是一小部分，而.com、.net的用户，以美国网络服务器为必经服务器，必须接受美国司法的长臂管辖。

而且这里全部断网还是简单的问题，如果选择性断网结果会怎样呢？让你只能接受特定、虚假的、颠覆社会性的信息怎么办？如果美国网管限制你，你没有回避的机会，而且还可以推送给你想左右你的信息。

尽管有上面那么多问题，但也不是不可以解决。移动通信网络时代，如果5G被华为和中国标准统一，5G的电信网可以成为独立运行的中国公网，华为从电信网、移动通信、路由器做到手机终端、芯片和操作系统，也就是网络分层的七层协议，华为都参与和整合，并且在新的5G时代集成到一起，就可能把前面提及的问题排除出去。中国不受美国控制并且有望实现反超，这也是美国着急的原因！这个办法还可以让美国网络时代统治世界的权杖丢掉，不光中国，其他使用华为设备的国家，美国的棱镜不管用了。想明白了这些，就可以理解美国对华为的疯狂打压了。这个竞争比贸易战更关键，不是关税那点钱能够解决的事情。

网络时代，中国要能够与美国掰手腕，最起码网络要与美国是平等互联的。这个不改变，网络主权都没了。

综上所述，美国在对华为和5G下杀手的时候，要更远地想一下我们的网络，想一下我们还有什么其他问题和短板，网络的问题要是暴雷了，比5G、华为、贸易摩擦都要厉害，中国必须有自己的公网，必须有自己的网络主权。5G的冲突，延伸开来，就是中国有机会打破美国的网络底层霸权！

八、数字交易领域是否也会有ChatGPT式的风暴

2023年的开年，最大的事情莫过于ChatGPT的火爆！先是境外对ChatGPT热烈讨论，然后引发了中国网友的关注，形成了热搜热点，中国的相关概念股也是价格暴涨。分析公司Similarweb的数据表明，1月期间，ChatGPT平均每天大约有1300万独立访客，这一数据是2022年12月的两倍之多。此外，World of Engineering整理的一份达到全球1亿用户所用时间的排名显示，iTunes达到1亿用户用了6年半、Twitter用了5年、Meta（Facebook）用了4年半、WhatsApp用了3年半。ChatGPT增长速度创造了世界之最！

ChatGPT诞生于2022年11月30日。它是什么意思呢？Chat是聊天，GPT的英文就是Generative Pre-training Transformer（预训练生成模型）。目前，虽然其尚处于试运行阶段，但已经产生了极为震撼的影响力。据“内幕”报告称，研究人员最近让ChatGPT通过了美国一项极其艰难的考试——美国医疗执照考试。该考试由三部分组成，测试的结果是ChatGPT“在没有任何培训或强化的情况下，所有三项考试成绩均达到或接近通过门槛”。成绩出乎了测试者的预期。ChatGPT带来的人工智能的一个拐点已经出现，未来会有大量的人工的平台虚拟人出现。

我们需要关注的是ChatGPT的出现，对虚拟交易、数字交易的影响！因为同样的方式，也可能出现在数字交易的领域。现在的ChatGPT也是一个不

断学习迭代的软件，虽然现在有很多问题，但它的出现才几个月，通过不断的学习和迭代，它的能力是会迅速提高的，只要积累了足够的数据！对交易领域，也可以应用类似的算法进行学习迭代，而且机器发展的速度，可能远远高于人类。

网络从第一代Web1.0展现页面，Web2.0是互动网络，现在大家努力的方向Web3.0，是一个你可以拥有的网络，也就是说相关的信息是跨平台的。现在各种虚拟资产都属于平台！元宇宙、虚拟人与虚拟产权体系的结合，虚拟的世界就真的有了分配实体财富的能力。2022年火爆的元宇宙概念，已经把区块链结合在里面，有去中心的虚拟数字货币，也有虚拟的产权体系NFT。当下，真的虚拟人交易，已经不是简单的量化交易，在很多领域虚拟人创作的内容，是否可以是资产呢？虚拟人的交易又会如何，这是一个需要思考的问题。

虚拟交易的智能化博弈、虚拟人的博弈，体现了算法控制世界的力量！谁可以控制更多的虚拟人，背后是算力和流量的较量。

如果虚拟人参与了交易，那么原来的证券监管将变得更加困难，以前庄家之拖拉机账户，现在都可以成为虚拟人的账户。通过简单的大数据挖掘市场的操纵行为，将变得更加不容易，而且网络不是中国的，去中心化之后，谁有权执法都成为问题。

我们发现，区块链的去中心化是伪去中心的，所以承载虚拟世界的平台就变得异常关键，因为网络的网管其实就是新的中心！现实中，这个平台是美国因特网，所有的控制权在ICANN，网管是美国人，其实加强了美国的霸权！本人在2017年出版的《网络霸权》当中提及这个问题，与本书同时出版的《平台博弈》还将深入讨论这个问题。

如果新的AI技术到了拐点，必将引发新一轮的国际财富再分配，引发虚拟与实体经济的财富再分配，中国需要做好理论上的预研和准备，不能在分配当中成为被掠夺的对象，而他们想要掠夺的，恰恰是实体经济发达的中国。因此，风口来了，中国需要有危机意识！

第五章

国际贸易摩擦及其博弈

——信息时代国际关系再论

在资本倾销模式下，企业的竞争根本不是产品的好坏、服务的质量，而是谁的资本更大、成本更低，谁更能够烧钱，谁的泡沫更大和故事更完美！

在这个模式下，谁有货币霸权，谁就是最终的胜利者！我们难以货币宽松和利率高企，怎么能够与不断QE且是零利率的泡沫国家进行交易上的竞争呢？这样的“互联网+”就是向美国因特网和美联储货币霸权交出国家的经济命脉。

中美博弈，已经不是两个国家，而是全球的主旋律了，因为两个国家的GDP已然占全球40%，中国的经济实力已经是后面多个国家之和。美国虚拟的软实力与中国实体的硬实力，是各自优势不对称的扭曲，谁能够补好短板，谁能够主导世界！美国有宏观上的霸权，中国有微观上的产业份额，中美博弈将直接决定未来数字经济新规则。

一、中国数据背后的逻辑与美分“妖魔党”

2020年，新冠肺炎疫情之中，我们看到了一组数据，本来是很正常的数据，但在“美分党”看来，似乎发现了质疑中国数据的重大线索，对此，我们要对中国经济与美国经济的差别和其中的数据逻辑、GDP的计算，以及美国怎样掩盖了本国数字泡沫对世界经济剥削，做详细解读。

先看2018年的数据（表5–1）。

表5–1 单位：美元

	人口	GDP	人均GDP	银行资产	人均银行资产	汇率
中国	13.86亿	13.4万亿	9627	49万亿	36353	
美国	3.27亿	20.6万亿	62904	19万亿	58103	
中美对比比例	4.23	0.65	0.15	2.57	0.62	7.1
中国 2008	13.25亿	4.6万亿	3467	5万亿	3774	6.87
中国10年增长（倍）	1.05	2.91	2.78	9.8	9.37	
美国2008	3.04亿	14.7万亿	48283	13.8万亿	45395	

针对表5–1，质疑声音是这样的：

（1）过去10年，中国的银行资产增长9.8倍，GDP增长2.9倍，汇率基本上没有变化。

（2）美国的银行资产和GDP差不多，按照美国的逻辑，中国的银行10年多了44万亿美元的资产，增长部分2.3倍于美国的银行资产，这个政府背书支撑的银行资产能撑多久？

（3）假设中国GDP没有水分，银行资产是汇率高估了，按照美国GDP和银行资产的比例测算，汇率应该是27∶1。

其实针对表5–1当中的数据，站在中国的立场上，首先想的逻辑不是中国的银行数据有问题，而是美国的GDP有虚假，或者中国的GDP有低估，没有按照购买力平价进行估价，很多中美一样的商品尤其是劳务服务层面，就是1∶1的概念，如果这样估算，当然美国低估了中国，而且大家的眼光，更多会盯在我们的增长上。

这里第一个问题的逻辑是并非所有东西都可以直接相关和有简单的比例关系。GDP代表的是经济增量，不代表积累，其实一提到积累率，大家就明白了。

打一个比方，GDP比作一个家庭的收入，而表5–1中的银行存款，相当于家庭存款。存款多少与收入多高有关，但绝对不是简单的比例关系。家庭存款少了，你不质疑家庭收入低了，反而质疑说存款高的收入应当更低，这样的逻辑，只有美分党妖魔化的思维才有。一般而言，富裕家庭会挣了钱花光，穷的家庭会更多地攒钱，非常符合经济规律。中国现在就是积累率接近40%，而美国是1%的样子，如此巨大的差别，当然银行存款不一样了。

进一步讲，就算我们有这么多的银行存款和积累率，也要看看我们的经济发展到底积累了什么。2008年到现在的十多年，中国的高铁基本是从无到有的，在2011年还在质疑高铁事故，但现在高铁是满天下运行了，成为中国崛起的标志之一。这些建设都是贷款的，都有实物资产为背书。而美国的存款背后是，美国的国债一天天滚雪球，钱都是花掉的。

中美经济结构的不同，用两国的公司进行一下比较就可以知道了。中国的代表是房地产公司，美国的代表是网络公司。房地产公司投入了以后，最后变成房子，房子卖掉了以后，公司的现金存款越来越多，公司有很多的利润，房子也成为社会的资产。而网络公司是钱烧掉了以后，有了很多的虚拟资产，利润很低，不要利润的公司还有那么多的现金吗？

更进一步讲，对网络公司烧的钱，美国也是计入GDP的，“花钱就是GDP”是美国的逻辑。但为何这个可以成为美国逻辑？背后就是美国的钱是QE出来的，拿国家的白条国债发行的，国家的国债也是花掉的，国家没有钱没有资产。这样的货币，其实就是伪钞逻辑，拿着伪钞，花掉才是获得财富。因此，这些钱到网络公司，花掉了，就是取得了财富。而中国的货币发行是依靠美元外汇占款，发行的货币都是血汗劳动换来的，美国金融体系创造和花掉的美元，对美国其实是一个利益输送。

这里有美国的悖论，大家可以了解一下特里芬难题。当年，日本被列强取消了不平等条约，代价就是以《马关条约》的赔款换成英镑发行日元，而不是直接以白银发行日元。后来我们把黄金储备都放到美联储，以美元储备来发行人民币。现在美国不愿意了，因为中国攒的钱太多，特里芬难题来了，美国要抬高要价，要毁约。这个内在逻辑，就是美分党舆论的经济立足点。他们认为，现在解决美国贸易困境，不是自力更生，而是进一步扩大改革开放。

现在美国GDP的压力，不光是美国统计GDP认为网络烧掉的钱是GDP，家庭主妇干家务也是GDP。还有美国搞了一项虚拟房租，你住自家的房子也是创造GDP的，按照市场房租价值计入GDP。当然，美国人还可以说他们还没有如印度人那样，把牛粪也计入了GDP，把牛多拉的粪便变成所谓的经济增长。且不说这些GDP是否虚假，起码这些GDP不能形成银行存款吧？但这些GDP都可以使得人均GDP增加！父母在家给你带孩子、你老婆刷碗做饭、你在家搬家具等，按照美国的劳务标准算一下，再算上房租，咱们的人均GDP和总GDP还有巨大的增长空间！

这里有一个老生常谈的话题，说中国的M2太多，是银行的问题。其实这个话题反过来问一下，如果中国老百姓一定要死死拿住存款，那么银行的M2是肯定要增加的，银行的M2增加，还有老百姓多攒钱的因素。你别说这些存款多了没有消费，存款变成贷款，是我们的基建投资等在消费。中国是难以如美国那样金融创造货币的（说难听了叫QE和印钞），所以我们需要M2的增长。

中国和美国的经济结构不同，中国的劳方和资方的关系与美国也不一样。美国这些年贫富分化加剧，而中国这十年是基层工资暴涨的时代，而且现在一直在涨。GDP是有劳方所得和资方所得的，企业利润怎样是一个层面，老百姓收入怎样是另外的层面，扶贫政策让更多的人有了存款。

美国富人有钱与中国穷人有钱是不同的，因为资产的选项不一样。美国的金融产品和金融资产远远比中国多，这十年，美国大量的资产变成了证券化资产，仅仅比较银行存款，是非常不合适的。美国的虚拟资产也有很多问题，比如数字虚拟货币等，中国是严禁比特币等虚拟货币的。中美经济差异还是巨大的。

美国与中国经济结构不同，还表现在双方的海外投资不成比例。美国的海外投资是美元的M3，美联储不公布，而中国的海外投资最近在萎缩，银行在“抽筋”，背后还是我们要拿美元投资，美元吃紧的结果。

经济到底如何发展，还有一个关键性的数据，就是发电量。中国的经济增长，更快于发电量的增长，因为中国单位GDP的能耗一直在降低，从发展中国家到发达国家，GDP的增长将变得更加绿色。中国的发电量增长一直稳健，而且已经约超过美国50%。

国家统计局数据，2018年全年发电6.8万亿千瓦时，同比增长6.8%，增速较2017年加快1.1个百分点，为2014年以来最高增速。到底有没有增长，这是一个关键性的数据。对比2015年、2016年的发电量数据和世界各国的占比，就非常清楚了（表5-2、图5-1）。

中国GDP到底如何，我们还有一个佐证，就是海运指数。从中可以看到，中国的海运依然繁忙，国际海运指数是高企的。可以去查各种的航运指数，也可以看看报道:《宁波舟山港全世界吞吐量最大的港口如此火爆，啥信号？》。

这些数据与你的印象完全不同，背后的差距不光是前面说的劳方收入增加，资方企业受到压力；还有就是东西部的调整，西部开发投入巨大，现在西部的日工资已经接近300元了，西藏中印边界附近的康马县，劳动力的日工资是260元。新疆、内蒙古更高，而且是在太阳能下全面爆发的高效现代农业。

2018年，本人写了《西藏在扶贫中腾飞的经济内在逻辑》。2020年，西藏各地又有大变化，扶贫对中国基层社会的改变是巨大的，而且建立了自己的经济逻辑和循环。中国的面貌已经让很多人吃惊。这个吃惊不是在核心城市，而是在边远的地方。

表5-2　2016年全球发电量排行榜　　单位：亿千瓦时　制表：北海居

1985年排名	国家或地区	1985年发电量	2015年排名	国家或地区	2015年发电量	2016年排名	国家或地区	2016年发电量
1	美国	26317	1	中国大陆	58149	1	中国大陆	61425
2	俄罗斯	9620	2	美国	43487	2	美国	43508
3	日本	6720	3	印度	13084	3	印度	14008
4	德国	5225	4	俄罗斯	10634	4	俄罗斯	10871
5	加拿大	4604	5	日本	10301	5	日本	9996
6	中国大陆	4107	6	加拿大	6523	6	加拿大	6630
7	法国	3435	7	德国	6469	7	德国	6484
8	英国	2981	8	巴西	5815	8	巴西	5817
9	乌克兰	2720	9	法国	5687	9	法国	5534
10	巴西	1937	10	韩国	5455	10	韩国	5512
11	印度	1864	11	英国	3391	11	英国	3386
12	意大利	1857	12	沙特阿拉伯	3281	12	沙特阿拉伯	3305
13	南非	1414	13	墨西哥	3103	13	墨西哥	3148
14	西班牙	1382	14	意大利	2830	14	意大利	2863
15	波兰	1377	15	伊朗	2819	15	伊朗	2860
16	瑞典	1371	16	西班牙	2805	16	西班牙	2744
17	澳大利亚	1237	17	土耳其	2618	17	土耳其	2727
18	挪威	1033	18	中国台湾	2580	18	中国台湾	2641
19	墨西哥	940	19	澳大利亚	2530	19	澳大利亚	2569
20	哈萨克斯坦	813	20	南非	2497	20	南非	2519
21	罗马尼亚	718	21	印度尼西亚	2340	21	印度尼西亚	2489
22	荷兰	630	22	埃及	1806	22	埃及	1873
23	韩国	627	23	泰国	1778	23	泰国	1797
24	捷克	581	24	波兰	1649	24	越南	1757
25	比利时	573	25	乌克兰	1637	25	波兰	1666
26	瑞士	565	26	瑞典	1621	26	乌克兰	1637
27	中国台湾	556	27	越南	1597	27	马来西亚	1568
28	芬兰	494	28	阿根廷	1454	28	瑞典	1549
29	乌兹别克斯坦	479	29	马来西亚	1447	29	挪威	1495
30	委内瑞拉	473	30	挪威	1445	30	阿根廷	1469
31	阿根廷	453	31	委内瑞拉	1278	31	阿拉伯联合酋长国	1368
32	沙特阿拉伯	453	32	阿拉伯联合酋长国	1274	32	委内瑞拉	1156
33	奥地利	445	33	巴基斯坦	1102	33	巴基斯坦	1154
34	保加利亚	416	34	荷兰	1096	34	荷兰	1147
35	伊朗	395	35	哈萨克斯坦	916	35	哈萨克斯坦	945
36	土耳其	342	36	捷克	839	36	菲律宾	899
37	白俄罗斯	332	37	菲律宾	824	37	比利时	869
38	埃及	317	38	哥伦比亚	770	38	捷克	733
39	哥伦伦亚	294	39	智利	754	39	哥伦比亚	785
40	丹麦	291	40	瑞士	709	40	智利	775
41	巴基斯坦	288	41	比利时	706	41	科威特	711
42	新西兰	285	42	阿尔及利亚	688	42	阿尔及利亚	702
43	希腊	277	43	芬兰	686	43	芬兰	686
44	匈牙利	268	44	科威特	683	44	奥地利	676
45	泰国	230	45	罗马尼亚	663	45	以色列	674
46	菲律宾	228	46	以色列	654	46	孟加拉国	674
47	斯洛伐克	225	47	奥地利	649	47	瑞士	663
48	立陶宛	210	48	孟加拉国	608	48	罗马尼亚	648
49	阿塞拜疆	207	49	乌兹别克斯坦	576	49	葡萄牙	605
50	中国香港	192	50	葡萄牙	524	50	乌兹别克斯坦	589
51	葡萄牙	189	51	希腊	519	51	希腊	525
52	印度尼西亚	164	52	新加坡	503	52	新加坡	516

续表

1985年排名	国家或地区	1985年发电量	2015年排名	国家或地区	2015年发电量	2016年排名	国家或地区	2016年发电量
53	以色列	154	53	保加利亚	492	53	秘鲁	515
54	科威特	154	54	秘鲁	483	54	保加利亚	451
55	马来西亚	149	55	新西兰	443	55	新西兰	439
56	智利	140	56	卡塔尔	418	56	卡塔尔	424
57	阿尔及利亚	123	57	中国香港	380	57	中国香港	382
58	秘鲁	121	58	白俄罗斯	341	58	白俄罗斯	331
59	爱尔兰	121	59	匈牙利	303	59	匈牙利	315
60	阿联酋	120	60	丹麦	289	60	爱尔兰	304
61	土库曼斯坦	110	61	爱尔兰	284	61	丹麦	303
62	新加坡	99	62	斯洛伐克	272	62	斯洛伐克	275
63	越南	51	63	厄瓜多尔	260	63	厄瓜多尔	271
64	厄瓜多尔	46	64	阿塞拜疆	247	64	阿塞拜疆	250
65	孟加拉国	45	65	土库曼斯坦	215	65	土库曼斯坦	226
66	卡塔尔	40	66	特立尼达和多巴哥	97	66	特立尼达和多巴哥	89
67	特立尼达和多巴哥	30	67	立陶宛	49	67	立陶宛	43

资料来源：世界能源统计年鉴（2017）

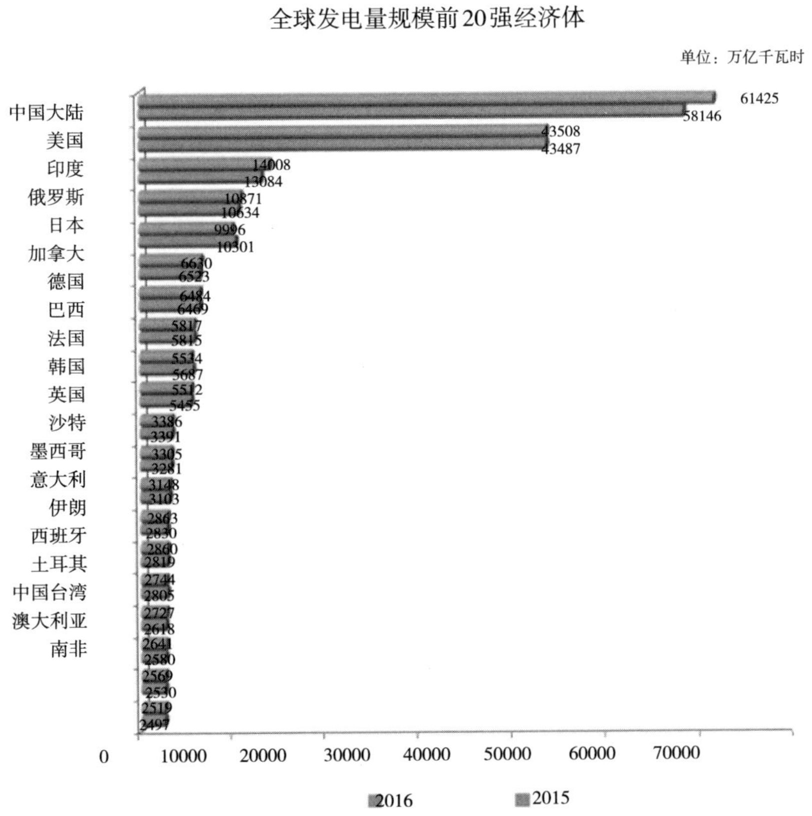

（资料来源：世界能源统计年鉴2017　制图：北海居）

图5-1

另外，中国的发展，你感受不到的还有军工的GDP增长。中国的军工产业这十年来今非昔比，中国军队的装备日新月异，海军批量造舰、空军现代化飞机上天。军事的高端研发和产业发展，很多数据是保密的。中国作为制造业大国，对产业空心化的金融国的美国是有优势、有压力的。

综上所述，我们应当对中国更有信心，虽然在美国的体系之下，但可以更多地依靠美元，加大自力更生，从而脱离这个体系。当然，脱离也是会付出巨大代价的，光一个英国脱欧就付出了多少代价？中美经济体系脱钩，影响巨大。本来是共赢的事情，可对方要全赢，面对如此霸道的对方，我们也要有斗争的勇气。

因此，我们对中国的数据要有信心，现在是转型期，压力肯定大，美国又有额外的压力，但整体数据，有利的一面也不少，需要的是持久战，需要的是熬过去。图表给我们的数据显示，中国的积累在加厚，是对持久战理论最大的支持。

二、“互联网+”让数字霸权发挥更大优势

中国在产业的微观上是有优势的，是世界工厂，有足够的份额，而宏观上则是美国的网络、金融的霸权。微观和宏观，谁为主导，至关重要。

1.“互联网+”是数字霸权的抓手

因特网是美国控制的接入网，美国搞的互联网（Internet Plus）其实是让各种传统资源绑定在其因特网上，实质就是“互联网枷”。

当今的人们已经离不开网络，生活和生产被网络信息包围，生活方式也上网有瘾。数据信息和资产、各种交易，都建立在这张网之上，你没有脱离它的选择。虽然各国都希望有自己的因特网主权，美国不理你，你是一点办法也没有的。

现在是信息社会，经济、产业、生活已经离不了网络。如果你离不开美国人控制的关键环节，他让你脱钩，就等于他制裁你，你要屈服他，他要得利，根本不是一个平等的博弈。美国搞数字泡沫置换财富的游戏，因为他有让你不得离开他的实力。

网络的控制权在美国，膨胀的数字资产在网络上，数字泡沫换取财富就必然会发生。美国是数字泡沫的抓手，欧盟可以建立欧元不用美元结算，但欧盟也离不开因特网。网络是交易的平台，平台是美国控制信息时代的工具。

中国一直以自己的全产业链而自豪，但中国的产业链关键断点就是网络。同时围绕光刻机的产业，比如光刻机影响芯片制造，还有操作系统等，这些产业的断点，其实就是美国数字泡沫可以渔利的抓手。人家为何可以用泡沫换取你的财富，关键是断点你不买不行。开店的都知道，客户要是有刚需必须买，店家就可以搭售。

我们前面还论述过，货币数字化、数据资源化、经济平台化和技术算法化，网络让传统产业透明，让网络的使用者透明，让交易对手透明，而网络的控制者不透明。美国一直是网络匿名制的，中国则网络实名制，而且是实名给网站，网站大多数有美资。美国人主推网络免费，而免费的，常常是最贵的！这个免费的背后，就是要利用网络带来的信息价值、不对称价值、透明价值，网络的透明和不对称让美国的网络霸权下的数字泡沫可以换取财富。所以美国就是要把传统产业的信息绑定在网络上，让传统产业对网络信息有信息依赖、数据依赖，而网络却不依赖传统行业，这个单向不对称，结果一定是网络为主导的交易，泡沫可以换取财富，是数字泡沫的抓手。

中国也提出了“互联网+”，我们的“互联网+”的概念有点混乱，到底绑定在哪一个网络非常重要。现在新技术革命，其实给我们的“互联网+”和摆脱美国因特网带来了新的机会。我们的“互联网+”是可以绑定在中国技术主导的5G移动电信网上。

我们认为，中国的“互联网+”应当基于5G引领的新技术革命，建立各国主权电信网为基础的多个电信公网，通过各国电信之间的平等移动通信协议，互联为一体的新一代移动互联网，并在移动互联下，结合传统应用，整合为更高效的新型创新产业。

因此，有了5G技术，新技术革命能够摆脱美国对网络的霸权控制，才是中国能够不被要挟进行自主经济循环的前提，也是中国可以避免被数字泡沫剥削掠夺的关键。

下面的章节将具体分析资本倾销和数字泡沫与“互联网+”的关系，而中国要摆脱美国的网络控制，5G极为关键且意义重大，在本书的最后会详细讨论。

2.“互联网+”下的资本倾销和数字泡沫

美元与黄金脱钩，QE的出现和常态化，带来长期的低利率和货币宽松，海量的资本一定要无序扩张，但资本的扩张一定要得利，得利的方式之一就是通过倾销取得垄断。网络烧钱模式被追捧，烧钱的过程看似无序扩张，结果却是网络巨头取得垄断，通过垄断获得超级利益，向各行各业渗透。

美国人提出了“互联网+”，中国要用这一概念，必须认识到其中的一些风险，要知道美国人的设计是为美国渔利服务的。

“互联网+”改变世界竞争优劣的格局必须得到重视，其给货币霸权国家带来更大的优势。外国资本倾销与中国产业控制权流失，在控制权流失下，中国经济主权丧失，成为外国的“互联网殖民地”。外国的货币霸权在“互联网+”下优势得到最大限度地发挥，让中国作为制造国的国际相对竞争优势削弱。

美国的金融霸权利用金融货币优势，进行资本倾销，这里的竞争，中外严重不对等。对资本倾销的概念本人也多次论述，低于正常的货币成本的投资，就是资本倾销，倾销是要通过这样的不正当竞争最后垄断得利。西方的QE下，把利率变成接近于零或者直接负利率，中国的利率是5%（民间利率可以是20%以上）。如此利差下，西方是伪钞逻辑，中国的投资逻辑是无法与之竞争的，因为西方的信誉是有瑕疵的QE货币，在负利率下买到就是胜利。这里的逻辑不是投资逻辑而是伪钞逻辑，伪钞是花出去就是胜利。他们通过印钞是可以把你的关键行业都买下的，无论你卖得多么贵，只要他们买下，那就是贱卖，因为他们是印钞购买！他们的资本是低于正常货币成本的倾销。倾销集中在数字领域，也可以叫作数字资产，倾销带来的就是数字泡沫，这些数字泡沫是要换取你的财富的。

在金融霸权、资本倾销模式下，网络数字领域是最好进行资本倾销的领域，因为虚拟的数字泡沫，最容易催生又带有欺骗性。网络是只有第一没有第二，且带有天然垄断性的产业，同时又是一个没有被瓜分的新兴产业，因此“互联网”是西方资本倾销的重灾区，也是操作数字泡沫换资产的赌场。中国的核心网站都是被外国资本控制的，而且都催生出来了数字泡沫，估值远远高于中国的传统产业。就算搞出来名义上中国人持股控制的网络公司，中国所占股份比例也是很低的。公司海外上市，控制公司的司法管辖权也在海外，真正的控制权根本不在中国人手里。你发展了外资网络产业，控制权拱手让人，不就是替人做嫁衣吗？如果没有这个控制权，我们就是外国资本的“殖民地”。

资本倾销在网络领域还有一个信息规律在起作用，就是梅特卡夫定律，以及网络的五大定律。这些定律已经在本书前面章节进行了介绍和分析。梅特卡夫定律其基本内容是：一个网络的价值等于该网络内的节点数的平方，而且该网络的价值与联网的用户数的平方成正比。所以通过倾销占据更多的节点数，在数字信息系统规律面前，确实可以获取利益。这里的资本价格的不同，起到了决定性的作用，QE让资本涌入数字资产领域。有多少节点不光是资本的事情，也是社会公共资源的事情，类似的事情传统领域也一样，比如电网、自来水，不能变成霸权搞数字泡沫换取财富的理由。

“互联网+”的高估值下，不断进行低于成本销售的不正当竞争，网络免费背后是流氓软件的横行和潜规则，以及通过不正当的竞争手段打垮传统行业，比如打车倒给钱，看似开始的时候优惠了消费者，一旦它成了规模，建立垄断门槛，下面就要渔利了。对华尔街而言，只要有控制权，估值是可以不要利润的，这就是为何这些网络股票的股价可以涨上天，可以没有利润上市，原因就是控制权带来的利益太大了。他们要控制权溢价，不管现在是否挣钱，因为以后的利益输送会带来更多的利益。

资本倾销会带来资本的敲诈。所以资本倾销的烧钱逻辑是难以为继的，很多企业走上这个模式以后，原来可以自负盈亏良好运转，马上就变成不得不依赖烧钱维持，资金一断就根本玩不转了。资本要求你变成烧钱模式，等你这一轮烧完了，却不保障你下一轮。大量的企业转型为烧钱模式后无法维持，结果是为了生存不得不接受资本的条件，企业的所有权、控制权被迫贱卖，大量的创业者被赶出公司，企业被资本控制。所以资本倾销就是一种资本掠夺的手段。

在资本倾销模式下，需要长时间完成的垄断，可以变得极为迅速，这样的垄断被西方称为市场自然形成的。比如我们的打车软件，原来有200多个，在几十亿元的倾销之下，迅速变成了两个企业。这两个企业合作或合并到了一起。原来需要多年甚至上百年完成的产业整合，迅速就完成了。在“互联网+”下，一夜之间，我们分散的传统产业一下子被垄断到了“互联网”，也就是美国因特网之上，对中国是好事吗？

在资本倾销模式下，企业的竞争根本不是产品的好坏、服务的质量，而是谁的资本更大、成本更低，谁更能够烧钱，谁的泡沫更大和故事更完美！在这个模式下，谁有货币霸权谁就是最终的胜利者！我们难以货币宽松和利率高企，怎么能够与不断QE且是零利率的泡沫国家进行交易上的竞争呢？这样的“互联网+”就是向美国因特网和美联储货币霸权交出国家的经济命脉。现在的货币已经不是自由派经济学时代的金本位或者国际金汇兑本位制的时代，货币发行是没有锚的，在滥发货币可以渔利的模式之下，作为货币霸权国家的美国具有与生俱来的巨大优势，我们在制定政策的时候，要考虑中美竞争。

资本倾销下，自动可以完成产业的利益输送。“互联网”与传统行业的不同估值，市场会自动选择利润的投向，就如电商的关键环节是配送，但我们忽视了传统配送行业。同样的利润1块钱，在传统行业是5倍市盈率，到“互联网”就是100倍的市盈率。把传统行业的利润和控制力输送给被外国资本倾销控制的“互联网”，背后却是中国传统行业的核心利益流失。如果他们这个目标实现了，传统行业失去应有的活力和市场，“互联网+”就是“互联网枷”和“互联网痂”了，传统经济成为互联网的“傀儡”，而互联网是美国军方控制网络的傀儡。

现阶段，中国无法与金融霸权国家竞争。有人说中国企业不给阿里、不给百度投资，这背后就是中国资本要求的回报是不一样的，中国民间要20%～30%的利率，银行也要5%以上的利率，怎么能够与西方基本零利率的资本相比？西方能够给得起的估值，中国的资本是给不起的，就算国家资金大力支持，资金成本也是很高的。“互联网”对美国资本是透明的，美国资本进入中国通过倾销的方式打败中国资本是没有门槛的，而传统行业的不透明恰恰是外来资本进入的门槛所在，“互联网+”给西方资本降低了资本倾销数字泡沫进行攻击和交易得利的门槛，因为中国的“互联网”企业，西方资本是主导，一样会有数字泡沫。

我们很多时候把“互联网+”当作所谓的打破垄断的改革，但这个也是伪命题。比如说打破我们的银行垄断，但我们最大的银行只占20%左右的市场份额，因特网电商占80%市场份额，垄断程度更高。这个更大的垄断是资本倾销，它是100倍的市盈率，带有巨大的数字泡沫。我们的银行现在是不到10倍的市盈率，是没有泡沫的传统资产。美国网络上的优势，我们要时刻想着怎样削弱，不能让其取得资本倾销和数字泡沫换优质资产的机会。

国家对这些垄断平台的态度在转变（图5–2）。

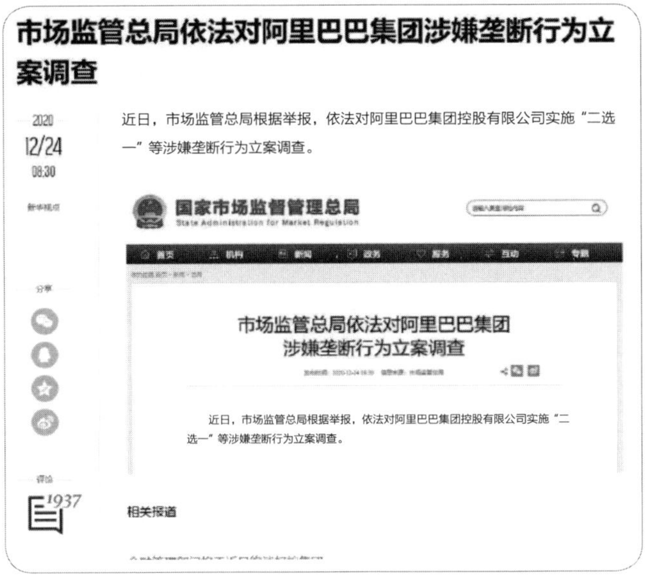
市场监管总局依法对阿里巴巴集团涉嫌垄断行为立案调查

2020
12/24
08:30

近日，市场监管总局根据举报，依法对阿里巴巴集团控股有限公司实施“二选一”等涉嫌垄断行为立案调查。

国家市场监督管理总局
State Administration for Market Regulation

首页 机构 新闻 政务 服务 互动 专题

市场监管总局依法对阿里巴巴集团
涉嫌垄断行为立案调查

近日，市场监管总局根据举报，依法对阿里巴巴集团控股有限公司实施“二选一”等涉嫌垄断行为立案调查。

分享

评论

1937

相关报道

图5–2

2020年底，国家对阿里巴巴的调查是一个进步，以前是难以想象的。本来很多中国网络企业的行为，就应当依法反垄断在先。

我们真的能够不要传统行业仅仅靠美国因特网生存吗？如果我们的传统行业都被网络统起来，被“互联网”控制了，“互联网”再通过西方的资本倾销，中国根本无法与金融货币霸权国家进行竞争！不管传统行业的名义所有权是谁的，只要控制权丧失了，就等于把所有权交出来了。虽然新技术可以带来进步，但这个新技术是竞争对手要来打败你的，你怎么能够对此主动投降呢？因此我们要有自己的网络，不能让新技术成为对手打败我们的利器。

综合来看，“互联网+”实际上打通了传统行业对资本倾销的壁垒，让一切对外国资本透明，同时外国的资本倾销催生的数字泡沫，也就可以通过“互联网+”交易渗透到我们的各个领域。这样原来中国制造业的各种规模优势和壁垒，就全部被“互联网+”给打通了，全部暴露在资本倾销之下，今后中国与世界的竞争，西方货币霸权国家就可以更好地发挥货币优势，通过更低成本的资本，通过“互联网+”的模式，对中国的产业进行全方位的倾销和掠夺。中国的制造业可能还很强大，但这个制造业就要被外国更多地控制，中国高速增长的GDP，就要变成外国的GNP了。所以我们要顺应网络时代，要认清网络时代给我们带来的变化，从中找到怎样发挥自己的优势并限制对方优势的方式，而不是如赶潮流的时尚青年，只要是潮流时尚就一味地叫好，不问自己的损益。

3.“互联网+”、智能制造、工业4.0的似是而非——软规则和产业生态下定价权博弈才是关键

这个世界是宏观主导还是微观主导的，谁是矛盾的主要方面？产业的结构至关重要，“互联网+”和工业4.0背后，结构是不同的，我们选择什么样的未来产业结构，微观调控政策该怎么细化？是需要思考的。中国提出的“智能制造2025”，是一个产业政策，应当属于微观调控的一种。

我们现在的流行词包括“互联网+”、工业4.0、智能制造2025等，这些词之间到底有什么样的关系？它们的实施会对我们的发展和崛起有什么本质的影响？这其中的软规则带来的产业生态和定价权博弈、主导未来的财富再分配，这才是问题的关键。

通俗来说，“互联网+”就是“互联网+各个传统行业”，但这并不是简单的两者相加，而是利用信息通信技术及互联网平台，让互联网与传统行业深度融合，制造新的发展生态。它代表一种新的社会形态，即充分发挥互联网在社会资源配置中的优化和集成作用，将互联网的创新成果深度融合于经济、社会各领域之中，提升全社会的创新力和生产力，形成更广泛的以互联网为基础设施和实现工具的经济发展新形态。

工业4.0是德国政府提出的一个高科技战略计划。该项目由德国联邦教育及研究部和联邦经济技术部联合资助，投资预计达2亿欧元。旨在提升制造业的智能化水平，建立具有适应性、资源效率及人因工程学的智慧工厂，在商业流程及价值流程中整合客户及商业伙伴。其技术基础是网络实体系统及物联网。

“工业4.0”概念包含了由集中式控制向分散式增强型控制的基本模式转变，目标是建立一个高度灵活的个性化和数字化的产品与服务的生产模式。在这种模式中，传统的行业界限将消失，并会产生各种新的活动领域和合作形式。创造新价值的过程正在发生改变，产业链分工将被重组。该战略旨在通过充分利用信息通信技术和网络空间虚拟系统——信息物理系统（Cyber-Physical System）相结合的手段，将制造业向智能化转型。

工业4.0包括智能工厂、智能生产、智能物流三个方面。智能制造

(Intelligent Manufacturing，IM)源于人工智能的研究。一般认为智能是知识和智力的总和，前者是智能的基础，后者是指获取和运用知识求解的能力。智能制造应当包含智能制造技术和智能制造系统，智能制造系统不仅能够在实践中不断地充实知识库，具有自学功能，还有搜集与理解环境信息和自身信息，并分析判断和规划自身行为的能力。

智能制造是一种由智能机器和人类专家共同组成的人机一体化智能系统，它在制造过程中能进行智能活动，诸如分析、推理、判断、构思和决策等。通过人与智能机器的合作共事，去扩大、延伸和部分地取代人类专家在制造过程中的脑力劳动。它把制造自动化的概念更新，扩展到柔性化、智能化和高度集成化。

在技术领域，交叉重叠非常多，我们相关人士对其的解释更多是从技术层面出发，但真正的差别，是在软规则上，是在产业生态上。

在软规则上，"互联网+"是以网络为中心的，是以一个设计中心统起来的，各个环节均在网络上公开透明，这样的产业生态就从一个传统的产业链变成了产业向心簇，由位于网络控制主导地位的设计中心完全控制，设计中心可以在网络上公开比价、定制、下单采购，所有环节均可以通过网络操控完成。马云提出建设全球的供应体系，把各种制造环节变成网络上的透明环节，这样的B2B，就是使生产配置网络化、产业生态网络透明化。

工业4.0将各环节均整合重组到一个工厂里面。原来工厂是标准化的大规模生产，现在工厂可以定制，可以按照消费者需求调整，可以见单生产，从而更好地满足人们的需要。

智能制造则更偏重于技术替代人力，社会发达、人力成本高企的时代，由机器替代人类劳动，既可以提高工厂人员的劳动效率，又可以在发达社会维系劳动力的高工资，在老龄化社会劳动力紧缺情况下，保障人们的物质生活水平。工业4.0和"互联网+"提到和涵盖了部分智能制造的内容。

这些软规则带来产业生态改变，不仅改变定价权的归属，还可以制定不同的结构性升级计划，这是全球利益再分配的激烈博弈。

在"互联网+"的模式下，网络起到了主导作用。网络的设计中心是整个生产过程的主导者，设计中心攫取了整个产业链最主要的利润，主导了产业链的定价，是整个模式定价权的拥有者。其他生产者在网络上是透明的，各个生产过程不断碎片化，从工厂变成车间，从车间变成工序，每一个生产环节都越来越标准。评价标准变得单一化，每一个生产环节都不得不扩大规模，进行简单的重复产能扩张以降低成本。重复单一环节的扩张也使它们的适应性非常低，难以转型，对设计中心的订单产生巨大的依赖。价格的透明和价格战使得它们的利润非常微薄，完全被设计中心控制。

这些产业最后只能是单一化和规模化，即使它占有巨大的份额，它也是非常脆弱的，尤其是一旦失去订单难以转型，就完全被绑架；而产业中透明的其他企业已经死亡，产业的业态被彻底改造。设计中心做到了原来工厂或企业对车间的控制，却不承担原来工厂或企业对车间的责任和保护。如此的业态，下面的车间环节是非常吃亏的。这些环节，被西方转移到了发展中国家。你是制造大国，但你的所有环节却被别人控制。

在“互联网+”模式下，产业链上的各个环节是透明的，是全球分布的，被设计中心控制，设计中心由美国引领，且不说定价权和利润低，一旦发生战争和制裁，如果被断网，你的生产组织会完全乱套的。就算网络不“断网”，设计中心控制模式下，中国的产业链会发生缺环，某些关键产品不在中国生产，就会被卡脖子，中国就要受制于人。当初，特朗普的一些做法，已经让中国难受了，好在他意图暴露得早，如果中国在毫无察觉情况下被美国完全拿捏住，又会如何？

看看中国芯片的份额（表5–3），不但占有率少，更尴尬的是占有的都是低端，顶尖的更少，你的短板卡脖子，“互联网+”的顶端设计中心绑定核心环节短板，然后让你所有的产业链变得透明和碎片化，这才是美国所需要的。

工业4.0强调网络技术，但这个网络技术是用在企业的内部网络上的，是企业工厂的升级整合，使得工厂的适应性极大地提高。以前几个不同的工厂

表5–3

国家或地区	2018年芯片份额	2019年芯片份额	排名
美国	52%	55%	1
韩国	27%	22%	2
欧洲	7%	7%	3
中国台湾	6%	6%	4
日本	7%	6%	5
中国大陆	3%	5%	6

的活儿，现在全部在一个工厂内完成了。把外部的产业生态变成内部的产业生态，在内部实现利润最大化，在外部打造竞争门槛，原来碎片化的生产者、原来的单一生产环节，如果不被收购重组整合，就要面临没有上游供应也没有下游采购，而被淘汰的命运。这个模式对新来的竞争者也意味着门槛提高了，如此复杂的万能制造产业，已经从门槛变成了壁垒，成本是巨大的。内部产业形态一旦形成，生产过程当中的技术诀窍壁垒对外将设更高的门槛，更难以外泄，各种技术诀窍的整合成为更高层面的保密技术，后起之竞争者将更难逾越。与此同时，这个整合方式把全产业链都整合到一个企业内部，网络霸权国家对其也是水泼不进，网络的霸权者、网络上的设计中心就没有了控制力，变成为工厂打工收取设计费的服务者，而且不同的设计中心也激烈竞争，产业的利润和定价权将掌握在万能工厂里。对德国这样老牌的制造强国来说，高度整合的万能工厂，既可以对抗美国网络霸权下的设计中心，也可以保持对中国这样不断学习模仿的后起之秀的领先优势和技术壁垒，所以德国要提出工业4.0的概念来。

智能制造的一个关键前提就是所制造的产品产业链一定要足够长，如果只是一个工序，需要的不是智能，而是标准化。人类的产业发展，是从一个长的产业链到不断分工细化、不断标准化的过程。专业的人做专业的事，机械在越来越细的分工当中发挥更大的作用，企业不断地扩大规模和专业化。在西方的工业化进程中，这样的分工和标准化打败了手工作坊，在不断提高的加工精度下，分工成为可能。例如，历史上的美国南北战争统一了枪械的标准，让枪支零件可以互换、生产效率极大提高；而美国福特汽车开创的工业化大生产模式，创造了美国赶超世界的动力。但随着信息技术的发展和智能制造的出现，高度标准化的单一产品与定制产品的成本差距不断缩小，规模与成本之间的比例关系发生变化，个性化定制产品的专用优势相比通用产品就变得明显，而社会的时尚和消费者的多元化，使个性化产品成为消费者青睐的主流，产品个性化与标准化的成本差异被智能制造缩小。制造业从标准化走向个性化，这种趋势的背后就是信息技术、网络技术、人工智能等带来的各种成本的下降。在产业链越长的产品中，这些优势表现得越为明显。因为标准化产品，在产业链上下游之间的市场成本也是很高的，产业链之间的高成本与巨型企业内部的管理成本和变通、适应能力的提高，使得产品的整个产业链包裹在一个企业内部成为可能，这就是工业4.0。工业4.0把原来的产业链尽可能地包裹在一个企业内部，变产业链为内部闭环，在内部充分利用网络的优势，降低市场成本，让各种分工组合的市场效率变得更高，能够进一步分工细化。其与“互联网+”的不同在于一个更开放，另一个更封闭，是两个完全不同方向的事物。这二者代表当今工业化发展的两个潮流：一个是以美国为代表的，需要用因特网催生数字泡沫，来实现其虚拟产业渔利；而另一个则是把传统产业抱团反渗透，不让虚拟产业渔利，是德国等数字产业不发达、传统产业优势大的国家的选择。中国的传统产业比不上德国，数字产业比不上美国，于是有了“智能制造2025”这个中庸提法。但三个概念潮流的实现，都是以智能制造使得产品个性化、延长产业链生产过程、生产复杂产品为基础的。

在产业链变化的不同方向和生产组织模式上，我们不能忽视金融资本的作用，货币在其中的影响是完全不同的。如果不是大规模分工，分工的产业链各环节都要由货币联系起来，就没有那么多的货币需求了。这些产业链的分工再分配，是由市场联系的，而市场是以货币为媒介的，货币是所有分工的交换媒介和价值尺度，决定了产业链上下游的流通，也决定了定价权。资本力量做大并成为社会决定力量，就是随着工业化生产社会分工，产业链需要货币媒介而成为主导的，产业的社会生态，形成了资本社会。而货币的本质是信用，信用与信息有统一关系，美国是货币霸权和网络霸权的双料霸主，搞“互联网+”，把信息、市场、物流等产业制造过程组织放到网络上，这是美国霸权的进一步实现，是美国货币霸权主导制造业的实现。美国和德国不同，“互联网+”更有助于资本，有助于货币霸权、数字泡沫渔利；而德国工业4.0的结果，就是产业链在企业内部整合，通过网络技术降低管理成本，提高企业规模效率，做成巨型高适应度的万能制造企业，适应各种产品定制，让外部的网络、信息搜集者和交易媒介无法渗透，把数字网络霸权和金融霸权挡在外面，实现更大的产业控制权。面对制造国这样的产业链整合，美国的“互联网+”后续的发展就是把原材料的采购和后续的服务贸易也统一到网络上来，加长原来的产业链，使得传统的制造业难以涵盖，不让制造国变成全产业链，同时增加“互联网+”的资本倾销和制度政策门槛。对以制造业为龙头和崛起希望的国家来说，“互联网+”就是在制造枷锁。

信息技术改变世界，西方后工业化高度发展，我们回顾历史，从巨头的崛起和衰落、大公司的突然死亡，就更可以理解“互联网+”和工业4.0带给这个世界的是什么了。美国"互联网+"最成功的范例可以看苹果公司的发展和产业组织。

苹果公司的核心是一个设计中心，通过设计中心控制全球的产业，在苹果公司整个产业链的利润表上，虽然各种产品都在中、日、韩等国生产，但苹果公司占据了利润的58%，原料占据利润的21%，其他各个环节利润都在1%上下（加起来占21%）。苹果公司这样的设计中心控制了整个产业和利润。同时，苹果公司的产业链延伸到电信服务商，延伸到应用软件的开发，并且在资本市场有高估值，可以拿到超低成本的资金。类似的还有耐克、百事可乐等企业，企业的核心是产品的营销，以一个设计中心控制全球，而网络就是它们更好更有效控制的手段。

以前网络不发达，苹果也曾是竞争失败者，苹果这样的模式在初期并不顺利，在原来Winter联盟的竞争下，苹果也曾经要破产。原来的兼容机巨头，都成为明日黄花，联想也举步维艰。如果"互联网+"普及了，传统行业就会有更多企业被控制，原来被控制的会被控制得更紧。我们的制鞋工业全球第一，耐克鞋都是在中国加工的，而可乐是各地罐装的，类似这样的一个设计中心控制全球的情况会越来越普遍。苹果公司的崛起，除了他们其他层面的优秀外，这种模式在网络时代、在网络低成本的产业模式下具有巨大的优势是非常重要的因素。

而德国搞工业4.0是如何发挥竞争优势的呢？从世界十大汽车公司可以看工业4.0的发展。2015年5月，美国《福布斯》杂志发表了全球2000强企业名单。在全球实力最强车企排名中，美系意外落后，丰田第一，德国的大众、奔驰、宝马在第二、第三、第四位。而两家看来具有更加悠久的历史、体量也更为庞大的美国汽车企业通用汽车、福特汽车，分列汽车行业排行榜的第六、第七位。这背后则是德、日在制造层面的成功。

到2020年底，美国"互联网+"概念的汽车企业，已经在资本市场的数字泡沫当中一骑绝尘，特斯拉的市值是最大传统车企丰田的两倍。数字泡沫在资本层面扩张了，但在销售额层面，依然与传统的工业4.0企业没法比，二者仍然在激烈地进行模式竞争。

中国智能制造汽车企业，与世界汽车制造的差距，除了品牌和技术上的，还有生产组织上的。因此，国产车与进口车价格的差距虽然有，但比起中国有些产品在世界市场的"白菜价"，这个差距更多的是劳动力价格的差距，也就是高水平的生产组织带来的高效率，才维持了欧、美、日汽车工人的高昂工资，让他们可以不被东亚的廉价劳动力竞争下去。中国以后要给工人涨工资，不要担心劳动力工资高了以后订单流失，要利用工业化的模式整合形成对东南亚的制造业门槛，这是很关键的，这才是我们转型升级和调结构的核心。

中国的很多产业占全球80%、90%，很多还是单一产品，或者就是某个车间性质的产品，产业链均不长，均为世界其他产业生态当中的一个环节，如纽扣大王、拉链大王、眼镜大王、暖气片大王等，真正产业链长一点的发动机、变速箱等都有差距。汽车更是被外国品牌和技术主导，虽然高铁、大飞机等产业有巨大突破，但一些关键环节还是被卡脖子，比如半导体、芯片。

中国还面临一个关键问题，就是产业生态，中国现在成为制造业大国的优势也是产业生态。中国在江南的小商品制造中心，产业的上下游由中国特有的人脉关系解决了管理成本问题，单一产品的规模巨大降低了成本，多种单一产品的存在提供了复杂的选择性和门槛，是外来厂家很难进入的壁垒。现在有电商巨头打着要做跨境大平台的旗号在改变这一生态，而一旦这一生态改变，中国的传统优势就不复存在。

华为整合全产业链，利用其原有的优势在手机等终端设备上取得了成功。因此，生产的组织模式是更重要的软层面，在认识“互联网+”、工业4.0和智能制造时，软实力更为重要。这个层面决定的是定价权，决定的是全球财富的再分配。我们关心的不光是生产出产品，还要让我们的产品赚到钱，我们的生产过程能够让中国的劳动者富裕，拿到高工资。以上生产组织、生产生态的博弈，代表着不同人类社会群体之间的文明发展的较量。

通过两张“互联网+”和工业4.0的产业链结构图，就更能弄清楚两者的差别了（图5-3、图5-4）。

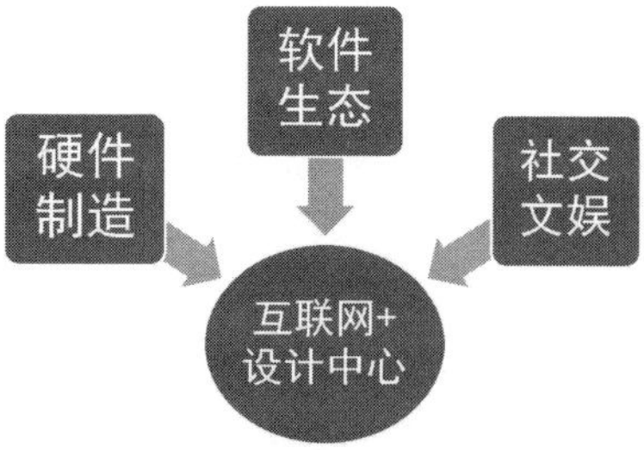

图5-3 “互联网+”产业链结构图

图5-3所示是“互联网+”的产业和社会结构，软硬件都指向网络的设计中心，硬件里面其实还可以细分各个环节，软件也分为各种不同的软件，网络的设计中心是核心。这里是我们的网络痛点。网络是美国的因特网；光刻机及下游芯片，还有操作系统，这些都是美国作为

中心的抓手。美国人设计这样的产业链结构，有他们的基础。我们只有搞5G等高新技术，突破美国的网络霸权，这是中国崛起大业重要的环节。

图5-4是德国的工业4.0模式需要的产业链，他们的万能工厂是巨大的主动轮，带动着资源和基建、金融和网络两个被动齿轮运转，他们以高端制造能力作为核心。

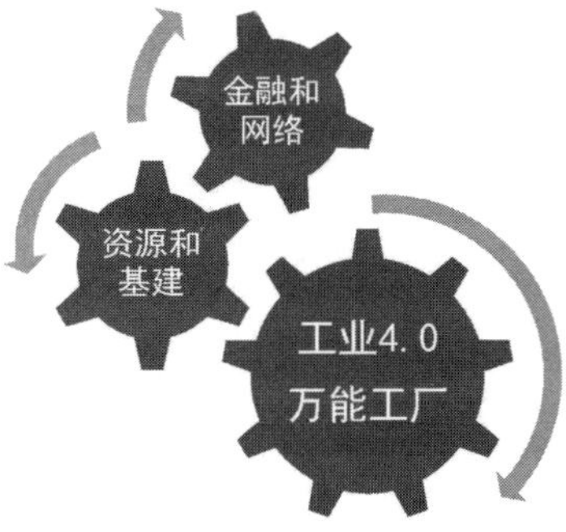

图5-4　工业4.0产业链结构图

把上面的模式看清楚，才会知道世界上在博弈什么，而中国重要的是基建能力，所以我们要搞基建输出，我们有5G，可以搞新基建，我们的制造业也要智能化。我们的网络尤其是移动通信网络有优势，我们的网络企业也开始有创新和巨头了，我们的新能源汽车的估值也在赶超日、德，2020年底，比亚迪的股价超过奔驰、逼近大众（图5-5），而蔚来的股价也已经高于宝马了。

现在的信息时代，AI的使用、机器人替代人类劳动的能力大幅度提高，世界的经济格局发生巨大的改变。“互联网+”和工业4.0，在这个新时代，博弈的就是数据在谁的手里，货币用谁的，平台在哪里，算法谁主导！美国的设计中心，就是要成为算法、数据的经济平台，美国的网络巨头就是要做货币数字化、数据资源化的因特网平台。德国的工业4.0，是工厂为数据、AI工

图5-5　比亚迪与大众的股价（2020年11月7日）

业机器人算法的工业互联网平台。而中国，5G技术领先、人口众多、网络用户第一、产业链最完整，需要的就是5G移动互联的电信网平台，是自己的公网平台，有自己的数据资源、自己的云服务、自己的流量数据算法、自己的电商平台、自己的主权数字货币，成为真正的中国实体性的智能制造，是硬智能！这背后的人流、物流和信息流的运转方式有极大的不同。所以关键在于平台是什么样的，怎么构建，平台是谁的。

综上所述，我们分析了“互联网+”、工业4.0和智能制造在生产模式、产业组织当中的差异，可以看出，产业链是形成封闭的环还是开放向心的簇，关乎核心竞争力和利益再分配，我们制定产业政策的时候重视硬的层面和形式，也要考虑软的层面和再分配。现在中国到了需要顶层设计的十字路口，若概念混淆，就会被美国的数字霸权浑水摸鱼，用数字泡沫置换我们的优质资产。

三、特里芬难题、数字泡沫与美国衰落

1960年，美国经济学家罗伯特·特里芬在其《黄金与美元危机——自由兑换的未来》一书中提出：“由于美元与黄金挂钩，而其他国家的货币与美元挂钩，美元虽然取得了国际核心货币的地位，但是各国为了发展国际贸易，必须用美元作为结算与储备货币，这样就会导致流出美国的货币在海外不断沉淀，对美国来说就会发生长期贸易逆差；而美元作为国际货币核心的前提是必须保持美元币值稳定与坚挺，这又要求美国必须是一个长期贸易顺差国。这两个要求互相矛盾，因此是一个悖论。”[①] 这一内在矛盾称为“特里芬难题”(Triffin Dilemma)，一直是美国霸权的主要矛盾之一。

发展到今日，QE常态化，则变成了美国要使得他的债务贬值，解决其印钞不通胀问题，就是要让美元大量外流到世界，但是美国为了政府继续发行债务，要求保持美元的信誉和振兴制造业，同时也要求美国贸易是顺差，这

① 〔美〕罗伯特·特里芬：《黄金与美元危机——自由兑换的未来》，陈尚霖、雷达译，商务印书馆，1997年12月第1版。

也是一对新的矛盾，这样的矛盾是导致本次危机的根源之一。

既然有这样的矛盾，为什么美国能够维持运转？其实二者是不矛盾的，前提就是市场的规模要不断膨胀，膨胀的市场会需要和消耗更多的美元，膨胀的市场也需要更多的商品。这就是数字泡沫的背景。这样一来可以向这个市场销售商品，同时还可以向这个市场倾销货币，只有市场的规模不断扩大，特里芬难题就可以不存在了。对于这个逻辑，世界是心照不宣的，维持这个矛盾不造成危机，就是要让市场不断膨胀！

这个膨胀不惜造成泡沫！因为这个膨胀的泡沫的埋单者不是美国，美国在泡沫当中是得利的。美国印的美元，总是可以在他人之前换取资源，印钞也是得利的。在这个双重泡沫下，美国是双重得利的。因此，美国需要的就是不断催生泡沫让市场不断膨胀，以泡沫的膨胀解决特里芬难题，以此来度过危机。

这个特里芬难题是20世纪60年代提出来的，但这个问题在历史上就存在，只是他们不说。一个国家要维持世界的资本霸权，需要的就是金融和制造业的共同霸权。国家金融化以后制造业的外迁造成国家空心化，导致国家衰落的事情迟早要发生。在不能维持货币和商品双输出的特里芬难题之下，一定是制造业衰落，因为金融赚钱容易，国内的资本会自行选择。

当年的荷兰就是这样的情况，阿姆斯特丹聚集着当时全球的金融家和财富，但是荷兰被英国打败了。英国就开始对这样的问题思考，重商主义就是这样产生的。重商主义特别注重贵金属的流入，在金本位时代，持有贵金属是维持货币强势的关键。贵金属流入，但以贵金属为本位的纸币因为信誉良好而流出。如果没有纸币的衍生，贵金属本身并不会直接如资本那样创造价值，这个理论就不成立了。在有了信用货币以后，贵金属的作用就不存在了，重商主义强调货币和商品双输出（当年的鸦片战争，中国史学家忽略的核心是建立了海关两制度，以一英镑纸币兑换三两白银，以英镑为海关收税货币，使得中英贸易必须以英镑结算）。英国就是这样维持着霸权的，在当年英镑是世界霸主的时候就是这样做的。

英国当初的做法是不断开辟世界市场，强迫更多的国家使用英国的货币——英镑。英国在当年号称“日不落帝国”，算上殖民地大约有俄罗斯的两倍大，殖民地在不断发展，殖民地的市场也在扩大，但仅仅殖民地的市场是不足的，因此英国还不断在全球推行贸易自由化和金融一体化，采用的方式有引诱也有战争，鸦片战争背后就是这样的逻辑。

英国人把鸦片战争叫作通商战争，他们要求中国开放通商口岸，要求中国的白银与英镑结成固定汇率制，也就是所谓的海关两，一英镑等于三两白银。为了贸易的平衡，他们要在中国销售鸦片，这些行为总体上可以理解为把商品卖给中国取得顺差，同时通过武力让一向不承认纸币只认贵金属的中国接受英镑，把英镑货币也输出到中国。在同样的问题上，英国对待日本则是另外的态度，主要是利诱——支持日本在亚洲的扩张。日本所谓的不平等条约能够废除的背后，是英国在金融上取得了更大的利益。当初的协定关税被废除了，换取的是贸易自由和结盟，换取日本给英国在东亚打代理人战争，替英国制约中国和俄国在东方的崛起，更重要的是日本也要服务于英国的膨胀，英国废除协定关税，令日本与英国贸易更自由。这样的贸易更自由反而有利于英国，原因就是日元已经彻底向英国缴枪，在金本位为全球主流、银本位为日本历史源流的情况下，日本建立央行发行日元，却是以英镑为储备，把日本在甲午战争中得到的巨额白银赔款，按照英镑与中国结算，得到的英镑存储于英国央行来发行日元。日本经济扩张货币需求加大，必然要储备更多的英镑，在制度上保证了英镑向日本的输出。最后不光是英国的殖民地，也不光是包括日本和中国的东亚，俄国、美国等世界主要国家都被纳入了英镑和英国商品的体系，英镑和英国货再也没有扩张的空间了，巨大的危机就来了，世界重组就发生了。

英国的衰落在于英国输出商品的同时输出货币的难题无法解决，因为膨胀是有限的，德国等国的崛起和美国的孤立主义，令英国再度扩张的步伐被打断了，1929—1933年的危机就是英国衰落和美国崛起的转折点。在此之前，不光是英国的商品输出，英国的货币输出也出现了问题。美国利用“一战”中的各国债主地位，利用战争赔款发行了道威斯债券和杨格债券给战败的德国，用于德国振兴经济和偿还战争赔款，这两个天量的债券使得美元走向了世界金融舞台。美元的出场挤占英镑的原有份额，这两种美元的债券是全球发行的，英、法等国的资本也大量认购，债券的负担也是造成他们后来对德国绥靖的原因之一，这是华尔街的影响力在全球崛起的关键一步。

“二战”后，美国取代英国，美元的霸权同样要面临特里芬难题，而美国解决这个问题成为全球霸主的方法一样是市场膨胀。在膨胀的过程中，英国的解体首先给美国释放了空间，英国原来可不是现在的英伦三岛，而是幅员

3000多万平方千米的“日不落帝国”，以前这些殖民地的市场美国是无法进入的，但殖民地独立以后，就都纳入了美元的大市场，成为美元的天下，这些英国殖民地独立出来的国家很多还成为美国的附庸，美国的霸权就是继承英国的遗产发展起来的。

而美国成为全球独大的超级大国，市场的扩张达到饱和的时候，特里芬问题就出现了，这也是在敌对阵营的不断攻击下出现的。在特里芬难题提出来以后，美国并没有立即出现制造业的空心化；在石油危机中，美国又渡过难关，这与美国在冷战中胜利、苏联解体分不开。苏联的解体给了美元扩张的空间，也给世界扩张了市场，原来的市场在继续膨胀，由此美国从20世纪90年代开始逐渐取得全球的超级霸权地位。

不要忽视科技带来的新市场、新泡沫，因特网就是新的泡沫。美国的资本主义社会能够如此持久，也与20世纪的科技发展有关，在此之前，市场的膨胀主要依靠不断拓展疆域来完成，随着地球全图的绘出，地理大发现的机会没有了，很多人都预测西方的资本模式要进入垂死阶段，但西方的资本主义社会依然坚挺，资本霸权依然存在，预测失准的原因是忽视了科技的发展。在科技大发展的基础上，人类有了飞机、汽车、空调、电视、微波炉等，生活方式发生了巨大改变，进入了工业化生活的时代。大量新的市场被创造出来，大量的新产品是其他地方所没有和不能生产的，这个扩张维持了西方资本社会的发达。这个扩张膨胀，就是我们这里要说的数字泡沫。美国从苏联解体之后一直不断在膨胀和制造泡沫。

随着半导体技术和计算机技术的成熟，网络出现了，在整个世界面临特里芬难题的时候，又出现了信息革命。人类进入信息社会、数字社会，信息爆炸、数字资产等也提供了爆炸的新市场，网络市场、数字市场、虚拟市场……虚拟空间的概念在以前是没有的。现在网络上虚拟的数字货币已经在交易了，网络等新的技术革命拓展了西方市场的空间，维持了西方货币与商品（虚拟数字商品、数字货币等）的双输出。美国的输出商品，已经更多地变成了虚拟的数字商品，各种网络服务、信息服务、数据服务等，成为维持美国产业的支柱。美国制造业的繁荣就是它们带来的，就如苹果手机的实物生产基本在亚洲，但谁都认为苹果手机是美国制造的。

当今世界金融衍生品泛滥，2008年危机被说成了金融衍生品的危机，而金融衍生品的泡沫看似是金融泡沫，实际上是信息泡沫和科技泡沫共同的结晶，因为没有技术和信息网络支持，无比复杂的金融衍生品是难以构建的，这些泡沫也可以叫作数字泡沫。这些金融衍生品都是金融电子化和信息化的产物，它们都是存在于电子设备和信息体系中的数据，在没有电子条件，只有纸面操作、人工操作的情况下，金融交易的频繁程度是严重受限的。当年的交易所交易要依赖经纪人喊叫，交易的速度能够有多快？使用纸质媒介时你开票的时间又要多少？没有了电子计算机，金融衍生品的价格用手算是根本来不及的！所有这些都是信息革命的结果。现在西方的各种金融产品的交易很多已经是计算机数学模型的自动交易了。在计算机强大的计算能力下，每秒钟都可以交易成千上万次，这样的交易速度和计算能力才是金融衍生品泡沫的前提。这类金融衍生品市场也是一个巨大的市场，成为一种信息产品、金融产品，完成了商品与货币的双输出。

美国在不断制造泡沫，先是半导体泡沫，然后是网络的泡沫，后来是金融衍生品泡沫、数字泡沫。这些泡沫是支持美国全球经济霸权地位的保障，一旦没有了这些泡沫，没有了市场的膨胀，无法换取他国财富的流入，美国的问题立即随之而来。美国的传统制造业已经外移，那么美国人消费的财富来源在哪里？仅仅输出货币是难以为继的，输出商品又没有产业，特里芬难题就要出现了，这就是霸权的崩溃。20世纪80年代前后发生的石油危机，就是特里芬难题最困扰美国的时期，当时的石油价格飞涨很多倍，带给美国巨大的压力。现在美国实行量化宽松，印钞的规模远远超过越南战争时期，一旦这个过程出现逆转，美国真正的危机就要发生。这也是美国建制派反对特朗普孤立主义单边政策的关键，美国是要依靠吸纳全球财富流入维持霸权的。

现在美国与欧洲、日本都是债务缠身，要让自己的债务贬值同时又不发生通胀，必须有人倒下才可以，或者要印出来的钞票能买到东西，数字泡沫能换取财富才行！东西在哪里呢？放眼全球，唯一能够与他们天量钞票和数字泡沫相匹配的且可以购买的东西，就是中国的核心资产——中国的核心国有企业。美国所谓的中美脱钩叫得凶，实际上如果真的脱钩，它的泡沫找谁去换资产？QE出来的货币找谁去换财富？！

现在美国QE常态化，谁都知道拿着大量的货币不是好事，存银行都不安全，因为银行会破产，买国债会安全一些，而国债的收益率还赶不上银行利率，因此西方的利率不断创造历史新低。只要中国的企业要卖，人家拿印出的钱和泡沫来买，对中国来说就必定是贱卖。因为不论你要多高的价格，人家的成本总是可以比你更低。而付给你的QE钞票和数字泡沫，必然是要破裂的，成为你通胀的来源。

为什么我们要卖资产？国家不卖给外国资本，西方就要让核心资产全面私有化，资产私有了以后私人会卖的，这样他们的数字泡沫就可以在中国换取财富了。让中国经济走向私有化，实际上这已经成为西方度过危机的希望。就如当年俄罗斯的私有化，俄罗斯的富豪不是什么俄罗斯的官商，而是犹太人。因此，此时的关键是要保护中国的核心资产不要被拿去换取数字泡沫。我们应当对外开放，但是这个开放要有条件、有前提。

为了解决特里芬难题，要想维持霸权就要不断让市场膨胀，从网络泡沫、金融衍生品泡沫走到2008年，就是不断泡沫的过程。现在，美国依靠数字泡沫，已经搞出来了更大的泡沫来掩盖危机。如果膨胀不能继续，危机就接踵而来，危机过后市场重组，释放了空间以后再膨胀。2008年危机就是泡沫膨胀到头以后的结果，中国的崛起也得益于世界市场的膨胀，中国也享用了世界市场膨胀带来的好处，这也是中国能够快速崛起的保障。

现在中国的崛起需求与美国的产业崛起需求和欧洲的经济需求共同竞争不足的空间。2020年，疫情和债务危机下，世界还有紧缩、让市场空间萎缩的要求，世界面临巨大的经济下行的压力。要重新取得数字泡沫膨胀的空间，除了QE常态化，美国不需要有国家对它“屈服”，用财富换取泡沫！美国的强大是经过“一战”和“二战”取得的，美元的霸权会在危机当中削弱，但不会如此简单倒下。因此，如果不是中国倒下，崛起终止，就是欧元倒下，释放美元的空间，现在世界的博弈是看谁倒下的殊死博弈。

美国从苏联解体后的微机泡沫危机（1989年）、网络泡沫危机（2000年）、金融衍生品泡沫危机（2008年）到现在，一直在不断发生危机，同时不断以新泡沫吸纳和解决旧泡沫带来的问题，新的数字资产、数字泡沫、数字货币已经连续膨胀了多年，美国希望一直维持下去，泡沫即使破裂，也有新的泡沫去替代，但没有永远膨胀而不破裂的东西，泡沫的膨胀和破裂的压力，不管你怎么替代，都是一个熵增加的过程，依据我们的熵经济学和世界观的理论，这个破裂是迟早的。

熵增加，就是无序度的增加，就是霸权的衰落！因此，美国是必然衰落的！2000年的危机给了中国机会，2008年危机促进了中国崛起，而2020年的疫情，我们更看到了美国的衰落。美国的QE常态化背后，其实是数字泡沫的岌岌可危。熵增加，告诉了我们宏观的方向，虽然我们现在还不知道微观上具体的形式，但这个结果是必然发生的。特里芬难题，确实是美国泡沫规则模式的死穴所在。

其实美国的“特里芬难题”一直存在，西方却故意掩盖其中的问题不说。我们要认识到世界博弈的激烈，我们绝对不能混乱，必须稳定。2020年，中国迅速控制了疫情，风景这边独好，占据了先机。世界的资源和空间有限，中国崛起占有了，就要有地方释放，因此战争的压力会增加，和平崛起的前提是经济建设支持中国不倒下，同时国防建设让中国有足够的能力让倒下的人遵守规则愿赌服输，因此国防建设与经济建设是同等重要的大事。

四、全球双产业链博弈的推演

中美博弈走向何方，世界未来如何变化？“二战”后，全球分工体系正在分裂，如果分裂成中美各自主导的产业链，世界将怎么走，本书尝试着进行了分析和推演。美国制裁华为，以国家之力对付一个企业，而且这个国家还是全球霸权国家，赤裸裸地威胁世界所有公司来扼杀华为，已经不要自由贸易、法制的羊皮，必然的结果就是中国更多的企业看清美国的面目。中兴事件与华为事件，让我们明白中国必然要搞自己的独立产业链，而不是融入美国主导的全球产业链当中。中国作为制造大国，它的独立必然造成原来的产业链分裂，变成中国和美国各自一个产业链运行的局面。2020年，商务部公布《不可靠实体清单规定》，就是为了对不遵守市场规则、背离契约的精神，出于非商业目的对中国企业实施封锁或断供严重损害中国企业正当权益的外国企业或个人的反击。

影响产业链政策的因素，既有宏观的，也有微观的，而中国的政策优势，更在于政府的行政能力，更在于政府的财政能力。我们都是微观层面居多，而不是网络和金融；美国网络和金融居霸权地位，具备宏观优势。中美博弈，也是如何发挥各自优势的博弈。

在全球化产业链下，美国是世界的主导，当然是美元结算。国际结算是围绕产业链的，这也就是为何欧盟和日本的货币推行不起来。如果变成中美两个产业链，那么中国主导的产业链用什么货币结算？答案当然是人民币。如果能有这样的结局，就是美国金融霸权的终结。当年，美苏对抗，其实苏联的产业链体系里面，也有一个金卢布体系，美国是布雷顿森林体系，但在黄金国际汇兑本位制解体的时候，美国成功抓住了石油，苏联却没有抓手，金卢布体系的破裂，直接对苏联霸权和经济造成了巨大影响。

在产业链国际分工上提供结算货币，产生的是供应链之内的供应链金融和供应链信用，以供应链的信用替代了原来的黄金商品信用，供应链、产业链的力量和信用比黄金更大！供应链、产业链绑定了美元当结算货币，然后就可以用产业信用金融扩张输出美元，从而把美国从最大的债权国变成最大的债务国，却继续保持霸权不出问题。没有产业链抓手的苏联做不到这个金融扩张，使得美苏拉开了差距。美国的高科技发展离不了美国的“星球大战”计划，而“星球大战”计划的支出成本是依靠美元扩张完成的。

接下来的关键点就是产业链的竞争成本。由全球化的单一产业链，变成中美各自主导自己的产业链，两个产业链在国际市场上必然处于竞争状态。竞争是多种要素的比拼。很多人把劳动力便宜当作竞争优势，不过这个便宜的背后，是劳动者得到的报酬也大幅度减少。美国人一直希望中国劳动力便宜，而美国的劳动力非常贵，劳动力成本不是比拼的方向。如果在竞争当中，中国的十多亿人口的劳动力成本能够与美国主导的劳动力收入可比，中国人均收入立即就赶超美国，中国就胜利了！现在是中国劳动力成本低，美国依据技术优势收费可以达到平衡。美国的西方产业链要继续维持其远高于中国劳动力的收入，必须是科技领先，中国要再实现收入增长，就必须改变科技上受制于人的状态，两国必然对未来的高科技都以举国之力投资，科技之争成为新的焦点。

新的技术革命需要巨大的投资成本，在国际上技术革命的投资成本的承担和消化，关键就是看有多少人能够摊销这个成本。新技术产品的价格由摊销人群这个分母决定。苏联的失败在于摊销成本的人在华沙体系只有不到5亿人，而美国的北大西洋体系是10亿人，这个时候中国的10亿人加入了西方体系。以前中国是苏联体系，后来中国成为一个独立的体系；改革开放后，中美合作，西方的体系变成了20亿人的规模，情况就发生了根本性的改变。中国当年与美国的三个联合公报，是中美的共赢，中国快速发展，同时中国的消费市场摊销了美国产品的成本。这个成本的关键因素再结合当年的科技革命，最主要的就是半导体革命和确认了摩尔定律，在摩尔定律下被甩下的苏联，想要赶超几乎是不可能的。根据马太效应，苏联的成本会越来越高。最后，我们看到，在整个苏联体系里面，没有半导体等信息产业的影子，背后原因就是追赶的成本已经无法摊销，苏联必然要从两个超级大国对抗当中倒下。

2020年，中国成为全球第一大零售市场，超过美国，这是一个历史性的拐点，是一个非常有标志性的事件。美国的力量很大程度上来自其拥有全球最大的单一市场。产业链循环，首先最重要的就是国内市场。随着中国经济发展和中国人收入的增加，中国国内的零售市场预计还会大幅度增长，而美国的国内市场，必将萎缩。2020年的疫情，中国成功控制住了，美国等西方国家失控，国内市场规模的差距将会立即拉大。

2020年11月15日，中国与东盟的协定（图5-6），对中国的双循环是非常关键的，中国有了非洲和东盟的市场，则在世界人口上，就是大多数了。

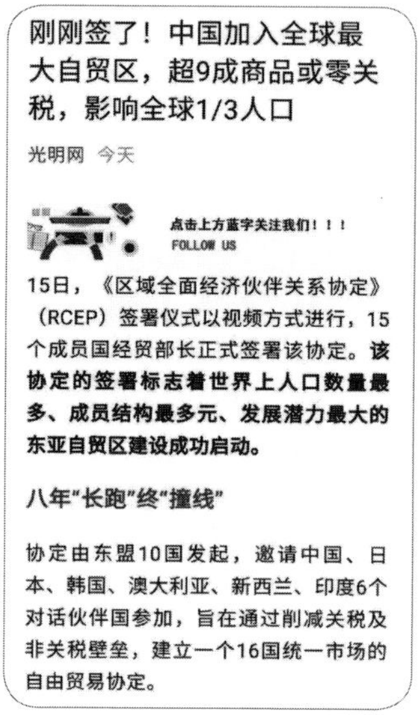
刚刚签了！中国加入全球最大自贸区，超9成商品或零关税，影响全球1/3人口

光明网 今天

点击上方蓝字关注我们！！！
FOLLOW US

15日，《区域全面经济伙伴关系协定》（RCEP）签署仪式以视频方式进行，15个成员国经贸部长正式签署该协定。**该协定的签署标志着世界上人口数量最多、成员结构最多元、发展潜力最大的东亚自贸区建设成功启动。**

八年“长跑”终“撞线”

协定由东盟10国发起，邀请中国、日本、韩国、澳大利亚、新西兰、印度6个对话伙伴国参加，旨在通过削减关税及非关税壁垒，建立一个16国统一市场的自由贸易协定。

图5-6

区域合作，也是中国产业循环的关键，就如美洲是美国人的美洲，现在亚洲更走向中国人。截至2020年，最大的区域贸易协定是非洲自由贸易协定，人口12亿，当然如果按照经济规模就不是了，按照GDP仅为2.5万亿美元。RCEP（《区域全面经济伙伴关系协定》）潜在市场规模为（单位：人）：中国14亿，东盟6.5亿，日本1亿，韩国0.5亿，澳新加起来约为0.3亿；近22亿人的市场，GDP约为26万亿美元，占世界GDP的30%。RCEP签订以后在人口上超越非洲自由贸易协定，成为世界上第一大区域自由贸易协定。RCEP于2011年首次提出，它于2022年1月1日正式生效，这意味着全球最大自由贸易区正式启航。其成员国将在10年左右基本实现90%的产品享受零关税。它还将建立电子商务、贸易和知识产权的通用规则。

RCEP与TPP（跨太平洋伙伴关系协定）（图5-7），其实代表了东亚的两个产业链，二者在亚洲是绝对的竞争关系。RCEP中，中国占据主导地位，就相当于原来TPP中美国的位置，能把其他国家通过RCEP绑定在中国产业链上，这无异于宣布美国围堵中国的计划失败。这是中国的一次重大的胜利，是美国大选内讧给中国带来的历史机遇。

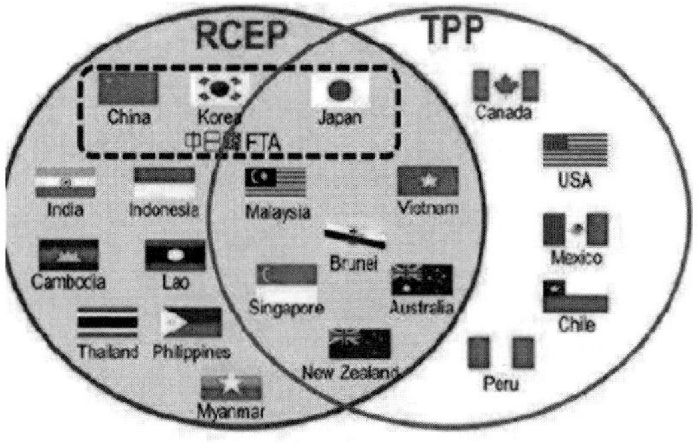

图5-7

在科技层面，现在的5G就是又一次的产业革命，要从有线时代到无线时代，中国的产业赶超上来，变成两个产业链的激烈竞争。5G科技代表通信和网络的未来，世界各国都是加大投入的。华为和其他公司都投入了巨资，而且5G的专利数中国占比接近了50%，以后美国是无法收取中国专利费的，而且美国主导的西方产业链的劳动力成本还要高，怎样能够弥补？唯一的希望是能够多摊销、摊薄技术成本，但一算双方摊销的状态，也是几倍的差距。摊销摊薄是按照人头分母算的，就是中国十几亿人对美国3亿人，或者美国等发达国家10亿人对中国加非洲和“一带一路”沿线国家等30亿人，再加上劳动力人均收入，西方是中国及合作者的几倍，差距之大根本构不成竞争。西方搞贸易保护收百分之几百的关税都没有用。所以我们看到美国要猴急地采取低劣的手段。

产业链的竞争还有一个关键的方向，就是能源和资源是否足够。中国的钢铁产量占世界一半，铁矿石缺口大但自产也很大。中国的黏土和水泥、混凝土在全球占有更大优势。最主要的是能源。2018年，中国全年能源消费总量46.4亿吨标准煤。中国的强项在发电，发电量已经比美国多50%以上，大约是欧盟的两倍，多于除了中国之外的整个欧亚大陆，相当于美国、日本、俄罗斯三国的总和，相当于南北美洲的总和。中国的工业用电已经是美国的几倍，已经与全部OECD（经济与合作发展组织）国家的总和相当了，这才是中国主导独立产业链的保障。但中国的短板在石油，中国的石油天然气对外依存度已经悄然上涨到了70%以上，怎样能够在美国金融体系之外保障中国的石油供应才是问题关键。明白了这个，就明白了为何要说：中国要做好短期石油断供准备，15年内自给。前文图5-1为2016年的中国发电量与各国对比。2018年，中国发电量达到了67 914.2亿千瓦时，又有明显的增加。

美元绑定石油，不是简单的石油价格以美元计价。有些人说上海原油期货人民币结算的交易量似乎打破了美元石油，或者美国成为石油出口国就打破了美元石油，这是不对的。石油交易以美元计价还是人民币计价，差别在于由谁主导汇率风险，在现代金融体系中，汇率风险是可以通过金融衍生品对冲的。问题的实质是要回到货币的本质上来，就是要成为结算货币，就是市场相比其他商品，更愿意持有它，用它可以交换各种商品。你拿着商品未必能够换到钱，销售是有很大成本的，但你拿着钱肯定可以买到商品，你买人家东西肯定高兴。美元能够买到石油，意味着法律上保障了美元的信用高于石油，而卖其他商品的，都想要买到石油，因此愿意收美元，而且石油不好储备，就更愿意储备美元，拿着美元就可以买到所有商品了。当年，布雷顿森林体系破裂，同时全球石油危机，石油最紧俏，而美国通过其军力让沙特阿拉伯收美元卖油，美元当然可以买遍全球。石油依赖是中国的软肋。美国出口石油，其实更加保证了可以拿美元买到石油，加强了美元和石油霸权。

货币不通胀的前提就是市场更愿意持有货币而不是持有商品，一旦这个意愿下降，就是通货膨胀。为何美国印钞而不通胀，背后就是搅乱世界后，大家持有美元的意愿增加了。其中原理还是剑桥方程式的原理。在$M=kPy$的货币需求函数中，经济产量已经达到最高水平时，货币的需求取决于k和P的变动。而k的变动取决于人们持有货币的意愿。因此，大家更愿意持有货币，就可以降低价格，如果持有这一种货币的意愿为零，就算货币的总量不变，价格也可以无限大。货币原理是很清楚的，西方的学者都知道，但就是不写到教科书里。黄金能够成为货币的关键是黄金可以兑换所有产品，而现代社会，石油可以兑换所有商品。纸币能够兑换黄金，所以能够买所有商品。石油比黄金难于贮藏，美国绑定石油，还替代了当年各国的黄金贮藏，形成新重商主义。

中国走向世界的拳头商品，其实是基建，未来更多的是5G通信服务。中国“一带一路”的基建，相关国家需要；中国的5G通信，相关国家需要。因此，他们就会持有人民币，也会接受用人民币付款买商品，因为他们知道他们收的人民币可以还中国贷款和买中国提供的商品。“一带一路”相关国家要买石油，又会如何？他们是否一定要从美国及其盟友沙特阿拉伯等国去买石油，才是关键性的问题。此问题既与产油国是否使用中国的5G和基建服务、有无人民币需求有关，也与美国是否能够通过军事霸权建立石油市场的美元垄断有关。因此，卖油的俄罗斯、伊朗和委内瑞拉就是关键。中国也是要买油的。为何美国要两线作战，与中国争端升级的同时，还要制裁俄罗斯、围攻伊朗和颠覆委内瑞拉政权，由此就可以看得非常明白了。为何美国要深度介入叙利亚不放弃，原因就在于此。以前美元霸权时代，苏联不卖油，伊朗、利比亚、伊拉克被制裁，委内瑞拉的油相对价格成本高，因此，沙特阿拉伯在国际石油市场占据的份额巨大，主导全球市场。现在的油价呈现另外的格局，所以美国一定要出口石油，支持沙特阿拉伯等海湾国家。

因此，美国要实现双产业链的博弈优势，维持其贸易、金融、科技的霸权，必然是同时要在俄罗斯、伊朗、委内瑞拉的原油领域和中国的5G科技领域两线作战，而且是两个方面都不能输，中国的“一带一路”是极为重要的市场。美国两线作战的局面难以避免，其面临的压力要大得多，无法简单放弃一个层面而单独与中国打贸易战、科技战，中国是有潜在盟友的，这里还是永恒的利益起作用。以后双产业链一定是胜利者兼并失败者，失败者失去主导地位，如果美国这一轮竞争输掉，跟着美国的西方产业会崩塌。同样，如果中国科技竞争失败，也会面临一样的危机。

在美国主导的单一产业链下，美国有金融霸权，可以印美元换取财富，催生数字泡沫换取大量的财富。但到了双产业链阶段，美国印的钱和搞的数字泡沫，找谁换取财富？双产业链其实是美国人根本不愿意看到的。美国人挥舞脱钩的大棒，向中国搞双产业链施加威胁，实际上他们认为根本不会有双产业链，因为他们有美元结算的霸权。在光刻机等半导体设备材料上，在操作系统上，在产业链的关键节点上，他们想卡住中国产业链的脖子，让中国产业链建不成。中国一直以自己是全产业链而自豪，但中国产业链的高端有不少关键节点是断点。因此，中美双产业链博弈，关键要看中国能否解决产业链上的关键卡点问题，一旦这些问题解决了，中国的胜利就不可动摇。

美国可以用来限制和制裁中国产业链和内循环，还有一个关键领域是网络，网络是一张网还是两张网？中国的经济离不开网络，在信息时代、数字时代，谁也离不开网络。在网络层面，中国还有短板，好在5G的新一代技术革命，给了中国机会，这也是美国要用举国之力来对付中兴、华为两个5G公司的原因。

在美国的贸易战和脱钩威胁之下，中国能够多快解决自己的产业链断点才是问题的关键。美国离开了中国制造成本会高，但这个成本高仅仅是贵的问题，而中国如果产业链有断点，却是有没有的问题。贵对无的竞争博弈，就不是成本说话了，是“谁有谁当老大”。

中美产业链分裂之后，双产业链运行、博弈、竞争，中国和美国谁也不能输、谁也不能后退，而且斗争会是长期化的，需要中国两代人的努力。现在中国在5G上已经具备优势，美国在石油贸易竞争上非常被动，无法打败俄罗斯、伊朗和委内瑞拉，两线美国都不占优势，还要两线作战。中国其实是具有一定的战略主动的，面对美国色厉内荏的压迫和诱降，中国需要的是信心，信心来自清晰的庙算推演。

2021年开年，商务部公布了《阻断外国法律与措施不当域外适用办法》。办法并不是法律，是根据法律制定的行政法规，这就在法律法规上拉开了反击霸权国家利用产业链和司法优势霸凌中国的序幕。以后，霸权国家通过制裁和禁令限制中国产业链，结果会失去中国市场。中国受到的损失，可以向霸权国家中的受益者索赔。

回顾历史，双循环博弈是美国当年崛起的重要国策。100多年前，美国搞的是孤立主义，专注于美洲和美国人的美洲。然后美国针对亚洲，尤其是在中国近代的市场进行深耕，包括援建清华大学、协和医院，引进中国留美学生，以及白银法案等，使得美国在环太平洋和美洲，有了一个自己的产业链循环模式，独立于英国主导的欧洲工业国产业链圈子。然后，美国在世界大战的机遇下，伺机崛起成为超级大国。当年搞孤立主义的时候，美国的GDP迅速增长到世界第一，赶超和挑战“日不落帝国”英国。“二战”的美日两国冲突，起因在于两国都在崛起，争夺中国市场的矛盾不可调和。而今后中国在非洲的市场和资源，竞争对手可能是西方支持下的印度。

现在的信息时代，中国要有自己的主权数字货币，控制自己的数据资源，有自己的算法和自己的经济平台。美国信息流及虚拟空间的膨胀，如果得不到外来资源和财富的不断输血，就只能内卷化博弈消耗，数字泡沫就要破裂了。所以，有自己的产业链，才是中国能够与美国全面竞争的基础。

五、博弈的关键在非洲

美国与中国的贸易摩擦，伴随着美国与全球的各种摩擦和退群，美国在主导一场全球整合重组的博弈，主要目的就是遏制中国的崛起。

非洲在中国与西方的角力中处在关键核心位置，是中美贸易的关键，是中国崛起的关键。

非洲的资源在于它的产业主要是实体性的。中国的工业品是非洲的刚需，中非在经济上的互补，在产业链环节上的衔接，令非洲成为中国构建全球体系过程中不可或缺的一环。

非洲给中国带来的，是物流、市场和资源，这些是构建中国全球化体系不可或缺的关键环节。

1.中非友好的历史要重新理解

非洲对中国有什么重要的意义，历史上为何中国要那么大力度援助非洲？

很多人说非洲把中国抬进了联合国。但最近也有反面的说法，说当时欧洲支持中国的特别多，只有一票反对，而非洲的反对票更多。这里我们要看到的是只要美、英、法、苏四个常任理事国不否决，其实就说明了欧洲的态度，欧洲的赞成是预料之中的，但中国需要2/3多数，那么非洲众多的国家中，赞成的有多少才是关键。中国大陆参与了非洲的战争，立场鲜明，肯定有支持你的也有反对你的，而且还要与“台湾当局”抢夺赞成票，在欧洲则没有这个问题。

另外就是为何我们能够让美、英、法、苏四国不反对？一方面是我们有了“两弹一星”，尤其是氢弹和卫星背后的远程投送能力，氢弹与原子弹的差别是原子弹与常规武器的差别，现在全球还有一些国家可以造原子弹却造不了氢弹。另一方面是我们对非洲的黄金有了影响力。非洲当年发现了一个54 000吨的大金矿，年产黄金上千吨。而美联储只有8000多吨的黄金，在美元与黄金的布雷顿森林体系破裂前后，谁能够控制黄金太关键了。

因此，这个金矿对于当时世界的意义，就如中东的石油对于现在的世界的意义。当时，美苏都是世界最大的产油国，而黄金则在非洲。后来全球严格限制南非，尤其是限制南非的黄金出来，当时美国自己还搞种族隔离，指责南非种族问题。而中国在此之后，有了600吨的黄金储备，对比美联储的8000吨，有充足的金融冗余不怕金融攻击，这也是改革开放的基础。1949年，国民党把手里的黄金都带到了台湾，高达200多万两，也就是60多吨，是我们黄金储备600吨的1/10。

我们可以了解一下支持中国进入联合国的非洲国家的地缘图。当时这个地区两边正在发生激烈的纳米比亚独立战争，安哥拉、纳米比亚、赞比亚等地区与南非打得不可开交，这是一场极为混乱复杂的战争，世界几大国家都有参与其中，而中国的军事存在，就是数万工程兵修建了通往战场的坦赞铁路，而且他们在这里驻扎，对战争走向有重大影响。而与坦赞铁路相邻的南非北部地区，就是世界最大金矿的所在地，有54 000吨黄金，那里品位1～3克/吨的都不叫金矿叫矿渣，而我们的紫金矿业现在的品位只有0.35～0.5克/吨的样子。后来，纳米比亚、莫桑比克、安哥拉等相继从南非独立，安哥拉等国是中国最重要的石油供给国，安哥拉是中国除了中东和俄罗斯以外最大的原油进口地。现在中国的石油保障，大量依赖非洲，而中国在非洲的地缘政治基础，就是当年打下的。

对此，我们可以从现在的角度分析，当年的坦赞铁路，我们派十万工程兵去了，就相当于现在修一条到叙利亚的铁路。本人去过非洲那些地方，当年非洲那边的军官都是中国教官培训的，当时中国在多场国际战争中获胜，世界对中国军队的战斗力都是敬畏的。以前，南非向南的海边都是英美等国控制的，金矿在北部内部纵深；而坦赞铁路从金矿的东北部后面直接掏了过去，地缘和军事战略格局立即就改变了，有了铁路，后面就没有了纵深。以前蛮荒无路的土著地盘，现在被铁路打通了。

布雷顿森林体系破裂前夕，世界激烈博弈，谁能够控制黄金，控制金矿，意义巨大。如果是美国控制了金矿，布雷顿森林体系不破裂的话，世界可能是另外的样子。当年，美国与中国建交的背后，其实就是凭实力在掰手腕。中国与美国的和平协议，我们叫作《中美联合公报》，按照国际惯例，这样的协议一定是战败国到战胜国去签署的，如果双方打成平手，一定是在中立第三国或者战场分界线签的，为何《中美联合公报》不是在日内瓦或者板门店签署，而是美国总统到中国来签署？这已经非常说明问题了。

在凭实力说话的世界，背后就是你的实力。当年，我们援建坦赞铁路，结合当时黄金在全球金融当中的地位，改变了战场态势，也改变了世界局势。

当今，非洲对中国的战略意义与历史上是一样巨大的，上面说到的资源逻辑，今天依然存在，而且在西方对华围堵和瓜分世界之后，非洲是唯一有巨大开发潜力的地区，对中国崛起有不可替代的作用。但对西方而言，其合作互补意义却没有那么巨大，不容易共赢，这就是中非合作的战略基础。

背景资料：世界第一大金矿有多大！

南非兰德金矿区是1866年发现的，发现后不久就投入开采。至今已130多年了，已开出黄金3.5万吨，现在尚有储量1.8万吨，合计5.3万吨！现有储量仍占全世界黄金总储量的52%。

该矿1970年产金达到1000吨，为历史最高年产量，以后一直保持年产650～700吨之间，均占世界黄金产量的一半。因此，该矿的储量和产量均居世界第一位，是名副其实的世界最大金矿。该矿含金品位之高也是世界罕见的，开采至今仍保持有7～20克/吨，平均10克/吨。另外周边大量矿渣品位在1～3克/吨，这些矿渣包含的储量难以估算，还没有计入。中国著名的紫金矿业，品位平均是0.53克/吨。同时此矿还是金铀伴生矿，铀的储量是秘密，没有公开。

2.非洲对中国农业安全的意义

非洲带给中国的还有农业安全问题、粮食安全问题。很多人看非洲是遍地饿殍，自己的粮食问题都很大，为何非洲是中国粮食问题的关键？美国把它控制的粮食，作为一个控制世界的有力武器，世界各国粮食安全的压力都很大，而粮食战争如果胜利，影响到美国农民利益，不光是共和党的票田问题那么简单，美国中部各州、美国的红脖子人群，都要受到影响。

非洲的可耕地和可开垦地的面积依然巨大，非洲与中国人口相当，耕地却是中国的三倍，可开垦的土地更是中国的数倍。非洲土地的水热资源很好，大多数地方是三熟，甚至有四熟的。但非洲的粮食产量极低，亩产百斤是正常的，不到中国产量1/10也是正常的。中国介入后，发展潜力是巨大的。

非洲成为饿殍大洲，背后就是美国对非洲的粮食倾销，造成农业破产。在非洲港口，美国把即将成为陈化粮的仓储粮食低价倾销到非洲，导致非洲自产的粮食运到城市的成本高于美国粮价，非洲农业大量破产。但生活还需要粮食以外的一些必需品，种粮不能交换到必需品，也就无法生存。无法依靠种粮生存，饿殍遍地和土地荒芜共存，国家破产，越来越依赖以美国为首的国际社会的慈善援助。中国的介入就是要改变这样的局面，让非洲国家与中国合作共赢，这比让它们向美国行乞更有诱惑力。

中国对非洲进行援助，修建工程，改变他们对美国的依附状态，钱不是白花的。更主要的是让非洲有了道路基建支撑，种粮外运的成本大幅度降低，低于美国粮价，种粮和发展农业就有利可图。非洲能够粮食输出，则打破了美国在全球的粮食霸权，同时大量的粮食会给中国带来粮食安全！这是一个双赢的局面，中国援助非洲，战略意义是重大的。中国的粮食安全需要中国本土农业、俄罗斯、非洲三个支点，才不会受到国际粮食定价的左右。只有非洲能够给中国粮食提供安全保障，我们的三农问题的压力才能够减压，我们更多的人口才可以从农村走出来进行城镇化、工业化。现在中国40岁以下的农民基本没有了，农村空心化。中国已经成为全球第一粮食进口大国，粮食安全和农业压力越来越大，需要有突破瓶颈的方向，而非洲就给我们提供了巨大的机遇。

因此，中非的农业合作是共赢，我们解决粮食安全问题，非洲解决基本温饱问题，双方的战略需要是巨大的，这个紧密和巨大，是超过中国与俄罗斯的粮食安全合作的，比依靠美国和亲美的拉美国家更为有效。

3.非洲对中国产业链的重大意义

在工业层面，非洲对中国的资源贡献巨大，中国的石油很大比例是从非洲进口的，非洲是全球石油生产增长最快的地区，中国是消费进口石油增长最快的国家。同时非洲的有色金属、贵金属、核原料等，也是中国最需要的，非洲还有丰富的铁矿石等。

不仅在资源层面，在工业层面，非洲也很关键。世界各国实行贸易保护主义、给中国非市场经济地位的不平等待遇，非洲对华没有不平等待遇，是中国产品真正有竞争优势的地方，也是关键的市场，直接决定中国产品的成本。这就是非洲在中国的全球产业链整合当中的作用。

中国的产业优势在全产业链，西方也要用到中国的产业链支持。但美国为首的西方国家及他们的追随者，可能要建立自己独立的产业链了。我们不能简单地说美国因成本等因素难以建立自己的产业链，美国加上欧盟、日本、韩国、东南亚，就可以建立自己的产业链了。而且美国、加拿大、澳大利亚、南美等都有足够的资源。

中国与非洲的产业链合作是共赢的，非洲有中国需要的资源，中国有非洲需要的工业品，彼此不存在掠夺的问题，因为非洲的资源卖给中国以全球最高价，西方给非洲的价格能比中国高吗？同时中国给非洲的商品，却是物美价廉，非洲买西方的基础工业品，比买中国的要贵很多。更重要的是在5G时代，中国华为的产品更有优势，尤其是没有有线网的非洲，借此可以实现无线网络覆盖，从而实现对西方的跨越式的超越。

（1）产业链下的规模与成本、市场之关系

我们的一个产品、技术要成为独立的产业链，以多大的人口基础进行各种成本摊销非常关键；技术研发摊销的市场和人群，决定多少人为此埋单！比如，你研发花100亿元，1亿人使用，则成本是100元；10亿人使用就是10元。因此，大量的工业品的研发成本，是按照人均来计算的，未来你能够影响多少人口，极为关键。

这里我们以移动通信为例来看一下。当年，欧美都曾计算过中国的人口和使用情况，在WTO谈判中施压，要中国的三家电信公司组建三个网，分别购买他们的技术产品。一个网是中国自己的技术TD-CDMA，一个是欧盟的标准WCDMA，一个是美国的标准CDMA2000，中国三家公司分别采用这三个标准，标准与3G牌照挂钩。这个要求既冗余又不经济，一个国家要做到三种标准的兼容，这也是我们电信网络费用高的原因之一。但建设4G的中国本土企业非常成功地采用了国内设备让欧美的电信设备企业难以为继，破产了不少。现在5G时代，中国搞了一个铁塔公司，三家电信企业共同出资，使用同一个中国标准，给中国本土企业以巨大的支持。

现在要建设5G，各个集团的5G研发成本按照多少人口摊销，怎样由成本确定来定价呢？美国拉着欧洲盟友和日本、澳大利亚、印度一起限制华为的5G，为的就是建设一个足够摊销成本的市场，让他们的5G企业可以活下来。欧美日加上印度，就是他们的基本盘子，已经是20亿人口！中国需要的是中国14亿、非洲12亿，有这25亿人口的基本盘，成本摊销才有竞争优势。进行5G开发的数千亿美元研制成本，要有足够大的人口基数才能摊销，让每个终端成本摊销到接近100美元才可以，否则一定会被挤出市场。这个摊销预估很重要，你花了几千亿，准备按照30亿人使用摊销，每一个终端摊销100美元进行出售，如果最终只卖给了10亿人，意味着还有2000亿美元没有摊销掉，最后就要变成了亏损，你就要破产。但你如果摊销卖给了50亿人，意味着后面20亿人是没有成本摊销的，你还要在原有的利润上暴赚2000亿美元。三星在半导体的某些领域把对手都打败，赚取到的就是这部分暴利。美国为何要禁止华为，为何要制裁中兴，从这个层面就可以看清了。这是欧美移动通信厂商和中国厂商进行的殊死博弈。

苏联解体，失去了自己的基本市场，在华约成员国5亿人的规模上进行成本摊销，无法与西方十几亿规模的人群比成本，产品必然成本高昂而亏损。而且这个产业链之间的竞争是一个正反馈，你越贵则市场越小，市场越小则成本越高，就必须越贵。等苏联圈子萎缩以后，他们的市场更小，摊销变成2亿人的时候，更难以为继了，苏联必定崩溃。朝鲜也是一样，被封锁以后，在3000万人的盘子下摊销成本，什么都会很贵的。中国能够崛起，有赖于国内大市场，也就是我们有十几亿人摊销成本。而网络信息经济，成本更高规模更大，就需要在更多的人口群体当中进行成本摊销。

比如，我们的大飞机、半导体、汽车研制，市场已经被占据，市场需要处于劣势竞争地位。这些产品不是研制不出来，而是你研发的巨额成本没有市场摊销埋单，在市场上没有价格竞争力优势。这个劣势要逆转，只有依靠国力进行血汗积累，这个过程是非常痛苦的，而且付出巨大也不一定就成功。如果各个行业都要这样，国力是负担不起的，国际竞争必然是失败的。我们能够有今天，与新中国成立后前30年的积累有关，与我们国内有足够大的市场也是有关的，改革开放后，中国能够有自己的产业链，是因为中国有10亿人规模的市场，相对当时世界都是2亿人规模的产业链，足够建立自己产业链摊销成本。但现在全球整合，这样就不成了。

因此，要有自己的产业链，是要有自己的基本市场的，光有技术是不够的。这也是中国当年市场换技术能够成功的地方，也是这一次西方贸易战主要妖魔化中国的地方。

（2）全球新的产业链结构在形成

现在美国与其盟友和世界一些国家达成协议，选择性地排除中国，这个不是中国想要加入其中、向美国妥协就可以解决问题的，他们要建立自己的产业链与中国抗衡才是关键，在这里没有妥协一说，世界博弈的结果，是两大产业链阵营的竞争。

世界现有的贸易循环，已经逐步走向了死循环。我们与西方的贸易，最后都是中国大量顺差，用换取的货币又不得不购买西方的国债，他们的国债是黑洞，背后是崩溃的社保体系，这样的贸易的实质就是我们无偿给他们东西。当年，对此问题，特朗普凭借商人的嗅觉，更清楚地看清了全球形势。

中国是世界的工业化制造中心，中国的工业品输出需要市场，中国给非洲带来的是工业化生活，这个西方是给不了的。中国与非洲可以是共赢的，非洲有资源换取中国的工业品。这一点与同样是人口大国的印度是不同的，印度没有能与我们交换的互补产品，有的是竞争。我们占据了非洲绝对的市场优势，中国的工业品换非洲的资源，是一个平衡的贸易。以非洲的现有发达程度和市场状态，是难以加入西方高价、高技术、高品牌价值的产业链的，中国廉价实用的工业品，才是非洲需要的，这也是由非洲内在需求决定的。因此中国与非洲的合作，经济基础是关键，不是西方简单地在非洲扶持亲西方的政客就可以扭转的。

而印度为何到了西方阵营，背后就是印度与西方的经济关系，印度是没有资源给我们的，但印度的软件蓝领西方需要，在可以网络远程管理的今天，印度的廉价劳动力是西方需要的，这些与中国都是竞争的关系，所以他们是一个产业的循环。印度与中国是竞争关系，对非洲和印度，要分开看。中国对印度的整合没有经济基础，你投入了大成本，他们换一个政客上台，就可以把承诺丢进垃圾堆。

把这个格局看清楚，就能明白西方发达国家、印度、日本、韩国、澳大利亚等都可能加入美国主导的体系，成为他们产业链的一环；中国的产业链体系则包括中国、非洲、俄罗斯。这样双方控制的人口和资源是相当的，甚至中国有优势。中国有基建优势，他们有技术优势，是一个平衡的格局。这两个阵营分别有全球1/3左右的人口。所以非洲是关键！

以前，西方世界是自由经济，产业链规模最大是2亿人，欧洲和美国、苏联、日本、韩国都是这个规模，这个规模大约维持了100年。21世纪，中国成为世界工厂，有了一个10亿人口规模的产业链，占据了巨大的优势。这优势就来自人口规模下的成本分摊，也是新世纪人类的新发展，网络信息时代，将带来更大的规模经济。

美国的围堵和贸易战，机器人、人工智能和物联网，世界可能形成更大的产业链规模和分工体系，同时在这么大的规模下，全球的经济生态会根本改变，世界变成了封闭体系。因为以前2亿人规模的产业链对的是全球几十亿人的市场，全球可以作为一个开放的市场空间。现在是全球两个产业链竞争，每个产业链各二三十亿人。全球70多亿人与之相比，再也不能视为规模空间巨大了，全球进入封闭体系的二元博弈时代。这是世界进入工业化以来，全球体系从未有过的变化，是我们要面对的新时代新经济。

世界变成两个阵营两个工业产业链，西方工业空心化以后要重建几十亿人规模的产业链需要巨大的投入，建设众多的基础设施和工业设施；中国要升级产业链则需要赶超世界的技术创新和解决技术短板，不能再买和租，要自己全面研制，也需要巨大的投入。这两个方面的投入成本到底哪个大是一方面，有多少人口进行分摊是另一个方面，二者将决定生产的成本。同时谁能够获取廉价资源或自身拥有足够资源，也是成本的关键因素。两大竞争性产业链，谁抢先在成本上取得了优势，谁就有了竞争中最有力的砝码，未来的天平就要向谁倾斜。

这两个阵营双方争夺的中间力量是拉美、东南亚、中东，包含了大约世界1/3的人口。在争夺新市场的贸易战、经济战当中，原来的各种无形资产成本是难以摊销的，可能的是价格战下的直接成本比较。因此，摊销研发成本等，必须有自己的基本市场。

现在美国把拉美看作自己的后院，围堵中国抓东南亚，进军叙利亚。世界新的格局在形成，前提是中国和非洲紧密地团结在一起，非洲就是中国的基本市场，失去这个市场，中国的基本阵营人口和资源不足，就会陷入被动局面了。

（3）中国主导的产业链内循环

中国自身的产业链和市场资源，是完全可以内循环的，美国当年的崛起也是在这样内循环下发展的。当然，更好的是国外双循环。今后全球不是简单回到封闭的闭关锁国，但区域性的、排他性的壁垒会很多，产业链内循环是普遍的。

中国、非洲和俄罗斯可以联合变成产业链循环，核心资源是足够的，工业品制造产能是足够的，军事能力也是可以抗衡的，如果实现体系内产业链完全自循环，也就没有将美元作为国际交换媒介的需求了，那么美国的金融霸权就没有了！所以内循环对我们有利。

现在中俄的货币直接交易没有问题，非洲也是最有人民币市场的地方，现在我们有了以人民币计价的原油期货，以后还可以有与非洲货币进行交易的小币种市场，中非加强合作，建立人民币的国际地位也要从非洲入手。在这个循环当中可以挤走美元，同时大家享受的资源和工业品都可以与西方媲美，过上与西方一样的富裕生活是有保障的。

西方发达国家人口10多亿，中国和俄罗斯也是10多亿人，这是相当的，而西方没有了非洲资源的支持，没有了从中国取得廉价工业品的机会，西方的生活水平必然降级！美国如果把对中国的贸易变成两个阵营的产业链等经济生态圈独立运营，他们不能金融剥削中国和非洲，本阵营的生活水平下降，就会有巨大的政治危机，每一次美国大选都是巨大的政治波动，会带来巨大的成本，给中国更多的机会。

美国的建制派为何要全球化？这也是美元作为全球金融霸权的需要。全球化是美元作为全球媒介下的全球化。当年，特朗普的收缩和退群，导致产业链和全球分工的阵营化，每一个阵营可以自身内循环，没有使用美元的必要和需求，那么金融的美元霸权就要受限了。但美国的全球化，美国的红脖子人群是享受不到好处的，他们通过纳税等间接地承担了支出负担，因此有了特朗普执政以后美国政策的转向。美国的红脖子与建制派的不同需求，内部矛盾国际化，给我们崛起带来历史机遇。

美国不承担国际义务和国内政治的反复，中国产业链的吸引和地缘政治，使澳大利亚、日本、韩国等会多头下注，也会参与到中国方面的阵营里面来。他们要是支持了中国，对美国的金融霸权和科技霸权，都是致命的打击，亚太是美国遏制中国崛起的关隘，一旦失去，中国将进入新的发展快车道。

在科技层面，产业链能够内循环也是一样，这意味着中国研发的技术也有了自己独立的市场。这个市场和产业链，为中国补短板摊销成本。西方原来的优势技术，无法在这个产业链里面摊销成本，投入受限，这是此消彼长的过程。美国对中兴的惩罚，深刻改变了市场的格局，靠与西方企业合作和购买技术，带不来自身产业的安全，必然需要独立研发并内部循环。这也是中国打破西方科技霸权的出路。

美国的崛起是从孤立主义状态崛起的，当时，美国的基本市场是在拉美，通过孤立的内部循环，美国摆脱了英镑的全球金融霸权。现在中国要崛起，我们的产业链基本市场则在非洲。摆脱对美元媒介的依赖，建立起人民币的货币圈子，下一步就是美国金融霸权的终结。中国制造成为世界工厂终结了西方的工业霸权，而中国与非洲国家的内循环，摆脱西方的金融霸权和突破西方的科技霸权，中国将走在崛起和可持续发展的大道之上。

综上所述，我们对非洲的投入和期许有美好的前景。因此对非洲有些问题我们需要忍耐。想一下为何西方如此忍耐难民？背后就是要获得北非和中东的支持！现在世界争夺更加激烈，只不过更隐蔽。

美国围堵中国，对日本、欧洲、澳大利亚等各个击破，建立孤立中国的体系，我们想要他们放松对中国的遏制是不可能的。印度是中国的竞争对手也难以合作，中国真正的合作伙伴就在非洲。而且非洲与中国有历史友谊和自然互补共赢的经济基础，经济基础才是稳固同盟的决定因素，一厢情愿地花钱外交是打不赢贸易战的。

中国的政策必须有全局观，全球化的大旗背后，我们的对手和伙伴是怎样的，首先需要认清楚。虽然我们援助非洲花费巨大，非洲非法移民问题多，但中国的所得与付出是均衡的，中国与非洲的战略伙伴关系是重要的。中国崛起的道路还很长，绝不是一蹴而就的。非洲与我们，会有很长的一段路要一起走。

六、谁有权消费未来虚拟数字空间

——借贷消费、定价权与流动性穿越

数字泡沫、泡沫换取财富、流动性泛滥、流动性定向等，西方新的货币金融理论建立起来的规则，背后的结果就是再分配世界的财富和资源。因此谁能够消费，谁能够透支未来，要变成一种权利，不是你讲故事、讲段子，就可以将中美消费者同样对比。

改革开放以后，扩大消费需求成为中国经济的关键词，中国也开始接受西方的消费主义经济理论。美国从里根时代开始变成债务国，世界在2008年危机之后，美国进行了四轮QE标榜扩大消费，在2020年疫情之下，美国又QE常态化了，每一轮扩张都是说要刺激消费；而中国的央行货币政策却是谨慎的。谁能够消费未来，其实是一项权利。

世界各国都在讲扩大需求促进消费，但是把生产出来的东西大量消耗光就能促进经济增长吗？消费不仅是需求，消费要由需求和供给共同来完成，消费促进经济发展的机制是什么？西方专家们的解释是西方的金融体系和金融创新，能够让消费者在今天花未来的钱，使用未来的钱来提振今日的经济，让今日过剩的产能找到出口，让今天的危机得以度过。而本人认为这里的核心问题则是借贷权利本身的不同，资源的再分配，以及定价权的问题，流动性穿越带来的意义不是促进经济而是重新分配财富。

现在继续针对上一章当中的中美老太太买房子的段子进行深入讨论。花明天钱振兴今日经济的说法，是当今最流行的理论之一，被称作振兴当今经济的关键因素，很多主流经济学家都在提这个经济逻辑，陈志武等华裔美国专家特别热衷给中国人布道。发达的现代金融体制确实可以把未来的钱和物放到交易的平台上来，使得今天就可以对未来的事物进行交易，但是这样的交易却不能把明天的财富变成今天的各种物质，未来的物质能穿越时空来到今天来让人们消费吗？如果这个穿越能够实现，按照爱因斯坦的相对论，就意味着超越光速的时空出现了，能量和物质可以从未来穿越到今天，这完全违反自然规律。要知道钱的背后是信用，所谓的“钱”只有在能够真的对应上劳动成果的物质和财富时，才是真正的钱。

很多人说“花未来的钱办今天的事”这一逻辑能够实现的原因在于，现在有大量过剩的产能，如果我们能够花未来的钱，则未来的需求可以用当今过剩的产能来满足，所有的产能就达到了高效率，这样就等于实现了产能和经济能力的穿越。但是这个问题的核心是产能可以是过剩的，而现在过剩的产能所需要消耗的资源是有限的！这些资源包括各种矿产、空间、能量等。如果照这些产能进行生产，则资源是不够的，很多资源是每一年不断产生的可再生资源，如农业的种植、养殖和水电等，还有的资源是人类的历史资源积累，我们总不能把子孙的都用光了吧？这样的消费还要付出环境的代价，多消费会多污染，现在都消费了我们的环境是受不了的，环境的承受能力是有限的！这些东西都不可能穿越过来。如果要消费的财富不能穿越过来，那么花未来的钱办今天的事，就是一个忽悠人的谎言。

对于“花明天钱办今天事”的理论，还有一个关键问题就是要有限度，今天为了刺激经济，花明天的钱办今天的事情，到了明天怎么办？如果明天要为我们今天的花费而还账的话，明天的消费又在哪里？现在是超前消费刺激经济，到明天需要还账的时候，经济怎么办？对于这一点，西方学者给出的答案就是明天还可以花后天的钱！似乎这个寅吃卯粮的故事可以一直演下去，但是不要忘记人的寿命是有限的，当一代人逐渐老去凋零的时候，这个明天推后天的游戏就要过去了，这代人年轻时候的消费账怎么还？这个时候还要养老，养老钱在哪里？西方社会信誓旦旦地说养老是有社会保障体系的，但社会保障体系的钱哪里来，是人们年轻的时候为养老计划攒下来，还是向现在年轻人收税来支付，或者是政府印钞来支付？西方的养老保障实际上就是依靠类似庞氏骗局的机制来实现的，依靠不断增加的年轻人和移民的缴费来实现。在“二战”后婴儿潮的一代人即将逐步退休的时候，在西方进入老龄化和人口出生率下降的现实下，西方社保危机就开始了，养老保障支出已经让西方几乎所有国家陷入了财政危机。寅吃卯粮的穿越游戏本身是流动性与财富相脱节的。

另外，寅吃卯粮也是有限度的，总有要还款的时候，如果不能偿还就有问题了。西方国家老百姓看似不直接攒钱，但是他们为了养老会加入各种养老计划，实际上是间接攒钱，他们现在透支未来而花的钱就是百姓养老的钱。美国国债大部分都是其本国养老基金买去的，中国号称外来头号购买者，只持有8%的美国国债，美国还有很多地方政府债务呢。今天透支把养老钱也花了，到时候怎样养老呢？今天把明天的钱花了，到老的时候怎么办？有专家说人们年轻的时候没有多少钱而老了钱非常多，因此这样花没有问题，但世界上有多大比例的人群是到老了以后收入远远高于年轻时的呢？体力劳动显然是年轻壮劳力挣钱多，而IT等高技术行业也是年轻人的天堂，真正能够依靠经验，老了挣得多的只有管理者等少数人，这个说法放到社会普遍意义上来说根本不成立。还有人说政府可以收税替人们养老，但政府的收税实际上就是收取正在工作的人的财富来给老人养老，是要让在工作的人为退休老人付出代价，这个代价付出以后现有劳动者的消费能力就没有了，他们缴税给现在的老人养老，其实是把他们的消费能力征收了，而且把他们的透支消费都给抵消了，还要增加额外的政府管理成本，经济上是不划算的，因此在2008年危机以后，西方各国都不愿意紧缩加税来维持其社保体系。

财富实物不能穿越和人的寿命有限这两点，就证明了所谓的“花明天的钱办今天的事”的西方逻辑是有问题的。所谓的刺激消费要花明天的钱是一个伪命题，钱花了以后要让他们明天还钱是不可能的，明天的财富也不会过来，这是一个欺骗世界的美丽谎言。再讲回中美老太太买房子的故事，故事说美国老太太年轻的时候贷款买房，到死的时候刚好把房贷还完；而中国老太太则攒了一辈子钱，到死的时候终于买上了房子。这个故事的差别就是美国老太太享受了一辈子的好房子，而中国老太太则一辈子没有好房子住。由这个故事开始，有人就得出了必须尽早地贷款买房的结论，但再问一下，如果大家都去贷款，按照现在的金融制度，大家也都可以把款贷出来，但是房子没有啊！房子是要一栋一栋建造的，你把款贷出来以后买不到房子，必然的结果就是房价的飞涨，这个结果不是你提前消费明天的钱，而是社会要为这个模式付出巨大的代价。我们现在的房价飞涨，但是购房人群的年龄却在不断地降低，确实是花明天的钱办今天的事了，却付出了房价泡沫的代价。

在上面的例子当中，我们就可以看到这个世界能够贷款消费的人群和必须攒钱的人群是两个不同的阶层，所谓的“今天花明天钱”的背后就一定是要有人在今天攒钱，有人推迟消费才可以，也就是说有人花明天的财富，但明天的财富不能穿越到今天，他们所花费的实际上就是今天积攒财富等着明天花费的人群的财富。因为特定时间段内可供人们消费的物质财富总量是一定的，即使是产能过剩而资源却是有限的，这样的情况下实际博弈的就是谁能够抢先扣动扳机去消费。美国所谓的“花明天的钱”，实际上就是要先消费世界的资源和财富，而让世界其他人被迫去攒钱。美国银行全球财富和投资主管约瑟夫·昆兰曾撰文指出，美国从中国输入最多的东西既不是芭比娃娃，也不是苹果iPad播放器，而是中国的储蓄或现金。这里不是未来财富穿越到现在，而是流动性的流入流出，能够主导流动性流向的权力是定价权，原因就是中国买不到合适的东西，这些钱是花不掉的，定价权被控制，买什么，什么就涨价，难以有足够的资源储备建立自己的信用体系，那么储备货币就是必须的了。

在原来的社会，谁要先消费财富是要付出代价的，这个代价就是利率和物价的变化，先消费贷款要支付利息，而攒钱后消费的人可以得到利息，也就是先消费的人要给后消费的人一定的利益。在大家都想要先消费的情况下，物价就可能高起，先消费的人就要支付更高的价格，而后消费的人则可以便宜下来，这样的经济过程是一个天公地道的过程。但是现在如果还维持这样天公地道的经济运行模式，则所谓刺激“消费”的美国人是得不到好处的。现在美国人要干的就是不但要先消费世界的资源，而且还要不付代价，更要得利，这就是美国不断印钞、人为压低利率，使得先消费支付的利息极其低廉的原因。同时在印钞下世界进入通胀，后消费的人反而要支付更高的价格，这就是一个赤裸裸的掠夺过程，美国人所谓的“花明天的钱”刺激经济，就是这个掠夺过程的美丽外衣。而付出代价的高低，就是一个核心定价权的体现，这就是金融定价权。低利率带来了超前消费的掠夺游戏，超前消费是一个需要权力和赚便宜的事情。

在历史上，中国人是勤俭节约的，不超前消费，原因就是在贵金属货币时代，货币总量的变化是有限的，经济却可以快速发展，在经济发展的带动下货币资本不足、利率是很高的。由于经济总量的增加，大大快了货币总量的变化，货币还处于一个长期通缩的趋势之中。在这样的模式下，攒钱肯定是得利的。但是在现代货币模式下，货币总量是快速增长且超过经济增长的，甚至西方国家还在通过人为印钞来捞取货币利益，利率极低而通胀成为长期趋势，因此超前消费成为主流，但是攒钱靠自己，谁都可以选择攒钱，这是一个公平的方式。但超前消费却要看他人的脸色，不同的国家，不同的金融体系，在全球市场当中的不同地位，都可以决定谁有超前消费的权力。这是一个丛林竞争和充满不公的环境。在这个丛林世界中，有人超前消费了，在当今低利率和通胀的条件下，就是掠夺了他人的利益。有人抢先享受了财富，还要他人承担通胀的损失，这不是剥削压迫是什么？因此，能够超前消费的西方国家幸福指数高的背后，就是拥有了全民超前消费占有全球金融利益的权力。就如我们都要贷款买楼的背后，是贷款相对于通胀的实际负利率和楼价的不断上涨。如果贷款是很高的正利率，楼价维持不动，谁会借高利贷来消费呢？因此，拥有流动性的主导权、取得信用体系内的金融定价权，就可以再分配世界的资源和财富，带来重大经济利益。

历史上“花明天钱办今天事”的逻辑是从战争开始的。英国等国通过建立现代金融体系，在战争时代宽松货币和借贷国债，以金融力量把社会资源调动起来，起到了非常好的效果，但这同样面临怎样偿还的问题。在当年的金本位时代，是不鼓励全民这样消费的，这个战争借贷实际上也是不准备偿还的。如果国家打输了，政府就要破产，自然是没有办法偿还的；如果打赢了则是战争赔款和战争红利，是由敌国偿还的。如果是要自己偿还而且要付利息，那也就不必打仗了。刺激消费和印钞的超前消费这样的美好说法，是在金本位破裂、各国货币竞争性贬值以后开始的，这样的刺激消费带有竞争性贬值的背景，是通过贬值来偿还消费的。通胀则是一个货币定价权的问题。因此，对于花明天钱这样“美好的说法”的由来大家也要搞清楚，西方经济学的解释是一个忽悠人的美好童话，背后的定价权主导的财富博弈才是真章。

美国可以印钞且不通胀的背景是世界其他国家不得不要美元，如果其他国家同样印钞花明天的钱，那么结果就是灾难。就如我国前两年央行刚刚宽松一点儿，人民币的汇率就连续触及跌停位置。因此，中国很多时候是被迫要攒钱的，我们与美国不同，美国有美元霸权，可以随意印钞；而且我们与欧盟的货币国际合作不同，欧盟国家可以主要储备黄金而不是美元。而我们必须要有外汇储备，外汇储备必然要以国际结算货币美元为主，我们的国际金融地位决定了我们必须攒钱，这就是我们不拥有金融定价权的代价！这个攒钱就是被掠夺的过程，也是美国能够超前消费的基础，但美国超前消费的不仅是我们国家攒的外汇储备，美国国债大量是养老基金。美国人不直接攒钱养老，但是美国人间接攒钱养老，那就是美国人都要参加养老计划和缴纳养老保险，这些养老钱也成为被掠夺的对象，现在养老钱已经被掠夺且损失惨重，政府又不得不补贴养老，这才是美国当今危机的根源。

我们现在讲刺激消费，虽然还不足以改变中国社会被迫攒钱的命运，但是却能够让我们也多消费一些资源，在全球每年有限的资源供给当中多占有和消费一分，所以扩大消费还是有意义的。但在看清这个矛盾症结所在之后，我们就应当看到，中国扩大消费的关键点在于资源的供给，在于我们能够占有和支配多少资源，就如我们的汽车销量和保有量不断增加，能够保证这个汽车消费的是我们能够买到多少油和能够建设多少路，这需要的是资源的保障。因此，中国扩大消费实际上是保障供给，而不是提高需求。如果没有供给保障，就会如房地产那样，造成通胀，造成泡沫，成为西方渔利的对象，这样的扩大内需就是陷阱。而保障资源供给的博弈，就是与定价权的所有者争取利益的博弈，以中国的庞大需求相对于资源市场的规模，如果要资源供给不被对方高价勒索，则必然有足够的定价权才行。西方对于中国刺激消费，把中国的视线全部引向扩大需求，但是需求过剩以后没有供给就是泡沫和通胀，背后就是陷阱。西方对于中国在世界寻找资源和保障供给的行为，却是百般阻挠，其中的差别我们需要看清楚。

美国能够这样印钞，背后同样需要全球资源供给体系的保障，需要世界定价体系的主导权，这是美元霸权的保障。美国在QE2以后，评级下调，现在美国能够有QE3、QE4的背景也是因为资源价格的回落，而到2020年，QE常态化了，且QE也不被指责了，背后是当年QE打折买的两房债券，实际上已经成为全球最优债券（在美联储利率最高点5.25%时发行，房价指数远超2007年，担保抵押足值）。当年QE的概念要重新理解了，未来QE的预期也不一样了。美国如果不能让美元与油价保持稳定联系，另一次石油危机就要来了。石油危机是美国人起的名，实际上应当是美元危机。美国能够这样印钞的根本就是石油价格的稳定，在布雷顿森林体系破裂以后，黄金美元被石油美元取代，石油价格才是关键，因此美国人打出页岩气、页岩油这张牌来，对开采页岩中油气所引发的水资源问题、污染问题、产量稳定性问题和诱发的地质灾害问题等都选择性失明。美元的价值就在于其维持的全球资源体系，2008年石油价格到147美元/桶，实际上是另外一次石油危机，才造成了2008年金融危机。能够印钞而石油价格不涨，QE所买债券价格不跌，才是美国可以持续印钞和持续消费的关键。

美国有他们的价格体系来维持其石油价格受控，也就是欧佩克的配额要起到作用，价格变成负的了，你也不能去交割。对欧佩克的配额，美国是有巨大控制权的，美国对石油的定价权也是有发言权的，因此它才能够允许欧佩克这个组织存在。但中国却可能要为这个配额付出高昂的代价，因为没有配额是无法按照国际油价买到石油的，不是你有钱想买就可以买的。因此，石油供给体系不是完全市场化的，是被国际组织的价格体系严密控制的，这里面有巨大的利益不对等。国内有人过于迷信国际市场有问题，世界的各种资源也如石油一样被各种长协、股权、定价机制绑定，世界的铁矿石博弈就是另外的例子。除此之外，中国所需要的各种大宗商品的定价权和供给都受制于人。这些资源的价格不是市场价格，背后是要有强大的军事为基础的，美元的霸权也是军事霸权，美国可以透支消费保障供给是需要军事实力的。我们还以石油供给为例，美国打了伊拉克让伊拉克不受欧佩克配额限制，欧洲为此则打了利比亚取得了利比亚的配额，如果再把伊朗的欧佩克配额掐死，中国的石油进口就要异常被动。虽然俄罗斯的石油不受配额限制，但俄罗斯的产量增加潜力有限，能够维持就不错了，且俄罗斯是高价卖油，同时还要考虑平衡各国销售，给中国的石油不多。中国大陆油田产能已经在衰退，南海是中国石油的增长点，南海特别关键，也是东南亚小国的石油资源的根，因此很可能要有殊死的博弈。中国是否能够消费，需要中国有强大的实力。

借贷消费带来的是流动性不均衡，造成流动性局部过盛和充裕，在定价权层面流动性还要带来巨大的利益，这里不光是流动性穿越过来以后的贬值和归还问题，其带来的定价权的意义一样是重大的。由于流动性的穿越带来丰富的流动性，则劳动力供需曲线就会向有利的方向弯曲，能够借钱的劳动力会有更多的休闲，不用拼命地攒钱，从而在后弯的劳动力曲线上处于劳动力的高价格。西方人就是通过不断借贷消费和借贷的低利率，让劳动力借贷消费而不是就业挣钱消费，导致暂时减少了劳动力的供给，而且失业以后也不还钱而是破产赖账。明天的钱花了、今天的事情办了，但明天该用钱的时候又要赖账，还要找救济。对此攒钱买房子的人最有体会，在攒钱阶段是又要攒钱又要付房租，真的贷款买房了，房租不要支付了，也不攒钱了，只还月供了，反而轻松一些。如果中国的利率如同美国一样低，月供至少还可以少30%，那就舒服多了。因此，这流动性穿越带来的定价权意义会带来更多的财富，至于怎样的劳动力差价和流动性会左右定价权，其他的章节已分层次论述。

在这个世界上，谁有权先消费和谁不得不攒钱，实际上是谁能够获取资源供给的问题，弱者没有能力获得供给，多余的钱就只有攒着，只能拿着货币，最多买买国债。这些攒起来的钱花不出去，就是给强者提供超前消费的保障，强者卖给弱者债券或者使用弱者的存款超前消费，中国靠贸易顺差积累起巨额美元收入但是又花不掉，被迫成为外汇储备，就是这个道理。中国当前的核心问题，刺激消费没有错，但在扩大消费这个矛盾面前，矛盾的主要方面不是需求而是供给。中国的崛起面临的是资源瓶颈，以及我们的经济和消费需要更多资源保障的问题。我们需要抓住主要矛盾，也需要抓住矛盾的主要方面。

主导矛盾的主要方面的力量，实际上就是定价权的力量。能够花明天钱的人，本身就是拥有定价权的一方。拥有了定价权才可以让穿越过来的流动性不会导致价格体系的失控而给自己造成损失，所以能够搞这个流动性穿越的，也是对市场价格体系拥有足够权力的人，而定价权本身又来自流动性的充裕，流动性充裕再促进定价权，这就是一个正反馈的过程，通过这样的借贷消费，原有定价权的一方可以维持定价权不断取得利益，从而让流动性的差别无法通过套利消除，套利无法均衡，就是定价权存在的体现。

因此，对西方扩大消费发展经济的逻辑，定价权在其中起到了主导力量。我们的资源供给才是关键，需求不是关键，相关的定价权主导了资源和财富的再分配。保障资源供给的博弈在全球是异常激烈的，不仅是经济，更有军事上的博弈，中国老百姓要能够消费，实际上与国家是否强大，是否在全球价格体系内有相应的定价权是密切相关的。

美国QE出来的货币，花掉就是实现价值，所以美国支持借贷消费，消费的货币是要从全球换取财富的。中国的货币发行是大量的外汇占款，货币的来源是外贸顺差，是一分一分地攒出来的，中国是攒钱消费的社会。央行的表态，已经说明，借贷消费的结果，是要出来通胀的（图5-8）。

央行：高度警惕居民杠杆率过快上升 扩消费不宜依赖消费金融

财新网 今天

图片来自人民视觉

部分负债消费主体存在非理性，未来收入与还款支出不匹配，容易超过自身经济能力过度借贷消费，埋下金融风险的隐患

图5-8

七、为何中国不怕美国借着疫情抵赖美债

2020年，疫情爆发，美国要追究中国防疫责任，说是给美国防疫带来了损失。这里特别把背后的逻辑给大家分享一下，党和国家的决策者绝对是高明的。

中国的疫情舆论中，就美国一些政客的极端言论，很多人义愤填膺，其实这个是把美国的锅给接了过来，帮助美国政客甩锅了。

发表那些要中国赔偿言论的，都是共和党人（图5-9），而美国疫情严重的地方，基本是民主党的地方，共和党的地方不严重吗？背后就是民主党是严查检测的，共和党是隐瞒疫情的；民主党要追究共和党隐瞒问题，共和党则利用其执政党的便利向中国甩锅。

中国为何不怕美国赖掉国债？

美国参众两院联手状告：中国必须...

热门跟贴：开打，重新来过　打开

打开网易新闻 查看更多图片 >

近日，美国参众两院，以及密苏里州共和党人在相差不远的时间里发出了三份内容不同但主旨相同的控诉，三份控诉的矛头一同指向中国——要求中国为“不负责任，故意瞒报”的行为负责，向世界各国尤其是美国赔偿疫情所带来的经济损失。

图5-9

首先，美国要让中国赔偿，这个程序是怎样的？这个程序不在美国的司法程序中。在国际公法之下，各个主权国家是有主权的，不能在外国审判一个主权国家的政府。

国家的索赔，只有通过军事和外交。如果要走到军事和外交层面，那么就等于两国开战了。但我们再要问的是，就算中国战败了，要赔款，是不是战胜国就可以为所欲为了，就可以把中国央行外储买的美债给没收抵债了？答案是，即使中国战败，美国想要这么干，在法律上也是不行的。

中国加入联合国和进入世界经济体系，按照美国的主导要求和《巴塞尔协议》，国家和央行是分开的，央行不是国有企业，这个要搞清楚。我们有《人民银行法》，而不适用《公司法》，甚至商业银行，适用的也是《商业银行法》而不是《公司法》。中国的国有银行不是国资委管理的。按照法律，政府是不能胁迫央行给自己还债的。即使是战败后的政府，也是不允许的。

政府胁迫央行资产还债，由于央行资产是持有货币的所有人的财产，就等于对这些人的私有财产征用，私有财产不可侵犯的规则，是资本主义社会秩序的基石，即便美国政客想要这么干，美国的幕后统治者资本家们也不会允许。政客集团、资本集团和宗教集团，主导西方世界的三权分立和平衡，不是一个国家政客集团可以主导的。

再进一步讲，如果破了央行与政府、国家的界限，美国对中国央行的资产进行了征用，其实中国就可以同样破了这个界限，对西方在华私有资产同样进行征用，而西方在华投资余额，要远远高于中国持有的美债。根据外汇管理局《中国国际投资头寸表》，到2019年年末，外国在华投资是40428亿美元，其中直接投资大约2万亿美元，证券投资大约1万亿美元，其他投资大约1万亿美元，而这个表格是会计以保守性原则制作的，没有计算投资的增殖，所以外国在华投资是完全可以与美债对冲的。

一旦美国违约，中国没收外国在华投资，而且还有法律上的支持。当年，大量购买美债的时候，我们与美国的债券投资代理投行是签署了严密的保障条款的，这些保障条款有惊人的60多条，利用这些保障建立的复杂担保体系，就在法律上把美国政府违约的风险，绑定到了美国私有财产上，私有财产在美国可是神圣不可侵犯的。这些能够卖中国美债的超级投行，才是美国幕后真正的统治者，美国违约是给他们找麻烦。

有人会说如果美国霸权胡来，不讲国际法和金融规则怎么办？法的背后就是权，权的本意是秤砣。在整个金融体系层面，美国的霸权来源于斯也受制于斯。美债的违约担保保险最后变成金融衍生品，被卖到市场上，美国的投行对美债向中国提供了担保，给其他投资人担保的美债也是金融衍生品，也卖到了市场上；美国投行还专门对债券建立违约担保产品进行售卖，这样美国实际上是建立了一个数百万亿的金融衍生品市场。这些金融衍生品也是一种广义货币，叫作M4。美联储还专门说它们对金融衍生品不监管。也就是通过金融衍生品的交易和对冲，美国政府对美债的违约、对中国的违约，在金融市场上就是地震、火山和海啸造成的损失，会被对冲到整个的金融体系中。中国政府、央行和其他关联的机构，也会持有一些金融衍生品进行对冲，在金融衍生品市场，各个主体是混同的，持有的对象是复杂的，甚至保密的，是难以把中国的外储单独剥离出来的。金融衍生品是建立在本人前面论述的法律和法理边界上的，美国要是依靠霸权而不讲国际法和金融规则，就是金融国际体系的崩溃，是美元作为国际货币的崩溃，那么也就砸烂了其最赖以生存和作为利益来源的金融霸权体系。

美国对金融衍生品违约，砸烂的就是美国的数字产业，美国的数字泡沫就要破裂。这个盈亏，美国人算得明白。美国不要流氓，不是因为其讲道理守规则，而是因为他要流氓要付出的代价更大。市场规则，中国也是可以利用的。

中国持有的外汇储备，是要外国央行承认的才是货币，其实不拿着美债，就要拿着美元，欧债、欧元等其他经济体或国家的货币、债券，它们的安全性其实比不上美元；美元是美联储债券，其实又比不上美国的国家债券，这也就是为何2008年美国评级下降，美债反而要涨，背后就是美国评级和美联储的评级降了，能够抵赖美债的，其实更可以霸占你的美元存款，而其他各国的存款，因为要与美元发生关系，都是要看美国的脸色的。把这些看清楚，就知道为何中国要死死抱住美债，这个逻辑，《信用战》一书已经分析清楚了。

把这些层面看清楚，我们还真的希望美国可以违约赖债一次，这将意味着美国霸权的终结。不过，这个也就是共和党骗红脖子选民的说法，是为了选票的政客表演而已。中国会出现这种声音，背后也是有推手，一群当年买欧债犯了错误的，要找个给自己辩解的理由。现在疫情之下，欧洲肯定比美国更衰落，欧洲可能真的还不起债而不是对华索赔。

把问题各个层面的逻辑梳理清楚，就可以知道中国的美债是安全的。炒作美国赖债的，中美各有一群人是为了自身利益，要甩锅。把问题看清楚，才有利于中国的崛起。

美国《时代》周刊也开始正视中国的崛起，虽然仍有点不情不愿。

2017年，在《中国经济是如何赢得未来的》一文中，作者布雷默指出，如今，中国已经成为全球经济中最具实力的国家，而美国则落居第二位（图5-10）。

图5-10

八、石油美元的似是而非

——对石油美元，很多专家的理论说反了

世界金融货币的逻辑，很多人似是而非，石油美元的真谛和强大为何可以盖过黄金，其中的内在逻辑是什么？只有把这个理清楚，才知道如何打破美国的金融霸权，如何不被美国的泡沫渔利。对美元基本货币理论的认识，是所有经济学的基础。在虚拟数字时代，美元底层概念的变化与不变的货币本质，都需要更深入地认识。

大家都知道石油美元，但石油与美元的关系内在逻辑如何，为何美元绑定了石油就有了信誉？在伊拉克战争中，为何美国没有买伊拉克的石油？为何美国变成了产油国以后，石油美元依然坚挺？很多人预言石油美元要破裂，却总是误解，这里的逻辑到底是什么？

“二战”以后，美国主导了全球化和全球产业链的分工，在全球的贸易体系上形成了美苏两大体系。西方世界是通过全球市场的贸易交易来实现分工的，货币是主要的媒介手段，而苏联则以计划经济为主要手段，依靠计划大于市场的方式运行。然后就是世界发展，原来的黄金不够了吗？南非产了几万吨黄金，多于美联储的黄金储量，每年黄金产量达上千吨，世界黄金保有量的增长是快于世界平均经济增速的。为何把南非隔离出国际社会？金本位为什么要破裂？背后就是美国作为货币霸主，美联储的黄金失去统治地位。金本位破裂以后，美国控制的石油登场了，背后是赎罪日战争美国与中东建立的特殊关系。

在产业链当中，石油是产业的血液，石油用美元结算，决定了整个供应链要用美元结算。所以美元绑定了石油，就是让整个产业链绑定了美元。现在美国搞虚拟经济、数字经济，要在大数据和网络形成的虚拟经济链上，货币数字化，数据资源化，资源都在平台上，使用美国的虚拟经济平台，交易媒介也绑定美元。

弄清石油美元的内在逻辑，对理解未来的中美博弈走向非常重要。

我们来看一下石油美元的发展过程。当年，沙特阿拉伯等海湾国家卖油，还有一个卖油国委内瑞拉，都是美国的后院，所以要买到石油，搞定了沙特阿拉伯就可以了。而苏联不卖油，苏联解体后，俄罗斯的石油也是卖给邻国的居多。进入西方主导的国际海权体系的俄罗斯石油不多，国际公开市场的份额是基本不变的。现在，美国自己卖油，国际上，卖油又是按照美元结算的，美国又是大户。与此同时，美国还在大量进口委内瑞拉的石油，以及加拿大和墨西哥的石油。美国的石油巨头垄断海洋石油，然后美国出口石油和石油产品，美国既买油又卖油，控制的石油交易量远远大于其净出口量。这个也是美国建设石油美元的真谛。

美国发动伊拉克战争，需要的不是伊拉克的石油，而是到伊拉克买油要使用美元。打完伊拉克，伊拉克可以不遵守欧佩克的石油份额而多生产多卖，卖多少，美国人说了算。操控世界石油市场价格，打破了欧佩克对石油的控制，这才是美国打伊拉克的所得。利比亚的情况也是类似的。

现在中国石油的对外依赖不断增加，在石油结算领域，石油紧缺商品的属性只要不改变，中国在石油上是没有挑战美元霸权的实力的，只有依靠俄罗斯、委内瑞拉、伊朗等国家的力量，因此美国对俄罗斯和委内瑞拉、伊朗的态度就可以理解了。

石油美元的原理决定了大家持有的顺序：美元、石油、其他国际货币、其他主权货币。这个顺序是美国强力维护不愿改变的。有人说要把我们的外汇储备变成一篮子才安全。其实不改变石油美元的上述顺序，少持有美元，就是自己降低自己的外汇储备信用等级。为什么人家换汇的时候都要美元？为什么日本外汇储备99%是美元？人民币与其他货币同跌，受到美元挤兑，人们会大量抛售欧元资产救急，欧元、日元与人民币一起跌。

后来，美国把石油价格打压下来，为此不惜自己也变成产油国，自己也出口石油，变成石油产品的净出口国，同样是为了美元霸权。因为石油价格的坚挺如果超过了美元，美元的霸权就没有了。美联储现在QE常态化，其美元指数还坚挺，也是因为尽管石油价格暴跌，石油期货的结算价居然出现了负值，但美元的信用在石油之上。同时，美国脱实向虚，在虚拟空间的平台之上，美元抓住网络数字资源，这是虚拟经济的核心资源。

我们前面章节论述了石油供需曲线的后弯，论述了后弯带来的不同均衡点问题，也论述了其中卖方市场与买方市场的关系，还有不同的产业链、价值链结构的问题，其供需曲线的扭曲后弯，本质就是谁是货币的问题。如果石油是硬通货而美元是商品，大家更愿意拿着石油而不是美元，那么将在高位的曲线重新换成这个角度再画一下，就是简单普通的供需曲线了。石油供需曲线出现后弯，实质就是石油信用高于美元，石油成为超过美元信用的一般等价物。20世纪70年代，石油供需曲线后弯的时候，其实是美元危机。但美国主导的舆论将其说成石油危机。以后的历次石油危机，其实都是美元危机，也是石油美元的危机，更是美元信用的危机。现在虚拟经济，美元指数坚挺，背后是美国在当年拥有了石油霸权之后，又有了网络霸权，数字经济、虚拟经济的交易也是绑定美元的，美元的锚其实更多了，而不是QE让美元成为无锚的货币。

货币数字化、数字货币和数字泡沫，背后都是数字货币的信用。数据成为资源、经济平台化，数据和货币绑定了平台，并且有了算法的技术支撑，信息时代能够QE常态化，即QE货币找到了新的抓手，在美国的因特网平台之上，谁也离不开数据资源，货币绑定了数据资源，这些与绑定石油有类似的效果。在信息时代，中国的核心数据也是中国的核心资源，一定要与人民币建立某种联系，而不是将其拱手让给美元的交易平台。

上述分析就是石油美元霸权的逻辑。石油美元下的经济学，是没有写出来的。目前，我们学的经济学，是布雷顿森林体系下的，学院派的经济学与实战的经济学的差别，是国际金汇兑本位制美元与石油美元的差别，不能看出这个差别，永远是纸上谈兵。现在QE常态化，变成QE美元了，美元背后又有数字资产背书，就更需要美元的信用高于石油价值。石油结算价出现大额负值，已经彻底改变了人们对石油价格永远坚挺的预期。

九、深化金融改革，解决结构性风险与利益分配①

中国改革到了深水区，各种问题也不断出现，为了解决中国改革当中的各种问题，需要新的金融工具，以及与国际接轨的金融手段。在信息社会，经济平台化，中国的基建怎样与金融平台对接，是中国深化改革的重要内容。

2020年4月30日，国家发展改革委发布《关于推进基础设施领域不动产投资信托基金（REITs）试点相关工作的通知》(以下简称《通知》)，标志着千呼万唤的公募REITs开闸。

REITs，是Real Estate Investment Trusts的简称，即房地产投资信托基金，最早于1960年在美国推出。通过向投资者发行信托（基金）份额来募集资金，并由专门机构投资到房地产项目中去，投资者按比例获得房地产项目产生的收益。普通投资者通过购买REITs份额，可以降低参与房地产资产投资的门槛并分享其收益。

这个金融工具，与股权投资不同，更多的是对标利率情况，更靠近债券又不等同于债券，比股票要安全，比债券更有想象的空间。

中国的REITs，对中国金融的结构性问题，有重大的意义，其意义主要有以下几个方面。

① 本节经编辑后在《瞭望》周刊上发表，《读懂基础设施REITs的战略意义》，2020-6-13。

1. 化解结构性的风险

中国的政府债务问题总被西方炒作，其实中国的政府负债与西方是不可比的！因为中国的政府负债都是有抵押的债务，负债对应有资产，资产未来有收益，而不像西方是政府的信用债务，政府已经入不敷出，每年要新增债务发行新债才可以维持，更关键的是他们这些债务背后没有资产，是寅吃卯粮、坐吃山空的。就如2020年疫情，美国发行的万亿美元国债就是被老百姓分掉的，这样的债务拿什么来偿还？

当然，我们需要看到中国金融行业的结构性风险。中国发行这么多的货币，M2高涨的背后，是老百姓以存款的形式积累财富，积累率在40%左右，老百姓一定要存款意味着银行的金融衍生出来的M2就要随之增加，但这些M2带来的流动性是不受控制的。我们货币背后有资产，而且基建是优良资产，老百姓要是有了恐慌或者抢购需求，一夜之间就可以让所有的流动性都涌向抢购的领域而不受控制，这一点与西方是不同的；西方老百姓就是想要抢购也拿不出钱，所以他们会骚乱和抢劫。

中国很多普通的农民都有几万元家底钱，美国很多人拿不出几百美元的现金。遇到恐慌，以前家里有一个月的粮食就足够了，但大家都要储备两年的粮食。到那时，存在银行的定期存款也会提前支取出来用于抢购的。但美国的普通人不会有那么多货币，这就是金融结构性的差别。

把基建变成REITs，其实是可以固化和稳定金融结构的，富余流动性和财富被绑定在建设领域，即便真的有恐慌，也无法快速地把流动性都集中到恐慌领域。购买债券和向银行贷款的区别，就在于货币不发生金融衍生，对货币乘数是有正向影响的，美国的M2之所以低，就是很多融资是债券而不是借款，金融衍生不一样。在这里，银行贷款意愿的变化造成的货币流动性的急剧波动是可怕的，还记得当年的利率爆表吗？而央行购买债券信托产品，就是央行的一种货币投放形式，央行对市场的货币配置调节的效率也提高了。

要记住的是REITs是没有银行挤兑问题和流动性失控问题的，所以从整体上而言，优化了金融结构。

2. 优化配置提高效率

中国的金融体系是庞大的，效率可以优化，尤其是政策性的息差。我们看到的是银行工作人员的平均收入远远高于社会平均水平，背后就是金融机构的强势。这些成本，也是由基建埋单的。

如果通过REITs进行融资，负担的财务成本可以远远小于银行贷款的利率，中间是通过市场配置的，而不是银行在其中抽佣；西方的银行更多是依靠服务盈利，而不是息差。中国要与世界接轨，由于息差的高昂，中国经济为之埋单压力很大，尤其是经济不佳的时候，对基础建设这样信用好周期长的，银行其实赚的是暴利。

我们可以看一下图5-11，万科的债券可以把利率调低到1.9%，这样的利率是非常有吸引力的。中国已经在欧洲发行了负利率的欧元主权债券，以后相关产品的负利率也是可以预期的。REITs让中国的基础建设能够释放更多的活力。对中国地方政府的债务问题等，我们只关注债务的总额是不对的，我们更应当关注债务的总财务成本，美国这么高的负债率依然能拉动经济，原因是他们政府债务的利率远远低于我们，也远远低于世界平均水平。之所以能这么低，是因为通过债券市场，通过资产证券化，回避了银行的金融抽利，也是重要的因素之一。

图5-11

中国的贷款利率是6%左右，而世界发达国家的政府负债的利率则低于2%，同样的财务成本，西方政府的负债能力是中国的3倍，因此政府负债与GDP的比例不是问题关键，政府财务成本与收入的比例、收入与GDP的比例，才更能说明问题的实质。

REITs这个工具可以永续负债，政府要承担的财务成本大幅度降低，因此总讲政府负债的杠杆率是不够的，政府的财务成本负担才是更关键的因素。而市场配置的结果，到底利率要求是多少，与地方政府项目好坏相关。这个调节杠杆，也使得一些政府盲目负债搞政绩工程，又受到市场的抑制，没有足够的经济效益，REITs产品发不出去。

3.理顺国际领域的博弈规则

中国的基建资产证券化，中国的基建REITs，其实不光面向国内市场，其面对国际市场也具有重大的意义，尤其是国际的离岸人民币市场，对高收益的债券型投资产品需求是巨大的。

现在，中国对国际资金进入中国债券市场是矛盾的，因为中国对外债严格管理，外债会给我们外汇汇率造成巨大的压力。但人民币国际化，又需要金融市场的开放。这里矛盾的焦点在于投资国内的产品怎么结算，是否可以永续地投资。不要说REITs是永续的债务，人家还要永续的投资。中国需要人民币成为各国的外汇储备货币，就需要给储备人民币的国家提供投资工具，更进一步讲就是这个投资工具对标的是美国的国债收益，而对此项收益的要求，远远低于国内银行利率，这样的投资实际上给中国的基础建设还带来大量的廉价资金，是一举多得的好事。

因为中国外债的不开放，现在很多对外融资变成明股实债，这个暗箱脱离了中国外汇管理部门的监管，给中国经济带来的隐形风险巨大。崛起的中国融入全球化，需要公开的债务市场开放，同时这个债务市场的货币要用人民币，这个债务市场的信用背书在中国基建。同样，对友好国家，还有“一带一路”倡议的建设内容，中国的基建输出，也可以通过REITs进行。

所有的这一切，货币主权在中国才是最关键的，因为REITs是中国的信托产品，背后不能脱离人民币结算。对人民币的海外金融市场和海外结算，REITs也提供了所需的金融工具。

4.绕开《巴塞尔协议》的枷锁

中国的银行利率难以更低，还有一个关键因素是《巴塞尔协议》的限制。

《巴塞尔协议》对是否为经合组织成员国搞差别对待，对中国有歧视。中国要求市场经济地位，被西方联合打压，原因之一也是要维持西方的金融优势和《巴塞尔协议》上的不同。为此埋单的，还是微观上的中国贷款客户和宏观上的中国经济。REITs绕过了《巴塞尔协议》的限制，这一次提出的金融改革方案，创设REITs工具，对支持中国经济具有重要的意义。

综上所述，中国金融深化改革正在快速前进，中国需要理论自信，需要金融创新。REITs给政府主导的基础建设更多的金融手段、更低的财务成本，优化了全国的金融和债务结构，是可持续发展的必需。现在我们政策放开了，REITs就是一种国际接轨的金融工具、一个新的经济平台，大家怎么正确地认识它，用好它，才是下一步最重要的工作。

十、中国经济的全球新布局

在党的二十大的春风下，中国的两会换届顺利进行，与此同时，中国迎来了重大利好。

> 2023年3月10日，中华人民共和国、沙特阿拉伯王国、伊朗伊斯兰共和国，在北京发表三方联合声明。《声明》指出，为响应中华人民共和国主席习近平关于中国支持沙特阿拉伯王国同伊朗伊斯兰共和国发展睦邻友好关系的积极倡议，沙特国务大臣、内阁成员、国家安全顾问穆萨伊德·本·穆罕默德·艾班和伊朗最高国家安全委员会秘书阿里·沙姆哈尼分别率领沙特和伊朗代表团于3月6日至10日在北京举行会谈。沙伊双方赞赏并感谢中国领导人和政府承办和支持此次会谈并推动其取得成功。三国宣布，沙特和伊朗达成一份协议，包括同意恢复双方外交关系，在至多两个月内重开双方使馆和代表机构，安排互派大使，并探讨加强双边关系。三国表示愿尽一切努力，加强国际地区和平与安全。

沙特与伊朗这一对历史宿敌能够缓和，说明伊斯兰不同教派的矛盾也在缓和，是对世界和平的重大贡献，也说明美国孤立伊朗结盟沙特的战略遭遇重大失败，美元与石油的关系受到巨大威胁。

在沙特与伊朗缓和关系的公报发布前，美国还反对欧佩克对石油施加压力（见图5–12）。由美国参议院司法委员会两党成员组成的一个小组重新提出《禁

财联社电报
财经通讯社

2023-03-08 23:38 星期三

【美参议员重新提出两党法案 反对欧佩克的石油价格操纵】

财联社3月8日电，由美国参议院司法委员会两党成员组成的一个小组重新提出“NOPEC”（《禁止石油生产和出口卡特尔法案》）法案，允许联邦政府采取行动反对欧佩克操纵石油价格，以促进全球石油市场的公平和稳定。

原油市场动态

图5–12

止石油生产和出口卡特尔法案》(“NOPEC”)，允许联邦政府采取行动反对欧佩克操纵石油价格，给最大的石油出口国沙特以巨大的压力，沙特远离美国就容易理解了。

沙特与伊朗关系的缓和，对石油美元影响很大。这里面还有一个关键点，就是美国的美元在转向土地和粮食，美联储施行QE，大量土地抵押债券MBS，世界粮价暴涨。而沙特的粮食、中东的粮食大量来自乌克兰。俄乌冲突发生后，乌克兰粮食出口的缺口迅速被俄罗斯补上，但俄罗斯收不了美元，只能用其他币种交换。美国制裁俄罗斯，却自己给美元捆住了手脚。沙特国家之所以收人民币，除了需要中国的小商品外，更关键的还是粮食。小商品可以替代，但粮食又不想受制于美国。美国资本控制之外的粮食来源，大部分在独联体国家。而这些国家现在也都在去美元化。同时，俄罗斯的粮食穿过伊朗到沙特很方便；美国的粮食要运到沙特，那可是要来一个环球大旅行，才能到地球的背面。

在此次外交上，中国取得了巨大的胜利，是“一带一路”和人民币出海的巨大胜利，也是中国独立产业链重要的保障。因为资源保障是中国崛起最重要的因素之一。

在中东发挥影响力，俄乌冲突对西方的压力，中国都在发挥大国应有的作用。在美国搞全球分裂的今天，全球化的大旗在中国，中国开始自己在全球的新布局。

>>> 结束语

虚拟数字世界的未来

我看见了中国在未来的数字产业当中的一大堆问题，看到了美国数字领域的强大、领先和霸权，看到了美国数字泡沫换取财富剥削世界的游戏规则，但我不是一个悲观者，我的信心来自我看到了问题，并想清楚了问题，来自理论自信和道路自信。

数字资产、数字泡沫、数字财富、数字霸权，未来是数字的世界。数字虚拟空间在不断扩张。现在的信息时代是货币数字化、数据资源化、经济平台化和技术算法化。AI机器人、仿真虚拟社会、新的生产模式和生产方式不断涌现，我们需要有自己的理论和抓手。

泡沫不一定破裂，泡沫也不一定会被戳破，泡沫可以换取资源和财富，泡沫是可以填实的。数字经济之下，数字泡沫更多是不断换取财富的游戏。

全球化时代，网络管理效率提升，大国崛起，中美合起来的GDP已经占全球的40%，内卷化的博弈将越来越严重，新的经济理论模型在建立。

未来，中国要崛起，必然要正面面对美国的霸权，中国的实力在于实体硬实力，美国是软实力，软硬之间是一场持久战。

中美未必一定是热战，但会在各个层面全面博弈，会是没有硝烟的新型战争。战争的形式可以多种样式，但一定是数字战争。

美国在衰落，但速度可能比我们想的慢很多。美国的数字泡沫还在不断汲取全球财富，我们对中国有信心，但我们绝对不支持速胜论，不能盲目乐观。

美国数字虚拟产业是软件，讲软实力，讲虚拟产业；中国的制造实力和工程能力，是硬的层面，中国需要软硬结合，以硬智能为主导，用实体和实业以硬带软。永远不要想补自己的短板去对抗别人的长项，要想怎样发挥自己的长项和优势，制定对自己有利的规则。

当年，特朗普搞的是美国优先，是退群，是贸易战、科技战，依靠的是对中国贸易征税来补窟窿，依靠的是把房地产的老本行炒高来补窟窿，支持他的红脖子们都是有土地的，但这个似乎难以搞定所有问题，却让美国的灯塔倒掉了。

拜登上台后，美国补窟窿，依靠的是吹泡沫换取中国的资产，依靠的是QE印钞催生泡沫购买中国的资产，依靠的是数字泡沫换中国的传统实业，还要吹美国的灯塔泡沫，吸引中国高端移民带走财富，去补美国的窟窿。吹泡沫的本事远远比特朗普大，所以搞金融数字泡沫的纽约和搞网络数字泡沫的加州，都是深蓝的。

拜登施行的不是美国优先，而是资本优先，资本在中国有不少买办、代理人和拥趸，还有不少人想要留学移民，这个也比特朗普限制移民对中国危害大。美国的数字泡沫战略，是深蓝州和拜登票田最欢迎的，接下来中美还会有更激烈的泡沫博弈。

中国需要数字经济，需要自己主权的数字经济，要有自己的公网，中国要有自己的主权数字货币，一讲主权，二讲不受制于人。中国的数字产业安全至关重要，必须在中国主权控制之下。

美国搞的是虚拟数字泡沫的脱实向虚，中国则是实业崛起和独立自主，在5G新技术革命面前，数字产业必将进行新一轮洗牌。中国既有优势和先机，也有困难和危险，我们对中国有信心，也要不懈努力。

人流、物流、信息流，推动历史的进程！信息网络新时代，陆权与海权，信息爆炸、信息流泡沫膨胀，到底是东风压倒西方还是西风压倒东风？脱实向虚还是新陆权的崛起？

我们需要新理论，需要道路自信、理论自信，世界不断发展，新理论不断进步，是给我们准备的，我们要参与世界未来的游戏规则制定之中，要参与全球财富再分配体系的高端。

下面以《史记·货殖列传》的一段话作为结束语，与君共勉：

上则富国，下则富家，贫富之道，莫之夺予……夷狄益甚。……天下熙熙，皆为利来；天下攘攘，皆为利往！

后　记

2007年，本人在写《资源角逐》和《霸权博弈》的时候，就想要写一本关于“泡沫规则”的书，但对很多问题的思考一直不够成熟。一直以来，本人认为，泡沫不是市场无意产生的，泡沫不一定要戳破，是要赚取财富的，而且美国对泡沫是双重标准的。

本人从2006年开始在网络上写股票分析的文章，实操交易金融市场，有了第一手的经验。由于分析准确，得到众多粉丝追捧，后又参与了中国的海外找矿项目，对国际资源定价体系有了深入的了解，从而成为网络大V，成为央视财经频道《交易时间》的直播嘉宾。本人在各种媒体上点评股市多年，对金融市场交易有了丰富的实战经验和理论应用思考。

随着这十几年来的不断学习和思考，以及观察世界的变化，有了很多的心得，《信用战》《定价权》相继出版，后来又与吕述望老师及倪院士、沈院士、蔡院士学习和研究网络安全、网络主权等问题，加入了北京知识安全工程中心，写了《网络霸权》。又在以前金融IT系统分析师从业的基础上，对数字经济和网络，有了更深入的认识。逐步积累了本书的理论基础，并构建了内容框架。

从2008年经济危机和2015年中国股市的波动，到2020年的疫情和QE常态化，给了笔者更多的学习机会，也见识了很多实操案例，有了更多的思考空间。本书中的很多理论和想法，得到了在华尔街工作的同学群内信息的启发，并结合国内金融市场的实操，力求以最真实的状态去解决实战理论问题。2015年前后，本人的大学同学谢军先生回国，他曾经多年担任美国盈透证券首席量化官（1998—2008年）和德意志银行的董事和首席量化官（2009年），后来成为华尔街独立投资人，我们合伙搞了私募公司，并加入了华尔街高管私密群。这段时间，本人了解了华尔街和世界期权之父毕格菲的交易模型及一些内幕轶事，知道了更多世界的经济理论和金融实战的核心细节，谢军先生提供了本书第三章的部分核心思想。

当年，我们一起研究投资策略的中国人民大学重阳金融研究院助理院长贾晋京，复旦大学白钢教授、徐一钉副总裁、左军博士等，都是经济业内的佼佼者，对交易学都有深入的理论实践基础。在中国政法大学资本金融研究院，本人兼任交易学中心主任。在刘纪鹏院长的指导下，对2015年的股市异常波动，本人做了深入研究，并撰写了不少内参文章，一并收录于本书。本人还结识了东京大学郝一生教授，郝教授对日本的经济泡沫问题有很深入的研究。后经推荐到了中信改革发展研究院、中信改革发展基金会，继续进行相关的研究工作，一直在完善本书的理论模型。

2020年疫情防控期间，本人成功预测美国的QE将要常态化；在市场暴跌时，本人是唯一坚持认为美国不会进入熊市的专业人士，后来情况得到了市场的印证。本人在《瞭望周刊》上连续发表了六篇前瞻性理论文章，均收录于本书。同时本人的内参文章，获得2017年中国社科院的优秀对策信息奖，其中可以公开的内容也收录于本书。本人在网络与知识安全研讨会上的论文及历年来在《证券报》《中经网》《和讯网》《环球财经》等期刊上的十余篇理论文章也收录于本书。

2019年10月，笔者加入九三学社，这个是笔者外公当年参与创建的民主党派。在新入社的一次活动当中，认识了中国建筑工业出版社（中国城市出版社）的副编审张礼庆，对本人的理论进行了探讨，并且组织了一次新社员活动，请本人做经济讲座，获得了热烈反响。

中国市面上可以看到的交易学著作很多，各种股票操作书满天飞，但理论体系并不完善。而经济学的国学、西方、马列、古典、现代等各派学说也是良莠不分，各种经济学的关系和应用、适用场合，让普通人眼花缭乱，缺少一部真正把各种经济学说与交易学应用并统一起来的专著，尤其是21世纪数字经济爆炸，新的网络数字经济与传统如何衔接？如何改变世界？也需要新的理论论述，因此本人尝试着写了本书。

本书探讨了诸多经济、金融、交易、信息、虚拟、数字、网络等领域的问题，综合了本人多部著作的理论思考，是一部跨学科、跨领域的全方位交叉系统理论学著作，系统地对人类世界的发展、博弈，以及数字时代的未来前途进行了思考和分析，算作一家之言，希望能够给大家启发，得到大家的认同。

收笔之时，下图中的场景又带给本人更多思考，愿和大家在增值服务平台上进行更多交流，如感兴趣，希望大家留言。

张捷

2023年1月1日